COROAS DE GLÓRIA,
LÁGRIMAS DE SANGUE

EMILIA VIOTTI DA COSTA

Coroas de glória, lágrimas de sangue

A rebelião dos escravos de Demerara em 1823

Tradução
Anna Olga de Barros Barreto

1ª reimpressão

Copyright © 1994 by Emilia Viotti da Costa

Grafia atualizada segundo o Acordo Ortográfico da Língua Portuguesa de 1990, que entrou em vigor no Brasil em 2009.

Título original
Crowns of Glory, Tears of Blood: The Demerara Slave Rebellion of 1823

Capa
Ettore Bottini sobre *A velha plantação* aquarela de fins do século XVIII, autor desconhecido

Índice remissivo
Maria Cláudia Carvalho Mattos

Preparação
Cristina Penz
Alexandre Amaral

Revisão
Luciane Helena Gomide
Andréa Nobre

Atualização ortográfica
Página Viva

Dados Internacionais de Catalogação na Publicação (CIP)
(Câmara Brasileira do Livro, SP, Brasil)

Costa, Emília Viotti da
    Coroas de glória, lágrimas de sangue: A rebelião dos escravos de Demerara em 1823 / Emília Viotti da Costa; tradução Anna Olga de Barros Barreto. — 1ª ed. — São Paulo : Companhia das Letras, 1998.

    Título original: Crowns of Glory, Tears of Blood: The Demerara Slave Rebellion of 1823.
    Bibliografia.
    ISBN 978-85-7164-751-0

    1. Escravidão — Guiana — Revoltas etc. 2. Guiana — História — 1803-1966 3. Smith, John, 1790-1824 I. Título. II. Título: A rebelião dos escravos de Demerara em 1823.

98-0297   CDD-988.1

Índice para catálogo sistemático:
1. Guiana: História   988.1

[2022]
Todos os direitos desta edição reservados à
EDITORA SCHWARCZ S.A.
Rua Bandeira Paulista, 702, cj. 32
04532-002 — São Paulo — SP
Telefone (11) 3707-3500
www.companhiadasletras.com.br
www.blogdacompanhia.com.br
facebook.com/companhiadasletras
instagram.com/companhiadasletras
twitter.com/cialetras

Para Jack

Sumário

Agradecimentos 9

Lista das ilustrações 11

Introdução 13

1. MUNDOS CONTRADITÓRIOS: COLONOS E MISSIONÁRIOS 23

2. MUNDOS CONTRADITÓRIOS: SENHORES E ESCRAVOS 68

3. A FORNALHA ARDENTE 125

4. UM DEVOTADO MISSIONÁRIO 172

5. VOZES NO AR 227

6. UM HOMEM NUNCA ESTÁ SEGURO 273

7. UMA COROA DE GLÓRIA QUE NÃO SE ESVANECE 328

Nota sobre as fontes utilizadas 379

Notas 383

Índice remissivo 457

Agradecimentos

Durante os últimos dez anos, a política de licença-prêmio da Universidade Yale, uma bolsa de um ano no National Humanities Center, de 1984 a 1985 (graças a uma subvenção do Centers for Advanced Study Program of National Endowment for the Humanities), e um ano no Institute for the Advanced Study em Princeton, de 1989 a 1990 (graças à subvenção da Ford Foundation e da John D. and Catherine T. MacArthur Foundation), propiciaram-me não só a oportunidade de trocar ideias com um grupo seleto de *scholars* brilhantes e engajados, como também a paz de espírito de que eu necessitava para prosseguir em minha pesquisa. Voltei dos dois lugares com a sensação de que havia descoberto o paraíso dos pesquisadores, e sou grata por isso.

Agradeço também a ajuda que recebi de outras instituições e seu pessoal dedicado: em Yale, a Sterling Library, a Mudd Library, e a Divinity School Library and Archive, onde encontrei uma extraordinariamente rica coleção de microfichas, contendo documentos do London Missionary Society Archive, e uma coleção completa da *Evangelical Magazine* e de outras publicações missionárias; na Guiana, a University of Guyana Library, a Public Library de Georgetown e os Guyana National Archives, onde pessoas excepcionalmente dedicadas lutam diariamente contra todas as adversidades para manter os registros de seu passado; e, na Inglaterra, o Public Record Office em Kew, um admirável repositório de documentos relacionados às atividades imperiais britânicas em todo o mundo.

Agradeço à minha editora na Oxford University Press, Leona Capeless, pela leitura cuidadosa e compreensiva que fez do livro. A Richard Dunn, Edmund Morgan, David Montgomery, Janaína Amado, Bela Feldman e, sobretudo, a Eric Arnesen, que tiveram gentileza e paciência suficientes para ler e criticar as primeiras versões do manuscrito, serei eternamente grata. Ira Berlin, por sua crítica valiosa ao artigo: "Slaves and Managers in the Age of Revolution: Sugar in the East Coast of Demerara 1807-1832", que apresentei numa conferência sobre "Cultivo e Cultura", em 1989, na Universidade de Maryland. Trechos deste *paper* foram incorporados a este livro. Igualmente úteis foram os comentários de Barry Gaspar sobre um outro ensaio que apresentei numa conferência sobre "Escravidão e Liberdade numa Perspectiva Comparativa", em 1991, na Universidade da Califórnia, em San Diego, intitulado "From All According to Their Abilities, to All According to Their Needs: Day-to-Day Resistance and Slaves' Notions of Rights in Guyana, 1822-1832", do qual algumas partes foram integradas ao Capítulo 2 deste livro.

Sou também grata a diversos acadêmicos guianenses, particularmente Tommy Paine, Ana Benjamin, Simon Carbury e Hazel Woolford, cuja hospitalidade tornou prazerosa minha estada na Guiana em 1991. O tratamento generoso que recebi dos guianenses de qualquer cor, incluindo os poucos brancos que conheci, apenas confirmou algo que eu sempre soubera: a ideia de que o conflito racial é ineludível não passa de um mito que interesses poderosos mantêm vivo.

Nenhum agradecimento pode registrar inteiramente a dívida de um autor para com seus predecessores. Mas um livro é sempre o produto de uma conversa entre pesquisadores. Este não é uma exceção. Se não fosse a literatura extraordinariamente rica sobre escravidão e abolição, produzida especialmente nos Estados Unidos, no Caribe, no Canadá e na Grã-Bretanha, este livro não poderia ter sido escrito da maneira como o foi.

Em minha longa jornada em busca do passado, partilhei diariamente com Raymond Jackson Wilson minhas descobertas, minhas ideias, meus entusiasmos e meus desapontamentos. Sempre me beneficiei de seus comentários, suas críticas e sua assistência editorial. Sua mente aguçada, seu espírito irônico, sua sensibilidade e curiosidade intelectuais e sua paciência quase infinita fizeram com que minha jornada fosse agradável e frutífera. Ninguém contribuiu tanto quanto ele para tornar este livro possível.

Lista das ilustrações

Mapa da Guiana, *20*

Mapa da Costa Leste de Demerara, *21*

John Smith, *189*

Fazenda *Le Resouvenir, 191*

Gráfico 1: Preços do açúcar no mercado britânico, 1808-1821, *81*

Gráfico 2: Exportações de Demerara e Essequibo, 1808-1820, *82*

Gráfico 3: Distribuição da população escrava por idade, 1817-1829, *87*

Tabela 1: Escravos africanos e crioulos na população de Demerara-Essequibo, 1817-1829, *79*

Tabela 2: Escravos e escravas na população de Demerara-Essequibo, 1817--1829, *80*

Tabela 3: Distribuição por idade da população de Demerara e Essequibo, 1817-1829, *86*

Tabela 4: Nascimentos e mortes entre os escravos, Demerara e Essequibo, 1817-1829, *89*

Introdução

Desde o momento da chegada dos europeus, vindos do outro lado do oceano, a Guiana tornou-se a terra dos sonhos audaciosos e das realidades amargas. O Eldorado dos primeiros dias do "descobrimento", a presa de piratas e bucaneiros, de europeus em busca de riqueza e poder, o butim de nações europeias em competição pela supremacia sobre terras e povos do mundo, foi transformado em produtor de gêneros tropicais para o mercado internacional, uma terra de senhores e escravos. Oficialmente incorporadas ao Império Britânico no início do século XIX, as colônias de Demerara-Essequibo e Berbice tornaram-se famosas pelo açúcar que produziam.

Em 1823, Demerara foi cenário de uma das maiores revoltas de escravos na história do Novo Mundo. De 10 a 12 mil escravos se sublevaram em nome de seus "direitos". A rebelião começou na fazenda Success, que pertencia a John Gladstone (pai do futuro primeiro-ministro britânico), e se espalhou por cerca de sessenta fazendas que ocupavam uma faixa de terra intensivamente cultivada conhecida como Costa Leste, que se estendia ao longo do mar por uns quarenta quilômetros, a leste da foz do rio Demerara. Os rebeldes foram rápida e brutalmente reprimidos. Mais de duzentos foram mortos de uma só vez. Muitos foram levados a julgamento e outros tantos morreram na forca — acompanhados de toda a pompa que a colônia podia reunir. John Smith, um missionário evangélico que partira da Grã-Bretanha para Demerara em 1817 para pregar aos escravos, foi acusado de ser o instigador da rebelião. Smith foi julgado por uma corte marcial e condenado à morte. Este livro conta sua história.

Crises são momentos de verdade. Elas trazem à luz os conflitos que na vida diária permanecem ocultos sob as regras e rotinas do protocolo social, por trás de gestos que as pessoas fazem automaticamente, sem pensar em seus significados e finalidades. Nesses momentos expõem-se as contradições existentes por trás da retórica de hegemonia, consenso e harmonia social. Foi exatamente o que aconteceu em 1823, em Demerara. A rebelião de escravos mostrou claramente os limites da lealdade. A sublevação forçou todos a tomar partido e demonstrar seus comprometimentos. Revelou as noções e os sentimentos que criavam laços e identidades ou que lançavam uns contra os outros. Desnudou as motivações e racionalizações que os diferentes grupos usavam na interação social. Tornou pública a vida secreta dos escravos. Retirou a máscara de benevolência e expôs em sua nudez toda a brutalidade do poder dos senhores, tornando visível a crescente oposição destes ao governo britânico.

Os homens e mulheres que de uma forma ou outra participaram da rebelião e assistiram a seu desenlace somente puderam definir os acontecimentos em termos muito imediatos e emocionais. Para John e sua esposa Jane, para seu companheiro missionário John Wray e alguns outros que se identificavam com a missão deles, a causa da rebelião era a opressão implacável que os escravos sofriam, e a responsabilidade pelos eventos trágicos cabia ao governador John Murray e aos fazendeiros que, como Michael McTurk, vinham fazendo o trabalho do diabo. Por outro lado, o governador McTurk e a maioria dos fazendeiros viam nos evangélicos os principais culpados. Os missionários expressavam sua compreensão da rebelião com palavras como "pecado", "cobiça", "tirania" e "opressão". Os fazendeiros, as autoridades coloniais e a imprensa local falavam de "traição", "trapaça" e "fanatismo". Os dois lados usavam esses termos como se eles tivessem vida própria e pudessem, tal espíritos malignos, fazer história. Os dois lados buscavam em sua experiência passada alguma coisa que pudesse validar suas ações e demonstrar sua verdade. Quando tentavam ultrapassar o imediatismo de sua experiência, os missionários falavam dos males do "sistema" escravista, enquanto os fazendeiros e as autoridades culpavam os dissidentes, os abolicionistas, a imprensa britânica e os membros do Parlamento que haviam dado ouvidos àqueles que argumentavam a favor da emancipação.[1]

As primeiras impressões da rebelião foram registradas nas muitas páginas escritas por alguns dos participantes e em livros, panfletos, artigos de revistas e documentos oficiais publicados na época. Esses textos seriam mais tarde cuidadosamente reunidos e preservados pelas instituições a que cada lado se ligava, criando-se assim um acervo notável que, com o tempo, cresceria mediante a anexação de documentos gerados na Grã-Bretanha, onde os eventos de Demerara tiveram forte repercussão.

Como era de se prever, os brancos monopolizaram o registro histórico. Os dois lados em debate viam os escravos como cifras: homens e mulheres que se haviam sublevado quer por terem sido manipulados por missionários de má-fé, quer por terem sido vítimas de fazendeiros e administradores ímpios. Nenhuma das partes envolvidas admitia que escravos também tivessem sua própria história, uma história que não lhes foi permitido contar enquanto não foram presos e levados a julgamento — e mesmo assim, apenas com severas restrições. Nenhum dos dois lados foi capaz de apresentar uma narrativa que incluísse a experiência do outro. Isso não significa que tais versões da rebelião devam ser abandonadas. As histórias contadas pelos participantes revelam suas experiências individuais, seus sonhos e pesadelos. Suas narrativas revelam as percepções e o modo como organizaram suas experiências. Suas histórias se articulam num marco de referência e numa linguagem ao mesmo tempo constituídos por suas experiências e delas constitutivos.

As autodefinições das pessoas, suas narrativas sobre si mesmas e sobre os outros, conquanto significativas, não são suficientes para caracterizá-las nem para relatar sua experiência, muito menos para explicar um acontecimento histórico. O que as pessoas contam tem uma história que suas palavras e ações traem, mas que suas narrativas não revelam imediatamente; uma história que explica por que usam as palavras que usam, dizem o que dizem e agem como agem; uma história que explica os significados específicos por trás da universalidade ilusória sugerida pelas palavras — uma história de que muitas vezes elas próprias não se dão conta. Suas afirmações não são simplesmente declarações sobre a "realidade", mas comentários sobre experiências do momento, lembranças de um passado legado por precursores e antecipações de um futuro que desejam criar.

As narrativas produzidas por fazendeiros, missionários e autoridades reais expressavam suas posições: sua classe, sua religião, sua etnia, seu status, seu gênero e o papel que cada um desempenhava na sociedade. Essas categorias, entretanto, são construídas historicamente, não são essências imutáveis e primordiais das quais se possam deduzir as ideias e o comportamento das pessoas. Elas significam coisas diferentes em épocas e lugares diferentes. Ser um fazendeiro ou um escravo em Demerara em 1823, quando o governo britânico, sob pressão dos abolicionistas, estava tomando medidas para "melhorar" as condições de vida dos escravos numa preparação para a emancipação, não era o mesmo que viver lá cinquenta anos antes, quando a escravidão parecia ser uma instituição estável. Ser ministro da Igreja na Inglaterra era uma coisa, pregar aos escravos em Demerara era outra. Pregar aos brancos e negros livres na cidade era bem diferente de pregar nas fazendas e viver entre os escravos. Nascer na África e depois ser transportado para o Novo Mundo e vendido como escravo não era o mesmo que nascer escravo em Demerara. E ser mulher era ter problemas e oportunidades que os homens não tinham.

Identidades, linguagem e significados são produtos da interação social que ocorre num sistema específico de poder e relações sociais, com protocolos, sanções e rituais próprios. As condições materiais da vida das pessoas, a maneira como elas utilizam e distribuem os recursos humanos e ecológicos, as maneiras concretas como se exerce o poder são tão importantes para determinar a formação da identidade, definir a linguagem e criar significados quanto os códigos sociais que midiatizam a experiência ou as convenções usadas para definir o que é real. Com efeito, as condições materiais e os sistemas simbólicos estão intimamente relacionados.

As sociedades escravistas tinham muito em comum. A vida de um escravo em Demerara era sob muitos aspectos semelhante à vida de um escravo em Cuba, no Sul dos Estados Unidos ou no Brasil. Mas havia também diferenças significativas, conforme a natureza da plantação, o grau de desenvolvimento tecnológico, o traçado e as dimensões das fazendas, a porcentagem de escravos e negros livres na população total, o perfil demográfico da população escrava, o lugar de origem e a cultura dos escravos, as características de classe do proprietário (se ausente ou residente, por exemplo), e as instituições religiosas, políticas e administrativas criadas por eles. Todas essas condições mudaram com o tempo. E, mais importante, as fazendas em toda parte produziam primordialmente para um mercado internacional, e isso as expunha a contatos de todo tipo com o mundo exterior. Como nos Estados Unidos, no Brasil ou em quaisquer outras colônias europeias, não foram apenas as condições locais que deram forma às vidas dos homens e mulheres que viviam em Demerara — escravos, administradores, senhores, missionários e autoridades reais. O mundo exterior os influenciava diariamente. As lutas políticas na Grã-Bretanha tinham tanto impacto sobre suas vidas quanto as flutuações do mercado, as decisões tomadas pelo governo britânico e as noções sobre religião, riqueza e trabalho, crime e castigo, alfabetização e educação, comércio e império, cidadania e governo. Como indivíduos não são portadores passivos de ideologias, missionários, colonos, escravos e autoridades reais criavam seus próprios roteiros dos discursos disponíveis e do material fornecido por seu passado e pelas experiências do presente. Entretanto, todos eram prisioneiros de um processo que em grande parte escapava a seu controle.

O desenvolvimento desigual, característico do mundo moderno, criava uma contradição profunda entre a colônia e a metrópole. Enquanto uma tornara-se cada vez mais dependente do trabalho escravo, a outra tornara-se cada vez mais uma terra de trabalhadores "livres". Durante o século XVIII, a redefinição e a expansão do domínio imperial, as transformações no campo que resultaram na expulsão de numerosos trabalhadores rurais, o desenvolvimento do comércio, do tráfego marítimo e das manufaturas na Grã-Bretanha haviam minado a base social tradicional da autoridade dos bem-nascidos e posto à prova a ideologia da deferência e do patronato. O desafio das camadas populares, o facciosismo dos governantes — divididos por razões de interesse, metas e convicção entre os que apoiavam a tradição e os que pregavam as reformas — e as lutas políticas daí decorrentes, agravadas pelos debates em torno da Revolução Francesa e pela guerra contra a França, abriram as portas para noções e políticas novas. Essas tendências não só ameaçariam a autoridade dos senhores em Demerara (e em outros lugares do Caribe britânico), como motivariam o debate sobre o sistema escravista, insuflando nos escravos a esperança de emancipação precisamente num momento em que os senhores intensificavam o ritmo de trabalho nas fazendas. Fora desse contexto mais amplo, seria impossível compreender a sublevação dos escravos, as ações dos missionários e as reações dos colonizadores.

Mas há um outro lado na história. A sociedade de Demerara estava mudando internamente. Havia um confronto crescente entre senhores e escravos. Arrancados de sociedades organizadas em função do parentesco ou do tributo, com suas regras, normas e convenções, os escravos haviam sido forçados a redefinir suas identidades no regime da escravidão — embora não meramente como escravos. A partir de roteiros trazidos do passado, modificados pelas novas condições e pelo novo ambiente, os escravos teceram narrativas novas sobre o mundo, criaram novas formas de parentesco e inventaram novas utopias. Não tentaram simplesmente recriar o passado, mas controlar o presente e modelar o futuro. Nas interações diárias com senhores e missionários, os escravos se apropriaram de símbolos cujo propósito original era sujeitá-los, e converteram-nos em instrumentos de sua emancipação. Nesse processo, não apenas transformaram a si mesmos como transformaram todos a sua volta e ajudaram a traçar o curso da história.

Os missionários encontraram uma situação já polarizada que só se complicaria com sua presença. Vendo a si mesmos como instrumentos da divina providência, haviam chegado da Inglaterra imbuídos de forte sentimento missionário, conduzidos por suas convicções, cheios de certezas sobre como a sociedade deveria ser, e determinados a mudá-la para atingir o ideal do povo de Deus que os inspirava. Ao chegar, ignoravam as noções de propriedade, as regras, os rituais e as sanções que regulavam as relações entre senhores e escravos. Encontraram uma "realidade" revestida de sinais e símbolos que desconheciam, uma "realidade" que somente podiam avaliar por meio de seus próprios códigos. Como era de esperar-se, violaram muitas regras e provocaram o ressentimento e a irritação de senhores e administradores.

John Wray e John Smith foram enviados a Demerara para converter os "gentios", mas essa noção abstrata não os preparara para lidar com seus rebanhos. Pensavam encontrar "criaturas" inocentes e ignorantes à espera da salvação, e em vez disso se depararam com um povo cujo sistema de significados ignoravam — homens e mulheres de carne e osso, amadurecidos pelas lutas entre senhores e escravos. Convencidos da superioridade de sua religião e da cultura europeia, os missionários viram-se divididos por dois impulsos contraditórios: um que os levava a enfatizar a alteridade dos escravos, outro que os compelia a afirmar a universalidade dos seres humanos e a reconhecer os escravos como irmãos em Cristo. Os missionários foram para Demerara imbuídos da ideia de que os escravos eram selvagens a serem civilizados, mas logo descobriram a "humanidade" nos escravos e a selvageria nas pessoas de "sua própria espécie". Na capela, os missionários criaram um espaço onde escravos de diferentes fazendas podiam reunir-se legitimamente para celebrar o fato de serem humanos e iguais enquanto filhos de Deus. Eles se apropriaram da linguagem e dos símbolos dos missionários e transformaram as lições de amor e redenção que recebiam em promessas de liberdade. Inflamados por rumores de emancipação e convencidos de ter aliados na Inglaterra, os escravos aproveitaram a oportunidade para tomar a história nas próprias mãos. Como e por que o fizeram são questões que este livro tenta responder.

A rebelião dos escravos e o julgamento de John Smith tiveram repercussões importantes na Grã-Bretanha, onde evangélicos, abolicionistas e antiabolicionistas tomaram partido a favor ou contra os missionários em salas de reuniões, na imprensa e no Parlamento. A rebelião, o julgamento e os debates suscitados geraram muitos documentos. Os diários dos missionários e sua volumosa correspondência registrando a vida cotidiana nas fazendas e sua interação com escravos, administradores e autoridades locais — foram cuidadosamente preservados pelas sociedades missionárias. As reuniões do conselho de diretores da London Missionary Society, as minutas das reuniões dos comitês encarregados de selecionar os missionários e os trabalhos dos candidatos, a *Evangelical Magazine* e outros órgãos missionários — que descreviam o progresso das missões — oferecem uma visão valiosa do treinamento dos missionários e de seu trabalho. Os despachos e registros do Colonial Office [Ministério Colonial], a correspondência dos governadores, as cartas dos negociantes, fazendeiros, soldados e milicianos que participaram da repressão foram todos preservados no Public Record Office [Arquivo Público]. Lá também se acham guardados os processos dos julgamentos, as cópias das minutas da Court of Policy [Tribunal de Políticas] e da Court of Criminal Justice [Tribunal de Justiça Criminal] de Demerara e os livros dos fiscais e protetores de escravos, que registravam os "delitos" cometidos, as punições e queixas, anteriores e posteriores à rebelião. Diversos inquéritos parlamentares e os documentos oficiais publicados a mando da Câmara dos Comuns, e que contêm estatísticas preciosas e outras informações sobre a colônia, encontraram abrigo em bibliotecas espalhadas pelo mundo afora. Embora Demerara tivesse uma pequena população de aproximadamente 2500 brancos, que viviam cercados por número idêntico de negros livres, e por 77 mil escravos, a colônia tinha três jornais que, juntamente com os almanaques anuais, guias, relatos de

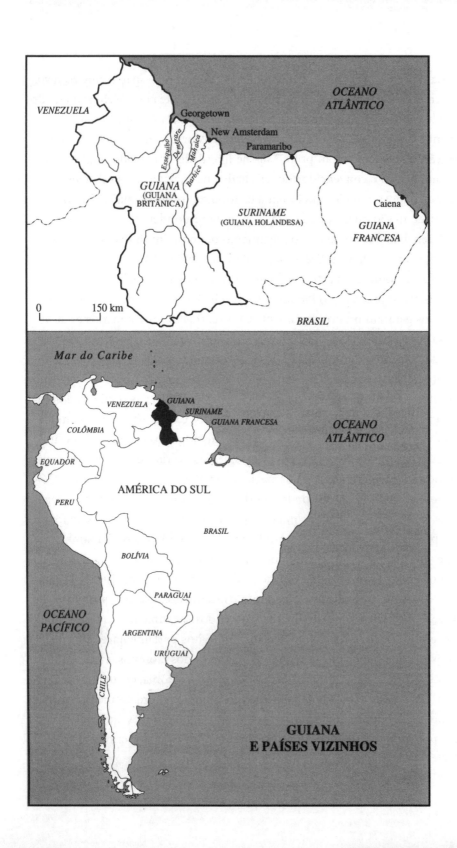

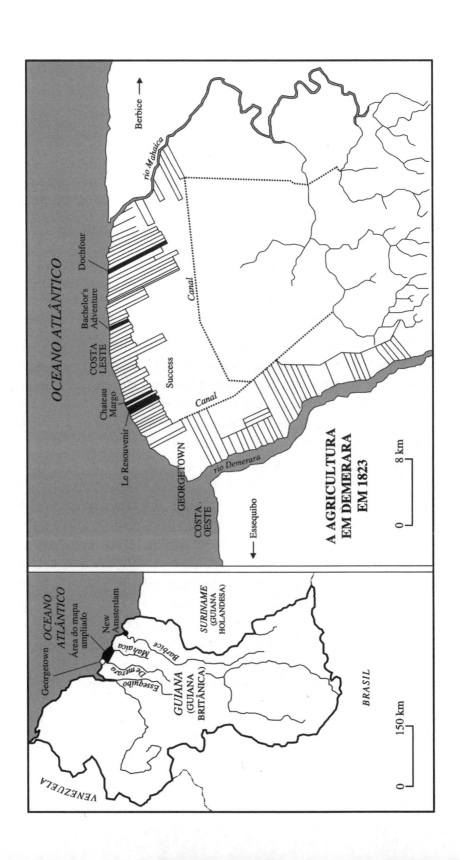

viajantes e manuais agrícolas, fornecem um quadro vívido e detalhado da vida na colônia.

Tal variedade e abundância de fontes me permitiu adotar uma estratégia narrativa de certo modo reminiscente do "romance polifônico" e contar a história da rebelião de múltiplos pontos de vista — sem, no entanto, abrir mão dos privilégios e responsabilidades do narrador. Procurei unir, nessa abordagem, a macro e a micro-história. Minha decisão nasceu da convicção de que é impossível compreender uma sem a outra. Mas nem a história é o resultado de uma "ação humana" misteriosa e transcendental, como querem uns, nem os homens e as mulheres são fantoches de "forças" históricas, como querem outros. As ações humanas constituem o ponto em que se resolve momentaneamente a tensão constante entre liberdade e necessidade.

Estamos tão habituados a ver a história como um produto de categorias reificadas, a mencionar "variáveis" e "fatores", e a usar abstrações como capitalismo, abolicionismo, evangelização e similares, que muitas vezes nos esquecemos de que a história é feita por homens e mulheres, embora eles a façam sob condições que não escolheram. Em última instância, o que interessa é a maneira como as pessoas interagem, como pensam e agem sobre o mundo e como, ao transformar o mundo, transformam a si mesmas.

Enquanto historiadores, entendemos que a história nunca se repete — mas transformamos os eventos históricos em metáforas e vemos a universalidade na unicidade. Do contrário a história seria um museu de curiosidades e os historiadores meros antiquários. A rebelião de escravos de 1823 e o destino trágico do reverendo Smith têm um valor universal. Fazem-nos lembrar os muitos missionários e leigos que, imbuídos de um sentido de missão, compelidos por um compromisso profundo com a fraternidade humana e uma forte paixão pela justiça, tornaram-se bodes expiatórios em outros tempos e lugares. Também nos lembram que a luta dos escravos por liberdade e dignidade continuou a ser reencenada em novos palcos, sob novas roupagens e com novos textos, muito tempo depois da "emancipação". Por isso vale a pena contar a história de John Smith e da rebelião dos escravos de Demerara.

1. Mundos contraditórios: colonos e missionários

Todo tempo é tempo de mudança, mas alguns são mais do que outros. Todo tempo é tempo de conflito — mas há momentos históricos em que as tensões e os conflitos isolados que caracterizam a experiência cotidiana subitamente se aglutinam num fenômeno mais amplo e abrangente, que ameaça a "ordem social". Nesses momentos as queixas individuais havia muito existentes se transformam numa crítica global ao sistema de poder. Desafiam-se as pressuposições das elites acerca do mundo. O que foi moral torna-se imoral; o que foi certo torna-se errado; o que foi justo torna-se injusto. Novos discursos sobre a sociedade dão consistência e organização a noções "revolucionárias", reivindicando o status de verdade. Esses são tempos perigosos e estimulantes: tempos de heróis e mártires, heresias e ortodoxias, revolução e repressão. Alguns arriscam suas vidas em nome do mundo nascente, outros, em defesa do mundo que está morrendo. Tempos como esses são tempos de revolução. Mas quando os grupos no poder se apropriam dos discursos radicais, expurgando-os de sua radicalidade, e tentam reduzir as pressões vindas de baixo por meio de reformas, cooptação e repressão — enquanto formam novos blocos de poder ou coalizões —, as revoluções sociais são por vezes evitadas. Se há um preço a pagar pelas revoluções, também há um preço a pagar pelas reformas e pela acomodação. Entre os governantes, aqueles que não sabem aceitar as inovações serão deixados para trás; entre os governados, uns poucos serão beneficiados, mas muitos outros não verão nenhuma mudança fundamental. Para estes, o que muda em tais momentos históricos é o sistema de exploração e repressão. Foi num tempo como esse que John Smith e seus companheiros missionários viveram.

Durante todo o século XVIII falou-se em reforma na Grã-Bretanha. Mas o primeiro golpe significativo recebido pela ordem social tradicional foi a independência das colônias americanas, que originou amplo debate sobre a noção de cidadania e sobre o sistema de monopólios e privilégios que caracterizara as relações entre as nações europeias e as colônias. O segundo foi a Revolução Francesa, que pôs em questão as relações entre Estado e sociedade, governantes e governados. Os acontecimentos na França funcionaram como um catalisador. Na Inglaterra, revigoraram uma tradição retórica libertária e igualitária que vinha desde os Levellers, Dissenters e Commonwealthmen.* Velhas aspirações, velhos debates, receios e tensões encontraram uma nova linguagem, argumentos novos e um equilíbrio de forças modificado.[1] A sociedade inglesa viu-se repentinamente polarizada, dividida entre os que aclamavam a Revolução Francesa como o fim de toda tirania e corrupção e os que a viam como o início da anarquia e do caos. Por fim, a Revolução Haitiana, ao desafiar o poder dos senhores sobre os escravos, trouxe à baila a questão da escravidão. O significado simbólico das três revoluções só pode ser compreendido plenamente se levarmos em conta não só as profundas transformações sociais e econômicas que ocorriam na Grã-Bretanha como também a redefinição e expansão do império britânico.[2]

Poucas pessoas que vivessem na Inglaterra entre 1780 e 1830 poderiam ter permanecido indiferentes ao debate político. Por todos os recantos da nação discutiam-se temas como igualdade, representação, liberdade, tirania, monopólios, privilégios corporativos e corrupção. As novas ideias desafiavam uma ordem baseada na deferência, na hierarquia e no patronato. Agravos e ressentimentos de longa data encontravam expressão numa grande quantidade de

---

* Nomes de grupos políticos radicais outrora existentes na Inglaterra. Os Levellers atuaram no século XVII. Advogavam o sufrágio masculino universal, a democracia parlamentar e a tolerância religiosa. Dissenters era o nome atribuído a grupos protestantes dissidentes. Os Commonwealthmen eram republicanos partidários de Oliver Cromwell.

livros, panfletos e volantes, sendo talvez o mais notável o panfleto de Tom Paine, *Os direitos do homem*. Publicada em 1792, rapidamente a obra ganhou enorme popularidade, vendendo 200 mil exemplares em seis meses.[3] Associações radicais de classe média que lutavam por reformas e pelos direitos do homem surgiam por toda parte. As ideias radicais encontravam solo fértil entre as populações urbanas, particularmente em centros industriais como Manchester, Sheffield e Birmingham. Tentando atrair o número crescente de alfabetizados entre as camadas mais pobres, a imprensa radical publicava grande número de panfletos criticando as instituições políticas e estimulando o debate.[4] A campanha para a rejeição dos Test and Corporations Acts* levou os dissidentes a assumir a liderança da mobilização popular.[5] Não tardou, porém, que os conservadores cerrassem fileiras em defesa do *establishment. Reflexões sobre a Revolução Francesa* (1790), de Edmund Burke, foi a fonte de inspiração desse grupo. Por toda parte, em nome da Igreja e do rei, turbas bem orquestradas confrontavam radicais e dissidentes. Espiões se infiltravam nas associações radicais. E, para rebater os argumentos dos reformistas, os conservadores fabricavam folhetos populares. O texto de Hannah More, *Village Politics: A Dialogue Between Jack Anvill the Blacksmith and Tom Hod the Mason* [A política da vila: um diálogo entre Jack Anvill, o ferreiro, e Tom Hod, o pedreiro], foi um grande sucesso, e seus panfletos venderam até mais do que os de Paine.[6]

Por toda a Inglaterra homens e mulheres do povo reuniam-se para discutir questões políticas e sociais e fazer ouvir suas vozes. Entre as questões proeminentes estava a abolição do tráfico de escravos. A moção de William Wilberforce, visando acabar com o tráfico, submetida à Câmara dos Comuns em 1789, despertou grande atenção do público. A proposta foi postergada por manobras parlamentares dos oponentes e acabou não sendo aprovada. Em 1791, ao tentar apresentar uma nova moção nesse sentido, Wilberforce foi novamente derrotado. Um ano após, apoiado por mais de quinhentas petições vindas de todo o país, ele conseguiu ter sua moção aprovada na Câmara dos Comuns, mas a proposta foi derrotada na Câmara dos Lordes.[7] Os abolicionistas voltaram-se então para uma nova estratégia, ressaltaram os horrores do trabalho escravo e advogaram o boicote ao consumo do açúcar e do rum

---

* Leis sobre Fé e Corporação. (N. T.)

das Antilhas. Os apelos abolicionistas ao público tiveram grande impacto.[8] Quando Smith e seus companheiros missionários atingiram a idade em que as crianças começam a olhar para além dos limites de suas casas, a campanha pela abolição havia conquistado o coração do "homem comum". Criaram-se comitês abolicionistas em vilas e cidades como Birmingham, York, Worcester, Sheffield, Leeds, Norwich, Northampton, Exeter e Falmouth. Seus membros eram donos de manufaturas, negociantes, médicos, clérigos, advogados, funcionários e artesãos.[9] Operários e operárias vinham também sendo recrutados em números crescentes para os quadros abolicionistas.[10] De 1788 a 1791, o número de assinaturas nas petições pela abolição do tráfico de escravos subiu de 60 mil para 400 mil. Em Manchester, numa população total de 60 mil habitantes, 20 mil pessoas (virtualmente todos os adultos da cidade) assinaram uma petição, evidenciando tanto a capacidade de mobilização dos abolicionistas quanto a compreensão, pelos peticionários, do caráter universal da mensagem revolucionária de liberdade e igualdade.[11] Como afirmou Thomas Hardy, um dos líderes radicais, os direitos do homem não se confinavam à Inglaterra, mas "se estendiam a toda a raça humana, pretos e brancos, poderosos e humildes, ricos ou pobres".[12] A abolição estava firmemente vinculada à questão da reforma na metrópole. Na mente de muitas pessoas "do povo", a abolição do tráfico de escravos estava ligada aos princípios democráticos, e a liberdade dos escravos aos direitos dos homens livres.

Uma onda de radicalismo que parecia encontrar grande receptividade entre artesãos e operários fatalmente alarmaria os conservadores. Para estes, tudo parecia — como diria Charles Dickens mais tarde — uma "obliteração de marcos e um abrir de comportas e fendas na estrutura da sociedade". Na opinião dos conservadores, "o país se desmantelava".[13] Para eles, a mobilização popular era uma ameaça à qual responderam rapidamente com uma série de medidas repressoras destinadas a controlar a opinião pública e restringir as organizações populares. Em 1792, William Pitt, que cinco anos antes apoiara uma moção a favor da abolição do tráfico de escravos, já negociava com Robert Dundas no sentido de refrear os radicais. Até mesmo Wilberforce, que inicialmente recorrera ao apoio popular, passou a preocupar-se, ao ver esse apoio acompanhado de entusiasmo tão vigoroso.[14]

Já em maio de 1792, o governo encorajava os magistrados a controlar com mais rigor as reuniões "sediciosas". Não tardou muito para que o caminho trágico tomado pela Revolução Francesa desse novos argumentos aos conservadores e pusesse muitos radicais na defensiva. A execução de Luís XVI e os Massacres de Setembro pareceram confirmar as piores previsões dos inimigos da Revolução. E quando a Inglaterra declarou guerra à França, em 1793, a crítica à ordem política e social pôde ser rotulada de traição e os adeptos da Revolução Francesa passaram a ser vistos como traidores.

A repressão foi a arma principal usada pelos conservadores para conter a onda de radicalismo. Em 1794 o Parlamento suspendeu o *habeas corpus* para que os "sediciosos" pudessem ser julgados sem dificuldades. E em 1795, depois que a multidão que saiu às ruas pedindo pão e paz apupou o rei na abertura do Parlamento, duas novas leis foram aprovadas: o *Seditious Meetings Act,* * que proibia reuniões de mais de cinquenta pessoas, assim como palestras fora das paredes acadêmicas sem a devida autorização e o *Treasonable Practices Act,* ** que definia a lei da traição em termos mais estritos. A essas medidas repressivas seguiu-se maior rigor na censura. Um após outro, líderes radicais, editores e autores foram levados a julgamento. Como era previsível, diante de tamanha repressão houve um recuo do movimento abolicionista. As moções favoráveis à reforma apresentadas ao Parlamento foram sucessivamente derrotadas. Aos olhos de muitos, não havia diferença entre reforma e revolução.

Para os opositores da escravidão, a situação tornou-se mais auspiciosa quando Napoleão tentou restaurar a escravatura no Haiti. O abolicionismo voltou a ser uma posição "aceitável" na Grã-Bretanha e a questão da abolição do tráfico de escravos foi reaberta. O Comitê Abolicionista foi reativado em 1804 e em 1806 promoveu uma campanha voltada tanto para os eleitores como para os legisladores. A questão foi novamente debatida no Parlamento e na imprensa. Em 1805 o governo britânico decretou a proibição do tráfico de escravos para as colônias recentemente conquistadas. Finalmente, em 1807, foi aprovado pela Câmara dos Comuns um projeto de lei considerando ilegal todo navio britânico que se envolvesse no tráfico de escravos a partir de 1º de janeiro de 1808. Três semanas depois de o rei ter aprovado a abolição do tráfico, um grupo de altas personalidades, sob os auspícios do duque de Gloucester, e incluindo o bispo

---

* Lei sobre Reuniões Sediciosas. (N. T.)
** Lei sobre Práticas de Traição. (N. T.)

de Londres, George Canning, Henry Brougham, Thomas Clarkson, Thomas Babington Macaulay, William Pitt, William Wilberforce, Granville Sharp, James Stephen e outros, fundou a African Institution — com o propósito explícito de fiscalizar a medida e promover a "civilização" na África.[15] Todavia, embora as vozes partidárias das reformas fossem novamente ouvidas, os radicais continuaram a ser mantidos sob controle severo.

A repressão enfraqueceu o movimento radical, mas não solucionou a questão que lhe dera origem. Cerceado em suas manifestações públicas, o radicalismo britânico continuou a percorrer um caminho subterrâneo nos trinta anos subsequentes, emergindo aqui e ali sob diferentes formas, ora em levantes provocados pela fome, ora nas campanhas por abaixo-assinados em favor das reformas. O fluxo foi contínuo desde os Luddites* de 1811, passando por Peterloo,** em 1819, até os Chartists*** de 1830.[16] Os gastos com a guerra, o bloqueio napoleônico e a crise econômica decorrente, juntamente com o declínio do comércio britânico, a inflação, a depreciação da libra, as falências e paralisações, as sucessivas colheitas ruins — tudo isso mantinha vivo o radicalismo. Em Londres e nos novos centros industriais, o povo saiu muitas vezes às ruas para protestar contra as privações que lhe haviam sido impostas — primeiro pela guerra, depois pela rápida mudança econômica e social. E essa associação de privações, repressão e protestos deu nova força ao movimento evangélico.

Foi nessa atmosfera de revolução e repressão, intensa polarização de classes e mudança social e econômica — característica dos estágios iniciais da Revolução Industrial —, que John Smith atingiu a maioridade. Como muitos outros de sua geração, ele encontrou no cristianismo evangélico um antídoto para as ansiedades e confusões desencadeadas por tais processos. O discurso evangé-

---

* Membros de um grupo de operários ingleses ativo entre 1811 e 1816, organizado para destruir a nova maquinaria poupadora de mão de obra com o fito de impedir seu uso.

** No massacre de Peterloo (alusão sarcástica a Waterloo) a cavalaria investiu contra 60 mil pessoas reunidas no St. Peter's Fields, em Manchester, em 16 de agosto de 1819, para exigir a abolição das *corn-laws* e a reforma eleitoral. Onze pessoas morreram e centenas ficaram feridas. (N. T.)

*** O Chartism foi um movimento em prol da reforma parlamentar. Seu nome deriva da People's Charter, publicada em 1838, exigindo o sufrágio universal, o voto secreto e a indenidade parlamentar (N. T.)

lico, de fraternidade universal, prometia eliminar o fosso entre ricos e pobres, poderosos e despossuídos, sem as dores e os custos de uma revolução violenta.[17]

Durante a guerra contra a França, o número de adeptos do metodismo aumentou drasticamente. Esse fato coincidiu com o declínio do fervor revolucionário em todas as seitas não conformistas.[18] É possível argumentar, como E. P. Thompson, que esse novo movimento religioso era uma tentativa de seus líderes de domar o impulso radical; que, ao promover a lealdade entre as classes médias e a subordinação e o trabalho nas camadas mais baixas da sociedade, eles pretendiam lutar contra os inimigos da ordem estabelecida e melhorar os padrões da "moralidade" pública. Esse talvez tenha sido o propósito de grande parte da hierarquia metodista na época. É provável que ela desaprovasse os tumultos populares e esperasse fomentar em suas igrejas noções que pudessem propiciar o que Thompson chama "componente psíquico da disciplina de trabalho do qual a manufatura mais necessitava". De fato, são muitas as evidências nesse sentido.

Mas há outro lado a considerar. O desejo dos dirigentes da Igreja de impor uma ortodoxia é às vezes derrotado pela diversidade da experiência das camadas subalternas. Isso talvez explique as cisões entre os metodistas — o aparecimento, em primeiro lugar, da Nova Conexão, em 1797, e, alguns anos depois, dos Metodistas Primitivos, que organizaram suas igrejas de maneira mais democrática.[19] "À medida que os diferentes grupos se afastavam da Conexão Wesleyana (que rapidamente se tornava uma instituição rígida), apareciam formas mais populares de religião [....] uma alternativa da classe operária à religião da igreja."[20] Desse modo surgiram interpretações novas e mais radicais da Bíblia — interpretações que foram levadas a todos os cantos da Grã-Bretanha por um número crescente de pregadores itinerantes recrutados entre as classes populares.[21]

As pessoas sempre traduzem as mensagens culturais em termos de sua própria experiência. Um sermão pode significar uma coisa para o pregador e outra muito diferente para a congregação. E é possível também que nem todos os membros da congregação ouçam o mesmo sermão da mesma maneira. O significado talvez seja um para os ricos e outro para os pobres. Dois pregadores da mesma seita podem extrair da mesma passagem da Bíblia duas lições diferentes. Além disso, a mensagem bíblica é ambígua. Pode ensinar subserviência, mas pode também justificar a rebeldia. As contradições e ambiguidades nos textos bíblicos, e seu caráter profundamente metafórico, dão lugar a interpretações e usos múltiplos. Como qualquer outra mensagem — talvez até mais do que outras —, a mensagem religiosa é eminentemente simbólica. Seus símbolos serão decodificados com referência à experiência individual. Quando homens e mulheres oprimidos se reúnem — imbuídos de noções que os levam a ver o mundo como um campo de batalha onde os soldados de Deus lutam contra Satanás e seus seguidores —, ninguém pode dizer onde essa luta terminará. Eles talvez queiram voltar ao passado (tal como o imaginam) ou apegar-se ao que têm no presente, ou mesmo tentar saltar para um futuro utópico. Podem seguir todo aquele que se proclame salvador — como muitas vezes acontece em movimentos milenaristas —, mas podem também vir a questionar a legitimidade de seus governantes.[22]

A fantasia e o desejo do povo poderiam facilmente derrotar os propósitos hegemônicos dos dirigentes metodistas — ainda mais porque havia uma contradição fundamental entre a mensagem de fraternidade humana que transmitiam e a confrontação social crescente provocada pela mudança econômica e social. No final, é possível que as classes dirigentes britânicas tenham se beneficiado da ética pregada pelos dissidentes e evangélicos. Mas os artesãos e operários que afluíram às igrejas metodistas tinham seus próprios motivos, particularmente aqueles que aderiram aos grupos mais radicais — Nova Conexão e Metodistas Primitivos — e aqueles, como Smith, que em números crescentes se afiliaram a outras seitas evangélicas não conformistas. Os conceitos de vocação, liberdade, autodisciplina, autoconfiança, frugalidade e sobriedade, valores que os metodistas e outros grupos sectários e evangélicos pregavam, exerciam grande atração sobre amplos setores das classes operárias. E a submissão e o conformismo aparentes dos pobres — que Thompson atribui à disseminação do metodismo — podem ter sido mais um produto da sensação de desamparo e medo que os acompanhava do que da religião que professavam.[23]

Os artesãos, operários ou comerciantes descontentes com a ordem social tinham duas opções: podiam seguir os radicais ou aderir aos evangélicos não conformistas. Os radicais levantavam a questão da cidadania, atribuíam todo o mal à ordem social e exortavam homens e mulheres a lutar para reformar a sociedade. Eles falavam às mentes dos trabalhadores. Os dissidentes evangélicos invertiam as relações entre a opressão e o mal. Faziam do mal a fonte de toda opressão. Exortavam as pessoas a reformar suas almas, prometendo-lhes que essa reforma traria uma nova ordem social. Os evangélicos falavam aos corações. É fácil imaginar que para muitos a tarefa de reformar a sociedade deva ter parecido naquele momento mais esmagadora e menos compensadora do que a tarefa de reformar as próprias almas, particularmente porque acreditavam que nesse esforço teriam Deus a seu lado. Os discursos dos radicais e dos evangélicos dissidentes sobre o mundo eram apresentados como visões e práticas alternativas. Às vezes, contudo, havia convergências surpreendentes.[24] Quando os evangélicos identificavam a piedade e a virtude com um grupo social e o pecado com outro, podiam facilmente se assemelhar aos radicais. Não foi por acaso que muitos abolicionistas e líderes sindicais foram evangélicos e dissidentes.

É fácil compreender o apelo exercido por metodistas e outras seitas evangélicas não conformistas sobre a população de trabalhadores na Inglaterra durante os anos de guerra, repressão e mudanças econômicas.[25] Eles devem ter ajudado os operários a afastar suas ansiedades, preservar o radicalismo sob formas "aceitáveis" e defender-se das forças destrutivas do mercado. Devem ter ajudado os operários a proteger-se e a proteger suas famílias — por intermédio de educação, autodisciplina, economia e sobriedade — do desemprego, da fome, da embriaguez e da prostituição. Às mulheres, os evangélicos ofereciam um meio de manter suas famílias unidas, com maridos e filhos longe da taberna e das muitas "seduções" da cidade. Os evangélicos devem ter ajudado as pessoas a preservar o senso de dignidade e valor num mundo onde a humilhação era a experiência cotidiana. Devem ter dado aos que se sentiam impotentes um sentido de força pessoal e aos que se desesperavam, esperança. Para os trabalhadores migrantes — numerosos na Inglaterra naquele momento — as igrejas evangélicas não conformistas devem ter oferecido uma comunidade e apoio num mundo estranho e hostil.[26] Os não conformistas desafiaram a Igreja Anglicana e (implícita ou explicitamente) o poder e a autoridade por ela representados. Assim, quando homens como Smith iam para outras partes do mundo, levavam consigo uma mensagem de liberdade, igualdade e fraternidade e um sentido de justiça que podiam facilmente voltar-se contra a ordem estabelecida. Isso seria particularmente verdadeiro nas sociedades escravistas, onde a ética implícita nesse novo cristianismo evangélico parecia não só deslocada, mas profundamente subversiva. Não admira que a maioria dos proprietários de terras se opusesse aos missionários evangélicos e os considerasse mais uma ameaça que um instrumento de controle social. Mas até mesmo na Inglaterra, para muitas pessoas habituadas aos instrumentos tradicionais de controle social e a uma ética de hierarquias e patronato, os dissidentes evangélicos estavam subvertendo a "ordem" social.

As diatribes de um irado pastor campesino de Ipswich — citado por Thompson — têm notável semelhança com as dos colonos de Demerara contra os missionários e desvendam a natureza de classe do medo e da indignação que contêm. Queixava-se ele de que os trabalhadores do campo convertidos ao metodismo espalhavam a ideia de que "O milho e todos os outros frutos da terra crescem pela vontade da Providência e são por Ela destinados aos pobres tanto quanto aos ricos". Os trabalhadores estavam menos satisfeitos com seus salários, menos dispostos "a trabalhar as horas suplementares requeridas pelos seus patrões". Pior, em vez de "recuperarem-se" para o trabalho do dia seguinte, os trabalhadores se exauriam aos domingos andando muitos quilômetros para ouvir um pregador. Durante a semana, à noite, em vez de ir diretamente para a cama, gastavam fogo e velas cantando hinos — algo que o pastor vira horrorizado "em alguns dos casebres mais pobres mesmo à hora tardia de nove da noite".[27]

Esses receios e essa irritação não eram infundados. Num período de profunda polarização de classes, a linguagem da fraternidade universal, traída pela experiência cotidiana, era potencialmente subversiva (ainda mais numa sociedade escravista). A fraternidade que ela postulava, mesmo estando voltada para a redução das tensões sociais, podia de fato agravá-las. Dependendo da "práxis" política como um todo, o que começara como um processo de alienação poderia, a longo prazo, levar à emancipação. A mensagem evangélica deu aos oprimidos um código para julgar seus opressores. Suas pretensões à universalidade minavam as premissas que sustentavam as diferenças sociais e forneciam uma utopia pela qual julgar o mundo. Não por acaso, muitos missionários evangélicos, particularmente os dissidentes, que davam grande autonomia a suas congregações — como os congregacionistas, por exemplo —, eram vistos por setores das classes dirigentes como uma ameaça. Os colonos de Demerara não eram os únicos a suspeitar que o Evangelho pregado pelos missionários poderia ser usado contra os senhores.

O ponto de vista da maioria dos colonos foi brilhantemente definido num artigo da *The Essequebo and Demerary Royal Gazette*[28] uns poucos meses depois da chegada a Demerara de dois missionários da London Missionary Society. O autor condenava "os pregadores precários de uma doutrina pretensamente esclarecedora, que anunciavam direitos iguais, liberdade universal", e tencionavam fazer de todos os homens uma única família feliz. Esses pregadores talvez tivessem as melhores intenções e "falavam como filósofos", mas não antecipavam as possíveis e "infelizmente fatais consequências de seus princípios belos, porém prematuros". A esses princípios — que todos os homens por serem iguais tinham direitos iguais; que a distinção de hierarquia se extinguira; que apenas o conhecimento, a virtude e o mérito podiam justificar um lugar eminente na sociedade — se seguiriam a confusão, o parricídio, a perseguição e até mesmo a destruição do equilíbrio das nações, além da "carnificina de milhões de homens". Tão "sombrias e tão terríveis" pareciam ser as consequências dessas doutrinas que o autor do artigo — que se intitulava "um colono honesto" — sentiu necessidade de afirmar que havia uma incompatibilidade fundamental entre o cristianismo e a escravidão. "Aquele que decide fazer dos negros cristãos, que lhes dê liberdade, que não os faça mais infelizes, que não exponha a Sociedade da qual faz parte às ilusões do seu cérebro exaltado." Se os "negros" que haviam chegado à colônia fossem imaculados filhos da natureza, então seria possível instruí-los nas nobres verdades do Evangelho. Mas quem eram esses "negros" importados? "Um bando de criminosos que, culpados de roubo, assassinato e outros crimes em seu país... ou prisioneiros de guerra, tendo vivido uma vida de guerras, de forma cruel e dissoluta, não [estavam] preparados para um governo regular baseado na persuasão moral" e tinham de ser guiados pelo castigo corporal.[29] O artigo expunha vividamente os vieses e preocupações da maioria dos colonos e sua apreensão com a chegada à colônia dos missionários da London Missionary Society.

Vinha de tão longe a tradição de desconfiança em relação aos dissidentes na história britânica que nem mesmo o *Toleration Act** de 1689, revisto em 1711 e em 1812-13, conseguira eliminá-la completamente.[30]

Nas colônias, a hostilidade contra os dissidentes protestantes ecoava as queixas de alguns grupos conservadores da Igreja Anglicana e do Parlamento,[31] que continuavam a ver os dissidentes como elementos "subversivos", cujas atividades ainda tentavam restringir no ano de 1811.[32] Tais grupos, porém,

---

* Ato de Tolerância. (N. T.)

vinham perdendo terreno no Parlamento. Lord Sidmouth tentara diminuir os "abusos" do *Toleration Act,* particularmente o recrutamento para o ministério da Igreja de pessoas "impróprias", como "ferreiros, limpadores de chaminés, tropeiros de porcos, mascates, sapateiros e outros da mesma espécie", mas foi derrotado em 1811 depois de uma implacável batalha política. Embora os dissidentes protestantes continuassem a sofrer diversas limitações legais até 1828, a tendência, tanto no governo como na Igreja Anglicana, era favorável aos missionários evangélicos e a sua ação entre os escravos. Nas colônias, contudo, os missionários evangélicos não conformistas encontrariam uma resistência crescente por parte de colonos e autoridades locais.[33]

Os colonos de Demerara não recorreram apenas às tradições britânicas para justificar sua oposição à presença dos dissidentes evangélicos entre eles, mas também encontraram apoio em outras colônias caribenhas onde existia a mesma hostilidade. Em todo o Caribe, os missionários evangélicos não conformistas foram alvo de ataques nas primeiras décadas do século XIX. Os jornais de Demerara reproduziam constantemente artigos da Jamaica, de Barbados, Trinidad ou outras ilhas, denegrindo os missionários. Os jornais os rotulavam indiscriminadamente como "metodistas" e denunciavam suas ligações com os abolicionistas e com a African Institution.[34] Por toda parte, o trabalho dos missionários era combatido pelos colonos,[35] mas estes tinham de enfrentar o governo britânico, que parecia inclinado a apoiar os missionários. Na Jamaica foi aprovado um *Consolidated Slave Act** que chegou a propor que a instrução religiosa para os escravos se restringisse às doutrinas da Igreja Anglicana, proibindo metodistas e outros "sectários" de instruir escravos. O Conselho Privado, entretanto, desautorizou o dispositivo por considerá-lo contrário aos princípios de tolerância reinantes na Grã-Bretanha.[36] Numa circular de 1811, Lord Liverpool, ministro da Guerra e das Colônias, deixou claro o apoio do governo à "instrução" religiosa dos escravos.

Os colonos ressentiram-se dessas pressões e, em várias ocasiões, as assembleias legislativas de Bermudas, Anguilla, Jamaica, Tobago e Saint Vincent aprovaram leis restringindo as atividades dos missionários, mas os governadores tinham de obedecer às instruções em contrário vindas de Londres. As visões conflitantes dos colonos e do governo britânico punham os gover-

---

* Ato da Escravidão Consolidada. (N. T.)

nadores em posição difícil, especialmente quando estes se tornavam proprietários de escravos. Em 1816 o governador Woodford, de Trinidad, numa carta a Lord Bathurst, admitiu que não fosse a pressão vinda da Inglaterra teria expulsado os missionários da colônia: "Há muito eu teria mandado embora da ilha o missionário e o pregador metodista, não fosse o amplo apoio a favor dos mesmos na Inglaterra ter-me induzido a permitir a continuidade de sua residência aqui. Pelas intimidades que eles estabelecem com os negros, sua presença é sempre uma fonte de mal-estar".[37]

Por todo o Caribe, o que mais parecia desagradar os colonos eram as maneiras "democráticas" dos missionários evangélicos, sua retórica de igualdade e o grau de autonomia litúrgica que concediam aos escravos.[38] Para os colonos, as ideias trazidas pelos missionários constituíam ameaça à ordem "social". Foi por causa de ideias como aquelas — pensavam eles — que os escravos haviam se rebelado no Haiti.[39] Os colonos estavam convencidos (não sem razão) de que os missionários tinham ligações com os abolicionistas e faziam parte do lobby cada vez mais poderoso em favor da abolição da escravatura. Joseph Marryat, talvez o mais eloquente porta-voz das Índias Ocidentais no Parlamento, expressou frequente e livremente a suspeita de que os missionários constituíam uma rede política poderosa, disposta a manipular a política para alcançar suas metas.[40]

Com a abolição do tráfico de escravos, os colonos sofreram um golpe sério — tanto em seu orgulho quanto em seus bolsos.[41] Durante a campanha pela abolição na Inglaterra, a escravidão fora retratada como fonte de todos os males e os colonos como tiranos ateus prestes a cometer toda sorte de atrocidades. Os colonos se indignaram tanto com os abolicionistas como com os grupos evangélicos que os apoiavam. Os colonos de Demerara sentiam particular aversão pelos missionários da London Missionary Society. Achavam que essa sociedade tinha ligações com Wilberforce, com a African Institution e com outros grupos abolicionistas na Inglaterra. (Na verdade, Joseph Hardcastle, tesoureiro da London Missionary Society, era amigo íntimo de abolicionistas famosos, como Thomas Clarkson, Granville Sharp e William Wilberforce, e "um resoluto colaborador destes em todos os movimentos pela melhoria da condição dos escravos". A LMS de fato recorria a Wilberforce sempre que os missionários encontravam oposição nas colônias e recebia o apoio deste.)[42] Não surpreende que a maioria dos colonos visse os missionários como espiões, sempre prontos a mandar para a Inglaterra histórias que reforçavam os piores preconceitos contra os proprietários de escravos.

A maioria dos colonos estava convencida de que dar instrução religiosa aos escravos, ensiná-los a ler, tratá-los como iguais, chamá-los "irmãos" — abolindo assim as distinções e protocolos sociais que na experiência diária reafirmavam o poder que os senhores tinham sobre eles — cedo ou tarde levaria os escravos a rebelar-se. Nem mesmo as declarações constantes dos missionários assegurando seu zelo em ensinar aos escravos a submissão aos senhores conseguiram persuadir os colonos a ver os religiosos como aliados confiáveis. Administradores e senhores queriam ter poder total sobre seus escravos e desconfiavam de tudo o que pudesse enfraquecer o controle que exerciam. Não gostavam da proibição do trabalho aos sábados imposta pelos missionários, que interferia na disciplina de trabalho nas fazendas, e eram ainda mais hostis à livre locomoção dos escravos à noite, para assistir a serviços religiosos que podiam acontecer a quilômetros de distância. Também se exasperavam sempre que os missionários se pronunciavam a favor dos escravos ou contra os administradores e senhores. Os colonos se incomodavam com as origens sociais modestas dos missionários e a atmosfera de intimidade que eles tentavam criar nas congregações, desconsiderando as fronteiras raciais e sociais. Isso ficou claro num artigo de 1813 publicado na *Royal Gazette*, sob o título "Metodistas das Índias Ocidentais":

> Nossas colônias inundaram-se de alfaiates, carpinteiros, funileiros, remendões etc., lamurientos e hipócritas, preguiçosos demais para trabalhar por sua sobrevivência honesta na Metrópole e, encantados com a ideia de viver à vontade e luxuosamente no estrangeiro, acharam muito conveniente transformar-se em convertidos à nova luz e apresentaram-se voluntariamente para ensinar o Evangelho sem capacidade para pronunciar nem sequer um único de seus versículos. Só depois da descoberta de uma conspiração de amplitude considerável, que em pouco tempo daria um rei negro à Jamaica, a Assembleia dessa ilha houve por bem investigar a causa da aparente insubordinação entre os negros. Na sempre lotada capela metodista de Kingston é muito comum ouvir-se um sujeito falar durante duas horas para uma congregação de negros e gente de cor, num jargão não de todo ininteligível para sua audiência, que todos nós somos irmãos, e em termos de perfeita igualdade. Seus ágapes, nos quais admitia-se que *Blacky* co-

messe o pão com *Massa Parson*,* imediatamente perturbavam toda a disciplina colonial e destruíam aquele respeito pelos brancos que era a única maneira de assegurar ordem e tranquilidade à ilha. A pretexto de pregar e orar, os membros se juntavam em reuniões que iam das três ou quatro da manhã até o sol nascer, e outra vez depois do pôr do sol. Nessas ocasiões, um negro ou um mulato, que não conhecia uma letra sequer do alfabeto, subia numa cadeira e imitava, com precisão tolerável, os gestos e caretas do pregador branco, para grande edificação e entretenimento de sua audiência.

Tudo isso parecia profundamente errado e ameaçador ao autor — que exibia o preconceito racial e de classe comum à maioria dos colonos.[43]

O metodismo — que no contexto inglês, conforme afirmou E. P. Thompson, era uma ideologia conservadora que visava alienar os operários e domesticar-lhes o trabalho — era visto pelos colonos como profundamente subversivo. Aquilo que para os missionários era meio de controle social, para a maioria dos colonos era fermento revolucionário. Na Inglaterra talvez fosse desejável, do ponto de vista de alguns setores das classes dominantes, treinar trabalhadores livres na ética da autoconfiança e da autodisciplina para que eles pudessem tornar-se "seus próprios feitores", como escreveu Thompson com propriedade.[44] Numa colônia onde havia escravos de fato, entretanto, a única forma possível de disciplina era a do próprio feitor. Quando se opuseram a Smith e aos demais missionários seus companheiros, os colonos de Demerara estavam reagindo não só ao que os missionários pregavam, mas ao que eles representavam. E os colonos não se enganavam quando reconheciam que os missionários estavam pregando uma nova maneira de ver o mundo, uma maneira mais adequada a uma sociedade de trabalhadores livres, uma maneira que poderia minar os fundamentos morais da sociedade colonial.[45]

Por certo, nem a London Missionary Society nem seus missionários tinham a intenção consciente de instigar a subversão. Na verdade, a LMS exigia explicitamente dos homens e mulheres que enviava para diversas partes do mundo que não se imiscuíssem nos assuntos políticos e que ensinassem os escravos a obedecer aos senhores. Recomendava aos missionários que se empe-

---

* Reproduções da linguagem popular que corresponderiam, aproximadamente, a Nego e a Seu Pastor. (N. T.)

nhassem ao máximo em não ameaçar a "paz" e a "segurança" públicas. Eles não deveriam dizer uma só palavra, quer em público quer privadamente, que pudesse irritar os escravos contra os senhores ou deixá-los insatisfeitos com a situação. Nada poderia ser mais claro do que as instruções dadas a John Smith quando ele saiu da Inglaterra para Demerara:

> Sua missão não é livrá-los da condição servil em que se encontram, mas propiciar-lhes o consolo da religião, e adverti-los da necessidade de "serem submissos, não somente pelo temor do castigo, mas também por obrigação de consciência" (Rom. 13.5, 1 Pd. 2.19). A pregação do santo Evangelho tornará os escravos que o ouvirem os servos mais diligentes, fiéis, pacientes e úteis da congregação; tornará desnecessária a disciplina severa, e fará deles os escravos mais valiosos das propriedades: e assim, você e seu ministério tornar-se-ão recomendáveis até para aqueles cavalheiros que talvez tenham tido aversão à instrução religiosa dos negros.[46]

Os outros missionários enviados para Demerara pela London Missionary Society — John Davies, Richard Elliot e John Wray — receberam ordens análogas.[47] Avisaram-nos de que não se imiscuíssem nas disputas seculares. Disseram-lhes que deveriam tentar obter a proteção dos governos locais e, por meio do bom comportamento e do respeito a todos os que estivessem investidos de autoridade, assegurar o gozo da liberdade necessária para instruir os escravos e promover sua salvação. Os missionários foram instados a não interferir na "condição civil" dos escravos, em público ou privadamente, e a incutir-lhes noções de obediência e respeito aos senhores. Sua única missão era salvar as almas dos escravos. Não deveriam de modo algum engajar-se nas disputas civis e na política local, nem comprometer-se, quer verbalmente, quer por correspondência, com pessoa alguma na metrópole ou nas colônias.[48] Os wesleyanos* também enviaram instruções muito semelhantes a seus missionários, particularmente àqueles a caminho das Índias Ocidentais. Tais instruções, evidentemente, eram mais fáceis de dar do que de seguir.

A maioria dos colonos de Demerara percebia uma profunda contradição entre cristianismo (particularmente em sua versão evangélica não confor-

---

* Seguidores de John Wesley (1703-91), fundador do metodismo e editor de sua própria versão da Bíblia. (N. T.)

mista) e escravidão. E não é de espantar que a maioria dos missionários — caso não o tivesse aprendido com os discursos de homens como Thomas Clarkson e Wilberforce — tivesse chegado à mesma conclusão. A diferença era que os colonos queriam livrar-se dos missionários, enquanto os missionários queriam livrar-se da escravidão. Não havia, no entanto, contradição intrínseca entre cristianismo e escravidão. Conforme a experiência das colônias portuguesas e espanholas havia mostrado, o cristianismo em sua versão católica pôde facilmente acomodar a escravidão. O mesmo também se pode dizer das colônias protestantes onde os morávios tiveram algum sucesso. Mas nesses casos o cristianismo ainda estava associado a uma visão tradicional do mundo, que conceituava as relações de classe de forma hierárquica, enfatizava as obrigações recíprocas e santificava as desigualdades sociais.[49]

Somente quando as noções de liberdade pessoal e direitos individuais — que se fundiram ao cristianismo para produzir o que veio a chamar-se Ética Protestante — se impregnaram de uma visão democrática do mundo, as pessoas começaram a achar que havia uma contradição fundamental entre cristianismo e escravidão.[50] Especificamente, somente quando começaram a questionar as instituições tradicionais e as estruturas de poder, e quando desafiaram um sistema social e político baseado em estamentos, monopólios e privilégios, as pessoas estabeleceram uma correlação entre servidão espiritual e servidão física, escravidão e pecado, redenção pessoal e libertação dos negros. Só então, apoiar a abolição da escravatura passou a ser uma tarefa dos protestantes militantes.[51] Só então, os cristãos encontraram, na mesma Bíblia usada para justificar a escravidão, argumentos igualmente convincentes para apoiar uma atitude antiescravista.[52] Foi precisamente dentro dessa nova ética que John Smith havia sido criado.[53]

A meta da London Missionary Society era sem dúvida resgatar almas e não corpos. Se uma coisa era possível sem a outra foi algo, porém, que ficou por ser visto. A sociedade havia sido fundada em 1795 com a finalidade de salvar as almas dos milhares de "pagãos" do mundo. A ideia não era nova. Outras sociedades missionárias haviam sido fundadas antes, e algumas denominações — presbiterianos, irmãos morávios, wesleyanos, batistas — já tinham missões em diferentes partes do mundo.[54] O que havia de novo era a tentativa de criar uma organização não sectária que congregasse missionários de diferentes seitas — tanto dissidentes quanto membros da Igreja Anglicana — numa cruzada universal. De certa forma, a ideia nascera como resposta à Revolução Francesa. Nas palavras do primeiro historiador da London Missionary Society, "o próprio cristianismo foi desafiado, a nova política missionária foi uma aceitação ousada e proclamada desse desafio".[55]

A linguagem do Iluminismo, no entanto, atraiu particularmente os dissidentes que ainda lutavam pela remoção das restrições que lhes haviam sido impostas no passado.[56] No dia da fundação da London Missionary Society, o reverendo de Gosport, sr. Bogue, comemorou o "funeral da intolerância", que, esperava ele, seria enterrada tão profundamente que jamais se levantaria.[57] Os sermões pregados na ocasião contrastavam — sob formas reminiscentes do Iluminismo — os tempos de "ignorância" e os novos tempos "das luzes".[58] Os pregadores falavam dos tempos do erro, da superstição e da perseguição e da nova "plenitude dos tempos", da "refulgência da verdade social". Eles se regozijavam com a ideia de que "as trevas da superstição, do erro e do pecado" seriam "para sempre banidas da face da Terra" e expressavam a esperança de que a dissensão seria superada e que "os habitantes dos diferentes climas, costumes, cores, hábitos e ocupações" estariam "unidos numa única e grande sociedade, sob a influência benéfica do Evangelho e da Graça". Sua mensagem era profética e ecumênica. A London Missionary Society definia como meta "promover a felicidade do homem e a honra de Deus".[59] E, mais importante, essa mensagem se dirigia a todas as classes sociais, sem distinção.

Em poucos anos a lms criou missões nos Mares do Sul, na África do Sul, na Índia e nas Índias Ocidentais. Trabalhou em cooperação estreita com outras sociedades missionárias e com a Religious Tract Society e a British and Foreign Bible Society. E, como batistas, wesleyanos, irmãos morávios e presbiterianos já tinham suas missões, a London Missionary Society — fundada com a intenção de reunir ministros de persuasões diferentes — terminou por contar cada vez mais com os congregacionalistas.

Um artigo publicado no periódico francês *Journal des Débats* sobre as sociedades missionárias inglesas comentou que sua finalidade principal não era tanto ampliar o Reino de Cristo como consolidar o "Império do Leopardo Britânico", o qual procurava unir todas as suas forças morais e físicas para melhor manter a posse de suas conquistas remotas.[60] De fato, ao enviar os missionários britânicos, com sua cultura e seus valores, para diferentes partes do mundo com o objetivo de ensinar os nativos a viver como ingleses, as sociedades missionárias serviam a essa finalidade. Mas quaisquer que fossem as outras funções que possam ter exercido como braço do império, a LMS e a maioria dos missionários que ela mandou para terras distantes e muitas vezes perigosas tinham uma única missão consciente: salvar as almas de milhões que estavam perecendo em pecado. Todavia, nem os propósitos do Leopardo imperial, nem uma zelosa determinação de salvar os pagãos esgotaram os significados e finalidades da experiência missionária. Para alguns dos jovens que foram viver entre os pagãos, o que talvez importasse tanto quanto qualquer outra coisa era a determinação de ter uma carreira que os tirasse da obscuridade e da pobreza. Tais propósitos, aparentemente tão diversos, não eram incompatíveis, o que talvez ajude a explicar o sucesso da LMS no recrutamento de missionários.

A *Evangelical Magazine,* revista fundada dois anos antes da LMS com a finalidade explícita de contrapor-se às "influências perniciosas de doutrinas errôneas" (como as ideias de Tom Paine e da Revolução Francesa), tornou-se a partir de 1795 a voz da London Missionary Society. A revista publicava biografias de missionários, memórias, diários, história eclesiástica, resenhas de livros, "anedotas autênticas", "providências notáveis", as últimas palavras de cristãos à morte — tudo para impressionar os leitores com exemplos da graça de Deus e instruí-los acerca das doutrinas fundamentais do Evangelho. Foi nas páginas dessa revista que rapazes e moças como John Smith e sua esposa Jane encontraram orientação e inspiração. Foi aí que as suas cartas sobre a missão, bem como as cartas de outros missionários mundo afora, foram publicadas. Ali tomavam conhecimento da glória do trabalho missionário, do dever de devotar o Dia do Senhor à pregação e ao autoexame, de sua natureza pecaminosa e de sua dependência da graça divina.

Como muitos outros periódicos da época, o *Evangelical Magazine* visava atingir um número cada vez maior de homens e mulheres pobres alfabetizados. A alfabetização tornava-se tão difundida na Inglaterra que, na visão otimista do editor da revista, em poucos anos seria difícil "encontrar um mendigo [...] que não tenha aprendido a ler".[61] A meta explícita da *Evangelical Magazine* era fornecer informações adequadas à "capacidade de todos, e apropriadas ao tempo e às circunstâncias de todo mundo".

Um princípio igualitário inspirava a convocação de novos missionários feita pela LMS. Os diretores enfatizavam que ninguém deveria deixar de candidatar-se levado "pela opinião errônea de que apenas homens instruídos estavam qualificados para esse emprego". Argumentavam que as "missões bem-sucedidas, naqueles países pagãos que fizeram pouco ou nenhum progresso nas artes e nas ciências", deveriam compor-se principalmente de "mecânicos sérios".

"Ferreiros, funileiros, carpinteiros, jardineiros, cordoeiros, fabricantes de barcos, pessoas hábeis em olaria e cerâmica", bem como os que entendiam de fundição ou fusão do ferro, poderiam, portanto, desde que tivessem o dom de comunicar o conhecimento religioso por meio de sua boa conversa, ser eminentemente úteis.[62] Dessa forma, a LMS acolheu homens de "habilidades naturais [...], familiarizados com a verdade divina e experientes", embora não letrados, e prometeu encarregar-se de sua educação abrindo a carreira missionária para homens de origens modestas.[63]

A política de recrutamento foi bem-sucedida. Apenas um ano depois da fundação da LMS, a *Evangelical Magazine* anunciava orgulhosamente que, em Coventry, um ministro, um fabricante de fivelas e arreios, um tecelão e a esposa e um jardineiro e a esposa haviam todos sido recomendados aos diretores pelo subcomitê de exame, responsável pela escolha dos candidatos à vida missionária. Todos foram aceitos. Em breve a sociedade estava mandando esses artesãos convertidos em missionários para diversas partes do mundo.[64] Eles eram pessoas que se sentiam felizes por devotar-se a uma carreira missionária em países distantes e inóspitos. Estudantes de classes média e alta graduados em Oxford ou Cambridge tinham melhores perspectivas em sua terra, e não estavam propensos a dar ouvidos ao chamado para pregar a pagãos de além-mar. Em 1814 a *Evangelical Magazine* noticiou que "poucos estudantes de nossas academias se candidataram a missionários"; em seus primeiros dezoito anos, a London Missionary Society recebeu inscrições de apenas três ou quatro estudantes com estudos acadêmicos.[65]

Desse modo, a salvação de "milhares de pecadores que pereciam nas terras pagãs", particularmente entre "hotentotes e negros e numa grande quantidade de outras tribos rudes da humanidade",[66] foi confiada a homens de origens modestas, propensos a ver o mundo de sua própria perspectiva de classe. Suas origens sociais e a experiência na Inglaterra num período de debate político intenso, de polarização social e de repressão, num momento em que o cristianismo evangélico progredia entre as classes trabalhadoras, talvez explicasse as propensões abolicionistas de alguns deles, a simpatia pelos escravos e a hostilidade contra os senhores. De certo modo, para eles — como para milhões de pessoas da classe operária que assinaram petições, primeiro a favor da abolição do tráfico de escravos e depois pela emancipação total — a crítica à escravidão funcionava como metáfora.[67]

O debate em torno da abolição do tráfico de escravos começara pouco antes, quando John Wray, o primeiro missionário da LMS a ir para Demerara, deixou a Inglaterra. Até mesmo a *Evangelical Magazine* — geralmente indiferente a questões políticas, a menos que envolvessem a liberdade dos dissidentes — rompera vez ou outra seu silêncio para condenar o tráfico de escravos. Em 1805, um artigo sobre o tema lembrou aos cristãos que o Senhor viera ao mundo para dar vida e salvá-los, e "para proclamar a libertação dos oprimidos". Outro artigo sugeriu que dissidentes protestantes e ministros da Igreja Anglicana liderassem uma campanha de petições apoiando a abolição do tráfico de escravos. Outro ainda observou que a "abolição do tráfico de escravos é tão vantajosa para os homens que verdadeiramente amam a Deus e O temem que seria motivo de espanto para mim o fato de ela ainda não ter sido realizada se eu não soubesse o quanto é extremamente forte e poderoso o argumento do amor de si e do interesse pessoal junto à maioria da humanidade".[68] Para muitos evangélicos, a escravidão e o tráfico de escravos se haviam associado ao pecado.[69] A oposição que os missionários viriam a encontrar nas colônias somente poderia reforçar a convicção de que o "interesse pessoal" dos colonos era um obstáculo no caminho dos homens que verdadeiramente amavam a Deus e O temiam. Nessas condições, não é de espantar que, ao chegarem os missionários da London Missionary Society a Demerara, os colonos os vissem como inimigos.

OS COLONOS E A METRÓPOLE

A história parecia avançar em oposição às elites de Demerara. Como aconteceu com os proprietários de escravos em toda parte, as elites foram apanhadas num processo que aparentemente condenava ao esquecimento a escravidão e o sistema de valores e sanções a ela associado. Para os proprietários de escravos, os missionários representavam tendências históricas novas, poderosas e ameaçadoras que estavam solapando seu modo de vida. Pois não era apenas a escravidão que estava sendo questionada, mas o senso de status dos colonos, suas noções de disciplina e castigo, seu modo de conceber as relações entre senhores e escravos, negros e brancos, ricos e pobres, colônia e metrópole. Não apenas seu direito de propriedade estava sendo ameaçado, mas também os monopólios e privilégios de que sempre haviam gozado na metrópole. Os debates no Parlamento e na imprensa britânica eram cada vez mais ameaçadores. E os colonos estavam prontos a resistir.

É raro que a mudança histórica atinja repentinamente as pessoas. Na maioria das vezes é difícil, se não impossível, dizer precisamente quando as coisas começaram a mudar. Mas há alguns períodos históricos em que as pessoas de repente se dão conta de que o mundo não é mais o que costumava ser. Foi esse o sentimento que muitos colonos em Demerara tiveram durante os anos que intermediaram a chegada do primeiro missionário da LMS, em 1808, e o julgamento de Smith, em 1823. E eles reagiram como as pessoas geralmente reagem nessas circunstâncias: com desconfiança, medo e raiva.

Demerara fora originalmente colônia holandesa e, embora sua incorporação definitiva ao império britânico tivesse ocorrido relativamente tarde (1803), a maioria das fazendas pertencia a cidadãos britânicos. Por volta de 1802, sete de cada oito fazendas em Demerara pertenciam a ingleses. O aumento da população britânica na colônia relacionava-se, em parte, ao período de guerra e efervescência política iniciado com a Revolução Americana e concluído somente depois da derrota final de Napoleão, em 1815.[70] Durante aqueles anos os colonos haviam sido arrastados para as guerras da metrópole. Sofreram bloqueios navais, ocupações e diversos tipos de retaliação. Entre 1780 e 1803, Demerara mudou de mãos seis vezes. Inicialmente, depois da independência norte-americana, a Holanda tentou permanecer neutra. Os colonos, ainda que proibidos de negociar com as colônias norte-americanas, continuaram a receber os navios da América do Norte. Em 1780, a Inglaterra declarou guerra à Holanda, e o almirante George Rodney capturou a colônia. A ocupação britânica durou apenas um ano. Em 1782, a colônia ficou sob o domínio dos franceses, e dois anos depois Demerara foi devolvida aos holandeses.

Desde a primeira invasão britânica o comércio fora relativamente livre e, apesar do tumulto político, a região continuou a desenvolver-se. Assim, quando a companhia holandesa tentou recuperar o poder e o controle sobre a colônia, os colonos resistiram, forçando seu recuo. Em 1791 a companhia perdeu sua licença especial e, desse momento em diante, a colônia ficou diretamente subordinada aos Estados Gerais Holandeses. Em 1794-95 a França invadiu a Holanda e o príncipe de Orange fugiu para a Inglaterra. Quando a República Batava se instaurou, os colonos estavam divididos. Monarquistas e republicanos marchavam nas ruas de Stabroek, os monarquistas usando rosetas cor de laranja e dando vivas ao príncipe de Orange, os republicanos portando rosetas tricolores e gritando liberdade, igualdade e autonomia — desatentos à contradição entre seus *slogans* e a realidade da escravidão a sua volta. Da Holanda chegaram ordens determinando que se fechassem os portos a todas as nações exceto Holanda e França. O apoio à república desapareceu inteiramente quando os brancos souberam que Victor Hughes — o "comissário negro" para as Índias Ocidentais, de nacionalidade francesa — falava em armar os escravos e lhes prometia emancipação. O espectro do Haiti continuava a ameaçar os colonos, confirmando seus temores e esfriando o fervor republicano.

Diante da perspectiva de perder não só a liberdade de comércio com a Inglaterra mas também o direito à propriedade de escravos, alguns colonos decidiram recorrer à intervenção britânica. Esses esforços coincidiram com pressões semelhantes existentes na Inglaterra, vindas dos partidários do príncipe de Orange. É possível também que parte dessa pressão viesse de negociantes e grupos têxteis britânicos interessados no algodão da colônia. Seja qual for a razão, os britânicos ocuparam novamente a região em 1796, ali permanecendo até o Tratado de Amiens, em 1802. Esses foram anos de grande prosperidade para as colônias de Essequibo, Demerara e Berbice. A integração ao mercado britânico, combinada com a desorganização da economia no Haiti e em outras colônias francesas do Caribe, criou condições particularmente favoráveis. Houve um fluxo crescente de capital britânico e de colonos, alguns dos quais procedentes de Barbados e outras colônias britânicas no Caribe, atraídos pela fertilidade do solo de Demerara e pela ausência dos furacões que com tanta frequência assolavam as ilhas. Muitas propriedades holandesas foram vendidas para os ingleses,[71] cujos modos, costumes e língua foram então adotados.[72]

A importância dos laços entre os colonos e a Inglaterra ficou óbvia em 1802, quando foi novamente interrompido o domínio britânico e Essequibo e Demerara voltaram a fazer parte da República Batava. Mais uma vez a Holanda proibiu o envio de mercadorias para a Inglaterra e cometeu o erro de decretar o banimento dos cidadãos britânicos que não jurassem fidelidade ao governo holandês. Nada poderia ser mais prejudicial à maioria dos colonos, nem irritá-los mais, e não demorou muito para que eles começassem a conspirar para restaurar o governo britânico. Os colonos receberam o apoio dos negociantes de Londres, Liverpool e Glasgow, que temiam pelo capital emprestado aos colonos. Em 1803 os holandeses foram substituídos pelos britânicos — desta vez para sempre.[73]

O resultado de todas as mudanças durante as duas últimas décadas do século XVIII foi a aquisição, pelos colonos, de uma relativa autonomia na administração de seus negócios. Assim, embora a volta dos britânicos tivesse sido saudada e até desejada por muitos deles, os colonos tentaram manter a maior independência possível ao assinar os termos formais da rendição.[74] Exigiram que as leis e os usos tradicionais da colônia fossem mantidos, que o sistema de impostos não fosse alterado, e que a religião que professavam fosse respeitada. Exigiram também que os funcionários públicos (com exceção do governador) continuassem em seus postos e que as pessoas e propriedades de todos os habitantes fossem protegidas. Recusaram-se a pegar em armas contra os inimigos externos e estipularam que os custos com a construção de acampamentos novos, a formação de baterias militares e o fornecimento de soldados e funcionários civis fossem pagos pelo Tesouro do soberano ou do Governo. Também se opuseram à criação de um "Regimento Negro". Todas essas condições foram aceitas pelos britânicos como parte do Capitulation Act* da colônia. Mas era mais fácil insistir em prol dessas coisas do que praticá-las.

À medida que o tempo passava, os colonos se viram lutando sem sucesso contra as autoridades britânicas que transgrediam o que os colonos consideravam direitos. Quando o governador quis construir uma alfândega, os colonos se opuseram — com o argumento de que, conforme o Capitulation Act, não se poderia autorizar a instalação de nenhum novo estabelecimento. E, quando tentou impor uma taxa de exportação de 4,5%, o governo encontrou

---

* Ato de Capitulação. (N. T.)

a mesma resistência. Por fim — temendo que não se autorizassem os navios britânicos a entrar em Demerara por falta de alfândega —, negociantes e colonos recuaram. A luta entre colonos e autoridades reais ainda persistia quando John Wray, o primeiro missionário da LMS enviado para Demerara, desembarcou. Contra esse pano de fundo de conflitos, não teria sido difícil prever que o ressentimento dos colonos em relação à interferência britânica nos negócios coloniais poderia facilmente transferir-se para Wray ou qualquer outro missionário britânico, particularmente se ele mostrasse a menor simpatia pela causa da emancipação.

Um ano antes da chegada de Wray, os colonos haviam protestado veementemente contra a abolição do tráfico de escravos. A *Royal Gazette* reproduzira uma petição assinada pelos fazendeiros e comerciantes das Índias Ocidentais publicada em jornais de Londres.[75] Os peticionários expressavam seu desapontamento e temor, e afirmavam a legitimidade do tráfico de escravos. Argumentavam que a agricultura nas colônias era impossível sem o trabalho africano, e falavam das consequências funestas em caso de abolição do tráfico, não só para os colonos como também para o império. O fim do tráfico de escravos destruiria o grande capital investido nas Índias Ocidentais. Faria definhar um negócio que pagava quase 3 milhões de libras de impostos anuais à Grã-Bretanha, empregava mais de 16 mil marítimos e era responsável por um terço das exportações e importações britânicas. Se o tráfico de escravos fosse abolido, os brancos deixariam as colônias, criando uma situação perigosa. Os peticionários concluíam dizendo que a proposta de acabar com o tráfico de escravos violava as leis da propriedade, o bem-estar das famílias e a segurança dos credores. E advertiam: "Os políticos devem encarar com particular temor uma nova discussão dessa questão, num período em que a existência de um poder negro [o Haiti] nas proximidades da mais importante das ilhas britânicas nas Índias Ocidentais" já propiciou uma "lição memorável e terrível". Apesar dos protestos, o Parlamento aprovou a temida legislação.[76]

Além das tensões entre os colonos e o governo imperial, Demerara também estava dilacerada por conflitos internos. A luta primordial (que será examinada no próximo capítulo), sem dúvida, era entre senhores e escravos. Mas existiam outras, nascidas das diferenças de nacionalidade, classe, etnia e religião entre os colonos. Embora os colonos holandeses e ingleses tendessem a concordar de modo geral com as questões relacionadas a política econômica, muitas vezes havia rixas entre eles. A decisão tomada pelo governador Bentinck, de não permitir que nenhuma petição fosse escrita em holandês, a menos que acompanhada da tradução inglesa, evidenciou essas tensões. Em 1812 o inglês substituía o holandês nos processos locais e, como parte da nova política de anglicização da colônia, o governador seguinte — Lyle Carmichael — mudou o nome da cidade de Stabroek para Georgetown, para homenagear George III. Passo a passo, o governo britânico expandia suas prerrogativas à custa dos antigos governantes.

Ao tentar restringir o poder de alguns colonos importantes, membros do Colégio de Kiezers — um corpo administrativo eleito e vitalício —, o governador Carmichael estendeu o direito de voto a todas as pessoas que pagassem 10 mil florins de imposto de renda. (Previamente esse direito fora concedido apenas àqueles que possuíssem pelo menos 25 escravos.) Ele também fundiu o Colégio de Kiezers com os Representantes Financeiros, nomeados a cada dois anos. Como estes também faziam parte da Court of Policy, o outro corpo administrativo importante da colônia, Carmichael conseguiu com esses expedientes ampliar a influência britânica no governo local. Todas essas mudanças administrativas provocaram protestos, particularmente dos holandeses, que as consideravam transgressões do Capitulation Act.[77] Embora três quartos da propriedade de Demerara estivessem nas mãos de fazendeiros ou administradores britânicos, os holandeses detinham algum poder na Court of Policy e no Colégio de Kiezers. Eles só podiam irritar-se com as medidas de Carmichael, que aumentariam a influência dos negociantes ricos (em sua maioria ingleses) e de alguns profissionais e burocratas da classe média, em detrimento dos fazendeiros holandeses.

Quando, em 1812, o general John Murray, então governador de Berbice, foi nomeado em substituição a Carmichael, o ministro das Colônias alertou-o para o fato de que as animosidades entre os colonos poderiam prejudicá-lo, mas disse que a Coroa contava com sua permanência no cargo para exercer "aquele espírito de paciência e aquela firmeza de caráter" que haviam tornado sua administração de Berbice tão popular.

À parte as tensões entre a velha elite holandesa e os ingleses, havia outras entre os próprios colonos britânicos. Ingleses, escoceses e irlandeses estavam em constante desavença. Seus facciosismos às vezes se traduziam em intolerâncias religiosas. Os ingleses assistiam aos cultos na igreja de St. George, os

48

escoceses na igreja presbiteriana escocesa. Também havia os metodistas e os católicos. E quase todos — escoceses, irlandeses ou ingleses — olhavam com suspeita os missionários evangélicos. Esses conflitos entre os britânicos podiam, no entanto, ser suplantados pela percepção que eles tinham do interesse comum, e pelo sentimento crescente de compartilhar uma identidade. Uma notícia num número da *Royal Gazette* de 1802 descrevia as festividades do dia de São Patrício, data em que "a comunidade maior prevaleceu. Esqueceram-se todos os preconceitos nacionais e distinções partidárias. A Rosa, o Cardo e o Trevo foram alegremente entrelaçados".[78]

Na colônia, os europeus sentiam-se como exilados. E, como exilados de qualquer tempo e lugar, tendiam a idealizar o mundo que haviam deixado para trás e, às vezes, assumir suas representações ideológicas como descrições adequadas da vida diária.[79] Cercavam-se de coisas europeias, símbolos de sua cultura, marcas de afiliação: móveis de mogno, mesas de bilhar e de carteado feitas em Londres, jarras para servir bebidas, copos, cálices, lustres, serviços de chá chineses, serviços de café e jantar, facas e garfos de prata, facas e garfos de cabo de marfim lavrado, espelhos, relógios, pianos e estantes. Penduravam nas paredes vistas de Edinburgh, Londres, Greenwich, Dublin. Colecionavam livros de Walter Scott, poemas de Byron ou Milton, livros sobre a história da Inglaterra, obras sobre ciência e natureza. Liam avidamente (com um atraso de quarenta ou sessenta dias) as notícias da Inglaterra. Seguiam com interesse os debates no Parlamento, as intrigas da corte, os julgamentos dos políticos radicais. Contra esse pano de fundo, a vida na colônia parecia monótona. E, quando um editor londrino queixou-se certa vez de que os jornais coloniais não traziam notícias locais, reproduzindo apenas extratos dos jornais ingleses, o editor da *Royal Gazette* justificou-se respondendo que "nessas pequenas comunidades, como em geral é o caso nas colônias, raramente sucedem ocorrências domésticas dignas de menção".[80]

Os colonos acompanhavam com ansiedade as altas e baixas dos preços do açúcar, do algodão e do café no mercado de Londres. Deliciavam-se com as descrições minuciosas das últimas modas londrinas. Importavam toda sorte de comida e bebida: vinho Madeira, do Porto, clarete, champanhe, queijos, presuntos, e até miudezas como velas, sabonetes, botas, sapatos, sombrinhas, roupas, meias, artigos de papelaria — tudo o que lembrasse suas origens. Vivendo longe dos conflitos cotidianos da "terra natal", idealizavam a sociedade e os hábitos britânicos e ansiavam pelo que não podiam obter. Até o clima da Grã-Bretanha parecia-lhes ter poderes curativos. Assim, quando tinham meios, viajavam para lá para tomar um banho de civilização — e recuperar-se das mazelas físicas.

Mas, acima de tudo, os colonos queriam ser tratados pela metrópole como iguais. Nos últimos anos, no entanto, tinham sofrido ataques constantes, especialmente dos abolicionistas britânicos, que insistiam em retratá-los como brutos e retrógrados. Os colonos ingleses eram particularmente vulneráveis às críticas. Embora dependessem do trabalho escravo, consideravam-se herdeiros de uma tradição ideológica libertária, com raízes profundas em sua história passada. Desde o início da história imperial, os ingleses haviam contraposto a "liberdade" de seu governo à "tirania" dos inimigos. Na Guiana não fora diferente. Os ingleses gostavam de enfatizar sua superioridade sobre os holandeses na administração das fazendas. Vangloriavam-se de seu estilo empreendedor e diligente, de sua habilidade para gerar lucros — e frequentemente opunham o tratamento "justo" e "benigno" dado aos escravos pelos britânicos à maneira "selvagem" e "brutal" dos holandeses. Gabavam-se de ter dado fim às torturas e abolido o uso da roda, substituindo-a por métodos de castigo mais "humanos".[81]

A consciência dos colonos britânicos estava dividida. Apesar de suas queixas contra o governo de Londres, compartilhavam da ideologia imperial professada pelos colonos britânicos em todo o império e reiterada constantemente no Parlamento e na imprensa. A melhor prova da hegemonia dessa ideologia era o fato de ela ser compartilhada pelos colonos de Demerara e por um de seus inimigos mais notórios, o abolicionista Thomas Babington Macaulay. Embora os colonos repudiassem vigorosamente a condenação da escravidão de Macaulay, subscreviam suas palavras quando ele celebrava a Inglaterra e o império.[82] Poucos documentos poderiam expressar melhor essa ideologia do que um discurso de Macaulay feito em 1824 na Society for the Mitigation and Gradual Abolition of Slavery Throughout the British Dominion [Associação pela Mitigação e Abolição Gradual da Escravidão em todo o Domínio Britânico]. Macaulay afirmava que a Inglaterra não podia mais tolerar a escravidão sem renunciar a sua pretensão à mais alta e singular distinção. O país tinha muito do que se gabar, podia vangloriar-se de suas leis antigas, da magnífica literatura, da longa lista de triunfos marítimos e militares, da extensão e segurança de seu império, mas era digno de um louvor ainda mais alto. "É sua glória peculiar", disse ele, "não a de ter governado tão amplamente, não a de ter feito conquistas admiráveis, mas a de ter governado apenas para favorecer, e ter conquistado apenas para proteger!"

Seu império mais poderoso é o de sua moral, sua língua e suas leis; — suas vitórias mais orgulhosas, aquelas que obteve sobre a ferocidade e a ignorância; — seus troféus mais duradouros, aqueles que erigiu no coração das nações civilizadas e libertas. O forte sentimento moral do povo inglês — seu ódio à injustiça —, sua disposição de fazer todos os sacrifícios em vez de participar do crime; esses têm sido há muito sua glória, sua força, sua segurança. Confio que assim continuarão sendo por muito tempo. Confio que os ingleses perceberão nesta ocasião, como perceberam em muitas outras, que a política recomendada pela justiça e pela misericórdia é a única que assegura a felicidade das nações e a estabilidade dos tronos.[83]

Os aplausos com que o discurso foi recebido testemunharam o apelo da ideologia imperial, que nem a escravidão nas colônias, nem todas as atrocidades cometidas pelas tropas britânicas, nem todos os protestos dos povos incorporados pela força ao império britânico no mundo inteiro poderiam abalar durante muitos anos ainda. Essa fé ligava-se de forma inextricável à crença na superioridade das instituições britânicas, e na excelência da prática da liberdade cívica e política dos britânicos.[84] O que explica a popularidade dessas noções é que elas foram (e continuaram a ser), consciente ou inconscientemente, manipuladas por diferentes grupos: pelas classes dirigentes em suas lutas pelo poder e nas tentativas de impor limites à Coroa, de um lado, e aos "revoltosos", do outro; pela Coroa, para consolidar sua legitimidade; e pelo povo, para se proteger da arbitrariedade dos governantes. Do outro lado do oceano, a ideologia imperial serviu como arma do império. Foi compartilhada pelos britânicos disseminados pelo mundo todo, a quem ajudava a demarcar fronteiras e enfatizar sua superioridade sobre os demais. Mas também foi usada pelos súditos do império que lutavam contra a discriminação e a exclusão e reivindicavam um lugar ao sol em nome da liberdade, da justiça e das leis britânicas.

As guerras imperiais do século XVIII, a Independência Americana e depois a Revolução Francesa, a guerra com a França, as mudanças econômicas, os deslocamentos sociais e o turbilhão político daqueles anos apenas fortaleceram essa ideologia. Ela foi ritualizada e enaltecida, criou uma imagem do passado e a projetou no futuro. Foi celebrada em livros escolares, em verso e prosa, em romances e livros de história, em sermões e discursos políticos, no Parlamento e na imprensa. Foi celebrada em incontáveis canções populares, que podiam ser ouvidas nos lugares mais remotos do mundo. A ideologia imperial teve um poder irresistível. Tornou-se algo que não se podia ignorar, uma bandeira em torno da qual as elites da Grã-Bretanha ou das colônias puderam cerrar fileiras e que até os oprimidos, em suas lutas contra os abusos da dominação imperial, puderam invocar.[85]

A ideologia imperial dava aos colonos um sentido de identidade mas não os cegava para o crescente conflito de interesses que os separava da metrópole. Quando havia recessão econômica e os preços declinavam e os colonos não podiam pagar suas hipotecas, suas relações com os negociantes britânicos e as autoridades reais azedavam. O sistema de patronato político também gerou inimizades pessoais, rivalidades e conflitos. Devido à prática de beneficiar amigos e perseguir inimigos, o governador Murray recebeu muitas advertências do governo britânico. Diversos recursos contendo sérias acusações à administração de Murray e levantando suspeitas sobre seu caráter foram apresentados ao Conselho Real.[86]

Em Demerara, as questões raciais complicavam os conflitos inter e intraclasses. Havia tensões entre brancos e mulatos, alguns dos quais — como John Hopkinson, o proprietário da John e da Cove, e a família Rogers, proprietária de diversas fazendas, incluindo a Bachelor's Adventure e a Enterprise — conseguiram tornar-se relativamente ricos.[87] Embora o poder que os brancos exerciam sobre os negros tendesse a facilitar as relações entre homens brancos e mulheres negras ou mulatas, e a despeito de em Georgetown não haver uma segregação residencial significativa,[88] os limites que separavam brancos, mulatos e negros eram ciosamente mantidos nos ambientes públicos. A discriminação era conspícua no espaço social, onde a cor separava as pessoas em grupos diferentes, com privilégios diferentes. O cemitério da igreja inglesa dividia-se em três áreas, uma para os brancos, uma para os "libertos de cor" e uma para os escravos.[89] No teatro local, as pessoas de cor livres tinham de sentar-se nas fileiras de trás.[90] Mesmo entre os negros havia formas sutis de discriminação. Na igreja, os mulatos frequentemente se recusavam a sentar-se perto dos negros.

Numa sociedade extremamente fluida, onde se faziam e perdiam fortunas num ritmo febril e as fronteiras da elite eram frequentemente cruzadas por arrivistas, onde os proprietários das fazendas conviviam com procuradores e administradores, onde alguns mulatos conseguiram tornar-se proprietários de fazendas, e onde os protocolos raciais eram frequentemente desconsiderados por brancos que viviam com negras, as tensões raciais e de classe tomavam muitas vezes a forma de ansiedade em relação ao status, a que se acrescentavam implicações raciais. O resultado era que as pessoas sentiam necessidade constante de demarcar fronteiras, exibindo agressivamente sua autoridade com gestos petulantes e aferrando-se aos símbolos tradicionais de prestígio. Apesar do tom humorístico, uma carta de 1807 à *Royal Gazette* traía essa preocupação. O autor, sob o pseudônimo "Couro de Vaca", comentava o uso indiscriminado de *"Esquire",* um termo, segundo ele, "mal aplicado e prostituído" na colônia. O missivista se queixava de que bastava possuir alguns cachos de banana-da-terra para habilitar ao título de *Esquire*.

> Há algumas noites eu estava à porta de minha casa quando um menino me entregou uma carta. Olhei para o endereço e vi que era para meu feitor, B. W. *Esquire*. Eu não ficaria nada surpreso se um dia desses visse uma carta endereçada a meu capataz "Quaco, *Esq.*", ou, na ausência deste, a Nelson, *Esq.*, Segundo Capataz.

Couro de Vaca perguntou ao tipógrafo se ele transcrevia as notificações textualmente como chegavam ao escritório, ou se acrescentava *Esquire,* "à guisa de cumprimento".[91] Tantos eram os conflitos na colônia que ninguém teria dificuldade para endossar uma observação feita numa carta enviada à *Royal Gazette* em agosto de 1822: "Em nenhum país na face da Terra as classes são mais numerosas e o espírito de partido está mais firmemente enraizado do que neste".[92] Numa sociedade com tantas divisões e tantos protocolos, seria impossível os missionários não cometerem algum erro.

A imprensa colonial contribuía para exacerbar os conflitos e o mal-estar geral na colônia. Não obstante o número reduzido de leitores, circulavam em

---

* *Esquire*, ou sua abreviação *Esq.*, é um título formal que pode ser acrescentado ao nome de um homem, caso ele não tenha outro título, e é geralmente usado em correspondências. (N. T.)

Demerara diversos jornais — o *Colonist,* a *Royal Gazette, o Guiana Chronicle.* Todos sujeitos à censura. Os ataques contra o governo britânico estavam proibidos, mas a imprensa local sempre conseguia insinuar alguns comentários críticos sobre as políticas coloniais em debate na Inglaterra. A *Royal Gazette* era mais comedida do que o *Guiana Chronicle,* que parecia estar sempre pronto a satisfazer o gosto do público pelo escândalo e a fofoca. Isso era um sinal dos tempos, pois o patrocínio do governo estava sendo substituído pelo patrocínio do público. Uma carta mandada para a *Gazette* em 1819, criticando o *Chronicle,* satirizava essa tendência:

> Pode-se dizer que a Imprensa, como o Palco, para ter sucesso quando o tesouro está vazio, deve ser, em larga medida, aquilo que a cidade pede! De modo que se a bufonaria em um e o escândalo na outra, por um lado dão prazer e por outro enriquecem, então tudo está bem quando acaba bem![93]

Três anos depois, o *Guiana Chronicle* foi novamente acusado de faccioso, pró-*whig** e mercenário, de cortejar o escândalo e a difamação para satisfazer fins privados, e de mostrar sua disposição "para sacrificar a harmonia da sociedade e os sentimentos dos indivíduos à sordidez egoísta e à manutenção de uma popularidade culposa". Em sua defesa, o *Chronicle* argumentou que estava aberto a todos os partidos, sem se inclinar por nenhum, e que a prática de publicar convocações ou comunicações "à maneira de anúncios" era tão antiga quanto a imprensa. Todos os jornais da Inglaterra, "pró-ministério e de oposição", cobravam regularmente para inserir até mesmo artigos que contivessem "assuntos importantes de informação pública". O jornal concluía dizendo que não havia necessidade de defender-se numa hora em que "atingira uma circulação que nada, a não ser possuir alguns direitos ao patrocínio do público, poderia ter-lhe granjeado".[94] Com efeito, a política agressivamente sensacionalista do *Guiana Chronicle* traria mais virulência aos conflitos e problemas que minavam a sociedade de Demerara.

---

* No século XVIII e início do XIX, o grupo político dos *Whigs* se caracterizava por pretender limitar o poder da Coroa e aumentar o do Parlamento e, em questões religiosas, ter a preferência dos *Dissenters.* (N. T.) Em oposição a *Tories,* os conservadores, como estes ainda hoje são chamados. (N. R.)

Tal como outras colônias, Demerara foi afetada não só pelas guerras do império, como também pelas violentas flutuações de preços no mercado internacional. Quando subiam os preços do algodão, do café ou do açúcar, as fazendas se expandiam, os colonos encontravam crédito fácil e faziam-se fortunas. Se essa prosperidade durava muito tempo, os que tinham acumulado capital muitas vezes voltavam para a metrópole, deixando as fazendas nas mãos de administradores e procuradores. Em tempos de crise, quando os preços despencavam, muitos colonos não podiam pagar as hipotecas e perdiam as propriedades para os negociantes a quem deviam. A maioria desses credores vivia na Inglaterra. Como consequência, por uma ou outra razão, em Demerara, assim como em muitas outras colônias caribenhas, a porcentagem de fazendeiros residentes não era grande.

O final do século XVIII foi um período de extraordinária prosperidade. O número de fazendas cresceu rapidamente e a colônia recebeu muitos escravos.[95] Entre 1789 e 1802, as exportações de açúcar cresceram 433%, as de café, 233%, e as de algodão, 862%.[96] Fizeram-se fortunas fabulosas do dia para a noite.[97] Dizia-se, em 1799, que um plantador de algodão podia ter um lucro de 6 mil libras esterlinas numa colheita de 60 mil libras. Por um curto período, as colônias de Demerara, Essequibo e Berbice foram os maiores produtores de algodão do mundo. Mas logo surgiu a competição norte-americana e, quando John Wray chegou à colônia, em 1808, a bonança já havia passado. Não só a produção de algodão declinara como também a produção de café. O bloqueio napoleônico e a recusa do governo britânico de dar aos colonos das Índias Ocidentais acesso aos Estados Unidos estreitaram o mercado. Assim, os colonos voltaram-se para o açúcar. Mas esse também foi afetado pelas oscilações no mercado internacional; e seus preços, bem como os do algodão e os do café, declinaram depois de 1816-17, quando o mercado europeu começou a ser inundado de açúcar do Brasil, das Índias Orientais e de outras colônias do Caribe. Os preços atingiram o índice mais baixo em 1822-23.[98] Enquanto os preços dos produtos primários exportados pela colônia caíam, os preços dos produtos vendidos na colônia subiam. Tudo ficou muito caro.

Wray se queixou dos preços altos que tinha de pagar por tudo o que comprava, e comentou sobre os problemas que oprimiam os colonos.[99] Os preços elevados e a escassez de alimento tornaram as vidas dos escravos cada vez mais difíceis. Devido à guerra com os Estados Unidos, não havia peixe salgado para os escravos, que tinham de contentar-se com banana-da-terra. "Não podemos dar cinco ou seis libras por meio barril de carne salgada, e carne fresca está fora de cogitação. A sra. Wray e eu comemos carne fresca apenas uma vez desde que nos casamos. [...] Um pedaço de carne de carneiro custa aqui tanto quanto um carneiro no Oriente [...]."[100]

Os colonos estavam vivendo um problema sério. Durante os anos de bonança haviam tomado emprestado grandes somas de dinheiro na Inglaterra, mas quando os preços declinaram, não tiveram como pagar suas dívidas. Os colonos de Essequibo expressaram sua aflição numa petição dirigida ao governador Bentinck em 1811:

> Esses seus requerentes vêm lutando já há algum tempo sob condições muito desfavoráveis — devido ao estado precário do mercado europeu para todos os tipos de produtos das Índias Ocidentais —, que pioraram de forma a tornar impossível para muitos dos colonos mais respeitáveis pagar suas dívidas. [...] Muitas propriedades foram então vendidas. [...] Caso se permita que o processo continue [...] a grande maioria das propriedades será confiscada. [...] Muitos fazendeiros têm armazenados produtos suficientes para pagar duas vezes mais do que devem, se esses produtos tivessem o preço usual, mas, nas circunstâncias atuais, fossem as ações contra eles até mesmo de mil florins, não poderiam pagar em dinheiro e, por quantias comparativamente tão insignificantes quanto essa, seriam obrigados a penhorar suas propriedades ou ir para a cadeia.[101]

A essa petição logo se seguiu uma outra, assinada conjuntamente pelos fazendeiros e habitantes de Demerara e Essequibo. Mais uma vez eles disseram que, embora seus depósitos estivessem cheios de produtos, os credores não estavam propensos a aceitá-los como pagamento, a não ser a preços muito abaixo do necessário ao padrão de subsistência de um fazendeiro. Aqueles que já haviam embarcado sua produção e emitido letras de câmbio — como geralmente se fazia —, não tinham conseguido vendê-la e tiveram suas letras protestadas, aumentando assim suas dívidas. A experiência já lhes mostrara que "alguns credores, mais insaciáveis do que humanos", iriam processá-los.[102]

O governador Bentinck compreendeu o aperto dos colonos e encaminhou as petições ao conde de Liverpool, ministro da Guerra e das Colônias. O governador explicou que a situação se tornara tão angustiante que ele achara necessário submeter a petição dos colonos ao príncipe regente para que uma compensação lhes fosse concedida. O governador sugeriu que fossem suspensas todas as execuções das vendas das propriedades — desde que o governador e o Tribunal de Justiça se incumbissem de não deixar as propriedades se deteriorarem. Alguma coisa tinha de ser feita com rapidez, disse ele, pois dentro de alguns meses muitas propriedades seriam levadas a leilão e, a menos que se concedesse algum auxílio, ficariam arruinados não só aqueles cujas propriedades haviam sido vendidas, mas também seus credores.

Os fazendeiros tinham suas opções limitadas pelos credores. Estes determinavam não só o que deveria ser plantado, como também o local onde o produto deveria ser comercializado. Essa limitação ao desenvolvimento da colônia ficou clara numa carta enviada dois anos mais tarde pelo governador ao conde Bathurst, então ministro da Guerra e das Colônias. Demerara podia fornecer qualquer quantidade de farinha de mandioca e de milho, disse ele, "se fossem oferecidos incentivos suficientes". O arroz também se desenvolvia muito bem, mas o nível da demanda não era suficiente para que se providenciassem debulhadoras, celeiros e outros equipamentos necessários. Todo o capital emprestado, "cujos juros agora pressionam o fazendeiro", estava garantido em hipotecas sobre os escravos, a terra e as construções, onde precisava permanecer até que a dívida fosse saldada ou a propriedade mudasse de mãos. Como consequência, as transferências de capital e trabalho para os novos canais da indústria eram difíceis e só podiam ocorrer caso os credores mudassem sua percepção. Mas isso, reconhecia o governador, não era fácil. Os credores que viviam na colônia logo se convenceriam, mas os credores europeus poderiam levantar objeções sérias. Ele explicou que o "credor mercantil estipulava que as safras deveriam ser-lhe remetidas para que ele as vendesse e então ganhasse uma comissão além dos juros; a produção atual de café, açúcar e algodão é portanto vantajosa para o credor mercantil europeu, mas a venda de madeira, arroz e milho, encontrando um mercado à porta ou próximo, não teria vantagem nenhuma para ele além da mera remuneração dos juros".[103]

Apanhados na armadilha da lógica do capitalismo mercantilista, os colonos encontravam-se de fato numa situação desesperadora.[104] Não tinham liberdade para comerciar com outras nações, os preços de seus produtos estavam caindo no mercado inglês, as dívidas cresciam e os lucros diminuíam. Revendo o estado da colônia em 1812, um plantador disse à Court of Policy que, em 1799-1800, o rendimento em três propriedades sob sua responsabilidade havia chegado a 40 mil libras, enquanto as despesas haviam sido de apenas dois terços em relação a 1812. Nos últimos três anos, entretanto, o rendimento fora apenas suficiente para cobrir as despesas. Os proprietários não estavam sequer obtendo lucro sobre o seu capital.[105]

Os fazendeiros viram-se enredados numa terrível contradição. O mesmo processo histórico que na Inglaterra estava levando ao abolicionismo e ao livre-comércio, criara novas oportunidades de investimento na Grã-Bretanha e também estava impelindo os investidores para as Índias Orientais e outras partes do mundo, fazendo com que estes ficassem cada vez mais indiferentes ao destino da colônia. Enquanto isso, os colonos de Demerara, embora lutando para incrementar o comércio com outros países, procuravam defender seus privilégios no mercado britânico e agarravam-se à escravidão. A crise econômica tornou os fazendeiros de Demerara particularmente hostis àqueles que inicialmente haviam abolido o tráfico e que agora falavam de uma legislação para melhorar as condições dos escravos. Para piorar a situação, aqueles que na Inglaterra faziam campanha em favor dos escravos pintavam um péssimo quadro dos colonos, chegando mesmo a dar a impressão de estar do lado dos negros contra os próprios conterrâneos. E, pior ainda, depois de ter abolido o tráfico de escravos nas colônias britânicas, o governo continuou a permitir que se importasse açúcar de países como o Brasil, onde o tráfico ainda ocorria.

Tal como colonos de qualquer outra parte do mundo, os colonos de Demerara estavam à mercê das políticas arbitrárias do governo da metrópole. Seus lucros dependiam do apoio político dos grupos metropolitanos. Da metrópole recebiam o capital e importavam a maior parte do que necessitavam. Para a metrópole exportavam seus produtos. Desde o início os colonos tinham se beneficiado de uma posição privilegiada no mercado metropolitano, mas, para sua aflição, na Inglaterra havia muita gente falando sobre livre-comércio. No período entre 1820 e 1830, um grande número de petições, vindas de diferentes grupos de interesse favoráveis ao livre-comércio, inundou o Parlamento. O lobby das Índias Ocidentais estava tendo dificuldade para defender seus privilégios coloniais dos ataques dos reformistas, originários não só dos grupos de interesses das Índias Orientais, como também de comerciantes envolvidos no comércio internacional e de donos de manufaturas e grupos de consumidores.[106] A posição privilegiada que a colônia desfrutava no mercado britânico estava ameaçada. O declínio dos preços do açúcar, do algodão e do café irritou os colonos e os pôs numa posição até mais defensiva. Eles começaram novamente a reclamar dos baixos rendimentos, atribuindo a queda aos "encargos onerosos", "regulamentos opressivos" e vantagens logradas por seus competidores, "livres das restrições do sistema colonial britânico".

Os colonos acompanhavam ansiosamente os debates muitas vezes acerbos no Parlamento e na imprensa britânica. Em 1820 a *Royal Gazette* transcreveu de jornais londrinos diversos artigos pró e contra o livre-comércio, entre os quais uma petição dirigida à Câmara dos Comuns em prol do livre-comércio assinada por negociantes da City de Londres. Os requerentes condenavam as políticas restritivas e protecionistas adotadas pelo governo e argumentavam que todas elas funcionavam como um imposto pesado para a comunidade em geral. Solicitavam à Câmara dos Comuns que adotasse medidas que tivessem como meta "dar maior liberdade ao comércio externo e desse modo aumentar os recursos do Estado".[107] Alguns dias depois, a *Gazette* publicava uma petição dos armadores contra o livre-comércio. Eles alertavam que, caso as restrições à importação de cereais e os impostos sobre a lã estrangeira fossem eliminadas, os campos ficariam sem cultivo, os trabalhadores sem emprego e o resultado seria a desgraça nacional. Os navios apodreceriam nos portos, os marinheiros iriam servir no estrangeiro e "não restaria nenhum viveiro para suprir as frotas em tempo de guerra". Os requerentes afirmavam que os juros daqueles cujo capital havia sido investido nos "negócios tradicionais" deveria ser protegido.[108]

O debate sobre o livre-comércio ocuparia a atenção dos colonos nos anos que se seguiram. Joseph Marryat, o incansável porta-voz das Índias Ocidentais, advogou brilhantemente o ponto de vista da região, enfatizando os interesses comuns da colônia e da metrópole. Num de seus discursos (transcrito na *Gazette*), disse que o colono britânico tinha de adquirir todos os seus suprimentos na Grã-Bretanha:

> Tudo à volta dele e tudo o que lhe pertence é britânico, as lãs, os fios e as cordas, o machado. [...] Ele assa sua carne numa grelha britânica, num espeto britânico, ou a cozinha numa panela britânica, serve-se dela em travessas ou pratos britânicos, com facas e garfos britânicos, bebe em canecas ou copos britânicos, e

dispõe sua refeição sobre uma toalha britânica. Ele gasta todos os seus meios excedentes nos produtos naturais e manufaturados britânicos, e esse gasto dá vida e estímulo à indústria britânica

Marryat afirmava que tudo isso beneficiava os donos de manufaturas, os proprietários de terras e os trabalhadores e que, no final, a Grã-Bretanha e as colônias se beneficiavam mutuamente. Num debate parlamentar a respeito das taxas sobre a madeira, Marryat argumentava contra a retirada das taxas restritivas como uma questão de princípio. "Os princípios", disse ele, "são imutáveis em sua natureza e não podem ser esquecidos e lembrados ao bel-prazer, adotados numa instância e abandonados numa outra. Se abolimos todas as restrições à importação de madeira do exterior, como podemos nos recusar a aboli-las ao se tratar da importação do milho estrangeiro?" Marryat temia que uma medida levasse a outra e mais cedo ou mais tarde todas as proteções desaparecessem, inclusive aquelas que serviam de escudo aos colonos das Índias Ocidentais.[109]

Como Marryat, os colonos de Demerara estavam preocupados em manter a proteção de que sempre tinham desfrutado no mercado britânico. Eles se solidarizavam com seus vizinhos das Índias Ocidentais, que também viam seus lucros diminuírem. Em 1821, a *Gazette* reproduziu uma petição da Assembleia da Jamaica fazendo ver o estado de "aflição extrema" a que aquela e todas as demais colônias britânicas das Índias Ocidentais estavam reduzidas devido aos rendimentos inadequados obtidos pelos produtos básicos em decorrência dos impostos onerosos, da regulamentação opressiva e das vantagens que as colônias e possessões rivais desfrutavam. Um mês depois os jornais publicaram outra petição da Jamaica. Dessa vez os requerentes foram direto ao ponto. Pediram que a situação fosse aliviada, argumentando que o preço do açúcar havia diminuído tanto desde 1799 e os custos da produção se elevado de tal maneira, que o valor das safras mal compensava os custos de produção, "não deixando renda nenhuma pelo valor da terra, nem lucro algum pelo grande capital nela empregado".

Pouco depois, os jornais de Demerara reproduziam os debates a respeito dos impostos adicionais sobre o açúcar das Índias Orientais para proteger os produtores das Índias Ocidentais. Inevitavelmente, o tema da escravidão foi novamente discutido. Na Câmara dos Comuns, um membro que se opunha a essas taxas usou a oportunidade para atacar o tráfico de escravos, argumentando que não havia razão para que o consumidor fosse obrigado a pagar pelo açúcar do Ocidente um xelim a mais do que o que pagaria pelo açúcar das Índias Orientais. "Era intolerável que o povo da Inglaterra fosse obrigado a pagar preços altos para enriquecer pessoas que haviam optado por empregar seu capital naquele comércio de carne humana." Os que falaram em defesa dos colonos das Índias Ocidentais afirmavam que estes eram obrigados a levar seus produtos em navios britânicos para um mercado britânico. Se tais restrições fossem abolidas eles de bom grado mandariam o açúcar que produziam para onde lhes dessem o melhor preço.[110]

Os colonos, por sua vez, queriam liberdade para comerciar com qualquer país, mas ao mesmo tempo desejavam manter privilégios monopolistas no mercado britânico. Muitas vezes eles haviam desrespeitado as restrições ao comércio. Haviam mandado seus navios para as ilhas do Caribe e negociado com as colônias espanholas e americanas sempre que necessitaram. As políticas coloniais sempre haviam sido o resultado de uma negociação complexa entre o governo metropolitano, diversos grupos de interesse na metrópole e os colonos. Mas desde a abolição do tráfico de escravos, os colonos começaram a sentir que estavam perdendo o controle.

A eliminação das tarifas protecionistas que garantiam a posição preferencial das colônias no mercado britânico foi um processo gradual que por fim iria desmantelar todo o sistema mercantilista da Grã-Bretanha. O mesmo sucedeu com a emancipação dos escravos. Mas a perspectiva de que tais coisas pudessem vir a acontecer deixava os colonos de Demerara na defensiva. Ironicamente, eles tinham se tornado membros do império britânico exatamente no momento em que os debates sobre o livre-comércio e a abolição se intensificavam e que o movimento abolicionista na Grã-Bretanha ganhava impulso. Em 1815, as discussões do "Registry Bill"* no Parlamento suscitaram fortes protestos tanto na Inglaterra quanto nas Índias Ocidentais. A Society of Planters and Merchants [Associação de Colonos e Negociantes], representando as Índias Ocidentais, queixou-se de que o registro de escravos imposto pelo ato do Parlamento infringiria os direitos constitucionais, os interesses das legislaturas coloniais e os indivíduos e seria um golpe contra a propriedade nas colônias. Em defesa da proposta, James Stephen publicou uma série de panfletos

---

* Projeto de lei sobre Registros. (N. T.)

ilustrando os males da escravidão no Caribe. O grande número de panfletos produzidos pelos dois lados exacerbou o antagonismo entre eles.[111] Os jornais das Índias Ocidentais também se manifestaram contra a medida proposta. A *Royal Gazette* expressou o ponto de vista dos colonos numa série de editoriais raivosos publicados entre março e julho de 1816, atacando o governo britânico e a African Institution, por uma medida que consideravam uma interferência indevida nos negócios da colônia.[112] A proposta foi finalmente derrotada e a decisão de implementar o registro dos escravos foi deixada às colônias. Mas as pressões abolicionistas continuaram.

Os colonos observavam o movimento em direção à emancipação com apreensão crescente. Também seguiam atentamente os debates sobre o comércio colonial. De 1821 a 1823 não se passou um mês sequer sem que os jornais de Demerara discutissem essas questões portentosas. O ano de 1823 não começou de forma muito auspiciosa para os colonos. Os preços de seus produtos de exportação alcançaram o índice mais baixo. Os abolicionistas intensificaram a campanha na Inglaterra. Em janeiro, um grupo significativo de notáveis fundou em Londres a Associação pela Mitigação e Abolição Gradual da Escravidão em todo o Domínio Britânico. Em março, Wilberforce introduziu na Câmara dos Comuns uma petição dos *quakers* pela abolição da escravatura. E dois meses depois publicou *An Appeal to the Religion, Justice and Humanity of the Inhabitants of the British Empire in Behalf of the Negro Slaves in the West Indies* [Um apelo à religião, justiça e humanidade dos habitantes do império britânico em favor dos escravos negros nas Índias Ocidentais], que teve repercussão profunda nos dois lados do Atlântico. Para piorar a situação, um grupo de acionistas da Companhia das Índias Orientais requereu a equiparação dos impostos do açúcar, desafiando o tratamento preferencial dado às Índias Ocidentais.[113] Nessas circunstâncias, não surpreende que as discussões do Parlamento sobre as medidas destinadas a melhorar as condições de vida dos escravos enfurecessem os colonos.

Um livro publicado por Alexander McDonnell em 1824, *Considerations on Negro Slavery, with Authentic Reports Illustrative of the Actual Conditions of the Negroes in Demerara* [Considerações sobre a escravidão dos negros, com relatos autênticos ilustrativos das condições atuais dos negros em Demerara], deixou muito claro o ponto de vista dos colonos.[114] O curioso é que, em defesa do regime escravista e do sistema colonial tradicional, o autor adotou muitas das ideias usadas por seus oponentes. Tanto a defesa quanto a crítica pertenciam ao mesmo universo ideológico. Ambas estavam comprometidas com a ideologia do trabalho e da autodisciplina. Ambas tinham a mesma fé nas qualidades redentoras da educação. Ambas acreditavam no "progresso" e na "civilização". Ambas confiavam no poder das ideias para mudar o mundo. Ambas compartilhavam um profundo respeito pela razão humana. Por fim, ambas afirmavam defender os interesses do império britânico.

Porém, apesar de todas essas semelhanças, os colonos, cujos pontos de vista McDonnell representava, e os críticos da escravidão e/ou advogados do livre-comércio tinham visões opostas da escravidão e das relações entre colônias e metrópole. A posição dos colonos de Demerara era repleta de ambiguidades. Embora em princípio eles pudessem estar propensos a reconhecer a superioridade do trabalho livre sobre o trabalho escravo, defendiam a escravidão não só porque naquela época não viam nenhuma alternativa viável ao problema da mão de obra, como também porque a emancipação era um ataque direto à sua propriedade. As elites metropolitanas não eram mais consistentes, como McDonnell salientou. Opunham-se à escravidão, mas tratavam os "trabalhadores livres" pior do que tratavam os escravos. E, embora estivessem dispostas a desafiar o direito à propriedade, reivindicado pelos colonos em relação aos escravos, as elites metropolitanas que apoiavam a emancipação defendiam zelosamente seu próprio direito à propriedade.

Os contendores tinham diferenças sérias. Provavelmente, contudo, foi porque eles compartilhavam muitas crenças que sua luta se caracterizou por tanta hostilidade e ressentimento. Foi devido a seu apego aos direitos de propriedade que os colonos reagiram com tanto rancor contra aqueles que no Parlamento se manifestaram a favor da emancipação. Foi por partilharem com os membros do Parlamento a mesma preocupação com o lucro que os colonos repudiaram a política dos parlamentares, favorável ao livre-comércio, e foi por temerem, tal como as elites metropolitanas, as classes subalternas, que os colonos denunciaram com tanta eloquência os riscos da retórica abolicionista e apontaram a hipocrisia de homens que não hesitavam em pregar a abolição da escravatura enquanto exploravam impiedosamente sua própria força de trabalho.

No decorrer da batalha entre os abolicionistas e as elites das Índias Ocidentais, as semelhanças entre ambos ficaram soterradas sob camadas da violenta retórica utilizada pelos dois lados, uma retórica que só enfatizava as diferenças. A imagem que emergiu foi a de duas elites contrastantes: nas colônias, uma classe de fazendeiros, retrógrada, arbitrária e violenta, quase feudal, aferrada a hábitos tradicionais, defensora da escravidão e da ordem social tradicional; na metrópole, uma elite progressista, de ideias liberais, reformista, legalista, modernizante, lutando pela emancipação e pelo livre-comércio. Essa visão dicotômica, nascida das lutas do século XIX — e perpetuada pelos historiadores —, obscureceu tanto as divisões dentro da elite britânica como a realidade complexa da classe dos fazendeiros, dividida entre aqueles que viviam nas colônias e os que viviam na metrópole, e cujas oportunidades de investimento aumentavam constantemente e se diversificavam, mas cujos lucros ainda continuavam em grande parte dependentes da escravidão e dos privilégios do comércio, isso num tempo em que na Grã-Bretanha havia um número crescente de pessoas dispostas a apoiar medidas a favor da emancipação e do livre-comércio.[115]

As mudanças que ocorriam na Grã-Bretanha aprofundavam o fosso que separava os comerciantes e proprietários das Índias Ocidentais que viviam na Inglaterra daqueles que viviam nas colônias. Os primeiros — reunidos na Society of West India Planters and Merchants — formavam um grupo rico e poderoso com uma representação efetiva no Parlamento, onde constituíam um forte lobby em defesa das Índias Ocidentais.[116] Mas, enquanto os colonos continuavam a depender exclusivamente da escravidão e da comercialização colonial, os interesses dos que integravam o lobby das Índias Ocidentais se expandiam e se direcionavam para outras atividades, como seguros, bancos, desenvolvimento urbano, manufaturas e comércio internacional.[117]

O livro de McDonnell revelou a situação difícil e as ambiguidades dos colonos de Demerara. Argumentava que a escravidão era uma instituição legítima, sancionada pela lei e pela história. A posse de escravos deveria ser tratada como qualquer outra propriedade que se tivesse na metrópole. Por esse motivo, McDonnell recusava ao Parlamento o direito de retirar dos colonos, "sem uma indenização, o privilégio de obter de seus escravos seis dias de trabalho na semana".

Embora criticasse as noções mercantilistas e aceitasse algumas das teorias mais avançadas de Ricardo, McDonnell tentou demonstrar de maneira bastante tradicional as vantagens que as colônias propiciavam à metrópole.[118] As colônias, afirmava ele, forneciam oportunidades de investimento de capital que produziam mais lucros do que qualquer comércio com o estrangeiro. E era um erro equiparar as transações britânicas com as colônias às transações efetuadas com outros países, porque, na realidade, os contatos com as colônias eram muito mais extensos e frequentes, uma vez que os emigrantes levavam consigo os costumes, as maneiras e os sentimentos britânicos. E, no caso das Índias Ocidentais, o comércio beneficiava tanto a metrópole como as colônias, pois os proprietários ou residiam na Inglaterra ou finalmente voltavam para a Inglaterra, levando consigo toda a sua riqueza. "Não pode haver nenhuma diferença", escreveu ele, "no encorajamento dado aos vários artífices, entre um cavalheiro de Yorkshire que reside e gasta sua renda em Londres, e um proprietário das Índias Ocidentais que também mora em Londres e gasta uma quantia semelhante." O autor vaticinou que os artesãos na Inglaterra enfrentariam grandes dificuldades caso as Índias Ocidentais fossem abandonadas.

McDonnell demonstrou que o grupo mais veemente na denúncia contra as Índias Ocidentais era formado por aqueles envolvidos no comércio com as Índias Orientais.[119] O clamor em defesa do açúcar das Índias Orientais destinara-se, em sua opinião, "apenas a iludir a credulidade da população em geral, fazendo-a imaginar que pagava mais pelo açúcar do que o faria se os impostos fossem eliminados". Mas, de fato, o preço do açúcar na Inglaterra era inteiramente regulado pelo mercado internacional. Assim sendo, o público na Inglaterra não pagava nenhum centavo a mais pelo açúcar das colônias orientais do que pagaria se não houvesse taxa protecionista.

Na opinião de McDonnell, a manutenção do tráfico de escravos em outras partes do mundo vinha beneficiando os países estrangeiros por ser muito mais barato importar escravos do que mantê-los. A expectativa dos abolicionistas — de que depois de tomarem conhecimento dos preceitos da religião cristã os negros poderiam emancipar-se e transformar-se num "campesinato" livre e feliz — estava simplesmente errada. Nas Índias Ocidentais a natureza era generosa; em um mês de trabalho uma pessoa podia produzir alimento para um ano.[120] Assim, faltavam às pessoas as necessidades impulsionadoras que caracterizavam uma comunidade mais industriosa e civilizada. "O que faz um homem trabalhar na Europa?", perguntou ele. "Um feitor muito mais rigoroso do que qualquer um que se possa encontrar nas Índias Ocidentais, o pavor da fome." Sem essa compulsão, os homens — fossem eles negros ou brancos

— não trabalhariam. Abandonados a si mesmos, os ex-escravos "mergulhariam na condição de selvagens" e passariam o tempo "descansando numa lânguida apatia debaixo de uma bananeira". Todavia, acreditava ele, a escravidão estava condenada a desaparecer.[121] Mais cedo ou mais tarde o custo da manutenção de um escravo seria igual ao valor de seu trabalho, e o senhor não encontraria vantagem nenhuma em mantê-lo, particularmente porque um homem livre trabalhava melhor do que um escravo.

McDonnell também examinou o efeito produzido sobre os escravos pelos debates sobre emancipação no Parlamento, pela crítica à escravidão e os ataques aos colonos pelos abolicionistas. Os escravos, disse McDonnell, acreditavam no poder do rei para interceder por eles e estavam familiarizados com as opiniões de Wilberforce. Comparando a situação na colônia com a que havia na Inglaterra, McDonnell, que — como outros homens do século XIX — tinha noções muito claras de classe e de luta de classes, escreveu:

> Se, por exemplo, os tecelões de Spitalfields fossem menosprezados pelo crime aviltante de trabalhar da manhã à noite; se seu passadio difícil e inúmeras provações fossem motivo de escárnio; se lhes viessem à lembrança a vida suntuosa e a tranquilidade luxuosa dos ricos; se soubessem que a religião cristã autorizara a igualdade de classes; se uma assembleia de homens se sentasse para discutir suas reivindicações; e se nessa assembleia eles tivessem amigos zelosos, veementes no apoio dado e prontos a dividir as posses dos ricos, será que labutariam no tear como até então? Não! Eles logo se rebelariam. Se fossem derrotados no debate, rapidamente se empenhariam em obter pela força o que julgavam ter-lhes sido injustamente negado [...] incitem-se as classes trabalhadoras contra os ricos e haverá distúrbios em qualquer comunidade.[122]

Na opinião dele, era exatamente isso o que estavam fazendo os abolicionistas, a African Institution e os missionários. Que tipo de caridade era essa, que levava as pessoas, sob "a aparência de uma universalidade de sentimento vaga e indefinida", a considerar os habitantes mais remotos do globo com o mesmo grau de afeição que sentiam por suas relações mais próximas? Essa atitude traria a ruína do império britânico.

O que McDonnell não podia ver era que o império estava tomando novos rumos: as nações recém-independentes da América Latina e as novas colônias na Índia e na África estavam se tornando preocupações de maior vulto do que as poucas colônias no Caribe. Por mais importante que o grupo a favor das Índias Ocidentais ainda pudesse ser, ele não poderia impedir a nova maré emancipacionista que parecia ter conquistado os corações e as mentes do povo britânico. Tampouco poderia (ou quereria) impedir missionários como John Wray e John Smith de ir para a colônia pregar aos escravos. Por trás dos missionários havia gente respeitável e poderosa. Até mesmo o bispo de Londres havia enviado uma carta circular ao clero e aos proprietários apoiando o ensino da leitura aos escravos.[123] E entre os que estavam por trás da African Institution havia pessoas da alta nobreza. Além disso, membros da oposição no Parlamento vinham agitando questões relativas à emancipação e ao livre-comércio. Finalmente, quando o governo britânico, em vez de ceder às exigências radicais, tentou contemporizar, como fez em 1823, suas meias medidas pareceram excessivas à maioria dos colonos.

2. Mundos contraditórios: senhores e escravos

> *O diabo está no inglês. Ele faz todas as coisas trabalharem. Ele faz o negro trabalhar, o cavalo trabalhar, o burro trabalhar, a madeira trabalhar, a água trabalhar e o vento trabalhar.*[1]

As novas tendências que tanto preocupavam os colonos tiveram efeitos contraditórios nos escravos: conduziram simultaneamente a uma opressão crescente e a esperanças cada vez maiores de emancipação. Essa contradição agravou as tensões que sempre haviam existido entre senhores e escravos e criou uma situação explosiva.

Desde que Demerara se integrara ao império britânico, as condições de vida e as percepções dos escravos haviam mudado de modo significativo — e mudariam ainda mais à medida que a emancipação se aproximasse. Um investimento maciço de capital transformou a paisagem e alterou tanto a natureza da vida na fazenda como a experiência dos escravos. Junto com o capital britânico chegaram nova maquinaria, um ritmo de trabalho mais intenso, ideias novas e um novo estilo de vida. O abolicionismo, a crescente intervenção do governo britânico e a presença dos missionários evangélicos na colônia alteraram o equilíbrio de forças e redefiniram os termos das relações entre senhores e escravos. Das lutas que na Europa e no Novo Mundo vinham desgastando as instituições e as ideologias do *ancien régime,* emergiram noções sobre cidadania, controle social, lei e procedimentos judiciais, noções que minaram a estrutura ideológica que apoiava a escravidão. A estrondosa declaração de liberdade feita pelos escravos no Haiti ecoou nos dois lados do Atlântico. Os escravos de Demerara, assim como os de outros lugares, participaram desse processo mais amplo. Na luta contra a opressão, empurraram o sistema escravista até seus limites.

A integração de Demerara ao império britânico abriu novas oportunidades de mercado, mas esse processo estava repleto de contradições. O investimento maciço de capital e a expansão da produção, num momento em que o fornecimento de escravos se reduzia em virtude da interrupção do tráfico, levou os senhores a intensificar a exploração da mão de obra e a cortar muitos "privilégios" dos escravos. Essa situação foi reforçada pela mudança da lavoura de café e algodão para a de açúcar em muitas fazendas, e pelo declínio dos preços de todos esses produtos no mercado internacional. A mudança para o açúcar e a introdução de engenhos a vapor forçaram os proprietários a pedir empréstimos vultosos, tornando-os particularmente vulneráveis à tendência declinante dos preços do açúcar depois da bonança de 1815-16. Incapazes de pagar as hipotecas, muitos fazendeiros foram forçados a vender suas fazendas, ou perderam-nas para negociantes britânicos. Consequentemente, houve uma concentração gradual de terra e mão de obra nas mãos desses negociantes, que tinham capital suficiente para lidar com crises periódicas e esperar tempos melhores. Para os escravos, todas essas mudanças significaram mais horas de trabalho, um ritmo mais rápido, menos tempo para cultivar seus próprios pomares e hortas ou para ir à igreja e ao mercado — diminuindo assim os suprimentos de comida e roupas —, uma supervisão e castigos mais rigorosos, e separações mais frequentes da família e da parentela.

Ninguém captou melhor o início dessas mudanças do que Henry Bolingbroke, um inglês que viveu em Demerara de 1799 a 1805, trabalhando como funcionário de uma casa comercial importante, e que, depois de sua volta para a Inglaterra, publicou um livro sobre a colônia.[2] Para Bolingbroke, aquilo que mais tarde os historiadores vieram a descrever como um processo de transição do capital comercial para o capital industrial,[3] de um sistema de monopólios e privilégios para um mundo organizado segundo o princípio do livre mercado, da escravidão para o trabalho livre, do colonialismo para o imperialismo, era principalmente uma questão de "caráter nacional". Bolingbroke, com o característico orgulho britânico, contrastou um sistema quase senhorial de administrar fazendas — que ele atribuía aos holandeses — com o estilo empresarial dos britânicos.

"Há uma dessemelhança maravilhosa entre os colonos holandeses e os ingleses. Ambos naturalmente partem visando a fazer dinheiro, mas um com a intenção de terminar seus dias no estrangeiro e o outro de voltar à sua terra natal para viver tranquilo e independente do fruto do seu trabalho.[4]

Bolingbroke louvou o gosto com que os holandeses organizavam suas fazendas, "o esmero geral e a regularidade das formas, suas casas bonitas e confortáveis e seus belos jardins". Comentou a respeito do culto ao lazer, de sua magnanimidade e seu gosto por cavalos e barcos. Ele também usufruíra da hospitalidade, boa comida e bons vinhos dos holandeses. Com graça e colorido, e talvez uma ponta de ironia, ele retratou o fazendeiro holandês sentado à frente de sua casa depois do jantar, fumando cachimbo, enquanto os escravos vinham um a um agradecer-lhe a ração diária de rum que haviam recebido.

Para Bolingbroke, os holandeses eram fazendeiros da "velha escola". Nada poderia, disse ele, "desviar sua atenção das maneiras tradicionais como haviam organizado suas propriedades". Eles pareciam "aspirar apenas à competência, não à fortuna". Em contraposição, o sistema introduzido pelos ingleses na colônia parecia a Bolingbroke muito mais proveitoso. Esse sistema assegurava "em um ano uma cultura tão grande quanto a que um holandês realizaria em quatro. [...] Um se apressa e prepara cem acres para o plantio, enquanto o outro se contenta com vinte e cinco". A maior ambição do holandês, disse ele, "é tornar sua plantação semelhante a um jardim, enquanto a do inglês é obter a maior quantidade possível de algodão cultivado, uma vez que a experiência de anos sucessivos já demonstrou que a quantidade, e não a qualidade, constitui o lucro da colheita".[5]

Bolingbroke descreveu os escravos das fazendas holandesas como se fossem servos medievais. Embora ele se opusesse à interrupção do tráfico de escravos e considerasse a escravidão uma instituição "civilizadora", sonhava que um dia, com a ajuda dos ingleses, os escravos pudessem atingir "o mesmo nível do campesinato inglês" do seu tempo.[6] Bolingbroke ficou indignado ao ver a subserviência dos administradores e escravos diante dos senhores nas fazendas pertencentes a holandeses, e os comparou aos escravos "mais independentes" das propriedades dos ingleses.

Os negros que pertencem às propriedades de holandeses copiam a polidez humilde dos administradores e são consideravelmente mais respeitosos com os brancos do que os que pertencem às dos ingleses. Uma certa postura ereta à maneira de John Bull imperceptivelmente se introduz no jeito inculto dos negros ingleses. Ou talvez isso advenha do fato de eles não serem mantidos com tanto rigor, nem suas condições serem consideradas tão degradantes quanto as dos outros negros.[7]

Na opinião de Bolingbroke, a rebeldia crescente dos escravos se explicava pela conduta "liberal" dos ingleses, que contrastava com a "severidade" dos holandeses. Essas noções tiveram grande aceitação entre os colonos britânicos e foram repetidas por todo viajante inglês a visitar Demerara durante esse período, pelos administradores coloniais tanto na colônia quanto na metrópole, e por políticos britânicos de diferentes facções.[8]

O contraste apontado por Bolingbroke entre os dois estilos de administração de fazenda — o senhorial, do holandês, e o capitalista, do britânico — era esquemático demais. Ele próprio encontrara entre os colonos holandeses um certo sr. Voss, que havia começado do nada e por meio de perseverança, diligência e frugalidade — qualidades que Bolingbroke atribuiria aos britânicos, não aos holandeses — construíra tamanha fortuna que podia dar à filha natural 20 mil libras por ano. E certamente havia ingleses não menos extravagantes do que o holandês típico, descrito por Bolingbroke, ingleses que se entregavam ao jogo, a divertimentos, caçadas, brigas de galos e corridas de cavalos, tentando em vão recriar na colônia uma versão idealizada da vida da pequena nobreza rural da Inglaterra. Embora seja verdade que formas de castigo particularmente bárbaras usadas pelos holandeses — tais como partir o corpo de um criminoso na roda — tivessem sido abandonadas durante o domínio inglês, não há provas (além do próprio testemunho de Bolingbroke) de que os colonos holandeses fossem mais brutais do que os britânicos no trato diário com os escravos.[9]

A imagem de escravos passivos sob o domínio holandês é pouco consistente com as provas abundantes de seu comportamento rebelde durante o período holandês, particularmente a sublevação sangrenta de 1762-63, em Berbice, quando aqueles mantiveram os colonos encurralados por quase um ano.[10] Mas, ainda que Bolingbroke possa ter exagerado no contraste entre holandeses e ingleses, o quadro geral pintado por ele, contrastando dois estilos diferentes — ou, na verdade, dois momentos diferentes na história de Demerara —, confirma-se por meio de outras fontes.[11]

Há provas suficientes de que as mudanças nas condições de produção e os debates sobre a abolição do tráfico de escravos realmente alteraram a administração das fazendas e criaram novos motivos de insatisfação entre os escravos e novas oportunidades de resistência.[12] Podemos rejeitar as teorias de Bolingbroke sobre o caráter nacional, e descontar o preconceito que provavelmente o fez superestimar as qualidades empreendedoras dos britânicos. Mas não há dúvida de que as coisas haviam mudado desde a época em que os holandeses governaram a colônia.

É possível que alguns dos antigos colonos holandeses continuassem a administrar suas fazendas com métodos "tradicionais".[13] Mas, num período de mudanças rápidas, os colonos que não se adaptassem aos novos requisitos da produção, não investissem mais capital, não introduzissem maquinaria nova e não exigissem mais trabalho dos seus escravos logo estariam fora do negócio. Alguns anos depois de Bolingbroke escrever seu livro *Voyage to Demerary*, D. S. Van Gravesande, que se vangloriava de ser neto de dois governadores holandeses, lamentou as mudanças ocorridas em Demerara e recordou os "dias felizes" em que proprietários e escravos lavravam a terra juntos, em que os escravos tinham os sábados para cultivar suas hortas e vender sua produção, "motivo pelo qual guardava-se o sábado como sagrado". Para os escravos, as mudanças caracterizadas por Gravesande com nostalgia e celebradas por Bolingbroke com entusiasmo significavam exploração crescente e usurpação daquilo que definiam como seus "direitos" consuetudinários.[14]

A integração de Demerara a um mundo capitalista em expansão deu aos escravos novos motivos de protesto, mas também novas noções de direitos e novas oportunidades de resistência. E, o que é ainda mais importante, suscitou expectativas de que em breve poderiam libertar-se. Os debates sobre a abolição do tráfico de escravos, que ocorreram tanto na Inglaterra como em Demerara em 1807, o "Registry Bill", de 1815-16, e as medidas adotadas em 1823 com o intuito de melhorar as condições de vida dos escravos, redefiniram os parâmetros da luta. A partir das observações iradas sobre os abolicionistas e o governo britânico feitas pelos administradores e senhores à mesa, durante as refeições, dos comentários feitos por missionários frustrados em suas intermináveis confrontações com os administradores e as autoridades locais sobre o direito de pregar aos escravos e dos artigos que alguns escravos podiam ler nos jornais britânicos ou locais, eles passaram a acreditar que tinham aliados poderosos na Inglaterra — homens como Wilberforce — que apoiavam a emancipação. Essa percepção encorajou-os a tornarem-se mais ousados.

O impacto dessas mudanças econômicas e ideológicas internacionais nas vidas de colonos e escravos só pode ser avaliado no contexto das condições particulares que predominavam em Demerara.[15] A colônia não era uma tela em branco na qual a história estivesse sendo escrita de fora. Ela possuía uma ecologia e uma história próprias. Do passado, herdara um sistema de uso da terra, um padrão peculiar de colonização, um corpo de leis, instituições políticas e administrativas, meios de controle social e códigos de comportamento que definiam a estrutura dentro da qual missionários, senhores e escravos tinham de digladiar-se uns com os outros num mundo em transformação. Senhores e escravos usavam a imagem do passado (como a construíam) para avaliar as mudanças que vinham ocorrendo em suas vidas. Mas as imagens do passado e do presente também se confrontavam com uma visão do futuro, a qual, nesse ponto da história, parecia prometer a emancipação para os escravos e a bancarrota para os senhores.[16]

Demerara, quando comparada a outras sociedades agrárias coloniais, desenvolveu-se tardiamente. A colonização europeia nas regiões vizinhas de Berbice e Essequibo teve início em meados do século XVII, depois que a Companhia das Índias Ocidentais Holandesas fracassou ao procurar estabelecer colônias no Brasil. Mas até o fim da primeira metade do século XVIII a região de Demerara permaneceu praticamente desocupada. Em 1746 foram feitas as primeiras concessões de terras nessa área, numa região ao longo do rio Demerara, distante do mar. Estabelecer os primeiros assentamentos a montante do rio foi uma escolha que refletiu não só a preocupação da Companhia das Índias Ocidentais de encontrar um lugar relativamente protegido de piratas e contrabandistas, como as dificuldades para ocupar as terras baixas costeiras que, em Demerara, situavam-se abaixo do nível do mar e sofriam inundações periódicas. Por volta de 1770, toda a terra ao longo da margem esquerda do rio fora distribuída, e havia 130 fazendas, um terço delas já nas mãos de colonizadores ingleses. Como em outras sociedades agrárias coloniais, os escravos africanos constituíam a principal força de trabalho. A companhia logo percebeu as vantagens de ter os nativos a seu lado; por conseguinte, declarou ilegal a escravização dos indígenas e mandou buscar um número cada vez maior de africanos.

Depois de toda a terra ao longo do rio ser concedida, a companhia distribuiu novas concessões no litoral, a leste e a oeste da foz do Demerara, nas áreas que vieram a ser conhecidas como Costa Leste e Costa Oeste. Estabeleceu-se um limite de aproximadamente quatrocentos hectares para as fazendas de açúcar e duzentos para as de café. Antes que a área fosse povoada, foi preciso construir um complicado sistema de canais, diques e comportas para que houvesse escoamento e drenagem — tarefa para cuja realização os holandeses estavam particularmente qualificados.[17] As fazendas foram demarcadas uma ao lado da outra, tendo cada uma cem *roods* (1 *rood* = 3,65 metros) de divisa frontal e 2730 metros de profundidade.[18] Os fazendeiros tinham o direito de adquirir uma segunda concessão de terras, sendo estas localizadas mais para o interior. Embora com o tempo o padrão original tivesse sido ligeiramente modificado — algumas fazendas com menos, outras com mais hectares do que o número inicialmente estipulado —, o esquema geral foi mantido. Esse padrão peculiar de colonização levou à densa concentração de escravos numa área relativamente pequena,[19] o que facilitou o contato entre eles, particularmente porque as fazendas se ligavam por meio de canais e de uma estrada que conduzia a Georgetown. O trabalho de manutenção dos canais, valas e comportas exigia um acréscimo nas tarefas dos escravos das fazendas em relação ao que normalmente tinham de executar em outros ambientes ecológicos, onde tais problemas inexistiam. Além disso, a fertilidade excepcional do solo, o clima favorável e a variedade de produtos cultivados faziam com que não houvesse períodos de inatividade e os escravos permanecessem constantemente ocupados.[20]

Em 1772, o governo holandês, preocupado com a inquietação crescente dos escravos, estabeleceu regras concernentes às relações entre senhores e escravos. A *Regra sobre o tratamento de servos e escravos* definia direitos e obrigações.[21] A norma tentava reduzir a violência e a negligência dos senhores e impor disciplina aos escravos. Proibia que os escravos vendessem — e que colonos e marujos deles comprassem — qualquer produto básico, tais como açúcar, café, cacau, rum, índigo, mas autorizava a compra de gado, verduras e vegetais provenientes de suas roças. Os escravos seriam pagos com dinheiro, roupas ou bugigangas, mas "de maneira alguma com pistolas ou qualquer outro tipo de arma de fogo, ou com pólvora ou chumbo". Os escravos que violassem essa proibição seriam condenados a severos açoites; as pessoas livres que negociassem com eles ilegalmente seriam multadas. O regulamento estipulava ainda que não se deveria deixar nenhuma fazenda sem pelo menos um branco na vigilância, à noite ou aos domingos e feriados, e prescrevia uma série de medidas relacionadas à maneira de lidar com escravos fugidos, furtos cometidos por escravos, e castigos. Os escravos deveriam ser mantidos sob vigilância severa. A eles era proibido movimentar-se fora das fazendas sem um passe, usar botes nos rios ou canais à noite, ou andar em quaisquer caminhos públicos depois das sete da noite, a menos que tivessem o passe adequado dado por seus senhores e portassem uma lanterna ou tocha. Não podiam deter armas de fogo ou objetos pontiagudos ao andar em estradas públicas, a menos que tivessem a permissão por escrito de seus senhores. Aos senhores era proibido dar armas aos escravos, exceto a dois caçadores apropriadamente designados em cada fazenda. Além disso, deveriam ordenar buscas periódicas de armas, pólvora e munição nas casas dos escravos. Finalmente, reconhecendo-se a força simbólica e revolucionária das canções, todos os habitantes estavam obrigados a proibir seus escravos de cantar a bordo de qualquer barco, a menos que houvesse um branco presente.[22] A *Regra* limitou o castigo que poderia ser infligido pelo senhor aos escravos a 25 chibatadas.[23] Para punições mais severas, os senhores deveriam mandar seus escravos à fortaleza.

Embora o regulamento tentasse restringir a comunicação entre escravos de diferentes fazendas ao exigir que obtivessem permissão dos senhores para locomover-se, os senhores estavam autorizados a sancionar "o divertimento dos seus negros uma vez por mês", à parte os feriados costumeiros. A *Regra* também obrigava os proprietários a reservar uma área para cultivo de provisões, aproximadamente 4 mil metros quadrados para cada cinco escravos; a lhes dar um suprimento semanal de comida razoável "conforme o costume da colônia"; e fornecer-lhes tecidos para roupas. Era estritamente proibido aos senhores e administradores forçar seus "servos" a trabalhar aos domingos e feriados, exceto em caso de emergência, como o rompimento de uma represa ou outra tarefa "urgente". Nesses casos os senhores deveriam obter uma permissão oficial.[24] Senhores e escravos que desconsiderassem as instruções estipuladas pela *Regra* deveriam ser punidos.

Havia uma grande semelhança entre essas normas e outras encontradas em sociedades escravistas do Novo Mundo, e, por toda parte, os regulamentos eram frequentemente desprezados tanto pelos senhores como pelos escravos. Em Demerara, os escravos perambulavam pela região sem a permissão dos seus senhores. À noite, andavam por estradas e represas sem passes, assim como continuavam, rio acima e rio abaixo, a cantar nos barcos. Senhores e administradores muitas vezes forçavam os escravos a trabalhar aos domingos, ignoravam o que havia sido estipulado quanto aos alimentos e à cota de roupas, furtavam-se a suas obrigações quanto à reserva de uma área para cultivo de provisões, e continuavam a infligir aos escravos castigos muito mais severos do que aqueles aceitos pela lei. Se a esse respeito Demerara se assemelhava às outras sociedades escravistas, havia, no entanto, um aspecto que a tornava diferente: em Demerara era da responsabilidade de um funcionário conhecido como "fiscal" assegurar o respeito à *Regra sobre o tratamento de servos e escravos;* e os escravos poderiam recorrer a sua assistência. Assim, muitos anos antes de os ingleses criarem o cargo de protetor de escravos, uma instituição similar já existia em Demerara.[25]

Os holandeses aparentemente haviam herdado esse costume dos espanhóis e o introduziram nas colônias.[26] Quando Demerara foi conquistada pelos ingleses, manteve-se a instituição. Estava a cargo do fiscal a investigação dos casos de conflito de interesses e a manutenção da ordem na colônia.[27] Ele deveria ouvir as queixas dos escravos e providenciar para que fossem tratados conforme a lei, tivessem roupa e alimentos adequados, e não fossem punidos de forma injusta ou excessiva. Era também sua obrigação ouvir as queixas dos senhores, embora, o que não surpreende, elas fossem raras.[28]

Os escravos de Demerara logo tomaram conhecimento de seus direitos "legais". Aprenderam que podiam levar suas queixas ao fiscal, embora no período inicial suas queixas caíssem em ouvidos moucos.[29] Ao recorrer ao fiscal, era mais provável os escravos receberem punições do que desagravos. Para as coisas mudarem, tiveram de esperar até o momento em que, sob a pressão abolicionista e o impacto da rebelião de escravos de 1823, o governo britânico decidisse tornar mais eficaz essa instituição.

O status colonial de Demerara tornava seus habitantes particularmente vulneráveis às forças políticas e econômicas que transcendiam os limites estreitos da sociedade em que viviam. Como outras sociedades agrárias coloniais do Novo

Mundo, Demerara, como vimos, estava presa a um sistema que impunha restrições ao comércio com outras nações e possuía uma economia extremamente sensível às flutuações no mercado internacional. Talvez a vulnerabilidade fosse ainda maior em Demerara por seu mercado interno ser relativamente pequeno e sua economia visar principalmente ao mercado externo.[30] As mudanças de um produto para outro eram determinadas exclusivamente pelas condições do mercado internacional, e rapidamente se faziam e se perdiam fortunas em consequência das altas ou baixas desse mercado. Como os negociantes ingleses forneciam crédito, muitas fazendas passavam a pertencer-lhes quando os colonos deixavam de saldar suas hipotecas. Isso explica, em parte, por que uma quantidade cada vez maior de proprietários vivia longe da colônia,[31] deixando as fazendas nas mãos de procuradores e administradores. Essa situação não propiciava o surgimento de práticas "paternalistas" comuns a sociedades escravistas com uma classe numerosa de fazendeiros residentes. Demerara funcionava quase como uma fábrica, na qual uma diminuta minoria de brancos — soldados, negociantes, funcionários, médicos, advogados, administradores e outros empregados de fazenda, perfazendo na época da rebelião apenas aproximadamente 4% da população total — e um número igualmente pequeno de negros livres viviam cercados de uma esmagadora maioria de escravos.

Com a incorporação de Demerara ao império britânico, o número de escravos aumentou dramaticamente, dobrando entre 1792 e 1802. De 1803 a 1805, as Colônias Unidas de Demerara e Essequibo importaram mais 20 mil escravos da África — quase um terço da população escrava total na época.[32] Consequentemente, nos anos seguintes os africanos constituíam uma grande porcentagem da população escrava, exibindo um desequilíbrio claro entre homens e mulheres. Em 1817, cerca de 55% dos escravos eram africanos — dos quais 63% eram homens e 37% mulheres. Quando a rebelião estourou, seis anos depois, o número de africanos declinara, mas eles ainda constituíam aproximadamente 46% da população escrava total. A julgar pelos registros mais completos da colônia vizinha de Berbice, a maioria dos escravos africanos importados durante esse período veio da África Central, da baía de Benin, da Costa do Ouro, da baía de Biafra e da Senegambia. Os grupos mais numerosos eram os congos, coromantee, papa, igbos e mandingos.[33] Havia uma maior concentração de africanos nas fazendas com mais de quatrocentos escravos, e estas eram geralmente fazendas de açúcar.[34]

Os colonos haviam inicialmente se dedicado à produção de café e algodão, mas no início do século XIX o açúcar passara a ser a principal fonte de riqueza. Na Costa Leste — a área situada entre o rio Demerara e Berbice, onde se centrou a rebelião —, a mudança para a lavoura do açúcar ocorreu mais tarde. Quando George Pinckard visitou a Costa Leste em 1796, como médico acompanhante da Força Expedicionária Britânica, havia 116 propriedades. Em todas elas ainda se plantava algodão, excetuando-se a Kitty, onde havia pouco tempo começara-se a plantar cana. Pinckard calculou que em média a produção de algodão necessitava de um escravo de qualidade para cada 8 mil metros quadrados, enquanto uma fazenda de café necessitava de dois escravos para cada 12 mil metros quadrados e um para cada 4 mil metros numa fazenda de açúcar.[35] O que significava que os plantadores de cana tinham de investir mais capital em escravos. O fabrico do açúcar também exigia maiores gastos em prédios e maquinaria. Talvez por essa razão os fazendeiros da Costa Leste inicialmente relutaram em investir na produção de açúcar. Quase dez anos depois — quando Bolingbroke deixou a colônia —, o café e o algodão ainda eram os principais produtos básicos. A julgar pelas listas de impostos publicadas na *Royal Gazette* em 1813, a maioria das fazendas da Costa Leste ainda plantava primordialmente algodão, embora em várias já se cultivasse café e algumas já produzissem tanto algodão quanto açúcar.[36] Em outras partes de Demerara, era comum encontrar fazendas produzindo simultaneamente açúcar, rum, algodão e café.[37] Por essa ocasião, aproximadamente 8% das fazendas tinham mais de trezentos escravos, 40% tinham entre duzentos e trezentos e outros 46% tinham entre cem e duzentos. As outras fazendas tinham menos de cem.[38] A fazenda Le Resouvenir tinha 396 escravos, a Good Hope, 433, e a Dochfour, 376.[39]

O declínio dos preços do algodão e do café e a alta extraordinária do açúcar em 1814 e 1815 levaram diversos fazendeiros da Costa Leste a optar por ele.[40] Essa tendência continuou nos anos seguintes.[41] Já por ocasião da revolta de 1823, das 71 fazendas existentes na Costa Leste (incluindo as que se localizavam na margem direita do rio Demerara), cerca da metade produzia açúcar, mas apenas onze se dedicavam exclusivamente a essa lavoura. Vinte e cinco produziam apenas algodão; quinze produziam açúcar e café; nove, café e algodão; cinco, algodão e açúcar; duas, açúcar, algodão e café; e quatro, apenas

Tabela 1

ESCRAVOS AFRICANOS E CRIOULOS NA POPULAÇÃO DE DEMERARA-ESSEQUIBO,
1817-1829

	1817	1820	1823	1826	1829
Africanos					
Homens	26725 35%	24858 32%	21768 29%	18898 27%	16362 23%
Mulheres	15499 20%	14471 19%	13005 17%	11592 16%	10329 15%
Total	42224 55%	39329 51%	34773 46%	30490 43%	26691 38%
Crioulos					
Homens	17056 22%	18569 24%	19457 26%	19860 28%	20730 30%
Mulheres	17893 23%	19678 25%	20748 28%	21032 29%	21947 32%
Total	34949 45%	38247 49%	40205 54%	40892 57%	42677 62%

FONTE: Minutas das Provas Testemunhais ante o Comitê Seleto sobre a Situação das Colônias das Índias Ocidentais, PROZMCI.

café. A fazenda Triumph, que em 1813 plantava apenas algodão, havia começado a produzir açúcar. As fazendas Good Hope, Mon Repos, Lusignan, Annandale, Enmore, Bachelor's Adventure e muitas outras haviam feito o mesmo. A Chateau Margo havia dobrado sua produção de açúcar em poucos anos.

A mudança para o açúcar ocasionou uma concentração crescente de terra e mão de obra. Já em 1830, a Triumph tinha se fundido à Ann's Grove e à Two Friends e tinha 383 escravos; a Bachelor's Adventure uniu-se à Elizabeth Hall e à Enterprise e, juntas, tinham 694 escravos.[42] A Success, que em 1813 tinha 186 escravos e cultivava apenas algodão, passara a plantar cana e tinha 481 escravos. Pertencia a John Gladstone, um negociante de Liverpool e pai do futuro primeiro-ministro.[43] (Na época da emancipação, Gladstone possuía diversas outras fazendas em Demerara e aproximadamente 2 mil escravos, pelos quais ele recebeu vultosa compensação.) Já naquela ocasião, a maioria das fazendas da Costa Leste havia passado para as mãos de corporações britânicas, e os engenhos a vapor tinham substituído os engenhos movidos a vento e a tração animal.[44]

Entre 1807 e 1832, a produção de açúcar em Demerara apresentou um

Tabela 2

ESCRAVOS E ESCRAVAS NA POPULAÇÃO DE DEMERARA-ESSEQUIBO, 1817-1829

	1817		1820		1823		1826		1829	
Homens										
Africanos	26 725	35%	24 658	32%	21 768	29%	18 898	27%	16 362	23%
Crioulos	17 056	22%	18 569	24%	19 457	26%	19 860	28%	20 730	30%
Total	43 781		43 227		41 225		38 758		37 092	
Mulheres										
Africanas	15 499	20%	14 471	19%	13 005	17%	11 592	16%	10 329	15%
Crioulas	17 893	23%	19 678	25%	20 748	28%	21 032	29%	21 947	32%
Total	33 392		34 149		33 753		32 624		32 276	
Relação homens/mulheres, africanos	1,72		1,70		1,67		1,63		1,58	
Relação homens/mulheres, crioulos	0,95		0,94		0,94		0,94		0,94	
Relação homens/mulheres, escravos	1,31		1,27		1,22		1,19		1,15	

FONTE: Minutas das Provas Testemunhais ante o Comitê Seleto sobre a Situação das Colônias das Índias Ocidentais, PROZMCI.

Gráfico 1
PREÇOS DO AÇÚCAR NO MERCADO BRITÂNICO, 1808-1821

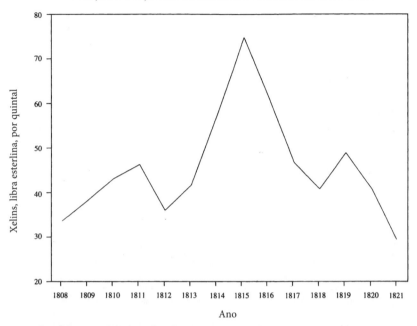

FONTE: *Royal Gazette*, 13 de dezembro de 1821.

crescimento notável.[45] Mesmo quando os preços começaram a cair depois da breve bonança de 1815 e 1816, e permaneceram baixos nos dez anos que se seguiram, os proprietários das fazendas continuaram a plantar mais cana e a produzir mais açúcar numa tentativa desesperada de manter em alta seus rendimentos. A produção de açúcar quase triplicou, enquanto a de café e algodão reduziu-se a quase metade (ver gráficos 1 e 2). Durante o mesmo período, os custos de produção cresceram, o total da população de escravos declinou e os preços dos escravos aumentaram. Embora a produtividade dos escravos fosse uma das mais altas nas colônias britânicas (uma média anual de 10 quintais e 3/4 por escravo engajado no cultivo da cana-de-açúcar — cifra suplantada apenas por Trinidad e Saint Vincent),[46] o rendimento das fazendas diminuiu e os colonos começaram novamente a se queixar da impossibilidade de obter qualquer lucro.

Quando Peter Rose,[47] que residira em Demerara desde 1801 (exceto por um período de seis anos), compareceu perante um comitê seleto da Câmara dos

Gráfico 2
EXPORTAÇÕES DE DEMERARA E ESSEQUIBO, 1808-1820

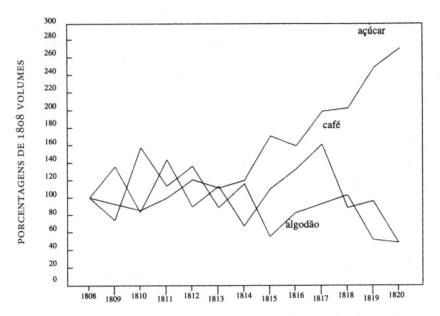

FONTE: *The Local Guide, Conducting to Whatever is Worthy of Notice in the Colonies of Demerary and Essequebo, for 1821* [Guia Local para 1821, trata do que quer que seja digno de nota nas colônias de Demerara e Essequibo], Georgetown, 1821.

Comuns, em 1832, para dar testemunho sobre a situação da colônia, disse que quando chegara a Demerara dois terços da população estavam empregados no cultivo do algodão e do café, mas provavelmente não mais do que um quinto ainda se dedicava a essas lavouras.[48] A maioria dos fazendeiros passara a plantar cana e grandes melhorias tinham sido introduzidas na fabricação do açúcar e do rum. Ele calculava que, com a introdução da nova maquinaria, os fazendeiros tinham conseguido diminuir em um terço a utilização de mão de obra. Mas os custos fixos da produção haviam aumentado.[49] Rose reconhecia que, embora o desembolso de capital fosse maior, os fazendeiros não só haviam economizado mão de obra, como também puderam obter a mesma quantidade de açúcar em menos tempo e com menos perda de cana. Ele estimava que uma propriedade localizada na melhor parte da colônia, com uma turma de quinhentos escravos, podia produzir uma média anual de 10 769 quintais de açúcar (duas vezes a média da colônia) e 58 354 galões de rum. Após calcular uma longa lista de despesas necessárias — alimentação e roupas para os escravos, drenagem, médicos, salários, barris para o açúcar, pregos, madeira, cal, alcatrão, piche, chalanas para a cana, apetrechos para a maquinaria, gasto com consertos nos prédios etc. —, ele demonstrou que o custo de produção era tal que, aos preços correntes do açúcar, os colonos obtinham pouco lucro. As propriedades estavam rendendo, no máximo, 2,5% do capital investido, num momento em que o juro legal na colônia era de 6%. No decorrer dos nove meses precedentes, ocorrera uma depreciação no valor da propriedade de aproximadamente 30%.

Em seu depoimento, Rose também abordou a questão do suprimento de mão de obra. Sempre fora difícil conseguir escravos suficientes, mas a abolição do tráfico de escravos havia intensificado muito o problema. Ele estava convencido de que os fazendeiros de Demerara não poderiam competir com os de países como Brasil ou Cuba, que continuavam a importar escravos da África.[50] Em consequência da interrupção do tráfico de escravos, o número relativo de mulheres aumentara, o número de escravos em idade produtiva declinara, enquanto a porcentagem de velhos crescera consideravelmente. Essas mudanças afetaram a produtividade das propriedades. O problema não era que as mulheres não tivessem um desempenho tão bom quanto o dos homens, pois na maioria das vezes elas tinham. Mas havia circunstâncias em que elas simplesmente não podiam competir em força física com os homens. Não havia diferença, por exemplo, entre o trabalho masculino e o feminino na capina leve. Mas na capina pesada era preciso trinta mulheres para fazer o trabalho de 25 homens. As mulheres em idade reprodutiva não podiam alcançar os padrões de trabalho normais por causa dos partos e das obrigações com a criação dos filhos. Os administradores geralmente dividiam os escravos em duas ou três turmas de acordo com a idade e o sexo. As mulheres trabalhavam na "segunda turma", as crianças, os velhos e os incapacitados faziam parte da terceira, que recebia tarefas leves.[51] Uma plantação com muitas crianças com menos de dez anos e vários escravos com mais de cinquenta não poderia ser eficiente. Rose calculava que a força de trabalho realmente efetiva em Demerara correspondia a aproximadamente um terço da população escrava, enquanto durante o tráfico esse porcentual tinha sido de dois terços.[52]

Os números referentes à população nesse período mostram que Rose tinha motivos para se preocupar. O número de crianças menores de dez anos não aumentou — como ele pensava —, mas na verdade declinou ligeiramente de 1817 a 1829. Mas a proporção de mulheres de fato cresceu de 43% para 47%.[53] E, o que é ainda mais importante, o porcentual de escravos entre vinte e quarenta anos (os chamados negros de primeira qualidade) declinou de 50% em 1817 para 29% em 1829, enquanto os de mais de quarenta anos aumentaram de 14% para 33% durante o mesmo período (ver tabela 3 e gráfico 3). Mas a tendência mais ameaçadora era o declínio gradual da população escrava. Em 1817, o total de escravos vivendo em Demerara e Essequibo era de 77 163. Em 1829, a população escrava tinha caído para 69 386, uma redução de aproximadamente 10% em doze anos[54] (ver tabela 2). Em consequência do término do tráfico e do declínio da população escrava em idade produtiva, o preço de um escravo de primeira qualidade elevou-se de aproximadamente cinquenta libras no início do século para aproximadamente 150 libras entre 1820 e 1830.[55]

Entre 1808 e 1821, os colonos conseguiram contornar as restrições do governo e transportar — com ou sem licença, e sob inúmeros pretextos — cerca de 8 mil escravos de áreas vizinhas do Caribe.[56] A maioria procedia de Berbice, enquanto o segundo e o terceiro maiores grupos provinham de Dominica e das Bahamas. Um número menor procedia de Barbados, Saint Vincent, Saint Christopher, Granada, Trinidad, Antigua, Suriname, Martinica e Tortola.[57] Havia casos de negros libertos que, ao chegarem a Demerara, eram vendidos como escravos.[58]

Caso essas importações sejam levadas em conta, o declínio real da população escrava em pouco mais de uma década aproximou-se mais de 20% que de 10%. Uma alta taxa de mortalidade de escravos combinada com uma baixa taxa de natalidade foi o fator responsável por essa tendência. A grande mortalidade deveu-se em parte às condições insalubres da colônia.[59] Muitas doenças acometiam os escravos, particularmente disenteria, tifo, varíola, bouba, tétano, sífilis, lepra, diversas afecções dos pulmões e dos ossos, e verminoses. Mas as doenças se agravavam devido ao intenso ritmo de trabalho, às condições insalubres nos engenhos e nos campos, à natureza precária da assistência médica[60] e à alimentação inadequada.[61]

Os escravos adultos recebiam uma ração semanal de setecentos gramas a um quilo de peixe salgado e um cacho de bananas-da-terra. As crianças recebiam a metade dessa quantidade. Os escravos complementavam sua alimentação com produtos de suas próprias hortas.[62] Todo viajante que visitou Demerara nos primeiros anos da colônia admirou-se ao ver essas hortas, onde eram plantados inhame, milho e vários tipos de abóbora. Também criavam-se galinhas, patos, cabras, perus e (mais raramente) porcos. Além das pequenas hortas próximas a suas casas, os escravos também tinham acesso às áreas para cultivo de provisões: um pedaço de terra que cada família recebia para plantar o de que necessitasse.[63] Eles trabalhavam nas hortas e nas áreas para cultivo de provisões durante o tempo "livre". Vendiam o excedente entre eles ou para os negros livres, e também para os brancos da vizinhança. Nos domingos levavam seus produtos à feira em Mahaica ou Georgetown.[64] As feiras eram mais do que um lugar de trocas comerciais. Eram um local de reunião e socialização, um lugar para encontrar amigos, jogar, beber e participar de outras formas de entretenimento.

A venda da produção excedente dava aos escravos oportunidade de participar da economia de mercado e de juntar algum dinheiro, introduzindo um pequeno espaço de liberdade e autonomia em suas vidas.[65] Bolingbroke mencionou o caso de uma velha escrava, de uma fazenda de cana-de-açúcar em Essequibo, que ao morrer deixara cerca de trezentas libras esterlinas obtidas "simplesmente por meio da criação de aves".[66] Os escravos também obtinham dinheiro empregando-se para executar diferentes tarefas aos domingos. Mas, depois da abolição do tráfico, os senhores passaram a fazer tantas exigências que aos escravos sobrava pouco tempo para se dedicar às hortas e áreas de cultivo de provisões. Em consequência, eles se tornaram mais dependentes das rações semanais, e a colônia cada vez mais dependente da importação de alimentos.

A situação tornou-se crítica em 1812, quando a guerra entre a Inglaterra e os Estados Unidos interrompeu o fluxo do comércio. Desprovidos de suprimentos, brancos e negros correram o risco de morrer de fome. A administração colonial se viu forçada a intervir. Em 18 de setembro de 1813, o fiscal mandou publicar na *Royal Gazette* uma nota anunciando que pretendia inspecionar as áreas de cultivo das provisões dos escravos, "que toda propriedade deveria manter". Ameaçava invocar "o recurso supremo da lei" para processar aqueles que não cumprissem o regulamento. Essa medida, entretanto, aparentemente não funcionou, uma vez que em 1821 o governador Murray viu-se compelido a divulgar uma proclamação lembrando aos fazendeiros e administradores que teriam de providenciar áreas para lavoura, "muito bem fornidas de provisões adequadas, a serem cultivadas numa proporção de 4 mil metros quadrados para cada cinco escravos, havendo uma multa de noventa [florins]" para cada área que deixasse de ser cultivada. O governador também

Tabela 3

DISTRIBUIÇÃO POR IDADE DA POPULAÇÃO DE DEMERARA E ESSEQUIBO, 1817-1829

	1817		1820		1823		1826		1829	
Abaixo de 5	9814	12,72%	8617	11,14%	7721	10,23%	7052	9,88%	7607	10,96%
5-10	7412	9,61%	7723	9,98%	7729	10,24%	5736	8,04%	5245	7,56%
10-20	10080	13,06%	11197	14,47%	12831	17,00%	13677	19,16%	13033	18,78%
Abaixo de 20	27306	35,39%	27537	35,59%	28281	37,47%	26465	37,08%	25885	37,30%
20-30	19044	24,68%	12403	16,03%	8824	11,69%	8792	12,32%	9498	13,69%
30-40	19998	25,92%	21169	27,36%	17872	23,68%	15524	21,75%	10818	15,59%
20-40	39042	50,60%	33572	43,39%	26696	35,37%	24316	34,06%	20316	29,28%
40-50	7414	9,61%	11185	14,46%	14074	18,65%	14623	20,49%	14836	21,38%
50-60	2470	3,20%	3553	4,59%	4640	6,15%	4505	6,31%	6228	8,98%
60-70	714	0,93%	1191	1,54%	1409	1,87%	1193	1,67%	1609	2,32%
70-80	111	0,14%	234	0,30%	299	0,40%	218	0,31%	426	0,61%
80-90	17	0,02%	44	0,06%	44	0,06%	31	0,04%	36	0,05%
Acima de 90	11	0,01%	16	0,02%	7	0,01%	7	0,01%	9	0,01%
Acima de 40	10737	13,91%	16223	20,97%	20473	27,12%	20577	28,83%	23144	33,35%
Idade desconhecida	78		44		27		24		41	
Totais	77163		77376		75477		71382		69386	

FONTE: Minutas das Provas Testemunhais ante o Comitê Seleto sobre a Situação das Colônias das Índias Ocidentais, PROZMCI.

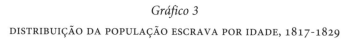

Gráfico 3
DISTRIBUIÇÃO DA POPULAÇÃO ESCRAVA POR IDADE, 1817-1829

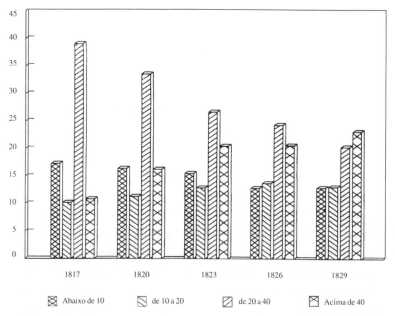

FONTE: Minutas das Provas Testemunhais ante o Comitê Seleto sobre a Situação das Colônias das Índias Ocidentais, PROZMCI.

ordenou que os fiscais do burgo inspecionassem essas lavouras anualmente, em janeiro, acompanhados pelo administrador ou feitor de cada propriedade.[67] A situação, entretanto, não melhorou. Quando o reverendo Wiltshire Staunton Austin, que vivera em Demerara muitos anos, testemunhou diante de um comitê da Câmara dos Comuns em 1832, disse que não havia áreas para cultivo de provisões em Demerara como havia nas outras colônias. Seu testemunho foi confirmado por outros.[68] Embora essas declarações pudessem ter exagerado o desaparecimento das áreas para cultivo de provisões, não há dúvida de que, com a crescente necessidade de mão de obra no setor de exportação, sobrava pouco tempo para os escravos se dedicarem a suas hortas e lavouras para cultivo de provisões. Não é, pois, de espantar que os escravos constantemente se queixassem de falta de alimentos.

Igualmente sérios eram os problemas advindos de uma assistência médica inadequada. Embora toda fazenda tivesse um "pavilhão dos doentes" onde os escravos deveriam receber tratamento, e sempre houvesse algumas enfermeiras ou parteiras escravas e um médico residente ou visitante encarregados de cuidar dos doentes, as condições eram extremamente precárias. Com frequência, a medicina adotada era primitiva, a maioria dos médicos era negligente e mal treinada e os "pavilhões de doentes" se assemelhavam mais a prisões do que a hospitais, pois lá eram colocados também os escravos que ficavam presos em troncos. Para piorar ainda mais a situação, os administradores, que sempre suspeitavam de fingimento da parte dos escravos, negavam-se a ouvir suas queixas e forçavam-nos a trabalhar, ainda que doentes.

Tudo isso ajuda a explicar o porquê das altas taxas de mortalidade. Estas eram muito mais altas entre homens do que entre mulheres (de 20% a 25%). Mas eram ainda mais altas entre crianças. Um médico, que tinha a seu encargo aproximadamente mil escravos na Costa Leste, relatou em 1824 que, das 67 crianças nascidas em uma propriedade, 29 morreram nos primeiros dois anos, o que ele atribuiu ao tétano, a vermes e outras doenças infantis.[69]

O efeito da alta mortalidade agravava-se com uma taxa de natalidade baixa.[70] O desequilíbrio entre homens e mulheres, e o número relativamente pequeno de mulheres em idade reprodutiva, limitavam a taxa de nascimentos. Depois da interrupção do tráfico de escravos, o desequilíbrio tendeu a diminuir com o crescimento da população crioula, mas a marcada predominância de homens sobre mulheres entre os escravos nascidos na África persistiu (ver tabelas 1 e 2). Em 1817, havia cerca de 27 mil homens nascidos na África e apenas 15 mil mulheres. E, embora entre os escravos crioulos os números mostrassem uma situação mais equilibrada, muitas das mulheres crioulas não haviam atingido ainda a idade reprodutiva. A frequência de abortos espontâneos e praticados também reduzia a taxa de natalidade.[71]

O registro trienal de maio de 1820 revelou uma tendência preocupante (tabela 4). Durante um período de três anos, morreram aproximadamente 7 mil escravos nas Colônias Unidas de Demerara e Essequibo, enquanto nasceram apenas 4800. Os dois relatórios trienais seguintes, de 1823 e 1826, não indicaram nenhuma melhoria.[72] Antes mesmo da publicação desses números, os colonos vinham se preocupando com essa tendência — a ponto de a Sociedade Agrícola de Essequibo ter decidido ofertar uma medalha de ouro no valor de dez guinéus a qualquer pessoa, responsável por uma propriedade,

Tabela 4

NASCIMENTOS E MORTES ENTRE OS ESCRAVOS, DEMERARA E ESSEQUIBO, 1817-1829
(POR TRIÊNIO)

	1820	1823	1826	1829
Nascimentos	4868	4512	4494	4679
Mortes	7140	7188	7634	5724
Perda líquida	2272	2676	3140	1045

FONTE: Minutas das Provas Testemunhais ante o Comitê Seleto sobre a Situação das Colônias das Índias Ocidentais, PROZMCI.

que criasse o maior número de crianças em proporção ao número de nascimentos e de mulheres em idade reprodutiva.[73]

Encurralado por ter de aumentar a produção com uma força de trabalho declinante e provavelmente temendo o crescimento da população negra livre[74] o governo colonial, em 1815, impôs restrições à alforria, tornando o processo mais complicado e impondo encargos econômicos severos aos escravos que queriam comprar a própria liberdade ou a de parentes e amigos.[75] As restrições também se aplicavam aos senhores que desejavam libertar seus escravos. O novo regulamento reservava à Court of Policy o poder de conceder alforria, limitava os entendimentos pessoais entre senhores e escravos e estipulava que aquele que preenchesse uma petição de alforria pagasse de 250 a 1500 guinéus, além de postar uma carta de fiança de até quinhentos guinéus. O regulamento também deixava claro que os escravos não teriam direito à liberdade até receberem as cartas de alforria fornecidas pela Court of Policy.[76] A intenção era desencorajar inteiramente a alforria.[77]

As cartas de alforria nunca haviam sido numerosas mas sempre haviam sido uma fonte de esperança para os escravos. "Sei de muitos exemplos de negros que pagaram a seus senhores uma parte do dinheiro da compra e puderam saldar o que deviam depois da emancipação", escreveu Bolingbroke em 1805.[78] Mas o número de alforrias diminuiu depois da abolição do tráfico de escravos. Entre 1808 e 1821, apenas 477 alforrias foram oficialmente concedidas em Demerara e Essequibo, sendo 142 a homens e 335 a mulheres.[79] Eram escassas as chances de um homem adulto se emancipar. Entre dez escravos de sexo masculino alforriados, apenas um era adulto. Os outros eram meninos, na maioria libertos com suas mães. Muitas cartas de alforria eram compradas pelos próprios escravos ou por negros libertos em vez de serem concedidas por brancos.[80] Aparentemente, as mulheres tinham mais possibilidade de comprar sua liberdade e a dos filhos por terem mais oportunidades de ganhar algum dinheiro, fosse vendendo produtos no mercado (já que o comércio ambulante era uma atividade principalmente feminina), fosse prestando "favores" aos brancos. Também é possível que alguns homens brancos, envergonhados de reconhecer publicamente suas ligações com mulheres negras, preferissem dar o dinheiro para que elas comprassem a própria liberdade e a dos filhos. Também é provável que os escravos preferissem usar o pouco dinheiro que ganhavam ao executar pequenas tarefas aos domingos para libertar suas mulheres e seus filhos.

Embora fossem poucas as alforrias, a população negra livre continuava a aumentar em Demerara. Em 1810, os libertos constituíam 3,5% do total; vinte anos depois, eles equivaliam a pouco mais de 8%.[81] Esse crescimento pode ser explicado em parte pelo crescimento natural e em parte pelo influxo de libertos e negros livres (principalmente mulheres) vindos de outras colônias[82], mas também pelo aumento das cartas de alforria depois de 1823[83] em consequência de uma mudança na política britânica.[84]

A maioria dos negros livres vivia em Georgetown, onde executavam serviços diversos para a elite branca ou trabalhavam como artesãos independentes e pequenos comerciantes. Muitos mantinham barracas na feira ou viviam como vendedores ambulantes, indo de uma fazenda a outra com suas mercadorias. Os que haviam conseguido acumular capital suficiente para comprar um ou dois escravos mandavam-nos vender mercadorias nas ruas ou os alugavam a terceiros.[85] Frequentemente os artesãos negros livres que possuíam vendas alugavam escravos para nelas trabalharem. Alguns trabalhavam como lenhadores em Mahaicony, área abundante em mogno — madeira então muito cobiçada, o que tornava essa atividade bastante rentável. Muitos libertos continuavam a morar nas fazendas, trabalhando como artesãos independentes ou mantendo pequenas vendas que muitas vezes se tornavam o ponto de encontro dos escravos da vizinhança. Os brancos constantemente reclamavam das "vendas de grogues", lugares que suspeitavam servir de receptáculo para mercadorias roubadas.[86] Devido à variedade de atividades em que se envolviam — algumas tornando-os dependentes dos brancos, outras ligando-os aos escravos —, o comportamento dos negros livres era sempre imprevisível.[87]

O declínio do número de escravos era particularmente sério em Demerara porque coincidia com a expansão da área cultivada e a mudança para a cana-de-açúcar.[88] Embora a mão de obra fosse "poupada" pela introdução de novas máquinas no processamento de algodão, café e açúcar, o sistema de trabalho nos campos não mudara fundamentalmente e mais escravos estavam trabalhando nas fazendas de açúcar, onde o cultivo de cana exigia mais trabalhadores por metro quadrado que o de algodão ou café. O processo do cultivo da cana continuava a ser extremamente laborioso. Todos concordavam que, se cultivar, colher e processar algodão e café eram tarefas árduas, plantar e cortar cana e manufaturar o açúcar eram ainda mais penosos. Para se iniciar um canavial, era preciso primeiro limpar o terreno e fazer pôlderes[89] — tarefa muitas vezes entregue a turmas de escravos alugados. Plantavam-se as mudas entre sulcos. No período de doze a dezesseis meses que vinha a seguir, enquanto a cana crescia, os campos tinham de ser capinados, duas ou três vezes. Quando a cana amadurecia, tinha de ser colhida e transportada de barco para os engenhos para ser processada. O trabalho no engenho exigia um grande número de escravos com habilidades diversas.

Bolingbroke descreveu em detalhes os vários passos da produção do açúcar. Depois de moída a cana, o "caldo" que havia sido recolhido numa cisterna era mandado através de calhas para uma "casa de fervura". Uma vez fervido, coado e tratado com cal, o xarope era reduzido e clarificado numa sucessão de recipientes de cobre. Era então esfriado numa caneleta de madeira e posto em barris na casa de curar. O melaço que drenava dos barris durante uns quinze dias era então canalizado para uma cisterna separada.[90]

Para os escravos, o complexo processo de fabricação do açúcar envolvia muitos riscos, mas aumentava as oportunidades de sabotagem. Se o calor nas fornalhas não fosse suficiente, o caldo de cana fermentaria. A polpa que resultava da moagem da cana (o bagaço) tinha de ser removida rapidamente, do contrário se acumularia causando sérios inconvenientes que poderiam forçar o engenho a parar. Os tanoeiros encarregados da feitura dos barris e tonéis poderiam diminuir seu ritmo de trabalho, produzindo menos do que seria necessário para a rotina diária. Os escravos responsáveis pelo fornecimento de aduelas e aros aos tanoeiros poderiam reter esses apetrechos. Os homens ou mulheres encarregados do fogo poderiam extingui-lo ao escolher lenha verde ou molhada em vez de seca. Qualquer distração na casa de fervura poderia causar um incêndio. Portanto, a produção do açúcar requeria grande vigilância e rigor dos administradores e feitores, e disciplina, coordenação e habilidade por parte dos escravos. Finalmente, quando se introduziram os engenhos a vapor, acrescentou-se a tirania da máquina, que impunha seu ritmo próprio, à disciplina dos feitores e capatazes.

Como recebiam uma comissão de 2% a 10% da produção de uma propriedade, os administradores eram implacáveis em suas exigências e severos nos castigos. E por certo preocupavam-se menos com a saúde e bem-estar dos escravos do que com sua produtividade. Enquanto as fazendas dessem lucros, os administradores poderiam contar com o apoio de seus patrões distantes. Se abusassem de sua autoridade ao fazer exigências descabidas ou punir os escravos em excesso, tinham apenas de responder aos procuradores e autoridades locais, que por sua vez — pelo menos até a rebelião — tendiam a rejeitar as queixas dos escravos. Somente quando a situação tornava-se incontrolável, os administradores perdiam seus empregos. Desse modo, com a ajuda dos feitores e capatazes — geralmente brancos pobres que haviam migrado para a colônia na esperança de melhorar sua situação econômica —, os administradores tratavam os escravos com a maior severidade possível.

A divisão de trabalho dependia de decisões tomadas pelos administradores e provavelmente refletia as necessidades das fazendas tanto quanto as práticas sociais inglesas, embora seja possível que os escravos tivessem alguma voz ativa na questão.[91] O monopólio detido pelas mulheres, tanto escravas quanto livres, do comércio ambulante (também presente em outros lugares do Caribe) sugere uma certa continuidade de tradições, uma vez que elas costumavam controlar essa atividade na maioria das sociedades africanas.

A situação das mulheres era agravada pela dupla tarefa de produção e reprodução. Muitos confrontos entre escravas e administradores originavam-se das contradições entre os papéis das mulheres como mães e como trabalhadoras — situação que se agravou com a exploração crescente da mão de obra depois da abolição do tráfico de escravos.[92] As decisões administrativas sobre o tipo e a quantidade de trabalho a ser executado e sobre o tempo livre concedido aos escravos eram uma fonte permanente de ressentimento e conflito.

A maioria dos escravos em idade produtiva que vivia nas fazendas trabalhava no campo.[93] Cerca de 7% trabalhavam como domésticos, 5% como artífices e outros 5% como capatazes ou chefes de turmas de trabalhadores.[94] Embora tanto homens quanto mulheres trabalhassem nos campos, havia uma divisão clara de trabalho segundo o gênero. Isso tornava-se ainda mais óbvio entre os trabalhadores mais capacitados. Carpinteiros, tanoeiros e pedreiros — os grupos maiores entre os artífices nas fazendas — eram todos homens. O mesmo acontecia com serradores, lenhadores, ferreiros, caldeireiros, fabricantes de barcos, alfaiates, pescadores, vigias, transportadores e até cesteiros. Em contraposição, costureiras, lavadeiras, tecelãs, limpadoras de café, parteiras, babás e vendedoras ambulantes eram todas mulheres. Outras atividades, como cozinha, serviço doméstico, biscates e enfermagem, eram executadas tanto por homens quanto por mulheres. E embora os capatazes fossem majoritariamente homens, havia algumas mulheres entre eles.[95] Nos engenhos de açúcar, a maior parte das tarefas era executada por homens. O único serviço convencionalmente realizado por mulheres era o trabalho estafante de remover o bagaço. A divisão de trabalho criava hierarquias dentro da comunidade de escravos, com artesãos e capatazes no topo e trabalhadores do campo na base. A autonomia de que os capatazes e artífices gozavam fazia com que eles tendessem a se ressentir mais da escravidão e a alimentar sonhos de emancipação.

Os escravos que executavam serviços domésticos ocupavam uma posição "privilegiada" por terem acesso direto aos administradores e senhores, com os quais muitas vezes estabeleciam relações pessoais, mas também eram vigiados com mais rigor e podiam perder seu lugar com facilidade. Isso explica por que, apesar de geralmente tomarem o partido dos senhores, esses escravos muitas vezes traíam a confiança dos seus patrões.

Quaisquer que fossem as atividades, os escravos estavam constantemente ocupados. Assim que terminavam uma tarefa, tinham de começar outra.[96] Os colonos que só plantavam algodão ou café e temporariamente não tinham trabalho para alguns de seus escravos, alugavam-nos; procedimento que teria sido mais difícil em sociedades coloniais onde a monocultura fosse a norma e todos necessitassem de mão de obra ao mesmo tempo. A variedade de culturas em Demerara talvez explicasse por que era tão comum o sistema de aluguel de turmas de escravos. Os jornais estavam sempre cheios de anúncios de pessoas que queriam alugar turmas de trabalhadores. Embora a prática ocorresse durante todo o ano, a demanda crescia na época da colheita. Algumas pessoas que não tinham fazendas viviam exclusivamente do aluguel de escravos.[97] É por esse motivo que o número de escravos registrados na cidade de Georgetown mostrou tendência a crescer e não a decrescer depois da abolição do tráfico, mesmo durante um período em que o total da população escrava declinava e a demanda por mão de obra escrava nas fazendas aumentava.[98] Em 1815 havia em Demerara e Essequibo 62411 escravos relacionados como ligados às propriedades, e 10103 como "pertencentes a indivíduos". Alguns desses "indivíduos" eram empreiteiros de mão de obra que se responsabilizavam por certas tarefas e iam de uma fazenda a outra com suas turmas. Outros extraíam sua principal fonte de renda do ganho obtido por seus escravos com a venda de mercadorias nas ruas. Essa prática era comum até mesmo entre os negros livres ou mulatos que haviam conseguido adquirir alguns escravos.[99]

Os escravos alugados em turmas de trabalho [*task gang*] executavam diversas tarefas: colher, construir, cavar ou limpar valas, abrir canais, cortar aduelas ou sarrafos, madeira ou lenha, plantar bananas ou fazer qualquer outro trabalho pesado.[100] Esses escravos estavam entre os que recebiam pior tratamento. Quem os alugava não lhes concedia nenhum "privilégio" e deles tentava extrair o máximo de trabalho possível no menor período de tempo. Aos escravos das turmas de trabalho geralmente se proibia o acesso às hortas e se negavam outros pequenos benefícios gozados pelos escravos ligados às fazendas. Eles se queixavam constantemente de falta de comida e roupas, de trabalho excessivo e punições injustas.

A situação dos escravos alugados sem nenhuma especificação quanto às tarefas que iriam executar era ainda pior. O caso relatado pelo fiscal de Berbice em 1822 era típico. Cinco escravos se queixaram de que tinham sido alugados como parte de uma turma para trabalhar numa propriedade por um período de doze meses. Eles não tinham os privilégios dos escravos da propriedade, mas tinham todas as obrigações. (Aparentemente, os escravos da propriedade haviam recebido roupas, mas os queixosos não.) Assim, quando lhes ordenaram que carregassem capim e combustível, eles se recusaram. Outros membros da turma se juntaram a eles. Como resultado, doze homens e uma mulher receberam chibatadas e um dos escravos, Pompey, foi posto no tronco. Os escravos foram advertidos de que, se não carregassem o capim, seriam novamente açoitados e, assim, cinco escravos tinham ido se queixar ao fiscal. Quando chamado pelo fiscal, o administrador explicou que os escravos tinham sido alugados por um ano (e não faziam parte de uma turma de trabalho regular). Eles haviam se recusado a executar as tarefas e, quando o administrador repetira a ordem, Pompey, com "um tom impertinente e gestos inoportunos", dissera que não carregaria o capim à noite pois isso não era seu dever. Para punir essa afronta, que poderia influenciar os outros, o administrador pusera Pompey no tronco.[101] Esse caso e muitos outros semelhantes mostram que esses escravos estavam em piores condições do que os que pertenciam às fazendas. A má situação deles era tão universalmente reconhecida que os administradores ameaçavam os escravos rebeldes com a possibilidade de alugá-los ou mandá-los para uma turma de trabalhadores. E às vezes essas medidas eram de fato tomadas como punição. Por outro lado, ao mudar de uma fazenda para outra, os escravos de aluguel conseguiam estabelecer contatos e forjar laços de amizade tanto com os escravos como com pessoas de cor livres. Esses laços podiam vir a ser úteis numa rebelião.

A tradição estabelecia a quantidade de trabalho a ser feita nas fazendas.[102] A jornada de trabalho regular deveria ser de doze horas. Os escravos se levantariam às cinco e trabalhariam das cinco e meia ou seis da manhã até o pôr do sol. Ao meio-dia teriam uma hora ou uma hora e meia para descansar e comer. Na prática, no entanto, não era raro eles terem de trabalhar até altas horas, às vezes até duas da manhã, e os que trabalhavam nos engenhos frequentemente se levantavam às duas ou três da madrugada. Dificilmente tinham tempo para fazer uma refeição adequada. E, embora devessem ter os domingos livres, os administradores muitas vezes forçavam-nos a trabalhar pelo menos uma parte do dia. Em princípio, mulheres grávidas tinham direito a alguns privilégios. Deveriam trabalhar nas turmas fracas até o sexto ou sétimo mês e depois ficar encarregadas de tarefas leves até o nascimento da criança. Deveriam voltar a trabalhar depois de cinco ou seis semanas, mas, durante um ou dois anos, os administradores deveriam lhes propiciar uma meia hora extra nas manhãs e tardes, e mais algum tempo livre durante o dia para a amamentação. Os administradores queixavam-se de que as mulheres usavam esse "privilégio" como pretexto para usufruir de descansos maiores, enquanto estas frequentemente reclamavam que seus "direitos" tinham sido violados.

Administradores experientes e competentes tinham uma noção geral do volume de trabalho que deveriam esperar de cada escravo, mas as tarefas tinham de ser ajustadas a diversas circunstâncias e havia uma grande dose de arbitrariedade na sua distribuição a cada escravo. Os escravos muitas vezes contestavam as decisões dos administradores, e o montante de trabalho tinha de ser constantemente negociado. As práticas costumeiras que resultavam dessas confrontações e das negociações nelas implícitas acabavam sendo consideradas pelos escravos normas que poderiam ser invocadas sempre que os administradores extrapolassem os limites. Como as circunstâncias frequentemente mudavam — os escravos acostumados a uma atividade eram designados para outra; as condições da colheita, do solo e do clima variavam —, a distribuição de tarefas era sempre uma questão potencialmente controversa.

Um administrador, a quem perguntaram quanto trabalho os escravos de sua fazenda deveriam executar, disse que um "homem capaz" trabalhando para cavar uma vala deveria "remover" de 450 a quinhentos pés cúbicos de terra por dia. Um outro disse esperar que o escravo cavasse uma vala de dez por doze pés e quatro de profundidade (480 pés cúbicos). Outros estabeleciam uma cota de seiscentos pés cúbicos. Ao fazer os buracos para plantar a cana, um escravo deveria cavar de 1/20 a 1/25 de um acre [4 mil metros quadrados] por dia. Ao capinar e espalhar a terra no canavial novo — o que eram tarefas consideradas leves mas tediosas, geralmente atribuídas às mulheres —, esperava-se que um escravo fizesse um 1/8 ou 1/9 de um acre por dia. Em 1824, um administrador de uma fazenda em Leguan calculou que, para cada barril cheio de açúcar, eram necessários de doze a quinze escravos para cortar as canas e transportá-las para as chalanas, mais dois para alimentar a moenda, três para carregar as canas e "limpar os recipientes à volta da moenda", mais um para cada tanque de cobre, dois foguistas para cada conjunto de caldeiras e um foguista para o engenho a vapor. O número de escravos para carregar o bagaço dependia da distância que se tinha de percorrer do lugar onde se moía a cana até a casa de armazenagem.[103]

Numa fazenda de algodão, a necessidade de capina variava de seis escravos de primeira qualidade para cada 4 mil metros quadrados no início da estação, a três ou quatro no final, à época da terceira capina. Os administradores esperavam que um escravo homem fosse capaz de descaroçar 22 quilos de algodão e uma mulher, treze, mas essa operação dependia da destreza do trabalhador. Capinar era atividade mais simples no cafezal do que no algodoal porque os pés de café eram geralmente sombreados pelas bananeiras e o capim não crescia tão rápido. Ainda assim, punham-se quatro homens para capinar um acre (4 mil metros quadrados), podar as bananeiras e tirar os rebentos dos pés de café. Presumia-se que um escravo colhesse uma média de treze a dezesseis quilos de grãos de café por dia. As cotas de colheita variavam, não só de acordo com a habilidade dos escravos, mas também conforme a riqueza da safra. Se havia abundância de grãos, um escravo poderia encher três cestos em um dia, mas se a safra fosse pobre, eles colheriam o suficiente para encher apenas um.[104]

Tudo isso significava que os requisitos para o trabalho tinham de se ajustar ao tipo de solo, ao estágio da plantação e às condições climáticas. O volume de trabalho que se esperava de um escravo encarregado de fazer covas na terra dependia do grau de umidade e da consistência do solo. Se a tarefa era capinar, o volume variava de acordo com a quantidade de mato e a densidade das plantas, o que, por sua vez, dependia da idade das plantas e das condições climáticas. A quantidade de cana que um escravo deveria carregar variava conforme a qualidade da planta. O trabalho a ser feito por um escravo que fosse cavar valas dependia tanto da natureza do solo quanto do tamanho e profundidade das valas, e assim por diante.

Quando tomavam decisões quanto à quantidade de trabalho que um escravo ou uma turma de trabalhadores deveriam executar, os administradores também tinham de considerar a capacidade e força do escravo. Um escravo de primeira qualidade podia trabalhar mais do que um escravo médio (um administrador calculava que este produzia 1/4 menos que o de primeira qualidade). Um velho obviamente não podia ter um desempenho tão bom quanto o de um jovem, ou um doente quanto o de um homem são. Alguns indivíduos eram melhores do que os outros no desempenho de certas tarefas. Os administradores achavam tais decisões difíceis porque os escravos pareciam sempre fingir estar doentes ou não ser capazes de realizar as tarefas. Estavam convencidos de que os escravos poderiam — se quisessem — trabalhar mais do que trabalhavam. Um deles contou uma história típica: vira dois escravos, que haviam apostado para ver quem trabalhava com mais rapidez, descaroçarem uma quantidade duas vezes maior do que geralmente lhes era exigido fazer.[105]

Normas e usos costumeiros geravam expectativas em ambos os lados. Os administradores deles faziam uso para avaliar o desempenho dos escravos, e estes para avaliar a equidade daqueles. As diversas circunstâncias que afetavam o desempenho do trabalho introduziam um elemento de imprevisibilidade e davam um poder discricionário aos administradores. Apesar de todas as confrontações e negociações que aconteciam entre escravos e administradores, a decisão final cabia sempre a estes. Como declarou com propriedade um administrador, as decisões sobre a quantidade de trabalho que um escravo deveria ou poderia executar dependiam mais da "avaliação" do administrador do que de qualquer norma específica. E os administradores, por inexperiência, má vontade ou negligência, às vezes infringiam as normas, desencadeando a resistência dos escravos e sua punição.

Outra fonte comum de contenda e confrontação entre administradores e escravos eram as provisões de comida e roupas. Além da porção semanal de peixe salgado e bananas, cada homem deveria receber anualmente uma jaqueta azul e calças, um chapéu, quatro metros e meio de tecido de algodão grosso e pardo, quatro e meio de tecido axadrezado e um boné. As mulheres recebiam cada uma um chapéu, três a seis metros e meio de tecido axadrezado, seis metros e meio de algodão grosso e pardo, um lenço, às vezes agulha e linha e uma ou duas panelas. Nos feriados, os escravos podiam esperar receber um pouco de sal, outro tanto de açúcar, e tabaco ou rum. Ocasionalmente recebiam um cobertor. Tudo o mais deveria ser providenciado por eles mesmos, exceto moradia e "assistência médica".

Quando se violavam as normas relacionadas a desempenho no trabalho, provisões de comida e roupas e assistência médica, os escravos protestavam. Eles construíam suas noções de "direitos" a partir da lei e dos costumes. E era em nome desses "direitos" que, individualmente ou em grupo, procuravam o fiscal para fazer suas reclamações, rejeitavam as rações (quando estas eram insuficientes ou estavam estragadas),[106] não executavam as tarefas quando consideravam "irrazoável" a ordem recebida e de vez em quando recorriam a greves, recusando-se coletivamente a executar qualquer trabalho até que suas exigências fossem satisfeitas.[107]

Um administrador experiente que viveu em Demerara por quase 25 anos deu, em 1824, um testemunho eloquente — ainda que um tanto tendencioso — do apego que os escravos tinham ao que entendiam ser seus direitos:

> Nenhuma classe de pessoas é mais ciosa de seus direitos do que a população escrava desse país; e quando, a qualquer momento ou de algum modo, cometem-se infrações, por menores que sejam, contra esses direitos, os escravos buscam uma

reparação; se foram oprimidos ou maltratados pelos administradores, apelam para seu senhor, caso ele esteja presente, ou, caso esteja ausente, para o procurador deste, que em todas as ocasiões se prontifica a investigar a causa das queixas; algumas vezes elas são de natureza muito trivial, mal valendo se atentar para elas, e só foram trazidas por alguns escravos ignorantes incentivados pelos mais matreiros e maldosos com a intenção de verem satisfeitos seus desígnios particulares; mas quando uma queixa é mais bem fundamentada, não é raro resultar na demissão do administrador, do feitor ou de quem quer que seja o responsável. Caso o escravo se considere prejudicado e ache que não foi desagravado como deveria ser, ele não hesita em recorrer ao fiscal, de quem nunca ouvi falar ter menosprezado uma solicitação desse tipo, ou ter deixado de proceder à investigação necessária da causa de tal queixa [...]. Se se privam os escravos, por pouco que seja, por engano ou deliberação, do tempo que lhes é concedido para o café e o jantar, ou se os obrigam a trabalhar em horas impróprias, ou se são punidos por motivos triviais, eles não hesitam em se queixar, e recebem a reparação devida.[108]

O quadro é um tanto utópico. De fato, a maioria das queixas dos escravos era rejeitada, e eles muitas vezes eram castigados ao fazerem-nas. Foi só depois da rebelião de 1823 — quando o governo britânico decidiu intervir mais diretamente no controle da população escrava — que os fiscais passaram a dar mais ouvidos aos escravos e a multar alguns administradores.[109] Até 1824, quando Benjamin D'Urban substituiu o governador Murray, não era costume registrar as queixas dos escravos e os procedimentos dos fiscais.[110] O novo governador, seguindo as diretrizes do governo britânico, ordenou que o fiscal fizesse registros e deixou claro que todas as queixas dos escravos deveriam ser ouvidas com paciência, investigadas com cuidado e tratadas com imparcialidade, "tanto em relação aos senhores quanto aos escravos". Recomendou ainda que as queixas infundadas e malévolas fossem devidamente examinadas, mas que as bem fundamentadas fossem "desagravadas até o limite extremo da lei", e conforme as circunstâncias dos respectivos casos. Também tomou medidas para informar à população escrava que a qualquer momento ouviria as queixas pessoalmente e delas se encarregaria.[111] O governador D'Urban de fato empenhou-se nos casos controversos. Quando Darby, da Bel Air, foi injustamente castigado pelo administrador por ter se queixado ao procurador, o governador escreveu ao fiscal uma carta extremamente reveladora das novas noções de controle social que o inspiravam, as quais contrastavam com a posição adotada por seu antecessor.

> Se isso for tolerado, será o fim de toda justiça: um escravo é maltratado, queixa-se ao seu protetor legítimo, que interfere a seu favor, e qual a consequência dessa interferência? Ora, o administrador castiga novamente o escravo por ter ousado fazer a queixa, de modo que todo o proveito que ele obtém de um esforço feito para ser desagravado é receber duas punições em vez de uma. Essa prática deve sem dúvida acabar inteiramente com as queixas, mas deve também acabar com a esperança; e, se for uma prática generalizada, não poderá senão redundar em desespero universal. Se foi isso o que ocorreu entre os administradores do distrito do leste, que confio não tenha sido, não haveria necessidade de se procurar um motivo suficiente para a insurreição que lá explodiu no ano passado. É da natureza das coisas que tais motivos produzam tais efeitos; e devem ser reprovados com o maior rigor.[112]

O governador, entretanto, não recebeu muita cooperação dos fiscais. Enquanto o governador seguia as novas diretrizes que se haviam originado no Colonial Office, os fiscais julgavam a situação da perspectiva dos proprietários de escravos, os quais achavam que a disciplina seria destruída se alguém tivesse permissão de interferir em sua autoridade. Isso ficou claro numa carta enviada ao governador D'Urban pelo fiscal Charles Herbert em 1825.

> Os súditos da Coroa, embora em climas diversos, são movidos por um desejo sincero de melhorar a situação da população escrava e de levar a efeito os desejos do governo de Sua Majestade. Mas sua Excelência sabe muito bem que os sentimentos voltados para uma parte não devem obstar uma consideração justa para com a outra, e que a tranquilidade de uma colônia valiosa será efetivamente destruída se forem tolerados, sob o nome de queixa, atos de insubordinação e mau procedimento da parte do escravo, particularmente nas condições turbulentas de 1824.[113]

Assim, apesar dos esforços do novo governador, Charles Herbert e seus sucessores continuaram na maioria das vezes a rejeitar os pleitos dos escravos, preferindo apoiar os senhores. Mas o fato não dissuadiu os escravos de se queixarem. Em 1829, um homem velho e doente chamado Charles reclamou que não podia fazer o trabalho que lhe era exigido. Reconhecendo a fragilidade do homem, o fiscal chamou o senhor de Charles. Mas este respondeu que Charles recebera "todo cuidado e atenção" e que o trabalho era leve, pois tinha apenas de "cuidar de algumas vacas" e amarrá-las com os bezerros à noite. Diante das alegações, o processo foi encerrado. O mesmo aconteceu quando Lewis, que pertencia a uma turma enviada pelo administrador da Porter's Hope na Costa Leste para cortar cana em Mahaica, queixou-se de que o feitor não dava tempo para que os escravos se alimentassem. O administrador informou ao fiscal que Lewis não executava o trabalho como deveria e tinha tempo suficiente para comer. Explicou que os "negros" estavam insatisfeitos por causa da mudança de cultura de algodão para açúcar. O fiscal deu por encerrada a demanda de Lewis. Fato semelhante ocorreu a Goodluck, que havia cortado lenha durante alguns meses e apresentou uma queixa dizendo que não recebera do senhor sua cota de roupas e apenas ganhava um cacho de bananas de duas em duas semanas e um "pouquinho de peixe". Goodluck também relatou que os administradores lhe tinham dado 150 chibatadas com o "chicote de várias pontas" porque ele não cortara vinte metros cúbicos de lenha por semana, e quando pedira um passe para ir ao protetor de escravos, este lhe fora negado. O administrador desculpou-se por não haver dado a roupa, afirmando que não dispunha de meios para comprá-la. Depois do depoimento de uma testemunha — que morava na propriedade —, corroborando a declaração do administrador, o protetor rejeitou todas as queixas com exceção de uma, ordenando ao senhor que fornecesse roupas a Goodluck "o mais rapidamente possível".[114]

As queixas das mulheres não tinham melhor destino.[115] De fato, era voz corrente entre os administradores que elas eram mais difíceis de dirigir, mais "refratárias" e sempre prontas a instigar os homens à insubordinação.[116] De modo que os administradores eram tão severos com as escravas quanto com os escravos. A recalcitrância das mulheres era em parte devida à dupla exploração a que estavam submetidas. Como trabalhadoras, sofriam os mesmos abusos que os homens. Mas tinham de enfrentar problemas adicionais: estupro era um deles, separação dos filhos em fase de aleitamento era outro.[117] Nem todos os casos de estupro eram relatados, mas os mais extraordinários, em que crianças estavam envolvidas, acabavam na sala do protetor de escravos e até no Tribunal de Justiça Criminal. Entre esses destaca-se o caso de uma menina de dez anos presumivelmente violada pelo administrador da fazenda onde ela vivia. Depois do incidente, a menina adoeceu e foi levada ao "pavilhão dos doentes". A "enfermeira" chamou o médico, que a examinou e constatou ter sido ela estuprada. Pressionada pela enfermeira e depois pela madrasta, a menina primeiro disse que havia sido violentada por um escravo de dezessete anos. Mas, sob maior pressão, confessou que o administrador fora o culpado. Quando este soube da acusação, confrontou-se com a menina apenas para ouvi-la reconfirmar a história. Ao perguntar-lhe quem fizera aquilo, ela respondeu: "Foi o senhor". A menina morreu poucos dias depois. O pai levou o caso ao protetor de escravos. Apesar de o processo não ter sido concluído, o exame do corpo confirmou que ela tinha sido de fato violentamente estuprada.[118]

Um caso mais representativo das formas de abuso que as mulheres sofriam e da maneira como resistiam foi o de Rosey, da fazenda Grove, que relatou ao protetor de escravos que, enquanto trabalhava no campo, sentira dor nas tripas e parara de trabalhar. O administrador mandou que continuasse o trabalho, bateu nela com uma vara e depois deu-lhe um soco, derrubando-a. Em seguida, amarrou suas mãos às costas e a mandou para casa, onde foi posta no tronco por três dias e três noites. Durante esse tempo seu filho pequeno, a quem amamentava, foi mantido longe dela. Seus seios incharam. Ela então saiu da propriedade sem passe e foi ao protetor de escravos. Quando o administrador testemunhou, disse que Rosey estava sentada no chão em vez de trabalhar e não respondera ao que ele lhe perguntara. Então a esbofeteara, por causa "de sua grande impertinência". Ele acrescentou que Rosey não tinha sido posta no tronco, mas em um dos quartos do hospital. Seu filho de dezesseis meses tinha estado na casa reservada aos doentes com bouba, e ele achava que a criança já "devia ser desmamada". O administrador apresentou uma declaração do feitor confirmando seu depoimento e dizendo que a mulher se opusera às ordens e usara linguagem "abusiva". Disseram que Rosey tinha ido ao local onde se achava a criança e a tirara de lá à força, agredindo a mulher encarregada do lugar. Segundo o feitor, ela aparentemente havia sido instigada pelo marido a se queixar do administrador, por este não ter permitido que um dos filhos mais velhos fosse à casa onde a criança doente estava para cuidar dela, o que era desnecessário "pois lá existe uma enfermeira para tratar dos que têm bouba e atendê-los em tudo que diz respeito à alimentação". O processo de Rosey foi encerrado. Esse e outros casos similares revelam não só indiferença por parte dos "protetores" dos escravos e brutalidade por parte dos administradores, mas também diferentes concepções de enfermagem, aleitamento e desmame. Rosey e outras mulheres estavam provavelmente seguindo práticas africanas de amamentar as crianças por muitos anos, algo que os administradores não toleravam porque isso interferia no seu trabalho. Conflitos em torno dessas práticas eram comuns no Caribe.

As mulheres também se queixavam de encargos e castigos injustos. Um caso que chamou a atenção de um protetor de escravos em 1829 é bem significativo. Jacuba, Julia, Dorothea, Una e Effa, cinco escravas que pertenciam à fazenda Le Repentir, mas que estavam trabalhando na La Pénitence, foram queixar-se do administrador. Elas relataram que ele as havia mandado remover o bagaço do engenho na quinta-feira e novamente na sexta, e lhes dissera que o serviço deveria ser concluído até as nove da noite. Elas haviam trabalhado das três da manhã às nove da noite sem parar, e só tiveram tempo para comer depois de terminado o trabalho, embora "lhes tivessem levado bananas cozidas". No sábado, foram novamente mandadas remover o bagaço, mas se recusaram a fazê-lo, alegando que outros carregadores deveriam fazer isso, "pois era costume que os que carregavam o bagaço por dois dias seguidos" recebessem ordens para fazer outro tipo de trabalho, porque a tarefa era a mais árdua da fazenda.[119] Elas tinham reclamado ao administrador, dizendo que, ao dar um trabalho leve para alguns enquanto sobrecarregava outros, ele estava sendo injusto. No sábado, em vez de obedecê-lo, foram cortar cana no canavial. O administrador mandou buscá-las e prendeu-as no tronco, pelos pés e pelas mãos, por muitas horas, depois trancafiou-as num quarto até o domingo de manhã, quando novamente as pôs no tronco. Lá ficaram até as três da tarde. E mais uma vez foram confinadas num quarto até o dia seguinte.

Ao ser interrogado pelo protetor de escravos, o administrador afirmou que chamara mais mulheres do que o necessário para executar a tarefa, mas mesmo assim elas não tinham executado o serviço tão rápido quanto deveriam. O resultado foi que o bagaço se acumulara "com grande perigo para a maquinaria". No dia seguinte, elas haviam feito menos ainda, disse ele, então receberam ordens para continuar o serviço no sábado. Ele explicou que se elas houvessem retirado o bagaço no primeiro dia, como deveriam, ele teria chamado uma outra equipe. O administrador tinha certeza de que elas poderiam ter desempenhado a tarefa com grande facilidade, uma vez que o engenho sempre parava três horas por dia. (O administrador aceitou como verdadeira a alegação de que enquanto confinadas as mulheres haviam recebido apenas água e bananas.)

Depois de ouvir o administrador, o protetor de escravos chamou o feitor, que confirmou o relato. Em seguida, o maquinista deu seu testemunho. De um modo geral, seu depoimento corroborou o do administrador e o do feitor, mas levantou um ponto novo e crucial. Quando lhe perguntaram se as mulheres haviam retirado o bagaço tão rapidamente quanto deveriam, ele disse que não. Elas tinham provocado a obstrução da moenda. Mas quando lhe perguntaram se ele achava que as mulheres eram capazes de manter a moenda desobstruída, ele respondeu que não, "o bagaço sai da moenda muito rápido", disse, "é uma moenda grande; enquanto eu as vigiei e fiz com que se apressassem, elas trabalharam o mais rápido que puderam; mas não sei o que fizeram quando me afastei". O protetor decidiu que o administrador incorrera em infração ao "artigo 14 da Ordenação dos Escravos, e ao artigo primeiro do Amended Act",* e multou-o em duzentos guinéus por escrava (a menor das penas estipuladas pelo regulamento).

Um outro caso típico dos conflitos que emergiam entre escravas e administradores envolveu Beckey e Lydia, duas mulheres que pertenciam a uma turma de trabalhadores. As duas se queixaram de que nas três semanas anteriores haviam sido confinadas todas as noites num "quarto escuro" por não serem capazes de capinar duas fileiras de canas novas. Beckey afirmou que tinha sido trancafiada assim que chegou do canavial e não tivera tempo de comer. Lydia apresentou queixas semelhantes, mas acrescentou que seu filho de dois meses "não mama; que o leite azeda no seu peito e que, ao mamar na manhã seguinte, a criança vomita".[120]

Quando o protetor de escravos ouviu o administrador, este declarou que as mulheres haviam recebido a mesma quantidade de trabalho que fora designada às outras — duas fileiras de 24 pés de canas novas. Ele acrescentou que elas geralmente completavam a metade da tarefa e sempre se atrasavam de manhã. Também explicou que designara uma "enfermeira" para cuidar das crianças e duas outras jovens para amamentá-las, para evitar que as mães por despeito lhes causassem algum dano, o que às vezes acontecia porque as mulheres queriam prejudicar o administrador, que era responsável pelo bem-estar das crianças. Depois de muitas considerações, o protetor pediu ao administrador que suspendesse tal prática.[121]

---

* Ato de Reparação.

Havia muitos outros motivos para a existência de conflitos entre escravos e administradores. O "direito" que os escravos tinham à produção de suas hortas e aos animais que criavam muitas vezes levava a confrontações que terminavam na sala do fiscal.[122] A história que Thomas contou ao protetor é muito reveladora. Ele pertencia a um carpinteiro de Georgetown. Num domingo, quando saía do trabalho com duas galinhas que levava para sua mulher, o senhor lhe tomou as aves, cortou-lhes as cabeças e atirou-as na estrada. Não satisfeito, pegou dois punhados de inhame, cortou-os em pedaços e jogou-os fora. Ele chutou Thomas nas "partes pudendas" — que de fato pareceram inchadas ao fiscal — e depois lhe deu uma "dose de sais" e o prendeu no tronco; "também o maltratou arrancando-lhe os cabelos", apresentados pelo escravo como prova. Thomas disse que diversos escravos e a mulher do senhor haviam testemunhado o episódio. O fiscal mandou Thomas para a cadeia, com recomendações de que o atendente o examinasse, e intimou o senhor, um certo Milne, que negou ter tocado no escravo uma vez sequer, embora admitisse ter pego as aves que pertenciam à mulher de Thomas. Milne disse que inúmeras vezes mandara-a embora das imediações, "por vê-la traficando no terreno dele dia e noite". Todos os que foram interrogados negaram tudo, e o atendente afirmou que a inchação datava de muito tempo e não resultara de uma pancada. O protetor repreendeu Thomas e mandou-o embora. No entanto, nos meses seguintes muitos escravos fizeram queixas contra Milne. Isso parece indicar que este era particularmente violento, ou que os escravos, em solidariedade a Thomas, haviam decidido vingar-se de Milne.

O "direito" de possuir aves também foi motivo de uma queixa contra John Quarles. Diversos escravos queixaram-se de que ele não só os obrigava a trabalhar à noite e aos domingos, como também comia as aves que lhes pertenciam. O fiscal foi à fazenda e viu que os escravos tinham razão. Quarles foi intimado a pagar integralmente os patos e galinhas que mandara matar e foi advertido pelo fiscal de que, se houvesse mais queixas, seria processado criminalmente. Um caso semelhante ocorreu em Berbice, embora não se saiba o desfecho. Dois escravos, Philip e Leander, possuidores de porcos, reclamaram que o administrador havia mandado o capataz e o feitor matarem os animais; e quando Philip pediu permissão para vender os porcos na cidade, esta lhe foi negada e ele foi surrado e posto no tronco. Uma história igualmente sugestiva da maneira como entendiam seus "direitos" foi contada por diversos escravos, que se queixaram do fato de o administrador, depois de tê-los contratado para descaroçar seu próprio algodão, não os pagara.[123]

Outra fonte de conflito era a transferência de escravos de uma atividade para outra, já que, sem possuírem as habilidades necessárias, eram castigados pelo desempenho insatisfatório.[124] Um caso típico foi o de Quamina, um escravo de Berbice que chegou à sala do fiscal queixando-se de que fora vendido como tanoeiro e carpinteiro, mas fora mandado colher algodão. Ele não conseguira colher tanto quanto os outros e fora açoitado; suas costas foram lavadas com salmoura e esfregadas com sal. Queixa semelhante foi feita por Azor, a quem mandaram catar café no terreiro — tarefa delicada, geralmente destinada às mulheres, que ele nunca tinha executado. O escravo recebeu chibatadas e foi posto no tronco por não ter enchido seu cesto. Talvez a mais patética dessas histórias contadas por escravos seja a daquele que, apesar de não saber fabricar cestos, tinha sido obrigado a substituir o cesteiro que havia morrido. Como não conseguiu produzir a quantidade de cestos esperada, foi castigado. Chamado pelo fiscal, o administrador refugiou-se em estereótipos. Declarou que o escravo estava mentindo, uma vez que todos os negros sabiam fazer cestos.[125]

Os administradores frequentemente reclamavam de que os escravos estavam apenas fingindo não poder desempenhar suas tarefas, e os acusavam de deliberadamente agir com negligência e lentidão. Os escravos alegavam que os senhores faziam exigências descabidas e eram injustos ao castigar. Foi esse o caso de George, que se queixou de que — embora nunca tivesse sido acusado de "impertinência", nunca tivesse sido negligente no trabalho, nem tivesse fugido, nem sequer tivesse deixado de voltar na segunda quando recebia passe no domingo — fora castigado por não ter preparado a fornalha adequadamente. Ele explicou que não havia ninguém para cortar a lenha, que a madeira existente estava verde e que por isso não pudera acender o fogo. Quando o fiscal chamou o administrador, o homem contou que no ano anterior tinha sido obrigado a substituir os escravos que alimentavam as máquinas do engenho porque haviam posto carvão, talhadeiras e outras coisas que impediam as máquinas de funcionar. Desde então ele não tivera mais problemas. George fora um dos dispensados, mas tinha sido recentemente admitido na tarefa de alimentar o fogo. O administrador contou também que lhe haviam dito que antes de chegar à propriedade, George tinha sido pego roubando, junto com outros, "mais de

135 quilos de açúcar".[126] Caso semelhante envolvendo um escravo da fazenda Friends foi relatado. O escravo queixou-se de castigo injusto. O administrador mandara que acendesse o fogo do engenho à meia-noite, mas não havia lenha à mão e, quando o escravo foi apanhá-la, chovia, a madeira estava molhada e o fogo não pegou. A queixa foi considerada infundada, e o escravo, em vez de atendido, foi castigado.

Às vezes é realmente difícil saber se os escravos estavam de fato envolvidos em sabotagem, inventando histórias ou tentando jogar o fiscal contra seus administradores e senhores. Mas há casos em que senhores obviamente culpados não sofriam nenhum castigo. Só muito raramente os fiscais impunham multas aos administradores ou senhores, embora essa prática pareça ter se tornado mais comum depois de 1823. Em 1825, por exemplo, o fiscal multou um certo Pollard em novecentos guinéus por ter infligido 57 chibatadas a um escravo. Pollard era conhecido por sua crueldade no trato com os escravos. Ele aparece mencionado muitas vezes no diário de John Smith como um administrador que perseguia os escravos que iam à capela. Havia também muitas reclamações contra ele por parte dos escravos. G. Stroek foi outro administrador punido. Houve diversas reclamações contra ele. Uma manhã, o "schout"* disse ao fiscal que Stroek pusera numa negra grilhões tão apertados que estes causaram uma dor considerável. O schout ouvira os gritos da mulher e, depois de livrá-la dos grilhões, levara-a ao fiscal. Stroek foi multado em novecentos guinéus. O administrador da Friendship também foi multado em 150 guinéus depois que um velho escravo se queixou ao fiscal de que não recebera alimento suficiente. Também recebeu multa de dois xelins por escravo o administrador da Land of Canaan, quando 27 escravos da propriedade reclamaram que havia "falta de roupa, teto, comida, tratamento de doenças etc.". No relatório ao governador, o fiscal explicou que visitara a fazenda e vira que o proprietário estava prestes a abandoná-la e mudar o pessoal para um lugar mais fértil.

Entrei nas casas dos negros e nos prédios, se assim podem ser chamados. Tudo era muito miserável, e os negros queriam muitos confortos que depois lhes pro-

---

* Nas antigas colônias holandesas da América, a pessoa investida das funções judiciais do lugar. (N. T.)

videnciei. Falei com o pessoal, pedi que se comportassem bem e disse que sempre me encarregaria e cuidaria deles.[127]

Quando o comportamento de um administrador gerava desassossego tal entre os escravos que pudesse comprometer o funcionamento de uma fazenda, o fiscal às vezes forçava seu afastamento. Mesmo assim, os escravos corriam o risco de ser punidos por ter feito a queixa. Esse foi o caso de um escravo que contou que o administrador tinha "relações" com sua mulher e com as de outros dez "negros". O fiscal visitou a fazenda, determinou a validade da acusação e recomendou o afastamento do administrador. Ao mesmo tempo, ordenou que o escravo fosse punido por ter se descuidado do trabalho.[128]

Ocasionalmente, a penalidade imposta aos senhores era mais severa. Quando uma escrava se queixou de que sua senhora ia mandá-la para o Suriname, o fiscal deteve um certo dr. Ferguson, que foi processado, considerado culpado e sentenciado a três anos de prisão e trabalhos forçados. Conforme se alegou, Ferguson transportara ilegalmente muitos escravos para o Suriname. Casos sérios de violência dos administradores resultando em morte de escravos eram encaminhados ao Tribunal de Justiça Criminal, mas mesmo assim as penas aplicadas eram brandas. Quando o administrador Angus MacIntosh amarrou o escravo London com tanta força que lhe causou a morte, foi inicialmente suspenso de suas funções e considerado incapaz de exercê-las novamente. Mas quando diversas pessoas testemunharam dizendo ser ele um "homem muito humano", o administrador foi inocentado.[129]

Embora os casos em que administradores recebiam punições devido a queixas fossem raros e as reclamações fossem geralmente rejeitadas, os escravos continuavam a procurar o fiscal para relatar seus agravos.[130] Os arquivos dos fiscais e protetores de escravos registravam centenas dessas queixas envolvendo uma variedade de questões. Os escravos diziam que eram forçados a trabalhar quando estavam doentes e punidos se não correspondiam às expectativas do administrador; que seus filhos eram maltratados e trabalhavam demais[131] ou não recebiam assistência médica adequada quando ficavam doentes;[132] que haviam sido separados de suas famílias e mandados para longe para trabalhar; que recebiam a incumbência de executar tarefas que não lhes eram familiares e depois eram punidos por não as executar bem;[133] que não recebiam nem roupas nem alimentação suficientes; que o trabalho era excessivo; que os mantinham ocupados até tarde da noite e que tinham muito pouco tempo para si; que não eram pagos pelo trabalho que faziam no seu "tempo livre" nem pelas aves que haviam vendido aos administradores; que o castigo que recebiam violava as leis; que eram obrigados a trabalhar aos domingos e não lhes era permitido ir à capela. Além disso, as mulheres queixavam-se de que não tinham tempo para amamentar seus filhos, e os homens de que os administradores dormiam com suas mulheres. Também havia negros que diziam ter recebido carta de alforria de seu senhor e depois tinham sido novamente escravizados, fosse por um herdeiro ou advogado, fosse por alguma outra pessoa.

Embora os escravos que procuravam o fiscal para suas queixas representassem uma porcentagem pequena do total da população escrava e raramente recebessem qualquer desagravo, sua persistência não deixa de ser impressionante.[134] As histórias de desamparo, decepção e maus-tratos constituem algumas das mais graves acusações contra a escravidão. Mas também testemunham a espantosa capacidade de resistência de um povo. Cada uma das histórias revela não só o forte apego dos escravos ao que consideravam seus "direitos" e a disposição de lutar por estes com todos os meios de que dispunham, como também a importância que atribuíam a um processo que, quaisquer que fossem as limitações, pelo menos lhes permitia ser ocasionalmente tratados como pessoas, e não como coisas.[135]

Uma leitura acurada das queixas dos escravos não só revela as noções que eles tinham dos seus "direitos", como também o mundo que desejavam criar dentro dos limites que lhes eram impostos pelos senhores. Mas é importante lembrar que tais queixas envolviam negociações com os senhores e as autoridades públicas e, portanto, a busca de um terreno comum, uma espécie de solução conciliatória. Os queixosos invocavam normas que imaginavam pudessem ser consideradas aceitáveis por brancos em posição de autoridade. O que encontramos nos registros dos fiscais e protetores de escravos é, assim, um "transcrito público".

Esses registros deixam claro que, enquanto os senhores sonhavam com o poder total e a obediência cega, os escravos entendiam a escravidão como um sistema de obrigações recíprocas. Eles presumiam que entre senhores e escravos havia um contrato tácito, um texto invisível que definia regras e obrigações, um texto que usavam para avaliar qualquer violação a seus "direitos". Os escravos esperavam desempenhar "uma quantidade razoável de trabalho", a ser definida conforme as normas do costume e proporcional à força e competência dos trabalhadores individuais. Em troca, atribuíam-se o direito de receber uma cota de alimentos e roupas conforme o costume, de ter o tempo necessário para fazer suas refeições, de ter acesso à terra e tempo "livre" para cultivar suas hortas e áreas para provisões, de ir à feira e à capela e de visitar parentes e amigos. Achavam que tinham direito à produção de suas hortas e lavouras, e que deveriam ser pagos pelos serviços prestados no seu tempo "livre". Esperavam ser dispensados do trabalho e receber algum tipo de assistência quando doentes, bem como alimentos e roupas na velhice. Também acreditavam que não deveriam ser castigados caso cumprissem as tarefas satisfatoriamente e se comportassem de acordo com as regras, e que a punição não deveria ultrapassar os limites do "aceitável". Além disso, as mulheres se sentiam no direito de amamentar seus bebês conforme suas práticas habituais e de ter algum controle sobre os filhos. O "transcrito público" dos escravos de Demerara poderia ser resumido em poucas palavras: todos os escravos deveriam desempenhar as tarefas conforme suas capacidades e todos deveriam ter supridas suas necessidades. [136] Sempre que essa norma era violada e o "contrato" implícito rompido, eles se sentiam no direito de protestar.[137]

Menos visível, mas igualmente vigoroso, era o compromisso deles com os "direitos" que não eram proclamados publicamente mas permaneciam inscritos num "transcrito oculto", agravos que não chegavam aos ouvidos dos fiscais mas que ainda assim alimentavam a ira, geravam formas de comportamento que os senhores consideravam impróprias e que acabaram por dar início à rebelião. Entre esses estava o direito à liberdade, que incluía o direito ao fruto do seu trabalho, o direito a constituir e manter uma família conforme seus próprios critérios, o direito de nunca se separar da família contra a vontade, o direito de se movimentar sem constrangimentos, de celebrar rituais, tocar tambores — em resumo, o direito de viver conforme suas próprias regras de decência e respeito. O "transcrito oculto" só pode ser percebido no comportamento dos escravos. Quando fugiam, quando executavam os rituais em segredo no meio da noite, mas, sobretudo, quando se rebelavam, eles estavam afirmando os direitos que não ousavam afirmar publicamente. [138]

Os limites entre o "transcrito oculto" e o "público", no entanto, não eram rigidamente fixados. Os "direitos" que pertenciam ao "transcrito oculto" tornavam-se públicos assim que os escravos percebessem alguma chance de que fossem reconhecidos. Isso acontecia sempre que uma mudança no equilíbrio de forças favorecia os escravos, como no momento em que a pressão abolicionista cresceu e os missionários evangélicos começaram a chegar à colônia, trazendo novas normas e incitando novos desejos — e criando novos motivos de conflito entre senhores e escravos. As normas do cristianismo que proibiam o trabalho aos domingos e exigiam o comparecimento aos serviços religiosos tornaram-se imediatamente fonte de altercações. Os escravos começaram a reclamar publicamente o "direito" a comparecer aos serviços religiosos e a não trabalhar aos domingos. O mesmo se deu quando o governo britânico, apesar da oposição de fazendeiros e administradores, proibiu os açoites em mulheres. Logo houve queixas aos fiscais relatando castigos com chibatadas. Por outro lado, o desejo de aprender a ler estimulado pelos missionários evangélicos permaneceu no transcrito oculto durante muito tempo porque a ele se opunham os fazendeiros e as autoridades locais. Nenhum escravo foi à sala do fiscal queixar-se de que seus senhores não lhe permitiam aprender a ler. Mas eles continuaram a ensinar uns aos outros secretamente.

O conflito entre administradores e escravos não se devia simplesmente a questões relativas a trabalho e necessidades materiais. Ele ocorria devido a diferentes noções de certo e errado, próprio e impróprio, justo e injusto. Como vimos, essas noções advinham da lei escrita e dos costumes. Mas algumas vezes os escravos pareciam estar avaliando a situação a partir de um texto que fiscais e administradores ignoravam, um texto que os escravos haviam trazido da África e que estava sendo reescrito sob as condições da escravidão. O testemunho, no entanto, é esparso, elíptico e muito difícil de interpretar, uma vez que os documentos foram todos registrados na linguagem dos fiscais e senhores. A voz do escravo que chega até nós em traduções inadequadas, através de camadas de vieses e percepções desvirtuadas, é quase inaudível. É fácil resgatar as queixas dos escravos, muito mais difícil saber qual o significado que eles atribuíam a essas queixas — um problema com que terá de se confrontar qualquer historiador que tente compreender os significados que os povos que não deixaram registros escritos atribuíam a suas ações.

Os escravos não eram "africanos" — exceto aos olhos dos missionários e outros europeus, que estavam inventando a África. Quando foram trazidos para o Novo Mundo, não compartilhavam uma única cultura. Eles vieram de lugares diferentes, falavam línguas diferentes, pertenciam a grupos sociais diferentes. A "tessitura de significados" original estava rompida. Os fios se espalhavam em várias direções para de novo serem tecidos de forma diferente. Angolanos, igbos, mandingos (será que eles algum dia se viram nesses termos, ou se identificavam com um povo em particular ou um lugar em particular?), quem quer que tivessem sido um dia, qualquer que fosse sua identidade de origem, eles foram agrupados com outros, pertencentes a outros lugares, outros povos, outras aldeias, sob categorias genéricas como "negros" e "escravos". Se os documentos são dignos de crédito, eles também acabaram se designando e a seus pares como "negros" e "escravos" — identidades novas que talvez servissem de armas ideológicas poderosas para formar solidariedades novas e travar novas guerras — textos novos escritos sobre velhos textos, fronteiras novas, significados novos e uma língua nova. Mas, para a primeira geração dos que haviam sido desenraizados, teria sido impossível esquecer os mundos deixados para trás: sanções morais; noções do que era certo e errado, do que era desejável, do que era adequado; as obrigações mútuas que ligavam esposas e esposos, família e parentela; rituais de iniciação; as coisas que deveriam ser ensinadas às crianças; a maneira como os jovens deveriam se dirigir aos mais velhos; as formas de celebrar a vida e prantear a morte; a maneira como os humanos se relacionavam com a natureza, a história e os deuses; as fronteiras entre os vivos e os mortos; e os tabus e rituais que haviam sido parte integrante de suas vidas. Eles também se lembrariam das maneiras de plantar e colher, de empreender guerras, de dançar e cantar, do alimento e das roupas, das ferramentas, das casas, dos vilarejos, das plantas medicinais e de uma infinidade de coisas que não podiam ser facilmente esquecidas ou abandonadas, mas que nunca seriam as mesmas outra vez. No processo de criação de uma nova cultura, a memória do passado tornar-se-ia cada vez mais esmaecida e uma nova cultura seria criada.[139]

É difícil detectar e decifrar os sinais de um passado negado todo dia pelas experiências novas, e que, como palimpsestos, são escritos repetidas vezes. Às vezes o historiador os vislumbra e suspeita que ainda há uma história oculta esperando para ser descoberta, uma história que irá atingir uma profundidade ainda maior do que a alcançada até agora. Os historiadores que estudam a escravidão têm frequentemente enfatizado que essa história não é apenas uma história de homens e mulheres cujos corpos foram explorados e cujas mentes os missionários tentaram conquistar, mas de homens e mulheres que criaram um mundo para si, imperceptível aos olhos do forasteiro, um mundo que não foi feito à imagem dos homens brancos, mas investido de significados que não eram mero reflexo do sistema escravista, e sim uma síntese criativa do passado e do presente. No entanto, com algumas exceções, a maioria dos historiadores continua a negligenciar essa cultura quando estuda a resistência dos escravos.[140]

Lidos com essas ideias em mente, tanto os arquivos dos fiscais quanto os dos protetores de escravos parecem sugerir que havia muito mais em jogo quando os escravos registravam suas queixas do que a aparência nos mostra. Isso é evidenciado num caso trágico que terminou no Tribunal de Justiça Criminal de Berbice. A família do escravo Christian havia aparentemente cometido suicídio coletivo atirando-se no rio Canje. Todos se afogaram, com exceção de Christian, que foi encontrado escondendo-se nas moitas, e um menino — filho "adotivo" de Christian — que foi salvo. Levado ao tribunal, [141] Christian declarou que sua esposa e filhos haviam cometido suicídio porque tinham sido separados um do outro. O administrador testemunhou que Christian lhe pedira para comprar não apenas a esposa, mas duas outras jovens esposas e os irmãos delas, e esse pedido lhe fora negado.[142] O fiscal solicitou que Christian fosse enforcado, mas o tribunal não encontrou provas legais suficientes para condená-lo. O drama de Christian parece ter sido o de muitos outros que em silêncio suportaram a violação de suas noções de família e parentesco. Sem dúvida ele pertencia originalmente a algum grupo africano para o qual as relações irmão-irmã eram fundamentais, uma noção que mesmo o administrador mais compreensivo teria dificuldade em aceitar, e mais dificuldade ainda de se adaptar a ela.[143] Igualmente comoventes são as histórias de escravos que foram levados ao tribunal por envolvimento em práticas que os colonos estavam sempre prontos a rotular de *obia*, e a condenar como "más" e "perigosas", mas que do ponto de vista dos escravos eram tentativas de restabelecer rituais destinados a afastar o sofrimento e a doença.[144]

A disposição existente entre os escravos de solucionar disputas através de intermediações também encontra ressonância em práticas judiciais típicas das sociedades africanas, e o mesmo pode ser dito do apego a feiras de domingo e a lavouras de cultivo de provisões (embora aqui, como em muitas outras circunstâncias semelhantes, seja impossível separar o que era legado do passado do que nascera no presente, uma vez que o apego dos escravos a feiras e lavouras de cultivo de provisões e o uso de formas de mediação podem ser interpretados, sem referência ao passado, como simples estratégias de sobrevivência). O conflito em torno do tempo permitido para a amamentação é um bom exemplo. Era comum entre as mulheres africanas de diferentes regiões amamentar os filhos até completarem três anos e às vezes além dessa idade. Mas, como isso interferia no trabalho, os administradores e feitores muitas vezes as castigavam. Mais uma vez, as expectativas dos escravos procedentes de uma cultura diferente colidiam com os interesses da administração. Mas o apego a essa prática de amamentação também poderia ser interpretado (como o era pelos administradores) como uma estratégia para evitar o trabalho. Os ritos fúnebres, que em muitas sociedades africanas tinham extrema importância, também eram difíceis de ser mantidos, embora haja indícios de que os escravos tentaram conservá-los. Eles também tentaram preservar a linguagem dos tambores, as músicas e danças, e muitas outras tradições cujos significados escapavam à percepção dos brancos.

Em síntese, restam ao historiador mais perguntas do que respostas. O que aconteceu aos textos culturais e sociais que os escravos levaram consigo ao sair da África? Qual o grau de transformação desses textos? O respeito tradicional pelos mais velhos desmoronou completamente sob o impacto da experiência da escravidão? Por quanto tempo os escravos mantiveram suas línguas de origem? Tentaram eles recriar as formas de associação, baseadas em grupos etários ou de ofício, comuns em muitas sociedades africanas? E as outras formas de parentesco? É possível que a experiência prévia dos escravos com sociedades secretas tenha servido no planejamento das conspirações do Novo Mundo? Quando lemos nas memórias de Oleudah Equiano que os igbos da África costumavam usar um pano comprido de chita ou musselina frouxamente enrolado no corpo e comer bananas-da-terra, inhame, feijão e milho, e encontramos práticas semelhantes em Demerara, devemos falar em "sobrevivências" culturais? E quando os senhores davam aos escravos tecidos em vez de saias ou blusas, estavam atendendo às preferências dos escravos, apenas tentando poupar dinheiro ou ambos?

É verdade que nenhum grupo pode transferir "de um lugar para outro, intactos, sua maneira de viver, as crenças e os valores que a acompanham", como muitas vezes enfatizaram Sidney Mintz e Richard Price.[145] E a escravidão, sem dúvida, tornou particularmente difícil para os negros a continuidade de suas tradições no Novo Mundo. Pode-se argumentar, no entanto, que exatamente por *terem sido* escravizados, eles se apegaram a suas tradições — como estratégia de resistência e sobrevivência — e que em suas vidas cotidianas houve uma luta constante, ora visível, ora invisível, para mantê-las vivas. O que não quer dizer que eles conseguiriam mantê-las intactas. Também é possível que algumas tradições culturais, conquanto modificadas pela experiência dos escravos no Novo Mundo, fossem mais resistentes do que outras,[146] particularmente aquelas que não interferiam no trabalho escravo e na disciplina. Por que motivo os senhores se importariam com as fábulas, as anedotas e as histórias que os escravos contavam uns aos outros à noite quando voltavam do trabalho?

Por que deveriam se importar com a maneira como os escravos pescavam e caçavam, fabricavam móveis e utensílios, plantavam as próprias hortas ou preparavam a própria comida? E por que iria alguém se importar — pelo menos até a chegada dos missionários — com as noções dos escravos sobre vida e morte, sobre a natureza e o universo, suas ideias sobre a causalidade ou sua cosmogonia? Os senhores preocupavam-se com o comportamento público dos escravos. Enquanto as ideias e tradições não interferissem na vida da fazenda nem na "ordem" social, os escravos podiam mantê-las. Também podiam tocar seus tambores, dançar e cantar em horas e lugares prescritos. Mas quem poderia controlar o que acontecia secretamente na senzala? Quem poderia saber o que se passava em suas cabeças?

Ironicamente, o mesmo motivo que tornou possível a sobrevivência de algumas práticas culturais — a invisibilidade destas aos olhos dos brancos — dificultou a sua identificação. A maior parte do que pode ser encontrado nos documentos de Demerara do século XIX refere-se a aspectos da cultura dos escravos que perturbavam os senhores. Geralmente só havia registro documentado no caso de crenças ou práticas que levassem ao conflito. É por isso que sabemos alguma coisa a respeito das noções dos escravos sobre família, práticas de amamentação e *obia*. Mas mesmo no que se refere a esses assuntos, a informação nos chega em versões distorcidas, pois os administradores, funcionários públicos e missionários simplesmente não compreendiam a cultura dos escravos. Mais difícil ainda é traçar as raízes dessas tradições desde a origem, uma vez que os escravos vieram de lugares diferentes e intercambiaram elementos culturais entre si.[147] Os escravos também se apropriaram (nos limites impostos pela escravidão) de símbolos, valores e práticas da cultura dos senhores. Esse processo complexo de "euro-afro-crioulização" é essencial para a compreensão da rebelião de 1823.[148]

Para nós, o que importa aqui é apenas lembrar que, no que concerne aos escravos, sua avaliação dos senhores, os motivos para protestar e as noções de "direitos" nasceram de uma variedade de experiências que incluíam a lei escrita (local ou da metrópole), os direitos consuetudinários decorrentes da lida diária com senhores, funcionários públicos e missionários, e as memórias do passado africano. Ecos da África e da Europa ressoavam numa polifonia dissonante em Demerara. E quando os rebeldes de 1823 falaram de seus direitos, levaram às últimas consequências uma longa história de lutas por justiça.

A noção de "direitos" que os escravos possuíam adquiriu uma nova dimensão no final do século XVIII, quando o discurso revolucionário conferiu universalidade, e portanto nova legitimidade, à noção de direitos, tornando-a muito mais abrangente. Prisioneiros de conceitos jurídicos e de uma retórica legalista, governadores, fiscais, senhores e administradores estavam sempre falando sobre os direitos legais dos escravos, embora na prática a tendência dessas "autoridades" fosse negá-los. Mas ao fazer isso conseguiram apenas intensificar o apego dos escravos a esses direitos.

Quando, em 1816, chegaram a Demerara notícias de uma rebelião em Barbados, o governador Murray emitiu uma proclamação dizendo, entre outras coisas, que os escravos de Barbados tinham sido "induzidos" a acreditar que o rei ordenara sua liberdade, mas que "não estava na natureza das coisas" a possibilidade de ordens dessa espécie. "Toda história prova que a escravidão existiu desde que foi feito o mundo [...]. A Bíblia Sagrada ordena que os escravos sejam obedientes a seus senhores e assim deve ser, o que não só é motivo de seu interesse, mas também seu dever", disse Murray. Mas, depois dessa declaração veemente legitimando a escravidão, ele continuou dizendo que tudo o que os escravos deveriam esperar era viver tão felizes quanto possível na servidão. "Rogo-lhes que me digam se o seu senhor e o governador da colônia não manifestaram um profundo desejo de fazê-los felizes. Rogo-lhes que me digam se sua situação não melhora a cada ano." Murray concluiu a proclamação prometendo que estaria sempre pronto a dar aos escravos "o benefício daquelas leis que os protegessem da opressão". Embora os avisasse que em caso de insurreição ele seria "como a seta de um arco, pronta a executar uma justiça imediata e terrível", também se apresentava como protetor dos escravos, o homem responsável pela implementação de leis que os favorecessem. Assim, não surpreende que em 1823, quando os escravos ouviram dizer que as "novas leis" aprovadas pelo Parlamento britânico tinham sido ignoradas por seus senhores, eles estivessem prontos para apelar ao governador e reclamar seus "direitos". Os abolicionistas já haviam então legitimado a concepção que os escravos tinham de "direitos". A linguagem dos direitos universais do homem conferira um novo significado às lutas dos escravos, uma vez que reconhecia-lhes a "humanidade" e o direito que tinham de ser livres.[149] Tais noções foram reforçadas pela retórica dos missionários.

Como os historiadores estudiosos da escravidão demonstraram repetidas vezes, os escravos não foram as vítimas passivas da opressão que abolicionistas e missionários retrataram. Eles reagiram de todas as maneiras possíveis, sempre tentando obter maior controle sobre suas vidas. Todas as vezes que os senhores inventavam maneiras de mantê-los sob controle, os escravos davam um jeito de inverter as coisas, derrotando (ao menos em parte) essas intenções. Mas, sempre que os escravos conseguiam obter alguma vantagem, os senhores estavam a postos para anulá-la. Foi assim com as áreas destinadas ao cultivo de provisões. Originalmente talvez tenha sido uma boa ideia para os senhores a concessão desses lotes, o que os livrava de maiores preocupações com a alimentação de seus escravos. Mas logo estes pareceram mais interessados em trabalhar em seus lotes do que na plantação do senhor. Quando os fazendeiros, numa tentativa de neutralizar o declínio dos preços e a diminuição da mão de obra, decidiram fazer exigências tais que aos escravos sobrava pouco tempo para se dedicar a suas lavouras, estes começaram a se queixar e o "tempo livre" passou a ser uma fonte de controvérsias.[150] Algo similar ocorreu com o sistema de tarefas. Reconhecendo a dificuldade de supervisionar o trabalho dos escravos, alguns administradores adotaram o sistema de tarefas, designando o trabalho específico a ser executado por uma turma de escravos num determinado tempo. Os administradores esperavam com isso estimulá-los a trabalhar com mais afinco e maior rapidez, pois assim teriam mais tempo "livre". De início, essas expectativas foram satisfeitas; mas tão logo os escravos terminavam as tarefas, os administradores lhes davam mais trabalho, contrariando a intenção original e provocando protestos.[151] A alforria também poderia ter se constituído num meio efetivo de controle social. Nada era mais caro aos escravos do que a ideia de liberdade, e se eles acreditassem que seria possível obter a alforria satisfazendo as expectativas dos senhores e administradores, talvez trabalhassem mais e melhor. Entretanto, se a alforria fosse obtida facilmente, os senhores logo estariam às voltas com uma comunidade cada vez maior de negros livres e uma mão de obra escrava cada vez menor. Por isso os senhores sentiram necessidade de dificultar a concessão da alforria. Todavia, se passasse a ser um sonho impossível, ela perderia sua eficácia como forma de induzir os escravos à submissão. Assim também, quando os administradores, na esperança de aumentar nos escravos a disposição para trabalhar, lhes permitiam ir à feira, visitar parentes, cantar e dançar, eles se atrasavam para o trabalho no dia seguinte, ou aproveitavam a oportunidade para se reunir com amigos e tramar rebeliões. Todos os meios imaginados pelos administradores para extrair o máximo de trabalho dos escravos, todos os meios usados para quebrar a resistência, podiam tornar-se pretexto para novas formas de luta e resistência.

Nenhuma grande rebelião ocorrera na área desde a famosa sublevação na colônia vizinha de Berbice, em 1762-63, quando, uma atrás da outra, as fazendas caíram nas mãos dos rebeldes, que pilharam e incendiaram as casas dos senhores, puseram fogo nos depósitos de açúcar e rum, massacraram grande quantidade de brancos, forçaram o restante da população branca a buscar refúgio em barcos e finalmente assumiram o controle da colônia.[152] Nessa rebelião, que durou um ano, as divisões entre os escravos e os reforços enviados da Holanda e outras colônias no Caribe deram finalmente a vitória aos holandeses. A repressão tinha sido implacável. Para os que estavam vivendo em 1823, entretanto, 1763 constituía um passado muito remoto. Igualmente remoto era o tempo em que os holandeses haviam sido forçados a assinar um tratado com os quilombolas (maroons) do Suriname. As rebeliões em outras regiões, em particular no Haiti, em 1791, na Jamaica, em 1807, e em Barbados, em 1816, periodicamente reativavam os temores dos brancos. Pequenas sublevações também haviam ocorrido algumas vezes em Demerara e Berbice — em 1772, na fazenda Dynemburg, em 1794, entre os coromantee da Costa Oeste, e, em 1808 e 1812, na Costa Leste.[153]

Para os escravos, todavia, a rebelião era uma empreitada arriscada, e sua lição, sempre ambígua. A experiência mostrava que a rebelião era possível, mas a repressão implacável. De modo que a maioria dos escravos preferia outras formas de resistência. Fugir era uma das estratégias usadas. O esquema de fuga em Demerara era o mesmo de qualquer outro lugar. Os escravos agiam sozinhos ou em grupos. O número de homens era maior do que o de mulheres (aproximadamente uma mulher para cada oito homens, a julgar pelo número de fugitivos capturados na cadeia local).[154] Embora muitos fossem apanhados, alguns eram capazes de passar meses, às vezes anos, enganando seus caçadores. Alguns nunca foram capturados.

A proximidade de áreas florestais e a densa rede de rios criavam um cenário ideal para fugitivos e quilombolas. Ao mesmo tempo, a grande concentração de negros nas fazendas e na cidade dificultava sua identificação. Os fugitivos também podiam esconder-se temporariamente nas áreas por desmatar nos "fundos" das fazendas — onde a mata fechada constituía um esconderijo perfeito. Lá podiam contar com os amigos para supri-los de comida. Algumas vezes os escravos fugidos iam mais adiante, em direção ao ribeirão Mahaica, ou para as colônias vizinhas de Essequibo e Berbice, onde havia diversos quilombos na área dos mahaicony. Alguns foram capturados a caminho do Orinoco.[155] Outros conseguiram estabelecer acampamentos mais ou menos permanentes na mata, onde plantaram milho.[156] O mais frequente, entretanto, era que se escondessem nas senzalas de fazendas onde tinham amigos e parentes ou que tentassem passar por negros livres e procurassem trabalho em algum outro lugar. Os fugitivos também se escondiam entre os muitos ambulantes que iam à feira de domingo na cidade, ou ofereciam seus serviços aos colonos que não tinham capital para comprar escravos e regozijavam-se ao encontrar alguém para trabalhar por salários baixos. Outros, após alguns dias, voltavam às fazendas, provavelmente depois de descobrir que a vida solitária na mata poderia ser mais dura que a vida na senzala. Os mais ousados e desesperados roubavam botes e se lançavam ao mar. Contudo, mais cedo ou mais tarde, a maioria deles era apanhada e novamente escravizada. Periodicamente, os índios — os *"bucks"**, como eram chamados tanto por brancos como por negros — desciam o rio para se juntar aos brancos nas expedições de caça aos escravos mata adentro.[157] E sempre voltavam trazendo os que lá haviam permanecido escondidos por muito tempo. Os escravos fugidos também

---

* Em inglês, forma depreciativa para designar índios ou negros do sexo masculino. (N. T.)

caíam nas mãos de negros livres ou mesmo de outros escravos, que haviam sido seduzidos pelas recompensas oferecidas pelos colonos.

Quando apanhados, os escravos recebiam violentas chibatadas e, às vezes, eram vendidos para outras fazendas distantes dos amigos e parentes. Assim, a maioria preferia outras estratégias. [158] Às vezes, como ato de vingança, matavam cavalos ou aves domésticas, quebravam ferramentas e máquinas. Em casos extremos, envenenavam ou atacavam feitores, capatazes ou administradores. Alguns chegaram a cometer suicídio ou praticar infanticídio, mas quase sempre a resistência centrava-se no trabalho, e os escravos de Demerara por vezes recorriam a greves como forma de protesto e meio de conseguir que suas exigências fossem atendidas pelos administradores.[159]

As formas de resistência cotidiana atraíram grande atenção em anos recentes.[160] Alguns historiadores observaram corretamente que há uma diferença qualitativa entre resistência e rebelião, uma visando melhorar o sistema e a outra, derrubá-lo.[161] Mas essas duas formas de protesto não devem ser vistas como mutuamente excludentes. Embora nem todo ato de resistência leve à rebelião, sem atos de desafio e sabotagem diários e persistentes a rebelião seria difícil, se não impossível.[162] Foi na resistência cotidiana que os escravos reafirmaram o apego a seus "direitos" e testaram os limites do poder senhorial. Foi na resistência cotidiana que o ressentimento dos escravos cresceu, que laços de solidariedade se fortaleceram, que líderes se formaram e que atos de desafio individuais se converteram em protesto coletivo.[163]

Os relatórios dos fiscais e protetores de escravos são uma fonte ideal para o estudo das estratégias usadas pelos escravos na sua luta para expandir o controle sobre as próprias vidas e o próprio trabalho. Esses escritos registravam não só as queixas mas também as punições e as razões alegadas. Embora, conforme já vimos, os primeiros relatórios fossem incompletos, houve uma melhora depois da rebelião de 1823, particularmente após a decisão do governo britânico de intervir mais diretamente no tratamento dos escravos. Nos relatórios, classificam-se as ofensas dos escravos em diversas categorias. Estas são imprecisas e se sobrepõem, e nos revelam tanto o que os senhores consideravam ofensas quanto o que os escravos entendiam como tal; e são indicativas tanto da natureza repressora do sistema quanto da disposição dos escravos de reagir. Mas ainda assim esses relatórios nos dão uma imagem mais precisa das estratégias cotidianas usadas pelos escravos do que a maioria das fontes. Além disso, como os homens e as mulheres estão relacionados separadamente, esses documentos ajudam a identificar diferenças de comportamento.[164]

A "Lista de delitos praticados por escravos na colônia de Demerara e Essequibo", relativa ao primeiro semestre de 1828, arrolou 10504 delitos, e até o final daquele ano outros 20 mil haviam sido registrados — um testemunho eloquente da intensidade do conflito entre senhores e escravos. Os delitos estavam divididos em cinco categorias.[165] A primeira, "Delitos sérios e graves", envolvia agressão física, abrangendo desde homicídio e tentativa de homicídio, ferimentos infligidos a outrem, sodomia, tentativa de estupro, arrombamento e furto, até tentativa de suicídio, incêndio criminoso, crueldade com crianças e animais e matança e destruição da criação. Durante o primeiro semestre de 1828, apenas cerca de 1% dos casos arrolados incidia nessa categoria. Na segunda categoria havia principalmente casos de roubo e conivência com roubos, representando 5% do total de delitos. Na terceira categoria, "Insubordinação acompanhada de violência", encontravam-se incidentes envolvendo escravos que agrediram ou ameaçaram administradores, capatazes ou feitores, cuspiram nos rostos dos capatazes, danificaram ou ameaçaram danificar o engenho, ou destruíram casas. O número de escravos relacionados nessa rubrica também era desprezível (menos de 1%). Caracteristicamente, os capatazes — em geral eles próprios escravos — responsáveis pelo controle direto dos que trabalhavam na lavoura eram o alvo mais frequente da hostilidade dos escravos.[166]

A esmagadora maioria dos casos (93%) encaixava-se nas duas categorias seguintes: "Insubordinação não acompanhada de violência" e "Delitos domésticos". Havia uma grande variedade de "delitos" classificados sob esses rótulos, que, a fim de maior simplificação, podem ser agrupados em seis tipos distintos: fuga, desempenho insatisfatório no trabalho, insubordinação e desafios simbólicos à autoridade, destruição de propriedade, casos menores de indisciplina e problemas causados dentro da comunidade de escravos. Contrariamente à crença comum de que a fuga era uma estratégia usada com frequência pelos escravos, o percentual de fugas entre os casos registrados era surpreendentemente pequeno (apenas cerca de 4%). O maior número de delitos relacionava-se à recusa em executar o trabalho e ao desempenho insatisfatório: trabalho incompleto, preguiça, negligência, tarefa malfeita, simulação de doença, atraso na hora de chegar ao trabalho e outras ações do mesmo tipo. Esses perfaziam aproximadamente 66% do total de delitos. Mas, se acrescentarmos os delitos classificados simplesmente como atos de desobediência (sem especificação), esta categoria seria responsável por 74% do total.

O grupo maior dentre os seis tipos era o que incluía os atos caracterizados como insubordinação e desafio à autoridade. Referiam-se aos escravos que se recusavam a obedecer ordens, desafiavam os administradores ou se reuniam em encontros clandestinos. Havia um número menor de casos relacionados como insolência ou uso de linguagem injuriosa no trato com o superior. Os atos menores de indisciplina incluíam brigas entre os próprios escravos, provocação de tumultos, abrigo a fugitivos, mentiras, xingamentos, saídas noturnas, danças e festas sem permissão e embriaguez. Note-se que em um semestre, do total de 10054 punições imputadas aos escravos, apenas 209 tiveram como causa a embriaguez. O que contradiz a opinião comum entre os brancos de que os escravos estavam frequentemente alcoolizados. Também é possível perceber que eram extremamente raras diversas outras práticas consideradas pelos brancos comuns entre os escravos. Só havia uma tentativa de infanticídio registrada, uma tentativa de suicídio, um único escravo punido por praticar *obia* e apenas uma mulher castigada por comer terra. Pode-se argumentar, naturalmente, que muitos outros casos como esses teriam ficado impunes porque na realidade os senhores não se importavam com a transgressão. Mas, embora possa ser verdade que os senhores não estavam muito preocupados com escravos que comiam terra, eles certamente faziam objeções à embriaguez, ao suicídio e ao infanticídio, e estavam firmemente decididos a diminuir a prática de *obia*. É possível, porém, que alguns dos casos passassem despercebidos dos senhores por terem sido praticados pelos escravos em segredo. No caso de *obia,* também é possível que essa prática tenha se tornado menos comum em Demerara devido à influência dos missionários evangélicos, cujas congregações cresceram constantemente de 1808 a 1823, até que em consequência da rebelião suas atividades foram restringidas.

Os casos de "destruição de propriedade" eram de pequena monta. Representavam menos de 1% do total. Alguns poderiam ser considerados atos de sabotagem. Outros talvez fossem simplesmente resultado de negligência. Dentro dessa categoria apareciam escravos que tinham deixado o gado invadir terras cultivadas, arrebentado barcos ou carroças, destruído produtos, vendido ferramentas ou fugido com elas. Outros foram punidos por maltratar cavalos ou atear fogo involuntariamente ao "depósito de bagaço". Os escravos que não cuidavam de seus ferimentos e os ocultavam também estavam incluídos nessa categoria, uma vez que esses atos eram considerados danosos à propriedade dos senhores.

Finalmente, havia escravos que eram punidos por brigar entre si, por dar mordidas uns nos outros, por destratar filhos ou pais ou deles se descuidar, por ser infiéis às esposas, bater em outros escravos e maltratá-los, ou por "fornicar". Geralmente deixavam-se essas questões para serem resolvidas pelos próprios escravos, de modo que o número de punições era baixo. Apenas vinte foram punidos por delitos ligados à família.

O registro de delitos e punições mostra diferenças significativas no comportamento de homens e mulheres. De todos os delitos registrados, 63% haviam sido cometidos por homens,[167] que constituíam 54% da população escrava. Havia muito mais homens punidos por fuga (387 num total de 451) ou embriaguez (198 num total de 209) do que mulheres. Havia maior probabilidade de os crimes envolvendo violência e roubo serem cometidos por homens. Dos 102 casos de delitos graves, apenas catorze envolviam mulheres. E dos 509 casos de roubo, apenas 53 foram a elas atribuídos. Em contraposição, o número de mulheres punidas por usar "linguagem injuriosa" era maior (261 casos envolvendo mulheres contra 141 envolvendo homens). Era também maior o número de mulheres punidas por negligência no dever e atraso na chegada ao trabalho.[168]

Alguns dos relatórios eram muito detalhados e incluíam os nomes dos escravos, as fazendas a que eles pertenciam, a natureza do delito e a forma de punição. Aos olhos de hoje, as punições parecem arbitrárias e desmedidas.[169] Na época em que os relatórios foram escritos, o governo britânico já havia proibido o uso do açoite nas punições às mulheres, de modo que elas ficavam sujeitas ao confinamento ou à roda. Por exemplo, Victoire, uma escrava da La Retraite acusada de roubar dinheiro do "negro" Sexta-Feira, da mesma fazenda, foi encaminhada ao fiscal, que depois do interrogatório "mandou a dita mulher para a roda".[170] Annette, da Goed Verwagting, também foi supliciada na roda por ter fugido diversas vezes. Picle e Alfred, acusados de terem permanecido fugidos por seis meses, de roubar cinco carneiros e três porcos do administrador, de ter feito depredações nas propriedades vizinhas durante a fuga e ainda "ter se empenhado em incitar mais negros a fugir e juntar-se a eles", foram condenados respectivamente a noventa e 67 chibatadas. Mas Welcome e Geggy, dois vigias da Mes Délices, receberam 75 chibatadas cada um somente por invadir a despensa da propriedade e roubar "rum, carne de porco etc.".

Dois homens e quatro mulheres da New Hope, que haviam não só desobedecido ordens como também instigado a turma a desobedecê-las e a desacatar o administrador, receberam castigos diversos. Os homens foram condenados a quarenta chibatadas e as mulheres a 48 horas de "trabalho na roda". Harry Quash recebeu trinta chibatadas por "chegar no quintal no meio da noite com um chicote e fazer tumulto com a esposa, perturbando os vizinhos".[171] Phillis, uma escrava da Retrieve que se recusara a trabalhar, supostamente "sob o pretexto de estar com o pescoço duro" (embora o médico tivesse dito que nada havia de errado com ela), foi posta na solitária por vinte dias. Mas Jessey, acusada de comportamento rebelde e injurioso, de ter instigado as mulheres da turma "a gritar e dar hurras" diante do administrador, e de posteriormente abandonar a lavoura, foi condenada a ficar confinada na solitária apenas quatro dias. Três escravos da Retrieve receberam de 25 a quarenta chibatadas por se recusarem a "voltar" no dia seguinte aos feriados da Páscoa; enquanto três outros que haviam fugido da Hyde Park receberam 35 açoites cada um.[172]

Os relatórios deixam claro que o castigo formal era parte integrante do sistema. Mas, como vimos, a intimidação não bastava. Para que o sistema funcionasse, os escravos tinham de ter alguns direitos e privilégios. O equilíbrio precário entre punição e direitos era difícil de manter. Privilégios em demasia levariam à liberdade, castigos em excesso, ao conflito e possivelmente à rebelião. Os senhores viam os "direitos" dos escravos como "privilégios", como concessões que lhes poderiam ser negadas ao seu bel-prazer. Os escravos apegavam-se à lei e aos costumes e consideravam "direitos" os privilégios. Foi nesse terreno disputado que John Wray e John Smith tiveram de travar suas batalhas. Não é de espantar que tenham se encontrado na linha de fogo exatamente no momento em que a luta era mais feroz.

3. A fornalha ardente

Os conflitos entre missionários e colonos que levaram aos trágicos eventos de 1823 tiveram início quinze anos antes, quando os primeiros missionários da London Missionary Society chegaram a Demerara. Os religiosos vinham completamente ignorantes das formalidades e regras implícitas em uma sociedade escravista, e imbuídos de noções que iriam provocar a ira dos colonos e agravar as tensões existentes tanto entre senhores e escravos quanto entre colonos e metrópole. No trato cotidiano com escravos, senhores, administradores e autoridades reais, os missionários geraram irritação nas autoridades, ódio entre os senhores e lealdade entre os escravos. Cada vez mais ameaçados pelas novas tendências econômicas e ideológicas da metrópole e temerosos de perder o controle sobre os escravos, os colonos despejaram sua ira sobre os missionários. Um exame rigoroso da interação entre eles não só aclara o processo que culminou na acusação contra Smith como também ajuda a explicar algumas das circunstâncias que levaram à rebelião.

Até a LMS mandar John Wray a Demerara, ninguém havia dado "instrução religiosa" aos escravos. Em 1794, os metodistas britânicos haviam solicitado ao governo das Províncias Unidas permissão para enviar missionários, mas a Court of Policy recusou.[1] Algum tempo depois, em 1805, quando um missionário metodista de Nevis procurou obter do governador licença para se instalar na colônia a fim de pregar aos escravos, a ordem que recebeu das autoridades foi a de partir no primeiro navio.[2] Os colonos não queriam a presença de missionários evangélicos por temer que eles viessem a tornar os escravos "insatisfeitos".[3] Em 1808, ainda havia apenas dois clérigos em Demerara, um holandês, ministro reformado, e um anglicano, capelão da guarnição.

Com Wray, a situação era um tanto diferente. Ele fora para a colônia a pedido de um fazendeiro holandês, Hermanus Hilbertus Post, que desde o início lhe dera apoio moral e material. Embora nada houvesse de incomum em seu procedimento como fazendeiro, Post era em certo sentido um homem raro. Ao contrário da maioria dos colonos, era profundamente religioso. Nascera numa família rica de Utrecht, em 1755. Seu pai tinha uma refinaria de açúcar e era membro do senado local, mas vicissitudes nos negócios obrigaram-no a retirar-se para o campo. O jovem Post decidira tentar a sorte em Demerara. Começou como administrador, mas depois de dois anos comprou uma propriedade com ajuda de um amigo. De início tinha treze escravos. Passo a passo, construiu uma fortuna considerável durante um período em que as condições de mercado foram particularmente favoráveis. Isso lhe permitiu viajar à Holanda, onde ficou dois anos, e depois aos Estados Unidos, onde morou em New Rochelle, Nova York, de 1791 a 1799. Em 1799, no entanto, fora forçado a voltar a Demerara para cuidar de sua fazenda. À beira da falência, precisou trabalhar com afinco para pagar as dívidas e reconstruir seu patrimônio. Alguma forma de conversão religiosa deve ter ocorrido a Post — provavelmente quando esteve em New Rochelle —, pois começou a se preocupar com a instrução religiosa de seus escravos. Primeiro, contratou um preceptor, um negro livre, para ler as escrituras aos domingos. Insatisfeito com essa solução, escreveu aos diretores da LMS e convenceu-os a mandar um missionário para a fazenda, comprometendo-se a construir uma capela e dar à missão um subsídio de cem libras por ano.[4]

A fazenda de Post, Le Resouvenir, onde Wray chegou em fevereiro de 1808, ficava na Costa Leste, a aproximadamente treze quilômetros de Stabroek (depois Georgetown). Era uma grande propriedade com 375 escravos e cerca de 280 hectares, sendo que em noventa hectares plantava-se algodão, em 150, café, e em quarenta, cacau e provisões. A casa principal situava-se a pouco mais de um quilômetro e meio do litoral, e atrás dela havia um canal que levava ao açude dos fundos. De cada lado do canal tinham sido plantadas laran-

126

jeiras. Uma trilha sombreada por filas de palmeiras levava da casa principal à estrada pública. Tudo havia sido construído ou plantado pelos escravos, sob a supervisão de Post.

Muitos na colônia criticavam Post, dizendo que seria melhor ele pagar o que devia do que gastar em missionários e capelas. Consideravam-no tolo e insano, e acusavam-no de introduzir a anarquia, a desordem e o descontentamento. Diziam que ele iria fazer de Demerara um segundo Haiti. As autoridades coloniais proibiram-no "de promover na propriedade qualquer reunião sediciosa de escravos".[5] Mas, apesar da oposição, Post manteve suas promessas. Em setembro de 1808, apenas pouco mais de seis meses depois da chegada de Wray a Demerara, inaugurou-se a capela Bethel na fazenda Le Resouvenir. Para satisfação de Post, alguns brancos e cerca de seiscentos escravos assistiram aos serviços religiosos no dia da abertura da capela. Post construiu uma casa pequena para o missionário. Tudo custara umas mil libras (o equivalente ao custo de doze escravos). Para induzir os escravos a assistir ao culto, ele lhes deu permissão para ir à feira aos sábados, de modo que tivessem os domingos livres. Em janeiro de 1809, aproximadamente um ano depois de Wray ter inaugurado a missão, Post gabou-se: "Não se ouvem mais tambores nas vizinhanças, a não ser onde os proprietários proibiram o comparecimento aos escravos. Bêbados e brigões se transformaram em pessoas sóbrias e pacatas que se empenham em agradar aos que estão acima delas".

Post estava tão entusiasmado com a missão que decidiu convidar outro missionário para organizar uma escola para os filhos dos fazendeiros em Stabroek. Em resposta a esse pedido, a lms mandou John Davies, que desembarcou em Demerara em janeiro de 1809. O diretor da sociedade explicou a Post que Davies estudara num seminário em Gosport e inicialmente quisera devotar-se ao serviço de Cristo entre "os gentios", mas, agora que surgira essa oportunidade, os diretores achavam que ele poderia usar seu conhecimento para incutir nos jovens colonos "sentimentos de humanidade em relação aos negros, predispondo-os a promover seu aperfeiçoamento moral". Os diretores esperavam que também lhe fosse permitido pregar aos escravos no seu tempo livre.[6]

Wray tinha cerca de trinta anos e estava cheio de ardor e determinação. Mas, apesar do otimismo e apoio de Post, as coisas não lhe correram fáceis. A princípio, os escravos da Le Resouvenir não demonstraram muito empenho em assistir ao culto. Quando Post insistia para que fossem à capela, os escravos respondiam que não tinham o que vestir: "Sinhô, não tenho paletó, não tenho chapéu nem camisa para ir à igreja". Mas quando lhes deram as roupas necessárias, eles argumentaram que não tinham feito nada de errado, portanto não precisavam ir à capela.[7] A maioria dos que participavam dos cultos pertencia às fazendas vizinhas. Wray também teve de enfrentar a oposição do pastor holandês — "um homem de caráter infame", segundo Wray —, que não queria que o missionário batizasse os escravos, argumentando que, conforme as leis holandesas, esse fato os tornaria livres (embora o próprio pastor houvesse batizado alguns). "O demônio serviu-se enormemente do clérigo holandês", Wray escreveu à LMS.[8] O mais importante era que, tendo chegado a Demerara havia apenas poucos meses, Wray já vinha ouvindo rumores de que a Court of Policy tencionava expulsá-lo.

Wray relatou suas preocupações à LMS: "Tenho a lhes comunicar a desagradável notícia de que a causa de Cristo enfrenta enorme oposição nesta colônia". A Court of Policy aparentemente decidira expulsá-lo e os administradores não ousavam permitir que os escravos fossem à capela. Wray achava que a Court of Policy estava cedendo a pressões dos colonos que queriam obrigar os escravos a trabalhar no dia do culto. "A opinião desses cavalheiros é que o Evangelho arruinará a colônia; tenho melhor impressão do governador, mas ele parece ter medo de perder a estima deles. Alguns desses senhores acham que a religião serve muito bem para os brancos, mas que é melhor manter os negros na ignorância. Outros acham que é abominável estar na casa de Deus quando os negros lá estão."[9] Wray temia que, se "não se pudesse usar de influência junto ao governo da Inglaterra", a pregação do Evangelho seria inteiramente proibida.

Cônscio dessa oposição, Wray pediu a algumas pessoas que conhecia que assinassem uma petição a seu favor, e enviou-a à LMS como prova dos bons resultados de sua pregação. Dezesseis pessoas, a maioria administradores e capatazes, e um proprietário, Henry Van Cooten, da fazenda Vryheid's Lust, amigo da família Post, assinaram o documento. A petição atestava que os esforços de Wray haviam "inspirado" aos negros e às pessoas "de cor" respeito e obediência. Os assinantes asseguravam à LMS que depois de cantar hinos ou salmos e das preces pelo bem e pela prosperidade de Sua Majestade, do governo e dos habitantes da colônia, Wray pronunciava "discursos adequados a partir da Santa Palavra de Deus", apontando claramente "os deveres do homem e especialmente [o fato de] que os servos devem servir e obedecer aos senhores [...] como agradáveis a Deus". Os peticionários também afirmavam ter observado nas pessoas sob seus "cuidados" o efeito positivo dessa pregação.[10]

Quando os diretores da LMS receberam as cartas de Wray e a petição, imediatamente contataram o celebrado evangélico e abolicionista Wilberforce, pedindo-lhe que enviasse os documentos a Lord Castlereagh. Também solicitaram uma entrevista com Henry Bentinck, o recém-designado governador de Demerara, que ainda se achava na Inglaterra. Graças aos esforços de Wilberforce, ambos os pedidos foram atendidos.[11] Assim, desde o início, foi estabelecido um padrão. Sempre que se deparavam com a oposição dos colonos, os missionários apelavam para a LMS, que por sua vez recorria a pessoas simpáticas às missões pertencentes ao governo. Estas, por sua vez, apoiavam os missionários.

Apesar desse apoio, no entanto, os problemas de Wray continuavam sem perspectiva de solução. Em maio, correu a notícia de que os escravos tramavam uma rebelião com o intuito de expulsar os brancos da colônia. Diversos escravos foram presos, entre eles dois que participavam dos cultos na capela de Wray. Tais incidentes só podiam acirrar a oposição dos colonos ao trabalho missionário.[12] Todavia, Wray estava confiante. "O plano foi traçado há mais ou menos um ano e foi descoberto [revelado] por um dos negros que trabalha para o sr. Post e que está a nosso favor", escreveu ele em junho. Wray esperava que a inocência dos que haviam sido presos fosse provada, e que o fato de que um dos escravos de Post tivesse desmascarado a conspiração fizesse com que os colonos vissem o trabalho missionário com mais simpatia e menos medo. Um mês depois, as coisas pareciam mais promissoras "para a disseminação do Evangelho nesta parte escura do mundo [...]. Temos muitos inimigos, mas espero ter mais amigos". Os preconceitos das pessoas estavam começando a diminuir — ou pelo menos ele assim achava — e o novo governador parecia ser muito favorável ao trabalho missionário junto aos escravos.[13]

Wray tinha ainda uma outra preocupação. Ele havia deixado na Inglaterra uma certa miss Ashford e esperava que (com a aprovação e o apoio da LMS) ela fosse juntar-se a ele. Mas o tempo foi passando. Depois de muitos meses da chegada de Wray à colônia, Post escreveu aos diretores da LMS informando que o missionário vinha mostrando sinais de irritação e ameaçava partir.[14] O próprio Wray expressou livremente sua amargura ao secretário da sociedade, em dezembro e novamente em fevereiro. Todos os habitantes da região se opunham ao sr. Post, disse o missionário. A safra de algodão fora destruída por uma doença, e o que sobrou apodrecia nos pés devido às fortes chuvas. Post encontrava-se muito "abatido" pelas perspectivas desfavoráveis para o algodão e o café. "A situação da região atualmente é sombria", escreveu Wray, "e, a menos que ocorra uma mudança, o país certamente ficará arruinado." Ele também se queixou de que o trabalho de missionário estava sendo muito laborioso. Às vezes era preciso obrigar os escravos a repetir o catecismo quase cem vezes para que se lembrassem dele, particularmente no caso dos que falavam holandês. (Algum tempo antes, Wray elogiara a excelente memória dos escravos e a rapidez com que aprendiam.) "Tenho afazeres suficientes para ocupar dez, onze, por vezes catorze horas do dia, se quero dar às pessoas a instrução que acho que devo dar." Por fim, mencionou o assunto da mulher com quem queria se casar, "uma pessoa", disse, "sob todos os aspectos qualificada para ser a esposa de um missionário". Com um vigor característico, Wray avisou aos diretores que o compromisso que o ligava à moça era tão sério quanto o que tinha com a LMS, e que não tencionava rompê-lo. A ligação entre eles já durava tempo demais "para ser rompida por homens, por melhores que fossem", escreveu desafiadoramente. Wray queria que sua noiva aprendesse o trabalho de parteira, atividade que acreditava ser de muita utilidade na colônia.[15] A carta de Post e as queixas de Wray foram examinadas pelos diretores e alguns meses depois as jovens Ashford e Sanders (futura esposa de Davies) estavam a bordo do *Fortune,* rumo a Demerara.[16]

Os missionários e suas esposas deixaram para trás o mundo no qual haviam sido criados. Mas levaram consigo seus sonhos, suas noções de ordem social, de política e religião, de família, classe, gênero, sexo e raça; noções sobre protocolo e etiqueta, justiça e injustiça, certo e errado, possível e impossível, noções de como os homens e as mulheres deveriam viver e morrer. Eles foram para um novo mundo no qual algumas dessas noções não faziam sentido e outras possivelmente seriam consideradas perigosas pelos colonos. Sua missão era difícil. Precisavam não só ganhar a confiança dos escravos e competir com suas crenças tradicionais — o que conseguiram com algum sucesso —, como também superar a má vontade dos colonos em relação à instrução religiosa dos escravos. O que se revelou uma tarefa quase inviável.

Embora todos os missionários viessem do mesmo mundo e tivessem sido expostos às mesmas noções básicas, cada um que chegava a Demerara reagia aos desafios de acordo com as peculiaridades de suas origens sociais e personalidade e as circunstâncias específicas do próprio trabalho (conforme morasse na cidade ou numa fazenda, pregasse a brancos ou a negros, a libertos ou a escravos).[17] Muitos anos depois, ao comentar a situação dos missionários que tinham ido morar nas fazendas, Wray escreveu que a escravidão com todos os seus males abria-se diante dos olhos desses religiosos. O açoite lembrava-os todo dia de que estavam numa terra de escravos, e os fazendeiros olhavam-nos com desconfiança. Os missionários que viviam nas cidades podiam ignorar o sofrimento dos escravos e tinham mais probabilidade de escapar à animosidade dos fazendeiros.[18]

Wray e sua esposa moravam na fazenda Le Resouvenir. A principal tarefa deles era salvar as almas dos escravos. Davies e sua esposa instalaram-se na cidade. Estavam encarregados de ensinar os brancos livres, embora também se esperasse que Davies pregasse para qualquer um que estivesse na cidade — fosse negro liberto, mulato ou escravo, incluindo os provenientes das fazendas vizinhas que porventura estivessem presentes. Desde o início ficou claro que Wray levava o trabalho mais a sério do que Davies. O primeiro logo se dedicou totalmente à pregação, enquanto sua mulher instruía as escravas e as crianças. Ambos se encantavam com o progresso dos escravos e a conversa com eles constituía um prazer inegável para os dois. Com a curiosidade e a habilidade de um antropólogo amador e os vieses de um missionário inglês, Wray tomava notas cuidadosas a respeito dos hábitos e das crenças dos escravos.

John Davies talvez fosse menos devotado à religião do que Wray. O sucesso e o conforto eram mais atraentes para ele do que a "causa de Cristo". Como Wray e outros que haviam vivido na Inglaterra durante um período de tensões sociais e políticas intensas, Davies desenvolvera um instinto político aguçado e percebia com clareza as estruturas de poder que governavam o mundo em que vivia. Mas, ao contrário de Wray, ele muitas vezes parecia mais preocupado em usá-las em seu próprio proveito do que em benefício de sua missão religiosa, mesmo quando isso significava ceder às exigências dos colonos e ser condescendente com as autoridades locais. Poucos anos depois da chegada de Davies à colônia, Wray comentou numa das cartas à LMS que Davies recebia cem dobrões por ano da Court of Policy, mas apenas com a condição de que não ensinasse os escravos a ler; as crianças que o governador lhe mandava eram postas para capinar o terreno em volta da capela, e Davies parecia mudar de ideia a cada governador que chegava. A Wray parecia que o objetivo de Davies não era ganhar almas para Cristo, mas ganhar as graças e os dobrões dos colonos. Ele temia que o coração de Davies estivesse "demasiadamente inclinado para as riquezas do mundo".[19]

As acusações de Wray não deveriam estar longe da verdade. Catorze anos depois, quando Davies anunciou a venda de parte de sua mobília e biblioteca, relacionou mesas, cadeiras, sofás, estantes, lâmpadas, "uma caleche e arreios" quase novos e uma esplêndida coleção de livros, incluindo "Newton, 3 vols., Pearce, 2 vols., Bossuet, 19 vols., Massillon, 15 vols., as obras poéticas de Milton, Walter Scott, a *História da Inglaterra*, de Henry, 11 vols., Hume e Smollets, 15 vols., *Police of the River Thames and Metropolis*, de Colquhon, 2 vols., a *História Natural* de Buffon, 20 vols., o *Dicionário biográfico*, 12 vols., o *Dicionário bibliográfico* de Adam Clarke, 8 vols., as obras do dr. Franklin, os *Sermões* de Blair, 5 vols., a *Vida do dr. Johnson*, de Boswell, 4 vols., o *Diário* de Boswell", e muitos outros livros de viagens, química, teologia, história e literatura. Davies havia conseguido organizar uma vida bastante confortável para si e sua família.[20]

A disposição de Davies para conciliar e transigir e a aparente falta de dedicação aos escravos podem ter sido uma questão de temperamento e personalidade. Mas também é possível que, por morar na cidade e depender do patronato dos colonos para o sucesso da escola que dirigia, ele tivesse se tornado mais suscetível ao ponto de vista dos colonos do que à situação difícil dos escravos. Todavia, apesar da disposição para conciliar, ele também foi alvo de críticas e agravos. Poucos meses depois de ter chegado, um grupo de brancos ameaçou-o com pedras e tijolos. Ele só foi salvo pela interferência de um "homem de cor" — que no dia seguinte viu-se na cadeia. Davies soube então pelo fiscal (de um modo que ao missionário pareceu brutal) que não poderia promover reuniões na cidade "qualquer que fosse o pretexto", sob pena de prisão. O problema foi resolvido pelo governo a pedido de Davies, mas as hostilidades dos colonos nem por isso terminaram. O antagonismo entre colonos e missionários ia além de traços de personalidade e caráter. Era uma questão de metas conflitantes e noções diferentes a respeito de controle social.[21]

O trabalho de Wray como missionário estava crivado de contradições. Para ter êxito em sua missão, ele precisava ganhar tanto a confiança dos escravos quanto o apoio dos senhores. Mas qualquer coisa que fizesse para agradar os escravos desagradaria os senhores, e se agradasse os senhores certamente descontentaria os escravos. Assim, o que quer que em sua missão lhe trouxesse prazer, por certo também lhe traria sofrimento.

Alguns meses depois de sua chegada à fazenda Le Resouvenir, os escravos das propriedades vizinhas estavam caminhando quilômetros aos domingos para assistir aos cultos na capela e Wray estava ensinando as crianças a ler. Com exceção de alguns administradores e capatazes brancos, a maioria da sua congregação era de escravos. Na Le Resouvenir, muitos só falavam holandês e tinham dificuldade de compreendê-lo, mas a maioria dos que vinham de outras propriedades falava inglês; e, assim, Wray, em seus momentos de otimismo, achava que os escravos o compreendiam "tão bem quanto qualquer congregação na Inglaterra".[22]

Wray logo se deu conta de que os escravos estavam extremamente ansiosos para aprender a ler, e em poucos meses relatava com prazer que já havia muitos lendo o catecismo.[23] Sua impressão era a de que os escravos estavam ensinando uns aos outros, tal a rapidez com que aprendiam. Diversas vezes em seus relatórios para a LMS, Wray descreveu o esforço e a perseverança com que os negros se empenhavam nessa tarefa, abrindo mão do tempo que tinham para descansar. "Aqueles que pensam que os negros só irão se empenhar debaixo de açoite deveriam vir aqui para ver", comentou certa vez.[24] Em suas aulas, Wray usava a cartilha da Sunday School Union [União das Escolas Dominicais], diversos "livros de leitura de Lancaster" e o primeiro catecismo de Watts [25] os mesmos textos que teria usado em qualquer escola dominical da Inglaterra. Por intermédio delas os escravos se iniciavam em alguns dos mistérios da cultura de seus senhores.

Filho do Iluminismo, Wray tinha uma fé inabalável nos bons efeitos da instrução e não teria nenhuma dificuldade em subscrever as palavras de outro membro da LMS, o reverendo J. A. James, de Birmingham, autor de *The Sunday School Teacher's Guide* [Guia dos professores da escola dominical], para quem a ignorância "era a mãe prolífica de crimes e misérias". O professor da escola dominical, James escreveu em seu guia, devia estar familiarizado "com as obrigações do inferior para com o superior e de pessoas em situações de dependência para com os que são seus benfeitores e patrões". A meta dele era "domar a ferocidade das paixões insubordinadas [dos estudantes], reprimir a

rudeza excessiva de suas maneiras, corrigir a obscenidade repugnante e desmoralizante de sua linguagem, subjugar a rebeldia teimosa de sua vontade, torná-
-los honestos, obedientes, corteses, laboriosos, submissos e disciplinados", porém, acima de tudo, salvar suas almas. "Ponha a vara na mão da consciência,
e desperte um tremor de medo dos golpes infligidos por este censor interno
[...]. Seus esforços devem ser evitar os crimes, em vez de puni-los, e evitar a miséria, em vez de apenas aliviá-la." Tudo isso nascia de uma desconfiança profunda
das classes subalternas: "Há uma espécie de infidelidade prática e vulgar que
faz sua labuta nas moradas dos pobres", escreveu James. Wray também queria
que as classes trabalhadoras ficassem confinadas "aos limites da subordinação
e da ordem". Também para ele a leitura era um instrumento poderoso para o
progresso da piedade, da virtude e da autodisciplina. A instrução era um instrumento para o autoaperfeiçoamento e um meio de controle social.[26]

Os missionários da LMS, assim como um número crescente de pessoas na
Grã-Bretanha, vinham adotando um novo conceito de disciplina e punição,
no qual a instrução religiosa substituiria a ameaça da vara e a promessa desmoralizante da esmola. Esperavam que as pessoas, em vez de serem conduzi-
das pela coerção, fossem compelidas pelas próprias consciências. Dessa forma
aprenderiam a se comportar "adequadamente" por convicção, não por medo.
E quando homens e mulheres aprendessem a ser independentes, econômicos,
diligentes e autodisciplinados, estariam livres da pobreza, rejeitariam o crime
e não mais se constituiriam num fardo para a sociedade. Essa abordagem dos
problemas sociais vinha alcançando grande sucesso na Inglaterra. Tais ideias
inspiraram a criação da Sociedade para o Apoio e o Encorajamento às Escolas
Dominicais em 1785. No final de 1786, havia mais de 250 mil crianças frequentando as escolas dominicais, número que continuou a crescer.[27] Em 1803 formou-se a União das Escolas Dominicais. O movimento encontrou enorme apoio
entre os grupos evangélicos, e não é de surpreender que, tendo testemunhado
a multiplicação das escolas dominicais na Inglaterra e estando convencido de
seu sucesso, Wray tenha tentado introduzir algo semelhante na colônia.[28]

Os novos meios de controle social, porém, só eram compatíveis com uma
sociedade de trabalhadores livres e não poderiam funcionar a contento dos senhores numa sociedade escravista na qual faltavam as ilusões do mercado livre. Que significado (a não ser um desejo de escapar da escravidão) poderiam
ter a autodisciplina, a autoconfiança, a economia e o trabalho diligente para

homens e mulheres que tinham pouco a esperar e que, exceto pelo que produziam em suas hortas e nas áreas para cultivo de provisões, viam o produto de seu trabalho ser apropriado pelos senhores? Que atrativo teriam essas noções para homens e mulheres que dificilmente poderiam esperar alcançar a liberdade por meio dos próprios esforços e que, com seus filhos e os filhos dos seus filhos, estavam para sempre atados aos senhores? Como bem observaram McDonnell e outros colonos, numa sociedade em que os trabalhadores não eram impulsionados pelo medo do desemprego e pela ameaça da fome (ou a esperança de melhorar suas vidas), apenas o medo do castigo físico poderia fazê-los trabalhar para os senhores.

Os fazendeiros de Demerara — como outros fazendeiros em outras sociedades escravistas — se opunham à alfabetização dos escravos e consideravam o açoite mais eficaz do que a instrução religiosa. Viam a educação não como um meio de controle social, mas como uma ameaça profundamente subversiva à ordem social. Estavam convencidos de que, se os escravos começassem a ler gazetas e panfletos abolicionistas, logo estariam arquitetando rebeliões.[29] Essa era também a opinião do governador Murray, transmitida claramente a Wray numa conversa que tiveram em 1813.

O diálogo entre os dois homens — conforme Wray registrou em seu diário — exemplifica de forma admirável duas maneiras inteiramente diferentes de abordar a educação e reproduz na colônia os debates então correntes na Inglaterra.[30] Murray disse que não daria permissão ao missionário para ensinar os escravos a ler. Temia que os negros fossem influenciados pela literatura antiescravista e citava o Haiti como exemplo dos perigos advindos da instrução. Murray externou sua preocupação no sentido de que se os escravos de Demerara aprendessem a ler poderiam se comunicar com as "terras do interior pertencentes à Espanha". Wray tentou convencer o governador de que ensinar os escravos a ler não era necessariamente perigoso. Eram as pessoas livres, e não os escravos, que haviam se rebelado no Haiti, argumentou o missionário. E os escravos não precisavam saber ler para se comunicar entre si: sabia-se que eles caminhavam mais de trinta quilômetros depois de trabalhar o dia inteiro e que podiam causar muita confusão se o quisessem. Era sua intenção — Wray disse a Murray — entregar-lhes apenas livros *bons*, mas o governador respondeu que seria impossível impedi-los de conseguir os maus, e que uma pessoa mal-intencionada poderia causar grande dano ao distribuí-los entre os escravos. Wray insistiu em que qualquer livro "pernicioso" seria logo descoberto e que os escravos não poderiam aprender nos livros nada pior do que já sabiam. Eles estavam bem familiarizados com tudo o que dizia respeito tanto à escravidão quanto à abolição. Tinham ampla informação por intermédio dos escravos empregados no serviço pessoal dos senhores e de outros que haviam estado na Inglaterra, além de ouvirem diariamente as conversas dos brancos à mesa. Estes falavam livremente desses assuntos e provavelmente muitas vezes carregavam nas tintas. Os que os serviam ouviam tudo o que diziam. Além disso, havia muita gente na colônia que podia ler para os escravos se eles o quisessem.

Os argumentos de Wray não convenceram o governador. Mas ele não desistiria. Para fundamentar seus argumentos a favor da educação dos escravos, invocou os exemplos de Saint Kitts, Antigua, Saint Croix e do Suriname, onde a instrução propiciada pelos morávios produzira "o melhor efeito". Os horrores da Revolução Francesa e da Rebelião Irlandesa continuou ele, haviam sido perpetrados por pessoas incultas, estúpidas e ignorantes. A alfabetização teria produzido o efeito oposto. Para reforçar seu ponto de vista, Wray citou o capelão de Newgate, o qual afirmava que a educação dos pobres reduziria dramaticamente o crime na Inglaterra. Ele se referiu também ao discurso do bispo de Londres dirigido às Índias Ocidentais, no qual afirmava que ensinar as pessoas a ler era "o próprio meio de preservar não só os negros como também todo tipo de pessoa" da corrupção incutida por escritos malévolos.[31] Wray concordou que a grande massa de gente comum inicialmente se abalara com os "princípios licenciosos e ousados" propagados pelos partidários da Revolução Francesa "com tanto atrevimento e tanta indiscrição", principalmente Thomas Paine e seus discípulos. Mas logo se recuperaram do "delírio", pois na Inglaterra as "ordens mais altas" da sociedade podiam escrever e as "inferiores" podiam ler. Mais de 300 mil crianças pobres tinham sido educadas religiosamente nas diversas escolas de caridade, escolas dominicais e escolas de aplicação, e eram capazes de ler e compreender "aqueles admiráveis discursos, sermões e tratados de diversos tipos" que "as pessoas mais capazes e mais virtuosas, tanto entre os leigos quanto entre o clero", haviam composto para as classes subalternas. Na opinião de Wray, a instrução podia neutralizar a sedição. Mas nada do que disse pareceu comover o governador.[32]

Tanto como proprietário de fazenda quanto como oficial de carreira da

Coroa britânica, o general de divisão John Murray, governador e comandante em chefe das Colônias Unidas de Demerara e Essequibo, encontrava-se numa posição difícil. Ser um governador colonial era como ser um administrador numa fazenda de um proprietário ausente. Como qualquer administrador, Murray tinha de agradar aos senhores da Inglaterra e controlar uma população de escravos inquieta, enquanto tratava de ganhar a vida. Seus poderes eram limitados, e seu papel, um emaranhado de contradições. Como governador, sua missão era implementar as leis e os regulamentos promulgados pelo governo britânico, manter a ordem na colônia e garantir que ela fosse não um fardo, mas um empreendimento lucrativo. Ao mesmo tempo, precisava assegurar a satisfação dos colonos para que não criassem problemas. Caso fosse bem-sucedido nessa tarefa difícil, poderia esperar uma carreira brilhante e talvez um dia aposentar-se como um homem rico na Inglaterra.

Como todos na colônia — escravos, senhores, administradores, comerciantes e missionários —, Murray estava enredado numa contradição histórica sobre a qual não tinha controle. A luta constante entre senhores e escravos estava sendo redefinida por uma tendência nova e, para muitos, perigosa. Os interesses dos colonos e os da metrópole pareciam mover-se em direções opostas e se tornava cada vez mais difícil satisfazer a ambos. Toda essa mudança fazia parte de um processo histórico marcado por lutas entre os que defendiam noções tradicionais sobre hierarquia social, formas de disciplina e castigo, educação e direitos políticos, mão de obra e comércio e os que repudiavam tais noções em nome de uma nova ordem social na qual não havia lugar para escravidão e monopólios. E, o que era pior, os escravos vinham se tornando mais ousados. Nesse mundo em mudança, o papel do governador Murray era cada vez mais difícil de ser desempenhado, particularmente porque ele próprio era proprietário de uma fazenda na Costa Árabe, entre Demerara e Essequibo.

O governador Murray vivera muitos anos nas Antilhas antes de ser transferido para Demerara e, ao contrário dos fazendeiros que moravam na Inglaterra, tivera de enfrentar diariamente os problemas de uma sociedade escravista. Ele a conhecia de dentro e desprezava os "filantropos" da terra natal distante, que na sua opinião nada sabiam das colônias. O governador ficava particularmente irritado quando, "supostamente" compelidos por sentimentos "generosos" e impulsos reformistas, os "filantropos" pareciam favorecer os escravos em vez dos senhores, ou quando apoiavam os missionários no seu esforço para pregar o Evangelho aos escravos. Não que se opusesse à "instrução religiosa" enquanto tal. O que não podia tolerar eram as maneiras "democráticas" dos missionários e sua tentativa de ensinar os escravos a ler. Estava convencido de que a leitura disseminaria o espírito de rebelião entre eles.

No debate a respeito dos efeitos benéficos ou maléficos da alfabetização, como em muitos outros, Murray estava do lado do passado e Wray, do lado do futuro. O missionário — como muitos outros evangélicos — estava convencido de que as elites podiam disciplinar as classes subalternas por meio da educação. Murray via a educação dos oprimidos como um passo revolucionário em si mesmo, que poderia causar mais danos do que benefícios. A educação sempre fora um privilégio das classes mais altas, um emblema de status, e Murray considerava a extensão desse privilégio a outros grupos sociais um risco. Ao pensar assim, ele não estava só. Suas palavras ecoavam os escritos de conservadores na Inglaterra, que se sentiam ameaçados pelas novas tendências, viam com desconfiança o crescimento da imprensa popular e temiam a mobilização das massas e a ameaça política que esta representava para o poder oligárquico. Uma expressão clara dessas restrições apareceu sob a assinatura de "Cato" numa carta dirigida ao conde de Liverpool. Publicada originalmente em Londres, em 7 de dezembro de 1820, a carta foi reproduzida na *Royal Gazette* (que sempre selecionava os artigos dos jornais britânicos que pudessem particularmente interessar aos colonos).

Cato contrapunha um passado ideal de harmonia, ordem e estabilidade a um presente de dissensão, desordem e caos. A Inglaterra, escreveu ele, estava à beira de um precipício; "mais um passo e tudo o que era sagrado e apreciável no país" seria "engolfado" e desapareceria. Cato atribuía essas circunstâncias à "licenciosidade da imprensa", à circulação de "publicações imorais, profanas, injuriosas e traiçoeiras", que contaminavam as classes subalternas. Quando estas ainda não tinham sido "trabalhadas" pelos apóstolos da facção e da sedição, eram uma "honra" para o país e para a natureza humana. Elas não haviam demonstrado grande veneração a seus superiores, mas não sentiam por eles nenhuma hostilidade. "O Rei, a Pátria e a Religião eram os grandes pontos em torno dos quais todo o entusiasmo honesto e o orgulho nobre dessas classes se concentravam." Mas agora a situação mudara. Os antigos sentimentos desapareceram e foram substituídos por outros "diametralmente opostos em sua natureza".

Cato argumentava que, no passado, as classes baixas não tinham tido oportunidade de imiscuir-se na política; os jornais diários tinham sua circulação confinada às classes mais altas. Não havia ninguém para formar a opinião política das classes trabalhadoras e, na sua opinião, "elas eram inteiramente incapazes de formá-la sozinhas". Nos últimos anos, porém, aparecera uma nova categoria de escritores, homens que, a fim de sobreviver como jornalistas, não tinham escrúpulos em adular os homens e as mulheres do povo. O sucesso deles não poderia surpreender ninguém que conhecesse o professor e o discípulo. "Um sem princípios, o outro sem discernimento." Consequentemente, um dos mais frágeis de todos os laços que unificavam a sociedade — aquele que "unia" o pobre ao rico — tinha sido cortado. Os escritores da sedição afirmavam pertencer à mesma classe de seus leitores — os únicos amigos que os leitores possuíam no país. Também asseguravam serem os leitores oprimidos pelos ricos, espoliados pelo governo, enganados pela Igreja; em resumo, mostravam-lhes que todo homem acima deles era um velhaco e que toda instituição do país existia com o único propósito de roubá-los e engabelá-los. Garantiam aos leitores que eles (o povo) eram a fonte de todo o poder, os depositários de todo o saber e os possuidores exclusivos de toda a virtude. Não surpreendia pois que a grande maioria das camadas mais baixas tivesse se tornado uma massa de descontentes. A distinção entre virtude e vício diminuía diariamente, queixava-se Cato. Os sentimentos morais e religiosos deterioravam-se rapidamente e, no domingo, o trabalhador braçal e o mecânico, em vez de ler suas bíblias e "buscar o altar de Deus", ocupavam-se em estudar as folhas da calúnia, da sedição e da blasfêmia. Na opinião de Cato, a imprensa revolucionária tinha de ser destruída e isso só podia ser feito pelo "braço forte do poder". Ele finalizava atacando os *whigs* e fazendo um apelo ao conde de Liverpool para que as sementes da rebelião fossem destruídas. "Peço-lhe que proteja nossas casas das chamas, nossa propriedade do ladrão e nossas vidas dos assassinos."[33]

O governador Murray talvez fosse menos eloquente, mas seus temores eram ainda maiores do que os de Cato. Ele temia que, se recebessem instrução e começassem a ler a literatura abolicionista, os escravos acabariam por se insurgir. Wray, no entanto, estava convencido de que não havia melhor antídoto contra a rebelião do que a educação religiosa, e de que essa não seria possível sem a alfabetização.

Depois de alguns meses na colônia, Wray decidiu escrever um catecismo que indicasse os deveres de criados e crianças.[34] Em 1810, o conselho de diretores da LMS concordou em imprimir mil cópias do livreto.[35] Ninguém que tivesse lido o catecismo de Wray poderia duvidar de que sua intenção era ensinar os escravos a obedecer e respeitar os senhores. À pergunta "Quais são os deveres dos servos e escravos para com seus senhores, proprietários e administradores?" a resposta era "Respeito, fidelidade, obediência e diligência". E a resposta para "O que é respeito?" era "Um reconhecimento da superioridade e autoridade deles, uma maneira respeitosa de falar deles e com eles, e uma conduta apropriada". Nada podia ser mais claro. Sucessivamente, as perguntas e respostas enfatizavam a obrigação dos escravos para com os senhores, até mesmo aqueles "senhores insensíveis". O catecismo prevenia os escravos contra os pecados do roubo, do desperdício e da negligência, aconselhava-os a serem tão cuidadosos com a propriedade dos senhores quanto seriam com suas próprias, condenava todo espírito de "discórdia" e "conversa vadia e mexericos", recomendava aos escravos que desempenhassem suas tarefas com alegria e lembrava-lhes que Deus prometera recompensar os servos atentos aos próprios deveres.[36]

Após tal demonstração de lealdade à ordem social, quem poderia reclamar do fato de Wray ensinar aos escravos? Mas os colonos não estavam reagindo às intenções ou palavras dele; estavam reagindo a tudo o que ele simbolizava. Mais particularmente, estavam reagindo ao modo como ele se relacionava com os escravos. O que irritava os fazendeiros e os tornava desconfiados não era apenas a insistência do missionário em ensinar os escravos a ler, mas também seu envolvimento pessoal com eles, o fato de Wray reconhecer a humanidade e a individualidade deles, suas tentativas de mediação sempre que havia um conflito entre administradores e escravos, sua observância estrita do descanso dominical, seu olhar atento, sua preocupação com o respeito à lei, sua ligação com a LMS e, acima de tudo, o sucesso de sua pregação e a presença de um número cada vez maior de escravos nos serviços que ministrava. Os fazendeiros temiam que tudo isso mais cedo ou mais tarde solapasse os princípios de coerção sobre os quais se fundava todo o sistema de escravidão. Com o passar do tempo, sua irritação e desconfiança só cresceram. O mesmo aconteceu com o envolvimento e a determinação de Wray.

Para os escravos, essa luta entre missionários e fazendeiros tinha um significado muito diferente.[37] Ela lhes oferecia uma oportunidade para desafiar a autoridade dos senhores e ampliar os limites da própria liberdade. Como era de se prever, quanto mais os senhores se opunham à instrução religiosa, mais ela era vista pelos escravos como um privilégio desejável. Nessa luta, eles estavam prontos a apoiar os missionários que os apoiavam.

Como missionário de uma fazenda, Wray não tinha muita escolha. Sua missão só teria êxito se ganhasse a confiança dos escravos. Como ele um dia escreveu, um missionário na colônia tinha de estar disposto a conversar com os escravos "livremente" sobre assuntos religiosos e a facilitar a comunicação com eles, mas ao mesmo tempo saber como manter "a distância adequada". Esperava que quando descobrissem que os missionários eram amigos e estavam prontos a agir como mediadores, os escravos aprenderiam a confiar neles. Acreditava que poderia lidar com as queixas dos escravos usando as muitas referências existentes na Bíblia e estava convencido de que poderia desestimulá-los a fazer queixas "injustas". Em contrapartida, também esperava que senhores e administradores confiassem nos missionários quando vissem que não estimulavam a indolência, a impertinência ou a rebeldia. Mas, como verificou em muitas ocasiões, a concretização do seu projeto era mais difícil do que imaginara.[38]

Vivendo no meio dos escravos, Wray logo se viu envolvido nos problemas e sofrimentos de seus irmãos negros. Um chegava queixando-se de que a mulher o traíra com outro homem. Outro lhe mostrava as bolhas causadas pelas chibatadas e descrevia em detalhe as crueldades do administrador. Ainda outro se lamentava porque seu senhor não dera permissão para os escravos irem à capela. Às vezes se queixavam de que não podiam participar dos serviços religiosos porque os administradores os mantinham até tarde nas manhãs de domingo executando tarefas ou esperando pela ração semanal de peixe salgado. Mesmo quando não tinham de trabalhar para seus senhores aos domingos, eles às vezes iam à feira ou trabalhavam para si nas hortas ou para quem quisesse alugá-los. (Como era costume em Demerara, brancos, negros livres e até escravos alugavam escravos aos domingos para fazer todo tipo de pequenos serviços. Essa prática aborrecia Wray, mas quando perguntava aos escravos por que trabalhavam aos domingos, eles lhe respondiam que precisavam de dinheiro para suplementar a comida e as roupas que recebiam dos senhores.)

Wray desejava que os administradores parassem de obrigar os escravos a trabalhar aos domingos e observassem a prática de Post de lhes dar um dia extra ou pelo menos meio dia durante a semana para o trabalho nas hortas ou a ida ao mercado, de modo que "o dia do Senhor fosse um dia de oração em vez de um dia de comércio".[39] As esperanças do missionário não eram totalmente infundadas. Essa prática era comum em algumas ilhas caribenhas e fora observada em Demerara no século XVIII.[40] Mas, sob as pressões do mercado, a situação mudara. Levados pela necessidade de aumentar a produção num momento em que a mão de obra não só diminuía como se tornava excessivamente cara, os fazendeiros não estavam propensos a satisfazer as exigências de Wray. Consequentemente, o debate a respeito da conveniência ou não do trabalho dos escravos aos domingos resultou numa fonte permanente de atrito entre missionários, senhores e escravos.

Não havia nada que Wray pudesse fazer para evitar o envolvimento nos conflitos entre escravos e senhores, que foram muitos e constantes. Também havia muita disputa entre os próprios escravos, entre negros livres e mulatos, negros e brancos, livres e escravos. Alguns conflitos nasciam dos padrões intrincados de relações inter-raciais na colônia e das tensões inevitáveis geradas pelas tentativas de Wray de criar uma espécie de "democracia racial" no uso do espaço da capela. Ao comentar as regras de conduta na colônia, ele observou que "homens brancos e mulheres de cor dançam juntos e dormem juntos e vivem juntos em fornicação, mas não se sentam juntos na casa de Deus, embora uns e outros devam ser salvos pelo mesmo Salvador".[41]

Em Demerara, todos os grupos eram muito conscientes daquilo que cada um deles pensava ser seus direitos, e etiquetas rígidas marcavam os limites entre eles. Vindos de um mundo diferente, com formalidades e limites igualmente diferentes, os missionários tiveram dificuldade de compreender o comportamento do povo em Demerara. A ideia dos missionários da LMS de uma capela na qual todos fossem tratados como iguais conflitava com o complicado sistema que separava os pretos dos mulatos, os mulatos dos brancos e os libertos dos escravos, até mesmo no cemitério.

Se os negros estavam dispostos a aceitar a nova "democracia" da cor que os missionários da LMS pretendiam criar em suas capelas, os mulatos e os brancos estavam prontos a se opor a isso. Um dia, Wray perguntou a um negro livre por que não ia mais à capela. O homem respondeu que uma noite se sentara entre os brancos e alguém lhe dissera que não deveria sentar-se ali, "pois aquele lugar era só para brancos", então ele não voltara mais, "pois achava que não deveria haver diferença alguma na casa de Deus".[42] Outra vez, Wray perguntou a uma mulata livre por que não a via mais na capela, e ela respondeu que não era certo "misturar as cores". A mulata se queixou de que no seu banco ultimamente vinha se sentando uma negra.[43] "É espantoso", comentava Wray, "como são orgulhosas algumas dessas pessoas que estão pouco acima do trabalhador braçal negro comum. Algumas pessoas de cor livres saíram da reunião do sr. Davies há alguns domingos porque uns pobres escravos tinham se sentado nos bancos delas. Oh, que o Evangelho lhes dê humildade e as traga para Cristo."[44] Tais problemas não ocorriam apenas entre os livres. Os escravos também eram extremamente suscetíveis em matéria de etiqueta e tinham igualmente suas noções de hierarquia e decoro. Uma escrava queixou-se a Wray dizendo-se ofendida porque sua filha não recebera o tratamento de "senhorita" de uma outra escrava.

Entre os problemas mais difíceis a serem enfrentados por Wray e outros missionários estavam o "adultério" e a "fornicação". Os escravos tinham muitas esposas e as escravas muitas vezes viviam com homens brancos sem ser casadas com eles. E ninguém parecia inclinado a abandonar essas práticas. Em seu diário e cartas à LMS, Wray frequentemente se queixava de administradores que tomavam escravas como amantes e de negras que iam viver em "fornicação" com brancos. "O oferecimento de um casaco novo [...], um certo decréscimo de trabalho e a honra de ter um branco são tentações a que é quase impossível resistir." Wray ouvira dizer que em algumas propriedades os administradores não ousavam impor disciplina em algumas turmas de trabalhadores por medo de serem acusados de roubar as mulheres dos escravos.

Nas cidades a situação era ainda pior do que nas fazendas. Muitas mulheres que haviam obtido a liberdade graças às relações com brancos encorajavam as filhas a fazer o mesmo. Wray muitas vezes dizia às moças o quanto eram tolas por aceitar essas "ligações", uma vez que, assim que os brancos pudessem sustentar uma esposa adequada ou então voltassem para casa, elas seriam largadas com seus filhos na escravidão. Mas ninguém lhe dava atenção. Não era raro uma mulher ter filhos de cinco ou seis homens e havia algumas com filhos de cores de pele variadas; um gerado por um negro, outro por um mulato e um terceiro por um branco. Às vezes, homens brancos compravam escravas com filhos e, quando resolviam voltar para a Inglaterra, libertavam-nas e lhes davam uma pequena casa e até mesmo dois ou três escravos, que podiam ser alugados ou trabalhar como mascates.[45] Esses exemplos incentivavam outras mulheres a fazerem o mesmo.[46] Geralmente, porém, a mulher e os filhos permaneciam como escravos. Wray observou que mesmo homens com esposas na Europa às vezes tinham filhos com mulheres negras:

> É impressionante como essas pessoas são pretensiosas e têm influência sobre os brancos, bem mais do que as mulheres brancas têm sobre seus maridos, e elas também costumam ser uma praga para as fazendas e para os escravos. Nessas colônias talvez não haja um branco entre vinte que não esteja vivendo em fornicação, e o mesmo acontece com as mulheres de cor. Entre os escravos, casamento é coisa desconhecida e entre as pessoas de cor livres, muito raro, exceto nos últimos dois ou três anos em Demerara. Ao que eu saiba, o casamento é muito mais comum nas ilhas do que aqui [...]. É difícil pregar contra pecados desse tipo quando sabemos que quase todos os indivíduos são culpados deles; talvez alguns com quem sejamos obrigados a estar diariamente e com relação aos quais tenhamos grandes obrigações.

Wray tinha dificuldade de compreender os hábitos sexuais da colônia. Parecia-lhe estranho que uma jovem "virtuosa" se casasse com um homem que ela sabia ter outra mulher, a qual talvez tivesse uns três ou quatro filhos dele, e que às vezes depois do casamento essa jovem levasse as crianças para sua própria casa.[47] As muitas e flagrantes violações às "leis de Deus" (como ele as compreendia) deixavam Wray numa posição desconfortável. Como poderia explicar o quarto mandamento, "Guardar o domingo para mantê-lo sagrado", para uma congregação que era sistematicamente forçada a trabalhar aos domingos? Como explicar aos escravos o sétimo e o décimo mandamentos, "Não cometer adultério" e "Não cobiçar [...] qualquer coisa que seja dos teus vizinhos", na presença de administradores, feitores e funcionários que viviam "em fornicação aberta e notória" com as filhas e as mulheres dos escravos? Como dizer à congregação que era pecado viver em fornicação, ter duas mulheres ao mesmo tempo ou tirar a esposa de outro homem, quando tanto administradores quanto escravos cometiam esses pecados o tempo todo? "Vocês podem imaginar meus sentimentos", escreveu Wray certa vez à LMS, "ao explicar os dez mandamentos na propriedade do sr. ___, que muitas vezes me ouvia e que abertamente tinha três esposas, duas delas irmãs, ambas grávidas naquela ocasião, e desde então libertas." E acrescentou que, numa fazenda onde morara, "o administrador tinha quatro esposas [...] e talvez muitos filhos mais".[48]

Além disso, os escravos frequentemente tinham mais de uma esposa, coisa que escandalizava Wray, que não parecia perceber como era difícil para eles abandonar a poligamia, prática tão comum em certas regiões da África.[49] Ele, do mesmo modo, não dava importância ao fato de haver (como já vimos) em Demerara um profundo desequilíbrio entre homens e mulheres, tanto brancos como negros. A população branca total de Georgetown, incluindo os distritos de Robbs Town, New Town, Stabroek, Werk en Rust e Charles Town era de 727 homens e apenas 377 mulheres e 316 crianças. Mas entre a população de cor a relação se invertia: havia 353 homens e 2147 mulheres. Nas fazendas, o desequilíbrio tornava a inverter-se.[50] Entre os escravos havia muito mais homens do que mulheres. Em 1817, para cada mil escravas nascidas na África, havia 1724 homens escravos. Mesmo que se incluíssem os escravos crioulos,[51] ainda assim havia um desequilíbrio, mil escravas para 1311 homens.[52]

O apego às práticas tradicionais, o poder esmagador dos senhores sobre os escravos, dos brancos sobre os negros e dos homens sobre as mulheres, o desequilíbrio entre o número de homens e o de mulheres, e o exemplo de algumas mulheres negras que conseguiam obter status, favores e às vezes até a liberdade para si e suas famílias por meio das relações que mantinham com homens brancos — tudo ajuda a explicar as dificuldades que Wray teve para convencer sua congregação a respeitar o sétimo e o décimo mandamentos.

Apesar dos muitos problemas, havia também muitas satisfações na missão de Wray. Inicialmente, o que mais o entusiasmava era ver as pessoas caminhando vinte a trinta quilômetros para assistir aos serviços dominicais. E até nos dias de semana, depois de trabalhar o dia todo, alguns caminhavam quilômetros para ir aos cultos noturnos. Wray emocionou-se particularmente quando um dia viu na capela uma mulher que havia sido carregada numa rede por um percurso de cinco quilômetros, pois não podia andar. A capela logo se tornou um local de reunião onde escravos e escravas de diferentes fazendas podiam se encontrar.[53] As mensagens evangélicas de Wray, enfatizando os temas da graça e da redenção, da liberdade e do amor, da igualdade de todos perante Deus, da solidariedade comum, da libertação e do resgate do povo de Deus, exerciam grande atração sobre os escravos. Nem todos, entretanto, haviam sido motivados por razões religiosas — embora Wray quisesse muito acreditar que assim fosse.[54] Muitos escravos iam à capela para encontrar-se com outros ou simplesmente para evitar o controle dos senhores. Wray certa vez perguntou a um escravo, que havia andado dez quilômetros para ouvi-lo pregar, por que caminhara tanto. "Meu coração me disse para vir", respondeu o escravo. Nenhuma resposta daria mais prazer a Wray. Mas, ao perguntar ao escravo como soubera da pregação, ele respondeu que havia visto muitas pessoas vindo da cidade e as acompanhara. "Devem ter dito a ele", Wray se consolou. Ele sem dúvida gostaria de pensar que o homem tivesse sido levado pela própria fé e não pelo desejo de estar com os outros. Wray tinha também um grande prazer em observar o "progresso" dos escravos, a curiosidade deles sobre as questões religiosas e o fervor com que oravam.[55] Para ele, essas coisas pareciam ser a prova de que seus esforços estavam sendo recompensados.

Wray ficava intrigado e por vezes embaraçado com as perguntas e declarações dos escravos. Um deles, Quamina, confessou ao missionário nunca ter ouvido falar de Jesus. Também disse que estava muito perturbado por ter reconhecido que havia pecado, e que acreditava nada poder fazer para obter a salvação. Antes da chegada do missionário, Quamina — como muitos outros escravos africanos — achava que quando morresse voltaria para sua terra, mas agora estava confuso.[56] Outra pessoa, "um homem de cor", propusera a Wray uma pergunta milenar: "Por que, se antes de fazer o homem Deus sabia que ele pecaria, Ele o fez pecar?". Esse homem também disse que soubera que, logo depois do pecado de Adão e Eva, Adão tinha posto a culpa em Eva e esta culpara o diabo. "Ora, senhor", perguntou ele a Wray, "quem Satã vai culpar pela própria queda?" Outros perguntaram se o sofrimento de Cristo havia sido determinado por Deus. O mundo seria destruído antes ou depois do Juízo? O apóstolo Paulo tinha sido um homem como eles? O que aconteceria se uma pessoa que havia mudado seu coração morresse antes de ser batizada? Iria para o Céu? Como era possível o corpo levantar-se novamente se havia apodrecido na terra? Aqueles que se conheciam na Terra e fossem para o Céu se reconheceriam lá?[57]

Algumas das perguntas eram difíceis de responder — assim como tinham sido difíceis de responder durante a longa história do cristianismo. Mas mais árduo era fazer os escravos cristãos abandonarem as práticas e crenças religiosas tradicionais. A maioria dos negros de Demerara já tinha tido algum conhecimento do cristianismo antes da chegada de Wray, seja pelo contato com pa-

146

dres e missionários em seu lugar de origem (tanto no Caribe quanto na África), seja pela conversa de outros escravos. Mas eles também tinham mantido as tradições africanas — conquanto transformadas pela escravidão, por empréstimos de rituais entre os próprios escravos, pelo novo ambiente no qual viviam e por suas noções do que era o cristianismo.[58] Para Wray, os rituais africanos pareciam tão misteriosos quanto os dele para os escravos. Aparentemente era mais fácil para estes aceitarem as crenças e os rituais de Wray do que ele aceitar os deles.[59] Com exceção dos que eram muçulmanos, os africanos em sua maioria — embora reconhecessem um Deus supremo — incluíam em seu panteão outros deuses, espíritos ou divindades que se situavam entre o homem e o Deus supremo. As orações também lhes eram familiares sob forma de súplicas pela saúde e pelo bem-estar, além de frequentemente incluírem "declarações de inocência, de ausência de qualquer má intenção". De modo que não lhes era difícil adotar as práticas dos missionários e dirigir suas súplicas a uma divindade suprema. Mas talvez a característica mais importante das religiões africanas fosse a de não haver — exceto entre os muçulmanos e no Daomé, onde havia um sacerdócio estabelecido — nenhuma ortodoxia e, por conseguinte, nenhuma heterodoxia. E embora os rituais ocupassem um lugar importante em todas as religiões africanas, eles eram relativamente flexíveis, pragmáticos e experimentais.[60] Isso deu às religiões africanas grande capacidade de sobreviver e ao mesmo tempo assimilar outras fé e práticas.

Apesar de profundamente distorcidas pela ignorância e vieses, as notas cuidadosas de Wray revelam a existência de crenças e rituais africanos entre os escravos, o que ocorria em todo o Caribe. No dizer dele, os escravos adoravam a água e eram capazes de andar vinte ou trinta quilômetros para cultuá-la. Wray descreveu em detalhes como os escravos haviam enterrado um negro morto tarde da noite, para que os "conterrâneos" do morto, moradores de diversas fazendas, pudessem ir ao funeral. Eles derramaram no túmulo a água usada para lavar o corpo. Acreditavam que se houvesse respingos de água no chão, o dia seguinte seria chuvoso. Segundo Wray, pouco antes de fecharem o caixão, eles diziam ao morto algumas palavras propiciatórias. Se o homem tivesse sido fumante, eles colocariam um cachimbo e um pouco de fumo no caixão junto ao corpo. Carregavam o caixão até o túmulo, batucando e dançando. Os carregadores davam três voltas em torno do túmulo com o caixão e então o depositavam na cova. Em seguida, a mulher ou os amigos do morto a ele se dirigiam, prometendo dentro de alguns meses trazer comida suficiente para satisfazê-lo e a todos os amigos a quem ele se juntaria. Também pediam ao morto que lhes desse força e que revelasse quem tinha sido o responsável pela sua morte. Por fim, bebiam rum e voltavam para suas casas. Três meses depois, faziam uma grande ceia numa noite de sábado e convidavam os amigos. Passavam essa noite batucando e dançando até a manhã seguinte. No domingo de manhã bem cedo, levavam uma bandeja com provisões, com aves, carne de porco ou bolos de carne, e a colocavam sobre o túmulo.[61]

Como a maioria dos brancos, Wray via todos os rituais religiosos como "magia" ou "superstição" incompreensíveis, que só podiam causar dano. Em 1814, ele ouviu dizer que uma carta pretensamente escrita por Jesus Cristo estava circulando na colônia. Entre os escravos e os negros libertos espalhara-se a notícia de que quem tivesse uma cópia desse documento estaria protegido de todo malefício. A carta proibia o trabalho aos domingos e, por isso, os empregados de uma senhora haviam se recusado a fazer qualquer serviço nesse dia. Vários negros tinham pago cinco xelins por uma cópia da carta. Alguns levaram os papéis a Davies para se certificar de que eram autênticos. Para mostrar que não levava essas coisas a sério, o missionário rasgara cópias da carta. (Aparentemente elas tinham sido importadas de Barbados, mas, como era de se esperar, alguns brancos culparam os missionários pelo fato.)[62]

Davies — que com firmeza expandira suas atividades e conseguira ganhar a confiança do governador e obter uma capela para si em Georgetown — também pregava aos escravos de áreas adjacentes. Ele também se preocupava com as práticas "estranhas" correntes entre os escravos e as atribuía aos negros e mulatos "que tinham pretensões a pregadores".[63] Em seu relatório à LMS, o missionário enfatizou o mal produzido por esses pregadores em Demerara. Descreveu em detalhes um episódio envolvendo escravos da fazenda Den Haag, a maior da colônia, onde uma mulher, que dizia ser a Virgem Maria, provocou entre os escravos um "frenesi entusiástico". Eles se rebelaram contra o administrador e os líderes haviam sido capturados e presos. Van den Heuvel, o proprietário, talvez esperando pacificar os escravos, chamara Davies para "instruí-los". Segundo este, depois da prédica feita aos escravos — uma turba de cerca de seiscentos — ele lhes perguntara se não estavam arrependidos do mal que haviam feito. Numa só voz, os escravos exclamaram: "Pedimos desculpa, sinhô. Pedimos desculpa, sinhô". Por mais romanceado e autoelogioso que o relatório de Davies possa ser, ele revela a ambivalência dos senhores em relação aos missionários. Embora a maioria deles não confiasse nos religiosos, os senhores estavam quase sempre prontos a chamá-los quando achavam que podiam usá-los para moderar os escravos. Nessas ocasiões, os senhores pareciam ver o cristianismo como um antídoto para as mensagens messiânicas elaboradas pelos escravos a partir de uma mistura de tradições cristãs e africanas.

Entre as práticas mais temidas pelos brancos estava a que chamavam de *obia*.[64] Durante a estada de Wray em Demerara, ele raramente mencionou a palavra *obia* em suas cartas ou no diário (ou porque esses rituais eram mais raros em Demerara do que em Berbice, ou porque em Demerara ele não os percebera). Mas, depois de ter se mudado para Berbice em 1813, ele relatou diversos casos de *obia*. Todos o impressionaram profundamente e ele não poupou esforços para se informar sobre essa prática. Chegou a aproximar-se de Wilberforce, que, numa carta à LMS, mencionou ter recebido de Wray um relato muito interessante sobre esse assunto "delicado". No passado, explicou Wilberforce, esse "sistema de superstições e baixeza" foi considerado tão importante que chegou a ser seriamente discutido pelo representante do governo na Jamaica e até mesmo pelo Conselho Privado, num inquérito de 1788-89. Mas as assembleias coloniais, que então foram questionadas sobre a prática de *obia*, "haviam respondido com indignação que no presente nenhuma pessoa razoável nas Índias Ocidentais dava importância à *obia*, assim como os ingleses não davam a menor importância à feitiçaria, na qual nossos antepassados acreditavam". Wilberforce acrescentou que seu amigo, o sr. Stephen, membro do Tribunal Superior, redigira um trabalho, não publicado, sobre a situação legal dos escravos nas Índias Ocidentais, considerado por ele (Wilberforce) o melhor relato existente a respeito da *obia* e que poderia ser emprestado (confidencialmente) à LMS. Ele concluiu que o assunto merecia atenção por ser uma prova da "iniquidade e crueldade horríveis do sistema escravista corrente nas Índias Ocidentais".[65] Esse tipo de encorajamento, vindo de fonte tão prestigiosa, só poderia convencer Wray de que valia a pena descrever em detalhe o que ele vira e ouvira sobre *obia*.

Wray estava convencido de que "apenas a luz e o conhecimento" poderiam extirpar *obia* e outras "práticas maléficas". Nesse sentido ele estava inclinado a colaborar com os colonos.[66] Em Berbice, as autoridades chamaram-no algumas vezes para que se ocupasse dos escravos que haviam sido condenados à morte pela prática de *obia*. Em 1819, ele descreveu em minúcias o julgamento de Hans, um escravo que pertencera à Coroa e trabalhara no forte. Hans fora acusado de ter praticado *obia*. Tentando descrever o que não vira, e por certo não compreendia, Wray — apesar dos esforços óbvios para ser preciso — traçou um quadro confuso, ainda que fascinante, dos rituais de que participaram Hans e outros escravos. O relato feito por Wray dos acontecimentos que resultaram na condenação do homem não só esclarece aspectos da vida secreta dos escravos e seu apego às crenças e aos rituais africanos, como também mostra o quanto era difícil para os brancos compreender o mundo dos escravos.

Segundo Wray, Hans, um congo,[67] fora diversas vezes chamado por um capataz de nome January para ir a uma fazenda onde os escravos vinham adoecendo constantemente. January mandara chamá-lo na esperança de que Hans pudesse descobrir o "responsável" por tanta doença. Quando este lá chegou, os escravos estavam reunidos. Ele pediu uma tina com água e um frango branco. Após matar o frango torcendo-lhe o pescoço, depenou-o, espetou as penas no cabelo das crianças e depois lavou os rostos delas com a água da tina. As que estavam doentes, ele lavou para curar, as que não estavam, lavou para proteger. Pôs diversas coisas na água, inclusive uma campainha, uma imagem e um pedaço da raiz de uma cana-brava que disse ter trazido de sua "terra".[68] Hans pediu que os escravos fizessem um círculo e, enquanto ele cantava uma "música da terra", eles dançaram num pé só, batendo palmas até o sol nascer. (O que provavelmente ocorreu foi que, ao dançar, os escravos batiam no chão com um pé, como era comum em algumas danças rituais africanas.) Hans pediu "cavalos" (o que Wray erroneamente interpretou como significando homens para carregá-lo, mas que de fato queria dizer pessoas capazes de receber deuses ou ser por eles possuídas). Foram apontados quatro escravos. Em seguida, mandou que pusessem uma vasilha com água no meio do círculo. Jogou dentro dela uma erva ácida e mexeu duas vezes. Salpicou um pouco dessa água no rosto de um homem, que pareceu ter ficado "doido", dando pulos altos e se jogando no chão. Hans repetiu o ritual e diversas pessoas foram acometidas da mesma agitação. Em seguida, pediu ao escravo Frederick que jogasse água em alguns escravos, que também ficaram "doidos". Muitos caíram no chão. Hans continuou a dançar, fazendo movimentos variados, e mandou que um dos escravos açoitasse com um pedaço de cana-brava os que estavam em "transe".[69]

Venus, que tinha sido particularmente tomada pela agitação, continuou em transe. Hans mascou pimenta-da-guiné e cuspiu-a nos olhos dela. Mas isso não a fez voltar ao estado normal. A mulher continuou a dançar, jogando-se e rolando no chão. Por fim, ela bateu no peito de Frederick e caiu numa gargalhada "histérica", depois bateu nele de novo. Hans disse aos escravos que quando a "coisa amainasse" eles poderiam ir ao lugar onde o veneno estava escondido.[70]

Hans foi então à casa de Frederick para retirar "a coisa ruim que lá estava", escondida num chifre de carneiro, que ele sabia estar naquela casa pelo cheiro. Explicou que nem todo mundo podia detectar esse cheiro, mas que ele podia, devido a um saber peculiar que Deus lhe dera — um saber que adquirira no seu país. Hans pediu que lhe trouxessem uma criança e uma "caçamba" com um pouco de água. Mandou que todos pusessem um pouco de água na vasilha, depois pegou um pedaço de *salempores** e com ele cobriu a cabeça da criança e pôs a vasilha com água nas mãos dela. Hans ordenou que um dos escravos levasse a criança nos ombros, enquanto ele subiu nos ombros de um outro. (Aqui o relato de Wray torna-se confuso. Ele não deve ter compreendido bem o que Hans lhe contou. O que provavelmente aconteceu é que Hans invocou os deuses para participarem do ritual "montando" nele e na criança, uma metáfora comum usada para definir a possessão do crente por um deus.) Hans mandou que tirassem uma tábua do chão, cavassem um buraco perto da cama, e pediu aos escravos que examinassem a vasilha para ver se continha alguma coisa além de água. Todos afirmaram que não havia mais nada ali. Hans mandou que a criança ficasse em pé em cima do buraco por algum tempo, segurando a vasilha, com a cabeça ainda coberta pelo pano. Depois pediu a uma escrava que retirasse o *salempores*. Ao fazê-lo, todos puderam ver na vasilha um chifre de carneiro com um pedaço de pano amarrado na ponta aberta do chifre. Hans pediu a um dos escravos que tirasse o pano, e eles viram que o chifre continha sangue, cabelos, aparas de unhas, a cabeça de uma cobra e outras coisas do mesmo tipo. Hans explicou que aquilo que estava no chifre era a "coisa ruim" que vinha destruindo as crianças, mas que isso não iria mais acontecer.

---

* *Salempores*: tecido de algodão, com listas ou quadrados, em cores, feito na Índia ou Inglaterra, geralmente para ser exportado para a África ou a América do Sul. (N. T.)

Wray interpretou tudo isso como uma conspiração contra Frederick. Aparentemente, o escravo fora anteriormente acusado de ser envenenador. Os outros negros haviam se queixado ao senhor, que lhes disse que se encontrassem o veneno mandaria castigar Frederick. "Mas eles, naturalmente, não puderam encontrar nada", acrescentou Wray, que estava convencido de que a coisa toda era uma trapaça fomentada por Hans. Wray escreveu que a dança chamava-se *Mahiyee* ou dança da *Minggie Mamma* e que January dissera aos escravos que eles tinham de dar um presente a Hans. Foram recolhidos sessenta florins, algumas aves e outros presentes entregues a Hans pelos serviços prestados.

Quando lhe perguntaram, durante seu julgamento, se tinha o "hábito" de usar seus poderes, Hans respondeu que visitara outra fazenda a pedido dos capatazes e do carpinteiro por causa de abortos de mulheres grávidas. Lá ele também lavara as crianças e as barrigas das mulheres grávidas, e isso impedira a morte das crianças e o aborto das mulheres. Em outra fazenda ele identificara dois envenenadores e, por intermédio do seu poder, forçara-os a confessar que tinham envenenado dois homens que haviam roubado suas galinhas. Hans disse que os negros sabiam que ele possuía o poder de ajudá-los, e que muitos o chamavam. Quando lhe perguntaram se algum dia ele falhara no exercício de seus poderes, Hans respondeu que quando as pessoas que recorriam a ele tinham doenças "acima da sua arte", nada podia fazer para ajudá-las. Então lhe perguntaram se algum dia tinham lhe pedido que usasse seus poderes contra os brancos. "Sim, muitos pedidos me foram feitos, mas sempre os rejeitei." Esses pedidos, explicou, tinham sido feitos por escravos de senhores cruéis, que queriam que ele "abrandasse seus corações", mas isso não fazia parte da sua arte. Quando lhe disseram que exercer tais poderes era contrário às leis da colônia, Hans respondeu que não era um *obia* e que não fizera nada de mau. "Toda a minha arte consiste em ajudar os negros que estão doentes."[71]

Hans, entretanto, não convenceu os brancos. Eles ignoravam que, segundo a maioria das religiões africanas, os seres humanos teriam saúde e felicidade eternas não fosse a ação das forças do mal. Quando uma doença atacava a comunidade, a fonte do mal precisava ser extirpada. Para descobrir o artifício usado para causar o infortúnio ou a doença, consultava-se um adivinho. A origem do problema podia ser um espírito insatisfeito, um antepassado que estivesse punindo seus descendentes ou um indivíduo dando vazão a raiva, inveja ou egoísmo, como no caso de Frederick. Assim, quando os escravos de Berbice ou Demerara chamavam um adivinho para dar fim a suas desgraças, estavam repetindo velhas práticas num ambiente novo, usando os meios de que dispunham para exercer algum controle sobre suas vidas.[72]

Para os brancos, *obia* era uma prática perigosa que tinha de ser extirpada. Todos condenavam a "arte" de Hans. Para Wray, esses rituais eram resultado da ignorância — nada senão maus hábitos que precisavam ser erradicados. O cuidado com que tomou notas e relatou com minúcias a história de Hans revela que Wray se dava conta de que os diretores da LMS, e talvez os leitores da *Evangelical Magazine* onde o texto provavelmente seria publicado, poderiam interessar-se em ouvir relatos desse tipo. Ao escrever as histórias da maneira como o fazia, o missionário ajudava a reforçar uma visão de mundo que contrapunha civilização e barbárie, religião e superstição, razão e emoção, uma visão que dava aos leitores ingleses um senso de superioridade que não só os impedia de compreender outros mundos, como também os tornava cegos em relação às próprias contradições. (Afinal, a feitiçaria ainda era uma prática comum na Inglaterra "civilizada".) A narrativa de Wray traía sua incapacidade de penetrar no mundo mágico dos escravos. Sua falta de compreensão transparecia no uso indiscriminado de palavras como *obia,* "doido" e "histérico" ao descrever os rituais dos escravos, na interpretação errônea da expressão "ser um cavalo", na convicção de que Venus trapaceara e de que a cerimônia nada mais fora do que uma trama elaborada pelos escravos para incriminar Frederick.

Para o fiscal, o ritual cumprido por Hans parecia ser um ultraje e uma ofensa contra a lei estabelecida. Faltava-lhe boa vontade ou capacidade para discernir entre as práticas que os escravos consideravam maléficas e as que consideravam benéficas. Ele reunia indiscriminadamente todos os rituais dos escravos sob a categoria de *obia,* que na sua opinião era uma prática perigosa a ser severamente castigada. Por isso pediu a pena de morte para Hans, baseando-se numa lei colonial proclamada em 1801 e reafirmada em 1810 — uma lei supostamente fundamentada na injunção da Escritura, "Castigarás de morte aqueles que usarem de sortilégios e encantamentos".[73]

Em contraposição, o advogado que defendeu Hans era um homem do Iluminismo, em sintonia com as novas tendências "filantrópicas" da metrópole, e portanto inclinado a ver o "criminoso" como vítima de uma ordem social cujos contendores eram "a ignorância" e "o conhecimento", "a barbárie" e "a civilização", "o paganismo" e "o cristianismo". Na opinião dele, a sociedade, e não Hans, era responsável pelo crime. Ele argumentou perante o tribunal — conta-nos Wray — que esse homem "pobre e ignorante" fora trazido de um país pagão vinte anos antes e não se fizera nenhum esforço para torná-lo cristão — única maneira possível de erradicar esse mal. E depois da chegada de Wray — cuja labuta contribuíra muito para a extinção desse malefício — Hans fora trabalhar no forte e se viu privado de instrução, uma vez que lá não havia capelão. A finalidade de tudo isso era demonstrar que pertencia aos colonos a culpa por Hans ainda acreditar nas tradições "pagãs" (tradições que o advogado obviamente desprezava tanto quanto Wray ou o promotor, e que desejava ver substituídas por ensinamentos cristãos). O advogado argumentou que a lei bíblica, invocada para condenar Hans, era própria da "nação judaica", cujo governo havia sido uma teocracia há muito abolida, e que, se o espírito dessa lei fosse seguido, os colonos teriam de punir com a morte todos os escravos não convertidos ao cristianismo — o que tornaria o país substancialmente despovoado. Com relação à legislação colonial, ele argumentou com confiança imperial que nenhuma lei desse tipo era válida a menos que confirmada pela metrópole, e que o estatuto em questão não fora confirmado nem pelas leis da Inglaterra nem pelas da Holanda.[74]

Nada poderia ter agradado mais a Wray do que o elogio feito a seu trabalho e a ênfase dada pelo advogado à importância da conversão dos escravos. Sua posição não só o levava a se solidarizar com os argumentos do advogado, como também lhe dava um senso agudo das contradições do sistema escravista. Em seu relatório à LMS, ele comentou, com a ironia habitual e uma visível satisfação, que o advogado poderia ter acrescido que a "lei judaica" também condenava com a morte a quebra do preceito do sabá; assim, para ser consistente, o fiscal também deveria punir com a morte aqueles que trabalhassem ou fossem à feira aos domingos. "É digno de nota", escreveu Wray, "que em 1810, quando se fez a lei para punir o *obia* com a morte com base na lei judaica, tenha-se feito uma outra lei que permitiu aos senhores obrigar os escravos a trabalhar até as dez horas no domingo." E ele observou que o advogado também poderia ter dito que pela "lei judaica" o adultério era punido com a morte e se existisse na colônia uma lei semelhante, a maioria dos escravos teria de ser executada.

Hans escapou da morte, mas foi condenado a ser açoitado no cadafalso e marcado com ferro em brasa, passar um ano na prisão, ser quatro vezes amarrado no pelourinho e trabalhar acorrentado o resto da vida "para o bem da colônia". Os escravos que haviam participado do ritual, entre eles January e Venus, foram açoitados. Wray disse que soubera que Venus também recebera a pena de trabalhar doze meses acorrentada. "Dizem que a deixaram nua quando a açoitaram", acrescentou.[75]

Wray fez várias visitas a Hans na prisão. Falava com ele no dialeto crioulo, que aprendera para poder se comunicar com os escravos que não falavam inglês. O missionário tentou mostrar a Hans o enorme pecado que cometera contra Deus ao "pretender possuir aqueles poderes sobrenaturais", e tentou convencê-lo de que todos os envolvidos no ritual haviam pecado. Satanás cegara as mentes de todos. "As massas estavam tão cegas que adoravam deuses feitos por elas mesmas, deuses de pau e pedra, e a eles ofereciam sacrifícios humanos." Mas quando a palavra do "verdadeiro Deus" passou a ser conhecida, as mentes dos homens se iluminaram e eles se afastaram das práticas do mal. Essas e muitas outras coisas piedosas foram ditas por Wray a Hans, que pareceu "muito abalado" e por vezes "derramou de fato algumas lágrimas". Depois das conversas, o escravo pediu um coração novo a Wray e prometeu jogar fora o velho.

Hans contou ao missionário que na África fora instruído nos princípios do catolicismo. E acrescentou que, ao rezar, sempre pedia a Deus que abençoasse os meios que usava para recuperar a saúde das pessoas. Hans insistiu que sua arte consistia em fazer apenas o bem. Quando Wray, movido por curiosidade intensa, pediu que rezasse na sua língua materna, Hans ajoelhou-se, dirigiu-se a Deus usando os nomes de Maria e Jesus Cristo em língua africana e depois fez uma cruz no chão com o dedo. "Tocou-me ouvi-lo usar o nome de Cristo e não lhe compreender o significado", escreveu Wray, cuja autoconfiança era inabalável. O missionário também conversou com Venus e January, e ambos lhe pareceram muito atentos. Por fim, ele concluiu que apenas o cristianismo poderia "extirpar esse mal" que nenhuma perseguição erradicaria. "Isso nos mostra a necessidade de nos empenharmos em difundir o glorioso Evangelho entre os pobres, e penso que negociantes respeitáveis como Winter, Innes, Englis e Gladstone, entre outros, patrocinariam essa tarefa se estivessem ao menos bem informados sobre o assunto."[76]

Alguns anos depois, Wray relatou o caso de uma escrava assassinada durante a dança *"Minggie Mamma"* ou *"Water Mamma"*. Os detalhes eram semelhantes e indicavam um padrão familiar, só que dessa vez os episódios levaram a um fim trágico.[77] Os escravos pediram a alguém que descobrisse o responsável pelas muitas mortes na fazenda. Eles dançaram, cercados do maior segredo, nas horas silenciosas da noite e acusaram uma mulher de praticar *obia*. Amarraram-na numa mangueira e açoitaram-na impiedosamente. No dia seguinte, o feitor notou o sangue na sua roupa e perguntou o que tinha acontecido. Mas, com medo do *obia,* ela não contou a verdade. Naquela noite, ela foi de novo amarrada e espancada até morrer. O homem do *obia* foi preso e condenado à morte. A execução ocorreu na fazenda, com a presença do governador, do fiscal, de todos os membros do tribunal, da milícia, de quatrocentos ou quinhentos escravos, de um grande número de brancos e do sr. Austin, reverendo da Igreja Anglicana. No dia seguinte, durante o culto, Wray falou daqueles acontecimentos, comparando os homens do *obia* a Caim, Davi Ananias, Safira, Simão e Etima.[78]

Nessa luta contra as "superstições" africanas, como ele chamava os rituais dos escravos, Wray encontrou aliados entre os colonos, sempre prontos a obter dele o apoio de que necessitavam no afã de controlar a população escrava. Sempre que havia um caso de *obia,* os colonos pareciam esquecer momentaneamente as hostilidades contra os missionários e chamavam Wray com a esperança de que ele pudesse exorcizar o "mal". Alguns também o chamavam quando os escravos se tornavam incontroláveis. Os colonos esperavam que Wray usasse seu prestígio para restabelecer a ordem entre eles. E o missionário muitas vezes conseguia. Wray estava sozinho, no entanto, em sua luta para converter os escravos, e suas ações despertavam nos colonos mais suspeita do que simpatia.

Os colonos encontravam-se num dilema. Para sufocar a resistência dos escravos, queriam usar os missionários. Mas quando estes se propunham a ensinar os negros a ler, quando insistiam no respeito ao dia de descanso e diziam que os escravos não deveriam ser obrigados a trabalhar aos domingos (dia em que se organizavam reuniões noturnas que atraíam às capelas grande número de escravos de fazendas diversas), a maioria dos colonos tratava os missionários como inimigos e tudo fazia para impedi-los de agir.

O que os colonos pareciam não perceber era algo que Wray conhecia bem: para obter êxito em sua missão, os missionários tinham de ganhar a confiança dos escravos e para isso tinham de apoiá-los, particularmente em casos de injustiça flagrante, quando não havia nenhuma dúvida de que estavam sendo vítimas de opressão e violência incomuns. Os missionários tinham de estar dispostos a ouvir as reclamações dos escravos e a falar por estes quando as queixas fossem "razoáveis". Tinham de desempenhar o papel de árbitros quando houvesse um conflito entre eles e os administradores. Os escravos precisavam acreditar que os missionários eram sinceros e honestos em seus propósitos. Caso estes se tornassem meros porta-vozes dos senhores e sempre os apoiassem, não teriam seguidores entre os escravos. A capela de Wray (e, depois, a de Smith) estava sempre cheia porque — entre outros motivos — os escravos consideravam-no alguém que se compadecia das condições difíceis em que se encontravam, alguém justo. Os escravos deveriam ver o cristianismo não como algo que agravasse a opressão que sofriam, não como algo que justificasse o abuso e a violência, mas como uma promessa de redenção tanto física quanto espiritual. E era exatamente isso que tornava Wray e Smith tão perigosos aos olhos dos colonos.

Num momento em que a instituição da escravidão estava sendo condenada na Grã-Bretanha, em que por toda parte se faziam discursos sobre os direitos do homem e a supremacia da lei, em que os políticos vinham discutindo maneiras de melhorar as condições de vida dos escravos e até falavam em emancipação; num momento em que a crueldade dos senhores estava sendo exposta no Parlamento e na imprensa da Grã-Bretanha, e em que a percepção que os escravos tinham da ordem social, do que era justo e injusto, do que era possível ou impossível, vinha mudando, nenhum missionário podia ignorar essas tendências. Aqueles que as negligenciavam viam suas capelas vazias e não encontravam adeptos entre os negros. Talvez agradassem aos senhores, mas perdiam o apoio dos escravos. Foi isso exatamente o que aconteceu quando Wray afinal se mudou para Berbice, em 1813, sendo substituído por Richard Elliot.

Consciente da oposição dos colonos a Wray, Elliot decidiu bajular administradores e senhores. Os escravos não devem ter demorado a perceber que esse novo "pastor" não era um homem confiável. Dos quinhentos ou seiscentos que habitualmente assistiam aos serviços de Wray, sobraram apenas seis ou sete.[79] Certa ocasião, tendo anunciado que sairia de Berbice para pregar na fazenda Le Resouvenir, Wray lá encontrou Elliot praticamente sozinho. Apenas um único escravo estava sentado na capela, enquanto muitos outros que esperavam do lado de fora só entraram quando Wray chegou.[80]

A falta de confiança dos escravos em Elliot manifestou-se claramente quando ele encontrou seu cavalo morto a estocadas. O missionário imediatamente suspeitou de Romeo, um escravo que era diácono na capela da Le Resouvenir. Numa carta a Wray, Romeo queixou-se de que Elliot havia roubado as aves "dos negros" e de que este não só o acusara injustamente de roubar o cavalo como havia até dado busca em sua casa à procura do animal. Wray relatou aos diretores da LMS que as aves dos escravos tinham se espalhado pela horta de Elliot, que mandara o cozinheiro matá-las para o jantar. Sem obter sucesso no apelo feito ao administrador e ao procurador, os escravos haviam decidido resolver a questão por conta própria e vingaram-se matando o cavalo de Elliot. Esse comportamento não era raro. Os escravos frequentemente agiam dessa maneira quando consideravam os administradores ou feitores cruéis e não conseguiam seu afastamento. Wray, que não gostava do novo missionário, queixou-se de que Elliot alienara os negros devido à indiferença com que os tratava e às boas relações que mantinha com os administradores.

A antipatia de Wray por Elliot originou-se num choque de personalidades e diferentes graus de envolvimento com a missão religiosa, tornando-se óbvia assim que Elliot chegou a Demerara vindo de Tobago, para onde fora mandado pela LMS em 1808. Elliot contou a Wray que, embora tivesse recebido muito apoio em Tobago, os "negros" não lhe tinham dado atenção, não iam à capela nem mandavam as crianças à escola. Wray duvidou da sinceridade e da devoção de Elliot e julgou que ele assimilara alguns dos preconceitos dos brancos antilhanos contra os "de cor".[81] Suas relações ficaram ainda mais tensas quando o novo missionário, esperando que a LMS o designasse para substituir Wray, decidiu permanecer em Demerara em vez de voltar a Tobago. Nesse meio-tempo, a LMS havia mandado um homem, Kempton, para ocupar o posto em Demerara; mas, quando este chegou, Elliot simplesmente recusou-se a sair. Wray e Davies divergiram sobre o caso. Davies apoiava as pretensões de Elliot, enquanto Wray, indignado com o comportamento tanto de Elliot quanto de Davies, escrevia cartas furiosas à LMS condenando os dois e apoiando Kempton. Aparentemente esquecido dos contratempos que tivera na fazenda Le Resouvenir, Wray acusava Elliot de querer ficar lá porque o lugar era confortável: uma casa, uma capela, uma congregação sem nenhum problema e mais de cem libras por ano. Era um lugar ideal para um missionário recém-chegado da Inglaterra; e, se Elliot quisesse ficar em Demerara, havia muito trabalho a ser feito em outros pontos da costa ocidental.

Wray voltou a Demerara para tentar solucionar o problema, mas em vez de acalmar a situação, envolveu-se em brigas fúteis tanto com Davies quanto com Elliot. Um dia anunciou que pregaria na Le Resouvenir. Elliot trancou a capela. Quando Wray lá chegou, à noite, com Kempton, havia trezentos negros esperando, mas a chave da capela não foi encontrada.[82] Wray suspeitou que Elliot (que estava em Georgetown) a houvesse escondido.

O caso Kempton-Elliot terminou com o retorno de um desgostoso Kempton para Londres. Elliot recebeu instruções da LMS para deixar a Le Resouvenir. Todavia, sua presença continuou a exasperar Wray. Em maio de 1815, ele informou à LMS que Elliot permanecia em Demerara com a aprovação dos brancos que "tiravam proveito do seu ministério". Os negros tinham desistido de frequentar a capela, exceto talvez meia dúzia deles.[83] Essas disputas e rivalidades entre missionários prejudicavam o bom andamento da missão e os deixavam ainda mais vulneráveis às críticas dos colonos.

Escravos e senhores estavam empenhados numa guerra permanente — uma guerra fria que acontecia diariamente sob diversas formas, mas que de vez em quando explodia em confrontos violentos. Para os missionários não havia como escapar do envolvimento nesses conflitos. Às vezes ambas as partes buscavam a intervenção deles. Certa ocasião, quando ainda em Demerara, Wray recebeu uma carta do procurador da fazenda Success sobre a conduta "dos negros". No domingo, os escravos tinham se negado coletivamente a receber a cota de peixe salgado porque esta não era maior do que a cota habitual, e era costume receberem mais nos feriados. Também se recusaram a alimentar o gado à noite. Os administradores informaram o procurador, que foi falar com os escravos. Para puni-los, proibiu-os de ir à capela, esperando que esse castigo fizesse mais efeito do que chibatadas. O procurador pediu então a Wray que só admitisse os escravos na capela depois que recebessem permissão.

Wray recebeu a carta quase uma semana depois do acontecido, mas àquela altura já soubera do incidente pelos próprios escravos. O missionário foi então à fazenda Success e disse aos escravos que deveriam se envergonhar. Eles deveriam estar gratos ao procurador por tê-los incentivado a ouvir o Evangelho quando tantos haviam sido impedidos por seus senhores. O procurador falara muito bem da pregação ao governador, que lhe prometera fazer um relato favorável a respeito do assunto ao "rei George e seus grandes homens na metrópole". Pela sua conduta rebelde, disse-lhes Wray, os escravos tinham feito tudo isso parecer falso e os inimigos dos missionários diriam que os negros não estavam preparados para ouvir o Evangelho. Wray também declarou que os escravos o tinham envergonhado e não deveriam ir à capela até terem prestado a obediência devida ao procurador.

Wray estava sem saber como agir. Alguns dos escravos haviam sido batizados e estavam acostumados a participar da Ceia do Senhor. Parecia-lhe inadequado excluí-los apenas porque haviam feito uma queixa. Possivelmente haviam dito "palavras descuidadas" na ocasião, ou exageraram o caso para o procurador. "Mas a opressão, o que não fará?", perguntou ele. "Eles já me fizeram queixas antes e eu os impedi de ir ao procurador, mas a natureza humana não pode continuar suportando isso para sempre, a não ser que a opressão tenha eliminado todos os sentimentos." Confuso e em dúvida, Wray resolveu adiar a Ceia do Senhor. E concluiu: "Não desejo incentivar as queixas dos escravos por lhes dar ouvidos, e ao mesmo tempo tenho medo de levá-los ao desespero. Rogo a Deus que me dê a graça de agir com sabedoria. É desagradável atuar como missionário entre escravos".[84]

Wray viu-se envolvido em muitos incidentes semelhantes. Numa ocasião, em 1812, enquanto ainda estava na Le Resouvenir, cerca de cinquenta escravos se queixaram do administrador ao fiscal. (Post morrera em 1809 e sua viúva casara-se com um homem chamado Van der Haas.) O novo proprietário designara como administrador o irmão, homem que estava na colônia havia apenas dois ou três anos e que durante certo tempo trabalhara como guarda-livros de Post. Devido à queixa dos escravos, Wray recebeu uma carta do fiscal dizendo-lhe que queria conversar com o missionário sobre os problemas na Le Resouvenir. Wray respondeu que, embora os escravos em geral parecessem ligados a Van der Haas, aparentemente não gostavam do irmão. (Algum tempo antes de morrer, Post confidenciara a Wray que o homem era muito cruel com os escravos e por isso o despedira. Mas Post temia que, quando morresse, ele fosse de novo contratado.) Wray disse também que os escravos lhe tinham feito, e a sua mulher, queixas sérias contra o administrador. Tinham dito que ele os açoitava por qualquer falta insignificante e não fazia distinção entre os fracos e os fortes ao castigá-los. Também se queixaram de que uma "mulher com filho" tinha de trabalhar tanto quanto qualquer outra. O administrador açoitara da "maneira mais vergonhosa" um certo Hector, e Quamina, o carpinteiro-chefe, recebera noventa chibatadas do administrador, além de outras do feitor, só por não ter conseguido completar a tarefa do dia. Muitos meses antes, Quamina recebera cem chibatadas, dadas da "maneira mais severa" e, para que não fosse ao fiscal, fora posto no tronco. Wray acrescentou que Sandy, um dos capatazes e "um negro de quem o sr. Post falava bem", tinha sido retirado do "pavilhão dos doentes" antes de estar curado e recebera uma surra de bambu nas costas já machucadas. Uma surra de bambu também fora a causa da mão quebrada de outro escravo.[85]

Um ano depois, já instalado em Berbice, Wray voltou à fazenda Le Resouvenir para uma breve visita e tomou conhecimento de outras queixas dos escravos. As histórias eram parecidas. Alguns lhe disseram que em uma propriedade o administrador os impedira de se reunir à noite e de pregar e catequizar aos domingos. Eles se queixaram ao procurador, mas suas reclamações não foram atendidas. "Ele não permitiria a reunião de mais de dois ou três e disse que isso era contra toda religião, contra a lei da Inglaterra e dos governadores." "Esse é o cavalheiro", comentou Wray, "que uma vez me pediu que os impedisse de se reunir algumas noites como castigo por estarem, os escravos e o administrador, envolvidos numa disputa. Eu não esperava dele coisa melhor [...]." Os escravos de outra fazenda se queixaram de que tinham sido retirados do "pavilhão dos doentes" pelo administrador sob o pretexto de serem preguiçosos, quando na realidade estavam doentes. Eles disseram que o administrador permitia que os capatazes os açoitassem "impropriamente". "Ele da administração dos negros e do trabalho destes", comentou Wray. Os escravos também se queixaram de que o administrador mandava aplicar o açoite nas mulheres puérperas. Elas eram forçadas a se deitar no chão para receber as chibatadas, desnudas até a altura das coxas, o que na opinião deles era muito impróprio, uma vez que tinham dado à luz havia pouco. Outra queixa era de que as mulheres com recém-nascidos eram obrigadas a sair de manhã tão cedo quanto os demais e, se não o fizessem, eram açoitadas. Um escravo contou a Wray que sua mulher teria tido o filho amarrada no tronco se não fosse a compaixão da enfermeira e da parteira, que a soltaram poucas horas antes do parto.

E, quando o fato foi descoberto pelo administrador, a enfermeira e a parteira foram confinadas. Os escravos também relataram que, quando foram falar com o procurador, este os despachou sem ouvir o que tinham a dizer. Quando o procurador por fim se dirigiu à propriedade para investigar as queixas, quatro mulheres grávidas ou com filhos recém-nascidos estavam no tronco. Mas ele não se empenhou em vê-las. De início, quando o procurador autorizou os escravos a falar, nenhum se aproximou. (Wray perguntou por que se haviam calado, e os escravos responderam que aqueles que falavam eram geralmente vistos como líderes e as perguntas que lhes eram feitas eram intencionalmente confusas.) Alguns escravos finalmente resolveram falar. Um convidou o procurador a ir ao "pavilhão dos doentes" para ver com os próprios olhos o que estava acontecendo, mas ele se recusou. A questão foi "resolvida" com umas boas chibatadas. Os escravos apelaram, então, para o fiscal, mas não receberam ajuda. Wray sugeriu que apelassem para o governador. Ao comentar o incidente, Wray escreveu que o administrador negou tudo, e que tinham "acreditado mais [nele] do que nos negros, pois ele é branco e livre".

Desses incidentes, os escravos depreenderam que podiam jogar um branco contra o outro. Podiam queixar-se ao administrador sobre o feitor e ao procurador sobre o administrador. Quando o proprietário estivesse presente, podiam apelar para ele. Podiam também apelar para as autoridades: os burgomestres, o fiscal e, como último recurso, o próprio governador. E, o que era mais importante, podiam também recorrer aos missionários. Embora, como já vimos, as queixas dos escravos fossem frequentemente rejeitadas, às vezes eles encontravam apoio. Os senhores e as autoridades locais temiam que crueldade em demasia os levasse ao desespero. Assim, ocasionalmente demitiam um feitor ou administrador por "abuso de autoridade".[86] Conquanto raras, essas experiências eram suficientes para convencer os escravos de que em algum lugar havia um poder superior ao dos administradores e até dos senhores, um poder ao qual podiam recorrer para obter proteção. Os escravos esperavam que os missionários falassem por eles.

A posição de Wray era de fato pouco confortável, pois se encontrava no meio de uma luta infindável entre escravos e senhores.[87] Muito antes de americanos e franceses se levantarem em nome da liberdade, os escravos haviam lutado pela liberdade nas colônias do Novo Mundo. Para eles, essa era uma luta antiga, que datava do momento em que o primeiro barco carregado de escravos chegara à América. O inesperado era ter brancos a seu lado, brancos que usavam uma linguagem que falava de "direitos humanos", linguagem da qual os escravos podiam se apropriar para atingir seus fins. Isso fazia com que a balança parecesse estar pendendo a favor dos negros.

Entre aqueles brancos — "os amigos dos negros", como eram chamados pelos inimigos — estavam missionários como Wray e Smith. Não surpreendia, pois, que quanto mais as congregações cresciam, mais os missionários eram criticados por senhores e administradores e perseguidos pelas autoridades, mais a imprensa local os acusava de pretender fomentar a emancipação dos escravos e mais probabilidade havia de que os escravos vissem os missionários como pessoas em quem podiam confiar. Quando administradores e fazendeiros se opunham à instrução religiosa, os escravos compareciam em massa às capelas. Quando os senhores proibiam-nos de aprender a ler, os escravos apegavam-se à leitura como um instrumento quase miraculoso e lutavam com todos os meios para dominar essa arte. Quando liam a Bíblia e ouviam os sermões, os escravos se emocionavam particularmente com as passagens que tratavam do cativeiro e da libertação. Mas quanto mais os escravos frequentavam as capelas, mais os administradores e senhores viam os missionários com suspeita e criavam obstáculos a seu trabalho. A guerra não tinha fim; os missionários estavam entre dois fogos. Hostilizados por senhores e administradores e atacados pela imprensa, missionários como Wray, que levavam a sério seu trabalho, convenceram-se crescentemente de que os abolicionistas estavam certos; por seu lado, os colonos tornaram-se cada vez mais convictos de que os missionários eram perigosos. Numa tentativa de suplantar os obstáculos criados pelos colonos, os missionários não hesitaram em recorrer a conexões políticas em Londres, reforçando dessa maneira os laços entre a LMS e os líderes abolicionistas no Parlamento. O que, por sua vez, tornaria os missionários ainda mais suspeitos aos olhos dos colonos.

Exemplo típico dessa situação foi a controvérsia sobre o direito que os escravos tinham de assistir aos serviços religiosos; controvérsia que havia começado imediatamente depois da chegada de Wray e que desde o início dividira a colônia. A maioria dos administradores, senhores e autoridades locais ficou de um lado, enquanto missionários, escravos e uns poucos administradores e senhores ficaram do outro. A tensão entre os dois grupos atingiu proporções que tornaram necessária a intervenção do governo local. Os colonos se opunham particularmente às reuniões noturnas. Temiam que, se os escravos começassem a participar de serviços religiosos à noite, não houvesse meios de controlá-los. Em 1811, em resposta aos pedidos dos colonos, o governador Henry Bentinck finalmente emitiu uma proclamação que proibia todas as reuniões de escravos depois do pôr do sol, exceto as necessárias ao funcionamento da propriedade. Mais uma vez, Wray tentou mobilizar os poucos fazendeiros e administradores que o apoiavam. Muitos assinaram documentos dando testemunho dos bons serviços prestados por ele, entre eles Van der Haas, da Le Resouvenir, John Kendall, antigo administrador da Friendship, George Manson, da Triumph, Alexander Fraser, C. Grant, Van Cooten, Semple, James Wilson, Andrew Black e William Black (ambos empregados de Wilson), e mais alguns outros.[88]

De posse desses documentos, Wray solicitou um encontro com o governador, que se recusou a recebê-lo. Mas ele não era homem de se intimidar facilmente. As dificuldades pareciam apenas lhe propiciar mais energia. Assim, decidiu fazer algo drástico. Foi à Inglaterra defender sua causa pessoalmente. Depois de ouvir Wray e consultar Wilberforce e Stephen, os diretores da LMS contataram Lord Liverpool e lhe pediram em nome dos "valores britânicos" a intervenção do governo a fim de garantir a "tolerância religiosa concedida a Wray até agora na colônia de Demerara". Alguns dias mais tarde foram informados de que o governador de Demerara recebera ordens de autorizar os escravos "a se reunir para instrução e adoração divina no domingo entre as cinco horas da manhã e as nove da noite, e nos demais dias da semana entre sete e meia e nove da noite". Foi uma vitória para Wray e uma derrota para o governador e seus aliados. A questão das reuniões noturnas continuou a ser um ponto de discórdia entre missionários e colonos, mas já havia sido assegurado aos missionários o apoio do governo da metrópole.

Esse apoio dado pelo governo britânico só fez aumentar a reputação de protetor de escravos que o governo possuía. Desde a abolição do tráfico, essa noção espalhara-se por todos os cantos do império, e por toda parte os escravos tinham como certo que o rei estava a seu lado. Isso foi vividamente demonstrado a Wray quando de sua viagem de volta a Demerara. O barco em que ele viajava abordou um outro, que carregava cerca de cem escravos. O capitão ti-

164

nha documentos espanhóis, mas falava inglês tão bem que Wray suspeitou que fosse inglês ou norte-americano. O capitão disse que estava a caminho de Cuba. Como o navio não estava aproado naquela direção, Wray concluiu que ele provavelmente iria contrabandear escravos em algum outro lugar. Quando o missionário e alguns outros visitaram o navio, foram saudados pelos escravos com gritos de: "Rei George! Rei George!" — de tal forma se espalhara a reputação do rei da Inglaterra como um "amigo" dos escravos, reputação que a maioria dos abolicionistas questionava. Seja como for, qualquer apoio recebido pelos missionários do governo britânico só os comprometeria ainda mais aos olhos atentos dos colonos.[89]

Quando Wray voltou a Demerara, situações muito desagradáveis o esperavam. Disseram-lhe que se apresentasse imediatamente ao governador, o qual lhe perguntou se havia trazido livros. Quando Wray respondeu que muitos dos seus livros chegariam em breve, o governador indagou de que tipo eram. Bíblias, livros escolares e quinze cópias de uma *Exposição sobre a Bíblia,* para "os habitantes mais respeitáveis", respondeu Wray cautelosamente. O governador assegurou que não tinha nada contra a entrada de bíblias na colônia. Em seguida, abruptamente, disse-lhe que se apresentasse a seu secretário.

O mal-estar de Wray só aumentou na presença do secretário. O homem lhe fez mais perguntas: Quem era ele? O que fazia? De onde viera? Onde nascera? Onde tencionava morar? Durante o interrogatório, um antigo funcionário que estava próximo exclamou com um riso zombeteiro: "Ah, é aquele pregador metodista que saiu da colônia faz algum tempo". Wray respondeu que não era metodista. "O que você é então?", perguntou o homem. "Sou protestante dissidente, senhor", acrescentou Wray. Os dois homens, que decididamente tinham o propósito de provocar Wray, insistiram em saber qual era a diferença. E o secretário continuou a fazer perguntas impertinentes. Afinal, disse a Wray que tirasse da cabeça a ideia de que o governador lhe permitiria pregar aos "negros", pois muitas vezes ouvira o governador dizer que não queria que os escravos recebessem instrução. O incidente era sintomático de todos os preconceitos que cercavam os missionários. Wray se sentiu vítima de abuso e hostilidade. E mais hostilidades haveria nos dias que viriam.

Depois do retorno de Wray da Inglaterra, uma publicação intitulada *Cushoo: A Dialogue Between a Negro and an English Gentleman on the Horrors of Slavery and the Slave Trade* [Cushoo: um diálogo entre um negro e um cavalheiro inglês sobre os horrores da escravidão e o tráfico de escravos] foi descoberta com um dos alunos de Davies e levada ao governador.[90] Era um dos muitos panfletos que vinham sendo publicados pelos abolicionistas para recrutar o apoio popular. No diálogo, o "cavalheiro" apresentava todos os argumentos usuais em defesa da escravidão, enquanto Cushoo expunha o absurdo desse sistema. Cushoo denunciava a crueldade do tráfico de escravos, a violência da escravidão e o comportamento contraditório dos brancos que se diziam cristãos mas cometiam toda espécie de pecados. E concluía enfatizando que o amor à liberdade, pelo qual, segundo o cavalheiro, os ingleses tinham "muitas vezes derramado seu sangue", era uma coisa muito boa na Inglaterra. Mas os ingleses "torram e queimam a gente por isso nas Índias Ocidentais". "O preto", concluía Cushoo, "quer ser livre como o branco." No fim, o cavalheiro, que parecia magoado e envergonhado com as palavras de Cushoo, anunciava que o Parlamento concordara em pôr um fim a essas misérias assim que possível. O panfleto concluía com um longo excerto do popular poema de William Cowper, "The Task" [A tarefa], clamando pela emancipação dos escravos em todo o império:

> *Não temos escravos na metrópole. Então por que lá fora?*
> *E que eles um dia transportados sobre as ondas,*
> *Que nos separam, sejam soltos e emancipados.*
> *Escravos não respiram na Inglaterra. Se seus pulmões*
> *Recebem o nosso ar, nesse momento se libertam;*
> *Tocam nosso solo, e rompem-se os grilhões.*
> *Isso enobrece, e revela uma nação orgulhosa*
> *E ciosa dessa graça. Que ela então se espalhe*
> *E circule em cada veia*
> *De todo o seu império, e que quando o poder britânico*
> *For sentido, a humanidade também possa sentir sua misericórdia.*

Cushoo não podia senão enfurecer os colonos. Portanto, não surpreende que Davies tenha sido acusado de distribuir aos escravos livros contendo ideias perigosas, sendo intimado a depor perante o governador e o tribunal. Davies protestou dizendo desconhecer inteiramente o panfleto. Ele nunca o lera e não sabia se o livro algum dia estivera em sua casa. O governador acusou Davies de ser inapto para educar crianças, já que lhes dera livros que desconhecia, e ameaçou cancelar sua licença. Davies insistiu não saber absolutamente nada a respeito da publicação. Ele nunca a vira, muito menos a entregara a criança alguma. Quando o governador lhe perguntou que tipo de livros possuía, Davies disse que tinha livros sobre assuntos variados, mas principalmente sobre teologia. O governador então decidiu mandar um funcionário acompanhar Davies a sua casa para inspecionar os livros. Por sorte, no caminho, eles encontraram o menino de quem o livro fora tomado. "Quem lhe deu o *Cushoo?*", o homem perguntou. "O sr. Gravesande, senhor", respondeu o menino. O homem pareceu satisfeito com a resposta, mas já que o haviam mandado verificar os livros do missionário, continuou. Examinou a biblioteca de Davies, retirou alguns livros usados por ele na escola, alguns panfletos, o catecismo de Wray, e saiu. O missionário acompanhou-o de volta ao tribunal e depois de apresentadas as "evidências", todos pareceram convencer-se inteiramente da inocência de Davies. O governador pediu desculpas pela inconveniência e Davies, que nunca perdia oportunidade de conquistar as boas graças das autoridades, afirmou que estava contente por ter tido sua inocência provada e declarou que demonstraria sempre que os missionários não eram promotores de rebelião, mas da ordem.

O governador Bentinck, no entanto, não deixaria morrer o assunto com tanta facilidade. Mandou chamar Gravesande, mas, como este também demonstrou ignorar o conteúdo do livro, foi solto. Bentinck então decidiu mandar cópias do *Cushoo* a todos os governadores nas Índias Ocidentais para alertá-los sobre o perigo de tais publicações. Temendo que esse fato prejudicasse a causa dos missionários nas ilhas, Wray relatou todo o episódio à LMS e recomendou sua divulgação na Inglaterra, não só na *Evangelical Magazine,* mas também nos jornais lidos pelos governadores. Também sugeriu que se chamasse a atenção de Lord Liverpool para o caso. Wray observou com desdém que a pessoa que levara o panfleto *Cushoo* ao governador, embora antigo membro do Tribunal de Justiça, era um maçom ignorante e profano, que havia sido administrador ou lenheiro, mas se casara com a viúva de um fazendeiro e se tornara um "grande homem".

Os diretores da LMS criaram um comitê para investigar o assunto. Após examinar a ordem dada pelo secretário da sociedade para o envio de um número considerável de livros para "Gravesande *Esq.*", os investigadores concluíram que nem o pedido de Gravesande nem a ordem do secretário continham instruções quanto a panfletos daquela espécie. Eles contataram então a pessoa responsável pela expedição de mercadorias, que lhes informou que os panfletos tinham sido embrulhados apenas para completar o espaço vazio na caixa — observação que só poderia parecer suspeita a alguém familiarizado com os métodos dos abolicionistas.[91] Informado do incidente pela LMS, Lord Liverpool recomendou que a sociedade tomasse cuidado para evitar "tais acidentes" no futuro.

A situação se tornou cada vez mais polarizada. Enquanto os missionários arregimentavam seus adeptos na Inglaterra, diversos colonos em Demerara manifestavam-se em favor das políticas repressivas locais, e tanto a Court of Policy quanto o governador mandaram para a Inglaterra justificativas pela proclamação que proibira reuniões religiosas à noite. Wray soube que o governador também enviara uma cópia do *Cushoo* para Lord Liverpool, acusando o missionário de tê-la despachado da Inglaterra. A animosidade contra os religiosos era tão intensa que, com medo das penalidades que lhe poderiam ser impostas, J. Wilson, um fazendeiro em cuja propriedade Wray costumava pregar às quintas-feiras, proibiu-o de continuar pregando.

Wray começou, entretanto, a ouvir rumores de que o governador fora chamado à Inglaterra. Viu também a cópia de uma petição que vinha circulando na colônia entre fazendeiros, administradores e procuradores em favor de Bentinck. O documento dizia: "Que o governo das Índias Ocidentais esteja se tornando cada dia uma tarefa mais delicada e árdua não é nenhum segredo para nós. Os preconceitos evidentes contra seus habitantes por parte de fanáticos ignorantes da nossa situação local, que não perdem nenhuma oportunidade de usar de embustes, são bem conhecidos do mundo, mas considerações mais prudentes impedem que nos estendamos sobre o assunto". A extensa petição continuava, louvando a longa experiência do governador na área, seu sucesso ao debelar uma insurreição incipiente numa colônia vizinha e ao promover diversas melhorias na cidade e no interior. Apesar dos esforços dos colonos, o governador Bentinck foi substituído por Hugh Lyle Carmichael. O novo governador garantiu a Wray proteção e assistência, e até mesmo prometeu comunicar ao príncipe regente qualquer sugestão para o incremento da religião na colônia.[92]

A atmosfera, entretanto, continuou tensa. Wray escreveu à LMS contando que um certo sr. Cuming, um fazendeiro que assinara a petição a favor do governador, dissera ao administrador que, se houvesse uma insurreição entre os escravos, isso aconteceria por causa dos missionários. Um outro havia declarado que todos seriam imediatamente mortos se os escravos tivessem licença para ir à capela à noite. "As pessoas estão falando desse modo todo dia à mesa e nas grandes festas", comentou Wray. "Os empregados escutam tudo o que os senhores dizem e contam para seus companheiros, e dessa maneira os brancos põem maldades nas cabeças desses negros, e se acontece uma insurreição, que espero em Deus nunca aconteça, os brancos não terão a quem culpar senão a si próprios."

Reconhecendo que as coisas não estavam resolvidas e que as reuniões noturnas continuavam a gerar muita controvérsia, o novo governador emitiu outra proclamação. Ele tentou ser diplomático, mas a diplomacia sempre falha quando se tem uma situação demasiadamente polarizada. Tentando agradar aos dois lados, Carmichael não agradou a nenhum. Começou dizendo que, uma vez que a primeira proclamação havia sido "ou impropriamente compreendida ou intencionalmente mal interpretada", ele considerara conveniente emitir uma explicação. Disse então que o único objeto e espírito da ordem do governo britânico era permitir e encorajar a instrução dos negros em religião e moral. Mas que por certo a intenção do governo era a de que os "cavalheiros" sob cuja "autoridade" estivessem os escravos tivessem a liberdade de escolher a hora mais adequada para essa instrução. Talvez o mais "adequado" fosse que isso ocorresse "de dia" e sob a "inspeção" de qualquer proprietário, procurador, administrador ou outra pessoa branca que optasse por assistir aos encontros.

Provavelmente tentando dirimir a suspeita que os colonos haviam demonstrado em relação a Wray e Davies, o governador acrescentou que esses missionários "não [eram] daquela seita geralmente denominada metodista". Eles eram "adequadamente qualificados e estavam empregados a serviço da Sociedade Missionária para a Propagação da Religião". Assegurava ainda ao público que os diretores da sociedade eram da "maior respeitabilidade" e que as instruções dadas aos missionários prevenia-os de que "não só não seria adequado, mas extremamente errado, insinuar qualquer coisa que pudesse tornar os negros descontentes com seu próprio estado de servidão ou conduzi-los a quaisquer medidas danosas aos interesses de seus senhores". Os princípios, os catecismos e o caráter desses "clérigos" tinham sido submetidos a uma investigação minuciosa e haviam sido aprovados pela Igreja Anglicana. As "ardorosas exortações desses preceptores, que já haviam sido úteis em muitas ocasiões para os negros desorientados, ignorantes da obediência e gratidão que deviam aos que os mantinham e alimentavam",[93] deveriam ser devidamente avaliadas.

A proclamação, no todo, era lisonjeira para os missionários da LMS, mas também tentava salvaguardar a autoridade dos senhores. Como era de se esperar, Davies lhe deu boa acolhida, enquanto Wray a recebeu com suspeita. Ele logo percebeu que as brechas existentes no documento poderiam criar-lhe problemas. E, de fato, tal como previra, na manhã seguinte à proclamação um fazendeiro informou seus escravos de que o governador proibira as reuniões noturnas. Embora estivesse disposto a dar aos escravos o passe para ir à capela, ele os proibiu de ir à casa de Wray a qualquer hora do dia ou da noite. Wray também ficou contrariado com as observações feitas pelo governador sobre os metodistas. Para ele, esses comentários desagradariam a muitas pessoas na metrópole e elas se voltariam contra a LMS.

Toda essa oposição fez com que Wray visse com pessimismo o futuro de sua missão. Para piorar as coisas, Van der Haas morreu e a viúva parecia estar mal de saúde. Wray temia que ela também morresse. O irmão de Van der Haas, o administrador, não era pessoa em quem pudesse confiar. O missionário estava cansado de ser constantemente hostilizado. Também estava cansado de viver com pouco dinheiro. Sua família estava crescendo e (na sua opinião) o apoio financeiro recebido da LMS e de Van der Haas não era suficiente para manter a ele e à missão, especialmente tendo em vista a recusa dos colonos em ajudá-lo. Em fevereiro de 1813, Wray escreveu aos diretores dizendo que não se encontraria um fazendeiro sequer na Costa Leste de Demerara que desse dez dobrões por ano para manter o Evangelho no país. "Os fazendeiros não têm vontade de apoiar o Evangelho. Eles teriam o poder se tivessem a vontade."[94] Então, até a sra. Van der Haas começou a se queixar de que ele estava ensinando os escravos a ler e lhe comunicou as reclamações dos vizinhos sobre as horas tardias dos cultos noturnos.

Quando por fim recebeu o convite para mudar-se para Berbice, em 1813, Wray estava pronto para ir. A oferta era muito atraente. Ele teria casa, empregados e trezentas libras por ano, e mais açúcar, rum, café, bananas, lenha etc. Ele pregaria aos escravos nas propriedades da Coroa (fora do alcance da perseguição dos colonos) e sua esposa manteria uma escola de "ofícios" para ensinar costura às meninas, que assim aprenderiam a consertar as próprias roupas.[95] Wray estava confiante de que encontraria maior apoio e simpatia em Berbice, e esperava que um outro missionário não tardasse a chegar à fazenda Le Resouvenir para substituí-lo.

4. Um devotado missionário

Quem quer que substituísse John Wray na fazenda Le Resouvenir teria de enfrentar uma situação até mais tensa do que a por ele encontrada em 1808. Apesar dos esforços deliberados do missionário no sentido de obter o apoio dos fazendeiros e converter os escravos em pessoas obedientes, disciplinadas e trabalhadoras, o efeito real de seu esforço havia sido o de intensificar os conflitos que lançavam os escravos contra os senhores. Ele se havia incompatibilizado com fazendeiros, administradores e autoridades locais, e os tornara ainda menos dispostos a aceitar em seu meio os missionários evangélicos. Ao procurar e obter o apoio do governo britânico para sua missão sempre que encontrara séria oposição dos colonos, Wray também aprofundara o abismo que os separava da metrópole. As disputas com outros companheiros missionários dividiram a comunidade religiosa, tornando-a ainda mais vulnerável aos ataques dos inimigos.

Imbuído de noções de controle social típicas de uma sociedade de trabalhadores livres, Wray muitas vezes violara rituais e etiquetas essenciais à manutenção das relações entre senhores e escravos. Ultrapassara os limites de classe e raça, e ameaçara o poder e a autoridade dos senhores. Ao mesmo tempo, ao enfatizar o direito que os escravos tinham de ler a Bíblia e assistir aos serviços religiosos, ao ensiná-los que era pecado trabalhar aos domingos, ao pregar contra o adultério, ao encorajá-los a recorrer às autoridades em caso de conflito sério com os administradores — em suma, ao tentar implementar suas ideias de uma vida cristã —, Wray dera aos escravos novos motivos para contestação, novos pretextos para resistência. Na capela, eles encontraram a confirmação de sua humanidade e eram constantemente lembrados da igualdade de todos — pretos e brancos, senhores e escravos — diante de Deus. Ali também criaram novos laços de solidariedade. Nessas circunstâncias, pregar aos escravos tornara-se tarefa ainda mais difícil e arriscada.

Depois que Wray se mudou para Berbice, continuou a insistir que a London Missionary Society enviasse um missionário para a Le Resouvenir. Mas não foi menos insistente ao pedir que os diretores tivessem muito cuidado em escolher o tipo certo de homem. Em 1815, sabedor de que estavam cogitando um nome para ocupar a missão, Wray os preveniu de que havia uma grande diferença entre conversas na Inglaterra sobre o que era ser missionário e realmente trabalhar entre os escravos. "É algo muito difícil ganhar a confiança de ambos, senhor e escravo, e especialmente difícil quando um missionário tem de morar numa fazenda. É também muito importante para a colônia; um passo em falso no meio dos escravos pode custar as vidas de centenas de colonos [...]. Uma grande dose de sabedoria, prudência, paciência, perseverança e frieza diante do desprezo e da zombaria é necessária para se viver entre os escravos."[1] Em janeiro de 1816, Wray escreveu novamente, lamentando a dificuldade que os diretores estavam tendo para encontrar uma pessoa adequada para substituí-lo. Mais uma vez insistiu em recomendar cautela e, com sua sensibilidade característica para questões de classe e raça, observou que ao selecionar o missionário não deveriam esquecer que ele teria de pregar tanto aos brancos quanto aos negros. Seria impossível fechar a capela aos brancos — eles não tardariam a dizer que os missionários estavam conspirando com os escravos. E se um pregador não conseguisse dirigir-se aos brancos com "uma certa propriedade", eles simplesmente o ridicularizariam e espalhariam histórias desfavoráveis. Seja como for, era "benéfico que as pessoas brancas ouvissem as exortações aos escravos", pois assim talvez deixassem de lado seus preconceitos em relação aos missionários.[2] Mas o tempo passou, nenhum missionário chegou e os escravos da Costa Leste permaneceram sem instrução religiosa. Os diretores da LMS ofereceram o posto a diversos alunos do Seminário de Gosport, uma instituição patrocinada pela sociedade e dedicada ao treinamento dos candidatos que aspiravam à carreira de missionário. Mas todos os que foram selecionados pelos diretores para Demerara acabaram não indo por uma ou outra razão. Assim, foi por pura obra do acaso que John Smith chegou a Demerara.

Em janeiro de 1816, John Smith, estudante em Gosport, dirigiu-se à LMS oferecendo-se "para pregar o Evangelho entre os gentios". Ele era um jovem de Coventry, marceneiro de profissão, um homem de poucos recursos. Sob o patrocínio da Hampshire Association, fora admitido no seminário de Gosport apenas seis meses antes para ser treinado como pregador itinerante. Como referência dera o nome do reverendo John Angell James, de Birmingham, de cuja capela fora membro. Depois de terem recebido a solicitação de Smith, os diretores recomendaram que o comitê de exames investigasse se o candidato estava capacitado para ser enviado imediatamente para a fazenda Le Resouvenir.[3] O comitê contatou James (aparentemente sem dizer para onde estavam pensando em mandar o jovem candidato). Este respondeu com uma carta abonadora. Assim, numa reunião em 29 de janeiro, o conselho de diretores decidiu que John Smith fosse mandado para Demerara assim que se conseguisse reunir o equipamento e providenciar a passagem.

Quando James soube dessa decisão, ficou chocado. Escreveu de imediato à sociedade, declarando que seu "jovem amigo" não estava realmente qualificado para um posto tão difícil. Quaisquer que fossem os talentos de Smith, explicou James, "eles ainda estavam em botão, [...] mandá-lo no estado de espírito atual será como colher as flores para os pagãos em vez de esperar pela fruta madura". As objeções de James foram ainda mais longe, chegando a questionar se um homem da classe social e com o treinamento de Smith, um homem "das condições mais humildes", poderia ganhar a confiança dos fazendeiros de Demerara. Essas advertências faziam lembrar as palavras de Wray. Embora os dois homens vivessem a milhares de quilômetros de distância e talvez nunca tivessem se encontrado, ambos possuíam uma grande sensibilidade para os rituais de classe e de raça. A LMS poderia supor, continuou a argumentar James, que um homem como Smith estivesse perfeitamente qualificado para ensinar os "pobres negros". Mas ele só poderia ser bem-sucedido nessa empreitada com o consentimento dos fazendeiros, e perante esses homens Smith pareceria "totalmente despreparado".[4] Como os diretores persistissem, James escreveu novamente, dessa vez até com mais veemência, e com uma referência específica à situação profundamente perigosa para onde estavam conduzindo Smith. O reverendo levantou a questão crucial: Seria Smith capaz de garantir o "patronato" dos "brancos" em Demerara?

> Quem quer que vá a Demerara deve ir como um reparador de brechas — um restaurador das trilhas onde pisar. Para fazer isso, é necessário que ele seja não só um homem de paz, mas um homem de influência pessoal. Nenhum outro será provavelmente respeitado pelos missionários já enviados para lá. Nenhum outro será capaz de reparar o mal que a imprudência e a imbecilidade já ocasionaram naquela parte do mundo. A causa missionária está nesse momento à beira de um precipício em Demerara, e os senhores querem um homem tanto de grande sabedoria quanto de muita delicadeza para tirá-la dali. O sr. Smith, no que diz respeito a homens e coisas, é um total noviço. Sua timidez, resultado necessário de uma educação deficiente e um temperamento modesto, torna-o inadequado [...] Não haverá no seminário outros alunos mais bem-dotados do que ele?[5]

A carta de James deve ter convencido os diretores; pois, por um certo tempo, não se falou na LMS em mandar John Smith para Demerara.[6]

Depois da carta de Smith candidatando-se ao posto, seguiu-se outra na qual ele falava sobre si próprio e de sua vocação religiosa. O autorretrato do jovem era convencional e carregado de clichês.[7] Assemelhava-se muito às autobiografias publicadas na *Evangelical Magazine*. Como muitos outros, ele nascera de pais ateus e não usufruíra "as vantagens de uma educação religiosa [...] portanto, nada para se contrapor à influência maléfica de um mundo cruel" até completar onze anos, quando recebeu alguma instrução na escola dominical. Quando jovem, "as gratificações mundanas" haviam se tornado o objeto de sua busca até que a providência de Deus por fim o resgatara. Daí em diante, seus medos desapareceram e ele começara a "ter algumas percepções de toda a capacidade de Cristo para salvar incondicionalmente todos os que chegavam a Deus por intermédio dele". Ele havia então decidido abandonar suas companhias mundanas e juntar-se à congregação da capela de Tonbridge.

John Smith nascera no interior da Inglaterra, provavelmente em 1792.[8] Sua família era uma das muitas de recursos modestos que migraram para os centros urbanos durante as últimas décadas do século XVIII. O pai morrera quando ele ainda era jovem (alguns biógrafos informam que o falecimento ocorreu no Egito, durante as Guerras Napoleônicas) e ele e sua mãe ficaram sós. No início da vida, como muitas outras crianças das camadas mais pobres de seu tempo, frequentou a escola dominical e, aos catorze anos, foi aprendiz de um comerciante em Londres, um tal sr. Davies, na St. John's Lane, em Clerkenwell, com quem continuou a se corresponder mesmo depois de ter ido para Demerara.

Embora sua família não fosse religiosa, Smith, como muitos jovens trabalhadores da época, foi atraído pelo cristianismo evangélico. Aos dezessete anos, começou a frequentar igrejas para ouvir diferentes pregadores. No ano seguinte, foi acometido de varíola e, diante da morte, converteu-se. Aos dezenove anos, foi admitido como membro da capela de Tonbridge (em Sommer's Town) e tornou-se professor da escola dominical. Nessa época já vinha cultivando a ideia de se tornar missionário e começou a ler tudo o que podia sobre o tema.[9] Quando terminou seu aprendizado em 1813, candidatou-se ao posto junto à LMS.[10] O que fez durante os dois anos entre essa primeira solicitação e a segunda em 1816 não está suficientemente esclarecido. É possível que tenha continuado a ensinar na escola dominical da capela de Tonbridge. Mas há alguns indícios de que se tenha tornado pregador itinerante e, como tal, tenha ido a Liverpool, Birmingham e Gosport.[11] Quando candidatou-se novamente e foi aceito, a LMS pôs Smith e um homem chamado Mercer (que depois se juntaria a Smith em Demerara) sob a tutela do reverendo Samuel Newton, de Witham, em Essex.[12] Sob a orientação de Newton, Smith receberia o treinamento que o faria missionário, ao mesmo tempo em que atuava como pregador itinerante nas cidades vizinhas.[13]

Smith aprendeu gramática inglesa, geografia e teologia. Era bom aluno e logo mereceu os elogios de Newton pelos resultados alcançados. Em 15 de julho de 1816, o jovem pregador apresentou-se ao comitê de exames da LMS e expressou seu interesse em ir para a África. Mas disseram-lhe para voltar a Essex e continuar os estudos. Nesse ínterim, o secretário-assistente da sociedade escreveu a Newton informando que não tencionavam mandar Smith para nenhuma parte do mundo onde as "línguas cultas" fossem necessárias, portanto ele deveria se ater a dar ao pupilo "visões bíblicas e ampliadas da Verdade Divina" e aperfeiçoar no jovem a capacidade de comunicar o que pensava e sabia aos outros.

John Smith permaneceu em Essex alguns meses mais. Em outubro, soli-

176

citou que sua candidatura ao posto em Demerara fosse examinada. A sociedade ainda não substituíra Wray na fazenda Le Resouvenir e, assim, atendeu ao pedido de Smith. Seu destino estava marcado. Ele seria missionário entre os escravos. Tão logo foi informado da decisão, o jovem pregador escreveu aos diretores expressando seu desejo de unir-se a "uma mulher zelosa e trabalhadora que fosse uma companhia adequada [...], propensa a promover a causa de Cristo". Acreditava já tê-la encontrado. Ele a conhecia havia mais ou menos um ano e meio, mas ainda não lhe revelara suas intenções. A moça também era membro da capela de Tonbridge e estivera ativamente engajada no trabalho da escola dominical. Smith acreditava que os diáconos de Tonbridge pudessem responder a qualquer "inquérito" sobre ela.[14] Não demorou muito e Jane Godden, uma jovem de 22 anos, compareceu para ser examinada pelos diretores, que a consideraram uma esposa adequada para John Smith. Pouco se sabe de Jane Godden exceto que era igualmente de família pobre, ensinara na escola dominical e estava disposta a enfrentar o risco de fazer sua vida num país estranho como esposa de um missionário recém-ordenado.

John Smith foi ordenado em 12 de dezembro de 1816, na capela de Tonbridge, e poucos dias depois ele e sua mulher estavam a bordo do *William Nielson* a caminho de Demerara. Como centenas de outros jovens casais de missionários, eles levavam uma bagagem repleta de sonhos. Se tivessem aprendido bem as lições da escola dominical e lido atentamente a *Evangelical Magazine,* suas cabeças deveriam estar cheias de resoluções, normas e advertências. Seriedade, compostura, frugalidade, resistência, temperança, perseverança, independência, moderação — eram as qualidades a serem cultivadas. Não brigue a menos que seja a chamado da Providência. Não se enfureça por coisas que não sejam realmente pecaminosas. Evite toda leviandade. Nunca busque a vanglória e o aplauso dos homens.[15] Essas normas e precauções eram típicas do código ético pregado em todo tratado evangélico e em toda escola dominical. Para os pobres, como John e Jane Smith, esse código era muitas vezes o único trunfo de que dispunham para ser bem-sucedidos no mundo. Nele estava implícita a promessa de que, se o obedecessem, poderiam evitar a pobreza e a degradação, e ganhar um lugar não só no Reino dos Céus como também no reino dos homens. Portanto, não era de surpreender que eles se apegassem a essas noções com a premência e o compromisso de pessoas para quem de outra forma haveria pouca esperança.

Armados com suas convicções e fórmulas, Jane e John Smith estavam preparados para viver vidas exemplares e prontos até para o martírio, se necessário.[16] A lição nas páginas da *Evangelical Magazine* era clara: "Um missionário é um mártir, o mais nobre dos mártires, pois ele corteja aquele martírio do qual outros foram vítimas; e não duvidamos de que o efeito moral de tal exemplo, tanto na igreja quanto no mundo, será maior do que o de quinhentos sermões".[17] A recompensa do mártir era a infinita proteção de Deus. "Nenhuma arma contra vós prosperará e toda língua que se erguer em julgamento contra vós será por Mim condenada." A lição era clara. O jovem casal de missionários podia esperar que, apesar de as dificuldades serem muitas, Deus os conduziria a salvo por todas elas. Deus proveria a subsistência de seus corpos e almas.[18] Eles teriam de viver modestamente e sofrer pela religião, mas seus esforços não seriam em vão. Essa era a promessa da *Evangelical Magazine:* "Não podemos prometer a riqueza como recompensa. Como o seu Senhor, vocês serão pobres. Não cabe a nós conferir honras e distinções mundanas; é possível que vocês sejam desprezados e condenados por causa do seu trabalho. Vocês não devem esperar prazeres terrenos. É possível que sejam chamados a sofrer pela causa de Cristo. Mas podemos lhes prometer a afeição e a estima de irmãos e amigos [...]. Todo missionário que é fiel até a morte receberá uma coroa de glória que não se esvanece". Haveria algo melhor para se esperar?[19]

Viver pobremente era algo que nem Jane nem John Smith temiam. Para ambos, ir para Demerara sob o patrocínio da LMS era trocar as incertezas da vida em Londres pelas incertezas da vida numa outra parte do mundo. Mas, enquanto missionários em Demerara, eles poderiam esperar a proteção da LMS. O trabalho de ambos como missionários ao menos os protegeria da imprevisibilidade do mercado de trabalho na Inglaterra. Ademais, o que poderia ser mais compensador para aqueles que enfrentaram pobreza e humilhação do que fazer parte de uma comunidade de homens e mulheres que tinham como missão pregar o Evangelho para os "gentios", resgatá-los da "degradação" em que viviam, salvar as almas da danação? O que poderia ser mais significativo do que "uma coroa de glória que não se esvanece"? Para o Novo Mundo eles levariam suas noções sobre a dignidade do homem e a igualdade perante a lei, sua crença nos efeitos redentores da educação e da religião, sua convicção de que toda a verdade procedia de Deus. Eles levariam para um mundo de senhores e escravos sua esperança de que as "liberdades britânicas" e as noções britânicas de justiça e equidade fossem estendidas a todos os povos. Acima de tudo, levariam uma convicção profunda de que estavam a serviço de Deus e que qualquer um que se lhes opusesse estaria servindo aos propósitos de Satanás.

As instruções que a LMS deu a Smith se assemelhavam a todas as que eram distribuídas aos missionários destinados ao Caribe. Eram normas diretas, mas cheias de advertências. Smith deve tê-las lido e relido com um misto de esperança e ansiedade:

> Você agora está indo, caro irmão, como ministro de Cristo, anunciar o Evangelho aos negros. Lembre-se sempre de que *eles* são o primeiro e principal objeto de sua atenção como ministro; todas as energias de sua mente devem estar direcionadas para sua conversão e edificação. Sem dúvida você também terá oportunidade de pregar a palavra aos brancos; e nós queremos que isso seja feito com fidelidade, prudência e afeição [...]. Todavia, lembre-se de que, como esta sociedade tem como finalidade espalhar o Evangelho entre os gentios e outras nações não esclarecidas, o seu primeiro, principal e constante trabalho é com os pobres negros. Não é necessário dizer que eles são deploravelmente ignorantes (você provavelmente os veja como meros bebês em compreensão e saber), e que você deve ensiná-los como ensinaria crianças. Discursos que possam ser bem compreendidos numa congregação rural na Inglaterra talvez sejam ininteligíveis para eles. Você deve estudar para exibir a grandiosa mensagem do Evangelho da maneira mais simples, empregando uma linguagem corriqueira e fácil. Conversando com eles em particular, você descobrirá as ideias e palavras que eles melhor compreendam [...]. Comparações, bem escolhidas, podem ser muito úteis. Que sejam alusões familiares ao que eles compreendem bem; mas, em sendo familiares, que não sejam rudes ou vulgares a ponto de degradar as verdades divinas que se destinam a ilustrar [...]. Os diretores há muito são de opinião de que os negros provavelmente extraem benefícios muito maiores do catecismo acompanhado de uma conversa íntima do que de sermões formais, embora de modo algum os menosprezem; e sem dúvida muitos a quem você não pode ter acesso privadamente ouvirão seus sermões. Ainda assim, deve trabalhar diária e diligentemente, visitá-los de casebre em casebre e recebê-los em ocasiões determinadas, especialmente à noite, em sua própria casa (talvez um grupo de cada vez) e repetir, sem esmorecer, cada verdade importante do Evangelho [...], quer como doutrina, quer como prática, as quais, bem aprendidas, serão mais úteis do que uma centena de discursos.[20]

Os diretores preveniram Smith de que talvez se deparasse com dificuldades peculiares às colônias onde havia escravidão: os senhores se mostrariam desconfiados e inamistosos diante da ideia de que os escravos recebessem ensinamentos, pois temiam que com isso a paz e a segurança pública fossem ameaçadas. "Você deve tomar o maior cuidado para evitar a possibilidade desse mal. Não pode deixar escapar, seja em público, seja em particular, uma palavra sequer que possa tornar os escravos agastados com seus senhores, ou insatisfeitos com as condições em que vivem." As instruções também traziam recomendações para Jane. "Os diretores esperam que a sra. Smith venha a se considerar não apenas a esposa de um missionário, mas uma missionária", a quem serão confiadas as escravas e as crianças. Ela deveria "ensinar as mães negras a educar seus filhos no temor de Deus" e alertar as meninas sobre as "tentações" então reinantes na colônia.

As instruções eram bastante claras. O que não estava claro era se John Smith, ou qualquer outro, poderia pôr em prática os ideais apresentados. Seria possível pregar aos escravos de acordo com as instruções preconizadas e ainda assim evitar a irritação dos senhores? E, caso agradasse aos senhores, seria possível manter a confiança dos escravos? Poderia ele ter êxito onde John Wray falhara?

Com o zelo do recém-convertido e a determinação e as ilusões de um artesão que — graças aos próprios esforços — tinha conseguido escapar das incertezas do mercado de trabalho e talhado para si uma posição modesta, mas relativamente protegida como missionário, Smith abraçou a ideologia do pequeno produtor independente (em outras palavras: a ideologia da pequena burguesia), que prometia recompensas aos que cultivassem a disciplina e a autoconfiança, trabalhassem com afinco e poupassem dinheiro. Todavia, sua experiência de pobreza e privação ainda estava muito próxima para ser simplesmente esquecida. Essa experiência o ensinara a odiar arbitrariedades e imposições de qualquer espécie, e desenvolvera nele uma sensibilidade aguda à injustiça e à iniquidade, que avaliava segundo o padrão que a ideologia do pequeno produtor lhe fornecia.

Homem de origem modesta que chegara a missionário, Smith não podia sentir senão um imenso orgulho. Afinal, esse feito demandara esforço e autodisciplina consideráveis. Não é pois de espantar que exigisse dos outros o que sempre exigira de si próprio. Tal tendência só poderia ser reforçada por sua devoção. Como sua religião o ensinara a examinar-se constantemente à espreita do pecado e a suprimi-lo severamente, ele também era vigilante e severo com os demais. Orgulho, severidade, preocupação exagerada com a autonomia pessoal, um senso de equidade exacerbado, uma obsessão com o pecado — essas não eram características que o ajudariam a se acomodar a uma sociedade na qual o trabalho compulsório, a dependência pessoal e a arbitrariedade eram a norma.

A LMS avisara Smith dos obstáculos que enfrentaria na colônia. O que ele não sabia era que o haviam encarregado de uma missão impossível. Como o tempo revelaria, algumas dessas dificuldades adviriam de seus próprios valores, de sua aversão à escravatura, seu comprometimento com a abolição, sua profunda devoção e suas convicções religiosas, bem como de seu forte senso de missão. Outras viriam de traços de personalidade — alguns dos quais explicavam sua transição bem-sucedida de artesão a missionário — a persistência, a intensidade, o comprometimento quase obsessivo com qualquer coisa que fizesse, o fervor com que se devotava ao trabalho e sua natureza inquebrantável. Mas os maiores conflitos provinham de uma incompatibilidade fundamental entre seu protestantismo evangélico e o compromisso com a ideologia pequeno-burguesa, de um lado, e as realidades da vida diária numa sociedade escravista, de outro. Ele repetiria passo a passo a experiência de Wray, mas em condições menos favoráveis, pois ambos os lados haviam se tornado cada vez mais radicais. Smith foi apanhado em meio à luta entre os colonos e a metrópole; entre aqueles que queriam criar um mundo de trabalhadores livres e os que se agarravam à escravidão; entre homens como ele próprio e Wray, que queriam estender a educação a todos, e aqueles que, como o governador Murray, consideravam a educação um privilégio dos ricos e bem-nascidos; entre aqueles que acreditavam que todos os homens deveriam ser iguais perante a lei e os que acreditavam que alguns tinham mais direitos do que outros. E, como Wray, Smith seria constantemente instado a tomar partido na luta entre senhores e escravos, uma luta que só cessaria com o fim da escravidão.

Antes de chegar a Demerara, Smith já estava preparado para ver os fazendeiros como pecadores e ateus e os escravos como vítimas desamparadas e inocentes. Esse, afinal, fora um dos temas centrais da campanha antiescravista por muitas décadas. Para Smith, como para centenas de homens e mulheres da classe operária que assinaram petições antiescravistas, a retórica dos abolicionistas tinha um forte apelo.[21] No ano anterior à partida de Smith, a campanha abolicionista atingira o apogeu. O Tratado Anglo-Francês de Paris, de 1814, permitindo à França reabrir o tráfico de escravos por cinco anos, provocou uma enxurrada de petições de toda a Inglaterra. As organizações abolicionistas montaram uma oposição vociferante à ratificação do tratado. Em dois meses, o Parlamento recebeu quase oitocentas petições (com um milhão e meio de nomes) denunciando as cláusulas relevantes do tratado de Paris.[22] Escravidão e abolição foram amplamente discutidas na imprensa. A campanha de 1814-15 culminou com debates sobre a moção de Wilberforce, cujo objetivo era criar um sistema de registro de escravos que permitisse ao governo monitorar o padrão de nascimentos e mortes e garantir que não houvesse escravos contrabandeados nas colônias britânicas.[23]

Desde a abolição do tráfico de escravos, a emancipação estava envolvida numa aura de respeitabilidade. Membros da nobreza e figuras importantes da Igreja Anglicana apoiavam-na. O antiescravismo também passara a ser usado por diferentes políticos como pretexto para mobilizar apoio público. Acima de tudo, a emancipação encontrara grande número de adeptos entre os grupos evangélicos, que usavam suas conexões com muita eficiência para fazer campanhas primeiro em favor da melhoria das condições de vida dos escravos e, depois, pela emancipação. A retórica dos abolicionistas era particularmente atraente para os artesãos e operários britânicos, para quem palavras como exploração da mão de obra, opressão e iniquidade tinham um significado especial, nesse estágio inicial da industrialização, um tempo de deslocamentos sociais profundos e de mobilização radical, quando os ventos da revolução insuflavam o ressentimento dos pobres e despossuídos. As ideias antiescravistas haviam se espalhado entre os homens e mulheres do povo que ou seguiam os reformadores seculares que falavam a linguagem dos direitos universais dos homens, ou frequentavam as congregações dissidentes e se tornavam membros de sociedades para o aperfeiçoamento moral e do saber.

Na qualidade de antigo artesão-aprendiz e missionário evangélico, Smith fora particularmente suscetível à campanha antiescravista, que produzira os mais inspirados discursos do Parlamento, enchera as páginas dos jornais e gerara numerosas petições. O discurso abolicionista propiciou-lhe um código segundo o qual avaliava sua experiência na sociedade escravista de Demerara. Esse discurso legitimava a hostilidade contra a opressão e a arbitrariedade. E também fazia com que ele visse capricho e injustiça onde outros viam necessidade, e história onde outros viam natureza. Não surpreende que ele encontrasse em sua vida diária a confirmação do retrato da escravidão feito pelos abolicionistas. A arbitrariedade dos administradores e proprietários de escravos, os abusos das autoridades coloniais, a violência do sistema escravista, a imoralidade dos colonos e seu desprezo pelo cristianismo — tudo seria exibido vividamente diante dos olhos do missionário.

Os colonos, por sua vez, também estavam preparados para vê-lo como inimigo. Durante o ano anterior à chegada de Smith, todos os preconceitos tradicionais dos colonos contra os missionários evangélicos haviam recebido um novo impulso. Circulavam rumores sobre uma revolta de escravos em Barbados que resultara na queima de quase 20% da plantação de cana da ilha e em cerca de mil escravos mortos em batalha e executados por decisão da corte marcial. Durante muitos meses correu o boato de que os "metodistas" haviam sido os responsáveis pela rebelião — até que se provou que Barbados não abrigava missionários havia mais de dezessete meses. Os colonos então culparam Wilberforce, a African Institution, os debates sobre o "Registry Bill" e a campanha pela emancipação, argumentando que a controvérsia em torno dessas questões havia disseminado o espírito de rebelião entre os escravos.[24] A desconfiança com que Smith se aproximou dos colonos, e com a qual eles por sua vez o aguardavam, não era um bom presságio para a missão.

A bordo do *William Nielson*, Smith esperava com ansiedade o momento da chegada a Demerara. Um ano depois, ele se recordaria dos "temores" que perseguiram o casal durante a travessia, "quando tudo era terror e alarme pela nossa segurança". Mas ele estava grato, pois "Ele que tem os ventos no oco da Sua mão e a cuja voz as ondas obedecem" sustentara a esperança dos dois e a embarcação onde estavam, e os levara a salvo para Demerara.[25]

A viagem durou muitas semanas. Havia dias de calmaria quando a brisa esmorecia, o mar amainava um pouco e apenas se ouvia um marulhar fraco contra o casco. Naqueles dias, em que o oceano parecia vidro brilhando ao sol, os Smith podiam sair de sua pequena cabine e andar pelo convés. Às vezes se divertiam vendo os golfinhos brincar à volta do barco. Nas noites calmas, podiam observar as estrelas cadentes ou a lua surgindo do oceano. À medida que a travessia avançava, era possível ver a estrela Polar afundar-se nas profundezas atrás do navio. Mas havia dias em que tudo parecia ameaçador, em que o jovem casal via com apreensão as nuvens se juntando no horizonte, o barco balançava e rangia como nunca fizera, lutando contra as ondas, e ouviam-se os gritos do capitão e os berros dos marinheiros. Esses eram dias realmente aflitivos e aterrorizantes: um mar e um céu escuros, ventos uivando e os mastros gemendo, enquanto as ondas arrebentavam contra o madeirame frágil do navio. Em dias assim eles se perguntavam se sobreviveriam, e a única esperança que lhes restava era rezar e esperar que o Senhor fosse misericordioso e os guiasse a salvo ao porto de destino.

Por fim, em 23 de fevereiro, depois de um trecho difícil da travessia, viu-se terra pela primeira vez em mais de oito semanas. A água azul-escuro deu lugar a águas pardas e lamacentas. A princípio, só se podia ver uma faixa estreita e baixa de terra coberta de mata espessa e, por todo lado, nuvens de pássaros. A praia parecia coberta de lama, com pequenos intervalos de areia. Uma brisa fresca empurrou o *William Nielson* para dentro do estuário de mais de sete quilômetros de largura, e a embarcação atravessou o canal que cortava o longo e lamacento banco de areia que quase bloqueava a entrada do rio Demerara. Os passageiros não tardariam a ver grandes mansões pintadas de branco, com telhados vermelhos, e aglomerados de casinholas, tudo cercado de palmeiras (*Area oleracea Jacq.*) e palmitais. Barcos de todo tipo e tamanho bordejavam rio acima e rio abaixo, a maioria deles com tripulações de negros e mulatos seminus que cantavam estranhas canções.[26] Em seguida, na margem direita, guarnecida de centenas de mastros de navios mercantes, escunas e chalupas ancorados, eles vislumbraram Georgetown.

Após viagem tão longa, tudo deve ter-lhes parecido agradável, até os armazéns e o cais, o sol inclemente e os bandos ruidosos de negros, os quais os dois viam pela primeira vez. O contraste com o país que tinham deixado para trás num dia frio e cinzento de inverno não poderia ser maior. Mas não havia tempo para espanto ou deleite. Elliot e Davies, os dois outros missionários da lms servindo em Demerara, tinham ido ao porto para recebê-los. O futuro apresentava-se cheio de promessa e esperança.

A rua principal de Georgetown estava coalhada de negros a pé e brancos em cabriolés ou a cavalo. Os negros em sua maioria usavam apenas um pano enrolado abaixo da cintura e muitas mulheres não vestiam nada além de um saiote atado nos quadris que mal chegava até os joelhos, deixando os seios à mostra. Alguns homens usavam casacos e calças de algodão, e outras tantas mulheres vestiam roupas de algodão estampado, às vezes de musselina branca, e na cabeça usavam lenços de listras coloridas, enrolados como turbantes. A rua suja por onde passavam os aturdidos missionários lhes parecia interminavelmente comprida. De ambos os lados viam-se belas moradias, com pátios fechados onde havia árvores de sombra e moitas floridas. Eram espirradeiras, hibiscos, laranjeiras e limoeiros, bananeiras e palmeiras. As casas eram construídas em madeira com base de tijolo. Venezianas protegiam as janelas. No meio da rua havia um canal ladeado de árvores pequeninas e, a intervalos regulares, cortado de pontes. A cena era alegre e pitoresca.

À beira da água ficavam os armazéns de Robb Stelling, Donald Edmonstone and Co., e muitos outros. Bem mais para o fim da rua havia um prédio grande, velho, parecendo um celeiro, onde se efetuavam os negócios do governo e ficavam os escritórios dos funcionários. Perto de uma ponte de madeira sobre o canal, havia a loja de McInroy, Sandbach and Co., uma das casas de comércio mais influentes de Demerara.[27] A cidade havia sido traçada com lotes de trinta metros por sessenta, mas muitos tinham sido desde então divididos pela metade ou um quarto do tamanho inicial, e ali os prédios se amontoavam.

Domingo era o dia em que muitos escravos iam à cidade vender os produtos de suas hortas. No mercado, os escravos das fazendas próximas vendiam frutas, legumes, aves e ovos, e os vendedores ambulantes da cidade ofereciam em suas barracas carne salgada, carne de porco, peixe, pão, queijo, cachimbos, fumo e muitos outros artigos de fabricação europeia. A maioria dos ambulantes eram mulheres livres de cor que compravam as mercadorias dos comerciantes, com dois ou três meses de crédito, e depois as vendiam a varejo.

A pouco mais de um quilômetro e meio de Georgetown, e a ela ligada por uma excelente estrada para carruagens, ficava Kingston, uma cidadezinha de casas boas e bem cuidadas, também pintadas de branco. Situada na foz do rio, Kingston possuía uma bela vista e estava aberta às brisas do mar. Um pouco mais adiante havia dois outros vilarejos, Labourgade e Cumingsburg, os mais elegantes de todos, onde moravam os ricos. Entre Georgetown e Labourgade havia Bridge Town, onde viviam os pretos livres e os ambulantes mulatos, e New Town, lugar das grandes lojas de atacado e varejo, e dos ourives, relojoeiros, chapeleiros, boticários, charuteiros e outros pequenos comerciantes. Em New Town havia um grande cais que pertencia aos comerciantes, chamado "the American Stelling" [o nicho americano], onde as pequenas embarcações eram carregadas e descarregadas. Por todo lado havia canais, cais e armazéns. Georgetown e os distritos vizinhos davam a impressão de uma atividade comercial intensa.

O casal Smith passou a primeira noite em Demerara com os Davies, antes de se dirigir à fazenda Le Resouvenir. No dia seguinte, eles visitaram Van Cooten, o procurador da fazenda (já que a proprietária, a sra. Van der Haas, estava na Holanda). Smith entregou a carta de apresentação da LMS e o procurador lhe deu as boas-vindas, garantindo-lhe o mesmo auxílio dado a Wray conforme o testamento de Post — 1200 florins (cerca de cem libras). Smith ficou satisfeito. Mas, quando chegou à Le Resouvenir, a alegria e o entusiasmo cederam lugar à tristeza e ao desapontamento. Tanto a capela quanto a casa estavam em péssimo estado. Depois da saída de Elliot, os escravos apropriaram-se da madeira para consertar seus casebres. Smith teria de comprar madeira e contratar um carpinteiro para fazer os reparos. A casa não tinha quintal, apenas um pequeno pedaço de terra onde os escravos mantinham suas aves (ele achou que não seria prudente expulsá-los). Não havia móveis, de modo que precisou comprar muitas coisas na cidade. Mas primeiramente ele precisava aprender a usar a moeda local. O que não era fácil, pois circulavam livremente em Demerara moedas de diversos países. A moeda de menor valor em circulação era a de 5d., ou um *bit* (1/4 de um florim), e a maior a de 5s., ou três florins. Dezesseis *pence* equivaliam a um *stiver* (1d. esterlino, ou 1/20 de um florim), cinco *stivers*, a um *bit* (5d.). Vinte *stivers*, ou quatro *bits*, equivaliam a um florim (20d.) e doze florins a 20s. Mas também havia outras moedas, como o dólar, que representava 5s. cada um; moedas portuguesas chamadas ducados, cada uma equivalente a 9s., e ainda *johannes*, ou *joes* (dobrões), que equivaliam a 36s.[28] Smith teve de traduzir todas essas diferentes moedas em libras, xelins e *pence*. Logo ficou bastante claro que tudo era muito caro. Smith pediu um adiantamento de cem libras à LMS para pagar em três meses. Desculpou-se à sociedade por gastar uma quantia tão grande e explicou que tudo na colônia era extravagantemente caro: "Trinta libras na Inglaterra equivaleriam a cem em Demerara".[29]

Mais dificuldades e desapontamentos os esperavam. Quando Elliot o apresentou ao governador, John Smith foi recebido com o que lhe pareceu uma fria acolhida. O governador anunciou que não permitiria que pregasse sem uma licença — que Smith não tinha — e advertiu-o que nunca ensinasse um negro sequer a ler. "Fui informado", Smith relatou à LMS, "de que os fazendeiros não permitirão que se ensine os negros a ler, sob pena de banimento da colônia. Há aqui milhares de pessoas sedentas da palavra de Deus; posso ver claramente o efeito desastroso que disputas passadas tiveram sobre negros e brancos. Que o Deus da paz restaure e preserve a paz."[30]

A recepção fria do governador foi compensada pela acolhida calorosa que os escravos deram a Smith. Em 7 de março, ele avisou a alguns negros que faria uma prédica naquela noite. Indagou quem havia sido sacristão na época de Wray e um homem aproximou-se, acendeu as velas e tocou o sino. Logo surgiram muitos outros para saudá-lo. Às sete e meia, Smith entrou na capela e, para sua surpresa, ali encontrou cerca de quatrocentas pessoas. Dois dias depois, no domingo, a capela mais uma vez quase lotou, apesar da manhã chuvosa. Depois do ofício, ele ensinou o catecismo e à noite pregou de novo para uma grande congregação. Smith ficou muito satisfeito com a aparência das pessoas: as mulheres estavam "em sua maioria vestidas de branco, com um lenço branco ou colorido enrolado na cabeça como turbante" e quase todas descalças; os homens, de calça e casaco branco ou azul.

Alguns dias depois da primeira prédica de Smith, Wray foi visitá-lo. Nem bem se passaram cinco minutos da visita, a sala da casa do missionário se encheu de escravos que tinham ido cumprimentar Wray. No dia seguinte, os dois missionários pregaram, e a capela ficou de tal maneira lotada que muitos não puderam entrar. Smith estava muito feliz, mas esse sentimento não duraria. Wray decidiu fazer uma visita a Van der Haas, o administrador, porém não o encontrou. Ao voltar à casa de Smith, no entanto, recebeu um bilhete ameaçador do administrador. Nele o homem dizia que escorraçaria o missionário caso voltasse a visitá-lo. Uma hostilidade tão flagrante contra Wray poderia facilmente voltar-se contra Smith. Este ouviu dizer que alguns dos administradores da vizinhança iam à capela disfarçados para ver se ele tentava "fazer com que os escravos ficassem insatisfeitos com as condições em que viviam". A licença começou a preocupá-lo. Esta não lhe tinha sido concedida e ele sabia que muitos brancos dos arredores odiavam a religião e todos os que a pregavam, portanto só poderiam ficar muito satisfeitos de ver o governador negar-lhe proteção. Smith não queria lhes dar nenhum pretexto para isso.[31] Dois meses depois de sua chegada, ele escreveu à LMS:

Neste país é preciso muita prudência. Oro e espero que meus amigos na Inglaterra orem ao Senhor para que eu — e todos os missionários daqui — sejamos imbuídos de sabedoria e prudência, tão necessárias para guiar um missionário em qualquer país pagão, quanto mais num país como este, onde temos que instruir escravos e agradar senhores, onde quase todo fazendeiro considera um missionário alguém que não visa a nada senão à completa subversão da colônia. Os brancos não vêm nos ouvir; ficam em casa e dizem que pregamos a discórdia, que temos laços com o sr. Wilberforce e que só ficaremos satisfeitos com a emancipação total dos escravos. Os cavalheiros que não nos tratam com tanta animosidade dizem que nossas intenções *talvez* sejam boas, [mas] que no final nosso ensinamento dará mal resultado. De modo que não encontrei ainda um único fazendeiro sequer a quem se possa chamar de verdadeiro amigo da instrução aos negros. O sr. Van Cooten, procurador da propriedade, é de certo modo simpático a isso, mas temo que ele não veja essa instrução com grande interesse, ao contrário do excelente e devoto sr. Post, já falecido. O sr. Van der Haas, o administrador (irmão do sr. Van der Haas, dono da propriedade), permite aos negros irem à capela, mas, como o resto dos brancos, ele próprio nunca vai.[32]

Sabedor dos problemas que Wray enfrentara enquanto estivera na Le Resouvenir, Smith estava decidido a evitá-los. Por depender do apoio dos brancos, tentou não se indispor com eles. Foi cuidadoso ao omitir de seus sermões algumas passagens das escrituras que pudessem ser mal interpretadas tanto pelos senhores quanto pelos escravos. Às vezes se preocupava que pudesse cometer enganos: "Tendo omitido a última parte do capítulo 13 por conter uma promessa da terra de Canaã, fiquei apreensivo de que os negros pudessem nela ver uma construção que eu não desejaria [...]. É mais fácil causar uma impressão errada em suas cabeças do que uma certa", escreveu em seu diário, no dia 8 de agosto de 1817. Alguns meses depois, notando que havia um branco em sua congregação numa noite de terça-feira — quando era rara a presença de brancos —, imaginou que o homem pudesse estar lá para

JOHN SMITH. Esta gravura, adaptada de uma miniatura em marfim (autor desconhecido), apareceu na obra de David Chamberlin, Smith of Demerara (Martyr-Teacher of the Slaves), *publicada em Londres em 1923 — exatamente um século depois da rebelião de Demerara. Muito provavelmente o original era uma das miniaturas convencionais que a London Missionary Society mandara pintar de todos os seus missionários mandados para o estrangeiro.*

entrever "alguma expressão de que pudesse se utilizar a fim de depreciar a minha veracidade [...] mas, graças a Deus, anima-me um motivo mais nobre do que ensinar o que chamam aqui 'os princípios da revolta'. Desejo, oro e labuto para que as almas dos negros encaminhem-se para o céu. Esses homens que veem os missionários como indivíduos perigosos estão geralmente sob a influência de princípios sórdidos, de modo que nos medem com sua própria medida".[33]

Mas como poderia impedir que as pessoas interpretassem suas palavras como quisessem? A linguagem metafórica da Bíblia dava margem a muitas interpretações diferentes. Os escravos ouviam o que queriam ouvir e tinham preferências definitivas por certas passagens das escrituras. Havia dias em que pareciam não se lembrar de nada do que ele pregara, mas em outros momentos revelavam uma memória extraordinária. Um domingo, depois da prédica, quando iniciou a catequização, Smith percebeu que ninguém era capaz de dizer de que texto falava a pregação de apenas cinco minutos atrás. Ele anotou em seu diário, com certa exasperação, que precisara repeti-lo umas vinte vezes.[34] Mas em outra ocasião, ao falar em seu sermão sobre o capítulo 9, versículo 17, de Isaías — cujo significado, na sua interpretação livre, era "os maus arderão no Inferno"[35] —, Smith observou que os escravos estavam particularmente atentos. Quando os questionou naquela noite, eles se lembraram perfeitamente do texto que haviam escutado ao meio-dia.[36]

Era ainda mais difícil evitar que os poucos brancos ocasionalmente presentes à capela tivessem uma impressão errônea. Eles eram, em sua maioria, administradores e feitores das fazendas vizinhas, e muito poucos eram "amigos da religião". Alguns iam só para observá-lo ou ver se os escravos haviam desobedecido às ordens e ido à capela. Se reconhecessem ali qualquer um dos escravos de suas fazendas, estes não escapariam de castigos severos. O comportamento dos brancos na capela era muitas vezes ofensivo. Um dia, enquanto Smith pregava, alguns brancos riram. Em outro dia, o barulho feito por um deles ao sacudir "o monte de sinetes pendurados na sua corrente de relógio" era tal que perturbou Smith. "O comportamento da maioria dos brancos é tão inconveniente para um lugar de adoração que às vezes desejo que eles não apareçam mais", escreveu em seu diário.[37] Smith ficou mais irritado ainda quando, num domingo, viu que administradores e feitores estavam jogando perto da capela o que considerou "um jogo infantil e ridículo". Eles haviam passado o dia inteiro, das nove às cinco, jogando boliche — e fazendo tanto barulho que ele mal podia se concentrar no que fazia.[38] Em outra ocasião, Hamilton, o administrador da Le Resouvenir, pareceu ofender-se de tal maneira com a prédica de Smith que tratava da conduta do servo inclemente (Mateus 18, 21-35, que tem como conclusão a advertência: "Assim também vos há de fazer meu Pai celeste, se não perdoardes do íntimo de vossos corações, cada um a seu irmão") que saiu da capela furioso, batendo a porta atrás de si e permanecendo do lado de fora até o término do ofício. E, como ocorrera a Wray, Smith sentia-se

FAZENDA LE RESOUVENIR, 1823. Da esquerda para a direita: casa do proprietário, moinho, capela Bethel e casa de John Smith. O artista desconhecido escolheu um domingo, dia em que os escravos não trabalhavam, pois o quadro é de certo modo idílico. Ele também optou por pintar somente escravos e, ao representá-los em procissão informal saindo da capela, deu ênfase ao papel desse ato em suas vidas. Reproduzido de Smith of Demerera, de Chamberlin.

perdido quando tinha de pregar os mandamentos aos administradores e feitores que viviam em pecado.

Pregar sob a constante ameaça dessas preocupações e distrações não era fácil. Mas, além do sentimento de estar sempre sendo observado e de sempre andar na corda bamba, havia outras coisas mais mundanas que tornavam seu trabalho particularmente extenuante. Assim que chegou a Demerara, Smith começou a se queixar das picadas dos mosquitos. "Os mosquitos me incomodam muito. Eles me morderam tanto que meus sapatos ficaram pequenos demais para mim devido à inchação dos pés", escreveu em sua primeira carta aos diretores.[39] Algum tempo depois, escreveu no diário: "mosquitos tão incômodos que nosso serviço foi bastante espinhoso. Num dia da semana, os negros vieram à capela quase que totalmente despidos. Com as pernas e as coxas nuas, os mosquitos os mordiam, o que os levava a [...] um tapa súbito". Os mosquitos eram praga tão incômoda que às vezes, na estação úmida, Smith tinha de sentar-se na cama sob um cortinado para preparar os sermões. Havia também baratas e besouros que voavam em torno do púlpito enquanto ele pregava, atingindo-lhe o rosto e descendo pelo pescoço e pelo peito. De fora chegava o som de sapos e rãs e, às vezes, o barulho da moenda de café, o estalo da chibata e os gritos dos escravos, tudo o distraía do assunto principal. À noite, a capela era lúgubre: havia apenas algumas velas para iluminar um lugar onde cabiam setecentas pessoas sentadas. Nos serviços diurnos dos domingos, o que o incomodava eram as galinhas e lagartos que perambulavam por ali. E, quando chovia, o púlpito ficava encharcado. Bem diferente da cena a que se acostumara na capela de Tonbridge.[40]

Smith também se exasperava com o grugulejar dos perus que andavam soltos pelo seu quintal. Pertenciam a Romeo, um dos diáconos. Smith lhe pediu várias vezes que levasse as aves embora, e até ameaçou matá-las, mas os perus continuaram a ciscar no seu quintal. Um dia em que estava preparando seu sermão, Smith ficou tão irritado com o barulho constante, que matou um peru — o que aborreceu muito o velho Romeo.[41] Alguns meses depois, alguém entrou no galinheiro e roubou mais de uma dúzia das melhores aves de Smith. "Tenho forte suspeita de que Romeo seja o ladrão", escreveu ele. "Acredito que só uns poucos negros acham que roubar um homem branco seja pecado."[42] Muito depois ele veio a saber que os escravos gostavam de guardar galinhas e perus no seu quintal porque temiam que as aves deixadas na área reservada aos escravos fossem roubadas enquanto estivessem trabalhando.[43] Smith também se incomodava com a maneira como eram celebrados os dias santos na colônia. Na Páscoa, no domingo de Pentecostes e no Natal, os administradores distribuíam rum e às vezes fumo aos escravos, que passavam a noite inteira bebendo, batucando e dançando. Alguns se embebedavam e no dia seguinte recebiam chibatadas violentas por não terem chegado a tempo ao trabalho.

Nada, entretanto, poderia desencorajar o casal de missionários. Um comprometimento profundo com a missão os animava e eles estavam determinados a devotar todo o tempo à salvação das almas dos escravos. Durante o primeiro mês na colônia, as reuniões organizadas por Smith foram quase diárias. Aos domingos, havia três serviços. Às sete da manhã, o diácono tocava o sino e hasteava a bandeira. Quando os escravos chegavam, Smith pregava e, depois do serviço, os catequizava. Pregava de novo às onze e uma terceira vez à noite. Nas noites de segunda-feira, a catequese dos escravos acontecia na sala de aula, enquanto Jane ensinava as crianças no vestíbulo. Às terças-feiras, ele pregava aos escravos de manhã, e, às quintas, ensinava-os a cantar. Nas noites de sexta havia uma reunião de oração e por vezes ele também pregava. Aos sábados, Jane encontrava-se com as mulheres enquanto John coordenava uma "reunião na igreja". Quarta-feira era o único dia em que não havia serviços — embora algumas vezes ele também catequizasse nesse dia. Em geral, às quartas-feiras eles iam à cidade para diversas incumbências, como pegar a correspondência ou comprar mantimentos ou suprimentos para a capela. Geralmente pernoitavam na casa dos Davies e John ajudava o missionário amigo na capela. Outras vezes pernoitavam na casa dos Elliot.

Todavia, comprometimento e disposição para trabalhar arduamente não eram suficientes para garantir o sucesso da missão. Os missionários tinham de mostrar grande flexibilidade e capacidade para se ajustar ao ritmo de vida dos escravos, às regras e formalidades impostas pelos senhores e autoridades reais e às rotinas práticas da vida diária, num ambiente para o qual não haviam sido preparados.

Inicialmente, quando os Smith queriam ir à cidade, utilizavam a sege do administrador ou do procurador. E, antes que as relações entre o casal e o vizinho Michael McTurk azedassem, este lhes oferecia condução uma vez ou outra.

Smith logo se deu conta de que necessitava de um cavalo, não só para ir à cidade como para visitar outras fazendas. Ele não queria batizar os escravos sem a permissão prévia dos senhores e ansiava ganhar a aprovação e o apoio deles à missão. Além disso, um homem branco que não tivesse um cavalo não seria respeitado na colônia. Então, comprou um cavalo e uma sege. Mas sem experiência alguma com esse tipo de coisa, teve muitos problemas. Uma vez, o cavalo recuou, jogando a sege numa vala, e ele só saiu do apuro pela intervenção de McTurk e Van Cooten. Poucos dias depois, a sege e o cavalo tornaram a cair na vala e foi preciso quase uma hora para que dez escravos os tirassem de lá. Após tanto aborrecimento, ele vendeu o cavalo caprichoso e comprou outro. Afinal, aprendeu a montar e a conduzir a sege.

Pouco a pouco, os missionários se adaptaram à nova vida. Smith aprendeu que não podia esperar que os escravos assistissem aos serviços religiosos mais do que duas vezes por semana. Eles tinham muito a fazer e trabalhavam até tarde nos dias de semana. Também teve de começar os serviços dominicais mais tarde, porque os escravos recebiam sua cota de peixe salgado nas manhãs de domingo. Pouco a pouco, Smith ajustou seu programa às necessidades deles. Decidiu que o horário das "reuniões na igreja" mudaria das noites de sábado para as tardes de domingo, depois dos serviços,[44] porque os fazendeiros vinham se queixando de que os escravos permaneciam por conta dele até altas horas da noite.[45] Quando organizava serviços noturnos, Smith tentava terminá-los o mais tardar às nove horas, e se percebia, à noite, que os escravos estavam cansados demais para ouvir longos sermões, limitava-se a quinze ou vinte minutos. Depois de alguns anos na colônia, chegou até a suspender os serviços noturnos durante os três meses da colheita de café, porque os escravos passavam longas horas à noite despolpando os grãos que haviam colhido durante o dia.[46]

Com a preocupação e o cuidado de um ministro zeloso e um professor devotado, Smith tentou adaptar seus ensinamentos aos interesses e à compreensão dos escravos.[47] Fazia frequentes comparações entre os eventos bíblicos e suas vidas, e quando percebeu que os estudos religiosos não os interessavam, parou de lê-los e optou pela leitura do Antigo Testamento, que os escravos pareciam preferir. "Comecei a pregar sobre os temas históricos da Escritura", escreveu em 1821. "Tenciono fazê-lo uma vez ou outra, talvez duas vezes por mês. Já selecionei e organizei os temas, mais ou menos uns cem. Confio que com essa forma de pregação as verdades importantes da revelação se fixarão nas mentes das pessoas de uma maneira mais agradável e contundente do que se expressas de uma forma mais abstrata."[48]

Às vezes Smith lia trechos do *Pilgrim's Progress,* às vezes da *Evangelical Magazine* ou de outras publicações, sempre selecionando textos que imaginava pudessem tornar sua pregação mais atraente para os escravos.

Também contava histórias sobre o progresso do Evangelho na África, por achar que o assunto despertaria a curiosidade dos escravos. Sua intuição parecia estar correta, pois em seu diário ele escreveu que, "tendo avisado os escravos na quinta-feira da minha intenção de ler algumas informações religiosas a respeito da causa do Redentor entre as nações pagãs, muita gente veio à capela".[49] Certa vez, quando o sermão versava sobre as palavras de Isaías — "e serão os reis que te alimentem" (Isaías 49, 23) —, leu para a congregação cartas do rei e da rainha de uma das ilhas Sandwich endereçadas ao rei de Madagáscar.[50] Em outra ocasião, leu para a congregação uma carta que alguém lhe trouxera. Fora escrita por W. F. Corner, missionário na África, para sua mãe, Nancy Corner, que morava em Demerara. W. F. Corner havia nascido escravo na fazenda Thomas, em Demerara. O pai, a quem haviam oferecido a liberdade, pediu ao senhor que, em vez dele, libertassem seu filho. O senhor concordou e Corner fora então mandado para a Inglaterra, onde entrara para uma sociedade missionária e posteriormente fora para a África pregar o Evangelho.

Havia muitas histórias interessantes para contar, e Smith as registrava cuidadosamente. Uma das mais emocionantes era a de Dora, cujo filho havia sido sequestrado na África. Depois de alguns anos, ela própria fora sequestrada e levada para Demerara. Passados alguns anos, o senhor de Dora comprou vários escravos, incluindo o filho dela. Mãe e filho haviam finalmente se reunido. (Dora, uma "escrava holandesa" que mal compreendia o inglês, ainda vivia em Demerara em 1821.)[51] Histórias como essa só podiam interessar aos escravos, e a disposição de Smith em contá-las foi uma das razões de seu sucesso como pregador.

Seguindo à risca as instruções da LMS, Smith sempre tentava ilustrar suas lições com exemplos retirados das vidas dos escravos. Selecionava textos que lhe pareciam os mais apropriados às circunstâncias[52] e falava com simplicidade. No final, sempre os interrogava para saber o que haviam aprendido e também os encorajava a fazer perguntas.[53] Pregar às crianças era uma de suas atividades favoritas. Num domingo de Páscoa, em 1818, Smith dirigiu-se a quinhentas crianças e ficou satisfeito ao ver que, embora algumas "acabassem brigando, outras ficaram sentadas de boca muito aberta e mal despregaram os olhos" dele.[54]

Como "independente"* e bom congregacionista, Smith dava muita autonomia e iniciativa aos membros de sua congregação. Um mês depois de chegar à Le Resouvenir, cinco diáconos foram escolhidos — Romeo, da Le Resouvenir, Barson e London, da Beterhope, Bulken e Quamina, da Success. Os diáconos desempenhavam um papel importante, servindo como mediadores entre Smith e os escravos. Era responsabilidade deles levar ao missionário os que queriam se batizar. Ele então designava um escravo que soubesse ler para lhes ensinar o catecismo. Uma vez instruídos, os candidatos eram examinados por dois diáconos e em seguida por Smith, que, se os considerasse prontos para o batismo, marcaria uma data para a cerimônia. Seis a doze meses após o batismo, os escravos podiam solicitar a admissão como membros efetivos da congregação. Mais uma vez seriam examinados pelos diáconos e por Smith e, se aprovados, eram convidados para uma reunião especial na qual o missionário e diversos membros da congregação, incluindo os diáconos, falavam em nome deles. Por fim, a pedido de Smith, toda a congregação votava sua aceitação, levantando ou não as mãos.

Os diáconos tinham também a incumbência de manter o missionário informado da situação da congregação. Se um deles relatasse que um membro da capela havia procedido mal, Smith não permitiria que essa pessoa participasse da comunhão. Durante o sacramento, os diáconos se encarregavam de entregar o pão e o vinho para seus irmãos e irmãs. Eram também responsáveis pela coleta de dinheiro para a capela. Fazia-se a coleta uma vez por mês, quando se administrava a Ceia do Senhor; e apenas os comungantes deveriam contribuir. Eram também os diáconos que escolhiam os professores de catecismo em cada fazenda, embora em princípio essa designação tivesse de ser confirmada por Smith. Todas essas funções davam aos diáconos uma posição privilegiada.[55]

Quamina, um carpinteiro da fazenda Success, logo se tornou o diácono

---

* No original, *Independent*, membro de uma igreja protestante independente. (N. T.)

favorito de Smith. Ele relatava ao missionário o comportamento dos escravos e os problemas que enfrentavam no dia a dia. Explicava por que alguns não tinham ido à capela, quem estava no tronco, quem havia sido açoitado, quem cometera adultério ou quais eram os administradores que haviam proibido os escravos de assistir aos serviços. Smith sempre o consultava quando queria saber algo sobre um membro da congregação. Com o tempo, a sensatez e a devoção de Quamina conquistaram a confiança e a admiração do casal Smith. Não se passava uma semana sequer sem que Quamina lhes levasse uma informação útil. Ele era o diácono mais leal, bem-comportado, confiável e devoto. Parecia ser capaz do tipo de devoção que Smith sempre admirara e às vezes chegava a invejar.

Seguindo uma prática comum em igrejas protestantes, Smith encorajava os escravos a orarem em voz alta, e muitas vezes se emocionava com seu fervor.[56] Como evangélico, ele via na emoção dos escravos um indício da força de sua fé. De vez em quando, Quamina ficava tão tomado pela emoção que mal podia terminar sua prece. Um dia, depois de uma reunião durante a qual os diáconos Quamina e Romeo oraram, Smith escreveu em seu diário o quanto o afeto e a simplicidade da oração dos dois lhe agradara.[57] Em outra ocasião, depois de ter administrado a comunhão, a única coisa que pôde notar foi o contraste entre sua própria frieza e a profunda emoção que os negros experimentavam. Então escreveu no diário: "Oh, Senhor, retire este coração de pedra e dê-me um coração de carne". O missionário falou da "fisionomia" dos negros, tão expressiva da aflição e da tristeza pelos pecados cometidos e pelo sofrimento de Cristo, e confessou que essa visão provocava nele um profundo remorso.

> Oh, quão lentas são minhas emoções, quão grosseira é minha mente, quão insensível é meu coração! Essas pessoas que podem ter apenas uma ideia imperfeita da natureza e da extensão dos sofrimentos de Jesus dissolvem-se em lágrimas, enquanto eu, que leio e medito e prego sobre a aflição e as lágrimas do homem da dor, dificilmente sinto uma emoção compassiva.[58]

Um mês depois, ele relatou como durante o batismo a emoção de muitos adultos era tanta que não podiam levantar os rostos e tivera de derramar a água nas cabeças abaixadas.[59] Alguns meses depois, tornou a escrever:

Esta manhã, um dos negros orou e, ao agradecer a Deus a apresentação do Evangelho, descreveu com tanta precisão as circunstâncias em que se deu minha separação dos meus amigos, a terna ansiedade de minha mãe, meus próprios sentimentos, a incerteza dos acontecimentos futuros numa terra estranha, que essa ação de graças abalou minha mente mais profundamente do que qualquer coisa que eu possa ter feito desde que cheguei neste país.[60]

Smith tinha ido para Demerara converter os escravos à causa de Cristo, mas estava sendo convertido à causa dos escravos. Ele sempre se emocionava profundamente quando estes descreviam em suas orações as perseguições que haviam sofrido em nome da religião. Uma vez, quando um deles orou pedindo a Deus que desse um fim à oposição dos fazendeiros à religião, deu tantos detalhes sobre as várias "artes" empregadas por administradores e senhores para afastar os escravos da casa de Deus e puni-los "por sua firmeza na religião", que Smith não pôde deixar de pensar no ensinamento do Êxodo (3, 7-8): não estava longe a hora em que o Senhor manifestaria por intermédio de algum sinal divino que "Ele ouvira o clamor dos oprimidos".[61] Essas emoções partilhadas aproximaram Smith ainda mais de sua congregação, a ponto de às vezes ele parecer esquecer que era um homem branco e se referir "aos brancos" exatamente como qualquer negro em Demerara teria feito. Certa vez, após encontrar um homem conhecido pela hostilidade à instrução religiosa, Smith escreveu:

Conversei sobre o assunto e ele me pareceu simpático à matéria, e não oposto a ela, mas não se sabe quais são seus reais sentimentos a respeito, pois os homens brancos sem dúvida falarão com cortesia em nossa presença, mas quando na companhia de seus semelhantes usam contra nós línguas afiadas como setas envenenadas.[62]

Embora conscientemente ele possa ter tido a precaução de não querer alienar os brancos, o coração de Smith estava com seu rebanho. Apesar das atitudes condescendentes, o visível senso de superioridade e ocasionais ataques de racismo, que uma vez levaram-no a comparar a orangotangos[63] algumas escravas seminuas que lavavam roupa no rio, Smith se solidarizava com a situação difícil dos escravos e condenava seus opressores.[64] E não faltavam passagens bíblicas que pudessem ser usadas para condenar a iniquidade, a crueldade e a imoralidade de senhores e administradores, e trazer alívio para os escravos. Se Smith não as usasse, a congregação o faria.

Em geral, os escravos pareciam retribuir os sentimentos de solidariedade de Smith. A presença na capela era cada vez maior e a resposta aos apelos do missionário por donativos, cada vez mais generosa. Do dinheiro que obtinham ao vender os produtos de suas hortas ou executar pequenos serviços aos domingos, chegavam às vezes ajuntar mais de cem libras para a LMS.[65] Doavam dinheiro para consertar a capela e davam a Smith produtos da horta — inhames, batatas, aves — como prova do apreço que lhe devotavam. Um dia, alguns escravos lhe levaram um porco. Disseram tê-lo comprado em conjunto por alguns dólares. Ele suspeitou que o porco havia sido roubado, mas não teve coragem de lhes fazer perguntas esclarecedoras.[66] Como Wray (ou talvez até mais), Smith parecia ter ganho a confiança dos escravos — embora, como provaram os acontecimentos, nunca tivessem chegado a confiar nele inteiramente. E (mais uma vez como Wray) ele se envolveu inteiramente nos muitos conflitos e aflições dos escravos.

"Um missionário deve em muitas circunstâncias atuar como um magistrado civil", escreveu Smith em seu diário poucas semanas depois de ter chegado à Le Resouvenir. Naquele dia, tinham-no chamado para apaziguar diversas brigas. Muitos maridos e esposas tinham queixas a fazer. Alguns tinham ciúmes de seus parceiros, outros se queixavam de maus-tratos. Gingo e sua esposa foram uma noite à casa dos Smith para pôr fim a uma disputa. Smith e Wray (que lá pernoitava) serviriam de mediadores. O casal pertencia a fazendas diferentes, e, embora ela tivesse permissão para visitá-lo, ele não tinha esse privilégio. O que criava muita tensão. A esposa de Gingo acusou-o de querer outra mulher. Ele reclamou que a encontrara com outro homem. Após ouvir os dois lados, os missionários concluíram que ambos estavam errados, e depois de uma hora de conversa o casal acabou concordando em permanecer junto — resultado que pareceu agradar Smith.[67]

Mas isso foi apenas o início de seu trabalho como "magistrado". O que Smith não percebeu com clareza foi que, como ocorrera com Wray, os escravos tinham lhe confiado o papel de mediador, comum em muitas sociedades africanas.[68] Nos anos seguintes, ele seria constantemente chamado a desempenhar esse papel. Todo mês, às vezes toda semana, havia casos semelhantes.

Poucos dias depois do episódio de Gingo, Joe, da fazenda Success, fora se queixar de que a esposa o deixara. Aparentemente ele havia batido nela e a mulher fugira; assim, o administrador castigara os dois, dando cinquenta chibatadas nela e trinta nele. Joe queria uma outra esposa.[69] Quatro dias depois, Smith se viu envolvido em outro caso. Hector levou sua esposa Juliet para falar com o missionário. O escravo tinha duas esposas. Ele se juntara a Juliet quando ela era ainda muito moça. Depois de ter tido cinco filhos com ela — todos já mortos naquela ocasião —, tomara uma outra esposa e a levara para casa, onde Juliet continuava a viver. As duas brigavam continuamente, o que aborrecia Hector. Ele disse que amava Juliet, mas não podia mandar a outra embora porque esperava um filho. Smith tratou desse caso com notável flexibilidade. "Esse é um caso difícil", escreveu ele no diário, "eu lhes disse que deviam fazer as pazes e viver sem brigar, o que prometeram fazer."[70] Algum tempo depois, ele se queixou de que era muito difícil resolver disputas entre esposas e maridos. Um homem que havia sido membro da capela viera a ele com a cabeça machucada "da maneira mais horrorosa". Ele contou a Smith que a mulher com quem vivia o atacara com uma escova de sapatos. Apesar do conselho do missionário, o homem foi para casa dizendo que iria "tirar sangue da cabeça da mulher". Os dois voltaram mais tarde, e Smith levou três horas para acalmar a briga.[71]

O missionário também era procurado para intervir nas brigas entre homens. Às vezes tinha a impressão de que os escravos estavam sempre brigando uns com os outros. Um dia, Emmanuel e Bristol, da Chateau Margo, chegaram se queixando de Coffee, da Success. "Neguei-me a ouvir a história até que eu possa ver Coffee", escreveu Smith no diário. "Quando é que os cristãos vão amar uns aos outros?"[72]

Um dos casos mais desagradáveis que Smith teve de solucionar logo após sua chegada envolveu um escravo que ele contratara como empregado. O homem era incorrigível. Tinha três esposas, mas estava sempre atrás de outras mulheres e sempre se metendo em encrencas. Welcome, um escravo de uma fazenda vizinha, apareceu um dia queixando-se de que apanhara sua esposa Minkie com esse homem três vezes. Pouco depois, num domingo que antecedia um feriado, Jane Smith encontrou o homem e a empregada "num lugar secreto", consertando as roupas para o feriado.[73] Tantos foram os problemas criados pelo empregado, que um dia o missionário perdeu a paciência e mandou que o pusessem no tronco. Para Smith, o incidente deve ter sido muito perturbador — talvez até um pouco atemorizante. Nada o escandalizava mais do que a violência que o cercava, e ali estava ele, fazendo o que sempre condenara nos outros.[74]

O maior escândalo em que Smith se viu envolvido ocorreu quando Susanna foi "seduzida" por Hamilton, administrador da Le Resouvenir. O caso agitou a congregação inteira. Essa não era a primeira vez que uma escrava se envolvia com um branco. Já tinham ocorrido outros casos, como o de Genney, uma menina de quinze anos que fora trabalhar na cidade e fora "seduzida" por um tal sr. Jemmet.[75] E depois desse houve outros. Mas o caso de Susanna era o primeiro a acontecer com uma mulher da congregação. Quamina foi quem primeiro lhe relatou o acontecido. Diversos membros da congregação haviam se reunido para discutir sobre a melhor maneira de informar Smith. Por fim, decidiram que a própria Susanna deveria contar-lhe. Mas, quando Quamina falou com Smith, ele ficou tão furioso que por um momento chegou a pensar que, se Susanna aparecesse, a enxotaria da casa. A maneira como o marido dela, Jack Gladstone, receberia a notícia também foi motivo de preocupação para Smith. Desapontado com Susanna, Smith achou que não poderia ter confiança em ninguém.[76]

Passaram-se os dias e Susanna não apareceu. Acalmados seus sentimentos hostis, Smith mandou buscá-la. Quando ela chegou, o missionário lhe disse que a relação com Hamilton tinha de terminar e ameaçou expulsá-la da congregação se persistisse no caso. Mas ele não viu nela nenhum sinal de arrependimento. Susanna disse que tinha sido levada por Hamilton para o quarto dele e que, depois de fechar a porta, ele tinha "abusado dela à força". Smith pensou na ironia de tudo aquilo. Lembrou-se de que, no dia de Natal do ano anterior, Hamilton lhe dissera que havia dado 150 chibatadas num escravo que forçara uma "moça negra a se sujar". E agora Smith culpava Susanna de não ter se queixado de Hamilton e de ter continuado na casa depois do acontecido.[77] Como a conversa com ela não dera resultado, um mês depois, numa reunião tensa, a congregação a excluiu por unanimidade. Uma ou duas mulheres "falaram no sentido de atenuar a falta". Um dos diáconos encarregados de persuadir Susanna a deixar Hamilton fez algumas tentativas de falar durante a reunião, mas foi impedido pelas lágrimas. Smith ficou particularmente triste, pois sempre considerara Susanna, sob qualquer aspecto, um dos membros mais promissores da congregação.[78]

Um ano depois, aconteceu um caso semelhante, mas dessa vez com um desfecho mais agradável para o missionário. Diante da congregação reunida, Bill acusou sua esposa Betsy de adultério. Ela explicou que durante um ano inteiro o administrador tinha tentado induzi-la a "coabitar" com ele. Ela sempre recusara e, em parte devido ao assédio, pedira a uma amiga que solicitasse ao senhor que a empregasse como escrava alugada, o que a poria fora do alcance do administrador. Tendo ouvido dizer que Betsy estava para sair da propriedade, ele a chamou a sua casa à noite. Quando ela entrou, o homem fechou a porta e a estuprou. Betsy ficou envergonhada demais para contar o sucedido a quem quer que fosse. Agora ela estava disposta a pedir perdão ao marido e a prometer que uma coisa dessas jamais voltaria a acontecer. Caiu de joelhos e, chorando, reconheceu "seu erro" e "sua falta", e disse que faria "tudo o que Bill quisesse"; atitude que não apenas Smith mas toda a congregação pareceram considerar tanto apropriada quanto comovente. Smith escreveu que ninguém conteve as lágrimas.[79]

"Adultério" e "fornicação" entre escravos eram até mais comuns do que incidentes desse tipo envolvendo administradores e escravos. Assim, numa tentativa de disciplinar a congregação, Smith decidiu estabelecer regras para a exclusão e admissão à capela de pessoas que "vivessem em pecado". Estipulou que ninguém que estivesse vivendo com um homem ou uma mulher sem estar casado seria admitido na capela, a menos que consentisse em se casar. Qualquer homem ou mulher que mandasse embora a esposa ou o esposo sem o consentimento da congregação seria excluído (ou excluída), e qualquer pessoa solteira que aceitasse um companheiro (ou companheira) sem se casar também seria excluída.[80] Essas regras, no entanto, criaram mais problemas para o missionário solucionar. A partir de então, todo caso de "adultério" teve de ser levado diante de toda a congregação, e alguns foram difíceis de resolver. O de Felida e Hay foi um deles.

Hay fora mandado trabalhar na cidade. Ele lá ficou seis semanas e durante esse tempo Felida "coabitou" com outro homem. Ao ser informado do caso, Hay a pressionou e ela admitiu o fato. Hay queria saber se estava obrigado a "mandá-la embora". Haviam vivido juntos muitos anos e tiveram doze filhos. Ele não queria se afastar da mulher, mas estava pronto a fazê-lo se as escrituras o obrigassem. Depois de aproximadamente uma hora de discussão, decidiu-se que não havia lei nas escrituras que obrigasse Hay a mandar Felida embo-

202

ra. Smith declarou que "a notoriedade da ofensa parecia requerer isso; todavia, como ela dera provas satisfatórias de arrependimento", não haveria pecado se Hay a tomasse novamente como esposa. Por fim, a congregação decidiu que Hay podia ficar com Felida e eles foram juntos para casa.[81]

O caso de Amarillis foi mais difícil de solucionar. Ela queria ser batizada e por isso Smith decidiu investigar sua vida. Quando perguntou à mãe de Amarillis quem era seu marido, teve como resposta: "Sei não. Não sou vigia dela". Dois dias depois, Amarillis foi vê-lo, mas nem sua aparência nem a conversa que tiveram agradaram a Smith. O marido de Amarillis vivia na cidade. Ela o via talvez uma vez a cada três meses. Smith estava convencido de que ela não seria fiel ao marido enquanto ele vivesse a uma distância tão grande, e, como era pouco provável que o homem retornasse, o missionário aconselhou-a a se separar amigavelmente, arranjar um outro homem e se casar.[82]

Os esforços de Smith no sentido de institucionalizar a família entre os escravos conforme os seus padrões religiosos eram sempre derrotados pelas estruturas de poder vigentes na colônia, pelos limites e tensões gerados pela escravidão e pela falta de controle dos escravos sobre suas próprias vidas, assim como por suas noções de sexualidade e família. Não que os escravos não tivessem famílias ou que elas fossem particularmente instáveis. Muitos casais permaneciam juntos vinte anos ou mais. Mas, seguindo tradições africanas, alguns homens tinham mais de uma esposa. Na África, no entanto, essas relações se baseavam em obrigações mútuas claramente prescritas entre os cônjuges e entre as próprias esposas. Numa situação de escravidão, era praticamente impossível respeitar tais obrigações, de modo que as vantagens que poderiam resultar desses arranjos familiares diminuíram consideravelmente, enquanto o conflito aumentou. Além disso, casais de escravos muitas vezes moravam separados, em fazendas diferentes, e aqueles que viviam juntos estavam sempre sob a ameaça de separação, quer dos filhos, quer um do outro. A exigência dos missionários de que os escravos vivessem de acordo com os padrões estritos da moralidade cristã acrescentou novas tensões a uma situação já problemática.

Para os missionários, esses conflitos e tensões apenas confirmavam suas noções de que havia uma incompatibilidade fundamental entre cristianismo e escravidão. Para que as pessoas vivessem como cristãos, acreditavam eles, a escravidão tinha de ser abolida. Essa crença era reforçada pelos casos que envolviam homens brancos e mulheres negras. Como acontecera com Wray, Smith se escandalizava com a maneira como os brancos tratavam as mulheres negras e os filhos que tinham com elas. Geralmente as mantinham como amantes, recusando-se a casar com elas. Alguns eram suficientemente "cínicos" para justificar seu comportamento dizendo que as tratavam melhor do que os negros. Mas, quando tinham filhos com elas, os brancos frequentemente os mantinham como escravos. Esse comportamento indignava Smith.

O missionário também se chocava com a maneira abusiva como os administradores tratavam os escravos. Parecia-lhe que forçavam os escravos a trabalhar demais e os puniam cruelmente. Mantinham-nos acordados até tarde da noite, particularmente durante a colheita. Se não tivessem terminado as tarefas da semana, os escravos tinham de terminá-las aos domingos. Suas casas eram construídas de materiais frágeis, em geral de taipa, e cobertas com folhas. Ocasionalmente usavam-se materiais de melhor qualidade, os telhados e as paredes eram de madeira, mas o pé-direito era muito baixo e raramente havia janelas. Os escravos só recebiam dos administradores uma panela de ferro para cada família e um cobertor por pessoa. Tudo o mais — bancos, mesas, camas — tinha de ser providenciado pelos próprios escravos. A alimentação habitual era pobre, e as roupas, insuficientes.[83] Durante a semana os escravos andavam maltrapilhos, e as crianças, como não recebiam roupas até os oito ou nove anos, andavam nuas, a menos que os pais lhes comprassem alguma roupa.[84] A partir dos doze anos, as crianças trabalhavam o mesmo número de horas que os adultos. Quando os escravos ficavam doentes, eram mandados para o que se chamava nas fazendas de "pavilhão dos doentes" (que a Smith mais parecia uma capela mortuária), onde permaneciam deitados sobre cobertores estendidos numa espécie de plataforma suspensa, a pouco mais de meio metro do chão. A medicação era na melhor das hipóteses precária. Os pacientes em perigo de vida recebiam uma sopa de cevada ou galinha e vinho com açúcar.[85] Mas para Smith os aspectos mais aterradores da escravidão eram os castigos a que os escravos eram constantemente submetidos e a "perseguição" que estes sofriam por parte dos administradores.

Smith se queixava constantemente em suas cartas à LMS de que os escravos eram maltratados, de que senhores, administradores e autoridades locais não respeitavam o dia do culto e sempre obrigavam os escravos a trabalhar aos domingos — eles não apoiavam o trabalho de Deus e perseguiam os negros que iam à capela. O missionário odiava toda arbitrariedade, toda iniquidade, toda violência que parecia estar inevitavelmente associada à escravidão. Um dia, depois de ver alguns escravos trabalhando acorrentados, um deles com as costas esfoladas por causa das chibatadas, Smith lamentou-se:

> Oh, Escravidão, tu, filha do Demônio, quando cessarás de existir? Nunca, penso eu, meu senso de missão foi objeto de tanta repugnância pela degradação da espécie humana nem meus sentimentos foram tocados com mais pungência. Saúdo o dia em que senhores de escravos assimilarão os sentimentos dos Cristãos, e em que escravos usufruirão de seus direitos; tratam-nos pior do que aos brutos. Graças a uma bondosa providência há alguns (e, ai de nós! muito poucos!) senhores que tratam seus escravos como se tivessem sentimentos.[86]

Tudo o que era importante para Smith — "justiça", "sentimentos cristãos", "dignidade humana" — estava degradado na sociedade escravista. Os relatos de crueldades que Smith ouvia dos escravos o afetavam profundamente. Não se passava um mês sequer — muitas vezes nem uma semana — sem que alguém contasse uma história de perseguição. Poucas semanas após sua chegada à Le Resouvenir, ele começou a ouvir dizer que os administradores "se opunham ao Evangelho". Um escravo lhe contou que o sr. Pollard prometera dar cem chibatadas em qualquer escravo que fosse à capela, a não ser que o pastor lhe mandasse uma notificação. Smith não sabia se a história era verdadeira, mas estava inclinado a acreditar, pois ouvira as mesmas histórias de Wray."[87] Um mês depois, o feitor da Goed Verwagting queixou-se a Smith de que o administrador era muito severo com os escravos. Eles trabalhavam das cinco da manhã até sete ou oito da noite, e só tinham direito a um quilo e meio de peixe salgado de quinze em quinze dias. Disse também que vira o senhor mandar que dessem cinquenta e às vezes até cem chibatadas nos escravos sem nenhuma provocação aparente. Quando o senhor estava de mau humor, descarregava sua frustração nos escravos.[88] O capataz da Success — que estava na colônia havia apenas algumas semanas e provavelmente via as coisas da mesma maneira que Smith — contou-lhe histórias semelhantes. Uma noite em que jantou com os missionários, ele reclamou do modo como o administrador, o sr. Stewart, tratava os escravos, quase sempre dando-lhes cem chibatadas e impondo-lhes trabalho em excesso.[89]

Relatos como esse rapidamente passavam a constar do diário de Smith. Ele estava em Demerara havia menos de um ano quando escreveu: "Esta noite um negro que pertence a ___ veio a mim se queixar da crueldade do senhor [...]. Acredito que as leis da justiça que se relacionam aos negros só se conheçam aqui pelo nome, pois enquanto escrevo isso o capataz está açoitando o pessoal e não há nem administrador nem feitor por perto".[90] No dia seguinte, escreveu de novo: "A primeira coisa que escutei, como de costume, foi a chibata. Das seis e meia até as nove e meia meus ouvidos ficaram cansados do som das chibatadas. Por certo essas coisas despertarão a vingança de um Deus misericordioso".[91] Duas semanas depois, escreveu outra vez: "Esta tarde meu coração doeu muito ao ouvir as crueldades praticadas por um administrador desta costa". Ao que parece, um escravo se queixara de que não passava bem. O administrador não acreditou e mandou que o homem fosse posto no tronco e surrado com uma vara. O homem morreu no tronco.[92] Uma semana depois, Smith confiou ao diário que um escravo se queixara de que o administrador não os deixava ir à capela, e punha os que lá encontrava no tronco, fazendo o mesmo toda noite de sábado e toda manhã de domingo, e deixando-os confinados o dia inteiro.[93]

As queixas eram intermináveis e, à semelhança de Wray, Smith às vezes desejava que os escravos não lhe contassem seus problemas com os administradores — "já que não é da minha conta interferir nessas coisas, o que me obriga a tratar tal conduta com indiferença aparente e me comportar com frieza com os que a relatam". Mas frieza e indiferença era exatamente o que faltava a Smith. Ele estava sempre se perguntando como era possível os escravos tolerarem tanta opressão e às vezes imaginava que mais cedo ou mais tarde eles fugiriam ou se rebelariam. "O sr. G. [...] apareceu esta noite", Smith escreveu uma vez. "Ele estava indo para a cidade em busca de negros que fugiram. Não é de admirar [...]. O sr. G. me disse hoje que o sr. V. B. trata os escravos com muita severidade e crueldade, que pela menor ofensa suspende o peixe e a banana [...]. Um tratamento mais moderado seria mais político."[94] Quando soube que estavam organizando uma expedição à selva para "caçar" negros fugidos, Smith não pôde deixar de pensar o quanto era irônico que índios — os "bucks" como eles eram chamados — e até alguns negros tivessem se juntado à expedição. Ele perguntou a um dos índios se ele venderia o filho, "um belo menino de oito ou nove anos". O homem, desatento à provocação, respondeu, aparentemente surpreendido, e talvez com orgulho: "Não. Eu sou um *buck*".[95]

Era assim em Demerara. Até quando duraria tanta opressão e estupidez?, Smith se perguntava. Por quanto tempo os escravos aguentariam os maus-tratos e a perseguição? "Observei entre os escravos murmúrios e um ar de insatisfação", escreveu em março de 1819, "não me surpreenderia se eles irrompessem numa rebelião aberta. Todavia, espero que não."[96]

Pior do que ouvir as queixas dos escravos e especular sobre possíveis rebeliões era ouvir o barulho da chibata e imaginar as feridas que ela deixava nos corpos. Isso o enlouquecia. Ele ficava sentado em casa contando uma a uma as chibatadas, odiando a arbitrariedade e a violência do sistema, desejando que a escravidão fosse abolida e as pessoas libertas da degradação.[97] Jane Smith compartilhava da indignação do marido. Uma madrugada, pouco antes do nascer do sol, ela o acordou para que ouvisse o barulho terrível de um escravo sendo açoitado. Quando suficientemente desperto para prestar atenção, percebeu pelo som das chibatadas que havia dois capatazes açoitando o escravo. Contou oitenta e duas chibatadas e teve certeza, pela regularidade dos golpes, de que todas haviam sido infligidas em uma única pessoa. "Essa é uma pequena amostra da força da lei neste país. Os fazendeiros riem da lei", foi seu amargo comentário.[98] A lei autorizava trinta e oito chibatadas e exigia que o senhor ou o administrador estivesse presente no momento em que o castigo fosse infligido ao escravo. Mas ninguém parecia se importar.[99]

Certa vez, depois de ver um velho que cuidava da vaca do administrador receber chicotadas nas coxas, Smith de novo comentou com amargura: "A coisa aqui não é explicar a um negro qual o seu erro, mas primeiro puni-lo para depois dizer-lhe o que fazer".[100] Um mês depois, novamente acordou com o som da chibata. Quando o castigo terminou, sua mulher lhe perguntou do quarto vizinho: "Contou as chibatadas?". "Contei", Smith respondeu. "Quantas você contou?", ela perguntou. "Cento e quarenta e uma." Ele perguntou se ela também tinha contado. "Sim, contei cento e quarenta." Ambos estavam indignados. E para Smith o repositório e lugar de registro de sua indignação era o diário: "Ah, os homens que passam a noite de domingo com a garrafa e o copo, se divertem com as cartas e o gamão, e se assombram com sonhos horrorosos e presságios apavorantes durante as horas de modorra. Depois se levantam para despejar seu rancor e sua autoridade arbitrária [...] talvez sobre o inocente".[101]

Com o passar do tempo, os missionários foram se tornando cada vez mais ousados e, em vez de permanecerem sentados contando passivamente as chibatadas ou lamentando a sorte dos negros presos no tronco, tentaram interceder pelos escravos. Quando Asia, uma mulher velha e doente que havia sido feitora de uma turma de trabalhadores, foi posta no tronco por se recusar a trabalhar na lavoura, Jane Smith escreveu um bilhete para o administrador advertindo-o de que se continuasse a tratar a escrava com tamanha severidade ela se veria no dever de informar Henry Van Cooten, o procurador. O administrador respondeu com uma nota lacônica dizendo que manteria Asia no tronco até que ela consentisse em trabalhar no campo. Jane Smith foi então a Van Cooten, implorando-lhe que refletisse sobre o caso. O procurador pareceu bastante aborrecido. Disse que o administrador o mantinha sempre informado do que se fazia na propriedade. Mas prometeu ir à fazenda verificar. Ao comentar sobre a atitude de Van Cooten, Smith disse que o velho raramente visitava a propriedade e, quando o fazia, falava unicamente com o administrador. Era muito raro ele ir até o "pavilhão dos doentes" ou falar com os escravos. "E evidentemente tudo está bem e como deveria estar." Todavia, Van Cooten surpreendeu Smith. Alguns dias depois, ele foi realmente à fazenda, libertou Asia do tronco e mandou que ela fizesse um "trabalho leve", como colher algodão (!) — o que para Smith pareceu de fato um grande progresso.[102] Essas intervenções dos missionários só contribuíam para aumentar a hostilidade dos administradores em relação a eles. Se um procurador se convencesse de que o administrador agia sistematicamente de forma injusta e abusiva, este poderia perder o emprego. Mas os Smith estavam ficando cada vez mais contrariados com o que viam a sua volta e cada vez mais inclinados a desafiar o que lhes pareciam ser regras e restrições estúpidas.

Como Wray, desde o início Smith deplorou a maneira como senhores e administradores se opunham ao ensino da leitura aos escravos. Os argumentos que usavam eram-lhe muito familiares. Eram os mesmos argumentos "fúteis" que haviam sido usados na Inglaterra contra as escolas dominicais. Os colonos temiam que alfabetizar os escravos subvertesse a ordem social, mas para Smith essa alegação provavelmente disfarçava o motivo real: "Sob o pretexto plausível de zelo pela colônia, escondem-se os velhos e odiosos princípios do antagonismo a Deus. [...] Desta fonte se originam as várias oposições contra a instrução religiosa dos negros".[103] Algum tempo depois de sua chegada, Smith, em vez de apenas lamentar a oposição feita pelos fazendeiros e administradores, decidiu ensinar os escravos de qualquer maneira.[104] Numa carta à LMS mencionou que estava ensinando as "crianças negras" da Le Resouvenir a ler, e, como isso era proibido pelo governador, tinha de fazê-lo "furtivamente".[105]

As reuniões noturnas e o trabalho aos domingos eram duas outras questões que originaram conflitos entre Smith e fazendeiros e administradores.[106] Desde a época de Wray, as reuniões noturnas eram motivo de confrontos sérios. E assim que Smith começou a pregar à noite, os administradores e fazendeiros começaram a se queixar.[107] Mas a questão mais controversa era a do dia consagrado ao Senhor. Wray já tivera muitos problemas tentando convencer tanto administradores quanto escravos a guardar o domingo. Smith enfrentou a mesma dificuldade, e pelas mesmas razões. Seu diário estava repleto de queixas de escravos que haviam sido forçados a trabalhar aos domingos, para terminar tarefas que não haviam concluído durante a semana ou para carregar um barco que estava para sair, trabalhar nos engenhos de açúcar ou ainda fazer outros serviços. Todos os administradores com quem conversava, até aqueles que considerava seus amigos — como um certo Kelly, homem que muitas vezes jantava na casa dos Smith e os convidava em retribuição —, pareciam convencidos de que o trabalho aos domingos era inevitável. Os administradores argumentavam que, nas fazendas de açúcar, como se moía cana até tarde aos sábados, o caldo tinha de ser fervido aos domingos, senão azedaria. As caldeiras também precisavam ser limpas aos domingos, o que ocuparia muitos escravos durante umas quatro ou cinco horas. O açúcar fervido aos sábados tinha de ser posto nos tonéis aos domingos. Isso significava horas de trabalho de carpinteiros e tanoeiros. Os escravos também tinham de trabalhar aos domingos quando açúcar e rum deveriam ser embarcados em um navio pronto para partir. Assim, sempre havia alguma coisa para ser feita aos domingos, especialmente numa propriedade açucareira. No entanto, em fazendas de algodão a situação não era fundamentalmente diversa. Embora houvesse menos trabalho, também se exigia que os escravos desempenhassem muitas tarefas aos domingos, como secar, limpar e descaroçar o algodão, ou enfardá-lo e embarcá-lo em algum navio. Nas fazendas de café, frequentemente tinham de secar e despolpar os grãos aos domingos. Quando os barcos traziam uma carga para qualquer fazenda numa noite de sábado, os administradores sentiam-se obrigados a descarregá-la no domingo. E muitas vezes os escravos trabalhavam em novas construções nesse dia.

A Smith parecia que os administradores inventavam toda sorte de trabalho para os escravos aos domingos. Numa fazenda perto da Le Resouvenir, as casas dos escravos tinham sido removidas para um lugar distante uns dois quilômetros do mar. A nova construção dava para acomodar dez famílias, todas sob o mesmo teto. Mas como não tinham sido construídas divisórias para separar uma família da outra, os escravos foram forçados a fazê-las aos domingos. Em outra propriedade, a escassez temporária de bananas forçou os escravos a andar cerca de doze quilômetros aos domingos para apanhá-las. Domingo também era dia da distribuição das rações de alimentos. Em consequência dessa prática, era frequente a ausência de escravos nos serviços dominicais. E embora a capela estivesse sempre cheia, a presença de cada escravo era muito irregular.[108]

Mesmo quando não havia tarefas especiais determinadas pelos administradores e senhores, os próprios escravos encontravam coisas para fazer aos domingos. Eles cultivavam suas hortas, iam à feira ou se empregavam em alguma tarefa para ganhar algum dinheiro. Um dia, o escravo Azor contratou alguém para trabalhar para ele num domingo. Quando Smith fez objeção ao fato, Azor explicou que sua mulher estava para ter filho e sua casa não tinha sido terminada. Como ela era liberta, o senhor de Azor não lhes daria casa. Então o escravo sentiu-se obrigado a ajudá-la. Mas não encontrava ninguém para trabalhar, a não ser aos domingos. Essas situações eram impossíveis de resolver. Como poderia Smith dizer a Azor que não era direito contratar uma pessoa para trabalhar aos domingos? "Mal sei o que dizer nesse caso", foi o comentário perplexo e desanimado de Smith.[109]

Às vezes o missionário pressionava os escravos para que respeitassem o dia de descanso. Mas o resultado era quase sempre desanimador, como na ocasião em que tentou convencer Jack Ward, açougueiro e membro da congregação, a não vender carne aos domingos. Ward era escravo e tinha uma banca no mercado. Suas frequentes ausências da capela aos domingos levaram Smith a investigar. "Descobri que o mercado era sua capela, a banca era seu altar e sua principal oração, que fossem muitos os fregueses." Smith advertiu Jack das consequências dessa "conduta malévola" e ameaçou excluí-lo da congregação se continuasse a agir dessa forma. O homem não deu uma resposta satisfatória. Smith então suspendeu-lhe a comunhão e o instou a refletir e orar. Jack Ward finalmente voltou com uma resposta, que segundo Smith vinha a ser mais ou menos a seguinte: "Se pudesse servir a Deus e a Mamon ele o faria de bom grado, mas, se não, preferia o último".[110]

Administradores e fazendeiros devem ter se sentido como muitos Jack Wards e, se pressionados por Smith, provavelmente teriam dado a mesma resposta. O código ético do missionário, a insistência em legitimar os casamentos dos escravos, a inflexibilidade na observância estrita do descanso dominical, as tentativas de alfabetizar os escravos, as reuniões noturnas e a interferência nas decisões administrativas iriam a longo prazo expor a incompatibilidade entre o compromisso de Smith com Deus e o dos senhores com Mamon. Os constantes conflitos entre o missionário e os colonos confirmariam as piores expectativas de ambos os lados. Consequentemente, os colonos foram ficando cada vez mais hostis ao missionário, enquanto Smith aproximava-se cada vez mais dos escravos.

Para os escravos, esses conflitos indicavam que haviam encontrado um aliado, o que lhes deu mais força e esperança. Eles presumiam — como haviam feito em relação a Wray — que Smith tivesse amigos poderosos na Inglaterra, os quais também estavam ao lado deles. No dia em que o missionário fez uma cerimônia fúnebre pelas mortes de George III e do duque de Kent, muitos negros compareceram de preto em sinal de lealdade. "Eles supõem que todo missionário deve se relacionar pessoalmente com o rei. No domingo, pouco antes da celebração, um dos negros me perguntou quem era o segundo grande homem depois do sr. Wilberforce. Ele parecia estar pensando que a próxima mudança levaria o sr. Wilberforce ao trono", contou Smith à LMS.[111] Por mais confusas que fossem, essas ideias indicavam que os escravos sentiam que mais cedo ou mais tarde o poder chegaria às mãos de homens como Wilberforce e eles estariam livres. A capela criara um novo espaço social e moral, novos laços na comunidade e novos pretextos para desafiar administradores e senhores. Quanto mais estes criavam obstáculos, mais os escravos batalhavam pelo direito de ir à capela. Nesse processo, a radicalização de senhores e administradores, missionários e escravos, aumentava cada vez mais. E não surpreende que, apesar das muitas dores, dos obstáculos e desapontamentos, a missão de Smith prosperasse. Em poucos anos ele pôde se vangloriar de que ocorrera um "Grande Despertar" (uma grande conversão) na Costa Leste de Demerara. Mas seria precisamente o progresso de sua missão que lhe traria problemas.

No dia 5 de março de 1818, Smith fez uma reflexão sobre o primeiro ano em Demerara:

> Faz doze meses hoje que chegamos a esta casa. Oh, Senhor, o que dizer para expressar minha gratidão a Vós? Sorristes para mim, e para aquela que me destes como uma ajuda apropriada à Vossa causa. Todos os Vossos ministros fiéis nesta colônia enfrentaram oposição, insultos e admoestações, mas eu (ao menos ao que eu saiba) escapei de todas essas coisas.[112]

Em outubro, depois de receber uma carta de seu colega Mercer descrevendo a oposição do governo de Trinidad por ele enfrentada, Smith concluiu que a situação em Demerara era melhor: "Graças a Deus, o nosso governo colonial não se opõe a nós". Mas, nos anos que se seguiram, ele obteria cada vez mais sucesso entre os escravos e enfrentaria uma oposição cada vez mais acirrada por parte de senhores, administradores e autoridades locais.

Encorajado pelo sucesso, Smith logo começou a pensar em expandir sua missão. Primeiro, tentou construir uma capela maior e mais próxima à estrada. Com a energia, diligência e iniciativa habituais, ele se dispôs a convencer Van Cooten, procurador da Le Resouvenir, a apoiar seu projeto. O procurador contatou a proprietária, a sra. Van der Haas, mas ela lhe disse que não daria um centavo sequer. Smith teria de empreender o projeto sozinho ou com a ajuda da LMS. Ele chegou a desencavar o testamento de Post dos arquivos do notário e a consultar um advogado para saber quais os direitos que a LMS tinha sobre a capela; mas, para sua infelicidade, acabou descobrindo que o prédio pertencia à fazenda. Já que a proprietária não estava disposta a ajudá-lo, teria de se contentar em fazer melhorias no prédio antigo. Seus esforços, porém, foram recompensados. O apoio que não recebera dos brancos, ele encontrou entre os escravos, que generosamente doaram quase duzentas libras para consertar a velha capela. A LMS forneceu a quantia que faltava.[113]

Smith decidiu então estender a missão até Mahaica, onde esperava receber a doação de um terreno para a construção de uma nova capela. Isso lhe parecia particularmente urgente, uma vez que os metodistas estavam pensando em inaugurar uma capela no local e Smith, espicaçado por uma rivalidade sectária, não queria que a LMS perdesse a oportunidade de expandir suas missões. Em maio de 1818 escreveu:

> Desde que nos empenhamos em pregar em Mahaica, o sr. Mortier (o pregador metodista) tomou a liberdade de solicitar aos cavalheiros que nos haviam prometido apoio que subscrevessem para a construção de um lugar de adoração para uso dos metodistas, mas nossos amigos não seriam aliciados.[114]

Mortier vinha pregando numa casa particular a apenas duzentos metros do local onde Smith e Davies pregavam. Smith observou com orgulho que apenas "pessoas de cor" livres e homens brancos participavam dos serviços de Mortier. Os escravos preferiam ouvir Davies e ele. Algumas semanas depois, Smith queixava-se novamente de que Mortier estava "empenhando todos os esforços para atrair nossos amigos para o seu partido".[115]

Ironicamente, o ciúme de Smith não se estendeu ao reverendo Archibald Brown, ministro da Igreja Presbiteriana Escocesa, que chegou à colônia em setembro de 1818. Brown iria pregar na cidade, e não nas fazendas, como era o caso de Mortier e Smith. Assim que Brown chegou, Smith foi visitá-lo. Ele viu em Brown um rapaz muito comunicativo, desejou-lhe felicidades e orou para que o Senhor abençoasse o trabalho do jovem ministro. Mas seria o "muito comunicativo" Archibald Brown, e não Mortier, quem, cinco anos depois, conduziria na imprensa local uma campanha extremamente desmoralizante contra a LMS e seus missionários.

Apesar do sucesso de sua missão, Smith sentia-se ocasionalmente desanimado, e nesses dias escrevia cartas amargas para os diretores. Nelas enfatizava os problemas diários que enfrentava e lamentava não estar recebendo o apoio que Wray tivera quando Post ainda vivia.[116] Van der Haas, o administrador, era um "inimigo da religião", e, se não fosse por Van Cooten, Smith talvez não tivesse podido permanecer na fazenda. Também se queixava da oposição dos fazendeiros e dos ataques da imprensa contra os missionários. Esses sentimentos não eram novos. Em outubro de 1817, apenas poucos meses após sua chegada, Smith escrevera:

Satanás está arregimentando suas forças numerosas e malévolas contra nós, e o que o jogo franco não pode realizar ele está conseguindo executar por meio da falsidade e da fraude. Nosso caráter como um corpo de missionários está representado nos jornais locais nas cores mais negras.

Em seguida, acrescentou sarcasticamente que sabia como agradar aqueles que tanto se opunham aos missionários. Bastava que pregasse apenas aos brancos, abandonasse os escravos e banisse de seus sermões qualquer referência ao terceiro, quarto, sétimo e nono mandamentos.[117]

Quanto maior o seu sucesso entre os escravos, tanto maior o ressentimento dos fazendeiros e sua oposição a Smith. O missionário aspirava a que Wilberforce e outros líderes políticos da Inglaterra manifestassem claramente seu apoio à missão em Demerara. Por algum tempo, alimentou a ideia de escrever uma carta anônima à *Philanthropic Gazette,* descrevendo a situação na colônia, na esperança de levantar a opinião pública da metrópole.[118] E de fato foi uma carta sua, sobre as condições de vida dos escravos, enviada para a metrópole em 1818 — da qual foram publicados trechos na *Evangelical Magazine —,* que ocasionou seu primeiro confronto com as autoridades locais.

Na carta, Smith se queixava de que alguns fazendeiros obrigavam seus escravos a trabalhar aos domingos. Após a publicação, o fiscal chamou-o para obter os nomes dos fazendeiros. Smith recusou-se a identificá-los. Parecia-lhe absurdo ter de provar algo que era óbvio para todos na colônia. Numa atitude de desafio, disse ao fiscal que não se sentia obrigado a identificar ninguém, mas que esperava que a carta surtisse o efeito desejado nos "magistrados" e eles impedissem esses "abusos indignos contra o dia de domingo". O fiscal respondeu que levar a público esse fato exasperara as autoridades locais. O caso foi encerrado, mas deixou marcas. Alguns meses depois, Davies escrevia à LMS prevenindo para a necessidade de se ter muita cautela ao selecionar extratos das cartas dos missionários para a *Evangelical Magazine,* particularmente porque alguns dos oponentes mais determinados dos missionários tinham acabado de ser eleitos para o Colégio de Kiezers.[119]

Apesar das tentativas de agradar aos brancos, Davies e Elliot não conseguiram evitar diversos confrontos com eles. Davies foi provocado por um grupo de jovens que cantava músicas obscenas e fazia barulho perto da capela enquanto ele pregava. O missionário deu início a um processo judicial contra eles e, em retaliação, os jovens também o processaram. Elliot, acusado de corrupção, também estava em apuros. Os três missionários encontravam-se com frequência para discutir a estratégia a seguir e apoiar-se mutuamente. Decidiram criar uma Sociedade Auxiliar e fazer reuniões anuais. Wray, que estava em Berbice, juntou-se ao grupo. Mas não tardaram a surgir brigas entre eles. Smith gostava de Wray, e este aparentemente apreciava a devoção de Smith ao trabalho, mas os dois não gostavam de Davies e Elliot. Embora Smith se esforçasse para aplacar as animosidades e tentasse melhorar as relações entre eles — ou pelo menos assim imaginava —, ele frequentemente se via em desacordo com os dois e voltava para casa abatido. Smith não aprovava a conduta de Elliot e Davies. O que o desagradava mais era a tendência de Elliot para bisbilhotar e difamar.[120] Os modos e o temperamento independente da mulher de Elliot também o escandalizavam. Certa vez ela ousou ir sozinha com um tal de capitão Ferguson da cidade à fazenda Le Resouvenir passar o dia com os Smith.[121] No dizer de Smith, esse não era um comportamento adequado para mulher alguma, muito menos para a esposa de um missionário. Jane compartilhava dos sentimentos do marido e por vezes as duas mulheres brigavam.

Antes de completar o primeiro ano em Demerara, Smith já se encontrava completamente desencantado com os missionários que não partilhavam do seu comprometimento com a pregação aos escravos e que pareciam preocupar-se mais com os assuntos mundanos. "Agora vejo os missionários de uma maneira muito diferente de como eu os via antes de vir para Demerara. Imaginei que eles fossem verdadeiros amantes do Homem, mas, até onde vai o meu conhecimento, não os vejo falar bem nem daqueles que os sustentam."[122] Com o passar do tempo, o relacionamento de Smith com eles foi se tornando cada vez mais difícil e a pequena organização que haviam criado acabou sendo dissolvida.[123] Ainda assim, apesar dos conflitos e desapontamentos, os missionários tinham de se manter unidos. Por isso continuaram a se visitar e a orar juntos de vez em quando.

Embora as relações com Davies e Elliot fossem sempre difíceis, Smith apreciava as visitas de Wray. "É realmente agradável conversar com um amigo verdadeiramente cristão. É como óleo para nossas juntas", escreveu após uma visita. Mas os dois homens viviam a muitos quilômetros de distância e só se viam vez ou outra. Smith se sentia só. Lastimava não ter amigos verdadeiros. "Sinto necessidade de um amigo e conselheiro cristão", escreveu em novembro de 1822. "Temos missionários da mesma sociedade, mas, felizmente para a colônia, embora infelizmente para a causa da religião e justiça, o governador e a corte os compraram, um por cem e o outro por duzentos dobrões por ano."[124]

Smith se sentia cada vez mais deprimido. Não tinha amigos e seu trabalho era difícil e cheio de desafios. Os diretores da LMS não pareciam se dar conta da necessidade de apoio e reconhecimento, e raramente respondiam às cartas do missionário. Jane estivera doente desde a chegada à colônia e passava parte do dia na cama. O casal tinha pouco contato com outros brancos, com os quais mantinham relações quase sempre distantes e por vezes hostis. Exceto por alguns administradores e feitores com quem ocasionalmente ceavam, e alguns capitães de barco como Ferguson, que aparecia de vez em quando, a vida social dos dois era mínima. Apenas Van Cooten, o procurador da fazenda, era sempre bondoso e solidário. Quanto aos demais, Smith sentia que sua atitude precisava ser de constante desconfiança. Era impossível prever o que poderiam fazer. Uma vez ou outra recebia carta da mãe ou de algum amigo da Inglaterra. Mas isso só o fazia sentir-se mais solitário e saudoso. Aguardava com ansiedade os jornais de Londres, que chegavam com semanas de atraso. Eles eram seu único contato com o mundo exterior.

Na verdade, além de Jane, os únicos amigos que Smith tinha eram os escravos. Embora um mundo de experiências e significados o separassem da congregação, os escravos lhe davam um sentimento de realização. "Não podemos esperar usufruir dos prazeres da sociedade aqui. Eu deveria sentir pena por não encontrar prazer na companhia de nossos vizinhos brancos. Aos negros não temos acesso, exceto quando vêm para se instruir, e nessas ocasiões sinto um grau de felicidade que nunca pensei pudesse sentir no meio deles", escreveu ele em dezembro de 1821.[125]

Assim, ele passou a se devotar quase obsessivamente à sua congregação:

Ontem fiquei tão ocupado o dia todo que mal tive tempo de comer alguma coisa. No serviço matinal examinei catorze ou quinze candidatos ao batismo, o que me ocupou até as dez e meia. Depois fui tomar meu café da manhã. Antes que tivesse tempo de tomá-lo, apareceram à minha porta oito ou nove negros desejando falar-me sobre as preocupações de suas almas. Passei quase uma hora com eles, depois fui para a capela pregar. Após o serviço anotei os nomes de cerca de cinquenta pessoas que queriam servir a Deus, como eles dizem. Tendo mandado as pessoas embora por volta de três e meia, fui à Lusignan ver o sr. Brown, que estava muito doente e me mandou chamar. O sr. B. é ou era professor de religião, e creio que membro dos wesleyanos, mas se degenerou no espírito e na conduta dos fazendeiros, de modo a não mais recusar o trabalho no dia de domingo etc. Consciente de seu estado de degradação, ele vem sentindo muito desassossego em sua mente. Depois de conversarmos e orarmos, ele disse que se sentia muito mais confortável interiormente [...]. Cheguei em casa por volta das nove horas e me senti muito mal e tão doente que vomitei abundantemente. Acho que isso é devido a muito esforço e pouca comida.[126]

A doença que minava seu corpo fazia progressos visíveis. Ele tossia constantemente, sentia dor no peito, respirava com dificuldade e às vezes mal podia pregar. Mas em vez de desestimulá-lo, a doença parece ter lhe dado um sentido de missão renovado e até mais intenso.

Seus esforços foram amplamente recompensados. Um número surpreendente de escravos ingressou na congregação.[127] O trabalho de Smith tornou-se tão esmagador que ele decidiu dividir os escravos em grupos, de acordo com as fazendas, e escolheu alguns dos mais aplicados para servir de professores. Em setembro de 1821, havia cerca de trinta professores instruindo ativamente os adultos e outros seis ou oito instruindo as crianças sob a supervisão de Jane Smith.[128]

Os escravos também tomaram iniciativas próprias e começaram a se reunir à noite para ler a Bíblia e recitar o catecismo. Em Demerara, como em outros lugares, eles criaram sua própria Igreja, que iria "testemunhar o Cristo à sua maneira".[129] Os encontros de escravos, como era inevitável, despertaram as suspeitas dos proprietários e administradores das fazendas, e o controle sobre eles tornou-se maior. Alguns administradores chegaram até a proibir que fizessem reuniões religiosas. As restrições levaram a uma confrontação crescente. Pollard, administrador de diversas fazendas (Bachelor's Adventure, Enterprise e Non Pareil), puniu severamente os escravos que apanhou catequizando outros.[130] Dois meses depois, Cuming, proprietário da Chateau Margo, deu cinquenta chibatadas em cada um dos que se haviam recusado a trabalhar aos domingos. Os escravos da Bachelor's Adventure estavam constantemente se queixando de perseguição e castigo injusto. Em março de 1821, o conflito entre administradores e escravos alcançou proporções tais que estes pediram a intervenção dos burgomestres Mc-Turk e Spencer, primeiro, e do fiscal, depois. Os escravos se queixaram de que o administrador não tinha nada contra eles a não ser a religião, e eles perguntaram ao fiscal se não tinham direito de ir à capela e de se reunir para orar e catequizar. O fiscal disse que tinham liberdade para ir a qualquer local de oração e fazer suas reuniões na fazenda[131] — declaração que deve ter desagradado ao administrador mas que por certo agradou aos escravos. Conflitos semelhantes ocorreram em outras fazendas. Passado um mês, um escravo disse a Smith que dois homens da fazenda Hope tinham ido à capela espionar e assim saber quais escravos estavam assistindo aos serviços. Os homens supostamente anotavam os nomes para puni-los. Muitos meses depois, novamente contaram a Smith que três escravos da Hope haviam sido açoitados e postos no tronco só por terem ido à capela. Em setembro de 1822, um dos irmãos Rogers chamou Smith porque alguns escravos tinham desacatado o administrador da Clonbrook quando este os açoitava, dizendo que ele podia destruir seus corpos mas não suas almas. Quando Smith os interrogou, eles explicaram que haviam sido castigados por assistir aos serviços e que, enquanto recebiam as chibatadas, o administrador, com sarcasmo, mandou que fossem procurar o pastor, uma vez que eram tão "amigos" dele. A conclusão de Smith foi a de que Hugh Rogers, assim como seus irmãos, eram "implacáveis inimigos da instrução dos negros".[132] Alguns meses depois, um escravo da Le Resouvenir disse a Smith que o administrador mandara o capataz açoitar as pessoas que tivessem ido à capela. Smith investigou e descobriu que muitos dos escravos da Le Resouvenir tinham dormido na Success, e muitos outros na capela, para evitar represálias. Aparentemente, o administrador queria que os escravos dançassem e, "para animá-los, dera-lhes um balde de rum, além das rações". Mas os que eram cristãos se recusaram a dançar, e assim despertaram a raiva do administrador. Esses desafios à autoridade irritavam senhores e administradores e agravavam sua má vontade em relação ao missionário. Começaram então a se queixar ao governador. Mais cedo ou mais tarde, era inevitável que acontecesse um confronto entre Smith e as autoridades.

Em outubro de 1819, Smith envolveu-se num incidente desagradável com seu vizinho, o fazendeiro e burgomestre Michael McTurk. Alguns escravos da Le Resouvenir adoeceram com varíola. Van der Haas, o administrador da fazenda, imediatamente avisou os fazendeiros vizinhos.[133] Temendo que a doença se alastrasse, eles proibiram a ida dos escravos à capela.[134] A princípio, os escravos não levaram a ordem a sério. Quamina relatou a Smith que dissera ao administrador da Success que não havia perigo em ir à capela porque ou os escravos já tinham tido varíola ou haviam sido vacinados. Mas o administrador insistiu na obediência à ordem. No domingo seguinte, muito poucos escravos assistiram aos serviços religiosos.

Para Smith, a interdição imposta pelos administradores parecia ser uma conspiração contra a religião. Sempre lhes dava satisfação encontrar alguma desculpa para impedir os escravos de ir à capela. Havia apenas três doentes, que haviam sido removidos para uma casa a quase cinco quilômetros da capela. Na opinião dele, os escravos que fossem à capela na Le Resouvenir correriam tanto perigo quanto as pessoas que assistissem aos serviços em Tonbridge caso três estivessem com varíola numa casa solitária em Hampstead Hill. Ademais, tinha havido casos de varíola na cidade e, no entanto, a maioria dos fazendeiros dera de bom grado os passes para que os escravos fossem ao mercado aos domingos, e nem o governador nem o fiscal pareceram se importar com o fato.

Poucos dias depois, Van der Haas foi demitido da Le Resouvenir por sua crueldade e substituído por John Hamilton. Mas a restrição continuou.[135] Smith recebeu uma ordem do fiscal para interditar a capela a todos os escravos que não pertencessem à Le Resouvenir até que a varíola passasse. O missionário aquiesceu, com relutância, e mandou embora os escravos. Ele estava convencido de que fora seu vizinho quem persuadira o fiscal da necessidade dessa medida. E acreditava que McTurk estava usando a varíola como pretexto para afastar os escravos da capela. Para verificar as queixas de McTurk, Smith decidiu ir ao "pavilhão dos doentes". Lá encontrou cinco homens: dois tinham se recuperado inteiramente, um estava quase bom, outro era um caso grave de tétano e havia apenas um com varíola. O missionário ficou estarrecido com as condições em que os homens se encontravam. Estavam num casebre miserável cuja entrada não era maior do que a porta de um canil. Não havia espaço suficiente para se ficar de pé. O lugar era escuro e a única luz vinha da porta. Havia goteiras por toda parte e os doentes apenas tinham uma camada de folhas para se deitar. O médico nunca aparecera para vê-los.[136]

Poucos dias depois da visita de Smith, McTurk, que estava atuando como médico, foi ver os escravos. Ao verificar que já estavam recuperados, mandou-os para casa e ordenou que as roupas e o casebre fossem queimados. Escreveu então a Hamilton, da Le Resouvenir, perguntando se algum escravo de outras propriedades vinha participando dos serviços religiosos. O administrador mostrou a carta a Smith, que o aconselhou a dizer a verdade. Hamilton informou que o missionário havia seguido as instruções do fiscal. Mas McTurk escreveu de volta, pedindo mais detalhes. Enquanto isso, a interdição da capela continuou vigente. O incidente todo enfureceu Smith: "É surpreendente como o homem é malignamente hostil à causa da religião [...]. Muito me engano se um burgomestre como esse não é uma desgraça e uma maldição para o governo a que ele está ligado".[137] Na véspera do dia de Natal, diversos escravos disseram a Smith que tinham recebido ordens dos administradores de não ir mais à capela. Disseram que a ordem partira do fiscal e tinha sido levada de uma fazenda a outra por "um homem de casaco vermelho". Smith prometeu investigar a história. Finalmente descobriu que McTurk havia solicitado ao fiscal que emitisse a ordem, argumentando que a varíola poderia ainda estar "latente" na Le Resouvenir.

Aquele Natal de 1819 foi o pior de todos que o casal de missionários havia passado desde que saíra da Inglaterra. Nenhum escravo de outras fazendas esteve presente aos serviços religiosos. Smith ficou terrivelmente perturbado. E queixou-se a Van Cooten da intolerância de seu vizinho. O procurador prometeu falar com McTurk e dois dias depois o missionário recebeu uma carta de Van Cooten dizendo que McTurk prometera pedir ao fiscal que suspendesse a interdição à capela. Quase duas semanas se passaram antes que Smith tivesse alguma notícia do procurador. Van Cooten disse que recebera uma carta do fiscal informando-o de que o governador estava pronto para suspender a interdição, mas só depois que o "doutor" McTurk examinasse os escravos duas vezes. Após muita altercação, quando Smith e McTurk trocaram palavras violentas, a interdição foi finalmente suspensa. Mas nunca houve uma melhora no relacionamento entre os dois homens, e a inimizade entre eles revelou-se, no fim, fatal a Smith.

A fazenda de McTurk, Felicity, era contígua à Le Resouvenir. Smith sempre via os escravos de McTurk trabalhando aos domingos, e toda vez que se apresentava uma oportunidade de falar com algum deles, o missionário insistia em dizer que em vez de trabalhar nesse dia eles deveriam ir à capela. Os escravos lhe contaram que o senhor não gostava de religião e sempre ameaçava puni-los se fossem à capela. Mas Smith não sossegou. Um dia encontrou um escravo da Felicity na estrada e perguntou se o homem já tinha ido à capela. Ele respondeu que o "doutor" não o deixara ir. Smith insistiu. "Acho que você não quis ir; será que não quer servir ao Deus que fez você?" "Ah, Sinhô! Nós quer servir a Deus, mas o doutor diz, se a gente vai à capela, ele vai nos cortar a b ___ ", respondeu o escravo. "Acredito que aquilo que o negro disse é verdade", Smith escreveu no diário, "pois, embora a propriedade de McTurk confine com a Le Resouvenir, nunca soube da presença de nenhum escravo dele na capela, e fiz muitas investigações. Eles estão frequentemente, se não sempre, no trabalho, enquanto os outros estão na capela.[138]

Passados alguns meses, Smith deu carona em sua sege a um dos escravos de McTurk, e perguntou-lhe se assistia aos serviços religiosos (sabendo perfeitamente qual seria a resposta). Como era de presumir, o escravo disse que seu senhor não o deixava ir à capela. "Aos domingos você pode ir a outras fazendas onde haja cristãos e lhes rogar que ensinem a você", sugeriu Smith. "Domingo e dia de trabalho é tudo igual para a gente", foi a resposta do homem. "O que você quer dizer com isso? Os escravos não devem guardar o dia de domingo?", perguntou Smith. "Não, não estou dizendo isso. Mas o doutor manda a gente trabalhar nos domingos", continuou o homem. "Você é criado da casa?", Smith indagou. "Sou, agora que o outro tá doente o doutor me levou para dentro de casa." Smith insistiu: "Então, se você é criado da casa, vai muitas vezes à cidade. Quando andar pela estrada com pessoas sensatas, você deve pedir que lhe ensinem o catecismo, para que possa saber quem é Deus". Mas o escravo respondeu em tom sério: "Sinhô, o doutor não gosta que a gente sabe quem é Deus. Uma vez ele me escutou dizer Deus sabe e ele disse, 'Ah, você sabe quem é Deus, não é?'. E me fez comer o sabão com que estava se lavando e deu a um outro moço um chicote e mandou ele me dar uma chicotada porque eu sabia quem era Deus". Esta era exatamente o tipo de resposta que Smith esperava ouvir.[139] Se a conversa entre Smith e o escravo chegasse aos ouvidos de McTurk, este ficaria furioso. Ele afinal se convenceria, se é que já não estava convencido, de que o missionário estava deliberadamente minando sua autoridade e instigando os escravos à desobediência.

McTurk não era um grande fazendeiro. A Felicity era uma propriedade pequena. Muitas fazendas em Demerara tinham duas ou três vezes mais escravos. McTurk deve tê-la comprado por volta de 1815, quando fora anunciada por 15 mil libras esterlinas, com um pagamento inicial de 8 mil libras e o restante em quatro prestações anuais. A fazenda possuía 4500 metros plantados de algodão, 4 mil metros de bananeiras e quinhentos de pasto; tinha noventa escravos, uma grande casa de moradia com uma cisterna de tijolo, uma cozinha, um galpão para o algodão, outro para descaroçá-lo, um estábulo, um pavilhão dos doentes e um galpão para depósito, duas casas de escravos de uns trinta metros de comprimento e três hortas. A propriedade tinha sido oferecida a 8500 libras sem os escravos, e com ou sem duas vacas leiteiras, dez carneiros e sessenta porcos.[140] McTurk provavelmente levantou uma hipoteca para adquirir a Felicity e estava ansioso para extrair o máximo de trabalho dos escravos, de modo a poder pagar suas dívidas o mais rápido possível e começar a obter lucro.

Como fazendeiro residente, McTurk tinha conseguido ser eleito para diversos cargos públicos e acumulava várias funções. Em 1821, tornou-se membro da Court of Policy.[141] Era também burgomestre para a Costa Leste e "supervisor de caminhos", o que significava vistoriar as estradas e as pontes de seu distrito (que incluía a Le Resouvenir). Ele também se atribuía a função de médico. Como membro da Saint Andrew's Society,[142] uma irmandade religiosa que reunia muitos dos escoceses de Demerara, McTurk pertencia a uma rede poderosa de fazendeiros e comerciantes, que incluía homens como Lachlan Cuming, proprietário da Chateau Margo, John Fullarton e Evan Fraser, membros do Colégio de Kiezers, e outros homens que portavam títulos como "Esquire" e "Honorável".[143] Em suma, McTurk era um homem que ninguém em Demerara gostaria de ter como inimigo.[144] Era também um homem duro e obstinado, provavelmente incapaz de esquecer o incidente da varíola ou perdoar qualquer atitude insolente da parte de um missionário. Ocupando uma posição na Court of Policy, McTurk poderia causar um grande mal a Smith.

A oposição de McTurk tornou-se novamente clara quando Smith recorreu ao governador para obter um terreno público para uma nova capela em Mahaica. Isso aconteceu quando Mercer, o velho companheiro de Smith, chegou a Demerara vindo de Trinidad, onde enfrentara muita oposição das autoridades locais. Satisfeito com a transferência de Mercer, Smith achou que ele deveria encarregar-se de uma nova missão em Mahaica — ideia que vinha acalentando havia pelo menos um ano. Com esse objetivo em mente, os dois foram à Clonbrook, cerca de 25 quilômetros a leste da Le Resouvenir, a fim de pedir o consentimento de John Rogers para a construção de uma capela no "caminho da companhia", contíguo a sua fazenda.

O caminho da companhia era de propriedade do governo. Entre cada duas fazendas havia um caminho de cerca de dezoito metros de largura que se estendia por muitos quilômetros do mar para o interior. No passado esse caminho pertencera à companhia colonizadora, mas depois passara ao governo. Smith imaginara que um terreno ali poderia ser usado para uma capela. Rogers disse que não faria objeção, mas aconselhou os missionários a falar com Charles Grant e Hugh Rogers, da Bachelor's Adventure, para se certificar de que estes concordariam com o plano. Depois de conversar com Grant e Rogers, Mercer recorreu ao governador, mas foi informado de que este recebera "sérias queixas" contra Smith e queria investigar o caso mais detidamente antes de tomar qualquer decisão. Tendo-se passado um mês sem que Mercer recebesse nenhuma notícia, Smith decidiu falar com o governador.

O governador recebeu os dois missionários, mas foi evasivo, dizendo vagamente que as queixas tinham algo a ver com as reuniões noturnas. E acrescentou que eles teriam de trazer a aprovação escrita dos "cavalheiros" das fazendas vizinhas ao local onde queriam erigir a capela. Quando os missionários expressaram seu temor de que alguns dos proprietários talvez discordassem, o governador respondeu com rudeza que evidentemente não poderia forçá-los a aceitar a capela. Embora suspeitando ser isso inútil, Smith e Mercer tentaram de novo. Primeiro, se aproximaram de Van Cooten, que sempre apoiara os missionários, e lhe pediram uma carta de recomendação. De posse da carta, visitaram dois fazendeiros que contribuíam para a LMS. No entanto, ambos se recusaram a apoiá-los, alegando ser contra as reuniões noturnas. Os missionários não desistiram. Tendo sabido que um fazendeiro recém-chegado da Inglaterra via com bons olhos a instrução dos escravos, foram visitá-lo, mas ele também negou seu apoio, por temer desagradar aos outros fazendeiros.[145] Mercer afinal teve de abandonar seu plano. Passado um ano, obteve permissão de um proprietário em Leguan para ocupar temporariamente uma casa velha em sua propriedade, até que encontrasse uma residência permanente em Essequibo. Mas o homem exigiu que não houvesse serviços religiosos em dias de semana, proibiu-o de ensinar os escravos a ler e também negou permissão para que escravos de outras fazendas entrassem na propriedade para participar dos serviços religiosos. E certa vez, quando Mercer conduzia um culto noturno, o homem ameaçou expulsá-lo da fazenda.

Smith não abandonaria, entretanto, a ideia de encontrar uma posição para Mercer em Demerara. Continuou a procurar outras pessoas até que por fim, em setembro de 1822, o proprietário da Dochfour, John Reed, disse-lhe que daria um terreno em uma de suas propriedades, aproximadamente vinte quilômetros a leste da Le Resouvenir, para a construção de uma capela — desde que o missionário obtivesse a permissão do governador.[146] Smith declarou irritado: "Isso irá me trazer muitos problemas e acarretará despesas, e talvez me impeça de obter o terreno, pois tenho razões para acreditar que ele não é nada amigo dos esforços religiosos. A política talvez o induza a fazer uma demonstração de amizade em alguns casos e para alguns indivíduos".

Dois dias depois, ele foi ao governador Murray, mas lhe disseram que este já havia saído e não voltaria mais naquele dia. Essa foi apenas a primeira das muitas viagens infrutíferas a Georgetown. Com obstinação característica, Smith perseguiu Murray semana após semana, sem sucesso. Às vezes lhe diziam que o governador já saíra outras vezes que ainda não chegara e que ninguém sabia quando viria. Finalmente, Smith foi informado de que o governador encaminhara sua petição para McTurk rever. "Isso não deixa dúvida sobre qual será o resultado", refletiu Smith. "McTurk é um dos maiores inimigos da instrução dos negros em toda a costa." Como ele previra, a petição foi rejeitada. Mas, teimoso como era, Smith renovou o pedido,[147] e as visitas frustrantes ao gabinete do governador recomeçaram. Durante meses ele voltou várias vezes à cidade, mas jamais conseguiu ver Murray. Sempre instado a voltar no dia seguinte, sua frustração transformou-se em ódio:

> Acabei de chegar de mais uma jornada infrutífera; fui para ter resposta à minha petição, mas de novo soube pelo secretário do governador que Sua Excelência não tinha dado nenhuma ordem a respeito, mas que eu poderia esperá-la amanhã. Tudo faz crer, imagino, que o governador não sabe como recusar, mas está determinado a me atormentar tanto quanto seja possível esperando que me can-

se de fazer solicitações e assim as abandone. Mas sua oposição mesquinha não terá êxito desta ou de qualquer outra maneira se depender de mim. Ai de nós por essa colônia ser governada por um homem que se opõe tão tenazmente aos progressos morais e religiosos dos escravos negros! Mas ele próprio tem interesse em perpetuar o sistema atual — e sem dúvida se preocupa em fazê-lo — e com essa finalidade provavelmente adota a noção comum, embora não desprovida de fundamentos, de que os escravos devam ser mantidos na brutal ignorância. Fossem os escravos esclarecidos e eles teriam de ser e seriam mais bem tratados.[148]

Na quinta vez que Smith foi à King's House para ver se havia alguma resposta à sua petição, o secretário lhe disse que recebera do governador um relatório feito por McTurk, contendo uma série de graves acusações contra o missionário. Smith pediu para ver o relatório. O secretário prometeu falar com o governador sobre isso. Mas, embora Smith tenha tentado outras vezes, nunca mais lhe deram notícia alguma da petição. Por fim, depois de muitos meses de esforço e exasperação, o missionário teve de desistir. Era óbvio que o governador Murray não iria permitir a criação de uma outra capela.

A obstinação de Smith só podia irritar o governador, que se encontrava numa posição precária, constantemente pressionado por missionários de um lado e colonos do outro. Murray sabia que os missionários tinham ligações poderosas na metrópole, e que qualquer tentativa de restringir o trabalho deles seria condenada pelo governo britânico. O governo da metrópole o reprendera nove vezes por uma razão ou outra, e ele precisava agir de forma particularmente cuidadosa para não alienar o apoio oficial. Por outro lado, os colonos vinham se tornando cada vez mais hostis aos missionários. Entretanto, apesar da oposição, eles continuavam a chegar — primeiro Wray, depois Davies, depois Elliot, depois Smith, e finalmente Mercer (sem falar dos metodistas). Nada parecia desencorajá-los. A irritação dos colonos aumentava a olhos vistos e, sendo fazendeiro, era fácil para Murray simpatizar com esses sentimentos.

Os colonos observavam o movimento a favor da emancipação com apreensão crescente. Seguiam também com ansiedade os debates no Parlamento sobre o tráfico colonial. Embora ainda detentores de poder suficiente para proteger seus interesses, os colonos se sentiam cada vez mais ameaçados pela nova onda que punha em risco tanto a posse de escravos quanto os lucros derivados de seu trabalho. Para onde quer que se virassem, encontravam oposição a seus interesses por parte de grupos da metrópole. Negociantes das Índias Orientais, comerciantes de Londres, donos de manufaturas de Manchester, armadores, donos de destilarias e consumidores britânicos, abolicionistas e dissidentes protestantes — todos pareciam estar de uma maneira ou de outra conspirando contra os fazendeiros. Até o governo britânico parecia voltar-se contra eles. Sentindo-se ameaçados e desamparados, eles davam vazão à irritação voltando-se contra os missionários evangélicos. Quando os escravos se sublevaram em 1823, os colonos encontraram sua oportunidade de vingança.

5. Vozes no ar

Tenho uma cabeça para os brancos verem
Uma outra para o que sei que sou eu
Ele não sabe, ele não conhece minha cabeça.[1]

Em 1831, em resposta aos que acusaram os amigos da emancipação de instigar as revoltas dos escravos, o abolicionista norte-americano William Lloyd Garrison escreveu:

> Os escravos não precisam de nossos incentivos. Eles os encontrarão no lanho dos açoites, em seus corpos emaciados, em sua labuta incessante, em suas cabeças ignorantes, em cada campo, em cada vale, em cada topo de morro e de montanha, onde quer que você e seu pai tenham lutado pela liberdade — em seus discursos, suas conversas, suas celebrações, seus panfletos, seus jornais — vozes no ar, sons do além-mar, convites à resistência, acima, abaixo, em volta deles![2]

Garrison desdenhava aqueles que viam um instigador externo por trás de toda revolta. Mas era preciso ser um abolicionista como ele para compreender a questão tão claramente. Proprietários de escravos, administradores e autoridades reais teriam considerado ameaçador demais reconhecer que as sementes da rebelião estavam realmente por toda parte, assentadas na própria experiência dos escravos. Seria ainda mais assustador admitir que a experiência dos escravos transcendia os limites das fazendas para abarcar um mundo maior de símbolos e significados, flutuações do mercado e políticas imperiais, lutas pelo poder e ideologias revolucionárias — um mundo que escapava a seu controle.

Como os opressores de todos os tempos e lugares, os donos de escravos, os administradores e os funcionários reais preferiam pensar que os oprimidos só se rebelariam se instigados. Ao converter um processo histórico tão complexo como a resistência e a rebelião numa conspiração promovida por alguns poucos homens, eles buscavam preservar a ilusão de que podiam controlar o que era de fato incontrolável. Somente se a rebelião pudesse ser comparada à possessão de um corpo saudável por um espírito do mal, ela poderia ser exorcizada. A primeira tarefa era então identificar os instigadores da revolta. A seguir, viriam os rituais de exorcismo: julgamento, flagelação e morte.

Foi assim em Demerara em 1823, quando os escravos se sublevaram. Fazendeiros, administradores e autoridades locais passaram muitos dias tentando encontrar os líderes da rebelião. Culparam os abolicionistas britânicos, os missionários evangélicos e o "partido reformista" de Wilberforce pela destruição de vidas e propriedades. Convocaram centenas de testemunhas — escravos, administradores, senhores, oficiais do regimento, missionários, qualquer um cujo depoimento pudesse servir a seus propósitos. A investigação deu origem a uma extraordinária coleção de documentos que oferece um quadro vívido da rebelião dos escravos. Mas é preciso que os autos dos processos sejam interpretados com cuidado. Muitos fatos foram sem dúvida distorcidos. A maioria das provas foi fornecida por brancos sedentos de vingança ou por escravos paralisados pelo medo de incriminar-se e que tentavam se insinuar junto às autoridades na esperança de serem poupados. Há também muitas contradições e omissões. As testemunhas responderam apenas às perguntas feitas. Talvez não falassem do que consideravam relevante, mas daquilo que os que conduziam os inquéritos pareciam considerar valioso. Alguns escravos ouviram dizer que o tribunal os trataria com mais condescendência se testemunhassem contra John Smith (fato descoberto mais tarde). E eles testemunharam. Alguns tentaram se desculpar culpando outros. A maioria provavelmente mentiu uma ou outra vez. Como alguns não falavam inglês, seus depoimentos foram tomados por intermédio de intérpretes que, embora sob juramento, podem tê-los alterado. E quando os escravos falavam inglês, mal se pode reconhecer suas vozes depois de transformadas em inglês "legível" por burocratas zelosos.[3]

Os autos suscitam muitas perguntas. Teriam os escravos usado a expressão negros quando se referiam uns aos outros, como o transcrito e outros documentos produzidos por brancos sugerem? Ao falarem sobre suas esposas, os escravos teriam dito que "mantinham uma garota"? Falariam de "novas leis vindas a público" na Inglaterra? Ou essas eram expressões usadas por brancos como símbolos verbais dos depoimentos dos escravos? Até que ponto os escravos haviam sido privados da própria fala nesse processo? Não é da natureza da dominação arrogar-se o dominador o direito de falar pelo dominado? Quanto do discurso original trazido da África já havia sido perdido, antes mesmo dos depoimentos? Quanto da maneira de falar dos brancos já havia sido absorvida pelos escravos?

A esses somam-se outros problemas. O depoimento às vezes é vago em relação às questões de tempo e é difícil dizer com precisão quando algo ocorreu. Uma ou duas semanas antes da rebelião? Um ou dois anos? Como declarou um escravo perplexo, quando Smith certa vez lhe perguntou a idade do filho: escravos "não [são] educados pra isso".[4] De fato, por que deveriam se importar com o "tempo" tal como os brancos o definiam? Isso só interessava aos senhores e administradores: eles queriam ter certeza de que os escravos iniciavam o trabalho na hora certa, não tiravam nenhuma hora a mais no período do almoço e não largavam o serviço cedo demais à noite. Os senhores e os administradores tinham de se preocupar com os horários de idas e vindas dos navios, a hora em que tinham de fazer o relatório da produção da propriedade, a hora de pagar impostos e contas, a hora em que recebiam o dinheiro. Os escravos, não. Então, por que deveriam se importar? Para eles havia apenas o tempo de trabalho, que pertencia aos senhores, e o "tempo livre" — que lhes pertencia.

Mas, apesar de todas as muitas e possíveis distorções, imprecisões e falhas, habituais em evidências obtidas em processos de julgamento e inquéritos desse tipo, os autos são tão volumosos e detalhados que é possível (comparando-se as informações deles com dados fornecidos por outros documentos) obter um quadro vívido e provavelmente bastante acurado do que aconteceu — tão acurado quanto possa ser um relato de qualquer acontecimento descrito por um historiador. De fato, é espantoso que sob tanta pressão os escravos conseguissem ser tão precisos quanto o foram, que se recordassem de tantos detalhes e que, quando comparados, seus testemunhos coincidissem em tantos aspectos. Tendo sido em sua maioria educados em culturas pré-letradas, nas quais a tradição oral desempenhava um papel crucial, os escravos foram capazes de se lembrar com grande exatidão dos sermões ouvidos, das conversas que tinham tido, dos lugares onde tinham estado, de um determinado banco da capela, de um certo degrau de uma varanda, de portas abertas ou fechadas, de gente que passava. E os que haviam aprendido a ler e escrever eram ainda capazes de repetir, quase palavra por palavra, cartas que haviam escrito ou recebido. Por fim — das centenas de páginas dos relatos das testemunhas, dos autos, dos diários e cartas dos missionários à London Missionary Society, dos relatórios dos fiscais, das minutas do Tribunal de Justiça, das memórias e narrativas dos milicianos e dos jornais da colônia — surge um quadro que confirma a verdade das palavras de Garrison. Existiam realmente vozes no ar.

Apesar do volume e da amplitude dos registros dos depoimentos e das discussões sobre o que ocorrera em Demerara, ninguém conseguiu determinar com exatidão o momento em que a ideia de sublevação se formou nas cabeças dos escravos, nem dizer exatamente qual teria sido o verdadeiro objetivo da revolta. Teriam eles, desde o início, pretendido rebelar-se e tomar a colônia à força — como alguns mais tarde insinuaram? Ou pretenderam apenas fazer uma greve — "abandonar seus instrumentos de trabalho", como foi dito por eles — para forçar o governador a implementar as "novas leis" procedentes da Inglaterra, favoráveis aos escravos, "leis" essas que fazendeiros e administradores pareciam relutantes em obedecer? Também não foi possível determinar com clareza se os escravos pensavam que as "novas leis" os libertavam ou se apenas esperavam obter dois ou três dias livres por semana, para que pudessem cultivar suas hortas, levar seus produtos ao mercado e assistir aos serviços religiosos. Todas essas diferentes versões aparecem nos documentos, e por vezes a mesma testemunha dá primeiro uma versão e depois outra. O que parece indicar que não só os rebeldes discordaram desde o início sobre as metas a alcançar, como no decorrer dos acontecimentos muitos mudaram suas estratégias e finalidades.

Alguns escravos disseram em seus depoimentos que a conspiração vinha sendo arquitetada havia mais de um ano.[5] De fato, em dezembro de 1820 correu o boato de que alguns escravos da Costa Leste tinham se envolvido num conluio. Alguns foram presos. Um escravo, Bill, foi levado para a prisão "por conspirar contra os brancos". Isso surpreendera Smith, que sempre o considerara um homem "quieto e de boa vontade". Mas a casa de Bill foi vasculhada e lá foi encontrado um revólver — ou assim disseram as autoridades. Outros três revólveres foram encontrados nos arredores.

Bill pertencia à família Rogers — proprietária da Clonbrook e coproprietária da Bachelor's Adventure. Ao que parece, Polidore, um escravo da mesma família, fugira e, ao voltar, informou ao senhor que havia se escondido na fazenda Success, onde soubera que os escravos de lá estavam arquitetando uma insurreição e que dela também pretendiam participar os escravos da família Rogers. Eles estavam economizando dinheiro para comprar armas, e Bill e alguns outros tinham revólveres em casa. O senhor de Polidore mandara avisar o fiscal, o qual ordenara uma busca. Não se encontrou nada na Success, mas Bill foi preso.

Quando soube que Polidore tinha se escondido na casa de Jack Gladstone, um escravo que às vezes assistia aos serviços na capela Bethel, Smith repreendeu Jack por abrigar um fugitivo. Jack negou ter conhecimento de que Polidore havia fugido. Talvez porque fosse filho de Quamina, Smith acreditou nele e concluiu que Polidore inventara a história toda para agradar ao senhor e escapar ao castigo.

Na ocasião da prisão de Bill, as autoridades coloniais estavam convencidas de que havia perigo iminente de uma sublevação, mas aparentemente, após o primeiro choque, a história de Polidore foi descartada. Boatos como esses eram rotina numa sociedade escravista e os brancos já tinham aprendido a conviver com eles. Após ter recebido chibatadas e passar uns dias na cadeia, Bill foi solto e todos esqueceram o incidente.[6] Mas, durante os processos de 1823, os escravos Sandy, da Non Pareil, e Bristol, da Chateau Margo, ligaram esse episódio à rebelião. Bristol mencionou também que de vez em quando seu cunhado Jack Gladstone e mais uns dois ou três diziam que todo mundo deveria lutar contra os brancos, e que, "se não conseguissem nada, eles iriam para o mato".[7]

Diversos episódios alarmantes ocorreram em 1822. Primeiro, incendiaram-se muitos prédios em Georgetown, em dias consecutivos. Em 28 de março, o governador ofereceu alforria a qualquer escravo (caso não fosse cúmplice no crime) que fornecesse ao fiscal informações que levassem à detenção e condenação de quem quer que tivesse causado o incêndio criminoso. Um mês depois, ele elevou a recompensa, oferecendo mais mil florins. Mas não se descobriu nenhum culpado e o caso continuou sendo um mistério.[8] Então, num dia de agosto, sete casas de escravos "acidentalmente" pegaram fogo na fazenda La Bonne Intention. Uma semana depois, os moradores da Costa Leste se alarmaram com o toque de sinos e sons de berrantes e búzios. A casa da fornalha da fazenda Mon Repos estava pegando fogo.[9] Nunca se apurou quem foram os responsáveis pelos incêndios, mas é possível que esses atos isolados de sabotagem tenham sido expressões do crescente descontentamento dos escravos.

O fato de muitos escravos da Success, incluindo Richard, um dos capatazes, terem ido embora da fazenda em 1823 não despertou muita atenção. Os escravos estavam constantemente fugindo e não havia motivo para crer que essa fuga fosse diferente das outras. Nunca se estabeleceu nenhuma ligação clara entre a fuga desses escravos e a rebelião, embora Richard tenha voltado no dia em que a rebelião irrompeu, como líder do grupo de negros mais agressivos (aqueles que agrediram John Stewart, o administrador da Success, e o puseram no tronco). Do mesmo modo, ninguém parece ter atribuído muita importância ao fato de que, quase na mesma época da fuga de Richard, muitos escravos começassem a chegar tarde ao trabalho.

Ninguém mais falou de rebelião até poucas semanas antes da decisão dos escravos de se sublevar (ou, se falaram disso, não há registro). Essa escassez de indícios, entretanto, não significa necessariamente que a conspiração não estivesse firmemente enraizada e há muito sendo arquitetada. Talvez signifique apenas que aqueles que recolheram as provas na ocasião do julgamento não estavam interessados em investigar o passado a fundo. Tudo o que queriam era encontrar os culpados da rebelião, e preferiam acreditar que os escravos não tivessem planejado tanto tempo e tão inteiramente por conta própria.

É possível, porém, que Bristol e Sandy estivessem certos, que a sucessão de incidentes, e muitos outros nunca registrados, não fossem apenas gestos fugazes de resistência dos escravos. Quando Jack disse que eles deveriam lutar, suas palavras talvez tenham sido mais do que o desabafo momentâneo de um escravo sonhando com a liberdade. A ideia de rebelião devia estar sempre latente em Demerara, assim como estava nas sociedades escravistas em toda parte — não uma noção clara e bem delineada, mas mera possibilidade: uma aspiração de liberdade que as circunstâncias poderiam cristalizar numa revolta. A conspiração poderia estar sendo tramada havia algum tempo. Essa interpretação parece ainda mais plausível se considerarmos que a redução do número de escravos, a queda nos preços das mercadorias e a transição para o açúcar ocorrida em algumas fazendas da Costa Leste fizeram com que os senhores aumentassem a exploração da mão de obra e transgredissem os direitos costumeiros dos escravos exatamente no momento em que a retórica dos abolicionistas britânicos e a pregação dos missionários evangélicos intensificavam tanto as noções de direito quanto os anseios de liberdade. A partir daí, a sublevação dos escravos seria apenas uma questão de tempo e oportunidade. Em Demerara, a oportunidade apresentou-se quando ocorreram duas situações contraditórias: uma, que levou muitos escravos da Costa Leste ao desespero e ao ressentimento, e outra, que os encheu de entusiasmo e esperança. A primeira aconteceu em maio de 1823, quando o governador Murray reeditou a proclamação de Bentinck proibindo que os escravos comparecessem à capela sem os passes. A segunda ocorreu algumas semanas depois, quando os rumores de emancipação começaram a se espalhar pela colônia.[10]

Em 25 de maio de 1823, Murray mandou aos proprietários "um extrato de um despacho contendo as instruções do governo de Sua Majestade relativas ao culto religioso dos negros nas propriedades". Na realidade, era uma antiga ordem dirigida a Bentinck pelo governo da metrópole muitos anos antes e reeditada pelo governador Carmichael. Como muitas das instruções relacionadas aos escravos, a ordem tinha sido desprezada. Murray sentira necessidade de ressuscitá-la.

O preâmbulo explicava que o governador decidira reeditar as instruções

> por ter tomado conhecimento da existência de uma concepção errônea, de natureza bastante grave, entre os negros de alguns distritos, e mais particularmente os das propriedades da Costa Leste; levando-os a considerar desnecessária a permissão de seus senhores para deixar a propriedade aos domingos a fim de assistir ao culto divino — uma concepção errônea de tendência tão prejudicial que torna efetivamente necessárias medidas ativas para erradicá-la.

Mas as instruções também enfatizavam que, "considerando as consequências benéficas que não podiam deixar de advir da expansão geral e judiciosa dos sentimentos religiosos entre os escravos", nada a não ser uma necessidade muito urgente "deveria compelir os fazendeiros a recusar os passes aos escravos que desejassem assistir ao culto divino aos domingos". Para evitar possíveis "abusos decorrentes dessas indulgências", o governador recomendava que um feitor, ou algum outro "branco", acompanhasse os escravos ao local da reunião. Isso teria a vantagem de permitir que o fazendeiro julgasse as doutrinas que estivessem sendo pregadas aos escravos.

Depois dessa introdução, vinham as instruções que haviam sido enviadas ao governador Bentinck, em 1811. Esse documento, quando de sua primeira publicação, perturbara enormemente Wray, que na ocasião se encontrava na Le Resouvenir. Era provável que, desta vez, o efeito em Smith fosse ainda maior. O documento começava enfatizando a importância de dar instrução religiosa aos escravos, mas em seguida definia uma série de regras visando a dar aos fazendeiros e administradores o poder de controlar a maneira como essa instrução deveria ser administrada. Era uma obra-prima da legislação colonial, destinada a não prejudicar nem o trabalho dos missionários nem os interesses dos fazendeiros. E como outras obras-primas da legislação colonial que tentavam satisfazer interesses antagônicos, e conciliar o que não podia ser conciliado, o documento fracassou. Ao comentar as instruções, Smith escreveu em seu diário: "A circular parece-me destinada a lançar impedimentos no caminho da instrução dos escravos, sob pretexto de satisfazer os anseios de, ou, antes, cumprir as ordens do governo de Sua Majestade".

Nas instruções, lia-se:

> Em primeiro lugar, deve-se compreender que não se pode impor nenhuma limitação ou constrangimento ao direito de instruir e de pregar numa propriedade particular, desde que as reuniões para esse fim ocorram na propriedade e com o consentimento e aprovação do proprietário ou feitor dessa propriedade. Em segundo lugar, como se ponderou que, em relação aos domingos, talvez possa ser inconveniente limitar o horário de reunião em capelas ou lugares públicos ao período entre o nascer e o pôr do sol, pode ser apropriado que, aos domingos, a permissão se estenda a certas horas do dia, a saber, das cinco da manhã às nove da noite — e que nos outros dias da semana seja permitido aos escravos reunir-se, com a finalidade de instrução e culto divino, entre as sete e as nove horas da noite, em qualquer propriedade vizinha àquela a qual pertencem, desde que tal

234

reunião aconteça com a permissão do proprietário, do procurador ou do administrador dos escravos, e do proprietário, do procurador ou do administrador da propriedade na qual a reunião ocorra. Em terceiro lugar, para evitar qualquer abuso possível, pode ser aconselhável que seja exigido o registro de todas as capelas e lugares de frequência pública destinados ao culto divino. O governador deve ter conhecimento dos nomes dos oficiantes e as portas dos lugares devem permanecer abertas durante o período de serviço ou instrução pública.[11]

A reedição dessas instruções de 1811 só podia acarretar problemas. Quando o governador Murray assumira o posto, todos pareciam já ter se esquecido das regulamentações, até que ele — pressionado pelas queixas de alguns dos cidadãos e observando que o fiscal tinha constantemente de intervir em conflitos entre administradores e escravos sobre serviços religiosos — decidiu, em 1823, desencavá-las do seu oblívio burocrático. O motivo dessa decisão foi um conflito numa fazenda sob a supervisão de John Pollard, o qual era administrador de diversas propriedades localizadas na Costa Leste. Os missionários e os escravos sempre o consideraram um homem que habitualmente perseguia os negros que iam à capela ou promoviam reuniões religiosas em suas casas. Um grupo de vinte escravos, homens e mulheres (entre eles Sandy e Telemachus, que depois desempenhariam um importante papel na rebelião), finalmente partiram para Georgetown a fim de registrar uma queixa na presença do fiscal. No caminho pararam para falar com o reverendo Wiltshire S. Austin, da Igreja Anglicana.[12] Talvez esperassem que o reverendo intercedesse por eles ou simplesmente lhes desse bons conselhos. Mas falaram com tanta veemência do propósito de antes morrer do que desistir da religião, que Austin tomou para si sugerir ao governador a conveniência de emitir algum tipo de regulamento esclarecedor. Austin certamente tivera a intenção de evitar conflitos, mas o resultado, ao contrário, foi aumentá-los ainda mais.[13]

Primeiro, a proclamação do governador gerou confusão; depois, provocou descontentamento entre os escravos que frequentavam os serviços na capela Bethel. Em 25 de maio, os burgomestres Michael McTurk e James Spencer ordenaram que os administradores de seus respectivos distritos, num dos quais estava a capela de Smith, "os acompanhassem" juntamente com quatro dos "negros principais" de cada propriedade para ouvir a leitura da circular contendo as instruções do governador. Os escravos souberam então que ninguém mais deveria ir à capela sem um passe, nem promover nenhuma reunião religiosa nas propriedades sem a permissão de seus administradores. Spencer foi muito agressivo, particularmente com Sandy, da Non Pareil, um escravo que promovia reuniões em sua casa para ensinar o catecismo. Spencer ameaçou castigá-lo se promovesse qualquer reunião contra a vontade do administrador.

A proclamação desencadeou uma série de confrontos em diversas propriedades. Houve hostilidades por parte de administradores e fazendeiros, resistência por parte dos escravos e indignação de Smith, a quem os negros foram se queixar. Segundo um escravo, o administrador recusou-se a dar-lhe o passe apenas por não gostar dele. O outro disse a uma velha que os escravos que não podiam trabalhar não podiam ir à capela. O administrador da Clonbrook jurou punir severamente qualquer um que fosse à capela Bethel. Em algumas fazendas os escravos tiveram que esperar horas por seus passes, perdendo assim o serviço dominical matutino. Em outras, só alguns escravos receberam passes. Como escreveu John Smith em seu diário, se todos agissem conforme as recomendações do governador, não haveria congregação no domingo de manhã.[14] Mas, enquanto alguns fazendeiros e administradores usaram as instruções, fosse como pretexto para perseguir escravos de quem particularmente não gostavam, fosse para vedar a todos a ida à capela, outros, conscientes do problema que tais restrições poderiam provocar, ignoraram inteiramente as instruções. Depois de algumas semanas de confusão e hostilidades, tudo voltou ao normal. Um mês depois, Smith pôde escrever em seu diário que o serviço da noite de quinta-feira tinha tido boa frequência, com uma assistência de trezentas pessoas. Um número ainda maior compareceu no domingo seguinte.[15]

Todavia, as sementes da discórdia haviam sido semeadas. No mesmo dia em que comemorou a grande frequência à capela, Smith registrou no diário que Isaac, escravo da Triumph, perguntara-lhe se as "novas leis" do governador proibiam os escravos de se reunirem nas propriedades à noite para aprender o catecismo. O administrador havia ameaçado castigá-los se o fizessem. Smith disse-lhe que a lei não dava esse poder ao administrador, mas o aconselhou a desistir em vez de "transgredir e ser punido". Esses incidentes, naturalmente, só poderiam irritar os escravos. A intervenção de Smith expondo a arbitrariedade e a injustiça do administrador só poderia intensificar o descontentamento e agravar a hostilidade dos administradores contra o missionário.

236

Foi nesse ambiente que começaram a circular rumores de liberdade. Correu o boato de que tinham vindo da Inglaterra alguns papéis que concediam liberdade aos escravos, mas que os senhores estavam escondendo a verdade.[16] Os rumores se fundamentavam em fatos ocorridos na metrópole. Em março de 1823, Thomas Fowell Buxton, um dos líderes da campanha abolicionista e íntimo associado de Wilberforce, apresentara uma moção à Câmara dos Comuns declarando, entre outras coisas, "que o estado de escravidão é repugnante aos princípios da Constituição britânica e à religião cristã; e deve ser abolido gradualmente em todas as colônias britânicas, com tanta presteza quanto possa ser consistente com o devido respeito ao bem-estar das partes envolvidas".[17] Sua finalidade era estender aos escravos a proteção da lei britânica, diminuir os abusos de poder dos senhores e libertar todas as crianças nascidas de mãe escrava a partir de uma certa data. Buxton deixou claro que, embora sua meta fosse a extinção da escravidão em todos os domínios britânicos, ele queria que isso acontecesse por meio de uma série de medidas preparatórias visando a "qualificar o escravo para o gozo da liberdade". Todas as restrições à alforria deveriam ser eliminadas e os escravos deveriam ser autorizados a comprar sua liberdade. Os casamentos entre escravos deveriam ser encorajados e sancionados. O domingo deveria ser reservado para o descanso e a instrução religiosa, estabelecendo-se outro dia para o cultivo das provisões. O testemunho dos escravos deveria ser aceito nos tribunais, e medidas deveriam ser tomadas a fim de restringir as formas abusivas de castigo e substituir o sistema de capatazes por outro mais humano.

Apesar do espírito conciliatório, a moção de Buxton esbarrou em forte oposição dos grupos de pressão das Índias Ocidentais. Tentando moderar o tom da recomendação, George Canning, ministro das Relações Exteriores, reformulara-a com habilidade, dando mais ênfase à preparação dos escravos para a liberdade do que à abolição, e fazendo referências abstratas aos direitos e privilégios civis, à propriedade privada e à segurança das colônias. Canning acentuou a necessidade de adotar "medidas eficazes e decisivas para a melhoria das condições da população de escravos [...] de forma que possam prepará-los para uma participação naqueles direitos e privilégios civis de que as outras classes de súditos de Sua Majestade gozam". E acrescentou que a Câmara estava ansiosa para realizar essa meta o mais cedo possível, no período "compatível com o bem-estar dos próprios escravos, com a segurança das colônias e levando em consideração, de forma justa e equitativa, os interesses da propriedade privada". Com todas essas atenuações e cautelas, a moção foi aprovada. Depois da consulta do governo ao subcomitê da Associação de Colonos e Negociantes das Índias Ocidentais,[18] diversas resoluções destinadas a melhorar as condições dos escravos receberam a aprovação do rei e do Conselho Real, e foram transmitidas às colônias, embora apenas como recomendações.[19] Ficou claro, porém, que, se as colônias não seguissem as instruções, haveria intervenção do governo britânico no sentido de exigir seu cumprimento.[20] Num despacho de 28 de maio de 1823, endereçado ao governador Murray, o conde Bathurst, ministro das Colônias, disse que no momento não pretendia tratar de todas as reformas propostas e limitar-se-ia a duas que estava certo seriam adotadas pela Court of Policy: a proibição do uso de chibatas em escravas e nos campos. A esse despacho seguiu-se um outro, seis semanas depois, no qual se incluíam a promoção da instrução religiosa, a proibição formal dos mercados dominicais, o estímulo ao casamento e à família, a proibição de separação de maridos, mulheres e filhos abaixo de catorze anos, e a melhoria das condições de alforria.[21]

O primeiro desses despachos chegou a Demerara na primeira semana de julho de 1823, acompanhado de uma carta assinada por John Gladstone e diversos outros proprietários de fazendas que residiam na Grã-Bretanha, recomendando que as medidas fossem implementadas sem demora, mas ao mesmo tempo advertindo os colonos de que se preparassem para o caso de distúrbios por parte dos escravos.[22] As recomendações do governo causaram forte irritação entre os colonos, que as consideraram apenas mais uma interferência insensata e indevida em suas vidas. A Court of Policy se reuniu para discutir o que fazer, mas durante semanas não chegou a nenhuma decisão. Afinal na primeira semana de agosto chegaram a um acordo quanto às reformas propostas, mas a decisão não foi a público, provavelmente porque diversos fazendeiros continuavam a se opor à medida. Enquanto os senhores tergiversavam, os escravos tomaram conhecimento das orientações do governo britânico, às quais se referiam como "as novas leis" — entendidas por alguns deles como concessão de emancipação imediata. (A casuística utilizada por Canning fora suficientemente inteligente para enganar os membros do Parlamento, mas não os escravos, para quem a emancipação era a única coisa que realmente importava.)

Inevitavelmente, os primeiros a ouvir falar dessas "novas leis" foram os escravos que faziam o serviço doméstico. Já em 1813, John Wray notara que os escravos estavam bem familiarizados com tudo o que dizia respeito à escravidão e sua abolição, tanto por intermédio dos criados que tinham acompanhado seus senhores à Inglaterra, quanto através das conversas diárias destes à mesa. Os brancos falavam livremente sobre esses assuntos na frente dos criados, que então passavam adiante o que tinham ouvido. Foi isso exatamente o que aconteceu em 1823. Ironicamente, um dos primeiros a espalhar a notícia das "novas leis" foi Joe Simpson (ou Packwood) — "moleque de recados" de Alexander Simpson —, um escravo que posteriormente delatou a conspiração a seu senhor. Aparentemente, Joe ouvira o senhor conversar com uns amigos sobre as medidas do governo. Confuso e excitado, procurou Quamina para lhe contar as novidades. Não o encontrando, foi visitar Cato, um preto livre que vivia próximo à Success. Cato contou a Quamina sobre a visita de Joe. Intrigado, Quamina mandou dois meninos escravos entregarem a Joe uma carta pedindo detalhes. Joe respondeu que daria uma busca nos papéis do senhor e o informaria assim que soubesse de mais alguma coisa.

Enquanto isso, Susanna, a escrava que vivia com John Hamilton, o administrador da Le Resouvenir, disse a Jack Gladstone que os escravos iam ser libertados. Susanna, que tinha sido expulsa da congregação de Smith dois anos antes por causa de seu caso com o administrador, continuara a ser sua amante.[23] Hamilton, no entanto, fora despedido da fazenda pelo procurador e estava se preparando para ir embora. Defrontando-se com a partida de Hamilton, Susanna pediu-lhe que comprasse sua alforria e a dos filhos. Mas ele se recusou a fazê-lo. Seria o mesmo que "jogar dinheiro fora", disse ele, uma vez que em breve todos estariam livres. Alguns dias depois, Susanna deu essa "notícia" a Jack Gladstone.

Os rumores espalharam-se rapidamente tanto na cidade quanto no campo. Qualquer observação descuidada feita por um senhor, administrador ou feitor que pudesse ser interpretada como uma referência às "novas leis" era rapidamente transformada pelos escravos em prova de que eles estavam livres e os senhores se recusavam a lhes dar as boas-novas. Pouco depois de Susanna ter falado com Jack, um feitor que açoitava um escravo da Le Resouvenir exclamou num acesso de raiva: "Porque vais ser liberto, não queres mais fazer trabalho nenhum, nem esperar até que te deem a liberdade, mas queres tu mesmo agarrá-la". Essas palavras caíram em ouvidos receptivos e logo chegaram a Jack.

Espicaçado pela ideia da liberdade iminente, Jack foi à cidade procurar Daniel, o criado do governador, que por sua posição tinha melhores condições de saber se os rumores eram verdadeiros. Ele poderia ter ouvido alguma conversa ou lido alguma coisa nos papéis do governador. Daniel (que depois, no julgamento, admitiu que tinha o hábito de ler os papéis do governador) prometeu investigar. Durante a conversa, Jack deve ter se referido ao projeto de rebelião, pois Daniel advertiu-o de que havia visto um documento sobre a "guerra de Barbados" — referência à revolta ocorrida em 1816 — onde se espalharam os mesmos rumores de liberdade e os escravos tinham feito uma guerra "tola" e muitos haviam perdido a vida. Em seguida, talvez buscando orientação na Bíblia, Jack leu para Daniel o quinto capítulo dos Romanos. E Daniel por sua vez leu o terceiro capítulo do segundo livro de Timóteo, onde encontrou um versículo muito apropriado para a ocasião: "Aprendendo sempre e nunca chegando ao conhecimento da verdade". Jack disse a Daniel que a leitura na capela no domingo anterior tinha sido: "Todas as coisas trabalhando juntas para Deus e para aqueles que amam a Deus". Essas palavras devem ter soado proféticas.[24]

Jack Gladstone tinha cerca de trinta anos na ocasião. Era um homem de quase um metro e noventa e a impressão que causava nos brancos era surpreendente, talvez por suas feições algo europeias. John Wray achava que ele tinha uma fisionomia "viva, embora pensativa, que lhe dava uma expressão nobre". E a notícia de uma recompensa de mil florins pela captura de Jack depois da rebelião o descrevia como "belo" e "benfeito", com "um nariz europeu".[25] Jack tinha reputação de ser um "sujeito insubordinado", e durante o julgamento sua ousadia e inteligência tornaram-se evidentes. Embora fosse com frequência à capela Bethel encontrar os amigos e conhecesse bem John Smith, tinha pouco a ver com ele. Jack tinha sido batizado e às vezes desempenhava o papel de "professor", mas não pertencia à congregação por ser irrequieto demais para se acomodar a suas regras. Ele tinha vivido com Susanna até ela se tornar amante de Hamilton. Depois voltou a se casar (dessa vez John Smith oficiou a cerimônia), e sua esposa era uma escrava da fazenda Chateau Margo, onde ele a visitava regularmente. Mas Jack continuava a se envolver com outras mulheres — hábito que às vezes causava problemas e sofrimento a ele e aos outros.

Tanto Smith quanto o administrador da Success tentaram sem sucesso coibir Jack. Em 5 de fevereiro de 1822, o administrador, John Stewart, escreveu a Smith um bilhete revelador, dizendo que recebera uma carta desagradável de Lachlan Cuming, o proprietário da Chateau Margo, a respeito de Jack e "suas mulheres". Stewart acrescentou que, além das mulheres mencionadas por Cuming, George Manson, administrador de Cuming, dissera-lhe que sabia de outras duas ou três mulheres da Chateau Margo com quem Jack ocasionalmente "coabitava":

Quanto à minha escrava Gracy, ele a arruinou; ela quase não faz mais nada para mim e agora vou ser obrigado a mandá-la trabalhar na turma da lavoura, apesar de saber que não está acostumada a esse trabalho, mas não pode ser de outro jeito; falei repetidamente com os dois da impropriedade dessa relação e uma vez os castiguei confinando-os no tronco por um tempo, quando eles prometeram que nunca mais seriam culpados do mesmo crime, e creio que me disseram que o senhor uma ou duas vezes lhes passou um sermão severo sobre esse assunto. O pai dele, Quamina, parece muito magoado com a conduta vergonhosa do filho, embora ontem de manhã ele tenha agido um tanto rudemente comigo, motivo pelo qual achei necessário confiná-lo por um breve tempo, e, se eu o tivesse punido, estaria justificado e por certo o filho dele seria a origem de tudo isso. Assim sendo, penso ser minha incumbência solicitar-lhe que castigue Jack e Gracy, como lhe convém enquanto ministro, porquanto a ideia de um homem casado mandar embora sua esposa e trazer outra mulher na presença dela, e para a cama dela, é horrível para mim; com esperança de que o senhor venha a me desculpar por o estar incomodando, e que venha a considerar que isso se destina ao bem futuro tanto de Jack quanto de Gracy.[26]

Para Jack, essa punição deve ter significado mais uma intromissão em sua vida, uma nova tentativa de coibir o pouco de liberdade de que ainda gozava. Acima de tudo, ele deve ter se ressentido do castigo no tronco. Jack conhecia de perto o que era ser escravo: ser constantemente vigiado; ser punido por coisas que os administradores e senhores tinham liberdade para fazer impunemente; ser posto no tronco; ser mandado para as turmas de trabalho; depender dos caprichos dos administradores e senhores, e ver suas mulheres e filhos serem levados embora.[27]

Jack morava com seu pai, Quamina, na fazenda Success, a apenas dois quilômetros e meio da Le Resouvenir. Quamina era o carpinteiro-chefe da fazenda e "primeiro diácono" da capela Bethel. Era um homem muito respeitado tanto pelos escravos quanto pelos pretos livres, e sua reputação ultrapassava em muito os limites da Success. Os missionários consideravam-no um homem sensato e só tinham elogios para sua devoção e piedade, embora sua iniciação nos mistérios do cristianismo datasse da chegada de Wray à Le Resouvenir em 1808. Até então, Quamina não era cristão. Mas logo se interessou muito pela religião e se tornou frequentador assíduo da capela. Ele contou a Wray que quando jovem ele fora um criado doméstico e havia "arranjado" moças para os administradores. Confessou que, naquela época, não vira nada de errado em fazer tais coisas. Mas o cristianismo o transformara. Quamina conquistou a confiança de Wray e tornou-se diácono. Quando John Smith substituiu Wray em 1817, Quamina não demorou a ganhar o afeto e a aprovação do missionário recém-chegado. Smith ficou profundamente impressionado com a devoção e o envolvimento de Quamina e muito comovido pela emoção com que orava. Como diácono, participou ativamente das atividades da capela e tornou-se uma espécie de intermediário entre Smith e os outros membros da congregação. Ele informava o missionário do comportamento dos escravos que pertenciam à congregação, assistia-o nos serviços religiosos e ajudava-o a resolver as disputas.[28]

Quamina era um homem orgulhoso e muito trabalhador. Interessava-se especialmente por sua gente e estava sempre pronto a falar por ela. Como muitos escravos em Demerara, Quamina era africano e deve ter sido vendido ainda criança, juntamente com a mãe, que morreu escrava em Demerara em 1817.[29] Tivera diversas mulheres. Mas viveu com Peggy (identificada num documento, de 1820, como mulher livre) cerca de vinte anos, até a morte dela em 1822. Como a maioria dos escravos, foi humilhado e castigado severamente — uma vez com tamanha violência que ficou confinado no "pavilhão dos doentes" por seis semanas. Vez ou outra, para sua grande tristeza, Quamina foi forçado a faltar aos serviços religiosos por ter sido obrigado pelo administrador a fazer algum trabalho. No dia em que sua mulher morreu, ele estava trabalhando a uma considerável distância. Quando voltou, encontrou Peggy já morta. Essas experiências faziam-no lembrar-se constantemente da condição de escravo e fortaleciam seus sentimentos de solidariedade com aqueles na mesma situação.

Quamina e Jack Gladstone eram muito unidos. Porque trabalhavam na mesma fazenda, pai e filho viam-se com frequência. Quando souberam das novas leis, passaram a contar um ao outro as histórias que ouviam e juntos ponderaram sobre o que fazer. Havia, no entanto, uma diferença entre os dois, Quamina era um homem que se guiava pela razão, e Jack, um homem que se deixava levar pela paixão.

Para um escravo, Jack tinha uma vida privilegiada. Era um artesão habilidoso — um tanoeiro — e não precisava trabalhar sob a supervisão direta de um feitor nem sob a constante ameaça da chibata. Ele gozava de um grau relativo de liberdade para se movimentar e muitas vezes ia à cidade ou a outras fazendas visitar amigos e parentes. Mas, como qualquer outro escravo, sua vida era afetada pelos ritmos do mercado e do trabalho, e ele estava sujeito a limitações humilhantes, a interferências em seus assuntos pessoais e a punições abusivas. Jack estava cansado de ser escravo, e a ideia de que haviam chegado da Inglaterra alguns papéis que traziam a emancipação, mas aos quais os senhores impediam que eles tivessem acesso, era-lhe intolerável. Ele não descansaria até saber o que estava realmente acontecendo. Assim, depois de conversar com Daniel, criado do governador, ele foi visitar Tully, um africano que morava em Georgetown e pertencia a um carpinteiro de nome Hyndman.

Jack queria saber se Tully (também chamado Taddy no processo) tinha ouvido falar de que havia "saído alguma coisa" sobre a libertação. Tully perguntou-lhe quem contara essa história. "Uns amigos meus", respondeu Jack discretamente. Depois acrescentou com ousadia que obteria a liberdade à força se não pudesse obtê-la de outro modo. (Mais tarde, no julgamento, Tully relatou que perguntara a Jack se era capaz de fazer uma coisa dessas e ele respondera que sim; mas Tully não vira "nenhuma luta nos olhos dele".) Tully conhecia Jack desde menino. Tinha uma namorada na fazenda Success, onde Jack vivia, e costumava visitá-la. Ele confiava em Jack e por isso lhe contou que de fato ouvira rumores na cidade. É possível que tenha concordado em conversar com amigos sobre o projeto de Jack. (No depoimento, Jack disse que Tully havia prometido que se Jack e seus amigos decidissem se sublevar, ele mandaria todos os seus amigos da cidade — algo que Tully negou.)

A ideia de rebelião crescia na cabeça de Jack. Ele continuou a indagar sobre "os papéis que tinham vindo da Inglaterra" e a ouvir novas histórias que pareciam confirmar suas suspeitas. Tais histórias circulavam rapidamente de um escravo para outro por intermédio de uma rede de amigos e parentes. York relatou a Jack que soubera por Damon e Providence, da New Orange Nassau, que o feitor lhes dissera que os escravos estavam livres, que "todos os grandes homens da metrópole haviam concordado com isso, exceto os senhores deles", e que "ele [o feitor] ousava dizer que eles preferiam dar aos escravos três dias [na semana] do que a liberdade". Em seguida, Gilles deu outros indícios. Tendo chegado à Success vindo da Costa Oeste, onde vivia, contou a Jack que seu senhor lera para os escravos na lavoura um papel dizendo que nenhuma mulher poderia ser açoitada e que se os homens fizessem alguma coisa errada o próprio senhor lhes "daria uma surra" e os trancafiaria. Desde então, nenhum capataz naquela fazenda portava um chicote nem mulher alguma foi açoitada.[30] Um outro escravo informou a Jack que ouvira Michael McTurk dizer, num jantar com Lachlan Cuming, que ele não sabia o que é que fizera o rei ser tão "tolo" e "parcial" a ponto de dar liberdade aos escravos; teria sido bem melhor dar-lhes três dias na semana.

Jack continuou a colher informações e a conversar com seus amigos sobre o que ouvia; e, quanto mais falavam, mais confiantes ficavam; e quanto mais confiantes ficavam, mais acreditavam na possibilidade de sucesso da rebelião. O melhor lugar para se encontrarem era a capela aos domingos. Nos últimos anos, a frequência de escravos à capela vinha aumentando. Apesar da proclamação do governador e das tentativas feitas pelos senhores para coibir a presença à capela, ela estava sempre tão cheia que muitos tinham de ficar do lado de fora, à sombra das palmeiras. Alguns dias havia mais de seiscentos escravos presentes. Eles vinham de lugares tão afastados quanto a Orange Nassau, que ficava a mais de 25 quilômetros de distância. Depois do serviço religioso, eles se reuniam na fazenda Success, que ficava a meio caminho.

No início de agosto, Susanna apareceu com uma história nova. "O sr. Hamilton diz que vamos ser libertos", disse ela "mas ele acha que isso só vai acontecer se toda a gente sensata conquistar essa liberdade à força e não desistir sem uma promessa positiva do governador."[31] Susanna também contou que Hamilton lhe dissera que o próprio governador tinha fazendas e não daria liberdade a seus escravos, e que os fazendeiros haviam assinado uma longa petição para "impedi-la". Os escravos só seriam libertos se o rei comprasse todas as "propriedades dos cavalheiros".[32] Jack não tinha meios de saber se essa história tinha sido fabricada por Susanna ou se Hamilton realmente dissera tais coisas. Mas ficou intrigado. "O que você quer dizer com à força?", perguntou ele. "Temos de lutar, ou o quê?" Não, Susanna respondeu, os escravos não têm de lutar. "Eles têm de tirar as armas dos brancos e mandá-los para a cidade." Ela acrescentou que Hamilton desejava que os escravos lhe dessem algum tempo até a colheita do café terminar, para que ele pudesse vender suas coisas, mas "se alguns homens sensatos quisessem conversar, ele lhes explicaria como deveriam fazer".[33]

Jack mal podia esperar para falar com Hamilton. Mas, embora tivesse tentado se avistar com o administrador diversas vezes, não conseguiu. Toda vez que ia procurá-lo, ou o administrador estava ocupado ou havia saído. Susanna continuava a repetir a história, acrescentando detalhes e instigando os escravos a agir. Ela disse que, quando o governador viesse indagar o motivo daquilo tudo, todos os escravos deveriam apresentar-se e falar. Se não fossem um "bando de covardes", já estariam livres, "pois a ordem já viera há algum tempo". Essa não foi a primeira nem a última vez que Jack ouviria a palavra "covarde". Um dia, quando ele e Cato estavam conversando sobre os papéis vindos da Inglaterra, Cato também o chamou de covarde: "Você vê as coisas claras na sua frente e não as persegue". "Covarde" era uma palavra que impelia os escravos à ação. Numa cultura que fizera do estoicismo uma necessidade, ninguém queria ser chamado de covarde.

À medida que o tempo passava, mais e mais escravos começavam a falar sobre as novas leis; e no decurso dessas conversas a logística da rebelião começou a tomar forma. Jack se encarregou de arregimentar pessoas para participar da rebelião. Ele circundou o forte e viu que lá havia muitas armas, mas Paris, um escravo que já trabalhara no paiol de pólvora, assegurou-lhe que "se tivesse uns três sujeitos destemidos para ajudá-lo", o paiol de pólvora estaria garantido. Jack ainda não estava convencido: a seu ver, se Paris se metesse no forte, ele e qualquer um que o estivesse ajudando seriam mortos pelas tropas. Paris, no entanto, insistiu, dizendo que essa era a única maneira de proceder.[34]

Na sexta-feira, 25 de julho de 1823, Quamina e Bristol decidiram que deveriam perguntar a Smith se ele ouvira dizer que "o rei mandara ordens ao governador para que libertasse os escravos". Smith lhes disse que não ouvira falar nada a esse respeito e, se essa história vinha circulando, seria melhor não lhe dar crédito porque era falsa. Quamina insistiu. Tinha certeza de que havia alguma coisa acontecendo e queria saber o que era. Smith perguntou quem lhe contara essa história e Quamina respondeu que seu filho Jack ouvira-a no domingo anterior de Daniel, o criado do governador, que escutara seu senhor falando a esse respeito com um cavalheiro. Além disso, diversos "negros" haviam escutado a mesma coisa na cidade. Smith replicou que provavelmente algumas ordens haviam sido enviadas ao governador, uma vez que o governo da Inglaterra de fato pretendia emitir alguns regulamentos em benefício dos escravos, mas que não se destinavam a libertá-los. A resposta de Smith não satisfez Quamina.[35] O que ele esperava não eram meias medidas. Os dias se passaram sem que os escravos ouvissem do governador qualquer coisa sobre os novos regulamentos. Alguns começaram a pôr em dúvida a confiança que tinham em Smith. Afinal, ele era um homem branco, por que motivo deveria "negar a própria cor em benefício dos pretos"?[36]

De fato, alguns dias depois Smith mencionou a John Stewart, administrador da fazenda Success, que os escravos vinham falando de instruções que o governo recebera. Diziam que "a liberdade tinha sido anunciada" e muitos haviam lhe perguntado sobre isso; Quamina particularmente. Em menos de uma semana, Richard Elliot saiu da Costa Oeste para visitar Smith. Este mencionou ao visitante suas preocupações. Os dois missionários procuraram Stewart, e Smith voltou a falar sobre a agitação entre os escravos.[37] Stewart relatou a conversa a Frederick Cort, o procurador da fazenda, que decidiu falar com Smith. Assim, em 8 de agosto, Stewart e Cort foram visitar o missionário. Cort lhe perguntou se os escravos realmente acreditavam que haviam sido libertos. Smith respondeu afirmativamente: muitos haviam lhe perguntado sobre isso. Como puderam descobrir tal coisa?, Cort perguntou. De diversas maneiras, respondeu Smith. Podiam ter sabido pelos marinheiros, que vinham às fazendas buscar a produção. Os marinheiros estavam sempre caçoando deles, chamando-os de bobos por serem escravos. Também podiam ter sabido pelos ambulantes, na cidade. Cort, desconfiado, continuou pressionando-o. "Não haveria nenhuma outra pessoa que pudesse ter falado com os negros?" (Ele estava certamente pensando em Smith.) O missionário disse que não tinha a menor ideia. Admitiu que havia pensado em lhes dizer do púlpito que o rumor era infundado, explicando-lhes o que acreditava ser a verdade. Cort advertiu-o de que não deveria assumir essa responsabilidade. O que quer que ele dissesse "poderia ser exagerado em prejuízo dele próprio".[38] Mais cedo ou mais tarde a Court of Policy tomaria uma decisão. A única razão para a demora era que um membro do tribunal estava doente e outro havia viajado. Talvez convencido pelas advertências de Cort, Smith calou-se.

Nesse ínterim, Jack e Quamina haviam pedido a outro escravo, Dumfries, que subisse o rio até a Rome (uma das maiores fazendas da Costa Oeste, com aproximadamente seiscentos escravos) para recrutar apoio. Dumfries deveria dizer a alguns escravos que o rei havia "ordenado a liberdade deles, mas que os brancos não queriam dá-la". Os escravos da Costa Leste iam "entrar em guerra contra os brancos". Se o pessoal da Rome não quisesse ajudá-los, pelo menos não colaborasse com os brancos. Dumfries, que também era tanoeiro e trabalhava com Jack na mesma oficina, era um kromanti,[39] assim como Smart, o escravo que foi com ele à Rome, e Quamina, pai de Jack. Na Rome, Dumfries e Smart conversaram com dois outros escravos kromantis, Quashy e Quamine[a], os quais lhes contaram que quem sabia onde estavam os quilombos eram dois "negros velhos", Fuar e Namitta, que pertenciam à Peter Hall — uma fazenda vizinha.[40] Se esperasse alguns meses, o pessoal da Costa Leste poderia mandar buscar os quilombolas para ajudar. No dia seguinte, Smart encontrou-se com Jack e lhe disse que o pessoal da Rome mandaria buscar os quilombolas.[41]

É possível que uma ou outra vez alguns escravos tivessem tido contato com os quilombolas. Muitos escravos de Demerara procediam de Corentin, em Berbice, onde havia muitos quilombos, e os quilombolas às vezes desciam o rio para comercializar com os colonos. Alguns chegaram até a ser vistos na feira de domingo em Georgetown.[42] Além disso, Corentin ficava próximo aos quilombos localizados no interior do que hoje é o Suriname. Esses quilombolas descendiam de escravos que haviam conseguido, no século XVIII, assinar um tratado com os holandeses que lhes garantia a liberdade. Desde então viviam mais ou menos isolados em seu território, longe dos brancos. Mistério e lenda envolviam sua história. E o mistério e a lenda só podiam estimular os sonhos de liberdade dos escravos.[43] Mais tarde, durante os inquéritos, Namitta jurou que, embora tivesse fugido e permanecido no mato com um amigo, não sabia nada a respeito dos quilombolas. Se a afirmação era verdade ou não, nunca saberemos, mas o fato é que, com ou sem razão, o boato de que os quilombolas viriam ajudá-los espalhou-se rapidamente, o que só fez crescer o entusiasmo pela rebelião.

Entre as muitas pessoas com quem Jack falou estava seu meio-irmão Goodluck.[44] O pai de Jack, Quamina, tinha vivido com a mãe de Goodluck, e Jack e Goodluck eram amigos havia muito. Goodluck pertencia a Peter McClure, um negro livre que morava em Georgetown, mas tinha uma esposa morando na Costa Leste, na fazenda New Orange Nassau, e costumava passar as noites lá de vez em quando. Quatro anos antes, em setembro de 1819, o cunhado de Jack, Bristol, diácono da capela Bethel, apresentara Goodluck a Smith como um homem ligado a coisas do mal e um "perturbador dos cristãos". Desde então Goodluck raramente perdera um serviço religioso, e em janeiro de 1820 candidatara-se a membro da congregação. Naquele dia, Smith escreveu em seu diário que Goodluck confessara ter feito todo tipo de maldades com seus companheiros. Para agradar ao senhor, dissera muitas mentiras e fora responsável pelo castigo injusto de vários escravos. Era ele quem executava o castigo imerecido, e o fazia com tamanha brutalidade que "raramente deixava de manchar o chão onde estava com o sangue extraído dos inocentes que sofriam com suas chibatadas impiedosas". Mas ele queria mudar. Daquele momento em diante frequentaria a capela com regularidade.[45]

Num domingo, quando voltava da capela, Goodluck parou na casa de Mary Chisholm, uma preta livre que morava em frente à Success e ganhava a vida fazendo pão. A casa tornara-se um ponto de reunião para os escravos que viviam nos arredores. Ali Goodluck encontrou Quamina, Seaton, Bristol e Manuel — todos membros da congregação Bethel. Jack voltara da cidade convencido de que os escravos deveriam ter pelo menos três dias para si. Daniel, o criado do governador, lhe dissera que vira essa notícia num papel que estava na mesa do governador, mas que não podia mostrá-lo a Jack porque o governador estava em casa. Jack disse então a Daniel que os "negros iam tentar arrancá-los" (querendo dizer, "arrancar seus direitos"). Mas Daniel aconselhou-o a esperar, pois, se era "uma coisa mandada pelo Todo Poderoso", eles a obteriam. Depois de ouvir a história de Jack, Quamina pediu a Goodluck que procurasse investigar o que se dizia na cidade. Enquanto conversavam, apareceu um homem branco a cavalo e eles prudentemente se dispersaram.

Goodluck voltou à New Orange Nassau e foi à cidade no dia seguinte para fazer suas investigações. A primeira pessoa com quem falou foi Alfred, um escravo que pertencia a Johanna Hopkinson, uma mulata mãe de John Hopkinson, proprietário das fazendas John e Cove. Alfred disse a Goodluck que também ouvira os mesmos boatos. Ele conversara com um sr. Garret, que aparentemente estava tão irritado com a notícia que lhe dissera: "Que diabo, o que vier para vocês, quero que vocês possam obter, e que se comam uns aos outros". Alfred contou a Goodluck sua resposta: "Afinal os brancos não se comem uns aos outros, como é que eles esperam que a gente faça isso?". Os dois riram da brincadeira e se regozijaram com a boa-nova. Daí em diante, Goodluck conversou mais do que investigou. Sempre que tinha uma oportunidade, contava a "boa-nova" e, aos escravos em quem confiava, falava do plano que estava sendo arquitetado na Costa Leste. Quando era mal recebido, deixava o assunto morrer. Ao contar a John Langevin — um escravo que pertencia a um homem livre de cor — que as pessoas na costa iam "pousar suas ferramentas", Langevin retrucou que não se juntaria a eles. Goodluck deixou morrer o assunto e não tornou a mencioná-lo.

Quando Mandingo George e Congo George, dois escravos da Endeavour, em Leguan — uma ilha na costa —, chegaram a Georgetown num barco, Goodluck lhes perguntou como estavam as coisas por lá. Mandingo George contou-lhe que "tinham tirado a chibata do capataz".[46] Goodluck considerou a informação mais um sinal de que os brancos sabiam que algo "de bom tinha sido publicado", algo de bom para os escravos. Disse então aos dois homens que "os negros lá da costa" iam "pousar suas ferramentas". George, que viera de Granada,[47] e ainda devia se lembrar da rebelião sangrenta de 1795-6, na qual centenas de escravos foram mortos,[48] parecia apavorado: "O que vocês vão fazer? O mesmo que os bandoleiros em Granada?". Sem esperar a resposta, saltou para o barco e partiu. Goodluck não desanimou. Viu a chalana da fazenda Kitty ancorada no forte Stelling (em Kingston) com dois escravos. Eles também tinham ouvido rumores. "Bass, ouvi que uma coisa muito boa pra nós foi publicada, é verdade?", um deles perguntou a Goodluck. Este não perdeu a oportunidade: "É, eu mesmo ouvi isso". O escravo então lhe contou que o "velho" (provavelmente o administrador ou procurador da Kitty) dissera que, se se comportassem bem, teriam três dias. Goodluck mais uma vez passou a informação de que os "negros lá da costa" iam todos "pousar as ferramentas e ver o governador para tratar disso". Uma semana depois, tornou a encontrar-se com esses mesmos escravos. Ele tinha ido comprar peixe em Stelling quando os viu. Após perguntar quais as novidades e de ouvir que "a mesma novidade continua correndo", Toney, um dos escravos do barco, confirmou que de fato "tudo era verdade [...], pois o engenheiro tinha lido a notícia no jornal para eles".

Essa informação reforçava a convicção de Goodluck de que os senhores estavam escondendo algo dos escravos. Ao voltar à New Orange Nassau para visitar sua esposa, espalhou a notícia. No domingo, 3 de agosto, acompanhou a esposa à fazenda Thomas, onde ela iria visitar uma amiga. Lá encontrou um irmão da capela e começaram a conversar sobre as últimas notícias. O homem também soubera dos três dias na semana para os escravos. Mas disse que eles iriam esperar e ver o que o Senhor faria por eles. "O Senhor diz que devemos nos ajudar uns aos outros e ele nos ajudará", respondeu Goodluck, sempre pronto a buscar confirmação na Bíblia. E depois contou ao homem o que os escravos "lá da costa" iam fazer para se ajudar uns aos outros.

Uma semana depois, Goodluck e Jack se encontraram na capela. Jack perguntou se Goodluck estava pronto, e ele disse que estava. "Você acha que temos de viver todos os dias das nossas vidas desse jeito, as pessoas cortando, cortando nossas peles desse jeito, e nós sabendo que tem uma coisa boa pra nós e não vamos pegá-la?" "Não", respondeu Goodluck, "prefiro morrer a viver dessa forma."

Assim, de um escravo para outro, a informação circulou. As mesmas histórias foram contadas e recontadas. Alguns escravos entenderam que as novas leis davam-lhes direito a três dias livres por semana, outros que tinham sido libertos. Embora todos achassem que seus "direitos" tinham sido violados de um modo ou de outro pelos senhores e autoridades locais, nem todos receberam bem a ideia da sublevação. Alguns consideraram o plano arriscado e se negaram a apoiá-lo. Preferiam esperar. Outros ofereceram ajuda. Gradualmente, surgiu uma liderança entre os escravos que se ligavam a Jack e Quamina, e as tarefas foram distribuídas. Os escravos da Rome e seus amigos da Peter Hall trariam os quilombolas. Tully arregimentaria seus amigos da cidade e Goodluck estabeleceria contatos em Leguan e Essequibo. Gilles cuidaria das fazendas da Costa Oeste e Paris controlaria o paiol de pólvora.

Jack estava atarefado tentando recrutar amigos nas diversas fazendas da Costa Leste. Ele planejara ter em cada uma pelo menos um homem encarregado de informar os demais quando chegasse a hora de se rebelarem. A escolha recaiu naturalmente sobre os "professores" de catecismo. Quando encontrou Jacky Reed (um escravo "professor" da Dochfour) na capela, tentou obter seu apoio. Contou a ele tudo o que descobrira. Jacky, que vivia a uns 25 quilômetros de Georgetown, já tinha ouvido alguma coisa e comentou que em sua fazenda os escravos que trabalhavam no engenho tinham diminuído o ritmo de trabalho. Os tanoeiros estavam "entregando um barril" em vez de dois por dia, só para ver o que o administrador faria.[49] Em seu caminho de volta para a Dochfour, Jacky Reed encontrou Bristol, cunhado de Jack, que confirmou o que ele dissera. Com Bristol estavam Manuel, da Chateau Margo, e Benny e Harry, da Dochfour. Todos sabiam da conspiração. Jacky lhes confiou que não se sentia muito à vontade com a ideia de se sublevar. Também Bristol, que como Quamina era diácono da capela Bethel, não gostava muito da ideia. Ele dissera muitas vezes a Jack que desistisse do plano e esperasse. Mas Jack não o escutava. Toda vez que Bristol tentava dissuadi-lo, Jack chamava-o de covarde.

Mais tarde, quando Jack, Goodluck e um grupo de escravos se encontraram na casa de Bristol, na Chateau Margo, ele tornou a insistir que Jack abandonasse o plano. Dessa vez foi Goodluck quem protestou. Virou-se para Jack e disse: "Você ouve esse covarde do Bristol aconselhando você a parar com o negócio: e eu faço o que com todo mundo com quem falei em Essequibo?". Essas palavras talvez fossem mera bravata, mas era verdade que as coisas já tinham ido bem longe. Jack e Quamina tinham mandado recados para vários amigos em diferentes fazendas pedindo-lhes que viessem conversar. Eles se reuniam ou na Success, onde os dois viviam, ou na Chateau Margo, onde morava a mulher de Jack, ou aos domingos na capela. De modo que cada vez mais escravos tomaram conhecimento da conspiração — até mesmo alguns da Costa Oeste.

Gilles tinha muitos amigos e conhecidos, em parte porque havia sido vendido várias vezes, integrara uma turma de trabalhadores de aluguel e morara em muitos lugares diferentes. Ele primeiro fora capataz da fazenda Endraght, tendo sido vendido por "derrubar o feitor". Comprou-o um homem chamado McKinean, para quem trabalhou três anos numa turma de escravos de aluguel, indo de um lugar para outro. Foi então vendido para a Costa Oeste para um tal James Allan, que ficou com ele cerca de cinco anos, mas expulsou-o da propriedade, mais uma vez por insubordinação. Gilles voltara em junho para a casa de seu senhor sob a promessa de bom comportamento. Enquanto estivera longe da propriedade, fora contratado por Cato, o homem de cor livre que morava perto da Success, e fizera amizade com Jack e Quamina.

Quando recebeu um recado de Quamina chamando-o para conversar, Gilles foi imediatamente para a capela. Ele tinha quatro filhos na fazenda Endraght, e sua mulher, que morava na Cuming's Lodge, estava grávida. Sob o pretexto de que queria ver seus filhos na Endraght, mas na realidade tencionando encontrar Quamina, obteve um passe do administrador. Na estrada encontrou Hay, escravo da Success, que também tinha um passe para visitar o filho, que trabalhava para um pedreiro. Gilles disse a Hay que o filho deste tinha sido mandado a Wakenhaam e não seria possível alcançá-lo. Então Hay resolveu voltar à Success. No caminho, Gilles explicou que recebera "uma mensagem" de um açougueiro negro da cidade (provavelmente Bob Murray) dizendo que Quamina queria vê-lo. Quando os dois homens chegaram à Cuming's Lodge, Gilles ficou lá enquanto Hay seguiu para a Success. No dia seguinte, todos se encontraram na capela. Ficou combinado que Gilles faria o que fosse possível para conseguir a adesão das propriedades da Costa Oeste. Na manhã seguinte, quando Hay encontrou Jack na tanoaria, contou-lhe a história toda.

Assim, através de uma trama densa e complexa de fidelidades baseadas na amizade, na família, no companheirismo no trabalho, na filiação à capela Bethel (embora nem todos fossem necessariamente membros da congregação) e nas identidades étnicas e linguísticas, teceram-se os fios da conjuração. Jack Gladstone era filho de Quamina, Goodluck, meio-irmão de Jack. Bristol era cunhado de Jack e conhecera a mãe de Goodluck, que, no dizer de Bristol, fora muito boa para ele. Susanna havia sido mulher de Jack.[50] O filho de Susanna, Edward, menino de nove ou dez anos, trabalhou com Jack como aprendiz. Foi Edward quem escreveu uma das cartas que Jack mandou para Jacky na Dochfour, pois Jack sabia ler, mas não escrever. Também foi Edward quem levou os recados de sua mãe para Jack. Henry, menino de doze anos que estava sob as ordens de Quamina como aprendiz, escreveu cartas para Jack e Quamina. Isaac, que também ajudou na escrita, havia fugido do seu senhor e ficara escondido na fazenda Success durante um ano e meio sem ser descoberto.

Attila, que posteriormente foi acusado de ter um papel de destaque na rebelião, embora nunca o tenham mencionado como um dos que a arquitetaram, falou sobre a rebelião a Colin, seu meio-irmão, três semanas antes de ela irromper. Attila era escravo da Plaisance e Colin vivia na La Retraite, mas estava passando uns dias na Plaisance. Toda a família envolveu-se na rebelião, e dois dos irmãos, Louis, que pertencia à Friendship, e Attila, foram posteriormente condenados à forca como líderes da revolta. Colin era conhecido de Cato, o homem de cor livre que vivia nos arredores da fazenda Success. Tanto Colin como seu irmão Paul foram batizados por Smith e ambos frequentavam os serviços religiosos da capela Bethel.

Gilles havia trabalhado para Cato, que era um bom amigo de Quamina e Jack Gladstone. Tully (ou Taddy), o africano que morava na cidade, conhecia Jack desde que este era menino, porque "tinha uma garota" na Success. Manuel, Bristol e Primo viviam na Chateau Margo, onde Jack tinha uma mulher, e muitas vezes lá se encontravam. Sandy, da Non Pareil, e Telemachus, da Bachelor's Adventure, também iam lá com frequência. Hay, Seaton, Active, Dumfries e Smart pertenciam todos à Success. Hay, Dumfries e Jack trabalhavam na mesma oficina.[51]

Quase todos os envolvidos na conspiração haviam estado uma vez ou outra na capela, embora nem todos pertencessem à congregação. Muitos haviam trabalhado juntos. Alguns moraram na mesma fazenda antes de terem sido vendidos. Muitos moravam numa fazenda, mas tinham uma esposa ou um parente numa outra, e os visitavam regularmente. Jacky, da Chateau Margo, tinha uma mulher na Northbrook. Toney, o pai e um irmão viviam na Elizabeth Hall, mas Toney muitas vezes dormia na casa de sua mulher na New Orange Nassau. Bob Murray, o açougueiro, morava na cidade mas "tinha uma garota" na Plaisance. E às vezes dormia na casa de Cato. Os filhos de Gilles moravam na Endraght e a "garota" dele, na Cuming's Lodge. A garota de Bristol morava na Chateau Margo e o pai e o irmão dele, Cambridge e Dick, viviam na Kitty.

Muitos conspiradores eram artesãos. E não era raro que fossem alugados, quando havia pouco a fazer nas fazendas onde moravam. Outros, como Gilles, haviam trabalhado em turmas que iam de uma fazenda para outra executando tarefas que os proprietários não queriam ou não podiam confiar a seus escravos. Alguns, como Goodluck, foram vendidos muitas vezes. Mudando-se de uma fazenda para outra, ampliavam sua rede de relações. Uns poucos eram libertos, como Cato, mas mantinham laços fortes com a comunidade de escravos. Havia também aqueles que, como os barqueiros, estavam sempre encontrando gente nova pela própria natureza de seu trabalho. E os criados domésticos, como Daniel e Joe Simpson, que tinham acesso aos papéis dos seus senhores e ouviam suas conversas, tinham amigos entre os artesãos e os trabalhadores da lavoura.[52]

Quase todos os que estavam envolvidos na conspiração relacionavam-se entre si há anos. Toney, Cato e Tully conheciam Jack desde pequeno. Eram relações de longa data e envolviam anos de prazeres e dores compartilhados. Daniel, o criado do governador, conhecia bem Jack. Ele também conhecia Bristol, "por ter morado com o governador Bentinck". Com a chegada dos missionários, os escravos acrescentaram novas alianças às que já tinham. Toda semana os laços de solidariedade eram ritualizados e celebrados na capela. A conversão ao cristianismo, no entanto, podia ter efeitos contraditórios. Podia criar novos vínculos, mas também destruir os antigos. Os escravos convertidos talvez tenham parado de tocar os tambores e praticar seus rituais na mata próxima — embora seja quase certo que muitos continuaram a fazê-lo. Talvez tenham abandonado os antigos costumes de celebração dos mortos,[53] mas adquiriram novos. E continuaram a se reunir nos enterros, na Páscoa, no domingo de Pentecostes ou no Natal — feriados que os brancos forçaram os escravos a incorporar a sua cultura. E, o que era mais importante, Wray e Smith haviam lhes dado novos e legítimos motivos (do ponto de vista do governo britânico) para se reunir.

O sistema de Smith de designar um escravo de cada fazenda para ser professor e ajudar os outros a aprender o catecismo criava um novo pretexto para reuniões. Logo apareceram em toda parte professores autonomeados. Embora seja um erro pensar que todos os que arquitetaram a rebelião fossem professores e diáconos — como se ensinou durante os julgamentos —, é bem verdade que muitos estavam implicados na conjuração. Aparentemente, esse foi o caso de Seaton, professor na *Success,* e de William, da *Chateau Margo,* David, da La Bonne Intention, Jacky Reed, da Dochfour, Luke, da Friendship, Joseph, da Bachelor's Adventure, e Sandy, da Non Pareil. Também é verdade que Jack Gladstone usou essa rede para se comunicar com os escravos de diversas fazendas. Esses novos arranjos apenas multiplicaram as muitas oportunidades que eles tinham de se conhecer, de confiar uns nos outros, de se comunicar e, por fim, de conspirar juntos.

Como foi se tornando óbvio durante os julgamentos, os escravos que arquitetaram a rebelião movimentavam-se com muita liberdade. À noite, esgueiravam-se de suas fazendas e andavam quilômetros para visitar amigos. Também inventavam muitas desculpas para sair durante o dia. Na estação da seca, muitos iam apanhar água na Le Resouvenir, onde havia uma fonte permanente. E, como era frequente a separação ou a venda de esposas e maridos, pais e filhos, que muitas vezes acabavam morando em fazendas diferentes, os escravos encontravam pretextos de todo tipo quando necessitavam de um passe por um ou dois dias. Também recebiam permissão para ir às feiras de domingo vender os produtos de suas hortas e as aves e porcos que às vezes criavam. Ou eram mandados à cidade com diversas incumbências. E, apesar da perseguição e da hostilidade dos senhores, grande número deles se encontrava na capela.

Embora as mulheres sempre fossem parte ativa na resistência cotidiana, nenhuma delas — exceto Susanna — parece ter participado do planejamento e da conspiração que precederam a rebelião. Alguns historiadores sustentaram que as mulheres estavam numa posição até melhor do que a dos homens para promover rebeliões, não só pela mobilidade de que dispunham como "ambulantes", mas também porque elas estavam acima de suspeita devido às noções europeias de que mulheres seriam incapazes de lideranças.[54] Assim sendo, a ausência de provas da participação de mulheres na conspiração de Demerara pode ser o resultado de um ponto cego nos olhos dos brancos que reuniram os documentos sobre a rebelião. Mas também é possível que os escravos as tenham excluído deliberadamente devido a alguma tradição africana ou ainda por recear que mulheres que tinham relações íntimas com brancos viessem a trair a conspiração.[55] Entretanto, depois que a rebelião irrompeu, elas aderiram entusiasticamente. Durante os julgamentos, algumas foram acusadas de abusar verbalmente de feitores e senhores, de chegar a esbofeteá-los e surrá-los com bambus.[56] Outras foram vistas acenando seus lenços, incentivando os homens quando passavam carregando suas armas: "Nego botou sinhô branco pra correr hoje".[57] E pelo menos uma mulher, Amba, que pertencia à Enterprise, foi vista com um mosquete no ombro. Também foi dito que Amba, diante de alguns escravos que tentavam sem sucesso arrancar a espingarda de um branco para matá-lo, incitou-os: "Vocês deixam um sinhô derrotar vocês todos? Peguem essa arma por mim e atirem nele". (Ela, porém, não atiraria.) Soube-se também que Isaura, da Bonne Intention, pôs fogo num monte de capim atrás dos alojamentos dos escravos. E havia muitas outras mulheres nas listas de rebeldes. Seja qual for o papel que possam ter desempenhado depois de iniciada a rebelião, e seja qual for o conhecimento que possam ter tido da conspiração — Susanna por certo sabia dela e talvez tenha sido até o principal agente da inquietude de Jack —, não há provas de que as mulheres tenham participado ativamente na conspiração.[58] A rebelião foi planejada por homens.

Afora os laços mais óbvios entre os escravos, havia outros mais difíceis de detectar, quer porque escapassem à percepção dos brancos, e, portanto deixassem poucos traços documentais, quer por não serem cruciais.[59] Mas é intrigante notar que entre os escravos que planejaram a rebelião, e depois entre os rebeldes, muitos eram kromantis.[60] É difícil precisar quantos. Como vimos Dumfries, o homem que Jack mandara à fazenda Rome, disse no julgamento que era um kromanti.[61] O mesmo acontecendo com Quashie, o homem que Dumfries foi encontrar na fazenda Rome, assim como Smart, que o acompanhou, e Quamine (também conhecido como Quabica), o outro escravo com quem falaram. Teria sido uma coincidência? Teria sido coincidência o fato de Richard, escravo da fazenda Success que esteve escondido várias semanas e só reapareceu no dia da revolta como líder de um pequeno bando, ser um "gangee", mas "falar kromanti"? Teria sido uma coincidência que Quamina, pai de Jack Gladstone, fosse também um kromanti? E Amba, a guerreira? E todos os Quashies, Cudjoes, Quabinos, Quacows, Quaws, Cuffees e Quaminas que de uma maneira ou de outra foram acusados de estar envolvidos na conspiração ou na rebelião? Havia Quacco, da Chateau Margo, Quacco, da Success, Quamina, da Noot en Zuyl, Quabino, da Chateau Margo, Cudjoe, da Porter's Hope, Cudjoe, da Lusignan. Todos esses nomes existentes na lista de homens presos, punidos ou executados por participar da rebelião, correspondiam a dias da semana tipicamente kromanti ou akan, e eram nomes próprios comuns em muitas comunidades da costa ocidental da África.[62]

De fato, pouco antes da abolição do tráfico, muitos escravos vendidos em Demerara eram anunciados como procedentes da Costa do Ouro — sem falar nos outros que haviam sido transportados da Jamaica e de Corentin, em Berbice, onde havia uma grande concentração de kromantis.[63]

Os kromantis eram conhecidos por sua "rebeldia" e foram responsáveis por um grande número de sublevações no Novo Mundo.[64] Uma das mais dramáticas foi a de 1763, em Berbice. Depois de sufocada a rebelião, continuaram a ocorrer conspirações esporádicas e pequenas sublevações, não só em Berbice como também em Demerara e Essequibo. A presença de tantos kromantis entre os que conspiraram e participaram da rebelião de 1823 em Demerara torna mais plausível a hipótese de que, à parte todas as outras formas de lealdade nascidas de uma experiência partilhada de opressão no Novo Mundo, a fidelidade tradicional às etnias deve ter desempenhado um papel significativo. Historiadores e antropólogos têm enfatizado a importância de grupos de descendência e linhagem na África, acentuando a dificuldade que os africanos devem ter encontrado para, sob o jugo da escravidão, manter qualquer aparência de lealdade tradicional baseada nas relações de parentesco. Mas os documentos sugerem que, em Demerara, a lealdade ao clã, ainda que redefinida, foi importante na construção da rebelião.[65] Igualmente importante parecem ter sido os laços criados pela linguagem.[66] É possível que até aqueles que pertenciam a grupos étnicos constantemente em guerra na África, mas que falavam a mesma língua, tenham se tornado aliados no Novo Mundo.[67] Essa hipótese é tanto mais plausível porquanto as línguas africanas teriam maior importância numa área onde a metade dos escravos era africana de origem e onde havia uma grande confusão linguística, com alguns escravos falando apenas holandês, outros apenas inglês, e outros um patoá que incluía espanhol, inglês, holandês e às vezes até palavras portuguesas e francesas.[68]

Tudo isso faz com que nos perguntemos se por trás da aparente transparência da documentação reunida pelos brancos, a quem a realidade da experiência dos escravos sempre permaneceu oculta, não haveria uma realidade "africana" mais profunda e impalpável, difícil de captar, uma realidade que ia muito além do domínio da religião, da arte e do folclore (ao qual a maior parte do nosso conhecimento se limita). Será que a predominância de carpinteiros e outros escravos qualificados no meio dos líderes indica a sobrevivência de sociedades secretas artesanais, então comuns em muitas partes da África?[69] Ou esse aspecto seria explicado pelos laços de fidelidade formados no ambiente de trabalho? Quando Cato se referia a Quamina como "paizinho", estaria indicando que Quamina tinha um papel especial na comunidade, algo assim como um "feiticeiro" ou um "curandeiro"?[70] Ou essa expressão apenas indicava o respeito pelos mais velhos, característico de muitos grupos africanos? Seria possível que, em 1817, ao escolher Quamina para ser diácono, a congregação de Bethel estivesse apenas redefinindo e confirmando um papel tradicional? Isso talvez explicasse o respeito extraordinário que Quamina parece ter inspirado em seus pares, sua proeminência e o papel de mediador que assumia sempre que havia um conflito — papel que fez com que Wray o descrevesse como um "pacificador". Ou o fato de ser diácono explicaria inteiramente todo o prestígio de Quamina? Se assim era, por que Romeo ou Bristol ou Seaton, que também eram diáconos, não desfrutavam da mesma autoridade? Por outro lado, ao solicitar a formação de um conselho para discutir as estratégias a serem adotadas durante a rebelião, estaria Jack Gladstone reproduzindo alguma tradição africana?[71] Mas, ao chamar seu pai de "velho tolo", não estariam violando regras tradicionais de respeito e obediência aos velhos?[72] Do comportamento de Jack, e do fato de que muitos líderes não só eram jovens de vinte ou trinta anos, mas também crioulos, podemos inferir que a segunda geração de escravos já estava se afastando das tradições africanas (que exigiam do jovem um tratamento respeitoso aos idosos), desafiando a autoridade dos mais velhos e criando uma nova cultura na qual se combinavam elementos tanto da tradição inglesa quanto da tradição africana?[73] E mesmo os mais velhos não estariam sendo forçados a prosseguir na mesma direção e a aceitar os novos modos, contribuindo assim para a criação de uma cultura crioula com regras próprias?[74]

Talvez um dia alguém seja capaz de resolver esses mistérios ao retroceder pelas trilhas precárias e incertas da tradição oral em busca de um passado perdido, um passado que se esconde atrás de camadas de documentos produzidos por homens que, como senhores de qualquer lugar, se recusaram a compreender as almas dos seus escravos.[75] Quando conhecermos mais sobre as sociedades africanas do século XIX e sobre a maneira como a escravidão forçou esse povo a redefinir sua herança cultural, talvez possamos responder essas perguntas com mais segurança.[76] Mas, ainda que pouco, o que sabemos agora é suficiente para nos fazer conjecturar.

Não há dúvida de que a língua e o parentesco foram formas importantes de ligação, entre muitas outras que uniram alguns escravos e talvez os tenham separado de outros.[77] A religião também poderia uni-los ou lançá-los uns contra os outros. Alguns indícios dispersos deixam entrever que havia tensões entre muçulmanos e cristãos. O capataz da Brothers, Bob, era muçulmano e conhecido como "maometano". Ele se opôs claramente à rebelião e forneceu às autoridades uma lista com os nomes dos rebeldes que estiveram em sua fazenda. Isso poderia indicar uma dissensão entre muçulmanos e cristãos ou alguma rivalidade tradicional trazida da África. Também havia tensões entre os cristãos que pertenciam a capelas diferentes. Em pelo menos uma fazenda, os escravos que estavam arquitetando a rebelião deliberadamente excluíram aqueles que pertenciam a uma outra capela.[78] Uma vez ou outra havia conflitos entre africanos e crioulos ou entre negros e mulatos. Quando Manuel, da Chateau Margo, e Jack Gladstone discutiam sobre o que fazer, Jack, que era crioulo, desconsiderou Manuel por ele ser africano.[79] Além disso, alguns escravos, principalmente feitores e criados domésticos, por medo, cálculo ou alguma espécie de devoção a seus senhores ou hostilidade contra seus pares, se opuseram à rebelião desde o início. Também houve participantes relutantes que foram arrastados para a rebelião no último minuto. Tais incidentes revelam divisões entre os escravos e apontam para as dificuldades que tinham de enfrentar no planejamento de uma rebelião em larga escala. Todavia, como a rebelião demonstrou, as divisões podiam quase sempre ser superadas.

Entre aqueles que se sublevaram, havia capatazes e escravos da lavoura, homens e mulheres, cristãos e não cristãos, negros livres e escravos, africanos e crioulos, pretos e mulatos, moços e velhos, kromantis, congos, popos, mandingos, e provavelmente outros cujas identidades não pudemos identificar. Se alguma experiência em comum os unia, era a escravidão.[80] Os escravos de Demerara haviam tido uma longa história de resistência cotidiana, individual e coletiva, que fortalecera o apego a seus "direitos" e ajudara a consolidar os laços de solidariedade e a criar uma liderança.

Particularmente importantes no preparo da rebelião foram as formas de convivência que uniam os conspiradores.[81] Eles tomavam café juntos e reuniam-se à noite para recitar o catecismo e aprender a ler. Encontravam-se nas estradas, nas vendas, na lavoura, nos rios, nos ancoradouros, na capela e na feira de domingo. Conversavam e tornavam a conversar, sonhavam e tornavam a sonhar, tranquilizando-se uns aos outros, repetindo as mesmas histórias e as mesmas notícias sem cessar, suas palavras soando cada vez mais convincentes. Eles planejaram, temeram e ousaram, acautelando-se uns aos outros, contando o pouco que sabiam sobre os escravos de outros lugares — escravos que haviam lutado pela liberdade e enfrentado a repressão: Granada, Barbados —, a mesma história trágica por toda parte. Mas o sonho era poderoso demais para ser abandonado e a evidência forte demais para ser descartada, tão pouco é necessário para tanta esperança.[82]

O sonho e a esperança finalmente compeliram um grupo de escravos a se reunir no domingo à tarde, 17 de agosto, a fim de ultimar os preparativos para a rebelião. Por volta das três ou quatro horas, após os serviços religiosos, eles se encontraram no caminho principal da Success para decidir a estratégia a seguir. Segundo os relatos posteriores dos participantes, Jack Gladstone desempenhou um papel importante. Mandou que os escravos permanecessem juntos, uns em frente aos outros, os que fossem da mesma fazenda deveriam se pôr lado a lado, de modo que ali se "realizasse um conselho para [tratar de] dominar os brancos".[83] Em seguida, Jack leu uma carta de Joe Simpson na qual dizia haver visto nos papéis do senhor que a liberdade seria dada aos escravos, que Wilberforce estava fazendo tudo o que podia por eles, e que se esperava para breve a chegada de um novo governador, e, portanto, os escravos deveriam aguardar. Muita gente falou. Alguns disseram que eles deviam se rebelar, outros aconselharam a esperar. Posteriormente, os escravos presos deram versões ligeiramente diferentes sobre o que acontecera na reunião, fornecendo detalhes que revelavam medo, hesitação e desacordo. Quamina, da Nabaclis, lembrou o exemplo de Barbados, onde o povo se sublevara da mesma maneira e muitos foram mortos. Sandy sugeriu que os escravos abandonassem seus instrumentos de trabalho e fossem à cidade pedir outro dia livre além do domingo. Essa era uma estratégia familiar aos escravos, que às vezes, coletivamente, negavam-se a trabalhar em sinal de protesto e iam dar queixa ao fiscal. Mas a sugestão de Sandy não foi aceita, talvez porque a maioria quisesse a liberdade e não apenas mais um dia livre na semana. Eles concordaram com Paris quando ponderou que, se os escravos simplesmente abandonassem suas ferramentas, todos eles, homens e mulheres, seriam massacrados "como loucos".[84] Joseph, da Bachelor's Adventure, e Bristol propuseram destruir as pontes, mas ficou decidido que isso só deveria ser feito se vissem tropas se aproximando. Depois de muito debate, os escravos finalmente concordaram em começar o levante na noite de segunda-feira e confinar administradores e feitores nos troncos, tomando-lhes armas e munição.[85] Os escravos pretendiam forçar o governador a lhes dar liberdade ou pelo menos alguns dias na semana.[86] O disparo de tiros seria o sinal. Billy e Jacky Reed comandariam a região de Mahaica. Joseph, Telemachus e Sandy começariam na Bachelor's Adventure e tomariam o rumo oeste, descendo a costa até encontrar Paris, e o rumo leste em direção a Mahaica até encontrar Jacky Reed.

Mars e Azor avançariam o mais que pudessem em direção à cidade. Joe se encarregaria da fazenda de Simpson. Os escravos da Thomas subiriam a costa na direção da Success e não tentariam ir para a cidade, onde se concentrava o poder militar da colônia.

Quamina tentou impedir que Jack continuasse com o plano, mas ele desconsiderou o pai com rudeza: "Você é um velho insensato; a coisa que as pessoas conseguiram, você não quer que elas obtenham". Antes da reunião, Quamina, Seaton, Shute e Peter, como geralmente faziam aos domingos após os serviços, tinham ido à casa de Smith se despedir. Smith ouviu Quamina e Seaton conversando "num tom de voz baixo" sobre as "novas leis" e lhes perguntou sobre o que estavam falando. Quamina respondeu evasivamente. "Nada de especial, senhor, estávamos apenas dizendo que seria bom mandar nossos administradores à cidade para apanhar a nova lei." Smith tentou dissuadi-los, argumentando que essa atitude irritaria o governador e teria o efeito contrário ao desejado. Quamina prometeu que não fariam nada de que pudessem se arrepender. Depois disso, os escravos saíram.

As palavras de Smith devem ter afetado Quamina, mas era tarde demais para sustar a rebelião. Depois da reunião na Success, os escravos voltaram para as fazendas e disseram aos outros que a rebelião começaria na noite de segunda-feira.[87] Eles haviam iniciado um processo que não podiam mais controlar. Na manhã de segunda-feira, Quamina insistiu com Jack para adiar o plano até que Smith pudesse ter em mãos uma carta que havia sido mandada ao governador. (Quamina provavelmente estava se referindo às instruções enviadas a Murray pelo governo britânico.) Jack respondeu que "todos os negros das propriedades tinham ido trabalhar", e não havia como alcançá-los. Quamina não desistiu. Pediu a Peter Hood, um carpinteiro que estava trabalhando na Le Resouvenir, para mandar avisar "as propriedades na costa". Hood mandou a mensagem por intermédio do garoto Cupido. Naquela mesma manhã, Azor, um escravo da lavoura que pertencia a Van Cooten, mandou seu filho perguntar a Quamina o que deveriam fazer. Quamina disse ao garoto que deveriam parar.[88] A tentativa de Quamina de adiar, quem sabe de evitar a rebelião, talvez explique por que os escravos não se revoltaram em nenhuma das propriedades localizadas na direção da cidade, exceto na Plaisance e na Brothers. Mas ele não foi capaz de impedir a rebelião em outros lugares.

A rebelião teve início na Success e rapidamente se espalhou pelas fazendas vizinhas. Começando o movimento em torno das seis da tarde, com o soar de búzios e tambores, e continuando noite adentro, cerca de 9 a 12 mil escravos de aproximadamente sessenta fazendas da Costa Leste cercaram as casas-grandes, puseram feitores e administradores nos troncos e tomaram-lhes armas e munições. Quando encontraram resistência, usaram a força. Anos de frustração e repressão subitamente foram liberados.[89] Por um breve momento, os negros viraram o mundo de cabeça para baixo. Escravos tornaram-se senhores e senhores tornaram-se escravos. Assim como os senhores os haviam desenraizado de seu ambiente e cultura tradicionais, apropriando-se da sua força de trabalho, dando-lhes nomes novos, obrigando-os a aprender uma língua nova e impondo-lhes novos papéis, os escravos apropriaram-se da língua de seus senhores, de seus símbolos de poder e propriedade. Os escravos falaram de leis vindas da Inglaterra. Falaram de "direitos". Falaram do rei, de Wilberforce e dos "homens poderosos da Inglaterra". Usaram os açoites e puseram os senhores nos troncos. Arrebentaram portas e janelas, destruíram o mobiliário e incendiaram edificações. Açoitaram administradores e senhores, roubaram roupas e dinheiro, beberam seu vinho. Quando os brancos atiraram, responderam ao fogo. No meio da noite, os antigos tambores e búzios africanos silenciaram. Ouvia-se apenas o ruído dos fuzis.

Telemachus, Sandy, Jack Gladstone e alguns outros foram vistos em diferentes plantações refreando os rebeldes, tentando deter a pilhagem, impedir atos de violência contra os brancos — tudo com o objetivo de manter a ordem e conduzir gente que àquela altura já havia tomado a justiça nas próprias mãos. Os líderes haviam sido recrutados principalmente entre os escravos qualificados — artesãos e capatazes, mas também barqueiros e maquinistas.[90] Entre aqueles que acabaram sendo presos como cabeças, Mars e Axor, da Vryheid's Lust, Quamina, da Nabaclis, Peter, da Le Resouvenir, Prince, da Ann's Grove, William, da La Bonne Intention, Attila, da Plaisance, Active e Quamina, da Success, eram carpinteiros. Paris, da Good Hope, Quaco, da Chateau Margo, e January, da Clonbrook, eram barqueiros. Jack Gladstone e Dumfries eram tanoeiros. Seaton era caldeireiro e Dick, maquinista na Success. Ralph era tarefeiro na mesma fazenda. Muitos escravos que posteriormente se envolveram na rebelião — Quamina, da Success, Bristol, da Chateau Margo, Paul, da Friendship, Jacky Reed, da Dochfour, Joseph e Telemachus, da Bachelor's Adventure — eram diáconos ou "professores" na capela de Smith. A participação deles na rebelião dos escravos levou as autoridades a suspeitar do envolvimento de Smith. O papel do missionário, no entanto, parece ter sido mais de pacificador do que de instigador. Foi provavelmente devido a sua influência e ao papel ativo desempenhado por diversos membros da capela de Smith na organização da sublevação que o nível de violência dos escravos, quando comparado ao de rebeliões anteriores, foi tão baixo. Confrontos sérios que resultaram em morte de brancos só ocorreram em poucas fazendas, num contraste flagrante com o banho de sangue de 1763 em Berbice. Apenas dois ou três homens brancos foram mortos, e, exceto num caso, nenhuma mulher sofreu ferimento algum.

Na maioria das vezes, os rebeldes mostraram contenção e disciplina consideráveis, embora em alguns casos os líderes tivessem que fazer uso de ameaças e até de violência para assegurá-las. Os eventos ocorridos na Foulis, conforme o relato de Hubert Whitlock, o administrador, e de Biddy Cells, uma mulher que morava na casa, foram exemplos típicos desse caso. Na noite de 18 de agosto, quando já estava deitada, Biddy Cells ouviu um barulho. Levantou-se, abriu a janela e viu uma grande quantidade de negros — de duzentos a trezentos — cercando a casa. Reconheceu somente um deles, chamado Caleb, da Paradise. Os escravos pediram que abrisse a porta. Ela se recusou e eles a arrombaram. O administrador tentou usar mosquete, mas foi impedido por Biddy Cells, que implorou para que não atirasse. Os escravos arrancaram o mosquete da mão de Whitlock e deram uma busca na casa procurando armas. Depois que saíram, chegou um segundo bando. Entre eles estava Telemachus. Dessa vez os escravos arrastaram o administrador escada abaixo e o prenderam no tronco, prometendo libertá-lo de manhã.

Na Friendship, aconteceu algo semelhante. Mas, ali, Smith, um escravo da fazenda, aproveitou a oportunidade para uma vingança pessoal. Entrou na casa da fazenda com muitos outros, atacou o administrador atingindo-o no rosto e ajudou a carregá-lo até o tronco. "Ontem você me botou no tronco", disse Smith, "agora sou eu que boto você." Aparentemente, antes da rebelião Smith tinha sido pego distribuindo rações de peixe roubado para outros escravos e o administrador o prendera no tronco. Na segunda-feira, 18 de agosto, pouco antes do início da rebelião, o administrador ameaçara de pô--lo no tronco outra vez. Para surpresa do homem, Smith o desafiou: "Vem cá você e me bota no tronco". O administrador mandou Ned, o capataz, amarrá-lo. Mas Ned e Smith simplesmente se afastaram juntos, andando em direção às habitações dos escravos. Mais tarde, quando o administrador já estava no tronco, os rebeldes trouxeram um outro branco. "Velho, sinto muito pelo senhor", disse Smith desculpando-se, "mas o senhor sabe como é a guerra; quanto a você [voltando-se para o administrador], tinha que ficar de pés e mãos presos no tronco, e se me deixassem eu cortaria sua cabeça fora." Quando o administrador pediu água, Smith respondeu que ele ficaria três dias e três noites sem água nenhuma. Smith permaneceu de guarda a noite inteira, e deve ter ficado em pânico, pois, ao ouvir um barulho no cômodo, ameaçou atirar na cabeça dos prisioneiros se tentassem escapar. Quando o administrador implorou que o soltasse por apenas alguns instantes, Smith respondeu que tinha ordens para mantê-lo preso. "Quem lhe deu ordens?", perguntou o administrador. "Quaco, e ele tem 5 mil quilombolas com ele", Smith respondeu. Se não obedecesse às ordens de Quaco, poderia perder a própria cabeça. De manhã, porém, ele deixou o administrador tirar um dos pés do tronco e depois falou sobre um plano dos escravos para sublevar o país inteiro, embora em Essequibo não tivessem aderido como era esperado. Smith explicou que todos os administradores e senhores tinham sido postos nos troncos; e os escravos pretendiam mantê-los lá por três dias. Depois de tomarem a praça de Mahaica, iriam ao governador e pediriam três dias de folga.

Um dos confrontos mais dramáticos ocorreu na Nabaclis. Mary Walrand, esposa de Francis Alexander Walrand, coproprietário da fazenda, contou depois em seu depoimento que, por volta das quatro da manhã do dia 19, ouviu tiros e o barulho de gente irrompendo casa adentro. Quando seu marido desceu as escadas correndo para tentar defender a casa, ela abriu a janela do andar de cima e implorou aos escravos que parassem. Do meio da turba alguém gritou: "Olhem a senhora na janela, atirem nela". Foi atingida no braço. Ela recuou, mas quando voltou à janela para falar com eles, novamente foi atingida, dessa vez na mão. Desesperada, correu para a escada, onde encontrou Billy, o criado, que insistiu para que ficasse lá em cima. "Eles mataram o sr. Facker, feriram o sr. Forlice gravemente e o meu senhor, acho eu, está morto; eu o vi estirado no chão", o criado disse. Billy levou-a para o quarto e trancou a porta. Pouco depois, os escravos que haviam invadido a casa subiram as escadas correndo e entraram no quarto. Alguns tinham armas, mas prometeram não a machucar se ela lhes mostrasse onde se guardavam a pólvora e as balas. Deram uma busca no quarto, abrindo malas e caixas, e levando tudo que tinha valor. Um dos escravos, que se identificou como Sandy, o carpinteiro-chefe da Non Pareil, disse que sabia que Walrand era um excelente senhor e que ela era muito boa. "Sei que a senhora vai ao pavilhão dos doentes, dá remédio pras pessoas e cuida delas." Quando ela perguntou o que haviam feito ao marido, Sandy disse que Walrand tinha sido posto no tronco. "Tenho que ir lá", disse ela, ansiosa. "Ah, não, a senhora tem que ficar guardada na casa", retrucou Sandy. Enquanto ela falava com Sandy, Joseph, o capataz da fazenda, apareceu. Ela de novo implorou para ser levada até o marido. Nesse momento, um negro alto aproximou-se da janela e gritou para os escravos que tinham invadido o depósito e estavam lá embaixo bebendo vinho. "Vamos embora rápido para a praça [Mahaica]; vocês estão perdendo tempo." Em seguida, correu para se juntar a eles, deixando um guarda para vigiá-la.

Após muita insistência, ela conseguiu convencer o guarda a levá-la até o marido. No caminho, viu o corpo de Tucker estirado no chão. Ele estava morto. Quando chegou ao "pavilhão dos doentes", onde haviam encerrado seu marido e Forbes, viu que o feitor estava gravemente ferido. Ela se ofereceu para tratar dos ferimentos, mas ele respondeu que preferia morrer. "Eles levaram toda a minha roupa e todo o dinheirinho que mourejei para ganhar, e este não é mais um lugar para um pobre homem ganhar a vida [...] Se esse ato passa impune, o que nos resta esperar? Vou ser assassinado pelas mãos desses miseráveis. O nosso Prince me golpeou na cabeça. [...] Eu gostaria que Wilberforce estivesse aqui nesse cômodo, só para me ver, porque podemos agradecer-lhe por tudo o que nos aconteceu, que alguma mão lhe conceda o mesmo!" Forbes morreu naquela noite.

Os relatos de Mary Walrand e muitas outras testemunhas — ainda que romantizados e tendenciosos em benefício próprio — evidenciam que na segunda e na terça-feira os escravos tinham ido em grandes grupos a fazendas diferentes daquelas onde moravam e trabalhavam, de modo a não serem reconhecidos. Estavam armados com cutelos, fuzis e outras armas. Invadiram casas e pegaram armas e munições, agarraram administradores, proprietários e visitantes, e os prenderam nos troncos. Alguns escravos foram deixados para trás, de guarda, enquanto o grupo se deslocava para outras fazendas, onde ocorreram cenas semelhantes. Houve casos de pilhagem e destruição de propriedade. Os escravos quebraram vidros, portas, janelas e móveis. Destruíram diversas pontes. Em algumas fazendas, onde os brancos se refugiaram em barricadas na casa-grande, eles a incendiaram. Em outras, expressaram sua hostilidade aos proprietários, administradores, médicos e feitores xingando-os e surrando-os. Um escravo, Kinsale, agarrou o coproprietário da fazenda Clonbrook, Hugh Rogers, pela orelha dizendo-lhe que ele era "um sujeito muito mau [...] um segundo faraó", até pior do que os feitores, e que merecia ser decapitado. Na fazenda Enterprise, quando o médico residente pediu que o livrassem do tronco, argumentando que precisava visitar uns doentes naquela manhã, Kinsale rejeitou o pedido: "Quem vai continuar querendo você como doutor?". Em algumas fazendas, os brancos que tentaram resistir foram feridos. Mas apenas alguns foram mortos, quando tentaram atirar e os escravos dispararam de volta.

Os escravos disseram que estavam fazendo aos brancos o que estes sempre lhes haviam feito. Às vezes diziam que, se pudessem fazer o que bem quisessem, cortariam fora as cabeças dos brancos, embora nunca fossem muito explícitos sobre quem ou o que os estava realmente impedindo. Aparentemente, os líderes da rebelião haviam dado ordens estritas no sentido de proibir os escravos de fazer mal a qualquer branco. Alguns líderes haviam ido de uma a outra fazenda pedindo que proprietários e administradores assinassem um papel que pretendiam apresentar às autoridades coloniais, certificando-as de que os escravos não lhes haviam feito mal algum. Com isso eles pareciam querer não só demonstrar seu bom comportamento, mas também evidenciar a compreensão das regras dos homens brancos.

Os poucos escravos, a maioria capatazes e criados domésticos, que ficaram do lado dos senhores foram açoitados e postos no tronco. Os que tentaram não se envolver foram forçados pelos rebeldes a participar, como fica claro na história que Thomas, o caldeireiro-chefe da fazenda Bee Hive, contou posteriormente no tribunal. Às sete da noite, Duke, um escravo da Clonbrook, chegou à porta e começou a gritar: "Thomas! Thomas! O que é isso de nos deixar lutar suas batalhas? Agora mesmo você estava junto à represa, e fugiu de nós e veio pra sua casa de novo!". Duke foi então à casa de um outro escravo e derrubou a porta a machadadas. Gabava-se de ter combatido desde a Chateau Margo até a Bee Hive. Uma outra testemunha acrescentou que Duke se vangloriava de ter posto o governador, o fiscal e todas "as grandes autoridades" no tronco. Na Bee Hive, ele juntou todos os homens perto da barragem do canal e ordenou que destruíssem a ponte. Aparentemente, os escravos tirados à força das casas voltaram para elas depois que Duke saiu. Quando ele voltou à fazenda mais tarde, naquele mesmo dia, de novo mandou todos para a barragem, "depois foi para a casa do Edwin, arrombou a porta e deu uma surra nele" e "ameaçou botar fogo nas casas dos pretos".

A atividade de Duke também foi grande em outras fazendas. Por onde passou, importunou os negros que estavam em casa. Brutus, da Northbrook, a poucos quilômetros da Bee Hive, disse que na terça-feira, por volta das sete da manhã, Duke chegara à sua casa e o repreendera: "Aqui tem um grande sargento, o que é que ele está fazendo?". Ele disse a Brutus que não dormira a noite inteira e perguntou: "Você acha que nós vamos preparar a liberdade pra você, enquanto você fica sentado em casa? É melhor dar o fora e cumprir seu dever". Em seguida ameaçou cortar a cabeça de Brutus.[91]

Obviamente, é impossível determinar com alguma certeza quem disse a verdade ou quem mentiu durante os julgamentos. Os escravos podem ter tentado se proteger inventando histórias de como foram forçados a aderir à rebelião. Esse parece ser o caso de Barson, da fazenda Paradise. Em seu depoimento, Barson disse que sucessivos grupos de negros tinham chegado à fazenda. Entre os do primeiro grupo estavam Austin e Allick, da Cove. Depois chegou uma segunda leva. Os líderes eram Telemachus e Joseph da Bachelor's Adventure, Natty, da Enterprise, Scipio, da Non Pareil, e Hans, da Elizabeth Hall. "Eram eles os que se agitavam mais dando as ordens." Segundo Barson, Natty, ao ouvir dele que os brancos não deviam ser postos no tronco, agarrou-o pela gola e o derrubou, atacando-o com um cutelo. Sandy interveio: "Não meta a faca nele. Leve ele com a gente". Barson fora forçado a acompanhá-los, mas assim que pôde voltou à Paradise e tentou, sem sucesso, soltar os brancos do tronco. Quando Natty voltou, disseram-lhe que Barson andara atormentando os guardas para obter a chave e soltar os brancos. Alguém pôs uma espingarda de cano duplo em sua mão e obrigou-o a andar em direção à Nabaclis. No caminho encontrou o capataz Joseph, que se juntara aos rebeldes. Ao ver Barson, Joseph disse: "Olhe, aí está um tratante, servo de gente branca". Essa história talvez seja verdadeira, mas no julgamento de Nelson, Nero, da

Annandale, disse que tentara impedir a passagem de um grande contingente de negros que chegara à fazenda na noite de segunda-feira. Barson bateu os pés no chão com violência e berrou, desafiante: "Quem se atreve a nos deter?". O depoimento de Nero levanta suspeitas sobre a história de Barson. Mas, se nesse caso é difícil saber se ele aderiu à rebelião de bom ou mau grado, há outros em que os testemunhos tanto de negros quanto de brancos coincidem, indicando assim que alguns escravos (cerca de 10%) realmente se recusaram a seguir os rebeldes.

Os autos mostram que apenas um pequeno grupo de escravos foi informado da conspiração. A maioria ignorava o plano até a véspera do levante. Alguns se surpreenderam quando, na noite de segunda ou na manhã de terça-feira, viram chegar um grande número de negros de outras fazendas convidando-os a aderir à revolta. Aqueles que não aderiram espontaneamente foram ridicularizados, chamados de covardes e até agredidos pelos rebeldes. Obrigados a carregar as armas e a seguir os rebeldes de uma fazenda para a outra, alguns escravos escaparam e voltaram para suas fazendas, apenas para serem arrastados novamente por outro grupo de rebeldes. Outros, como Quamina, permaneceram quietos no interior das fazendas.

Exceto aqueles que haviam participado da conspiração, a maioria dos escravos não tinha uma ideia clara a respeito do que queriam ou do que deveriam fazer. Alguns sabiam vagamente que chegara da Inglaterra uma notícia boa, mas que os senhores e administradores haviam-na ocultado. Não sabiam ao certo que notícia era. Alguns acharam que seriam libertados, outros que teriam dois ou três dias livres para que pudessem assistir aos serviços religiosos aos domingos, cultivar suas roças e ir ao mercado. Esperavam forçar o governador a fazer essas concessões. Alguns haviam acreditado que os escravos das colônias vizinhas de Essequibo e Berbice também se sublevariam. Também alimentaram a ideia de que os quilombolas se juntariam a eles — um sonho muitas vezes presente nas rebeliões por todo o Caribe, onde os quilombolas passaram a simbolizar a liberdade.[92]

Como acontece com todos os levantes populares, é mais fácil examinar as condições que criaram a situação de rebelião e identificar os fatos que deram início ao levante do que dizer com alguma precisão por que motivo alguns indivíduos se envolveram mais do que outros. Entre os que participaram da conspiração, ou mais tarde aderiram à rebelião, muitos o fizeram por motivos bastante pessoais. Afora as queixas habituais registradas nos relatórios dos fiscais, alguns escravos haviam passado por provações singulares ou estavam vivendo sob alguma tensão específica. Na Nabaclis, 78 escravos tinham sido levados por John Reed, proprietário da Dochfour, e outros, uma semana antes da revolta, receberam o aviso de que seriam vendidos.[93] A fazenda Friendship também estava à venda, e Paul (que depois foi executado) procurou desesperadamente alguém que o comprasse, temendo ser vendido para algum lugar distante.

Algo semelhante estava acontecendo na Clonbrook e na Bachelor's Adventure. Um dos proprietários morrera e muitos escravos deveriam ser vendidos, entre eles Nanny, esposa de Billy, e seus doze filhos. Eles haviam vivido juntos vinte anos e temiam ser separados. Telemachus, que pertencia à Clonbrook, mas estava morando na Bachelor's Adventure com mulher e filho, enfrentava situação semelhante. Ele fora a Whitlock, administrador da Foulis, para ver se este o comprava, assim não seria mandado para longe da família. Telemachus tinha muitas outras razões para se sentir magoado. Diversas vezes fora importunado por ser cristão, e cerca de dois anos antes da rebelião tinham-no mandado trabalhar a quase quarenta quilômetros de casa por ser "religioso demais".

Susanna, que desfrutara de uma posição privilegiada como amante de Hamilton, fora abandonada por ele. A amargura de Jacky Reed da Dochfour também tinha um motivo específico. Ele queria que sua sogra fosse batizada — coisa que ela desejava desesperadamente —, mas o administrador negou-se a dar um passe para a mulher ir à capela. Jacky queixou-se diversas vezes a Smith de que os administradores sempre castigavam os escravos cristãos. Alguns meses antes da rebelião, em novembro de 1822, Reed e Peter, da Hope, haviam procurado Smith por estarem muito deprimidos. Disseram ao missionário que o administrador da Hope abordava os "negros cristãos" com piadas insultuosas sobre temas religiosos na presença dos demais, insinuando que, como sua profissão de fé era mera hipocrisia e qualquer comentário insignificante seria o bastante para fazê-los abandoná-la, eles mereciam ser tratados com desprezo. Ofendidos, alguns escravos responderam de maneira considerada "desrespeitosa" pelo administrador, que, por essa "insolência", os açoitou e os confinou ao tronco.

Immanuel, que morava na Chateau Margo, fora posto no tronco por ter presidido reuniões religiosas (e também por ter batido num escravo que se negara a contribuir para a capela). Sandy, da Non Pareil, fora perseguido pelo mesmo motivo. Prince, que (como Telemachus) pertencia à Bachelor's Adventure, também suportou "muito sofrimento por causa da religião". Betsy teve um forte motivo para se revoltar quando foi estuprada pelo administrador. Gracy também teve razão de se enfurecer quando foi presa no tronco e depois mandada para uma turma de trabalho, devido ao caso com Jack. Rachel teve bons motivos para se ressentir quando recebeu chibatadas por levar um filho doente para a lavoura depois que o administrador lhe dissera para deixar a criança com a velha que tomava conta dos filhos das escravas.[94]

Mas, se alguns escravos tinham queixas particulares, todos compartilhavam dos mesmos receios. Todos viviam com medo de serem vendidos. Em Demerara, as fazendas eram constantemente hipotecadas e os escravos eram muitas vezes dados como pagamento das dívidas. Também eram vendidos quando os senhores precisavam de dinheiro, quando iam à falência ou tinham que atender a necessidades prementes,[95] quando voltavam para a Inglaterra ou para a Holanda, quando vendiam as fazendas ou quando os senhores morriam e os escravos iam a leilão ou eram divididos entre os herdeiros. O medo do castigo também era constante. Todos os escravos, uma vez ou outra, receberam castigos ou viram os amigos castigados por razões frívolas.[96]

A severidade do tratamento e a frequência da punição variavam de uma fazenda para outra, dependendo dos caprichos de senhores e administradores. Alguns, como Michael McTurk e James Spencer, não permitiam que os escravos fossem à capela e muitas vezes faziam-nos trabalhar aos domingos. Outros, como John Pollard, responsável pela administração da Non Pareil, da Bachelor's Adventure e de diversas outras fazendas na Costa Leste, eram particularmente violentos e recorriam com muita frequência à chibata. É possível que alguns fazendeiros, como Alexander Simpson, onerados com hipotecas, tenham sido mais duros do que outros ao sobrecarregarem seus escravos.[97] Mas, em toda a Costa Leste, a intensificação da exploração da mão de obra e a redução do tempo concedido aos escravos para cultivar as roças e áreas de provisões, bem como para ir ao mercado, provocaram descontentamento. A violação desses "direitos" tradicionais explica os pedidos de dois ou três dias livres por semana feitos pelos escravos.[98]

Embora a situação variasse de uma fazenda para outra e, individualmente, de um escravo para outro, e embora essas diferenças possam ter contribuído para dividir os escravos, havia uma experiência compartilhada por todos: a de ser escravo. E ser escravo nesse ponto da história significava não só estar em Demerara, numa fazenda específica, num lugar específico, sob condições específicas de trabalho; significava também ser parte de um mundo mais amplo, no qual a escravidão vinha sendo atacada. Era um mundo em mudança, no qual a escravidão, outrora uma necessidade, tornava-se uma contingência; um mundo em que as indústrias gradualmente transformavam o ritmo de vida, e no qual o sistema colonial tradicional, baseado em monopólios e privilégios, entrava em colapso, enquanto novas oportunidades de comércio se abriam no mercado internacional e a Inglaterra incorporava novas áreas a seu império. Era um mundo em que novos grupos de interesse emergiam, o consenso entre os grupos dominantes em relação à escravidão se quebrava e os escravos podiam esperar encontrar aliados poderosos; um mundo em que os processos sociais em curso redefiniam o que era justo, o que era certo e o que era possível, e reescreviam os códigos de honra, as regras de propriedade e as noções de cidadania tradicionais; um mundo em que novas ideologias estavam minando o sistema de sanções e assertivas que há séculos havia mantido a escravidão, transformando o que um dia fora um sonho impossível de liberdade numa possibilidade tangível, fazendo brotar a esperança onde um dia houvera medo e desespero.

A rebelião traria à tona as contradições entre fazendeiros residentes e ausentes, entre proprietários das Índias Ocidentais e grupos que lutavam pelo poder no Parlamento britânico; entre os membros da Igreja Anglicana e os evangélicos, entre aqueles que se aferravam às ideologias tradicionais que defendiam os monopólios e os privilégios, a desigualdade social, a hierarquia e a autoridade, e aqueles que esposavam as novas ideologias que postulavam a universalidade dos direitos do homem, a responsabilidade individual e a igualdade perante a lei. Como qualquer outro evento histórico, a rebelião de Demerara foi produto de muitas forças contraditórias. Todos eles, Jack Gladstone, Quamina, Susanna, John e Jane Smith, McTurk, o governador Murray, senhores e administradores, escravos e missionários, eram de certa forma prisioneiros dessas contradições.

Sem dúvida houve fatalidade e acaso nas vidas de Jack Gladstone e John

Smith, e nas vidas de todos os que sobreviveram ou morreram. Também houve escolha e deliberação. Entretanto, embora as opções individuais, os motivos pessoais, os nexos circunstanciais, os sonhos de emancipação tenham todos contribuído para a produção da rebelião, eles se subordinaram a um processo histórico mais amplo que transcendeu a consciência dos participantes e sobre o qual eles não tiveram controle algum, um processo que definiu seus limites, suas possibilidades e até seus sonhos.

6. Um homem nunca está seguro

Eu poderia chorar lágrimas de sangue.

John Wray

Parece que o Diabo estava neles, não, tenho certeza de que ele está.

De John Smith para John Wray, maio de 1823

A rebelião apanhou os brancos de surpresa. Tinham vivido tanto tempo com medo de que os escravos pudessem se sublevar que acabaram aprendendo a lidar com ele. Para se tranquilizar, criaram rituais de dominação que evidenciavam seu poder total. Eles haviam ignorado os sinais de tensão e descontentamento entre os escravos e se convencido de que eles não tinham motivos para se rebelar. Vendo os escravos como ferramentas, os senhores haviam se tornado cegos a sua humanidade. A ameaça de revolta estava, no entanto, sempre presente. Os cutelos que cortavam a cana podiam com facilidade tornar-se armas. Ninguém captou melhor a situação dos senhores do que George Lamming, numa reflexão sobre a Revolução Haitiana:

O proprietário deve ter percebido que o silêncio lúgubre dessa propriedade continha um perigo que deveria durar enquanto as mãos deles [dos escravos] durassem. Um dia alguma mudança misteriosa se revelaria por intermédio desses arados em forma de homem. O mistério assumiria o comportamento de um arado que negasse o contato com uma mão livre. Imagine um arado, no campo. Comum como sempre, dentes e haste inalterados, ali, simplesmente, a postos ao lado do broto de cana. Então alguma mão identificada com aquela rotina de trabalho estende-se para erguer esse instrumento familiar. Mas o arado foge ao contato. Nega-se a renunciar a sua posição atual. Há uma mudança na relação entre esse arado e a mão livre. As colheitas esperam e se perguntam sobre o que acontecerá depois. Mais mãos se aproximam para confirmar a conduta extraordinária desse arado: mas ninguém pode explicar o terror dessas mãos ao se afastarem do arado. É preciso uma nova visão assim como um novo sentido da linguagem para dar testemunho do milagre do arado que agora fala. Pois enquanto as mãos avançam em uníssono, o arado dá um salto mortal que reverte sua postura tradicional. Sua cabeça entra na terra e os dentes, quase garganta, viram-se para o ar, eretos, dez pontas de aço anunciando o perigo.[1]

Quando a ameaça tornou-se realidade em Demerara, a primeira reação dos fazendeiros foi reunir todas as forças militares de que dispunham para sufocar a rebelião; a segunda foi procurar culpados: alguém ou alguma coisa que pudessem responsabilizar pelo sucedido.

Cedo, na segunda-feira, dia 18, horas antes que a rebelião irrompesse na fazenda Success, o capitão Alexander Simpson, da fazenda Reduit, acordou com um soar de corneta em sua janela. Seu "criado" Joe, visivelmente perturbado, disse-lhe que no domingo na capela os escravos tinham decidido rebelar-se no dia seguinte. Simpson não perdeu tempo. Encilhou o cavalo e tomou o rumo de Georgetown para avisar o governador.[2] No caminho, parou em diversas fazendas alertando administradores e proprietários do perigo iminente de uma rebelião. Às dez horas, Simpson encontrou-se com o governador, que logo mandou a cavalaria se reunir. O capitão recebeu ordens para voltar imediatamente com seus catorze cavalarianos para a Le Reduit, onde o governador o encontraria mais tarde. Simpson deveria transmitir a informação às outras fazendas ao longo do caminho. Às cinco horas, o governador chegou à Le Reduit. Despachou um sargento e quatro soldados para o posto militar no ribeirão Mahaica, a uns quarenta quilômetros de Georgetown, onde o tenente encarregado tinha apenas um sargento e dezesseis praças sob seu comando.[3] No caminho, eles deveriam avisar os capitães do burgo, em especial Michael McTurk e James Spencer.

McTurk, entretanto, já havia sido avisado. Enquanto se faziam preparativos na Le Reduit na manhã de segunda-feira, corriam rumores de que os escravos pretendiam se sublevar naquela noite. Por volta das quatro da tarde, McTurk preparava-se para jantar com Van Waterschoodt e Lachlan Cuming na Plaisance quando foi informado da conspiração por William Cuming, um negro livre que fora informado por Joe, o "criado" de Simpson. McTurk mandou chamar Cato, a quem Joe havia se referido como um dos envolvidos na rebelião. Cato — que de fato estivera a par da trama desde o início — negou ter qualquer informação, mas foi imediatamente preso e mandado para o tronco. McTurk interrogou então diversos escravos. O que ouviu fez com que se convencesse de que por trás da rebelião tramada estavam Quamina e o filho, Jack Gladstone.

Sem maiores investigações, McTurk enviou uma mensagem para John Stewart, o administrador da Success, com ordens para que prendesse Quamina e Jack e os enviasse para ele.[4] Stewart mandou-os imediatamente, sob a custódia de dois feitores. Na estrada, o pequeno destacamento foi surpreendido por um grupo de escravos (Ralph, Beffaney e Windsor, entre outros), que conseguiu libertar os prisioneiros depois de ameaçar um dos feitores com cutelos. Aterrorizado, o homem tentou escapar jogando-se num canal próximo, mas foi seguido de perto pelos escravos. A pronta intervenção de Jack salvou a vida dele. Quamina e Jack voltaram à Success, acompanhados dos escravos que os resgataram e levando consigo os dois feitores.

Passava das cinco da tarde quando John Stewart, em pé na varanda da casa principal da fazenda Success, viu um bando de negros se aproximando. À frente vinha o capataz Richard, um escravo que estivera fugido por dois ou três meses. Quando chegaram mais perto, Stewart mandou que parassem. Mas Richard e seu grupo pareciam determinados a capturar o administrador. Diversos escravos da Success tentaram sem sucesso impedi-los. Stewart foi rapidamente cercado pelos negros, alguns dos quais não reconheceu por não pertencerem à fazenda. Um deles agarrou-o pelos pés, outros pela gola do casaco, e o arrastaram para o "pavilhão dos doentes" com a intenção de colocá-lo no tronco. Mais uma vez, graças a Jack Gladstone, Stewart e os feitores puderam voltar para a casa, onde foram encerrados. Os escravos procuraram armas e munição e levaram o que puderam encontrar. A rebelião havia começado na Success, e rapidamente se alastrava por outras fazendas na Costa Leste.

Enquanto o governador avaliava a situação e tomava medidas para proteger a colônia, Simpson e McTurk, com pequenos destacamentos da milícia de brancos, investigavam as fazendas vizinhas. No final da tarde, aproximando-se da edificação principal da Success, Simpson e seus quatro cavalarianos viram negros armados com cutelos cercando a casa do administrador. "Não há nenhum branco aí?", gritou Simpson. De uma janela do primeiro andar, Stewart respondeu visivelmente agitado: "Não abra fogo contra eles, não estão fazendo nenhum mal". Mas logo depois, ele e os dois feitores escaparam por uma janela e correram em direção a Simpson e seu grupo esperando ser resgatados. Ao perceber claramente que ele e seus homens seriam dominados pelos escravos, que haviam se tornado cada vez mais ameaçadores, Simpson esqueceu-se completamente da solidariedade entre brancos. Ordenou a Stewart — que tentava em vão montar na garupa do cavalo de Simpson — que o largasse ou ele o cortaria com a espada. Do meio do bando, alguém atirou em Simpson, mas errou o alvo. Stewart tinha acabado de ouvir o tiro quando foi agarrado violentamente por Ralph, um dos escravos da Success que haviam ajudado a libertar Jack e Quamina. Segurando um cutelo sobre a cabeça de Stewart, Ralph obrigou-o a ir para o "pavilhão dos doentes", onde o prendeu no tronco. Os dois feitores que haviam tentado levar Quamina e Jack para McTurk também foram postos no tronco. Dessa vez Jack não estava por perto para prestar socorro. Um dos escravos ficou de guarda para vigiar os prisioneiros enquanto os demais se retiraram. Simpson e seu destacamento partiram cavalgando o mais rápido que puderam.[5]

Na fazenda Le Resouvenir, a rebelião também apanhou a todos de surpresa. Por volta das seis horas da tarde, John Smith estava se preparando para dar o passeio habitual depois do jantar com sua mulher. Enquanto Jane foi pegar o chapéu, Guildford, "criado" da fazenda *Dochfour,* chegou trazendo um recado de Jacky Reed, um escravo da congregação de Smith. O bilhete era uma mistura extraordinária de polidez esmerada e convencional, com advertências vagas mas sinistras.

Prezado senhor,

Desculpe-me a liberdade que tomei de lhe escrever; espero que esta possa encontrar o senhor e a sra. Smith bem. Jack Gladstone me mandou uma carta, que faz parecer que eu tivesse concordado com algumas ações, o que nunca fiz; nem prometi nada a ele, e espero que o senhor cuide disso, e indague dos membros, o que quer que eles tenham em vista, e que eu ignoro, e investigue sobre isso e saiba o que é. Há uma hora determinada, sete horas da noite de hoje.

Junto ao bilhete estava a carta que Jack Gladstone havia enviado a Jacky Reed. Como a nota de Reed para Smith, a carta era polida e críptica e estava permeada mais de esperança do que de advertência.

> Caro irmão Jacky,
> Espero que esta o encontre bem, e escrevo a respeito do nosso discurso, e espero que você faça conforme prometeu; esta carta foi escrita por Jack Gladstone, e todo o resto dos irmãos da capela Bethel, e espero que você aja conforme o nosso acordo; começaremos na Thomas, e espero que você tente fazer o melhor que puder ao subir a costa.[6]

Smith fez muitas perguntas ao evasivo e confuso Guildford. Se ambos os textos lhe pareceram pouco claros (como depois o missionário alegou durante o julgamento), Smith deve ter suspeitado o pior. Talvez temendo que Guildford pudesse distorcer um recado passado de viva voz, Smith escreveu uma nota sem evasivas ainda que cautelosa e a mandou para Reed:

> Ignoro o caso a que você alude, e sua nota chega tarde demais para me permitir qualquer inquérito. Eu soube ontem que havia algum plano sendo agitado, mas não fiz perguntas sobre o assunto; implorei-lhes que se aquietassem; e confio que o farão. Medidas apressadas, violentas ou mal ajustadas são inteiramente contrárias à religião que professamos, e espero que você nada tenha a ver com elas. Seu, em nome de Cristo.[7]

A carta de Jacky Reed deixou os missionários muito ansiosos.[8] John e Jane compartilhavam a aflição quando ouviram um "barulho alto e insólito",[9] e John Hamilton, o administrador da fazenda, gritando por socorro. Eles correram para a casa-grande e encontraram-na cercada por quarenta ou cinquenta homens, "todos nus, armados de cutelos [...] e de aparência muito feroz". Os escravos tinham arrombado as portas e invadido o andar térreo. Quando o missionário perguntou o que queriam, os escravos brandiram os cutelos e gritaram: "Nós queremos as armas e os nossos direitos". Enfurecidos e determinados, disseram a Smith que fosse para casa e, assim que obtiveram as armas, "deram um grito de triunfo", atiraram para o ar e sopraram suas conchas.* Em seguida, fazendo soar o sino da fazenda, desapareceram na escuridão.[10]

Os Smith foram para casa, mas mal puderam dormir. No meio da noite ouviram barulhos do lado de fora. O missionário abriu a janela do quarto e viu quatro homens. Eram criados de figuras importantes da colônia: John Alves, cocheiro do tenente-coronel Goodman; Cornelius, criado de Charles Wray, presidente do Tribunal de Justiça; John Bailey, cavalariço da casa do comerciante Richard Chapman; e um homem posteriormente identificado como criado do sr. Robertson. Tinham vindo pela estrada do litoral conduzindo um destacamento de seis soldados e um oficial do 21º Regimento, quando viram que os escravos haviam destruído a ponte próxima à Le Resouvenir. Os soldados vadearam o canal, mas o cocheiro voltou com as carruagens e os quatro homens estavam então procurando um lugar onde guardar os cavalos naquela noite. Apesar do adiantado da hora, o missionário convidou-os a entrar e lhes ofereceu refrescos. Os homens conversaram excitadamente sobre a revolta dos escravos. Quando um deles comentou o quanto era terrível ver "os negros se sublevarem daquela maneira", Smith — sem se dar conta dos riscos que corria ao falar o que pensava a empregados de homens tão poderosos — disse que há muitas semanas vinha esperando que algo desse tipo acontecesse. Ele relatou que vira os escravos rebeldes armados com mosquetes, cutelos e outras armas, e observou que, tendo em vista o mau tratamento que recebiam, não o surpreendia que tivessem se sublevado. Era do conhecimento do missionário que os escravos sabiam que uma nova legislação favorável a eles havia chegado da Inglaterra. Mas, em vez de implementar as novas leis (que proibiam o uso da chibata nos campos), o administrador daquela propriedade dera ao capataz um "açoite de nove tiras" e ameaçara usá-lo enquanto pudesse.[11] Antes de saírem, os homens perguntaram a Smith se não tinha medo de ficar em casa. Smith respondeu, confiante, que os "negros não perturbariam gente como ele".[12]

---

* Geralmente usavam-se conchas, de manhã, para chamar os escravos para o trabalho e, à tarde, para mandá-los para casa. (N. A.)

Os missionários passaram o dia seguinte fazendo conjecturas sobre o que estaria acontecendo. Jane sentia-se cada vez mais alarmada. Andava para cima e para baixo na varanda da frente até que lhe ocorreu perguntar a Ankey — uma negra que vivia na fazenda — o que é que os escravos estavam tramando. Mas Ankey pareceu estar tão desinformada quanto ela. "Sei não, senhora, o pessoal quer ganhar a liberdade deles", foi tudo o que a mulher disse.[13] As duas mulheres compartilharam seus temores. Jane disse que não dormira a noite toda. Ankey confessou que também tivera medo; não sabia se ia para a "casa-grande" ou para a "casa dos negros", observação que demonstrava sua ambiguidade em relação aos acontecimentos. Jane tentou confortá-la dizendo que os escravos não lhe fariam mal. Depois pediu-lhe que fosse chamar Quamina ou Bristol. Mas não contou ao marido o que pretendia fazer, provavelmente temerosa de que pudesse desaprová-la.

Na quarta-feira, Ankey foi dizer a Jane que Quamina tinha chegado. A mulher do pastor hesitou. Sentada nos degraus da porta dos fundos estava uma negra livre, Kitty Cumming, que havia chegado da Success dizendo que todos os escravos tinham ido embora. Com medo de ficar sozinha, pedira abrigo na casa dos missionários. Kitty era uma daquelas libertas que continuavam a viver nas fazendas depois da alforria, cuja lealdade era sempre duvidosa. Sem saber se podia confiar nela, Jane pediu a Ankey que a levasse aos alojamentos dos escravos. Kitty mostrou-se relutante e desconfiada, e só concordou depois que Jane lhe assegurou que poderia voltar antes do cair da noite. Alguns minutos depois da saída das mulheres, Quamina chegou.

Ninguém jamais saberá exatamente o que se passou entre os Smith e Quamina. Durante o julgamento, John Smith declararia ter dito ao escravo que "estava penalizado e triste ao ver que as pessoas haviam sido tão tolas, maldosas e estúpidas a ponto de se revoltarem, e esperava que ele não estivesse envolvido". Segundo o missionário, Quamina pareceu "confuso e envergonhado", e saiu sem dizer palavra.

Depois da conversa com Quamina, os missionários se sentiram ainda mais preocupados. John queria saber o que levara Quamina até lá, e Jane por fim confessou ter mandado chamá-lo. John repreendeu-a. Ela havia sido muito tola. Pela maneira como Quamina se portara, parecera ao missionário que estava envolvido na revolta e, se isso fosse verdade, não queria mais vê-lo.[14] John também teria dito que a presença de Quamina na casa deles poderia compromete-

-los. De fato, a empregada Elizabeth, ao testemunhar, disse que Jane a ameaçara com a chibata se ela contasse a alguém que o escravo lá estivera.[15]

Ainda muito tenso, John Smith começou a escrever uma carta para seu superior, o reverendo George Burder, secretário da London Missionary Society. Smith estava propenso a absolver os escravos e condenar os senhores. Escreveu que os escravos da Costa Leste tinham se apossado das armas de fogo que estavam em diversas fazendas e tinham posto administradores e feitores no tronco, "para impedir que fugissem e dessem o alarme". Mas não tinham cometido nenhuma violência pessoal contra pessoa alguma. Não haviam incendiado um prédio sequer nem roubado nada de casa alguma, senão armas e munição. Em suma, não haviam tentado nada que se "assemelhasse a uma atrocidade, quer contra pessoas quer contra a propriedade". Os escravos haviam dito a ele e à esposa que não tinham intenção de ferir ninguém, "mas que seus direitos eles teriam". Smith achava-os "sinceros naquilo que diziam, pois eles tiveram a mais ampla oportunidade de matar todas as pessoas brancas na costa".

Smith continuou, dizendo que a colônia estava sob lei marcial e todos os adultos do sexo masculino tinham sido convocados para a milícia. Em seguida especulou sobre as causas da rebelião.

> Desde que cheguei à colônia, a opressão aos escravos tem sido a mais cruel possível. Geralmente tem se extorquido deles, incluindo as mulheres em estado de gravidez avançada, uma quantidade muitíssimo exagerada de trabalho. Quando doentes, é comum ficarem abandonados, maltratados ou quase morrerem de fome. Têm recebido castigos frequentes e severos. Para eles, obter reparação tem sido coisa tão rara que diversos escravos vêm há muito renunciando a ela, ainda que tenham sido vítimas notórias de injustiça. Embora ainda se use a chibata com mão inclemente, não parece que ultimamente os negros tenham sido açoitados com mais severidade ou com maior frequência do que antes. Mas a impressão é de que os fazendeiros não consideram que o aumento do saber entre os escravos exija que se altere o modo de tratá-los. Não importa quão inteligente um negro possa ser, ainda assim deve ser regido pelo terror e não pela razão. Em geral, o sistema de administração adotado tem sido o mais vexatório possível; e a religião que professam há muito os indispôs com a maioria dos fazendeiros. Por esse motivo, muitos sofreram uma série quase ininterrupta de afrontas e perseguições.[16]

A carta expressava admiravelmente os vieses de Smith. Sua descrição e suas interpretações dos acontecimentos foram moldadas pelas noções que trouxera da Inglaterra, as quais haviam sido legitimadas e confirmadas por sua experiência cotidiana em Demerara. A convicção de Smith de que a opressão leva automaticamente a rebeliões era uma crença ingênua que o missionário partilhava com muitos dos seus contemporâneos. Essa relação fora estabelecida, vezes sem conta, em décadas de discurso revolucionário. Na época em que Smith escrevia a carta, a noção já se tornara um mito poderoso, que os amigos da Revolução Francesa tinham ajudado a espalhar e ao qual a própria revolução tinha ajudado a dar credibilidade. Por outro lado, a vida como missionário que pregava o Evangelho aos escravos só fizera reforçar seus primeiros compromissos com a emancipação. Para ele, a escravidão era um mal, e cristianismo e escravidão eram incompatíveis. Apenas homens livres poderiam ser bons cristãos. A escravidão era um sistema que corrompia brancos e negros, senhores e escravos, e até missionários. Não havia motivo algum para surpresas se, depois de tanta "degradação", tanta "violência" e "injustiça", os escravos finalmente se rebelassem. Essa era a principal linha de argumentação adotada por Smith na análise dos acontecimentos.

Ele ainda se ocupava da carta quando o tenente Thomas Nurse, da milícia de Demerara, chegou à frente de uma companhia de infantaria e pediu para vê-lo. Nurse disse que havia sido mandado pelo capitão McTurk para saber por que Smith não obedecera à proclamação da lei marcial na qual o governador exigia o alistamento de todo homem capaz de portar armas. O tenente também insistiu que a esposa do missionário fosse removida para a fazenda de McTurk, Felicity, ou para algum outro lugar onde ela estaria mais "protegida".[17]

A interação entre Smith e Nurse foi cheia de tensões. Nascidas de duas visões de mundo contraditórias, a desconfiança e a hostilidade mútuas eram impossíveis de disfarçar. O encontro dos dois tornou evidente o conflito que lançou missionários contra administradores e senhores desde o momento em que o primeiro missionário da London Missionary Society desembarcara na colônia quinze anos antes. Para Smith, a ordem de alistar-se na milícia parecia-lhe uma provocação da parte de McTurk. Smith e McTurk tinham muito em comum. Ambos eram inflexíveis, ambos eram impetuosos, ambos eram orgulhosos. Mas um era missionário e o outro, fazendeiro; um queria controlar as almas dos escravos, o outro, seus corpos. Suas metas e ideologias contraditórias haviam frequentemente impelido um contra o outro. Embora Felicity fosse vizinha à Le Resouvenir, McTurk jamais permitira que seus escravos participassem dos serviços religiosos.[18] Smith considerava McTurk um ateu, um homem que sempre havia obrigado os escravos a trabalhar no domingo, um incansável oponente dos missionários e um inimigo do Evangelho, "uma desgraça e uma maldição para a sociedade organizada".[19] Como Nurse estava falando por McTurk, Smith logo antipatizara com ele.

Nurse, que tinha laços estreitos com os fazendeiros, também não mostrou grande apreço pelo missionário. Para ele, Smith era um agitador: um daqueles missionários fanáticos que o *Guiana Chronicle* constantemente descrevia como "propagadores de doutrinas incendiárias", "promulgadores da liberdade e da igualdade",[20] homens sempre prontos a desafiar as autoridades locais e a semear descontentamento e rebelião entre os escravos. Não surpreende que Nurse achasse "arrogantes e ofensivas" as maneiras de Smith.

Quando Nurse disse ao missionário que McTurk dera ordens para que se alistasse na milícia, Smith respondeu que McTurk não tinha autoridade para emitir tal ordem e, mesmo que tivesse, ele não obedeceria. Como missionário, tinha direito a uma isenção legal. Disse também — de um modo que deve ter soado arrogante — que sua esposa estava tão segura na casa deles quanto em qualquer outro lugar da colônia. Nurse insistiu que sob lei marcial todos os habitantes da colônia, sem distinção, estavam obrigados a servir na milícia. Era dever de Smith obedecer à ordem do capitão McTurk — ou de qualquer oficial a serviço do comandante em chefe — e a vocação clerical não o eximia dos deveres militares. Smith descartou definitivamente o argumento de Nurse: "Minha opinião, senhor, difere da sua, e não pretendo me incorporar a nenhum batalhão ou companhia de milicianos, nem servi-los".

Enfurecido, Nurse disse a Smith que McTurk lhe dera ordens de lacrar todos os documentos do missionário — o que passou a fazer. Smith pediu permissão para ficar com alguns papéis, particularmente seus livros escolares e uma carta que acabara de receber. Nurse insistiu "em levar tudo o que fosse manuscrito". Depois de alguma hesitação, Smith lhe entregou a carta em questão, dizendo que era de um amigo e irmão missionário de Berbice, e "que continha informações interessantes quanto à maneira como os habitantes da colônia compreenderam quais eram os intuitos do governo e do povo da Inglaterra no sentido de melhorar e valorizar a condição dos escravos". Se o povo de Demerara tivesse agido "com o mesmo sentimento generoso e liberal, a revolta nunca teria acontecido". Nurse não respondeu à óbvia provocação. Terminou de recolher os papéis e guardou-os numa gaveta, que lacrou, advertindo Smith contra a violação dos selos. Em seguida, partiu.[21]

Smith ainda não se recuperara quando Nurse reapareceu à porta. Dessa vez vinha acompanhado de uma tropa de cavalaria sob o comando de Alexander Simpson, proprietário das fazendas Le Reduit e Montrose, burgomestre e capitão da milícia de Demerara.[22] Com um jeito ameaçador, Simpson perguntou a Smith como ousava desobedecer às ordens do capitão McTurk. Quando o missionário tentou usar o argumento da isenção do serviço militar, Simpson teve um ataque de fúria. Brandiu o sabre e gritou: "Maldito seja o senhor se vier com qualquer argumento nascido da sua lógica. Passo-lhe o sabre num minuto; se o senhor não sabe o que é lei marcial, eu vou lhe mostrar". O fazendeiro acusou Smith de ser a causa da rebelião — se o missionário não estava ligado ao levante, por que permanecia entre os rebeldes? Simpson mandou que os soldados pegassem os papéis de Smith e o prendessem.[23]

Tendo se recusado a deixar o marido, Jane também foi levada presa. Os missionários não tiveram permissão para levar qualquer coisa com eles. Quando Jane subiu para empacotar algumas roupas, os soldados rudemente disseram ao missionário que a apressasse: "Se o senhor não for buscar a sra. Smith, por Deus do céu, nós vamos". Escoltados, os Smith foram levados a Georgetown, onde foram mantidos juntos num cômodo, sob o teto da Casa da Colônia — um velho prédio de madeira parecido com um celeiro, no qual se efetuavam as negociações oficiais da colônia. Ninguém podia visitá-los e proibiram-nos de escrever a quem quer que fosse. Postaram duas sentinelas à porta, do lado de fora, dia e noite. Uma delas, um rapaz que trabalhava como empregado numa loja local quando não estava a serviço da milícia, descreveu as condições lastimáveis em que encontrara os Smith. (Homem de origem modesta, imbuído de noções antiescravistas e de piedade evangélica, o que o havia levado a alfabetizar secretamente filhos de escravos, estava pronto a simpatizar com os missionários e até mesmo a correr riscos para expressar sua solidariedade.)

Ele estava confinado num cômodo, a porta sempre aberta à noite; se estava na cama, a nova sentinela entrava no cômodo e levantava a cortina para ver se ele estava lá. Levaram a pobre sra. Smith com tamanha pressa que ela só tinha as roupas que vestia. Que prazer meu coração teria se eu pudesse de algum modo lhes ser útil, mas mal ouso falar. Peguei umas peças de musselina da loja e mandei-as para a sra. Smith. A. H. [o dono da loja em que ele estava trabalhando] deve me perdoar por tirar sua caixa de fios. Mandei o tecido para a sra. Smith junto com linha, seda e agulhas. [...] Não permitem ao sr. Smith nem caneta, nem tinta, nem papel; ninguém pode falar com ele, ou entrar no cômodo, exceto uma estranha que serve de criada.[24]

Enquanto o missionário e sua esposa passavam os primeiros dias na Casa da Colônia, imaginando o que teria acontecido com as pessoas da sua congregação e temendo pelo próprio futuro, os soldados e milicianos continuavam o trabalho brutal de repressão que haviam iniciado na noite de segunda-feira. Tivessem Jane e John Smith sabido o que estava acontecendo, mais teriam temido por si próprios.

Já na noite de segunda-feira, ao governador Murray não restavam dúvidas quanto à rebelião dos escravos. Ele a vira com os próprios olhos. Ao voltar para a cidade vindo da Le Reduit, onde fora avaliar a situação com fazendeiros e administradores, Murray dera com um grupo de cerca de quarenta rebeldes armados com cutelos. Quando perguntou o que queriam, os homens responderam: "Nossos direitos".[25] O governador explicou que havia recebido instruções da Inglaterra que os beneficiariam. A abolição do castigo do açoite em mulheres e a proibição do uso da chibata nos campos não eram senão os primeiros passos. "Tais coisas", disseram os escravos (segundo o governador), "não os confortavam; Deus os fizera da mesma carne e do mesmo sangue dos brancos; eles estavam cansados de ser escravos; as ordens que o bom rei enviara diziam que eles deveriam ser libertos, e eles não trabalhariam mais."[26]

O governador disse aos rebeldes que só negociaria se depusessem as armas. Eles se recusaram. Murray ordenou que voltassem em paz às fazendas e prometeu reunir-se com eles na sexta-feira seguinte na Felicity.[27] Eles não arredaram pé. A essa altura, já eram mais de duzentos. "Um negro a cavalo persistia em fazer soar um búzio", algo que incomodava Murray cada vez mais.

Ele ouvia vozes que vinham de trás da multidão insistindo em abrir fogo contra seu pequeno grupo. Talvez por temer que a situação lhe escapasse ao controle, decidiu partir. Afastou-se acompanhado por gritos de "Vai! Vai!". Ao passar perto da Plaisance, seu pequeno grupo recebeu um ou dois tiros. O governador prosseguiu rapidamente em direção a Georgetown. Tinha em mãos um sério problema que requeria ação imediata.

A situação era particularmente perigosa porque os brancos constituíam uma minoria diminuta da população e poderiam ser sobrepujados sem esforço. Das 80 mil pessoas que viviam em Essequibo e Demerara, cerca de 75 mil eram escravos. Na colônia toda havia apenas 2500 brancos, sendo que aproximadamente a metade morava em Georgetown.[28] A área conhecida como Costa Leste, onde a rebelião irrompera, tinha talvez uma das mais altas concentrações de escravos das Índias Ocidentais.[29] Dentro da faixa de quarenta quilômetros entre Georgetown e o ribeirão Mahaica, os rebeldes poderiam reunir de 10 mil a 12 mil escravos.[30] Havia também o perigo de que a rebelião se espalhasse pela Costa Oeste e pelas colônias vizinhas de Berbice e Essequibo, e (o que era até pior) que os quilombolas que viviam no interior se juntassem aos rebeldes. Nessas circunstâncias, a revolta seria um desastre total para os brancos.

Quando voltou a Georgetown, depois do encontro com os rebeldes, Murray mandou reunir a Court of Policy e convocou a milícia. A seguir, despachou um destacamento do 21º Corpo de Fuzileiros Britânicos do Norte e do Primeiro Regimento da Índia Ocidental.[31] No dia seguinte, a colônia acordou em estado de guerra. O governador decretou lei marcial. Fecharam-se todos os estabelecimentos comerciais em Georgetown. As mulheres brancas foram buscar refúgio nos barcos ancorados no porto. Nas ruas só se viam soldados e milicianos. A Igreja Presbiteriana Escocesa tornou-se o ponto de reunião da milícia. O tenente-coronel Goodman, o leiloeiro, foi designado chefe da milícia de Georgetown. Pelas quatro da tarde, estava formado um batalhão com 41 sargentos, trinta cabos e 507 praças. Um batalhão naval de mais ou menos quatrocentos homens — alguns marinheiros dos barcos ancorados no rio e alguns moradores da cidade — também ficou a postos. Seu comandante era o capitão Muddle, da Marinha Real.[32] Colocaram-se duas peças de artilharia em cada uma das duas principais entradas da cidade, e junto a elas postou-se uma guarda pesada. Mandaram-se novos reforços para Mahaica: um contingente de homens de artilharia, marinheiros e soldados de infantaria, com dois canhões (de três libras) e grande quantidade de munição.

A essa altura, o governador ainda não tinha uma imagem clara dos acontecimentos. Tudo parecia confuso e imprevisível. Era evidente que os escravos haviam parado de trabalhar e que alguns tinham armas. Os rebeldes haviam posto fogo em alguns prédios e plantações de cana, e haviam destruído pontes e saqueado casas, levando toda arma e munição que encontraram. Em toda parte puseram senhores, administradores e capatazes no tronco. Em algumas fazendas onde encontraram resistência, houve confrontos mais sérios, mas em geral os escravos não pareciam inclinados a cometer atos de violência contra os brancos. Eles falavam sobre seus "direitos" e insistiam em apresentar queixas ao governador. Apesar das solicitações feitas por este, não pareciam propensos a voltar ao trabalho, e a rebelião espalhava-se rapidamente.

Era impossível prever o que aconteceria em seguida. Os escravos atacariam Georgetown? A guarnição e a milícia os intimidariam e eles voltariam a trabalhar? Seria possível — ou necessário — propor-lhes uma barganha? O que queriam realmente? Por que haviam se rebelado? Na segunda-feira, Murray talvez ainda não tivesse uma resposta pronta para tais questões. Mas logo encontraria uma. No dia 24, três dias após a prisão de John Smith, o governador escreveu a Bathurst, dizendo:

> É evidente que essa conspiração foi urdida na capela Bethel, na propriedade do sr. Post (Le Resouvenir); os líderes são os principais homens da capela; e, nessas circunstâncias, o pastor não poderia ignorar alguns desses projetos; e por este ter se negado a pegar em armas contra eles, o capitão McTurk mandou que o levassem como prisioneiro; e mais, como a nossa situação era extremamente crítica, eu o detive sob palavra na Casa da Colônia.

Depois de mencionar que ele também fora obrigado a prender um outro missionário da London Missionary Society (Richard Elliot), Murray concluiu: "Espero que esta rebelião seja logo sufocada, mas se vier a se generalizar, o que é motivo de apreensão, a minha proteção ao país não será possível, a menos que o comandante das forças me conceda reforços muito possantes, os quais já solicitei".[33] O poder militar e naval da metrópole era crucial para manter a "ordem" social na colônia.

As tropas da guarnição saíram de Georgetown para a Costa Leste na segunda-feira ao anoitecer. Enquanto os soldados da tropa regular se movimentavam lentamente de uma fazenda para outra, a milícia vinha sendo reunida na cidade. John Cheveley, um rapaz de Liverpool que trabalhava no estabelecimento de John e William Pattinson, juntou-se aos milicianos. Em seu diário, descreveu em detalhes o medo e os sentimentos ambíguos de um jovem educado na Inglaterra que, como outros, fora para a colônia para ganhar a vida e subitamente viu-se no meio de uma rebelião de escravos. Na noite de segunda-feira, ele foi acordado pelo som de uma corneta, que imediatamente identificou como sendo o "toque de reunir" do corpo de fuzileiros ao qual pertencia. Antes que pudesse ter uma ideia do que estava se passando, alguém o chamou, mandando que "se apressasse e se juntasse ao corpo miliciano, pois os negros tinham se rebelado".[34]

"Um belo negócio esse, ser tirado da cama a essa hora da noite e ir sei lá para onde, para ter a agradável oportunidade de ter minha garganta cortada por esses selvagens." Com esses pensamentos e uma mistura confusa de medo e orgulho, Cheveley apanhou seu equipamento, embainhou a espada, pendurou o fuzil no ombro e ganhou a rua. Depois, caminhou até o ponto de reunião "onde a corneta tocava rápida e furiosamente e a cidade inteira acorria para ver o que estava acontecendo".

Cheveley viu que o primeiro destacamento da tropa se reunira, e logo depois ele seguiu com o segundo destacamento em direção à Costa Leste. Ninguém parecia saber exatamente o que estava acontecendo. Durante o dia, rumores de que havia alguma coisa errada no litoral chegaram à cidade. Mas de início manteve-se a situação em segredo, por temor de que os escravos da cidade e da Costa Oeste se alvoroçassem. Os milicianos marcharam num silêncio soturno, "sem saber se o perigo estava longe ou próximo" ou quando "poderiam ser atacados por um bando feroz". Eles "foram caminhando pela estrada, que seguia paralela à praia, em frente às propriedades, na maioria engenhos de açúcar que se enfileiravam nessa parte do litoral por mais de seis quilômetros". A noite estava tranquila, "tudo perfeitamente quieto, salvo o coaxar de grande variedade de sapos" e o som de grilos em quantidade. De repente o comandante ordenou que parassem. Havia alguma coisa caída na beira da estrada. Era o corpo de um negro que havia pouco fora morto por um tiro — sinal de que algo sério estava ocorrendo nas proximidades. "Fiquem bem atentos. [...] Não atirem se não receberem ordens", avisou o comandante.

Eles prosseguiram com cautela por mais cinco quilômetros, até chegar à Vryheid's Lust, a propriedade de Van Cooten. Na ponte viram um negro com mosquete e baioneta, que os mandou parar. Rapidamente, dois milicianos agarraram o homem pelo colarinho. Ele protestou dizendo que seu senhor mandara convidar os soldados à casa da fazenda. Por não confiar no escravo, os milicianos o acompanharam com um fuzil apontado para a cabeça. Depois de uma caminhada curta mas temerosa, chegaram à construção principal da fazenda e encontraram outro destacamento de milicianos e os "negros da fazenda em uma disposição bastante tranquila". Ali passaram a noite.

No dia seguinte, continuaram a marcha, ansiosos para se juntar às tropas regulares. Por onde quer que passassem, ouviam dizer que os negros haviam parado de trabalhar e haviam se retirado para os "fundos" das propriedades — uma área coberta de mato, geralmente não cultivada, a não ser por alguns escravos que aqui e ali faziam suas roças. Soube-se que um grande grupo de insurgentes havia se reunido nas fazendas Elizabeth Hall e Bachelor's Adventure.

Na fazenda Chateau Margo, a milícia encontrou o proprietário Lachlan Cuming num "terrível humor", pois ao lutar com escravos que lhe tentavam tirar o mosquete haviam quebrado seu nariz. Segundo Cheveley, os negros haviam posto Cuming, o administrador, e os feitores no tronco, "para o infinito divertimento das negras, a quem o administrador tratara com grande severidade, e que agora descarregavam nele, cada uma delas [...]saudando-o com um tapa na cara". Depois de executado esse ritual, um velho escravo, "que tivera o hábito de com muita frequência ir para a lista dos doentes, em vez de ir para o trabalho, motivo pelo qual o administrador o tratava toda manhã com uma copiosa dose de sais, achou que essa era uma boa oportunidade para lhe pagar na mesma moeda e, em vista disso, preparou a mistura, que (caso tudo corresse como de hábito) teria sido a dose da manhã do escravo, apresentando-a ao administrador [...]. 'Olha sinhô, tá aqui uma coisa que vai lhe fazer bem'". O administrador tentou resistir, mas o escravo insistiu. "Toma, sinhô, toma tudo, foi bom pra mim, vai ser muito bom pro sinhô, então toma de uma vez, tou dizendo." Em seguida, a maioria dos escravos foi embora, deixando o administrador e os feitores no tronco.

Depois de livrá-los, os milicianos descansaram um pouco na Chateau Margo antes de continuar a marcha à tarde. Logo se juntaram às tropas regulares com o coronel Leahy à frente. Juntos chegavam a quatrocentos ou quinhentos homens. Segundo Cheveley, encontraram o coronel "bastante disposto a exercer os privilégios que a lei marcial lhe conferia". A primeira coisa que ele fez foi repreender o capitão Croal por não manter a disciplina. Croal fora outrora contratador de escravos e naquele momento trabalhava na firma de importação e exportação Troughton and Co., em Georgetown. Como oficial de carreira, Leahy não confiava na capacidade militar dos civis. Com uma mistura de zelo militar e rudeza nativa, jurou enforcar na árvore mais próxima o primeiro transgressor, "uma medida que todo o aspecto do coronel mostrava ser ele bem capaz de executar caso a ocasião se apresentasse".

Os milicianos marcharam com desalento, sob o novo comando, rumo à Bachelor's Adventure. Enquanto marchavam, desfechando de tempos em tempos tiros através da escuridão, começaram a perceber cabeças despontando no algodoal. Dos campos chegavam até eles vozes de mulheres e crianças pedindo misericórdia: "Ai sinhô, ai sinhô, poupe nós todos, sinhô, poupe nossos negrinhos". "Então vão dizer aos homens que voltem ao trabalho, ou atiramos neles e em vocês também", respondeu o coronel.

Os destacamentos continuaram a marcha até chegar à Bachelor's Adventure. Lá se viram subitamente cercados por uma enorme multidão de escravos, que o aterrorizado Cheveley estimou em cerca de 3 ou 4 mil. Todos os escravos estavam armados, alguns com mosquetes, outros com cutelos. "Foi um momento de suspense terrível." Com uma aguda percepção da natureza do confronto iminente, Cheveley observou que "todos sentiram que o momento crítico havia chegado quando se decidiria quem seria o senhor". Os oficiais conferenciaram e decidiram que uma delegação portando uma bandeira de trégua seria enviada para persuadir os insurgentes a depor as armas e dispersar. Tomaram parte na missão o coronel Leahy, o capitão Croal e um ou dois capitães das tropas regulares. Quando os oficiais perguntaram o que os negros queriam, estes responderam: "O sinhô trata a gente mal demais, faz a gente trabalhar nos domingos, não deixa a gente ir na capela, não dá tempo pra gente trabalhar nas nossas roças, surra a gente demais. Soubemos que o grande sinhô de verdade deu nossa liberdade, e o sinhô de cá não nos deu nada". Saindo do meio da multidão, Jack Gladstone aproximou-se e estendeu a Leahy um papel assinado por muitos administradores no qual atestavam que haviam sido bem tratados pelos rebeldes. Em resposta, Leahy deu a Jack uma cópia da proclamação da lei marcial emitida pelo governador. Em seguida, o coronel ordenou que os escravos depusessem suas armas e voltassem ao trabalho. Mas os rebeldes não se mexeram. Soldados e escravos continuaram a se encarar uns aos outros, a tensão aumentando. A Cheveley pareceu que havia se passado uma hora quando pessoas na multidão começaram a gritar: "Peguem o grande sinhô branco, amarrem ele, amarrem ele". Ouvindo isso, Leahy esporeou o cavalo, galopou de volta para as edificações da fazenda e deu ordem para que os soldados atacassem.[35]

Os soldados desfecharam uma saraivada de balas depois da outra. Os escravos responderam ao tiroteio, mas logo começaram a debandar, "pulando as trincheiras, nas quais vários tombavam sem vida". Muitos foram atingidos enquanto estavam na estrada e no algodoal. Por volta de meio-dia, a beira da estrada estava coalhada de corpos. Cerca de duzentos escravos foram mortos. Do lado dos brancos, apenas o corneteiro (atingido acidentalmente por um tiro de um dos companheiros de tropa) morreu, e um ou dois soldados ficaram feridos.

Da Bachelor's Adventure as tropas continuaram em direção a Mahaica, indo de fazenda em fazenda libertando do tronco administradores e feitores. Aqui e ali encontravam grupos de escravos. Mas, após pequenas escaramuças, eles acabavam se refugiando nas áreas cobertas de mato nos fundos das fazendas.

Enquanto os soldados da tropa regular e da milícia cumpriam seu "dever" sangrento, o governador, na tentativa de evitar a disseminação do levante, emitiu uma proclamação. Anunciou que o governo de Sua Majestade tencionava adotar diversas medidas para melhorar as condições da população escrava nas colônias e progressivamente capacitá-la com vistas a uma ampliação dos privilégios. Mas qualquer desvio de conduta ou atos de insubordinação da parte dos escravos anularia essas medidas. Isso faria com que "perdessem todo o direito de reivindicar a liberalidade do governo britânico e principalmente lhes tiraria o direito de se beneficiar de algum modo da disposição favorável do governo em relação a eles".[36]

A proclamação dirigia-se nominalmente aos escravos que tinham sido "continuadamente fiéis e obedientes a seus senhores", embora Murray devesse ter em mente outros ouvintes, uma vez que também instruiu seus subordinados a, sempre que encontrassem "negros" rebeldes, proclamar que a Court of Policy e os senhores haviam concordado em emitir certos regulamentos que favoreciam os escravos. O primeiro passo seria abolir o castigo da chibata nas mulheres e o porte de açoite ou qualquer outro instrumento de castigo nos campos. Outras melhorias viriam a seguir. Mas naquele momento eles haviam perdido todo o direito a reivindicar benevolências, e a "única esperança de que as medidas que se tencionava tomar" não fossem abolidas para sempre dependia da volta imediata e incondicional dos escravos a seus deveres. "Se vocês depuserem as armas e voltarem dentro de 24 horas, o governador estenderá a vocês todo o perdão possível."

O governador continuou sua guerra psicológica dois dias depois. Emitiu nova proclamação na esperança de semear a confusão entre os escravos e fazê--los acreditar que, se desistissem da resistência e voltassem ao trabalho, seriam poupados e perdoados. Enquanto na primeira proclamação Murray ameaçara os escravos, na segunda usou uma estratégia diferente. Após fazer uma distinção entre "bons" e "maus" escravos, prometeu perdão aos primeiros e castigo aos demais. Disse que muitos "escravos fiéis e bem-intencionados haviam sido forçados a participar da revolta pelos mais maldosos" e tinham permanecido entre eles "quer forçados, quer por temer as consequências de terem sido vistos com armas". Murray prometeu "perdão integral a todos os escravos" (desde que não fossem os cabeças nem tivessem cometido excessos) que dentro de 48 horas "se entregassem a qualquer capitão ou burgomestre que estivesse no comando de destacamentos ou piquetes de soldados, e depusessem suas armas, equipamento e munição, como garantia de sua sinceridade". Os que não atendessem a esse apelo seriam tratados como rebeldes e "deveriam ter pouca esperança no perdão".[37]

As proclamações de Murray, combinadas com prisões, mortes e execuções, produziriam a longo prazo o efeito desejado. Elas aprofundariam as divisões existentes desde o início entre os escravos e ajudariam a sufocar a rebelião. No entanto, seriam necessárias muitas semanas ainda para que a "ordem" fosse completamente restaurada.

Segundo o próprio boletim do governador, 255 escravos haviam sido mortos ou feridos nas escaramuças entre as tropas e os rebeldes durante os primeiros três dias de rebelião. Ele calculava que cerca de 9 mil escravos haviam se sublevado mais ou menos ao mesmo tempo, em pontos diferentes da Costa Leste. Apesar de armados com cutelos e outras armas que haviam tirado das fazendas, a maioria carecia de treinamento militar e, quando atiravam, era frequente errarem o alvo. E, o que era mais importante, a maioria dos escravos opusera-se a matar os brancos. De início, muitos acreditavam que os soldados não os atacariam, mas ainda assim tomaram algumas precauções, caso isso acontecesse. Quando os soldados começaram a atirar, alguns escravos responderam aos tiros. Mas a maior parte fugiu confusa. (De fato, uma das coisas notáveis a respeito da rebelião foi o pequeno número de brancos mortos e feridos.) A disposição dos brancos foi, entretanto, diferente. É possível que administradores e proprietários tenham considerado a perda financeira que teriam que enfrentar se os escravos fossem mortos (embora sempre pudessem esperar obter uma compensação do governo). Mas essa preocupação não foi suficiente para se contrapor ao medo que sentiam. Salvo alguns milicianos como Cheveley, a maioria dos brancos estava mais do que pronta a atirar, particularmente quando se sentia pessoalmente ameaçada. Os soldados profissionais eram ainda mais inclinados a matar. O negócio deles era a guerra. Estavam ali para esmagar a rebelião a qualquer custo. Sempre que um recruta miliciano revelava algum escrúpulo ou medo, os soldados tratavam-no como traidor. Os oficiais mantinham as tropas sob uma disciplina férrea e recorriam a qualquer demonstração de violência e brutalidade considerada necessária para intimidar os escravos e lhes mostrar quem eram os verdadeiros senhores da colônia.

A repressão caiu sobre os rebeldes com violência. O momento exigia rituais. Havia "verdades a serem demonstradas". Era necessário não só mostrar quem tinha poder e quem deveria obedecer, como tornar o medo mais forte do que a esperança.[38] Nessas circunstâncias, alguns oficiais, movidos por um senso de dever excessivo ou por maus instintos, cometeram toda sorte de atrocidades em nome da "sensatez", da "necessidade" ou do "dever". O que mais se destacou foi o coronel Leahy. Depois da vitória na fazenda Bachelor's Adventure, ele conduziu seus homens para a John e a Cove, propriedades de John Hopkinson. Lá estavam o proprietário e muitos outros fazendeiros. Ao chegar, os soldados viram o terreno em frente à casa principal cheio de escravos — homens, mulheres e crianças —, que pareceram a Cheveley "atarantados e alarmados". Enquanto se organizavam em formação regular cercando a frente da casa, as tropas receberam ordens para impedir que qualquer negro se afastasse dali. Viu-se um homem "fugindo em passos rápidos, beirando a divisa lateral da propriedade, em direção ao fundo". O coronel Leahy despachou um cabo e dois praças para trazê-lo de volta. O homem foi facilmente dominado. Ele tremia todo. "Um cabo disse: 'Vamos, rapaz, você tem que vir com a gente'. 'Ai, sinhô', ele retrucou, 'o sinhô vai me matar. Ai, sinhô, sou inocente, a gente tá tudo quieto de verdade.' 'Tá bem, tá bem', disse o cabo, um escocês que tinha uma loja em Georgetown. 'Tá bem, tá bem, meu garoto, se você é inocente não vai ter problema.' 'Verdade, sinhô, sou inocente. Pra que que o sinhô me quer, ai, sinhô, tou sentindo que eles vão me matar, fala em meu favor, fala, sinhô.'" Cheveley, que conhecia o escravo, tentou tranquilizá-lo dizendo que nada lhe aconteceria: "Se você é inocente, Allick, não será punido, você diga a verdade, só isso". Então o escravo foi levado para a casa da fazenda.[39]

Enquanto isso, Dublin, um dos negros que se supunha ter sido um dos cabeças da rebelião, foi submetido a um "julgamento" sumário do qual participaram o coronel Leahy, o capitão Croal, dois oficiais do exército, Hopkinson e diversos fazendeiros. O "julgamento" durou apenas alguns minutos e eles apareceram trazendo o "culpado, com as mãos atadas para trás". "Traga esse sujeito para a frente", berrou o velho coronel. Houve um silêncio mortal. Os escravos olhavam em silêncio e com apreensão. "Seu patife, o que você tem a dizer?", perguntou Leahy. "O homem protestou inocência, invocando Deus como testemunha." O apelo do prisioneiro, "feito com um espírito de candura viril, sem trair nenhum sentimento de culpa ou medo", comoveu Cheveley profundamente.

Hopkinson, o proprietário da fazenda (ele próprio mulato), intercedeu a favor do escravo: "Coronel Leahy, rogo-lhe que me permita interceder por este homem. Ele sempre foi um empregado extremamente fiel. Não posso acreditar que seja culpado, suplico-lhe que examine o caso dele um pouco mais". De fato, dois anos e meio antes desse acontecimento, Hopkinson enviara uma petição solicitando a alforria de Dublin.[40] Mas nada comoveria o coronel. "Quem é o senhor, afinal?", retrucou Leahy com aparente indignação. "Volte para o seu negócio, eu estou aqui para punir esses sujeitos, e, por Deus, eles receberão o que merecem. Amarrem esse sujeito." Dublin não parou de protestar enquanto os soldados amarravam-no a uma árvore. Mais uma vez Hopkinson implorou a Leahy que não agisse com tanta precipitação e que poupasse o escravo até haver uma investigação mais completa do caso.

"O velho coronel olhou em volta e disse: 'Eu digo ao senhor que não adianta falar comigo assim, o senhor está agindo por interesse e, por Deus, se continuar a falar comigo vou prendê-lo e mandá-lo para o governador. Se o senhor tem medo de perder seus negros, eu não vim aqui para ser tapeado pelo senhor e ter todo esse trabalho por nada'." "Deixe-me cumprir com o meu dever", continuou o coronel com uma lógica militar indiscutível, "e pode ser que todos venham a dormir tranquilos, em suas camas, por muitos anos, mas, se vierem interferir no meu trabalho, vocês todos terão as goelas cortadas antes que completem doze meses." Voltando-se para o escravo, ele disse: "Reza pra Deus, paizinho, reza pra Deus". Depois ordenou aos soldados que atirassem.

Allick, que tinha assistido a toda a cena com terror, foi então chamado. "'O que você tem a dizer a seu favor?' 'Meu sinhô branco, sou inocente de verdade.' 'Você está mentindo, seu patife, não temos nós todas as provas de que você foi um dos cabeças?'" Allick novamente protestou inocência. "Seu canalha", rugiu o velho coronel, furioso, "você persiste em dizer mentiras? Sabe que você estará no inferno daqui a cinco minutos?" Obedecendo às ordens de Leahy, os soldados atiraram e mataram Allick.

As tropas reencenaram o mesmo ritual sangrento em outras fazendas. Após julgamentos sumários, pretensos chefes da rebelião foram executados diante de turmas de escravos, paralisadas, e seus corpos foram depositados lado a lado na relva. O grau de envolvimento real dos escravos na rebelião importava pouco para os brancos. Os oficiais só estavam interessados em reafirmar sua autoridade e aterrorizar os negros. Os arremedos de julgamento conduzidos por esses oficiais não nasciam de um compromisso abstrato com a justiça, mas do desejo de restabelecer a "ordem" que os escravos tinham temporariamente subvertido. Como na maioria dos julgamentos políticos, as circunstâncias de cada caso eram irrelevantes. Não fazia nenhuma diferença se aqueles que se condenavam à morte tinham sido cabeças ou não, se tinham poupado as vidas de administradores e senhores, ou se haviam sido tratados com dureza. Os escravos haviam desafiado o poder dos senhores e violado seus direitos, alguns teriam que pagar com a vida por esses ultrajes. Como não fazia sentido matar todos eles (afinal, eram uma propriedade valiosa), escolhiam-se escravos ao acaso para servir de exemplo. E era preciso que os rituais punitivos fossem tão aterrorizantes que nenhum escravo jamais ousasse fazer outra tentativa.

Os assassinatos continuaram por vários dias. Entre sexta-feira, dia 22, e quarta-feira, dia 27, executaram-se mais de vinte escravos em diferentes fazendas. As circunstâncias eram muitas vezes tão absurdas e patéticas quanto a execução de Allick e Dublin. Na manhã de 22, um dos prisioneiros, com esperança de ser recompensado, propôs dar ao coronel Leahy os nomes dos líderes da rebelião. Quando o escravo retornou ao lugar em que estavam os outros prisioneiros, um deles, Beard, comentou que ele tinha sido um "sujeito danado de covarde e um bobo" por ter traído os amigos. Ele, Beard, teria preferido levar um tiro a dar os nomes deles. Esse comentário foi imediatamente relatado ao coronel Leahy. O resultado não se fez esperar. Beard foi levado para a fazenda Clonbrook, onde foi executado "por duas fileiras do 21º Corpo de Fuzileiros".[41] No mesmo dia e lugar, outros três escravos, January, Edward e Primo, tiveram o mesmo fim. Nas fazendas Le Resouvenir e Success, onde os escravos haviam hasteado uma bandeira branca, o capitão McTurk (desprezando o perdão integral prometido pelo governador aos que se rendessem) prendeu Toby, Jim e Hill, que foram executados, juntamente com outros três, na terça-feira seguinte, dia 26, na fazenda Beter Verwagting na presença das turmas de escravos das fazendas vizinhas que haviam sido reunidos para presenciar a execução.[42]

Os julgamentos oficiais dos escravos já haviam começado em Georgetown no dia 25, mas as execuções sumárias nas fazendas continuaram por vários dias. Na Nabaclis, o mesmo destacamento que executara escravos em outras propriedades prendeu Caleb e Sloane, um pelo assassinato de um capataz e o outro por "maus-tratos" a Mary Walrand, esposa de Francis Alexander Walrand, coproprietário da Nabaclis. Os prisioneiros foram mortos a tiro e depois decapitados por Joseph, capataz-mor da fazenda (que também havia sido preso). As cabeças foram afixadas em postes na estrada em frente à propriedade.

Joshua Bryant, que viveu em Demerara quinze anos como artista e serviu em um dos regimentos durante a repressão, escreveu a primeira história da rebelião. Ao relatar as execuções sumárias, Bryant teve o cuidado de registrar que os escravos haviam sido executados "após a obtenção de provas cabais da culpa deles". Para Cheveley, entretanto, a história toda se assemelhava a uma carnificina, uma experiência "odiosa, dolorosa e doentia", "uma situação medonha", desprovida de qualquer noção de justiça.[43]

Durante os arremedos de julgamento levados a cabo nas fazendas, ninguém se preocupou em fazer registros. Mas os indícios que posteriormente emergiram dos julgamentos oficiais sugerem que Cheveley estava certo e Bryant, errado. Escolhiam-se os escravos mais ou menos ao acaso para a execução. As sentenças decorriam menos de uma deliberação justa e de procedimentos legais do que de rumores e decisões apressadas tomadas por oficiais, administradores e feitores. A finalidade era o terror, não a justiça. Os administradores e proprietários das fazendas ainda não haviam se recuperado do impacto causado pelo medo e pela humilhação a que haviam sido submetidos. Por alguns dias, os escravos haviam subvertido a ordem social e tratado os senhores como estes sempre os haviam tratado. Os escravos tinham sido açoitados, então açoitaram. Tinham sido postos no tronco, então puseram senhores e administradores no tronco. Tinham sido injuriados verbalmente, então chamaram os senhores de "canalhas" e "patifes". Reprimida a revolta, eles deviam ser severamente castigados, para saber qual era o seu lugar.

Senhores, administradores e oficiais esqueceram-se de sua decantada admiração pela "grande tradição" da lei britânica. Esqueceram-se momentaneamente até mesmo de manter a aparência de civilidade, decoro e legitimidade perante a metrópole — algo que parece ter sido uma de suas maiores preocupações em tempos normais. Foi apenas num momento de retrospecção, quando as coisas voltaram ao normal, que eles sentiram necessidade de anunciar ao mundo que tudo fora feito conforme as regras de "homens civilizados" (o que para eles significava as regras da Grã-Bretanha). Isso explica a insistência de Bryant de que tudo acontecera conforme a lei.

Na realidade, as coisas foram bem diferentes. O escravo January, por exemplo, um dos primeiros a ser executado, foi posteriormente descrito num outro julgamento como capitão da escuna da fazenda Clonbrook; um homem que antes da rebelião havia ganho a confiança do senhor pelo comportamento exemplar. O crime principal de January durante o levante fora ter batido em Jack Adams, um negro que trabalhava como feitor. Adams, na tentativa de evitar que a munição do patrão caísse nas mãos dos rebeldes, escondera-a na parte de cima de uma construção defronte da casa da fazenda. January mandou que ateassem fogo à casa e, quando Jack Adams tentou escapar, January derrubou--o e arrastou-o para o tronco.[44] Aparentemente, isso foi o bastante para justificar a execução de January.

Igualmente arbitrária foi a execução de Allick. Sua participação na rebelião era inegável, mas até Bryant, que era uma testemunha pouco simpática a ele, contou que durante a rebelião Allick interferira em favor de Gainsfort, administrador da Golden Grove. O testemunho de Bryant foi depois confirmado pelo próprio Gainsfort em um dos julgamentos oficiais. De acordo com Bryant, às quatro da manhã do dia 19 de agosto, cerca de trezentos escravos cercaram a casa. Gainsfort e outros, que tinham pernoitado na fazenda, tentaram resistir. Desfecharam tiros nos escravos para mantê-los afastados e aparentemente mataram dois. Irritados, os rebeldes puseram fogo na casa. Ao tentar escapar, Gainsfort, atingido por disparos de mosquete, recebeu ferimentos na mandíbula e na parte posterior da cabeça, e foi preso. Depois de debaterem se deviam matá-lo ou colocá-lo no tronco, os rebeldes despiram-no e arrastaram-no pelos pés por cima das conchas ásperas que cobriam o terreno em torno da casa. Allick interveio e assim os escravos permitiram que Gainsfort se levantasse e andasse até o "pavilhão dos doentes", onde o puseram no tronco. No caminho, foi severamente açoitado por "diversos insurgentes, [foi] ferido no braço por uma baioneta e machucado seriamente em diversas partes do corpo".[45] Allick não estava entre os que o atacaram.

Após a execução de Allick, informações dispersas, depois reunidas em julgamentos posteriores, confirmaram sua participação na rebelião, mas não há nada que indique que tenha desempenhado um papel de liderança. Grande parte da violência desempenhada por ele dirigiu-se contra os escravos que ficaram do lado dos senhores. Em uma fazenda, ele dera uma surra em dois escravos, Cuffy e Ned, para obrigá-los a revelar onde estava o proprietário. Ned depôs dizendo que estava guardando a porta do escritório de contabilidade quando Allick e outros escravos chegaram procurando o senhor. Conforme as palavras de Ned, Allick disse: "Esse aí é um dos criados do sr. Spencer, ele deve saber onde ele está", e começaram a surrá-lo.[46] Nem Cuffy nem Ned, em seus depoimentos, forneceram prova alguma que pudesse justificar a pena de morte sumariamente imposta a Allick. Ele não fizera nada pior do que muitos outros. Ao contrário, chegara até a interceder a favor do administrador da Golden Grove. Posteriormente, quando as coisas se acalmaram, outros que tinham tido comportamento semelhante seriam inocentados. Allick teve o azar de ser um dos primeiros a serem "julgados".

Passados muitos dias de mortes indiscriminadas, as execuções nas fazendas cessaram. As tropas regulares tinham feito a maior parte do serviço, mas a milícia também participara de rituais fantasmagóricos, para desgosto de alguns jovens como Cheveley, que eram novos na colônia e ficaram horrorizados ao ver tanta brutalidade. Muitos demonstraram sentir "a maior das repugnâncias" e alguns recusaram-se terminantemente a participar das execuções. Mas, quaisquer que fossem seus sentimentos, não tinham muita escolha e, como escreveu Cheveley, "filas e mais filas dessas jovens mãos inexperientes foram convocadas para abrir fogo contra aqueles pobres desgraçados". Para Cheveley, porém, o pior era ter que ficar assistindo enquanto os escravos eram obrigados a cortar as cabeças dos mortos e pendurá-las em postes.

À medida que os dias passavam, os brancos devem ter começado a sentir que haviam ido longe demais. As celas estavam atulhadas de prisioneiros e havia cadáveres acorrentados e cabeças decapitadas nos postes ao longo das estradas da colônia. A corte marcial se reunira em Georgetown. A rebelião estava efetivamente terminada. A maioria dos escravos voltara a trabalhar; apenas uns cem ainda estavam à solta, entre os quais Jack Gladstone e seu pai, Quamina. Naquele momento, a tarefa que se impunha era a de capturar os fugitivos antes que iniciassem uma nova rebelião.

Em 3 de setembro, a *Royal Gazette* ofereceu uma recompensa de mil florins pela captura de Quamina, Jack Gladstone e outros oito homens e dez mulheres.[47] Organizou-se uma expedição composta de milicianos e índios. Durante quatro dias, eles andaram pelo mato procurando-os, sem sucesso. O incansável McTurk participou de uma dessas expedições. Apesar da obsessiva determinação de encontrar os fugitivos — determinação que o levou um dia a obrigar os homens sob seu comando a uma marcha tão longa que alguns desmaiaram de fadiga —, eles só encontraram acampamentos abandonados. Uma por uma, as expedições voltaram para a cidade de mãos vazias.

No dia 6 de setembro, um negro informou ao capitão McTurk que haviam visto Jack Gladstone na Chateau Margo na noite anterior.[48] McTurk mandou um "criado certificar-se da verdade". O "criado" voltou confirmando a informação. McTurk não perdeu tempo. Partiu para a Chateau Margo com um destacamento de milicianos à uma da manhã. Cercaram as casas dos escravos e vasculharam uma a uma. Por fim, encontraram Jack Gladstone. E também descobriram uma mulher no telhado "escondida entre os caibros". Era a mulher de Jack, a quem também levaram como prisioneira. Quamina, entretanto, não foi encontrado.

Uma após outra as expedições seguiram para o mato, atrás de Quamina, mas sem resultado. Os brancos levavam negros como guias, prometendo-lhes recompensas pela captura, mas viam seu objetivo elidido por um escravo após o outro. Além de não conduzir as expedições ao esconderijo de Quamina, os escravos pareciam manter um sistema de comunicação com os quilombolas, pois, quando a expedição chegava a um acampamento, não havia mais ninguém à vista. Certa vez encontraram cabanas e uma roça com muito milho e arroz — prova de que ali tinham vivido fugitivos —, mas tudo estava abandonado. Nas cabanas havia diversos livros (duas Bíblias, um Novo Testamento, um hinário wesleyano, um hinário watts, uma cartilha e panfletos da escola dominical). Também foram encontrados um estojo com um compasso e outros instrumentos, redes, caçarolas, cobertores, uma sacola, malas contendo balas de mosquete, pólvora, um vestido de musselina branca, uma anágua de chintz, uma calça, camisas, uma camisola de flanela, um sobretudo marrom, um jaleco de seda preta, retalhos de *osnaburg*,[49] um par de sapatos, uma peça de *salempores*, um chapéu, algumas navalhas, uma cartucheira e um martelo.

Desapontados, continuaram a busca, examinando os terrenos do fundo das fazendas. Esquadrinharam bananais, plantações de café, algodão e cana, e inspecionaram casas de guarda. Afinal, no dia 16 de setembro, depois de muitas tentativas infrutíferas, toparam com três negros: Quaco, Primo e Jack. Quaco foi o primeiro a ser preso. McTurk prometeu poupar-lhe a vida se ele os levasse ao restante do grupo. Quaco concordou, mas aparentemente, como já acontecera com os outros escravos levados como guias, ele não os conduziu a lugar nenhum. Primo foi o segundo a ser preso. Contou que Quamina lhes falara do direito que tinham à liberdade; Quamina dissera também que, se quisessem, podiam deixá-lo no mato e voltar para as fazendas, como alguns outros tinham feito, mas que isso seria tolice. Ele pretendia ficar no mato. Nenhum branco o tiraria dali vivo. Se o pegassem de surpresa, ele se mataria. Primo disse também que Quamina e seu grupo estavam no mato há dias. Desprovidos de comida, tinham dado dinheiro para Jack Gladstone comprar peixe e outras provisões, mas ele não voltara. (Eles não tinham meios de saber que Jack já fora capturado.)[50] Suspeitando que Quamina não estivesse muito longe, McTurk mandou seu pessoal continuar a busca. Por fim, eles o descobriram numa área de mato cerrado, onde não poderia ser agarrado facilmente. O índio que o viu primeiro mandou que parasse, mas Quamina nem parou nem fugiu. Em vez disso, continuou a andar sem olhar para trás, como se não tivesse escutado a ordem. Parecia decidido a antes morrer do que ser preso.[51] Quando já era quase impossível avistá-lo, o índio atirou, atingindo-o no braço e na fronte. Quamina cumprira sua promessa: nenhum branco o levaria vivo. Ele não carregava armas; tinha apenas uma faca e uma Bíblia em seus bolsos. Escravos capturados nessa busca carregaram o corpo de volta à Success. Em 17 de setembro, foi construído um cadafalso na estrada em frente à fazenda. Diante de um destacamento calado da milícia de baioneta, índios e escravos, o corpo de Quamina foi pendurado.

As expedições de busca continuaram por muitas semanas. Os colonos ainda temiam que escravos fugidos pudessem tentar voltar e instigar os outros a se rebelarem. Assim, com a ajuda de índios, continuaram a vasculhar o mato e as propriedades. Localizaram diversos acampamentos e prenderam muitos fugitivos, "a maioria ausente há muito tempo".[52] Muitos acampamentos pareciam ser apenas refúgios temporários com roças muito parcas, ou sem nenhuma plantação. Os fugitivos aparentemente continuaram a contar com as fazendas para sua sobrevivência.

O foco da ação naquele momento deslocara-se para Georgetown, onde os julgamentos haviam começado e novas execuções vinham ocorrendo. O terror informal diminuíra e os rituais oficiais de exorcismo e excomunhão haviam começado. No sábado, dia 23 de agosto, pouco antes do pôr do sol, os milicianos chegaram à cidade escoltando os prisioneiros. As roupas sujas, as barbas crescidas eram os emblemas do duro serviço executado. Cheveley estava entre eles. Ele descreveu a marcha entre as fileiras de pessoas na rua principal, a multidão dando vivas e saudando-os "como heróis voltando de um triunfo esplêndido. 'Bravo, fuzileiros', ouvia-se de todo lado, enquanto choviam execrações sobre os infelizes prisioneiros". Os gritos partiam até dos negros da cidade, o que Cheveley teve dificuldade em compreender.[53] Segundo ele, à medida que os milicianos marchavam, as jovens negras gritavam: "Oh, meu querido sinhozinho. Oh, meu pobre sinhô branco. Olha as roupas dele, olha a cara; agora sinhô temos mesmo pena de você". E as palavras passavam de uma para a outra — "Agora, sinhô, temos mesmo pena de você". Os prisioneiros se amontoaram na cadeia local. A milícia passou o dia seguinte em treinamentos e marchas, como se estivesse num ritual de confirmação dos seus triunfos no campo de "batalha".[54]

Como Cheveley, muitos milicianos eram jovens e trabalhavam como empregados na cidade. A maioria tinha ido para a colônia, procedentes da Inglaterra, da Escócia, da Irlanda ou de ilhas do Caribe, em busca de uma colocação. Alguns levavam consigo noções antiescravistas, outros, um profundo fervor evangélico que os compelia a reconhecer a humanidade dos escravos, ainda que noções de superioridade cultural e racial pudessem restringir esse reconhecimento. Todos compartilhavam de um apego profundo às "liberdades britânicas", uma crença ingênua na missão "civilizadora" do império, e ideias de equidade e justiça, a que os acontecimentos obviamente se contrapuseram. Eles se horrorizavam com o que viam, mas tinham pouco poder para mudar as coisas. Por mais obstinados que possam ter sido, acabavam por desempenhar as tarefas que lhes eram impostas e escreviam cartas patéticas às famílias, descrevendo os horrores, condenando as atrocidades e admirando-se da extraordinária capacidade de resistência dos escravos.

Um jovem miliciano, de sentinela na cadeia onde os negros aguardavam julgamento, descreveu o que viu:

> Há uns cem homens enclausurados neste lugar fechado, mas, o que é pior, os pobres negros que chegam ficam no mesmo lugar onde estão muitos dos feridos; as feridas não são tratadas nem lavadas; o fedor é terrível. Às vezes ouvimos os gemidos quando esses pobres sujeitos estão na nossa parte do cômodo. Com as mãos atadas às costas. Fico espantado com a paciência com que suportam a dor dos ferimentos, sem um amigo para dizer uma palavra reconfortante sequer. Quando pedem um pouco de água para refrescar a febre, uma sentinela talvez os xingue de cachorros pretos danados; o que eles fariam com a água? Uma corda em volta

do pescoço seria melhor para eles. Muitas vezes eu poderia, com toda gana, ter pego minha baioneta e derrubado os patifes cruéis de coração duro no chão. Sem dúvida, adquiri mais experiência sobre a vida humana durante essas últimas seis semanas do que durante os últimos dezenove anos.

A sentinela não conseguia esconder seus sentimentos antiescravistas e as simpatias pelos prisioneiros. Na carta, o jovem miliciano expressava-se na linguagem piedosa do novo evangelismo, misturando sentimentos de culpa e ideias de pecado com um ódio profundo ao privilégio.

É um mundo estranho este em que vivemos. Que enredo. A Providência permite tantos desmandos. Por certo a escravidão deve ser a forma mais antiga de inferno. Os prisioneiros geralmente me pedem qualquer coisa que queiram, embora eu nunca fale com eles. Muitas vezes, quando eu recebia todo luxo de carne e bebida, desejei que aqueles pobres sujeitos recebessem aquilo no meu lugar. Por que Deus me dá tudo o que desejo, eu que sou um rebelde convicto e que peco todo dia contra ele, enquanto esses pobres homens que estão feridos não têm o menor conforto?[55]

Durante os meses de agosto e setembro, muitos escravos foram julgados e condenados à morte. O tribunal parecia ávido por escolher alguns como exemplos. Ter participado da rebelião de alguma maneira era suficiente para condenar qualquer escravo à morte. Os julgamentos eram *pro forma*. Os presos recebiam o veredicto de culpados antes mesmo de começarem a depor. O que é difícil de entender é a necessidade que o governo tinha de manter a aparência de um processo adequado, principalmente porque a milícia e os soldados já haviam executado, após julgamentos sumários, muitos negros cuja única falta era terem se reunido de uma maneira que aos brancos parecia "ameaçadora", para reivindicar "seus direitos". Os colonos poderiam ter continuado a tarefa sinistra em vez de levar os prisioneiros à cidade para o julgamento público. Superficialmente poderia parecer que nada a não ser a necessidade de manter uma imagem favorável na metrópole explicaria esse ritual legalista. Mas, ironicamente, por trás da decisão de levar os escravos a julgamento estava a reverência dos colonos ao que eles próprios chamavam "direitos".

Quando escravos e colonos falavam de direitos, usavam as mesmas palavras, mas se referiam a coisas diferentes, se não contraditórias. Os escravos estavam reivindicando seu direito à liberdade e à igualdade; os senhores estavam afirmando seu direito à propriedade. Numa sociedade escravista, os direitos universais do homem, a igualdade perante a lei e outras noções desse tipo não tinham nada a ver com os escravos. A justiça aplicada a eles era a justiça do senhor — a qual pressupunha as relações de poder características de sociedades escravistas. Como na justiça medieval, o crime e o castigo dependiam do status social. Era uma justiça arbitrária, fortuita e discriminatória, cuja meta principal era exibir e reforçar o poder absoluto do senhor sobre o escravo. Em Demerara, no entanto, como em outras sociedades escravistas do século XIX, paralelamente a esse conceito tradicional de justiça havia um outro, mais consistente com uma sociedade de "trabalhadores livres".[56] Esse conceito pretendia ser universal e visava a subordinar o capricho aos procedimentos cuidadosos da investigação, e a eliminar tanto os privilégios legais quanto a patronagem. Era um novo conceito que postulava a supremacia da lei e a igualdade de todos os cidadãos perante a lei.[57] Era esse conceito de justiça que homens como Smith e Cheveley tinham em mente. As duas noções de justiça eram fundamentalmente contraditórias. Na vida cotidiana da colônia travava-se uma batalha constante entre as reivindicações dos senhores e administradores por direitos absolutos sobre os escravos e as tentativas do governo britânico de assegurar a supremacia da lei tanto sobre uns quanto sobre outros. Os escravos compreendiam bem essa tensão e estavam prontos a usá-la em benefício próprio. As leis de 1823 que pretendiam melhorar as condições de vida dos escravos trouxeram o conflito à superfície.

Na Grã-Bretanha, os conceitos de justiça e cidadania estavam mudando, assim como o sistema de punições. Nas décadas de 1820 e 1830, houve uma renovação substancial do código sangrento do século XVIII.[58] As novas tendências abalaram as fundações do sistema escravista nas colônias. Os senhores e administradores de Demerara perceberam as novas leis que aboliam o uso do açoite nos campos e nas mulheres como violações aos seus "direitos". De fato, a autoridade do senhor residia simbolicamente no açoite. Como afirmou um dos porta-vozes das Índias Ocidentais num discurso no Parlamento, o açoite era colocado nas mãos do feitor como um "emblema da autoridade [...] um símbolo da função". Mas, como observou um de seus adversários políticos, o açoite era mais do que um símbolo, era também um instrumento de disciplina *necessário* à manutenção da escravidão.[59]

Tal como no conflito entre os que eram a favor de ensinar os escravos a ler e os que eram contra, o conflito entre os que apoiavam a lei que proibia o uso do açoite nos campos e os que se opunham a isso originou-se em duas estratégias de poder e formas de controle social diferentes. Uma se baseava no castigo físico, a outra, na persuasão moral e na coerção econômica; uma aplicava-se primordialmente ao corpo, a outra, à mente. Um artigo publicado na *Royal Gazette,* em 1808, exemplificou bem o ponto de vista de senhores e administradores: os escravos não estavam aptos para um governo "regular" baseado na persuasão moral, até os senhores mais humanos e mais cristãos tinham necessariamente que recorrer ao castigo corporal.[60] Como declarou outro porta-voz dos colonos: "Não se pode limitar a autoridade do senhor. Operários europeus podem ser despedidos, escravos das Índias Ocidentais têm que ser punidos". Os fazendeiros e administradores de Demerara endossariam com prazer a declaração de um fazendeiro de Trinidad, reproduzida no *Guiana Chronicle,* que afirmava com veemência que "privar os senhores do poder de infligir castigo corporal em homens ou mulheres é virtualmente uma privação de propriedade".[61] E não havia nada mais sagrado do que o direito de propriedade. Os colonos estavam num dilema. Como poderiam obedecer a lei se esta lhes tirava o poder e ameaçava a propriedade? Por outro lado, como poderiam prescindir da lei se dela necessitavam para garantir a propriedade e se proteger?

Os senhores e administradores estavam se defrontando com um conceito de justiça que, por pretender transcender a noção de classe — ao considerar todos iguais perante a lei —, era profundamente subversivo das convenções e formas de controle social do sistema escravista. Nada expressava melhor essa tendência do que um discurso pronunciado por lord Combermere, porta-voz da Coroa em Barbados: "Todas as classes de súditos de Sua Majestade gozam amplamente dos privilégios e benefícios de nossa gloriosa Constituição, e sabem que em nenhuma ocasião suas queixas justas [...] deixarão de ser atendidas, desde que o modo adotado para buscar o desagravo seja adequado e legítimo".

Esse era um conceito de cidadania, justiça e lei estranho à experiência de sociedades que se firmavam no privilégio e na discriminação, que, por sua vez, se baseavam em status, gênero e raça. Como acomodar essa nova tendência a uma sociedade escravista era o dilema que os colonos enfrentavam.[62]

O dilema era comum a todas as sociedades escravistas do século XIX, mas a situação em Demerara era mais complicada, uma vez que, por ter o status de colônia, sua administração dependia de decisões tomadas na Grã-Bretanha. Esperava-se que os colonos obedecessem às ordens do rei e do Conselho Real. Mesmo quando as "recomendações" do governo britânico calcavam-se em fórmulas diplomáticas, que enfatizavam a relativa autonomia da assembleia local — como fora o caso das leis promulgadas recentemente —, elas ainda tinham um poder coercitivo. Não tanto por causa da superioridade militar e naval dos ingleses (embora isso contasse), nem porque os colonos dependiam dos mercados, do capital e das mercadorias britânicos (embora isso também fosse importante), mas porque a maioria dos colonos — excetuando-se talvez os holandeses — tinha verdadeira fascinação pelas instituições e costumes britânicos, identificados com "progresso" e "civilização". Acima de tudo, os colonos não gostavam de ser chamados de "retrógrados" e "ignorantes". Também não queriam ser vistos como brutos.

Assim como outros membros do império, eles se orgulhavam dos "elevados sentimentos morais do povo britânico". Como se pode ver num artigo publicado na *Royal Gazette* em 1821, intitulado "Influência política da Inglaterra", no qual se lembrava aos colonos que "até aqui [não havia] nenhum outro país na Europa onde os princípios da liberdade e os direitos e deveres das nações fossem tão bem compreendidos quanto acontece conosco, nem onde tantos homens, capazes de escrever, falar e agir com autoridade estejam todo tempo dispostos a formar uma opinião racional, liberal e prática quanto a esses princípios e deveres".[63] Como poderiam os colonos negar essas tradições? No reverso dessa ideologia estavam a Tirania, a Corrupção, a Ignorância, a Superstição, a Anarquia e, acima de tudo, a Traição. Assim sendo, os colonos tinham de dar aos escravos pelo menos a aparência de um julgamento.[64]

Isoladamente, esses hábitos ideológicos e culturais talvez não tivessem sido suficientes para compelir os colonos a adotar os rituais do processo jurídico apropriado. Mas também havia outros motivos de natureza prática que explicam sua atitude. Se a lei e os processos legais podiam às vezes parecer um estorvo aos senhores de escravos e aos administradores das fazendas, havia momentos em que ela era necessária para proteger os direitos dos próprios colonos, dirimir suas disputas e atender a suas reivindicações. E, ainda mais importante, para as autoridades coloniais a lei era o meio que ajudava a estabelecer sua autoridade e consolidar o império. Reforçar a supremacia do império era reforçar suas leis. Menosprezar suas leis era traição e rebeldia. O poder arbitrário dos senhores e dos administradores tinha de se curvar às autoridades e se subordinar à lei. Solucionar as muitas contradições decorrentes da necessidade de impor procedimentos legais de um país de cidadãos livres a uma sociedade escravista era uma das tarefas que as autoridades de Demerara tinham que enfrentar. A solução encontrada foi manter a aparência de legalidade, mas direcionar os procedimentos, de tal forma que as autoridades conseguiram transformar os julgamentos não numa busca da verdade, mas num espetáculo de força.[65]

Os julgamentos dos escravos foram breves. Com poucas exceções, não demoravam mais do que um ou dois dias. As mesmas acusações eram monotonamente repetidas em todo julgamento; o mesmo acontecendo com as sentenças, independentemente dos crimes cometidos. Adônis, da Plaisance — um escravo que desempenhara na rebelião apenas um papel menor —, foi um dos primeiros a ser julgados. Em 1º de setembro, foi acusado de "ter, na noite de segunda-feira, 18 de agosto passado, estado abertamente em revolta e rebelião, e ter estado ativamente engajado, contra a paz do nosso rei, soberano e senhor, e as leis em vigor nesta colônia, e também de ajudar e assistir outros nessa rebelião". Muitos réus depois dele receberam a mesma acusação.[66] Todos os escravos declararam-se inocentes. Todos foram condenados à morte, exceto uma mulher, Kate, julgada e sentenciada a confinamento na solitária por dois meses. Para todos os outros, a sentença rezava:

> O Tribunal, tendo pesado madura e deliberadamente e considerado o testemunho apresentado como comprovação da acusação proferida contra o prisioneiro [...] assim como a declaração feita por ele, em sua defesa, é da opinião de que ele, o prisioneiro, [...] é culpado da acusação proferida contra ele, e, portanto sentencia-o, o prisioneiro, [...] a ser enforcado pelo pescoço até morrer, a tal hora e em tal lugar conforme Sua Excelência o comandante em chefe considere adequados.

Ocasionalmente havia uma variante: em vez de "enforcado pelo pescoço", o

306

prisioneiro era sentenciado a "ser executado" (embora não esteja claro se isso significava coisa diferente de ser enforcado). Houve, porém, uma exceção: Jack Gladstone. No caso dele, às acusações usuais o juiz-advogado acrescentou as palavras "e, além disso, por agir como chefe ou líder ou cabeça nessa revolta e rebelião". Mas, assim como os outros, Jack foi sentenciado à morte. Seu julgamento foi conduzido com um pouco mais de cuidado, prolongou-se por vários dias, e diversas pessoas foram chamadas a depor a seu favor.[67]

Um dos aspectos mais surpreendentes dos julgamentos foi o fato de escravos aparecerem entre as testemunhas. Em Demerara, era permitido ao tribunal criminal tomar o depoimento de escravos em alguns casos, mas geralmente não se permitia que eles testemunhassem. Ainda em 1819, o editor da *Royal Gazette,* ao relatar um processo (num tribunal em Dominica) contra um administrador por "alegados maus-tratos a escravos", comentava sobre a "prevaricação, para não dizer perjúrio, da parte da maioria dos testemunhos de escravos à Coroa, fosse por pouco conhecer, ou pouco considerar, a sagrada obrigação de um juramento".[68] Como o editor da *Royal Gazette,* a maioria dos brancos em Demerara não considerava o testemunho de escravos confiável. Nos anos seguintes, porém, a questão suscitou muita discussão. Havia uma tendência crescente a aceitar o depoimento de escravos como testemunhas, particularmente quando outros escravos estavam em julgamento. Em Antígua, um ato de 1821, que regulava o processo de escravos criminosos, estabeleceu que "em todos os julgamentos por crimes ou outros delitos [...] o testemunho de escravos, a favor e contra um e outro, será válido e admissível por lei; e esse testemunho será tomado (como sempre foi até agora usual e costumeiro nesta ilha) sem juramento". O ato também estipulava que os escravos acusados de delitos passíveis de pena de morte fossem julgados "por meio de uma denúncia de praxe, e com todas as outras formalidades legais essenciais ao julgamento de pessoas livres sob a mesma acusação".[69] Em Montserrat, o Ato para o Julgamento de Escravos Acusados de Questões e Delitos Criminais por um Júri, promulgado em 1822, estabeleceu que, como em casos de delitos criminais cometidos por escravos nem sempre era possível obter o testemunho de pessoas livres, "como isso podia se tornar indispensável e necessário, para que os fins e objetivos da justiça não fossem derrotados", então tanto escravos como pessoas "de qualquer cor ou condição, classe ou denominação" deveriam ser aceitos como testemunhas. O mesmo ato também estipulou que, sempre que o dono de escravos deixasse de providenciar assistência jurídica para a defesa de um escravo, os juízes nomeariam um dos advogados da Court of King's Bench and Common Pleas* para defender o réu."[70]

As mudanças nos processos jurídicos refletiam um desejo de subordinar os julgamentos de escravos a procedimentos sistemáticos. Entretanto, ainda restava muita ambiguidade na questão. Escravos podiam testemunhar contra escravos, mas podiam eles testemunhar contra brancos? E quanto aos negros livres? Podiam eles testemunhar contra brancos? Em dois casos julgados em Dominica e amplamente divulgados nos jornais de Demerara, as normas revelaram um critério dúbio. Num deles, um branco havia atirado "com dolo" num soldado negro. O tribunal decidiu que negros, ainda que soldados, não podiam testemunhar contra brancos; e assim o réu foi liberado por falta de provas. No outro caso, um negro livre foi acusado de comprar café de um escravo. O tribunal decidiu aceitar o testemunho de escravos contra o réu, mas não a seu favor. O homem foi condenado.[71]

O procedimento escolhido para os julgamentos em Demerara foi o de aceitar o testemunho de escravos sob juramento. Brancos e negros estavam todos "devidamente juramentados". Perguntou-se a todas as testemunhas se compreendiam a natureza de um juramento. E, pelo menos em um caso, autorizou-se um escravo a fazer um juramento muçulmano. Mas já havia uma discriminação óbvia na identificação das testemunhas. Nos julgamentos, os escravos eram geralmente identificados pelo primeiro nome e pelo nome da fazenda a que pertenciam. Muitas vezes também se mencionava a cor — um reflexo do complexo sistema de estratificação social e da preocupação dos colonos com as diferenças entre negros, mulatos e brancos. Assim, houve "Sam, um negro da fazenda Mon Repos", "o garoto mulata [sic] Isaac, que pertence à Storeck", "Harry, um negro da fazenda Dochfour". Apenas excepcionalmente os escravos tinham nome e sobrenome: Jacky Reed, uma testemunha importante no julgamento de Jack Gladstone e depois no processo de Smith, levava o sobrenome de seu senhor. O mesmo acontecia com Jack Gladstone, que vivia na Success, uma das fazendas de propriedade de John Gladstone. Joe Simpson, o primeiro a revelar a conspiração, pertencia a Alexander

---

* O que equivaleria, aproximadamente, a Tribunal Superior de Justiça e de Causas Comuns. (N. T.)

Simpson. Joe levava o sobrenome de seu senhor, embora também fosse conhecido como Joe Packwood. Alguns escravos — provavelmente africanos — tinham dois nomes: um africano e um inglês.[72] Quamina, da fazenda Rome, também era chamado Morris, e Quashy era chamado Laurence.[73] Também havia outros como Goodluck que tinham diversos nomes.[74] Os negros livres eram identificados pelo nome se fossem réus, ou pelo nome e sobrenome se fossem testemunhas da acusação.

Nenhuma escrava foi identificada por um sobrenome, o que parece indicar que elas ocupavam a posição mais baixa na escala social. Susanna, uma testemunha importante no julgamento de Jack Gladstone, aparecia na lista como "uma negra da Le Resouvenir". Mulheres livres geralmente recebiam nome e sobrenome, e sua cor e lugar de residência também eram mencionados: "Kitty Cummings, negra, mora na Success", "Jenny Grant, negra, mora na cidade", ou "Mary Chisholm, liberta morando na Success".

As ocupações nunca eram mencionadas, embora alguns fossem capatazes, outros artesãos, barqueiros, criados e trabalhadores nos campos, havendo uma grande variedade de funções dentro de hierarquias complexas. Os brancos, ao contrário, eram sempre identificados pelos nomes e pela profissão ou posição. O que se aplicava caso fossem administradores, feitores, donos de fazendas, negociantes ou profissionais. John Bowerbank, um homem branco, declarou: "Sou feitor da fazenda Bachelor's Adventure". Donald Martin disse: "Resido na fazenda Enterprise, sou médico praticante ali". A mesma fórmula era usada no caso de mulatos que ocupavam posições elevadas na escala social. Nesse caso, omitia-se a cor: Hugh Rogers, que pertencia a uma família descrita em outros documentos como "de cor" (embora isso não tivesse sido mencionado no julgamento), identificou-se como "coproprietário da fazenda Clonbrook".[75] Aqui, o status e a riqueza aparentemente suplantaram a cor.

A grande maioria dos depoimentos incriminando os escravos procedia de administradores e feitores, quase sempre brancos, embora alguns também tivessem sido dados por capatazes, criados negros ou outros escravos. Quase todos os que testemunharam eram homens que tinham sido postos no tronco ou severamente tratados pelos rebeldes. Às vezes a mesma pessoa aparecia primeiro como fazendeiro, depois como administrador ou procurador. Essa aparente confusão advinha do fato de que alguns fazendeiros eram procuradores de proprietários que viviam na metrópole. Henry Van Cooten, por exemplo, era proprietário da Vryheid's Lust e procurador da Le Resouvenir. Mas também é possível que, numa colônia onde a grande maioria de homens brancos era constituída por administradores e procuradores, eles acabassem por se ver e serem vistos pelos outros como senhores.

Qualquer que fosse o status, a cor ou o sexo das testemunhas — homem ou mulher, escravo ou liberto, negro ou branco, administrador, senhor, procurador, capataz —, seu depoimento era sempre suficiente para condenar o acusado. Em geral, bastavam uma ou duas testemunhas, mesmo que seu depoimento não parecesse muito plausível diante do que o prisioneiro dizia ao defender-se. O tribunal partia do princípio de que os réus sempre mentiam e as testemunhas da acusação sempre diziam a verdade. Com exceção de Jack Gladstone, os prisioneiros não tinham advogados. E nunca se chamava ninguém como testemunha de defesa. O depoimento do prisioneiro apresentando a *sua* versão dos fatos era a única "defesa". Alguns tentavam confessar e apelar para a clemência do tribunal. Essa estratégia não funcionava. Outros negavam as acusações com veemência. Mas isso também não adiantava.

Alguns escravos tentavam ganhar uma boa reputação ao descrever a maneira como haviam tratado seus prisioneiros: levando-lhes água, um travesseiro ou prendendo-os ao tronco por um pé apenas — detalhes que tinham importância para os escravos, mas que provavelmente não impressionavam o tribunal. Quando este permitia que os réus interrogassem as testemunhas, alguns perguntavam aos administradores se algum dia tinham tido motivo para se queixar deles. Surpreendentemente, os administradores respondiam com frequência: "Não, você sempre foi um bom trabalhador". Admitir tal coisa, porém, não fazia nenhuma diferença. Ocasionalmente, um administrador dizia que ele sempre considerara o prisioneiro um homem perigoso. Um deles, James Allan, ao dar seu testemunho sobre Gilles, disse que realmente acreditava que o escravo tinha "um caráter suficientemente mau para ser culpado de qualquer coisa".[76] Muitas vezes, numa tentativa vã de provar a inocência, um prisioneiro perguntava às testemunhas se tinham certeza de que ele fizera aquilo de que o acusavam. Teria ele realmente estado a tal hora em tal lugar? Com raras exceções, as testemunhas confirmavam o depoimento que haviam prestado de início.

Os réus — provavelmente por ignorar os procedimentos, por se sentir intimidados pelos rituais legais ou simplesmente paralisados de medo — raramente desafiavam as testemunhas, salvo se estas fossem escravos, companheiros de trabalho. Nesses casos, os réus às vezes ficavam tão indignados com o depoimento dos companheiros que, em vez de tentar refutar as acusações, procuravam incriminar as testemunhas. A certa altura de seu julgamento, Jack Gladstone pareceu mais inclinado a provar o envolvimento de Jacky Reed na conspiração do que em demonstrar a própria inocência. Aparentemente ele não perdoara o fato de Reed ter delatado a conspiração ao senhor da fazenda onde vivia e a Smith, no dia marcado para a rebelião.

O depoimento das testemunhas não era muito confiável. Os negros estavam pressionados por seus senhores, e a maioria dos brancos estava zangada e ressentida. Muitos haviam sido acordados no meio da noite e ficaram apavorados ao ver uma multidão ameaçadora de negros — muitos dos quais não conheciam, uma vez que os rebeldes tinham tido a precaução de mandar escravos de uma fazenda para a outra, precisamente para que não fossem reconhecidos. No escuro, no meio de toda a confusão e todo o pavor, como poderiam eles distinguir entre um escravo e outro? Apenas algumas testemunhas foram honestas o suficiente para admitir que não poderiam. Elas não estavam certas de que o prisioneiro estava entre aqueles que as haviam arrastado para os troncos; não se lembravam se o prisioneiro estava armado e, se armado, se portava arma de fogo ou cutelo. Mas, quando os administradores não confirmavam o envolvimento do prisioneiro na rebelião, o tribunal simplesmente aceitava o testemunho dos escravos que afirmassem que ele participara. A verdade estava sempre com o acusador.

Desde o momento em que os primeiros escravos foram presos, as autoridades começaram a investigar ativamente as "causas" da rebelião. O governador criou um comitê para reunir informações e, durante as investigações preliminares, foi tomando forma um quadro que incriminava Smith. O julgamento de Jack Gladstone foi particularmente valioso para as autoridades, não só porque ele desempenhara um papel importante na organização do levante, mas também porque seu depoimento incriminava Smith. E ele não foi o único a fazer isso. Aparentemente, os escravos souberam pelo tribunal que poderiam esperar o perdão se revelassem a participação do pastor na conspiração.[77]

E alguns o fizeram. Mais tarde, por ocasião das execuções, alguns confessaram que haviam mentido.

É impossível saber quanto do que aparece nos autos como recordações dos escravos foi realmente a versão deles; quanto foi uma tentativa de dizer o que eles achavam que pudesse ajudá-los a escapar; e quanto foi uma distorção criada intencionalmente por aqueles que tomaram os depoimentos. Pelo fato de muitos dos escravos só falarem holandês e alguns somente a língua africana ou algum tipo de dialeto crioulo, William Young Playter, *Esq.*, e Robert Edmonstone, *Esq.*, atuaram como intérpretes, e foram acusados, pelo menos no caso de Jack Gladstone, de alterar o testemunho do depoente. Mas é possível fazer com que até mesmo esses autos arquitetados e distorcidos, se lidos com bastante atenção e cuidado, esclareçam o que realmente ocorreu durante a rebelião. Durante os processos, Telemachus, Sandy, Paris, Joseph e Attila apareceram várias vezes como líderes do levante. Mas o escravo que parecia ser o centro da conspiração era Jack Gladstone, da fazenda Success.

Jack Gladstone foi reiteradamente interrogado e em seus depoimentos forneceu muitos detalhes sobre a conspiração e a rebelião. A princípio, ele excluiu Smith. No último dia do julgamento, no entanto, ao fim de uma longa declaração apresentada por ele em sua defesa, [78] Jack afirmou que não só todos os diáconos e membros da capela estavam a par da rebelião antes de sua irrupção, como Smith sabia do plano todo. Este fora revelado ao pastor por Quamina e Bristol no sábado, dia 17 de agosto. "O pastor Smith queria que nós esperássemos", disse ele. Quando perguntaram a Jack se tinha certeza de que Smith sabia da conspiração, o prisioneiro disse, "Se não soubesse o que íamos fazer, ele nos teria dito para esperar?". E, depois de recorrer "humildemente à clemência do tribunal", Jack deu uma declaração espantosa, que faz lembrar não só a retórica que os colonos usavam ao falar dos missionários, como também a inabilidade habitual dos colonos em distinguir os missionários da London Missionary Society dos metodistas.

Perante esta corte, eu confesso solenemente que muito do que foi ensinado nos discursos e nas lições, e muitas das partes para nós selecionadas na capela tencionavam deixar-nos insatisfeitos com nossa situação de escravos, e, não houvesse metodistas na Costa Leste, não haveria nenhuma revolta, como os senhores devem ter descoberto pelos depoimentos que ouviram; os que se envolveram mais profundamente na revolta foram os negros em quem o pastor Smith mais confiava; o tipo de instrução mal-acabada que recebemos, eu vejo agora, era completamente inadequada; pois os que sabiam ler se punham a examinar a Bíblia e a selecionar as passagens que se aplicavam a nossa situação de escravos; e as promessas contidas ali eram, como imaginávamos, adequadas a nossa situação e serviam para nos tornar insatisfeitos e irritados com nossos donos, já que nem sempre éramos capazes de perceber o significado real dessas passagens; para isso recorro ao meu cunhado Bristol, para dizer se estou falando a verdade ou não. Eu não lhes teria feito essa confissão agora se eu não sentisse que preciso expiar tudo da minha conduta passada e pôr os senhores de sobreaviso no futuro.[79]

A última parte do depoimento de Jack Gladstone fora obviamente acrescentada à sua defesa no último instante. De fato, Charles Herbert, advogado do Middle Temple* que vinha exercendo sua prática na colônia, admitiu posteriormente que tinha escrito a defesa de Jack somente até as palavras "recorro humildemente à clemência do tribunal". No dia seguinte, ele tornara a falar com o prisioneiro, pensando em incluir algumas outras frases, mas viu que Robert Edmonstone já havia reunido as informações de que Jack necessitava. Herbert jurou que apenas "se empenhara em expressar o que o prisioneiro queria dizer". Edmonstone, um comerciante de Georgetown que servia como intérprete nos julgamentos, explicou que tinha o hábito de percorrer a cadeia toda manhã."[80] Ele vira o que Herbert tinha escrito para Jack Gladstone e achou que faltavam na defesa muitas coisas que o prisioneiro lhe dissera pessoalmente. Assim, fora ver Jack, que então concordara em incluí-las. A história de Edmonstone era bastante transparente: ele indubitavelmente acrescentara o parágrafo final à declaração com a intenção de incriminar o missionário.

O testemunho de Telemachus também seria usado para incriminar John Smith. Telemachus era membro da congregação e comungante. Ele declarou ao "Tribunal de Inquirição" que, embora o pastor nunca tivesse dito que eles deviam "conquistar sua liberdade", os escravos sempre acharam que a intenção dele era essa. Telemachus acrescentou que o pastor Smith "fiava-se em Quamina e Bristol [...] mais do que nos brancos". Um anos antes da rebelião,

---

* Uma das escolas (ou associações) de Direito em Londres, localizada num antigo convento dos templários. (N. T.)

ouvira Smith dizer na capela e repetir em casa que os escravos "eram tolos de obedecer aos senhores" e que não deviam fazê-lo, pois o rei não queria isso. Mais ou menos na ocasião em que o governador Murray mandou que os escravos não fossem à capela sem passes, Smith dissera que algo de bom "chegara para os escravos e que ele esperava ver em breve toda a escravidão abolida". Telemachus afirmou que Quamina havia perguntado a Smith se Jack Gladstone deveria fazer um acordo com o coronel Leahy, e que o missionário lhe dissera que os escravos deviam prosseguir. Segundo Telemachus, se a rebelião fosse vitoriosa, Quamina seria rei, Jack Gladstone, governador, o sr. Hamilton, "um grande homem", Paris, "um oficial". As "mulheres brancas" receberiam permissão para sair da colônia, mas os homens brancos teriam que trabalhar nos campos.

Paris apresentou um quadro ainda mais radical do que supostamente iria acontecer. Todos os homens seriam mortos e as mulheres brancas seriam admitidas como esposas. Se os escravos fracassassem, os barcos no rio seriam incendiados. Todos os médicos de quem os escravos gostavam seriam salvos; os outros, assassinados. Os pastores seriam poupados. Quamina insistia em ser o rei e Jack, o governador. Smith seria o "imperador" e teria o domínio de tudo. Hamilton, o administrador da Le Resouvenir, seria o general. Ele mandara os escravos destruir as pontes "para evitar o avanço das grandes armas". Paris insistia que Hamilton e Smith tinham dito muitas vezes que os escravos seriam libertos e que deveriam "conquistar sua liberdade". Na véspera da rebelião, Smith ministrara os sacramentos e exortara os escravos "a continuar com o negócio agora, ou morrer".

A "confissão" de Paris estava datada de 18 de agosto — o primeiro dia da rebelião. Paris foi novamente convocado em 12 de setembro e confirmou seu depoimento, acrescentando alguns detalhes novos. Por exemplo: Hamilton tomaria para si a esposa do presidente do tribunal, e Jack dissera que a esposa do governador seria para seu pai; Quamina, ele próprio, tomaria alguma jovem como esposa. Paris, que não era membro da congregação e não podia comungar, contou também que fora à capela no domingo, dia 17, esperando que Smith dissesse se a "história" era verdadeira. Mas, quando todos receberam a comunhão e juraram, ele se sentiu obrigado a fazê-lo também, para não se tornar suspeito. Afirmou ainda que "o hino do domingo anterior à luta era todo sobre guerra: 'O Senhor nos ajudará na luta, Ele pode, Ele pode, Ele pode'". Convocado de novo em 29 de setembro, Paris acrescentou ainda mais detalhes.[81] Domingo, depois de ter ministrado o sacramento, Smith perguntou aos escravos se tinham intenção de lhe fazer algum mal se tomassem a colônia. Então ele pegou a Bíblia e todos puseram as mãos sobre ela, e o pastor repetiu as palavras: "Nós somos servos de Jesus Cristo, assim como começamos com Cristo, teremos nosso fim com Cristo, mortos ou vivos". Depois todos inclinaram as cabeças e, naquele momento, já estava estabelecido que o que quer que acontecesse "nós não proferiremos nenhum nome". O "pastor" também falou da "coisa" que eles pretendiam, que, se eles não a buscassem, não a receberiam mais, nem eles, nem seus filhos, nem os filhos de seus filhos.

Sandy, da Non Pareil, também comprometeu Smith. Ele afirmou que, três semanas antes da insurreição, ele, Allick, da Dochfour, e Quaw (Quaco), da Northbrook, tinham ido procurar Smith a respeito de uma Bíblia, e que o missionário lhes dissera que "iam perder uma coisa boa" caso não a buscassem; "eles [os brancos] pressionariam [ou seja, oprimiriam] ou esmagariam os nossos filhos, e os filhos dos nossos filhos, e, enquanto o mundo permanecesse, nós não receberíamos descanso algum".[82]

É impossível determinar se Sandy, Paris e Telemachus disseram essas coisas apenas para incriminar Smith e agradar os brancos ou se estavam dizendo o que acreditavam ser verdade. Ninguém mais falou sobre Smith tornar-se imperador, ou sobre negros matando brancos e tomando as esposas destes. E, ainda mais importante, a conduta dos escravos durante a rebelião não confirma essas declarações, além do quê eles depois confessaram ter mentido. Também é possível que Sandy e Paris tenham entendido mal as palavras dirigidas por Smith a alguns escravos que haviam sido vendidos. Ele lhes dissera que se mantivessem na religião. A "coisa boa" que perderiam se não a buscassem era a orientação e proteção de Deus. A luta de que ele falava era contra Satanás, não contra os brancos. Smith falara sobre religião, não sobre rebelião. Mas Sandy e Telemachus revestiram a linguagem metafórica do missionário com novos significados; até o sacramento lhes parecera um juramento ritualístico precedente à guerra (prática usual em algumas sociedades africanas).

Enquanto Jack Gladstone, Telemachus, Paris e Sandy — que posteriormente assumiram ser os cabeças da rebelião — comprometiam Smith, nos inquéritos preliminares a maioria dos escravos raramente o mencionava e alguns explicitamente o eximiram de qualquer responsabilidade, embora certas palavras ditas por eles pudessem ser usadas pela acusação para incriminar Smith. Isso se aplica particularmente a Bristol, da Chateau Margo, diácono da capela Bethel. Em seu depoimento, Bristol insistiu que Smith nunca lhes dissera que os escravos seriam libertados; ele afirmara, em vez disso, que o rei não lhes poderia dar a liberdade, pois não pertenciam ao rei. Bristol mencionou que, ao saber da conspiração, procurara Smith e lhe dissera que todos estavam insatisfeitos. O missionário aconselhou-os a esperar mais algumas semanas, e a não cometer nenhuma violência. Se visse que os escravos continuavam decididos, ele teria que contar às autoridades. Bristol também confessou que seu cunhado, Jack Gladstone, zangara-se por ele ter falado a Smith da rebelião. Tudo isso apontava para a inocência do religioso. Mas Bristol também mencionou que um domingo ouvira Smith dizer que todas as crianças deviam aprender a ler. Com a ajuda de Deus, elas um dia seriam livres. O missionário dissera que, já que não adiantava recorrer ao fiscal, os escravos deveriam procurar o governador, e se este não lhes concedesse seus direitos, eles poderiam ir para o mato. Esses comentários comprometeriam o missionário aos olhos da acusação. Desde o início Bristol insistiu que Smith não lhes dissera que se rebelassem. Na realidade, ele argumentara que os escravos cristãos não deveriam ter nada a ver com a rebelião. Mas, quando reinquirido, Bristol admitiu que Smith não lhes dissera que aquilo era "errado".

Bristol foi novamente convocado como testemunha durante o julgamento de Smith, mas, por incrível que possa parecer, a acusação não convocou nem Sandy, nem Telemachus, nem Paris (que haviam feito declarações mais comprometedoras). No momento das execuções, todos eles renegaram suas histórias e admitiram que haviam mentido sobre Smith. Depois, o reverendo Wiltshire S. Austin, com quem Sandy inicialmente se abrira, declarou que, ao perguntar a Sandy por que aderira à rebelião, ele respondera: "Acho que já fui escravo muito tempo". Segundo Austin, o escravo queixara-se de que havia sido tratado com crueldade tanto pelo procurador quanto pelo administrador da propriedade, que tinham lhe tirado a Bíblia. Sandy estava convencido de que não adiantava apelar para os burgomestres, pois eles nunca agiam com justiça. (Para provar o que dissera, o escravo revelou que quando fora ao fiscal para se queixar, haviam-no encerrado por muitos dias numa masmorra.)[83]

Antes que os julgamentos terminassem, as execuções começaram, com toda pompa e cerimônia de um espetáculo público.[84] Os primeiros a serem julgados, em 26 de agosto, foram Natty, da Enterprise, e Louis, da Plaisance. Ambos foram sentenciados a morrer naquela mesma noite. Por serem as primeiras, essas execuções foram cumpridas com grande solenidade. Formou-se uma procissão para conduzir os prisioneiros ao cadafalso, erigido na praça de armas de Cumingsburg. Primeiro vinha a guarda avançada, seguida de um grupo de negros que levavam os caixões vazios. Em seguida vinham os prisioneiros cercados por guardas, o capelão da guarnição e a banda do Primeiro Batalhão da milícia de Demerara. Logo depois, o tenente-coronel Goodman, acompanhado de numerosos oficiais de campo e destacamentos de milicianos.

A procissão percorreu as ruas lentamente, a banda tocando uma marcha fúnebre.[85] Enquanto o cortejo atravessava a rua principal de Cumingsburg, o Batalhão de Fuzileiros Navais, em conjunto, apresentou armas. Quando os prisioneiros foram executados, um disparo anunciou suas mortes.

No dia seguinte, mais escravos foram julgados e executados. Murphy, Daniel e Philip, da Foulis; Harry e Evan, da Good Hope; e Damas, da Plaisance. No dia 6 de setembro, executaram-se mais seis rebeldes.[86] Dessa vez, o corpo de fuzileiros, unidades de cavalaria e "um corpo de índios" juntaram-se à procissão. Na sexta-feira, 12 de setembro, mais nove foram executados.[87] Os condenados foram acompanhados por sessenta prisioneiros, seus companheiros de rebelião, que marcharam sob forte vigilância para testemunhar a execução. Dos nove corpos, quatro foram pendurados por correntes em postes e expostos de cada lado da estrada principal da Costa Leste.[88] Outros foram decapitados e suas cabeças expostas em mastros no forte da colônia.[89]

As execuções públicas tinham uma função jurídica e política: restaurar a soberania evidenciando-a no auge de sua ostentação. Elas constituíam uma afirmação enfática do poder, um exercício de terror destinado a fazer com que todos ficassem cientes do poder irrestrito dos senhores. Como observou Michel Foucault com agudeza em *Vigiar e punir*, a execução pública não restabelecia a justiça, ela reativava o poder. "Sua crueldade, sua ostentação, a violência física, o cerimonial meticuloso, todo o seu aparato enfim inscrevia-se no funcionamento político do sistema penal [...]. Mais do que um ato de justiça, a execução era uma manifestação de força."[90]

Foi contra essa forma de castigo que se levantaram os reformadores nas últimas décadas do século XVIII. Todavia, embora as execuções públicas acabassem por ser proibidas na Inglaterra, elas ainda estavam ocorrendo. As execuções em Demerara foram uma repetição dos suplícios de Arthur Thistlewood e seus amigos, os conspiradores da rua Cato, executados na Inglaterra em 1820. Esses homens foram julgados por traição, enforcados e decapitados; por fim, suas cabeças foram exibidas aos espectadores acompanhadas da advertência habitual: Olhem! Eis a cabeça de fulano de tal, traidor. Havia, entretanto, uma diferença fundamental. Em Londres, o povo aclamou os prisioneiros. Eles se denominavam "amigos da liberdade" e "inimigos de todos os tiranos", e até o último momento estavam convencidos de que prestavam a seus "companheiros — homens, mulheres e crianças — famintos um serviço".[91] Os condenados dirigiram-se à turba em nome de princípios abstratos de que todos partilhavam, convertendo as execuções numa declaração política consciente. Em Demerara, o silêncio e a tristeza envolveram as mortes dos prisioneiros. Aqueles que ousaram falar disseram que estavam morrendo por causa da religião.

Rituais elaborados também acompanharam os casos de escravos condenados à flagelação.[92]

Em 6 de novembro, na fazenda Success, dois negros foram açoitados. Um recebeu quinhentas chibatadas, o outro, 350. Estavam presentes, sob o comando do coronel Leahy, um destacamento, o Primeiro das Índias Ocidentais, e uma grande parte da tropa de cavalaria da milícia. Terminados os castigos, uma escolta foi enviada a uma fazenda vizinha para buscar o governador. Quando Murray chegou, os feitores das turmas de trabalhadores das propriedades próximas, os capatazes e todos os escravos da Success, formaram um semicírculo em frente a ele. O governador falou-lhes, de "maneira apropriada e admonitória", conforme pareceu a Bryant, presente à cerimônia. Uma cena semelhante ocorreu no dia seguinte. Os elaborados rituais pretendiam tanto aterrorizar os negros quanto aplacar a sede de vingança dos brancos.

Entre agosto de 1823 e janeiro de 1824, 72 escravos foram julgados.[93] Cinquenta e um foram condenados à morte, 33 dos quais foram executados. Dez foram decapitados e as cabeças espetadas em postes na beira da estrada.

Dezesseis escaparam à pena capital e foram açoitados com o azorrague. Os outros foram absolvidos.[94] O governador solicitou clemência para Jack Gladstone e catorze escravos que haviam sido condenados à morte.[95] Ele explicou que, no caso de Jack Gladstone, seus motivos eram inteiramente políticos.

Este homem provou claramente ter tomado parte extremamente ativa na promoção da revolta da qual seu pai, Quamina, foi sem dúvida o principal cabeça; e Jack parece ter tido uma influência suficientemente grande nas mentes dos outros negros, o que lhe permitiu, muito a seu bel-prazer, guiá-los no decorrer da revolta, embora não suficientemente grande para deter seu progresso; não há dúvida de que ele pegou em armas e esteve entre os participantes desesperados da noite de segunda-feira, 18 de agosto [...], mas considero ser uma boa política, no caso de uma repetição dessas lutas de parte dos escravos, mostrar-lhes que qualquer benefício outorgado por eles aos brancos, ainda que durante a rebelião, não passará despercebido ao se lhes conceder punição por seus crimes. Jack, seja por astúcia política ou uma real boa índole, salvou a vida de diversas pessoas brancas, entre as quais o indivíduo que o tivera sob custódia como prisioneiro naquele 18 de agosto, e de quem ele e o pai escaparam com a ajuda de seus companheiros [...]. Ele é um jovem atlético e possui essa disposição aberta e varonil que naturalmente o levaria a se atirar de corpo e alma a tudo quanto empreendesse [...] no meio desses procedimentos, descobriu-se que ele protegeu um grupo de brancos de seus companheiros, que estavam extremamente exasperados contra aqueles [...]. [Ele] impediu que os brancos fossem levados até as tropas chegarem e defenderem-nos do perigo, e penso ser meu dever insistir nesse particular a favor dele pelos motivos já declarados, e também por achar que o livramento dele tenderia muito a diminuir a confiança generalizada em qualquer um que pudesse daqui em diante tentar afastá-los de seus deveres, mostrando-lhes que ele os conduzira ao caminho do perigo, e se mantivera fora dele.[96]

Murray sabia que uma execução só serviria para fazer de Jack um herói. Seria muito melhor bani-lo, e assim sendo, o governador sugeriu que Jack e vários outros prisioneiros fossem mandados para as Bermudas, onde poderiam viver como degredados. A Court of Policy, cedendo a pressões de colonos importantes, opôs-se à clemência. O rei, entretanto, acabou concordando com Murray, e Jack Gladstone foi banido para Santa Lucia. A decisão que salvou a vida de Jack talvez seja explicada por uma carta em sua defesa enviada por seu proprietário, o poderoso e prestigioso John Gladstone.[97] Os demais escravos foram mandados de volta para as fazendas, onde alguns teriam que trabalhar acorrentados por muitos anos.[98]

As penas incidiram não tanto sobre os que haviam maquinado o levante quanto sobre aqueles que agiram de maneira francamente agressiva durante a rebelião.[99] A maioria dos escravos sentenciados pelo tribunal vivia nas fazendas contíguas à Success[100] ou à Bachelor's Adventure.[101] Nenhum escravo vivendo além da fazenda Orange Nassau, a cerca de trinta quilômetros da capela Bethel, sofreu punição. Isso parece confirmar que a rebelião circunscreveu-se às fazendas de onde se podia ir a pé até a Success. É surpreendente que ninguém da Le Resouvenir, onde John Smith morava e onde se localizava sua capela, tenha sido sentenciado à morte.

Os julgamentos e execuções dos escravos só açularam a raiva da comunidade branca contra os missionários da LMS. Davies e Elliot tornaram-se alvo de violentos ataques da imprensa local. Os colonos deram vazão a sua antiga suspeita de que os missionários estavam envenenando as mentes dos escravos e trabalhando como espiões para Wilberforce, para a African Institution e para grupos antiescravistas da Inglaterra. Nem mesmo John Wray, que então vivia em Berbice, escapou à perseguição. Mas, acima de qualquer coisa, todos esperavam com ansiedade o julgamento de John Smith.

A mais de cem quilômetros dali, em Berbice, onde os escravos tinham permanecido quietos durante a rebelião de Demerara, John Wray vivia dias de ansiedade e terror. No final de junho, quase um mês e meio antes da rebelião, ele recebera uma carta de Smith contando que o governador Murray proibira que os escravos fossem à capela sem os passes dados pelos senhores, e que, em consequência disso, muitos incidentes vexatórios tinham chegado a seu conhecimento. Referindo-se ao comportamento dos colonos, Smith escrevera:

> Parece que o Diabo estava neles, não, tenho certeza de que ele está. Raramente aparece um *Guiana Chronicle* agora, pelo menos não nesta quinzena, sem que contenha acusações aos missionários [...]. Regozijo-me com essas coisas por duas

razões. Tal conduta irá acelerar o fim da escravidão, e provará nossa fé e paciência, dar-nos-á experiência e despertará uma esperança de que não nos envergonharemos. [...] Não temos motivo para nos queixar da falta de apoio celeste, mas de uma trama intensamente maquinada para abortar nossos esforços em benefício dos escravos.[102]

Para Wray, os ataques aos missionários não eram uma surpresa. Durante quinze anos ele soubera o quanto era difícil ser um missionário entre escravos. "Ninguém sabe a dificuldade que é viver numa propriedade como missionário, a não ser aqueles que tiveram essa experiência", escreveu ele certa vez. "Uma pessoa pode viver muitos anos em Georgetown, Mahaica e New Amsterdam e em qualquer outra vila da Índia Ocidental [...] mas numa propriedade é impossível fechar olhos e ouvidos ao que se passa diariamente diante da gente, e o ciúme dos administradores e capatazes é muito grande. Eles nos consideram espiões."[103] Wray sabia o quanto era difícil para um missionário ganhar a confiança tanto do senhor como do escravo,[104] e permanecer indiferente quando "a escravidão com todos os seus malefícios" se expunha diante dos olhos na rotina diária de uma fazenda.[105] Wray tinha sido perseguido por governadores, sofrido ataques de fazendeiros e administradores, e sido alvo de críticas da imprensa. Ele se sentira desanimado muitas vezes. De fato, fora precisamente seu desalento diante dos muitos obstáculos que encontrara no seu trabalho que o levara a deixar a missão em Demerara, em 1813, e mudar-se para Berbice. A vida ali também não tinha sido fácil, mas ultimamente ele vinha se sentindo bastante bem.

Ao contrário do governador Murray, de Demerara, com quem Wray sempre se atritara, Henry Beard, governador de Berbice, não lhe negara patronagem e apoiara a missão. Havia ainda outros motivos para Wray se sentir esperançoso. O governo britânico vinha fazendo progressos com respeito à emancipação gradual, e o governo de Berbice (uma colônia da Coroa) não criara nenhum obstáculo à implementação das novas leis, tendo chegado a organizar uma reunião pública com a presença de muitos escravos para discutir o assunto. Como em Demerara, alguns negros inicialmente interpretaram mal a nova legislação. Eles também tiveram a impressão de que seriam libertados, mas, uma vez informados de seus novos "direitos", pareceram estar satisfeitos. Ou assim entendeu o missionário.

Tais fatos deixaram Wray otimista: "Regozijo-me de ter vivido para ver o começo do tempo há muito antecipado por mim em que não se conhecerão chibatas e capatazes, mas em que todas essas pessoas serão governadas pela razão e religião", escreveu apenas um mês antes da rebelião irromper em Demerara. "O flagelo das mulheres também terminou na colônia, em consequência das últimas discussões no Parlamento, e outras melhorias serão adotadas. [...] Entendo que diversos fazendeiros e negociantes escreveram a seus agentes para solicitar que na medida do possível expandam a instrução religiosa [...]."[106] Tudo parecia estar melhorando. Mas então chegou uma notícia espantosa.

A comunicação entre Berbice e Demerara era difícil e as notícias demoraram um pouco a chegar. Alguns dias depois do início da rebelião em Demerara, Wray começou a ouvir rumores confusos. Os escravos haviam se sublevado. Quinhentos ou seiscentos escravos tinham sido mortos a tiros. Smith e Elliot estavam detidos sob a suspeita de ter instigado os escravos.[107] Não levou muito tempo para as pessoas à volta de Wray começarem a acusá-lo de todo tipo de coisa. Ele foi informado (através de uma notificação enviada pelo fiscal) de uma representação ao governador acusando-o de ter avisado a congregação de que recebera uma carta importante, cujo conteúdo seria comunicado aos congregados numa reunião privada na casa do próprio Wray. Naquela ocasião, o pastor teria supostamente chamado os escravos de "meus aviltados irmãos e heróis", expressão que deixara os colonos particularmente irritados.[108] Embora os inquéritos providenciados pelo governador tivessem provado que as denúncias contra Wray eram infundadas, estas o deixaram enormemente atemorizado e perturbado.

Para o missionário, essas acusações eram parte de um complô para tornar inúteis seus esforços e para fazê-los abortar. O que o incomodava mais era que o ataque procedia de pessoas de alto prestígio na comunidade, tão alto que poderiam fazer o verdadeiro parecer falso. Wray escreveu aos diretores: "Caso esse relatório falso se originasse de pessoas da colônia numa situação inferior de vida, sem influência aqui ou na Inglaterra, eu o deixaria passar com um desprezo silencioso. Mas, infelizmente, os Srs. Atkinson e Watson estão entre as pessoas de influência e respeitabilidade, sendo, o primeiro, fazendeiro e um dos primeiros negociantes de Berbice, ocupando no momento a posição respeitável e importante de membro do conselho paroquial da Igreja Anglicana, e já há alguns anos tenente da milícia de Berbice; e o segundo está à testa de uma grande casa mercantil na colônia".

Wray temia que a situação proeminente de ambos daria um enorme peso à opinião deles na Inglaterra e em outros lugares onde tinham relações. Na realidade, o pastor já dispunha de evidências de que tal fato vinha ocorrendo. Um dos membros do Conselho de Berbice lhe perguntara se considerava possível que aqueles "cavalheiros" dissessem inverdades. Em tempos confusos, temia Wray, acusações como essas poderiam até lhe custar a vida.[109]

Tais preocupações eram pequenas se comparadas com o que Wray continuava a ouvir sobre Demerara. À distância, era difícil saber o que estava realmente acontecendo, tantas eram as notícias contraditórias que chegavam todos os dias. No início de setembro, corriam boatos de que Smith fora julgado, considerado culpado e morto a tiros.[110] (Isso um mês e meio antes de seu julgamento iniciar-se.) Wray escreveu uma nota angustiada ao governador, mas foi informado de que não havia sido recebida nenhuma informação oficial a esse respeito. No dia seguinte, Wray foi informado de que Smith e Elliot tinham sido presos e estavam encerrados na torre da Igreja Presbiteriana Escocesa. Soube ainda que os dois missionários metodistas também se encontravam detidos. (Isso também era falso.) O jornal dizia que a rebelião ocorrera principalmente nas fazendas de onde vinham os membros da congregação de Smith. Mas também se dizia que dois dos cabeças eram criados do governador Murray, um dos quais, Wray acreditava, era membro da Igreja Metodista. Como poderia entender o que se passava em meio a toda aquela confusão de mexericos e rumores?

Numa carta a George Burder, secretário da London Missionary Society, Wray informava:

> Esta é uma provação rigorosa para nós e, caso tirem a vida do sr. Smith, é provável que não venhamos a saber nunca a verdadeira causa da insurreição [...]. Quamina é um membro da igreja do sr. Smith. Conheço-o há catorze anos, um homem humilde, quieto, pacífico e sempre um apaziguador, e tão suspeito quanto o sr. Burder de incitar os negros a se rebelar. Ou ele sofreu provocações insuportáveis ou isso é uma maquinação armada contra a vida dele pela maior das Invejas. Confundo-me quando leio sobre isso, e poderia chorar lágrimas de sangue. Jack é filho de Quamina. Ele sabe ler bem, mas foi um jovem irrequieto. Casou-

-se há alguns anos com uma moça de uma propriedade vizinha, de quem teve dois filhos, mas um homem branco, senhor dela, tomou-a para esposa. Isso é tudo o que sei da história de Jack.

Wray continuou dizendo que sempre que o Parlamento adotava qualquer medida para beneficiar os escravos, "toda a ira das Índias Ocidentais desabava sobre os missionários" — uma interpretação bastante pertinente.

Realmente desejo que o governo faça logo o que pretende fazer e não se meta com os escravos dessa maneira. É absolutamente necessário que algo seja feito para pressionar as Índias Ocidentais [...]. Já lá se vão quase dezesseis anos que estou nesta fornalha ardente [...] Sinto-me muito cansado de lutas e perseguições. Acabam de me informar que um negociante branco declarou publicamente, no dia seguinte à chegada da notícia de que o sr. Smith tinha sido morto, que, se alguma coisa acontecesse em Berbice, sua primeira providência seria incendiar a capela e a casa, e nela destruir pelo fogo minha mulher e meus filhos.[111]

Sob pressões tão fortes, Wray concluiu que não tinha ânimo para continuar e solicitou aos diretores que indicassem alguém mais capaz de lutar contra a oposição. Estava de tal maneira apavorado que, num pós-escrito, avisou não ser seguro enviar cartas por mar e pediu-lhes que acusassem o recebimento de suas cartas. Seus temores não eram infundados. As cartas mandadas pelo correio regular eram de fato abertas, e a única forma segura de mandá-las era confiá-las a algum capitão de navio ou viajante amável.

O pior, entretanto, ainda estava por vir. Se Smith fosse declarado culpado, ninguém podia prever o que a população enfurecida faria com os outros missionários. Isso ficou óbvio até mesmo antes do início do processo. No dia 29 de setembro, dois dias antes de o julgamento se iniciar, a capela de Wray pegou fogo. Ele tinha ido à cidade providenciar algumas coisas quando, menos de meia hora após sua saída, notou uma fumaça espessa na direção da capela. No caminho de volta para casa, viu pessoas correndo e gritando: "A capela está queimando! A capela está queimando!". Para sua tristeza, ele logo se deu conta de que isso era verdade. Wray encontrou um grande número de brancos e negros carregando água e fazendo o possível para extinguir o fogo. Na casa, havia uma grande confusão. Sua mulher — que estava grávida do décimo segundo filho — tirava as coisas com a ajuda dos outros. A milícia tinha aparecido para ajudar, assim como os capitães e as tripulações dos barcos ancorados no rio. Mas o fogo destruiu a capela em menos de duas horas. A casa do pastor também foi muito danificada. Grande parte do telhado ruiu, quebraram-se diversas janelas e muitas coisas foram destruídas. Wray calculou o prejuízo em aproximadamente 2 mil libras.[112]

O fogo começara num casebre a poucos metros da casa do pastor. Nela morava uma velha negra que estivera fora alguns dias, mas deixara um escravo fiel tomando conta. Ninguém sabia explicar como o fogo começara, mas tudo parecia indicar que não havia sido um acidente. Wray tinha recebido uma ameaça algumas semanas antes, quando se espalhou o boato de que Smith tinha sido morto. Depois correu o rumor de que o governador de Berbice fechara a escola e a capela de Wray. Em seguida, espalhou-se a notícia de que algumas pessoas queriam que o governador confiscasse os papéis de Wray por causa da correspondência que mantivera com Smith antes da eclosão da rebelião. Wray chegara a ser chamado à sala do fiscal para mostrar as cartas recebidas antes da prisão de Smith. Alguns dias antes do incêndio, um dos membros da congregação contou a Wray que uma "pessoa branca" tinha dito que os sermões estavam sendo observados, que as pessoas que iam à capela estavam "marcadas", e que suas vidas corriam perigo. Muitos diziam que Wray ia fazer em Berbice o que Smith fizera em Demerara. Para piorar as coisas, os jornais estavam cheios de ataques contra os missionários. Todas as reuniões de catequese, de oração, e as "conversas religiosas" eram descritas como encontros para tramar sedição e rebelião.

Apesar do pessimismo, Wray admitiu numa de suas cartas para Londres que muitos libertos tinham aparecido para consertar sua casa e diversos senhores tinham mandado escravos. Ele também recebera grande apoio do governador e do fiscal. O governador, uma vez obrigado a convocar Wray para responder a algumas das acusações, mandou um quarto de carneiro para a mulher do pastor, num gesto que só podia ser interpretado como um pedido de desculpas pela inconveniência. Todavia, nada poderia convencer o aterrorizado missionário de que sua situação não era tão ruim quanto pensava. Ele interpretava cada indício apresentado contra Smith, cada comentário maldoso, cada observação impensada ou insolente, como parte de um complô sinistro para envolvê-lo e envolver outros missionários.

Durante a primeira semana de outubro, Wray encontrou-se com um homem que lhe disse ter sido convocado como testemunha no julgamento de Smith. Wray entrou em pânico. Perguntou como era possível um residente em Berbice ter alguma relação com o julgamento de Smith. "Acontece que o sr. Smith nos visitou há mais ou menos um ano", o homem explicou. Smith parara para jantar e dormir na fazenda Profit e a conversa girara em torno dos missionários e da instrução religiosa aos escravos. O administrador que havia recebido Smith fora então chamado para prestar depoimento contra o missionário. A história causou muito desalento a Wray. "Eles não estão satisfeitos com os indícios que podem obter em Demerara", escreveu, "mas precisam também recorrer a Berbice e investigar uma conversa particular que aconteceu um ano atrás. Pode haver coisa mais baixa? Toda a confiança está destruída. Não há sinceridade no homem; é perigoso dizer qualquer coisa a não ser que você vocifere contra os missionários, Wilberforce e Buxton, e defenda a escravidão."[113]

Wray não recebera uma palavra sequer de Smith ou de Jane. Mas ele os conhecia suficientemente bem para duvidar de que pudessem ter feito alguma coisa para instigar os escravos. Ele os visitara diversas vezes e juntara-se a Smith para pregar na capela da Le Resouvenir. Considerava-o um missionário piedoso e devotado. Mas, mesmo que Smith tivesse errado, por que culpar os outros missionários? Hamilton, o administrador da Le Resouvenir, também estava na cadeia desde o início da insurreição sob a suspeita de suprir os rebeldes com armas de fogo. No entanto, nada se dizia dele nos jornais. Isso não era uma prova de que a conspiração visava a atingir os missionários? "Que coisa injusta seria inflamar as mentes de todas as Índias Ocidentais contra os administradores das fazendas porque um deles foi preso sob suspeita", escreveu ele. Mas era exatamente isso o que se estava fazendo aos missionários. A imprensa castigava-os diariamente e as pessoas olhavam-nos com desconfiança.[114]

Longe do palco da ação, condenado a não ouvir outra coisa senão boatos e a ler publicações coloniais não confiáveis, Wray sentia-se profundamente desanimado. O *Guiana Chronicle* continuava em seu trabalho de difamar os missionários da London Missionary Society. Nos dias 8 e 10 de outubro, o periódico publicou longos textos contra Davies e Elliot. O primeiro tinha acabado de voltar de uma viagem à Inglaterra. Mas, embora estivesse ausente durante a rebelião, a crítica não o poupara. Elliot ficara detido alguns dias e depois fora solto. Smith ainda estava na cadeia. O julgamento estava prestes a começar e ninguém podia imaginar como o processo terminaria. Wray sentia-se solitário e isolado. "Um homem", concluiu ele, pesaroso, "nunca está seguro." Um mês depois, comentou com amargura que seus companheiros missionários estavam mais seguros entre "os selvagens da África" do que entre seus próprios conterrâneos.[116]

7. Uma coroa de glória que não se esvanece

E Aarão porá ambas as mãos sobre a cabeça do bode vivo, e a ele confessará todas as iniquidades dos filhos de Israel, todas as suas transgressões e todos os seus pecados, depositando-os sobre a cabeça do bode, e manda-lo-á para o deserto pela mão de um homem para isso destinado: E o bode carregará com ele todas as iniquidades levando-as para uma terra solitária: e ele deixará o bode no deserto.

Levítico 16, 21-22

Julgamentos políticos são julgamentos peculiares. Sua meta é a reafirmação do poder e da autoridade. O procedimento é tanto um ritual de exorcismo quanto um processo de excomunhão, cujo propósito é expulsar aquele que ameaçou a ordem estabelecida e levantou dúvidas quanto a sua legitimidade. A culpa do réu é decidida *a priori*. O julgamento é um teatro, encenado para reforçar os laços da comunidade, sacralizar as regras e crenças vigentes, e demonstrar a "justiça" da punição. Em julgamentos como esses, a acusação, a inquirição e a sentença expõem os fundamentos ideológicos da "ordem" social e oferecem indícios importantes para a compreensão da natureza dos conflitos sociais. Ao definir o que é criminoso, ele revela o que é a norma. Os "criminosos" políticos têm poucas opções. Podem adaptar-se às normas, admitir a "culpa" e fazer penitência pública, na esperança de que os juízes sejam compassivos (o que é pouco provável considerando-se os propósitos do processo). Podem negar as ideias ou ações a eles imputadas e declarar-se inocentes (o que raramente tem um melhor resultado). Podem outrossim reafirmar seu repúdio à norma e tentar usar o julgamento como um pretexto para a defesa das próprias ideias, uma legitimação das próprias normas e uma validação de sua rebelião. Nesse caso, o julgamento ilumina com claridade rara o abismo ideológico que separa acusadores de acusados (mas também as noções de que eles eventualmente possam compartilhar). Foi isso precisamente o que aconteceu em Demerara durante o julgamento de John Smith.

A partir da detenção de Smith, os colonos passaram a aguardar ansiosamente o momento da vingança. O julgamento do pastor lhes ofereceu a oportunidade de condenar indiretamente todos os que ameaçavam a escravidão como instituição: os evangélicos, os abolicionistas e aqueles que no Parlamento e na imprensa apoiavam os escravos contra seus senhores — aqueles que, na concepção dos colonos, estavam semeando o descontentamento e a revolta entre os escravos. Ao atribuir aos outros a culpa pela rebelião, os colonos punham-se acima de suspeita, eximiam-se de responsabilidade e liberavam-se de toda culpa. Eles anunciavam ao mundo que o que motivara os escravos não tinha sido a opressão ou a exploração, mas o engano e a ilusão. E, o que era mais importante, reafirmavam a si próprios que os "laços" supostamente existentes entre escravos e senhores poderiam ser reconstituídos, e que o perigo que ameaçava a "comunidade" poderia ser exorcizado. Inversamente, o julgamento permitiu a Smith inverter o quadro, sustentar com firmeza sua inocência e acusar não só os senhores e as autoridades coloniais, mas o próprio sistema escravista, defender ideias abolicionistas e condenar a escravidão e, por fim, pronunciar seu último sermão. Dessa vez, entretanto, ele pregaria aos senhores, e não aos escravos.

Ao transformar sua defesa num sermão no qual expôs os "pecados" de senhores e autoridades reais, Smith assinou a própria sentença de morte. O que a ele pareceu ser uma prova de inocência, para os colonos foi uma prova de culpabilidade. No fim, quando acusado e acusadores se defrontaram, não puderam senão demonstrar suas concepções contraditórias acerca do mundo e reencenar o conflito que, desde o início, havia lançado uns contra os outros. Consciente de seu status colonial e da sua responsabilidade perante a Grã-Bretanha, cada lado desempenhou seu papel tendo em mente o público metropolitano. Os colonos apelaram para os conservadores britânicos que, enfrentando na metrópole os motins radicais que minavam as bases daquilo que consideravam a boa sociedade, defendiam a repressão. Smith falou aos reformistas que, para lidar com os novos desafios, pleiteavam mudanças na metrópole e no estrangeiro. Ambos os públicos reagiram entusiasticamente.

O julgamento de Smith foi tratado com muito mais atenção do que os dos escravos.[1] O processo demorou 27 dias e envolveu muitas testemunhas. Ao final, no entanto, tudo não passou de uma farsa. Em vez de ser levado a um tribunal de justiça regular, Smith foi julgado por uma corte marcial. Mais tarde, o governador defendeu essa decisão argumentando que, do contrário, teria sido impossível garantir a Smith um julgamento "imparcial". Em Demerara havia muita hostilidade contra o missionário e a maioria dos colonos estava convencida de sua culpa. Todavia, há muitas provas de que tudo estava montado para condenar o missionário. Embora Smith tivesse a assistência informal de um advogado local, não teve um acompanhamento legal regular no tribunal e ele se viu sozinho para interrogar as testemunhas de acusação e conduzir a própria defesa. Algumas pessoas levadas pela acusação para testemunhar contra ele obviamente tinham sido instruídas de antemão. Uma testemunha crucial, Michael McTurk, era inimigo pessoal de Smith. As outras eram escravos ou criados nas casas de gente poderosa e poderiam com facilidade ter sido influenciados por seus senhores e patrões. As únicas testemunhas de acusação de quem Smith poderia esperar isenção eram os membros de sua congregação. Mas eles também estavam sofrendo enormes pressões. Durante as inquirições preliminares e os julgamentos dos escravos, as autoridades se ocuparam avidamente em recolher provas que esperavam viessem a incriminar Smith. E, como ficou evidente no caso de Jack Gladstone, algumas pessoas estavam mais do que dispostas a manipular o testemunho dos escravos. Não havia chance de Smith ter um julgamento imparcial.

Às dez horas da manhã do dia 13 de outubro de 1823, na Casa da Colônia de Georgetown, John Smith foi levado à corte marcial. Acusaram-no de ter fomentado "nas mentes dos escravos negros o descontentamento e a insatisfação com seus senhores legítimos, administradores e capatazes", com a intenção de levá-los a se rebelar contra a autoridade, "contra a paz" do rei e contra "sua Coroa e dignidade". Smith tinha "se aconselhado, consultado e correspondido com um certo negro de nome Quamina [...] a respeito de assuntos concernentes a uma rebelião de escravos". Mesmo depois de deflagrada a rebelião, "sabendo que Quamina era um insurgente, ele não fizera nenhuma tentativa para detê-lo, nem informara às autoridades devidas que os escravos tinham intenção de se rebelar". Smith declarou-se inocente dessas acusações. O tribunal suspendeu o julgamento até o dia seguinte.[2]

Os juízes representavam dinheiro, poder e posição. A corte era presidida pelo tenente-coronel Arthur Goodman, um homem que recebia 4500 libras por ano por seu trabalho como leiloeiro-chefe da colônia, era comandante da Brigada de Milicianos de Georgetown e tinha direito a meio soldo por participar do 48º Regimento. Victor Heyliger, primeiro fiscal da colônia, atuou como promotor da corte marcial, e Richard Creser, *Esq.*, Robert Phipps, *Esq.*, e J. L. Smith, *Esq.*, foram assistentes do promotor. O tenente-coronel da milícia Charles Wray, presidente do Tribunal de Justiça da colônia (função para a qual recebia 3 mil libras por ano), também era membro da corte marcial. Os outros eram oficiais vestindo uniformes resplendentes, a maioria pertencente aos Reais Fuzileiros Britânicos do Norte, ao Quarto Regimento, ao Regimento do Rei ou ao Primeiro Regimento das Índias Ocidentais, todos baseados em Demerara. Diante desses homens, o missionário, com sua roupa escura, suas origens modestas e seu estipêndio anual de 140 libras, teria feito uma pobre figura — não fossem o orgulho, a determinação e o forte senso de missão que conferiam especial eloquência a suas palavras e dignidade a seu porte.[3]

Quando o tribunal se reuniu novamente em 14 de outubro, o promotor da corte marcial, antes de introduzir as evidências apresentadas para fundamentar as acusações, resumiu o caso de Smith. Disse que era seu propósito demonstrar que o prisioneiro, desde que chegara à colônia, tinha passado a "interferir" não só nas queixas feitas pelos escravos e no modo de controlá-los, mas também "nos atos e decretos das autoridades constituídas". Sua conduta havia gerado "descontentamento e insatisfação" entre os escravos e "sua opinião sobre a opressão sob a qual eles laboravam" levara-o a "expor aquelas partes do Evangelho" que se relacionavam ao "estado de opressão em que o pastor considerava que os escravos estavam". Isso finalmente provocou a "ruptura violenta dos laços que anteriormente uniam senhores e escravos". A revolta fora consequência "desse estado de insatisfação dentro do qual eles haviam sido instruídos". Smith tivera conhecimento da rebelião que se armava e aconselhara os escravos sobre as dificuldades que iriam encontrar. No entanto, nunca fizera nenhuma tentativa de informar as autoridades. No dia da rebelião, estivera na cidade e fora embora "sem ter feito essa revelação, a qual, como súdito fiel e leal, teria obrigação de fazer". Mais tarde, depois de iniciada a rebelião, ele se correspondera com um dos insurgentes sem fazer nenhuma tentativa de dissuadi-lo ou de notificar as autoridades. E persistira nessa atitude até mesmo depois da chegada de um destacamento da milícia a sua casa.

Após esses comentários preliminares, o promotor introduziu como prova o diário de Smith, do qual extraiu as passagens que a seu ver poderiam incriminar o réu. O ardil era sensacionalista; visava a provocar escândalo e criar um clima de hostilidade contra o missionário. As confissões desabridas, feitas por Smith na privacidade do lar e em momentos de frustração, raiva e desânimo — sem saber que um dia elas seriam lidas por milhares de pessoas na colônia e na metrópole —, foram publicadas pela imprensa local. Cortejando os preconceitos do público, o *Guiana Chronicle* desencadeou uma violenta campanha contra Smith e os outros missionários da LMS, publicando diariamente editoriais que os atacavam, levantando dúvidas acerca de sua honestidade e decência. Além das notícias do julgamento e das transcrições do diário de Smith, o jornal publicou insinuações de corrupção e imoralidade, e histórias picantes sobre os "amores" do reverendo Elliot e a ganância do reverendo Davies.

Ao selecionar algumas passagens do diário de Smith, a acusação pretendia expor seu comprometimento com as ideias abolicionistas, seu repúdio ao sistema escravista e sua condenação a fazendeiros, administradores, companheiros missionários e autoridades locais. A acusação também esperava demonstrar que Smith havia interferido na administração das fazendas e usado o Evangelho para disseminar insatisfação entre os escravos. A primeira passagem selecionada trazia a data de 30 de março de 1817 — poucas semanas depois de Smith ter se instalado na Le Resouvenir. Contava a história de um conflito entre marido e mulher que o missionário tentara solucionar. A frase que o incriminava comentava que "um missionário deve em muitas instâncias desempenhar o papel de um magistrado civil". A afirmação implicava que Smith havia invadido deliberadamente um terreno que pertencia às autoridades coloniais. A passagem seguinte referia-se a Lucinda, uma velha escrava descrita por Smith como tão piedosa que quando o administrador a proibiu de ir à capela, ela respondeu que iria "mesmo que ele lhe cortasse o pescoço por isso". Esse episódio, que parecera comovente a Smith por revelar a força da devoção de Lucinda, era para a acusação uma prova de que o missionário tolerava e talvez até encorajasse o desrespeito da escrava por seu administrador. Igualmente distorcida foi a interpretação dada pela acusação a uma outra passagem de 1817:

> Um grande número de pessoas na capela. Do Gênesis xv, 1. Tendo passado por cima da última parte do capítulo 13, por conter uma promessa de libertação da terra de Canaã, fiquei apreensivo com o fato de que os negros pudessem dar a isso uma interpretação que eu não desejava; pois eu lhes digo que algumas das promessas etc., que foram feitas a Abraão e aos outros, aplicar-se-ão ao Estado cristão. É mais fácil dar às mentes deles uma impressão errônea do que uma certa.

O texto era obscuro, passível de interpretações contraditórias. Em vez de considerar os comentários de Smith como evidência de que o missionário estava tentando evitar as passagens "perigosas" (como Smith argumentou depois), o promotor introduziu o texto como prova das intenções sinistras de Smith. Outra passagem selecionada pela acusação com a mesma finalidade referia-se à primeira Epístola de Pedro. Mas, nesse caso, Smith havia comentado no diário que escolhera deliberadamente esse texto por lhe parecer ter sido escrito para confortar os cristãos espalhados e perseguidos, "o que era o caso da nossa gente". A acusação estava tentando provar que Smith tinha escolhido textos bíblicos que provocariam insatisfação entre os escravos e os levariam a se rebelar. O promotor introduziu outro verbete do diário no qual Smith, depois de descrever o quanto o perturbara o som da chibata, comentara: "Aqui, as leis da justiça, que se referem aos negros, só são conhecidas de nome", observação que deve ter enfurecido os colonos.

Muitas outras passagens foram lidas e depois publicadas em jornais locais. Algumas falavam do desejo de Smith de que a escravidão fosse abolida, das tentativas de resolver as disputas entre escravos, da sua indignação ao vê-los perseguidos por causa da religião. Outras expressavam seu espanto com a capacidade dos escravos de resistirem a tanto trabalho e a tantos castigos. Outras, ainda, descreviam sua emoção ao ouvir os escravos orando em voz alta, pedindo "para que Deus anulasse a oposição dos fazendeiros à religião", a esperança de que Deus ouvisse "o grito dos oprimidos" e as suspeitas de que certos "brancos" iam à capela para espioná-lo. Por fim, algumas continham observações amargas sobre seus pares, os missionários, e sobre o fiscal e outras autoridades coloniais, incluindo o governador — sentimentos que confiara ao diário em momentos de exasperação.

Apenas os últimos quatro trechos apresentados ao tribunal tinham relação direta com os incidentes imediatamente precedentes à rebelião. A nota sobre o dia 22 de junho de 1823 registrou o encontro de Smith com Isaac, um escravo da Triumph que, após a proclamação na qual o governador Murray estipulava que os escravos não podiam ir à capela sem um passe dado pelos administradores, fora perguntar a Smith se a "nova lei" proibia que eles se reunissem à noite para aprender o catecismo. O administrador, dissera Isaac, "tinha ameaçado castigá-los se eles fizessem qualquer reunião". Smith escreveu no diário que havia dito a Isaac que "a lei não dava esse poder aos administradores", mas que "os aconselhava [aconselhava os escravos] a desistir disso, e, em vez de afrontar a autoridade e ser castigados, tratar de pedir os passes apenas nas manhãs de domingo e ir à capela para ser catequizados". Esse era um conselho que Smith podia interpretar como prova de sua inocência, mas que a acusação considerou prova de culpa. Explicitamente, Smith recomendara obediência, mas implicitamente negara legitimidade à ordem do administrador.

As outras duas notas lidas para o tribunal foram apresentadas como evidência do compromisso de Smith com a abolição. Depois de uma visita de Elliot, Smith registrara: "parece que há muitos impedimentos se intrometendo no caminho da instrução dos negros tanto na Costa Oeste como na Costa Leste, e será assim enquanto o sistema atual prevalecer, ou melhor, existir". Alguns dias mais tarde, ele mencionou uma conversa que tivera com Hamilton, na qual o administrador dissera que, se o impedissem de açoitar as mulheres que não fossem pontuais no trabalho, ele as privaria de comida e as confinaria na solitária. Depois de observar que o administrador parecia confiar na ideia de que o projeto de Canning nunca seria levado a efeito, Smith comentou: "Os rigores da escravidão, acredito eu, nunca serão mitigados; o sistema tem que ser abolido". A última anotação selecionada pela acusação havia sido escrita em 18 de agosto de 1823, o dia em que os escravos se rebelaram. Dizia simplesmente: "De manhã cedo fui à cidade, consultar o dr. Robson sobre o meu estado de saúde". A acusação pretendia evidenciar que, embora Smith tivesse estado na cidade aquele dia, não informara as autoridades sobre a conspiração.

Em seguida, a acusação procurou demonstrar que Smith não só havia semeado a insatisfação entre os escravos e solapado a autoridade de senhores, administradores e funcionários públicos, como também tivera conhecimento da conspiração e vira os rebeldes com simpatia. A acusação estava decidida a chamar para depor qualquer um que alguma vez tivesse ouvido qualquer coisa que pudesse incriminar Smith. Até mesmo pessoas como Edmund Bond e William McWatt, que moravam a muitos quilômetros de distância, em Berbice, e que podiam relatar apenas uma conversa tida com Smith um ano antes da rebelião, foram chamadas a testemunhar contra ele.

Bond era carpinteiro de profissão e McWatt, feitor. Eles haviam encontrado Smith em Berbice, no ano anterior, quando o missionário fora visitar Wray e parara na fazenda Profit para passar a noite. Bond contou que haviam conversado sobre escravidão e que Smith dissera que "os negros poderiam sobreviver bem nas Índias Ocidentais tanto sem os brancos quanto com eles", e fizera algumas alusões ao Haiti. Bond não conseguiu se lembrar das palavras exatas, mas disse que, quando perguntou ao pastor se queria que a mesma coisa acontecesse em Demerara e Berbice, Smith "pareceu confuso". Perguntado pelo júri se ele ouvira do prisioneiro alguma coisa sobre os missionários, Bond disse não se lembrar. De início, essa pergunta pareceu estranha. Mas, quando a testemunha seguinte foi chamada, ficou claro que a acusação já sabia o conteúdo daquela conversa. Depois de repetir mais ou menos a mesma história, McWatt acrescentou que, quando Bond perguntou a Smith se queria ver cenas como as do Haiti, ele respondera que, a seu ver, "os missionários impediriam isso".

Durante a reinquirição, Smith tentou estabelecer o contexto em que seus comentários foram feitos. Para isso perguntou às testemunhas se elas se lembravam de ter ouvido um certo sr. Hutchenson (que também estivera presente à conversa, mas cujo depoimento não fora pedido) dizer que a situação estava tão ruim que os brancos teriam que vender tudo e voltar para casa, o que o levara a indagar o que aconteceria aos "pobres negros" — comentário que fizera Smith retrucar que eles sobreviveriam bem sem os brancos. Nem Bond nem McWatt se recordavam do detalhe. O missionário encontrou a mesma dificuldade quando perguntou a McWatt se este se lembrava de que, quando Smith dissera: "os missionários evitariam uma cena como a de Santo Domingo [Haiti]", ele também afirmara que "os efeitos do Evangelho evitariam cenas como essas, ou palavras nesse sentido". Fora do contexto e sem as ressalvas necessárias, as palavras de Smith podiam ser interpretadas como comentários de um revolucionário exaltado e incendiário.

Rumores e fragmentos de conversas foram de novo usados como evidências quando a acusação chamou para depor John Bailey e John Aves, dois dos homens recebidos por Smith em sua casa no meio da noite de 18 de agosto, poucas horas após a eclosão da rebelião. O promotor tentou demonstrar que o missionário soubera do complô aproximadamente seis semanas antes de seu início. Smith tentou fazer com que as testemunhas fossem mais precisas, para levá-las a admitir que o que dissera fora que, desde que a notícia das novas leis vindas da Inglaterra se espalhara entre os escravos, ele poderia ter previsto uma rebelião. Mas nem Bailey nem Aves pareciam lembrar-se da conversa dessa maneira.

A seguir, a acusação introduziu outros dois importantes conjuntos de evidências. O primeiro era o testemunho de diversos membros da congregação de Smith. O segundo, o de Michael McTurk. O curioso foi que nenhum dos escravos, que durante seus julgamentos haviam seriamente implicado Smith no complô, foi chamado a depor. Alguns já tinham morrido na forca. Outros, como Jack Gladstone, ainda estavam vivos, mas não foram convocados pela acusação, provavelmente por ela temer que a manipulação e a adulteração do testemunho pudessem se tornar óbvias durante a reinquirição. Em vez disso, a corte apenas apresentou cópias autenticadas das acusações e sentenças dos processos de Jack, Telemachus, Sandy e Paul, da Friendship, e de Quamina, da Nooten Zuyl.

Apesar de algumas contradições e erros menores, que depois Smith apontaria em sua defesa, o testemunho dos membros da congregação parece extraordinário pela precisão, sinceridade e coerência, particularmente em vista da imensa pressão sob a qual eles estavam vivendo naquele momento. Após o fracasso da rebelião, a repressão brutal, as semanas de confinamento e desânimo, os julgamentos e os rituais que acompanharam as condenações e mortes, não deve ter sido tarefa fácil para os escravos apresentar-se diante da corte com todas as cerimônias e formalidades e testemunhar diante de uma audiência hostil. Que o tenham feito com tamanha competência e dignidade testemunha sua extraordinária coragem e capacidade de resistência. Os escravos chamados ao tribunal eram em sua maioria diáconos ou desempenhavam papéis importantes na congregação. Todos mostraram respeito e até afeição por Smith, embora tenha ficado claro durante as inquirições que eles nunca haviam confiado inteiramente no missionário — até mesmo Quamina, que lhe era muito próximo, jamais esquecera que Smith era um homem branco.

O primeiro a depor foi Azor. Nada em seu testemunho poderia incriminar Smith. A única vez que disse algo que pudesse ser usado contra o missionário foi quando o tribunal lhe pediu para explicar o que compreendia dos ensinamentos de Smith. Azor referiu-se especificamente a uma passagem bíblica envolvendo Davi e Saul. Sua interpretação da passagem, como as interpretações das escrituras feitas pelos outros escravos durante o julgamento de Smith, abre uma janela para uma realidade sempre muito difícil de apreender: o modo como os escravos compreendiam a Bíblia. A história de Azor mostra como se dava a filtragem da mensagem bíblica através da experiência dos escravos e, inversamente, como eles aplicavam essa mensagem, à medida que a compreendiam, a seu dia a dia. Azor disse ao tribunal que Saul conduzira Davi para o bosque (uma analogia óbvia à fuga para o mato) e que Davi concordara "porque, se ele fosse para a casa de um amigo, ele se meteria em apuros". Outra passagem da Bíblia que parecia ter se fixado na mente de Azor — e na de inúmeros outros escravos, não só em Demerara, como em todo o Novo Mundo — era a de Moisés atravessando o mar Vermelho (embora, como Smith depois explicou ao tribunal, ele tivesse lido essa passagem dois anos antes do julgamento). Mas, apesar do óbvio potencial metafórico desse trecho, Azor — talvez agindo com cautela — não estabeleceu nenhuma relação explícita com a esperança de libertação que os escravos afagavam. Ele disse ao tribunal que

> quando Moisés tomou os filhos de Israel e levou-os através do mar Vermelho, o faraó arregimentou os soldados e foi atrás dos fugitivos para trazê-los de volta; e o Senhor mandou que houvesse trevas e relâmpagos entre o rei de Israel e Moisés; quando Moisés atravessou com os filhos de Israel, o faraó se afogou no mar, e Moisés construiu um templo, e elevou uma prece a Deus. Foi só isso que ouvi do prisioneiro.[4]

Mais adiante em seu depoimento, Azor contou que ouvira Smith dizer que Deus santificara o domingo e "que este país era um país muito mau; na Inglaterra todos eram livres e todos guardavam o domingo"; que eles não deveriam trabalhar nesse dia, exceto se houvesse um incêndio ou o rompimento de um dique. "Se metade de uma fileira na lavoura tivesse ficado por terminar, não deviam trabalhar nela no domingo." Percebendo que isso poderia ser usado contra ele, Smith tentou esclarecer esse ponto durante a reinquirição. Mas a única coisa que conseguiu foi comprometer-se mais ainda. Pressionado por Smith, Azor admitiu que o missionário não lhes dissera para não terminar a fileira; ele só tinha dito que não estava certo trabalhar aos domingos. Após mais algumas perguntas, Azor disse que quando os escravos justificavam sua ausência da capela no domingo dizendo que tinham que trabalhar, Smith lhes dizia que eram "tolos de trabalhar por causa de algumas chibatadas".

A testemunha de acusação chamada a seguir foi Romeo, um velho escravo da Le Resouvenir, um homem que aprendera a ler e era diácono desde a época de John Wray. Seu depoimento coincidiu inteiramente com o de Azor,[5] mas ele se lembrou de que Smith também dissera que, se os senhores os obrigassem a trabalhar no domingo, deveriam obedecer e não se queixar ou zangar, pois os senhores responderiam por isso. Romeo acrescentou que o missionário afirmara que as palavras da Bíblia eram todas verdadeiras e que "ele também pregava coisas verdadeiras". Ele se recordou com precisão espantosa do texto que Smith pregara na véspera da rebelião, o capítulo 19 de Lucas, começando nos versículos 41 e 42. Mas só lhe vieram à mente algumas palavras do versículo 41, assim expressas por ele: "E quando Jesus chegou perto da cidade, Ele chorou sobre ela".[6] Romeo acrescentou que encontrara Smith no domingo anterior à rebelião e depois outra vez na terça-feira à noite, quando Smith manifestou desejo de ver Quamina e Bristol.[7] Quando lhe perguntaram se algum dia ele ouvira Smith dizer que os escravos eram tolos por trabalhar no domingo por conta de algumas chibatadas, Romeo respondeu negativamente e repetiu sua versão original. Perguntado se os diáconos promoviam reuniões em suas casas ou em qualquer outro lugar com a finalidade de ensinar "os negros", Romeo disse que na propriedade onde vivia os escravos às vezes se reuniam, mas que ele não sabia o que acontecia nas outras. Confirmou que Smith sabia dessas reuniões e as aprovava, embora nunca tivesse visto o pastor em nenhuma delas. Em seguida, lhe foi perguntado se Smith mandara que ele explicasse os sermões ao povo e com que frequência desempenhara essa tarefa. Romeo respondeu que isso ocorria toda vez que Smith pregava. Quando o tribunal lhe perguntou se explicara o sermão da véspera da revolta e o que o pastor dissera, Romeo respondeu que naquele dia ele não explicara o texto: "os negros disseram que o sr. Smith os estava fazendo de bobos; [...] ele não negaria a própria cor em favor dos negros. Essas palavras me doeram, e logo fui embora, porque me senti magoado ao vê-los se comportar com tanta ingratidão". Ele explicara o texto do domingo anterior (Apocalipse 3, 3), mas não se lembrava muito bem do que havia dito. Sabia apenas que era algo sobre as pessoas que estavam em Mahaica e que iam para Essequibo (referência a um sermão que Smith pregara quando se venderam alguns escravos):

> O que realmente se sabe, permanece; Deus não é tão relapso em suas promessas como o são alguns homens; sei que vocês têm alguns filhos que deverão ser instruídos, que para onde quer que eles forem eles não possam esquecer Deus, porque quando forem para lugares estranhos eles jogarão fora seu cristianismo. Minha explicação era a de que, se você decepciona Deus, Deus irá amaldiçoar você e seus filhos.[8]

Por fim, quando o tribunal lhe perguntou se o prisioneiro algum dia destacara capítulos específicos da Bíblia para que ele os ensinasse, Romeo respondeu: "Não, só o catecismo".

No mesmo dia, foram convocadas duas outras testemunhas, Joe, da Success, e Manuel, da Chateau Margo. Como Azor e Romeo, ambos lembravam-se com muita clareza de certas passagens da Bíblia. Os dois descreveram o sermão da véspera da rebelião, mas nem Joe nem Manuel estabeleceram nenhuma relação entre as palavras de Smith e a revolta. Manuel deu muitos detalhes sobre a conversa que Quamina tivera com Smith sobre as "novas leis". Manuel revelou que, após o início dos boatos sobre as novas leis, ele sugerira que Quamina pedisse esclarecimentos a Smith. Mas Quamina dissera não acreditar que o pastor esclarecesse coisa alguma. (O que parece indicar que até mesmo Quamina hesitava em falar com Smith sobre esses assuntos.) Quando Quamina afinal decidiu falar com Smith, o que ouviu foi que "não havia liberdade nos jornais, e que os senhores não podiam perder tanto dinheiro quanto seria necessário para libertar todos os escravos". O missionário disse que "tivessem paciência, [que] se viesse a acontecer alguma coisa de bom, seria para as mulheres, porque os capatazes não poderiam levar mais as chibatas para o campo". Manuel falou da reunião dos escravos na Success no domingo anterior à rebelião, de como Quamina e Bristol tinham ido conversar com Smith e de como Bristol voltara e "dera dois quartos de um florim" para um homem da Vigilância levar um recado para o Joseph, avisando-o para "tratar de não fazer nada que visasse a tirar a arma do sinhô branco". Mais uma vez levantou-se a questão do trabalho aos domingos, e Manuel confirmou o que os outros tinham dito antes. Acrescentou, entretanto, que o missionário dissera que, se o senhor da fazenda tivesse algum trabalho para eles no domingo, era dever dos escravos dizer-lhe que aquele era o dia do Senhor. Ele ouvira de outros escravos que, se o domingo tinha que ser reservado para servir a Deus, eles deveriam ter o sábado para trabalhar em suas roças — ou pelo menos a tarde de sábado.

Perguntaram a Manuel se na prece da manhã Smith lia textos do Antigo Testamento — a parte das escrituras mais temida pelos senhores e sempre preferida dos escravos — e se ele selecionava passagens ou ia lendo um capítulo após o outro. Até então, todos os escravos tinham mencionado as mesmas passagens bíblicas sobre Moisés, Josué e Davi. O que o tribunal parecia querer saber era se Smith escolhera esses textos deliberadamente. Mas, para o desapontamento dos membros da corte, embora o escravo admitisse que nos últimos dois anos Smith só lera textos do Antigo Testamento durante as preces da manhã, ele disse ao tribunal que o missionário Smith de fato lera as passagens na sequência regular.

A testemunha seguinte foi Bristol, cunhado de Jack Gladstone. Como Romeo, ele era diácono e estava familiarizado com as práticas da capela. Bristol admitiu que os escravos davam contribuições para a capela e para a London Missionary Society e que os membros que tinham recursos pagavam os livros de salmos, os catecismos, os folhetos e as Bíblias. Todas as contribuições eram voluntárias e às vezes os escravos davam aves e inhame para a sra. Smith. "Eles levam essas coisas", explicou ele, "não em vez do dinheiro, mas como presentes." Smith dissera a Bristol — acrescentou ele no seu depoimento — que catequizasse as pessoas na fazenda, mas não mandou que explicasse nem os sermões que pregara nem qualquer outro texto. Ao perguntarem quem escolhia os "professores" em cada fazenda, Bristol respondeu que os diáconos os escolhiam com a aprovação de Smith. Em seguida, ele descreveu meticulosamente o serviço da manhã. As preces, explicou, eram espontâneas e feitas em voz alta, "de cor, não lidas num livro". Quando lhe pediram um exemplo, ele contou: "Nas nossas orações, rogamos a Deus que ajude e abençoe todos nós, que nos faça capazes de buscá-Lo cada vez mais, que Ele abençoe nossos senhores, o governador e o fiscal; que possamos ser bons criados para eles, e que eles possam ser bons patrões para nós; e que Ele nos dê saúde e força para fazermos nosso dever, e que Ele abençoe todos os nossos irmãos e irmãs; e oramos pelos corações dos nossos senhores da mesma forma".

Como outros escravos que haviam testemunhado antes dele, Bristol parecia lembrar-se apenas de certas partes da Bíblia. Também falou de Moisés e Josué, mas não lhe veio à lembrança nenhum capítulo específico do Êxodo. Todavia, quando pressionado pela acusação, admitiu que os escravos aplicavam a história dos israelitas a si próprios: "Quando eles a leram, começaram a discorrer sobre ela; eles disseram que essa coisa que tinha na Bíblia se aplicava a nós tanto quanto ao povo de Israel. Não sei dizer o que fazia os negros aplicarem a história a eles. O que criava insatisfação na cabeça dos negros era não ter uma hora livre para lavar roupa ou para fazer alguma coisa para eles próprios, a não ser o dia de domingo".

Bristol também disse ao tribunal que, quando os escravos se queixaram a Smith de que haviam sido punidos por terem ido à capela, o pastor respondeu que não era certo os senhores os impedirem, mas não havia nada que ele pudesse fazer a respeito. Nessas circunstâncias, Smith muitas vezes aconselhou-os a procurar o fiscal ou o governador. Quando os escravos fugiam, Smith dizia para não deixarem que os senhores os apanhassem, pois seriam castigados. Mais uma vez levantou-se a questão do domingo, e Bristol deixou claro que Smith dissera que se os senhores os mandassem trabalhar nesse dia, deveriam obedecer, mas que Deus os castigaria se trabalhassem nas próprias roças. Interrogado a respeito da conversa que Quamina tivera com Smith antes da rebelião, Bristol não acrescentou nada ao que já fora mencionado. Mas o que disse foi suficiente para prejudicar Smith. Embora Bristol desse muitos indícios de que o missionário tentara desencorajar qualquer tentativa de rebelião, também deixou claro que ele de fato sabia alguma coisa sobre as intenções dos escravos antes da eclosão do levante.

O testemunho de Bristol pareceu perturbar Smith, que por muito tempo lhe fez perguntas minuciosas. O dinheiro recolhido era usado apenas para o vinho ou também para comprar velas? Quem comprava e quem pagava as velas? Quais foram a maior e a menor soma de dinheiro coletadas? Quanto os escravos pagavam pelos diferentes livros? Depois Smith passou a fazer perguntas mais relevantes, esperando dissipar qualquer suspeita de que tivesse realizado reuniões secretas ou feito pregações que pudessem ter instigado os escravos contra seus senhores. Smith também tentou convencer os juízes de que, ao falar com Quamina, não poderia saber o quão sérias eram as intenções dos escravos.

Então chegou a vez de McTurk depor. Era evidente que ele tinha pouco a dizer sobre a rebelião. A maior parte do depoimento relacionou-se com o incidente da varíola em 1819. McTurk relatou as negociações com o administrador da Le Resouvenir e a violenta altercação que tivera com Smith na ocasião. Para reforçar esse testemunho, o juiz assistente leu passagens do diário de Smith que relatavam o episódio. Durante a reinquirição, ficou claro que McTurk sentira-se insultado, não só por Smith, mas também pela maneira como os escravos tinham agido quando de sua ida à Le Resouvenir para examiná-los, a fim de descobrir sinais de varíola. McTurk disse ao tribunal que, embora o administrador tivesse sido informado da visita, os escravos não haviam esperado por ele. Quando chegou à Le Resouvenir, alguns já tinham ido para o campo trabalhar e recusaram-se a voltar. Outros permaneceram em frente a suas casas e não se deixaram examinar. Os capatazes receberam ordens do administrador no sentido de reunir os escravos, mas não tiveram sucesso. Apenas cinco ou seis escravos, de uma população de quase quatrocentos, apareceram. Depois de esperá-los aproximadamente uma hora, McTurk afinal desistiu. Quando voltou à Le Resouvenir no dia seguinte, alguns escravos atiraram-lhe paus e lama seca, "e usaram a linguagem mais injuriosa". McTurk atribuiu a insubordinação a Smith — principalmente porque, durante a altercação entre os dois, o missionário proclamara ter poder sobre os escravos.

Durante a reinquirição ficou claro que, embora McTurk tivesse dado ordens proibindo os escravos de frequentar a capela durante o episódio da varíola, não os proibira de ir ao mercado. O que parece confirmar a suspeita de Smith de que a principal finalidade de McTurk não fora evitar o risco de uma epidemia, mas dar uma lição ao missionário. Para o tribunal, no entanto, esse detalhe era irrelevante. McTurk era um homem de posses e prestígio na comunidade e um fiscal do burgo. A autoridade que usufruía pela sua posição conferia uma aparência de verdade a suas palavras.

Nos dias que se seguiram, a acusação apresentou mais evidências contra Smith, introduzindo cópias das cartas trocadas entre Jack Gladstone, Jacky Reed e Smith. Convocaram-se novas testemunhas de acusação. O médico de Smith depôs dizendo que o recebera em seu consultório na cidade na manhã da segunda-feira, dia da rebelião. Seaton e Jacky Reed deram detalhes sobre a conspiração. Antje contou que a sra. Smith lhe pedira para chamar Quamina à casa da missão. Muitos outros escravos, incluindo a criada de Smith, Elizabeth, testemunharam ter visto Quamina ir à casa de Smith após o início da revolta. Por fim, o tenente Thomas Nurse descreveu sua visita aos Smith, e as circunstâncias que cercaram a prisão dos missionários. Nesse momento, a acusação deu por encerrada a apresentação de provas.

O tribunal concedeu a Smith cinco dias para preparar a defesa. No décimo quarto dia do julgamento, sábado, 1º de novembro, o missionário leu as preliminares de sua defesa. Enquanto a acusação tomara como base de argumentação o pressuposto de que os senhores tinham autoridade absoluta sobre os escravos, e de que qualquer um que levantasse dúvidas sobre essa autoridade ou contra ela se interpusesse cometeria um crime, Smith baseou sua defesa no pressuposto de que Deus era a autoridade suprema e que a lei de Deus era a suprema lei. Qualquer um que desobedecesse à Sua lei era um pecador e aquele que se guiasse pelos ensinamentos de Deus não poderia ser criminoso. Para justificar sua atitude, Smith citou a Bíblia copiosamente e tentou confirmar suas credenciais profissionais. Declarou que era ministro do Evangelho, ordenado e sancionado pela Missionary Society, "um respeitabilíssimo corpo de homens muito conhecido do governo da metrópole e por este sancionado". O único propósito dos missionários era a conversão dos gentios. Eles nada tinham a ver com a situação civil ou política dos países ou com as condições temporais das pessoas sob seus cuidados missionários.

Prosseguiu então descrevendo a organização de sua congregação e dos serviços religiosos, explicando que os "professores" eram escolhidos pelos próprios escravos, sem sua interferência, e que eles não tinham nenhuma ligação com a capela. A principal qualificação exigida para que fossem professores era o conhecimento do catecismo. Para justificar seus contatos com os escravos, Smith argumentou que nenhum ministro do Evangelho podia "desincumbir-

-se adequadamente de suas funções sem ter alguma outra relação com os fiéis além daquela da instrução pública". (Aí ele citou Ezequiel 33, 7-8: "Ora tu, filho do homem, tu és aquele a quem instituí como sentinela da casa de Israel; assim, ao ouvir as palavras da minha boca, tu as anunciarás a eles da minha parte. Se eu disser ao ímpio, ímpio, tu infalivelmente morrerás; se tu não falares ao ímpio para preveni-lo do seu caminho, morrerá esse ímpio na sua iniquidade, mas eu requererei da tua mão o seu sangue".)

Smith admitiu com orgulho sua aversão à escravidão. Se essa aversão era um crime, disse ele, então tinha, como "companheiros na culpa, a parte mais liberal e melhor da humanidade". Depois que a Câmara dos Comuns e o governo britânico reconheceram — fato então recente — que a escravidão era repugnante ao cristianismo, não deveria ser necessário que ele, um ministro do Evangelho, justificasse seus sentimentos. Mas insistiu que sempre se abstivera de fazer quaisquer comentários a respeito dos senhores e sempre exortara os escravos a "uma submissão respeitosa" — como ficara provado no depoimento das testemunhas de acusação que muitos outros membros de sua congregação poderiam confirmar. Numa tentativa de minimizar o impacto causado por seu diário, declarou que era um documento privado, cujo conteúdo era desconhecido até de sua esposa. Smith negou ter de algum modo tentado usar seu ensinamento religioso para desencaminhar os escravos. Ao contrário, o diário mostrava sua preocupação de evitar mal-entendidos. Enfatizou que até mesmo as testemunhas "cujas lembranças eram tão persistentes quando se tratava de trechos sobre Moisés e o faraó e os filhos de Israel" haviam declarado que nunca o ouviram relacionar a história dos israelitas à condição dos escravos. Ele então afirmou que a "oração improvisada" era uma prática comum em muitas igrejas cristãs, particularmente entre os dissidentes protestantes. Quando rezavam, os escravos permaneciam de olhos fechados. As portas estavam sempre abertas durante as orações, e qualquer "pessoa, preta, mulata ou branca" poderia ter entrado na capela. Sem dúvida atitudes inadequadas não seriam possíveis nessas circunstâncias.

Quanto ao dinheiro que recolhia dos escravos, Smith insistiu que esse procedimento era não só "conforme aos usos de todas as Igrejas, como condizente com a Escritura". Os escravos faziam essas doações espontaneamente e os senhores tinham conhecimento delas. Apenas raramente traziam uma ave ou algum inhame para sua esposa, e em retribuição ele muitas vezes lhes dava uma garrafa de vinho quando adoeciam. Admitiu ter lhes vendido livros, mas nisso também seguira uma prática comum. Além do mais, os escravos compravam-nos voluntariamente. E, ainda que os tivesse obrigado a fazê-lo, como seria possível usar esse fato contra ele? A insatisfação dos escravos teria por certo se voltado contra ele e não contra os senhores. Smith negou ter de algum modo interferido nas preocupações temporais dos escravos, "salvo naqueles casos que estivessem intimamente relacionados com as preocupações espirituais deles", como nas ocasiões em que dirimia disputas ou os repreendia por conduta "imoral". Citando uma passagem do diário que a acusação deixara de lado, Smith mostrou que ele teria realmente preferido não ouvir os problemas dos escravos.

Com exceção de uma frase de Azor, não havia evidências, argumentou Smith, de que ele algum dia mandara os escravos desobedecer aos senhores. Todos os depoimentos demonstravam o contrário. De fato, disse Smith, ele ensinara aos escravos que era pecado trabalhar ou fazer negócios no domingo. Mas "todo membro da corte reconhecerá, tenho certeza, que, ao fazer isso, eu ensinei um dos primeiros preceitos inculcados naquele livro sagrado sobre o qual eles juraram fazer justiça". As escrituras mostravam que a violação do preceito do domingo por intermédio de trabalhos voluntários, que não fossem absolutamente necessários, era um pecado abominável. Esperava-se que ele renunciasse aos mandamentos de Deus? Eram os senhores maiores do que Deus?[9]

Smith explicou que fizera alusões à Inglaterra como um país livre apenas para advertir aos escravos de que "eles não deveriam fazer de suas condições de vida um pretexto para infringir os mandamentos e negligenciar seus deveres religiosos". Ele "nunca poderia imaginar que uma alusão a um país livre pudesse ser interpretada como crime". Em seguida, justificou os comentários em seu diário sobre o descaso pela lei na colônia. Esses comentários — explicou — tinham sido escritos logo após ele ter visto um capataz açoitar um escravo na ausência do administrador e do feitor. Quando dizia que as leis da justiça não eram respeitadas na colônia, tinha em mente "os castigos arbitrários infligidos por administradores e capatazes que açoitavam os negros na ausência dos senhores". Que tais práticas eram comuns em algumas propriedades na ocasião em que escrevera os comentários era coisa por demais sabida para ser negada.

O tom da defesa de Smith só poderia enfurecer os colonos. Em vez de se desculpar, ele os admoestou. Não reconheceu nenhuma das acusações feitas e parecia deformá-las de modo a implicar os colonos. Ignorando as formalidades de classe, que exigiam que tratasse uma pessoa como McTurk com respeito e até subserviência, Smith contestou o testemunho do fazendeiro, apontando contradições, e insistiu em tratá-lo de igual para igual. McTurk, afirmou Smith, "mencionou um ataque da minha parte, mas não disse que ele provocou qualquer linguagem aparentemente desrespeitosa que eu possa ter usado na ocasião. Ele não disse ao tribunal, o que provarei, que escarneceu de mim e zombou da ideia de que os negros fossem instruídos nos dogmas de nossa sagrada religião".

Smith passou então a discutir o testemunho do tenente Nurse. Admitiu que entendera mal a obrigação de se alistar na milícia, mas refutou todas as outras acusações. Acusaram-no de ter "permanecido em casa durante toda a revolta com segurança e sem medo". Por que fizera tal coisa? Porque não tinha escravos e estava cônscio de jamais ter enganado qualquer um deles. Na primeira noite da rebelião, quando fora até a casa de Hamilton, os escravos disseram-lhe para voltar para casa, "pois não era intenção deles ferir ninguém". Acreditara nos negros. Talvez tivesse depositado mais fé na promessa deles "do que era político fazer, ou do que outros teriam feito". Mas isso não poderia ser visto como uma ofensa de sua parte.

Ao rejeitar a acusação de que se inteirara do complô dos escravos muitas semanas antes da rebelião, Smith deu sua versão do encontro com Quamina. Insistiu em dizer que na ocasião não tinha ideia de que os escravos pretendiam se insurgir. A primeira suspeita surgira quando recebeu uma nota de Jacky Reed. Quanto à pretensa reunião com Quamina depois do início da rebelião, Smith afirmou não haver provas nem de que Quamina fosse realmente um rebelde, nem de que ele soubesse, na ocasião em que Quamina fora a sua casa, que Quamina era um insurgente. Mas, o que era mais importante, Quamina fora à sua casa a pedido de Jane e, embora ele acreditasse que o marido era "responsável no tribunal civil pelos atos de sua esposa", não achava que devesse ser considerado responsável pelos "crimes" dela. (Ele não queria dizer que ela era culpada, explicou Smith, mas que a informação apresentada não dizia respeito a ele. Uma vez que o tribunal não permitia que Jane Smith testemunhasse, havia vários pontos que nunca poderiam ser esclarecidos.)

Provavelmente a conselho do advogado William Arrindell, que vinha lhe prestando assistência informalmente, Smith protestou dizendo que as acusações contra ele eram demasiado vagas. A promotoria não lhe imputara positivamente nenhum delito específico e não cumprira os procedimentos criminais estabelecidos pela lei britânica. Após negar todas as acusações, Smith levantou dúvidas sobre a confiabilidade do testemunho dos escravos. As testemunhas, disse ele, estavam "decididamente sob a influência dos proprietários". O amor desses escravos pela verdade e pela justiça não poderia ser mais forte do que o medo que sentiam dos homens a quem eles haviam visto castigar seus "companheiros" apenas por assistirem ao culto divino. Algumas das testemunhas eram extremamente "ignorantes" e "selvagens" e nem sequer compreendiam a natureza de um juramento — daí as "prevaricações, mentiras e contradições tão aparentes em suas evidências". Eles não tinham nenhuma noção de tempo ou das circunstâncias, e era muito claro que suas evidências tinham "sido feitas de fiapos e remendos, obtidos de conversas, de rumores e de suas próprias interpretações errôneas do que lhes havia sido exposto". (Smith estava numa enrascada: ao questionar a credibilidade dos escravos como testemunhas de acusação, também diminuía o valor que eles pudessem ter quando depusessem a seu favor.)

Smith concluiu a refutação num tom profético e pós-milenarista. Foram suas opiniões que tinham sido julgadas, não ele. Mas suas opiniões se "fundamentavam no Evangelho, que durante anos resistiu a toda perseguição, cuja promulgação crescera com a oposição e cujas verdades se tornaram manifestas por meio da investigação". O Evangelho prosperara, e ainda prosperaria, disse ele, e "conferiria felicidade" a todos os que nele buscassem o conhecimento. Ele já havia causado melhorias nas mentes dos escravos. O amor da religião já estava "implantado" neles com tal profundidade que o poder dos homens não seria capaz de erradicá-lo. Em meio à revolta ouviam-se os escravos dizer: "Não derramaremos sangue algum, pois isso contraria a religião que nos foi ensinada". E quem eram os escravos que diziam tais coisas? "Não a classe mais baixa dos africanos — não os gentios, mas os negros cristãos." Em revoltas anteriores ocorridas nas colônias — como as da Jamaica, Granada e Barbados —, houve derramamento de sangue e massacres. Mas, nessa rebelião, "uma brandura e uma indulgência, dignas da fé professada por eles (conquanto sua conduta possa ter sido errada), foram as características". As poucas tentativas de derramamento de sangue restringiram-se a africanos que não haviam sido ainda batizados. (Como a promotoria observaria mais tarde, quando fizesse o sumário das provas apresentadas, a refutação de Smith podia ser interpretada como um reconhecimento de que membros da congregação tinham estado de fato à testa da rebelião.)

A apresentação de evidências pelo missionário levou diversos dias. A maioria de suas testemunhas eram fazendeiros, administradores e missionários, mas compareceram também uns poucos negros libertos e escravos. Um dos primeiros a ser chamado foi Henry Van Cooten, proprietário da Vryheid's Lust e procurador da Le Resouvenir, um homem que residia havia uns cinquenta anos em Demerara e conhecia bem Wray e Smith. Van Cooten expressou a opinião de alguns fazendeiros que haviam apoiado os missionários. Confirmou ter dado permissão para os escravos assistirem aos serviços na capela de Smith e revelou que, na sua opinião, eles estavam "um tanto mais obedientes do que anteriormente". Disse também não fazer objeção a que os negros tivessem livros, pois não via mal algum nisso. Admitiu ter feito contribuições para a London Missionary Society e saber que os escravos faziam o mesmo. Quando Smith perguntou se ele achava os escravos capazes de relatar corretamente qualquer conversa, Van Cooten disse que em geral eles o faziam muito mal, mas havia alguns mais capazes do que outros. (Quando perguntado se os escravos poderiam "lembrar-se dos tópicos de um breve discurso e compreender com precisão o significado das lições", Van Cooten respondeu com hesitação: "De um breve discurso alguns poderiam, acho eu".)

A segunda testemunha de Smith era John Stewart, o administrador da Success. Embora particularmente evasivo e cauteloso, Stewart testemunhou que os escravos que assistiam aos serviços na capela eram em sua maioria obedientes, e que recomendara o batismo a muitos deles e ele próprio assistira aos serviços de vez em quando. Em seguida, forneceu — a pedido de Smith — informações sobre as conversas que ele e Cort, procurador da Success, tinham tido com o missionário sobre os rumores que circularam entre os escravos algumas semanas antes da rebelião. Nada do que Stewart disse poderia incriminar Smith. Ao ser inquirido pelo tribunal, admitiu que muitos dos que haviam sido julgados como cabeças realmente assistiam aos serviços na capela, mas enfatizou que não vira Quamina nem Jack fazer mal algum. Quanto mais não fosse, eles haviam impedido que outros escravos o ferissem.

Provavelmente por causa de suas relações com Susanna, Hamilton, o administrador da Le Resouvenir, foi cauteloso e evasivo, evitando respostas que pudessem deixá-lo em apuros. Quando Smith lhe pediu para confirmar que, durante a conversa que o missionário tivera com McTurk na presença de Hamilton, McTurk zombara dele, Hamilton disse que se lembrava de que tinha havido uma discussão desagradável entre os dois homens, mas, como já se passara muito tempo, não se recordava dos detalhes. Smith pressionou o administrador de novo, mas não obteve mais nada. O resto do testemunho centrou-se no dia da rebelião, e o que ele disse confirmou em linhas gerais a versão de Smith. Hamilton admitiu que estivera na cidade no dia 18 de agosto e que o preveniram do complô por volta de uma ou duas da tarde, muitas horas antes do início do levante, mas que ele não prevenira Smith.

O missionário convocou então John Thomas Leahy, tenente-coronel do 21º Regimento, o qual descreveu com detalhes seu encontro com os rebeldes na Bachelor's Adventure e relatou, entre outras coisas, que alguns tinham se queixado de que, quando pediam permissão para ir à capela aos domingos, eram punidos. Leahy declarou que em momento algum os escravos mencionaram Smith.

A testemunha seguinte, John Reed, proprietário da Dochfour, disse ao tribunal que Smith fora vê-lo sobre um terreno para a capela, dizendo que isso "pouparia os negros de caminhar tanto, o que era motivo de queixa entre alguns fazendeiros" — um fato que o missionário provavelmente queria trazer à baila para mostrar sua boa vontade em acomodar as solicitações dos fazendeiros. O testemunho de Reed foi de um modo geral favorável a Smith, mas, quando o missionário tentou fazê-lo dar detalhes sobre os comentários feitos por Reed naquela ocasião sobre a má vontade do governador em relação ao pedido de Smith, Reed agiu como se não conseguisse se lembrar das próprias palavras. Ele obviamente não queria dizer nada que pudesse ofender a autoridade mais alta da colônia. Reinquirido pelo tribunal, disse apenas: "Minha permissão para a construção da capela dependia da aprovação de Sua Excelência; e Sua Excelência preferiu não aprová-la em consequência das queixas feitas contra o prisioneiro".

De todas as testemunhas de defesa, a mais convincente e que mais irritou os inimigos de Smith foi Wiltshire Staunton Austin, ministro da Igreja Nacional Anglicana de Georgetown e capelão da guarnição. Guiado pelas perguntas de Smith, ele disse ao tribunal que considerava "a relação familiar entre um ministro e seus paroquianos" um dos mais importantes deveres ministeriais. Como Smith, ele fora chamado com frequência para dirimir disputas entre escravos ou entre senhores e escravos. Durante a rebelião e depois dela, conversara com muitos dos insurgentes. Tendo sido inicialmente levado a acreditar que Smith estava envolvido na rebelião, fizera-lhes muitas perguntas. Eles haviam dado diversas razões, mas "em nenhum momento [...] pareceu ou foi dito que o sr. Smith tivesse sido de algum modo útil à insurreição. A restrição à frequência à capela era, entretanto, motivo de queixa". Smith perguntou-lhe se considerava os versículos 41 e 42 do capítulo 19 de Lucas — lidos na pregação da véspera da rebelião, e sobre os quais havia uma grande controvérsia — "um texto impróprio para um sermão". Austin respondeu que o considerava "um dos mais belos textos da Escritura". Mas quando o promotor, tentando reduzir o impacto do testemunho de Austin, perguntou-lhe se algum dia ouvira algum dos rebeldes "insinuar que seus infortúnios tinham sido ocasionados pela influência do prisioneiro sobre eles ou das doutrinas por ele ensinadas", Austin foi cauteloso: "por algum tempo eu integrei o comitê de inquirição; ocorre-me a ideia de que ali se detalharam particularidades contra o prisioneiro, mas nunca para mim individualmente, na minha condição de ministro".

Também favoráveis foram os testemunhos dos dois missionários da London Missionary Society, John Davies e Richard Elliot. Unidos pelas provações, ambos pareciam haver esquecido quaisquer diferenças que um dia pudessem ter tido em relação a Smith. Tudo o que disseram confirmava que as práticas religiosas do pastor não eram incomuns. Não havia nada no comportamento dele que pudesse ser considerado crime.[10]

O testemunho dos escravos apontava para a mesma conclusão, particularmente o de Philip, negro liberto e tanoeiro que morava em Georgetown, mas assistia aos serviços na capela de Smith. Philip disse ao tribunal que, quando ele era escravo e trabalhava na fazenda Kitty, fora se queixar a Smith da maneira como era tratado, e, graças ao conselho do pastor, tornara-se um servo fiel. "Você se lembra de alguma das doutrinas e deveres ensinados a você e aos demais pelo prisioneiro?", perguntou Smith. Sim, respondeu Philip. "Ele me disse que, se meu senhor me mandasse a qualquer lugar a serviço dele, eu devia cuidar especialmente que esse serviço fosse feito." Sem o conselho de Smith, concluiu Philip, "eu não estaria por minha conta hoje em dia".

Um após outro, os escravos confirmaram que Smith sempre os aconselhara a obedecer aos senhores e cumprir seus deveres; que ele punia os que fugiam, suspendendo-os da frequência à capela e proibindo-os de comungar; que lia a Bíblia para eles, mas dela só extraía lições de obediência e respeito à lei de Deus; e, por fim, que, longe de instigar os escravos a se rebelar, Smith tentara dissuadi-los. A imagem que emergiu foi a de um missionário piedoso e dedicado, preocupado apenas com as almas dos escravos e sempre pronto a lhes lembrar a obediência aos senhores e a importância de fazer bem o trabalho, embora algumas vezes não aprovasse o comportamento dos fazendeiros. Todavia, em vez de tirar o melhor partido dessas declarações, Smith — quer movido por um zelo excessivo natural e por uma preocupação obsessiva com o detalhe, quer compelido pelo medo — passou a solapar a credibilidade de suas próprias testemunhas, fazendo um exame meticuloso das menores e mais irrelevantes contradições nos depoimentos delas, concluindo que o conjunto de evidências era de tal ordem que "tornava impossível para qualquer um dizer, a partir apenas dele, que a verdade pudesse ser determinada".

Depois de examinar mais uma vez as imputações feitas contra ele à luz das evidências, Smith concluiu que elas mostravam que nem ele nem suas doutrinas tinham sido a causa da revolta. O missionário encerrou a defesa reafirmando sua inocência: "Senhores, terminei; meu caso está agora entregue aos senhores; qualquer que seja sua determinação, eu, como ministro do Evangelho, na presença do meu Deus, com toda a solenidade declaro minha inocência".

Cinco dias mais tarde, o tribunal tornou a se reunir para ouvir a réplica do promotor. A estratégia seguida pela acusação deve ter sido usada centenas se não milhares de vezes em julgamentos políticos, anteriores e posteriores a esse, em todo o mundo. O promotor utilizou uma versão do silogismo clássico, e defeituoso, contra o qual não havia defesa possível: as conspirações são tramadas em segredo, por isso os conspiradores não deixam traços; logo a própria ausência de evidências é prova de culpa. Se nada foi encontrado que pudesse provar a culpa de Smith, isso estava na própria natureza de seu crime.

> O crime pressupõe um grande segredo e uma grande cautela; pois o criminoso é posto numa situação de extrema delicadeza, onde um passo em falso, um movimento precipitado de sua parte ou da parte dos negros, pode de uma só vez arruinar todos os projetos. Ele deve apresentar uma face para o mundo e outra para

os negros; ele deve empenhar-se em esconder até mesmo deles o fim que tem em vista, do contrário a temeridade deles pode traí-lo, e deve então esforçar-se para envenenar as mentes de suas vítimas sem que elas se deem conta da mão que administra a poção.

O promotor continuou a descrever o modo como a congregação de Smith tinha sido organizada, enfatizando os procedimentos democráticos da mesma, o papel de liderança desempenhado por diáconos e professores e, acima de tudo, o poder do missionário sobre a congregação. Como comprovação, mencionou as contribuições feitas pelos escravos à capela e à London Missionary Society. O prisioneiro dissera que essas contribuições eram voluntárias e "foram dadas em consequência exclusivamente de suas pregações feitas em público". Mas isso apenas demonstrava mais claramente sua influência.

Isso prova que [a influência] era tão grande a ponto de fazer com que os negros, de todos os povos na face da Terra, doassem seu dinheiro livremente, e não por causa de nenhum princípio de força. Vasta realmente devia ter sido sua ascendência sobre a mente negra, quando conseguia induzi-los a contribuir com dinheiro para uma sociedade a fim de que essa propagasse o Evangelho por regiões distantes, cujos próprios nomes lhes eram desconhecidos.

Uma das maneiras de Smith obter essa "influência", afirmou o promotor, era ouvindo as reclamações dos escravos e dirimindo as disputas entre eles — papel que sempre pertencera aos senhores e às autoridades coloniais. A implicação de tal comportamento era que, ao agir dessa forma, Smith adquirira uma influência indevida sobre os escravos, privando os senhores e as autoridades locais do poder que lhes pertencia. Depois de referir-se mais uma vez aos fatos apresentados no diário de Smith como prova de envolvimento com os escravos, o promotor observou: "[Um] homem que realmente quisesse defender a autoridade do senhor nunca faria nada para abalar a confiança do escravo; nunca o ensinaria a procurar alguém senão o próprio senhor para dirimir as disputas entre ele e seu companheiro". (A declaração, que realmente expressava o ponto de vista da maioria dos proprietários de escravos, contradizia o próprio espírito das leis da colônia, que haviam dado ao escravo o direito de apelar para uma terceira parte, o fiscal.)

O promotor não perdeu nenhuma oportunidade de extrair do testemunho dos escravos tudo o que pudesse ser usado para demonstrar que Smith, em vez de ensinar obediência, ensinara subversão. Conquanto pudesse ter dito aos escravos para obedecer a seus senhores, de fato solapara o respeito dos escravos pelos senhores, retratando-os como "uma coisa a ser temida ou menosprezada". Smith considerava o trabalho voluntário no domingo um crime tão grave "a ponto de impedir o negro de compartilhar do sacramento. Sob que prisma deviam ser vistos os senhores!". A própria punição que o pastor infligia aos escravos pelo trabalho dominical fazia com que eles olhassem seus senhores "como amaldiçoados pelo Céu". O promotor salientou que Smith dissera a Romeo: "Trabalhem, se os senhores os forçarem a isso, pois eles terão que responder por esse ato. A intenção desse rebaixamento do senhor aos olhos dos escravos poderia ser de torná-los mais obedientes? Seriam eles mais submissos a homens vistos como pessoas expostas à ira de Deus?". Ao proibir os escravos de trabalhar aos domingos, Smith semeara a insatisfação entre eles e os levara a se rebelar.

A acusação invocou um exemplo atrás do outro para demonstrar que Smith instigara os escravos a desobedecer a seus senhores. Ele os recebera na capela, "embora na ocasião soubesse que a ida deles contrariava diretamente as ordens dos senhores". Ele induzira os escravos a considerar toda tentativa da parte dos senhores de restringir as idas à capela — quaisquer que fossem seus motivos — como um ato de injustiça e opressão flagrantes. Ele visava, de fato, a fazê-los acreditar que eram "uma raça oprimida e perseguida". Para provar sua asserção, o promotor referiu-se a uma observação que Smith anotara no diário, na qual admitira ter escolhido uma passagem da Escritura "que ele concebia dirigida aos cristãos perseguidos, por ser a que mais se adequava às condições deles". Para reforçar esse ponto, o promotor citou outra passagem do diário, a qual evidenciava que Smith permitira que os escravos, na sua presença, pedissem a Deus para Ele dirimir a oposição dos fazendeiros à religião.

A acusação culpou Smith pela interpretação que os escravos tinham feito das passagens bíblicas, particularmente aquelas sobre Davi, Moisés e Josué, questionando a preferência pelo Antigo Testamento. Referindo-se especificamente à maneira como os negros interpretaram a história de Moisés, o promotor observou que todos haviam falado em "escravo", "escravidão" e "soldados" do faraó, mas que na passagem bíblica não havia nenhuma referência a essas palavras. O que ele atribuiu ao fato de Smith ter deliberadamente usado tais palavras.

Passando para o incidente entre Smith e McTurk, a acusação sustentou que o missionário havia desafiado as ordens do fiscal no episódio da varíola e, em diversas ocasiões, mostrara "o mesmo espírito de total desobediência às ordens daqueles em posição de autoridade". O prisioneiro recusara-se a incorporar-se à milícia; criticara a proclamação do governador que estabelecia as regras relativas ao comparecimento dos escravos aos serviços religiosos e dissera aos escravos que os administradores não tinham direito de proibi-los de ir à capela. Não era essa uma maneira de dizer aos escravos que seus senhores infringiam as leis e os oprimiam, numa violação total da justiça?

Para dar mais peso às acusações contra Smith, o promotor retratou os escravos da Costa Leste como relativamente privilegiados se comparados aos de outras partes da colônia. "De toda a população negra desta extensa colônia, não há talvez ninguém que tenha menos dificuldades com que pelejar do que os negros da Costa Leste; ali só há poucas propriedades de açúcar, comparativamente falando, sendo a maior parte de algodão." Apesar das vantagens, os escravos tinham se rebelado. Os principais líderes eram diáconos, professores, membros e frequentadores da capela Bethel. Eram "os trabalhadores mais qualificados das fazendas, homens que tinham a confiança e os favores de seus senhores, que conheciam as agruras da escravidão só de nome". O que essas pessoas tinham em comum? Todas pertenciam à capela de Smith. Na véspera da rebelião, tinham se reunido depois dos serviços para traçar os planos finais. O que poderia explicar seu comportamento rebelde a não ser a ligação que tinham com a capela?

O promotor afirmou que a declaração de Smith estava cheia de inconsistências. O missionário descreveu os escravos como os mais oprimidos e perseguidos dos seres humanos. Mas ficara provado que até mesmo os que trabalhavam no campo podiam fazer contribuições em dinheiro. Ele acusara os fazendeiros de impedir os escravos de assistir aos serviços religiosos e, no entanto, exibira "uma quantidade de passes dados por esses fazendeiros aos negros para serem batizados". E a capela, embora aumentada, não era suficientemente ampla para conter todos os membros da congregação. O prisioneiro afirmara "que era uma norma para ele não admitir negros na capela ou para o batismo a menos que seus senhores os recomendassem como servos bons e obedientes". Mas se esses negros eram obedientes ao serem admitidos na capela e depois "esses mesmos homens se rebelaram contra os senhores, o que devemos pensar das doutrinas que lhes foram pregadas?". Como sabiam que "instruções" tinham chegado da metrópole? Quem primeiro contara a eles? "No momento", disse o promotor, "todo o crédito em relação a isso compete ao prisioneiro; todos os esforços para ir mais longe na investigação mostram--se inúteis."

Por meio de uma curiosa inversão da prática normal, o testemunho dos escravos — em geral considerado duvidoso pelos brancos — foi amplamente usado pelo promotor para demonstrar a culpa de Smith. Ele sustentou que as decisões do Tribunal de Justiça da colônia mostrariam que tanto os criminosos brancos quanto os libertos tinham sido julgados e condenados com base em "testemunhos de negros", e que os argumentos de Smith contra a credibilidade desses testemunhos foram "refutados pelas histórias" da Bíblia que eles haviam contado. A "correção quanto à substância da história", em homens iletrados, invalidava totalmente a asserção de Smith. Selecionando nos depoimentos dos escravos o que poderia incriminá-lo e descartando o que poderia provar sua inocência, o promotor tentou demonstrar que Smith tivera um conhecimento anterior da revolta e não fizera nenhuma tentativa de avisar as autoridades ou de deter Quamina quando ele fora a sua casa durante a rebelião. Que Smith sabia que os escravos da Success estavam "em estado de rebelião" fora amplamente provado por diversas testemunhas, incluindo a própria criada do missionário, que havia sido ameaçada de castigo se contasse a alguém sobre a visita de Quamina. Smith argumentara que todos esses tinham sido atos de sua esposa. Mas, mesmo que "ele não tivesse mandado chamar Quamina, isso estava de qualquer modo em conformidade com o desejo dele", como ficara provado pelo testemunho de Romeo.

A respeito da aversão de Smith pela escravidão, o promotor disse que nenhum homem tinha o direito de "proclamar sentimentos que só tendem à subversão da sociedade na qual ele vive". O promotor concluiu seu sumário com um anticlímax. Rejeitou a interpretação do Mutiny Act (que, Smith afirmara, proibia o uso de evidências referentes a eventos ocorridos há mais de três anos do julgamento) e mais uma vez endossou o testemunho de McTurk. O tribunal esvaziou-se para as deliberações, e subsequentemente suspendeu-se o julgamento. Cinco dias depois, em 24 de novembro, os juízes consideraram Smith culpado de todas as acusações (com algumas atenuações) e sentenciaram-no à forca. Mas, tendo em vista as circunstâncias do caso, o tribunal implorou "humildemente que se recomendasse o prisioneiro, John Smith, ao perdão".

As escrever de Berbice para a London Missionary Society alguns dias depois de Smith ter sido condenado à morte, Wray comentou que as pessoas estavam enfurecidas e hostis ao missionário. "Eu soube que estão dizendo que, se o governador o mandar para a metrópole, eles vão matá-lo antes do embarque. Soube ainda que enforcaram uma efígie dele e penduraram uma capa no cadafalso que dizem ser para ele. Qual será o fim dessas coisas só Deus sabe. [...] Tenho pensado em ir até lá, mas me aconselham a não o fazer porque não é seguro e não sei se vou poder vê-lo ou não. Nossos corações estão muito aflitos por causa dessas coisas." Àquela altura, Wray não estava certo da inocência de Smith, embora obviamente quisesse acreditar nela. Achava que deveria dar aos Smith algum tipo de apoio, mas continuava a adiar sua viagem a Demerara. Em meados de janeiro, após receber mais informações sobre o julgamento e uma carta detalhada de Jane, Wray escreveu que estava convencido da inocência de Smith.

John Smith agonizava na cadeia, esperando a decisão do rei e do Conselho Real. Quando chegou a notícia de que o perdão tinha sido afinal concedido, ele estava morto. A tensão do julgamento e a "consumpção pulmonar" [tuberculose] que minava seu corpo finalmente o derrotaram. Ele morreu tranquilamente no dia 6 de fevereiro de 1824. Depois que muitos médicos e autoridades coloniais, incluindo seu velho inimigo McTurk, desfilaram diante do cadáver para se certificarem de sua morte, John Smith foi sepultado secretamente, no meio da noite.[11] Jane Smith ficou sozinha para organizar a volta à Inglaterra. Desde que ela e o marido haviam sido presos, a única pessoa que esteve a seu lado foi a mulher de Elliot, cujo comportamento no passado ela tanto desaprovara.

Depois da morte de Smith, Wray afinal superou o medo e ofereceu se para ajudar. Viajou para Demerara, falou com muitas pessoas e relatou à London Missionary Society tudo o que ouvira e que confirmava a inocência do missionário. Wray conseguiu obter os livros da capela e, consultando freneticamente os registros de batismo, tentou descobrir se os escravos condenados tinham sido de fato membros da congregação de Smith. Após uma pesquisa laboriosa, ele por fim escreveu aos diretores dizendo que, exceto no caso de cinco ou seis, os escravos executados como cabeças ou não tinham sido batizados ou pertenciam a fazendas onde a maioria não era cristã. Apenas Telemachus era comungante. Bristol, Jason e Romeo, que eram diáconos da capela, não tinham sido julgados como cabeças. Nas fazendas Success, Chateau Margo e Beter Verwagting (onde muitos escravos tinham sido batizados), os homens executados como líderes não tinham sido batizados — o que Wray considerou uma boa prova de que eles não tinham frequentado a capela. Um grande derramamento de sangue ocorrera na Golden Grove — uma fazenda dirigida por John Pollard, cuja crueldade era bem conhecida. Mas Wray atribuiu a violência ao fato de que ninguém de lá havia sido batizado. Da mesma forma, nas fazendas Plaisance, Triumph, Coldingen, Porter's Hope, Non Pareil, Enterprise e Nabaclis, onde doze cabeças tinham sido executadas e um escravo recebera mil chibatadas, nenhum fora batizado. Em contraposição, nas fazendas onde Smith batizara vários escravos, eles haviam ficado do lado dos senhores. De que melhor prova dos bons resultados da religião se precisava? Wray citou como exemplos as fazendas Brother, Vryheid's Lust, Industry, Mon Repos, Endraght, Vigilance, Montrose e Dochfour.

O que Wray não soube ou talvez não tenha levado em conta foi que em muitas dessas fazendas Quamina havia advertido aos escravos que não se rebelassem. Wray também descartou o fato de que as penas foram aplicadas de forma tão aleatória e estapafúrdia que um homem inocente poderia ter sido executado, enquanto uma cabeça poderia ter escapado ao castigo. (Bristol, por exemplo, que soubera da conspiração desde o início, nunca foi condenado.) Tudo isso faz com que surjam algumas dúvidas acerca das interpretações de Wray. Além do mais, se os escravos pareciam mais inclinados a cometer atos violentos nas fazendas onde senhores ou administradores haviam feito oposição à instrução religiosa, o comportamento agressivo dos escravos seria consequência dessa falta de instrução religiosa — como Wray concluiu — ou uma resposta às restrições impostas pelos administradores? Todavia, quaisquer que fossem os vieses, os esforços de Wray para demonstrar a inocência de Smith valeram a pena. Muito da informação dada por ele aos diretores foi amplamente divulgado pela imprensa britânica. Suas descobertas seriam usadas, pela London Missionary Society e por todos os que eram favoráveis ao trabalho missionário e à emancipação dos escravos, para demonstrar a inocência de Smith e condenar mais uma vez os males do sistema escravista.

O julgamento de John Smith teve uma forte repercussão tanto na colônia quanto na metrópole.[12] Em Demerara, um grande número de brancos assistiu ao julgamento. As provas apresentadas a favor do missionário e contra ele foram revistas, dia após dia, em conversas privadas.[13] Nem mesmo a morte de Smith deu trégua ao assunto, pois a imprensa colonial continuou sua campanha contra missionários e abolicionistas.

Embora fosse anglicano, o reverendo Austin, que testemunhara a favor de Smith, tornou-se alvo da hostilidade pública. Sua casa foi invadida e mais de 250 pessoas assinaram uma petição solicitando que fosse suspenso das funções clericais. Até mesmo membros de sua família romperam relações com ele.[14] A pressão foi de tal ordem que Austin afinal foi obrigado a deixar seu posto.[15] Houve também uma reunião para expulsar William Arrindell, o advogado que havia aconselhado Smith, embora não o tivesse realmente representado. Davies e Elliot sofreram ataques constantes. E, em Berbice, Wray, depois de ter sua capela incendiada, continuou a ser molestado por pessoas que suspeitavam que ele disseminava a subversão entre os escravos.

Jane Smith deixou a colônia algumas semanas depois da morte do marido. Impossibilitada de recuperar o dinheiro levado de sua casa pelas autoridades e confiscado pelo governo colonial (sob o pretexto de que seria usado para pagar o alojamento e a alimentação do marido na cadeia), ela teve que recorrer à ajuda dos companheiros missionários para sua viagem de volta à Inglaterra. A London Missionary Society organizou uma coleta em seu benefício, mas depois de três meses conseguira arrecadar apenas quatrocentas libras. O *Guiana Chronicle* usou a oportunidade para mais uma vez atacar os missionários. O jornal ridicularizou a soma de dinheiro coletado e, revelando seu preconceito de classe, comentou com sarcasmo:

> Isso sem dúvida é suficiente para a única finalidade racional na qual o dinheiro pode ser aplicado, isto é, para pôr a mulher em alguma venda ou armarinho onde ela possa ganhar a vida honestamente, como presumimos (embora quem

escreve ignore os fatos) ser a solução mais adequada para ela na condição de vida em que foi educada, já que não nos é possível nem por um momento imaginar que uma mulher, a não ser a da classe mais baixa, teria sido esposa de um homem iletrado, de baixa extração, que, como se sabe, foi o Smith de Demerara.[16]

Em Demerara os brancos organizaram diversas reuniões públicas para reverenciar seus "heróis". O coronel Leahy, que se distinguira durante a repressão por ter liberado do tronco administradores e senhores e ter matado muitos escravos, foi condecorado pelos "bravos" e "leais" serviços prestados à colônia e recompensado com duzentos guinéus "para a compra de uma espada". Recebeu também outros 350 guinéus dos "habitantes da Costa Oeste do rio Demerara". E a Court of Policy decidiu em votação ofertar-lhe quinhentos guinéus para a compra de "baixela de prata para uso na missa do regimento" como "marca de estima e aprovação do 21º Regimento de Fuzileiros". O capitão Stewart, comandante do Primeiro Regimento Indígena, recebeu duzentos guinéus. O tenente Brady, que comandara um destacamento de fuzileiros do 21º em Mahaica, recebeu cinquenta guinéus. Os coronéis da milícia Goodman e Wray, que desempenharam importante papel nos julgamentos, também foram recompensados. Goodman recebeu, por seus "árduos deveres" como comandante da milícia de Georgetown, quatrocentas libras para aquisição de uma baixela e mais cem libras para a compra de uma espada.[17]

Por vários dias, os membros das elites locais brindaram a vitória e reafirmaram sua solidariedade. Holandeses, escoceses, ingleses e irlandeses, presbiterianos, anglicanos e católicos, fazendeiros e negociantes, todos esqueceram seus conflitos por alguns momentos, congratularam-se uns aos outros e expressaram gratidão aos milicianos e soldados que haviam defendido suas propriedades e suas vidas. Com uma renovada consciência de interesses partilhados, propiciada pelos eventos, mais de uma centena de comerciantes, fazendeiros, procuradores e administradores reuniram-se para enviar uma petição ao governo britânico para que fossem compensados pelas perdas sofridas e para protestar contra a interferência "indevida" na vida da colônia.

Três semanas após a morte de Smith, o *Guiana Chronicle* publicou o relato de uma reunião geral dos "Habitantes da Colônia Unida de Demerara e Essequibo". Os colonos afirmavam, entre outras coisas, que ficara estabelecido "pela prova mais irrefutável" que a causa imediata da insurreição foram os rumores — que circularam entre os escravos — de discussões ocorridas na Grã-Bretanha a propósito de mudanças nos regulamentos internos da colônia. O efeito de tais rumores fora grandemente agravado pela predisposição ocasionada pela instrução e influência de missionários, particularmente por "um indivíduo dessa classe", cujos "discursos e perversões de trechos dos escritos sagrados", assim como exemplos incessantemente exibidos por ele de oposição às "autoridades constituídas", criaram "nas mentes dos negros" sentimentos de insatisfação. Esse mesmo "indivíduo" — John Smith — incutira nos negros a crença de que "direitos e privilégios incompatíveis com a existência do sistema colonial estavam sendo injusta e ilegalmente negados a eles". Os colonos se queixavam de "clamores" na Inglaterra de "uma facção hostil à existência das colônias", e se gabavam de que, no ano encerrado em janeiro de 1823, tinham sido descarregadas na alfândega 74 317 toneladas de carga, empregando-se 3910 marinheiros, e a colônia tinha rendido em impostos e taxas alfandegárias mais de 1 milhão de libras esterlinas. Enfatizavam que a colônia não tinha sido anexada ao domínio britânico por conquista nem pela força das armas. A incorporação fora "consignada por ato deliberado e voluntário de seus habitantes, representados por sua legislatura colonial, à proteção de Sua Alteza o Soberano", mediante um tratado formal cujo primeiro artigo garantia que a lei e os usos da colônia permaneceriam vigentes. Afirmavam ainda que durante os julgamentos nenhum escravo se queixara de maus-tratos e que qualquer melhoria nas condições de vida desses escravos só poderia vir dos senhores. Finalmente, concluíam dizendo que a colônia tinha uma reivindicação justa a fazer ao governo britânico de uma indenização pelas perdas severas que sofrera. A veemente declaração dos colonos de Demerara encontrou eco em todo o Caribe e tornou-se motivo de comentários e críticas na imprensa britânica.[18]

As notícias da rebelião de Demerara espalharam o medo por todo o Caribe. Em toda parte, os colonos aproveitaram para acusar o governo britânico e os missionários de perturbar a "paz" das colônias e ameaçar suas propriedades e suas vidas. O pior incidente ocorreu em Barbados, onde durante vários dias os jornais locais despejaram invectivas contra "certos indivíduos hipócritas que, sob pretexto de dar instrução religiosa aos escravos, estavam introduzindo princípios inteiramente subversivos das bases sobre as quais repousavam o conforto e a felicidade da sociedade". Os jornais locais reproduziram excertos de uma carta que William Shrewsbury, um missionário metodista que tinha uma capela em Bridgetown, publicara no periódico *Missionary Notices* três anos antes. Havia insinuações de que a carta publicada era falsa e de que a verdadeira continha "calúnias contra os barbadianos". A carta foi assunto de acalorado debate. Os sermões de Shrewsbury produziam controvérsia e crítica toda vez que ele pregava. O povo nas ruas gritava: "Deviam amarrar uma corda no pescoço desse sujeito! Forca nele!". Durante um serviço noturno, algumas pessoas jogaram garrafas contendo "uma mistura química nociva" dentro da capela. No domingo seguinte — quando Shrewsbury pregou apesar de novas ameaças —, dois homens, usando máscaras e armados de espadas e pistolas, desceram a rua cavalgando em disparada e, ao passarem pela capela, atiraram. Apesar dos distúrbios constantes, Shrewsbury continuou a pregar, mas, noite após noite, o povo reunia-se em volta da capela atirando pedras, galopando para cima e para baixo, e "saudando a congregação com vaias, assobios" e outros barulhos ofensivos. Para piorar ainda mais as coisas, Shrewsbury recebeu uma intimação judicial por não ter se alistado na milícia colonial. O documento dizia que o Toleration Act (que eximira do serviço em milícias ministros não conformistas) não se aplicava às Índias Ocidentais. Finalmente, em 20 de outubro, uma turba de cerca de mil pessoas começou a destruir a capela, e por volta de meia-noite nada mais sobrara. Shrewsbury e sua família foram obrigados a fugir para salvar suas vidas.[19]

A reação dos colonos das Índias Ocidentais era tanto uma resposta aos acontecimentos em Demerara quanto às políticas do governo britânico. De fato, assim que a notícia da moção de Buxton defendendo a abolição gradual da escravatura nas colônias chegara ao Caribe, os brancos começaram a imaginar complôs de escravos por toda parte. As notícias da rebelião de Demerara só fizeram aumentar a paranoia. Em Santa Lucia, revelou-se uma pretensa conspiração. Três "cabeças" foram presos. Na Jamaica, detiveram-se três pessoas por carregar "documentos inflamatórios" supostamente trazidos do Haiti. Em Trinidad — onde as coisas tinham estado tranquilas até então —, houve rumores de um possível levante e prenderam-se 23 escravos. (Mais tarde descobriu-se que a coisa toda não passara de um logro.) Outro caso de uma alegada insurreição ocorreu em Dominica, em dezembro. Por fim, também houve novos rumores de rebelião na Jamaica, e diversos escravos foram julgados e sentenciados à forca.[20]

Na Grã-Bretanha, a rebelião de Demerara e o julgamento de Smith tiveram um impacto ainda maior. Tanto abolicionistas como antiabolicionistas usaram a oportunidade para promover suas causas. E deram, como era de se presumir, versões opostas dos acontecimentos. Numa reunião de "proprietários ligados a Demerara", realizada em Londres em outubro de 1823, no escritório de contabilidade do estabelecimento Hall and Co., os delegados decidiram dar início a uma campanha para informar o público do "real caráter" da "insurreição". Uma semana depois, houve uma outra reunião na qual se louvou a conduta do governador e das forças militares. Atribuiu-se a rebelião às discussões realizadas no Parlamento sobre a escravidão nas Índias Ocidentais e a "pessoas com desígnios malévolos" que tinham inculcado nas mentes dos escravos a crença de que o rei lhes concedera a liberdade. Alegando haver fortes razões para acreditar que um missionário estivera profundamente implicado na insurreição, o grupo reunido decidiu "implorar ao governo de Sua Majestade" que restringisse o trânsito de missionários da Grã-Bretanha para a "Guiana Britânica". Também declarou que haviam ocorrido graves perdas de propriedade em consequência da rebelião e que as "vítimas" tinham direito a que o Parlamento as compensasse integralmente.[21]

Enquanto os proprietários e comerciantes assumiam uma atitude ousada em defesa de seus interesses, usando todos os recursos de que dispunham para promover sua causa, a London Missionary Society reagia cautelosamente.[22] Ainda em dezembro de 1823, a *Evangelical Magazine* informava a seus leitores que "os diretores estavam apreensivos por não terem podido ainda aliviar a ansiedade de seus amigos a respeito dos acontecimentos em Demerara". Para renovar a confiança dos leitores, a revista tinha publicado, em novembro, um trecho das instruções dadas a Smith quando da partida para Demerara.[23] Em janeiro, a revista reproduziu partes de uma carta de Elliot dizendo que o único crime cometido pelos missionários foi o "zelo em prol da conversão dos negros". Eles não tinham "sido nem tão fracos nem tão maus a ponto de instigar os escravos à rebelião".[24]

As notícias de Demerara custavam a chegar e, quando o número de fevereiro de 1824 da *Evangelical Magazine* foi publicado, a London Missionary Society ainda não sabia que Smith havia sido sentenciado à morte.[25] Os diretores haviam tentado sem sucesso removê-lo de Demerara.[26] Quando afinal tiveram acesso ao processo e reuniram evidências suficientes, desencadearam uma campanha para limpar a reputação de Smith — e preservar o prestígio de suas missões. Assim, publicaram cartas que haviam recebido de John e Jane Smith, e diversos documentos relativos à prisão e ao julgamento. Publicamente, os diretores criticaram a maneira como havia sido conduzido o julgamento e, particularmente, em cartas a seus partidários no governo, protestaram contra a restrição imposta pela Coroa à concessão do perdão (a qual negava a Smith o direito de algum dia voltar às Índias Ocidentais). Para os diretores, isso parecia implicar um reconhecimento de culpabilidade. Por isso, tentaram — mais uma vez sem sucesso — fazer com que a restrição fosse retirada. Quando chegou a notícia da morte de Smith, a *Evangelical Magazine* publicou um longo editorial chamando-o de mártir da causa da disseminação do Evangelho,[27] e começou a publicar uma biografia seriada do missionário, enfatizando sua piedade e devoção. Confiantes na inocência de Smith, os diretores da LMS decidiram enviar ao governo um pedido de "reparação".

Enquanto a LMS preparava sua petição à Câmara dos Comuns, chegaram cartas de apoio da "Associação dos Amigos da Sociedade" e de vários grupos religiosos espalhados por todo o país, o que revelava a importância e eficiência das redes de suporte que os evangélicos haviam conseguido construir. Wesleyanos, batistas, independentes e até alguns ministros da Igreja Anglicana organizaram petições e recolheram assinaturas de membros de suas congregações. Durante o ano de 1824, diversas revistas evangélicas incluíram editoriais que tratavam da rebelião de Demerara e do julgamento de John Smith, ligando--os à "causa da humanidade", ao trabalho missionário e à emancipação. Os editoriais expressavam indignação diante da maneira como havia sido conduzido o julgamento e pediam em nome da lei e dos princípios britânicos que o Parlamento abrisse um inquérito. "A causa da humanidade, no que diz respeito à melhoria pretendida da condição dos escravos negros, e a causa das missões entre essa classe dos nossos semelhantes há muito desprezada têm estado, num certo sentido, tão implicadas nessa realização, que torna uma investigação cuidadosa da mesma imensamente necessária", foram as palavras de um relato sobre o julgamento de Smith publicado na *Wesleyan Methodist Magazine*. O editor expressava sua esperança de que, quando fossem conhecidos, os fatos mostrassem que "a noção de uma escravidão interminável é tão incompatível com a segurança dos próprios habitantes das Índias Ocidentais quanto com as reivindicações legítimas de nossos escravos negros por justiça e liberalidade desse império professadamente cristão". Num outro artigo dizia-se que um grupo de "interesses" das Índias Ocidentais afirmara numa reunião o direito legal dos proprietários a seus escravos e reivindicara indenização do governo por qualquer dano que "esse tipo de propriedade" pudesse sofrer em consequência dos planos de melhoria. Embora o editor concedesse legitimidade a essas reivindicações, insistia também que era "um dever para com a justiça, a humanidade, a própria honra e para com o sentimento público deste país", que os proprietários das Índias Ocidentais expressassem "sua presteza em concordar com as medidas, justas e incontestáveis, de melhoria, contempladas pelo governo de Sua Majestade".[28]

Os metodistas estavam particularmente preocupados, pois os incidentes em Demerara pareciam ter comprometido seu trabalho nas Índias Ocidentais. Desse modo, era muito importante para eles insistir na inocência de Smith. Numa reunião anual de comemoração, a Sociedade Missionária Metodista Wesleyana reconheceu que os eventos de Demerara tinham causado um grande dano a sua missão. As capelas estavam quase desertas, e embora os missionários tivessem escapado da "violência legal", tinham sido expostos a "calúnias e insultos", e um deles escapara por pouco de um ataque pessoal de alguns brancos "que o tocaiaram quando voltava para casa do serviço no campo". Na reunião anual da sociedade, em 1824, o presidente da assembleia, em seu discurso de abertura, proclamou que já era notório que Smith era "inteiramente inocente".[29] Os batistas, que, talvez até mais do que outros grupos religiosos, estavam envolvidos em lutas permanentes na Inglaterra por medidas mais avançadas para proteger os dissidentes e defender os pregadores itinerantes da perseguição, também se movimentaram para apoiar Smith.[30]

Um apoio até mais forte ainda partiu de alguns evangélicos da Igreja Nacional Anglicana, que se sentiram particularmente insultados com os ataques dos colonos de Demerara contra Austin devido ao seu papel na defesa de Smith. Como os wesleyanos e os batistas, eles defendiam a emancipação abertamente e não poupavam críticas aos fazendeiros das Índias Ocidentais. O *Christian Observer,* uma publicação mensal dos membros evangélicos da Igreja Anglicana, disse que tinham sido feitas contra Smith "acusações as mais extravagantes e inacreditáveis". Também criticou uma proclamação emitida na Jamaica contra os procedimentos do Parlamento favoráveis à melhoria, e condenou o comportamento dos colonos em Trinidad e Barbados. Conclamou todo homem do reino "que tem o temor de Deus diante dos olhos e que tem alguma consideração pelas obrigações de humanidade e justiça" a apoiar o Parlamento em "seu propósito justo" de dar acesso aos escravos à participação integral "nesses direitos e privilégios de que gozam as outras classes de súditos de Sua Majestade, no mais breve período que seja compatível com o bem-estar dos escravos e a segurança das colônias, qualquer que seja o sacrifício que possa ser necessário o país fazer para propiciar uma compensação justa e imparcial às partes imediatamente envolvidas". O editor expressou sua esperança de que a nação não estivesse propensa a continuar "às expensas de subvenções e taxas protecionistas, e de outras vantagens, a apoiar o sistema [colonial] atual, que já comprovou muito claramente ser tanto improfícuo e impolítico quanto é inconstitucional e não cristão".[31]

Nenhum documento poderia expor melhor todos os clichês que estavam sendo urdidos pela retórica antiescravista: a convicção de que os escravos estavam habilitados a gozar dos mesmos direitos de que gozavam os outros súditos; que apoiar essa causa "humanitária" e "justa" era obrigação de todo cristão; que o sistema escravista tinha que ser abolido; e que era possível encontrar uma solução que não só satisfizesse tanto senhores quanto escravos como também reconciliasse o lucro e a moral cristã. Foi precisamente por haver um número cada vez maior de pessoas defendendo essas noções que a rebelião de Demerara e o julgamento de Smith tiveram tal impacto. Por outro lado, o debate sobre os acontecimentos ajudou a popularizar uma retórica que redefinia os conceitos de "humanidade" e "cidadania" e intensificava o orgulho nacional pela "sabedoria" e "liberdades" britânicas.

O *Christian Observer* estava pronto a atribuir a culpa dos acontecimentos de Demerara, ao menos em parte, à persistente influência dos costumes e leis holandeses. Quanto a isso, não fazia senão reafirmar uma antiga tradição que sempre opusera os britânicos esclarecidos aos holandeses cruéis. O *Observer* argumentava que embora o número de proprietários ingleses tivesse aumentado, eles eram em sua maioria não residentes, enquanto grande parte dos feitores e *"petit-blancs"* ainda era holandesa. Mas, mesmo que não fosse exatamente assim, havia certos hábitos de sentir, pensar e agir que se tornavam a herança de uma comunidade e não eram fáceis de erradicar. Isso ajudava a explicar tanto a impiedade dos senhores de Demerara quanto a rebeldia dos escravos — que vinha sendo incorretamente atribuída aos discursos e panfletos dos abolicionistas e às pregações "incendiárias" dos missionários.[32] Em outra ocasião, o *Christian Observer* regozijou-se com a referência feita na fala do rei ao tema da escravidão, dizendo que a concordância do governo com o sentimento geral do público não podia deixar de suscitar a adoção de medidas sábias e prudentes que seguramente acabariam com "esse monstruoso sistema de opressão, apesar dos furiosos clamores dos senhores e das declarações mentirosas que seus porta-vozes pagos faziam neste país". Concluía dizendo que a rebelião de Demerara tinha sido o resultado da crueldade e da opressão, do trabalho exagerado, da severidade do tratamento, da perseguição religiosa e do mais desumano desprezo aos sentimentos dos escravos.[33] (Interpretações desse tipo, que encontram paralelo em outros panfletos evangélicos e abolicionistas, ajudaram a consolidar uma visão da rebelião que futuros historiadores seguiriam.)

O argumento mais eficaz usado pelo *Christian Observer* — por se dirigir aos corações e às mentes dos trabalhadores britânicos — talvez tenha sido comparar o destino deles ao dos escravos. Essa estratégia retórica era como uma faca de dois gumes. Condenava a escravidão e retratava o operário britânico como privilegiado. Um longo artigo de 1824 sobre a rebelião de Demerara estabelecia essa comparação:

> Suponhamos que os mineiros da Cornualha, ou os operários das minas de ferro de Gales, ou os carvoeiros do Tyne, ou os tecelões do Lancashire tivessem concebido a ideia (com razão ou não) de que seus patrões, de quem suspeitavam por motivos bem fundados, tivessem-nos prejudicado, negando-lhes as vantagens que a lei lhes facultava; que em consequência dessa ideia eles tivessem suspendido o trabalho e se recusado a retomá-lo até que fossem obtidas as explicações devidas, e que tivessem chegado ao ponto de ameaçar seus patrões de violência e maltratar gente de sua agremiação por ter continuado a trabalhar da maneira usual. [...] Seria tolerável que esses homens fossem imediatamente atacados por uma força militar, mortos a sangue-frio às centenas, caçados como bestas selvagens, julgados e executados, às dezenas, como traidores?

E se grandes massas de tecelões de Spitalfields se amontoassem em Westminster (como haviam feito no ano anterior) implorando aos membros da legislatura que os protegessem dos propósitos injustos de seus patrões, e o Parlamento, "em vez de conceder ouvidos pacientes a suas queixas e até suspender o futuro curso da legislação, em deferência a seus receios talvez irracionais e suas ideias equivocadas (pois essa era a linha da política do Parlamento), tivesse convocado os militares para golpeá-los e caçá-los às centenas, e mandado dezenas de sobreviventes a julgamento e à execução; qual seria o sentimento generalizado entre nós? Não deveríamos erguer nossas vozes em uníssono contra tirania e opressão tão insuportáveis?". E se os trabalhadores agrícolas que estavam destruindo as debulhadoras, os Luddites, os Blanketeers, muitos deles "indivíduos dos mais criminosos, tivessem sido tratados como os pobres, ignorantes, oprimidos, e escorraçados escravos de Demerara?".[34]

O artigo falava dos trabalhadores e operários britânicos — muitos dos quais haviam se levantado em diferentes partes do país contra a pobreza e a opressão — como de um grupo privilegiado de pessoas que tivesse a proteção dos tribunais e das leis. Mas guardava silêncio sobre a arbitrariedade que esses mesmos trabalhadores haviam sofrido. Ignorava também a perseguição que sofriam; as leis de proibição ao livre debate; as normas do Home Office [Ministério de Negócios Internos] proibindo as associações de trabalhadores e as reuniões secretas, e as contínuas hostilidades aos líderes radicais. Ignorava ainda o grande número de trabalhadores presos, julgados e sentenciados ao degredo ou à forca. Em vez disso o *Christian Observer* falava de como eram privilegiados os "trabalhadores" e operários por viverem numa nação onde podiam encontrar justiça e liberdade sob a magnanimidade do Parlamento e o domínio da lei. Essa retórica tinha um efeito contraditório. Ela poderia legitimar o status quo, mas poderia também dar a operários e trabalhadores um forte argumento para a reivindicação da cidadania plena. Isso explica seu atrativo.[35]

Nem todo operário, naturalmente, reagia de forma positiva a essa retórica. Muitos dos líderes operários mais radicais suspeitavam que a campanha abolicionista destinava-se a distrair a atenção das lutas de classes na Grã-Bretanha.[36] Àquela altura, entretanto, a adesão ao antiescravismo entre trabalhadores de todo tipo estava tão disseminada que, reconhecendo a eficácia dessa retórica, o *Christian Observer* de novo recorreria a ela. Após condenar o uso do açoite e negar a validade ao argumento muitas vezes invocado em defesa desse castigo (que o açoite era usado no Exército, na Marinha e nos tribunais de justiça da metrópole), argumentando que "não se defende uma prática danosa com outra", o periódico contrastava a situação do escravo com a do trabalhador livre. Dessa vez, o exemplo escolhido foi o da Cornualha:

> Suponhamos que, nessa região, todo proprietário de terras ou de minas ou de manufaturas; todo meirinho ou capataz ou dirigente de um estabelecimento com empregados a seu serviço; todo procurador, guardião, executor ou administrador; todo supervisor de casa de correção, e todo carcereiro, pudesse a seu critério, por qualquer delito, real ou imaginário, obrigar qualquer homem, mulher ou criança, empregado a seu serviço, a ficar nu e, pública ou privadamente, infligisse ao corpo desnudado lacerações de 39 chicotadas, e então submetesse, a seu critério, a vítima com suas feridas sanguinolentas ao confinamento e a trabalhos forçados [...]. Continuemos a supor que se impedisse por lei que membros das classes trabalhadoras depusessem caso algum abuso de poder tivesse sido cometido por seus superiores [...]. Suponhamos ainda que alguns indivíduos benevolentes profundamente incomodados com o efeito cruel e brutalizante de tal sistema propusessem uma melhoria nas condições de seus irmãos da Cornualha e os incitassem a "uma participação naqueles direitos e privilégios de que as outras classes de súditos de Sua Majestade gozam", nossos ouvidos provavelmente ficariam ensurdecidos com as alegações de proprietários, meirinhos, supervisores e carcereiros da Cornualha, proclamando a própria humanidade e a felicidade suprema de sua população trabalhadora. Vejam como estão gordos e lustrosos, como estão bem nutridos, como moram bem, como estão bem melhor de vida do que os outros trabalhadores miseráveis de outras partes da Inglaterra, que não têm patrões que cuidem deles! Deveríamos nós dar ouvidos a essas alegações por um momento?

O *Christian Observer* concluía que num caso como esse, a voz do povo da Inglaterra, à qual "alguns corações frios em altas esferas" estavam tão pouco dispostos a prestar atenção, certamente iria e deveria prevalecer.[37]

O sucesso dessa estratégia pode ser medido pelo uso que alguns dos mais famosos retóricos da época fizeram dela. Em 1824, o *Christian Observer* transcreveu um artigo da autoria de Thomas Clarkson refutando o argumento constantemente invocado pelos senhores de que os escravos das colônias eram mais bem tratados do que os trabalhadores britânicos.[38] As palavras vigorosas do famoso abolicionista encheram páginas e mais páginas da revista. Vendiam-se escravos como se fossem gado, dizia ele; mas poder-se-ia vender algum homem, mulher ou criança na Grã-Bretanha? Vendiam-se escravos para pagar as dívidas dos senhores. Poderiam os trabalhadores ou empregados britânicos ser vendidos pelo mesmo motivo? As famílias de escravos sofriam a dor de ver seus membros vendidos viverem separados. Cenas aflitivas como essas poderiam ocorrer entre os "camponeses" da Grã-Bretanha? Quem poderia impunemente interromper os "prazeres domésticos" destes? Não era da jurisdição do rei separar o marido da esposa, a mãe do filho ou os pais de seus filhos. Marcavam-se escravos a ferro. Seria possível fazer tal coisa na Inglaterra? Todavia, todos esses atos, todas "essas atrocidades eram perpetradas por pessoas que se consideravam britânicas" e cristãs. Os proprietários de escravos sempre diziam que os negros se vestiam melhor, moravam melhor e comiam melhor do que os trabalhadores britânicos. Mas essas coisas não constituíam o aspecto mais importante da "felicidade de um homem". O que constituía "a melhor parte dessa felicidade" era a liberdade, a proteção pessoal, a fruição em sossego da família e do lar, o reconhecimento de sua cidadania, de sua humanidade, a solidariedade dos seus semelhantes, a liberdade e a fruição das práticas religiosas, e "a esperança, a abençoada esperança, que alivia e consola a mente". Tais eram os principais componentes de um ser humano "racional".

As palavras de Clarkson resumiam alguns dos princípios mais importantes da ideologia liberal que ele, dentre muitos outros, estava ajudando a consolidar entrelaçando-a com uma outra noção igualmente poderosa, a de nação. Clarkson proclamava que a nação britânica era uma terra de liberdade e lei — que ser britânico era ser um homem livre,[39] e que ser um cidadão britânico era ser protegido pela lei. Tais ideias vinham sendo adotadas por indivíduos pertencentes a grupos sociais diversos. Elas eram usadas com finalidades diferentes e por vezes contraditórias tanto por poderosos como por despossuídos. Os primeiros usavam-nas para legitimar a "ordem" social, os segundos para transformá-la. Proclamadas em discursos parlamentares, disseminadas em revistas evangélicas, reproduzidas na imprensa britânica, repetidas vezes sem conta por toda a Grã-Bretanha, e celebradas em canções populares, essas noções de liberdade e legalidade fundiam-se com a ideologia imperial de homens como Macaulay, que defendiam que os direitos britânicos deveriam ser estendidos a todos os súditos do império. Tais ideias encontraram eco nos quatro cantos do mundo, incluindo Demerara, onde os colonos, alheios à contradição, cantavam numa terra de escravos: "Rule, Britannia, Britannia, o'er the waves. Britons never, never, never shall be slaves" [Reja Britânia, Britânia sobre as ondas. Britânicos nunca, nunca, nunca serão escravos].[40]

Essa combinação de humanitarismo, evangelismo, liberalismo, nacionalismo e imperialismo militantes era altamente corrosiva dos princípios ideológicos que haviam validado a escravidão. Uma vez reconhecida a humanidade dos escravos e sua condição de súditos do império britânico, e sendo o império definido como o reino da liberdade e da lei, tornava-se difícil para os proprietários de escravos defender seu "direito" à posse deles. Mas ainda mais decisivas do que as transformações retóricas e ideológicas foram as lutas concretas travadas em nome dessas ideias nos dois lados do Atlântico. Quando os escravos se sublevaram em nome do direito de ser livres, as lutas nas colônias encontraram paralelo na Grã-Bretanha, onde a população rural e urbana reivindicava os direitos de cidadania. Dessa forma, ambos os movimentos deram novo ímpeto aos que vinham argumentando no Parlamento e na imprensa em favor da emancipação. Faltava apenas o Parlamento decidir quando e como ela deveria ser decretada. (Os limites da liberdade dos escravos seriam testados depois da emancipação, mas em consequência da rebelião de Demerara, a campanha contra a escravidão obscureceu momentaneamente outras questões.)

Ao expor a natureza opressiva da sociedade colonial e contrastá-la com a da metrópole, a retórica antiescravista parecia ignorar algumas formas de opressão existentes na Grã-Bretanha, e afirmava aos trabalhadores que suas agruras não eram nada se comparadas aos horrores da escravidão. Mas, ao acentuar os privilégios de que supostamente esses trabalhadores gozavam, ela também lhes fornecia argumentos que podiam usar para reivindicar seus plenos direitos de cidadania.

É contra o pano de fundo das lutas dos operários britânicos (assim como das lutas dos evangélicos e das mulheres) por um conceito mais amplo de cidadania que se pode compreender melhor os acontecimentos de Demerara. Para aqueles, a luta dos escravos por liberdade em Demerara e o julgamento de Smith eram provas dos males de um sistema opressor ainda defendido por alguns membros do Parlamento, que não só representavam os interesses das

Índias Ocidentais, como também decidiam o destino do povo britânico na metrópole. Os que lutavam na Inglaterra pelos seus direitos viram Smith como um mártir da causa da liberdade e da justiça, e os escravos como vítimas da arbitrariedade dos senhores e das autoridades reais. "Por outro lado, ao se mobilizarem para apoiar a emancipação, homens e mulheres do povo ganharam um novo ímpeto para lutar contra a própria opressão."[41]

O julgamento de Smith e a rebelião de Demerara tornaram-se temas de debate público não só entre os evangélicos, mas no Parlamento e na imprensa. Como era previsível, os jornais e as revistas dividiram-se. Alguns, como *John Bull, Blackwood's* e *Quarterly Review,* expressavam o ponto de vista dos fazendeiros e seus seguidores. Atribuíam a rebelião aos debates em torno da emancipação, então correntes no Parlamento, à retórica "revolucionária" da imprensa e aos reformistas, abolicionistas, evangélicos e missionários fanáticos, particularmente John Smith.[42] Outros, como o *New Times* e a *Edinburgh Review,* expressavam o ponto de vista daqueles que apoiavam a causa das missões, da emancipação e da reforma. Condenavam o sistema escravista, atribuíam a rebelião aos abusos cometidos por senhores e administradores, e pediam ao Parlamento uma revisão da sentença de Smith. Até mesmo jornais locais como o *Derby,* o *Leeds Mercury,* o *Preston Chronicle,* o *Lancashire Advertiser,* o *Dorset County Chronicle* e o *Norwich Mercury* publicaram artigos sobre Smith e a rebelião de Demerara.[43] Mais tarde, quando a questão foi finalmente debatida na Câmara dos Comuns, os dois lados publicaram extensos editoriais citando trechos dos discursos e comentando o voto final — cada lado interpretando o resultado como argumento definitivo a favor da própria posição. Os dois lados transcreveram partes dos autos dos processos de Demerara, e citaram trechos do diário de Smith e de outras fontes. O caso tornou-se uma *cause célèbre.* Ele parecia servir ao interesse de todos. Smith ganhara finalmente sua coroa de glória.

O julgamento de Smith e a rebelião de escravos de Demerara tornaram-se motivo de debate entre ricos e pobres, gente do povo e bem-nascidos. Constituíram um tópico importante em 1824, na reunião anual da Sociedade para Mitigar e Gradualmente Abolir o Estado de Escravidão em todos os Domínios Britânicos, a que compareceram o duque de Gloucester, diversos membros do Parlamento, incluindo Wilberforce, e muitos senhores e senhoras "elegantemente vestidos, entre os quais havia muitos procedentes da Sociedade dos Quakers (The Religious Society of Friends)". Ante essa seleta audiência, o infatigável Macaulay, com sua eloquência habitual, fez um longo discurso condenando os incidentes em Barbados e Demerara e repudiando as acusações dos colonos contra missionários e abolicionistas. Questionou a ideia de que a rebelião tinha sido instigada pelos debates em torno da emancipação e pela pregação dos missionários. Quando é que discursos, panfletos e reuniões instigavam pessoas a uma ampla rebelião se elas gozavam de fartura, conforto e segurança?, perguntou Macaulay. Durante anos, centenas se ocuparam em dizer que o povo da Inglaterra era desprovido dos justos direitos que lhe cabiam, que era degradado e escravizado. Todo dia milhares de pessoas ouviam e liam sobre isso — e talvez até acreditassem nisso. Faziam-se mais apelos às suas paixões em uma semana do que às dos escravos das Índias Ocidentais em um ano. Todavia, quem na Inglaterra vivia com medo de uma rebelião? Não era necessário um intérprete muito capacitado para traduzir o clamor das Índias Ocidentais em confissões de tirania. Macaulay passou então a condenar o julgamento de Smith como um acontecimento característico da injustiça de uma sociedade escravista e concluiu seu discurso celebrando a Inglaterra e o império. Muitos outros oradores absolveram Smith de qualquer culpa e ligaram o caso à causa da emancipação. Também afirmaram que o julgamento do missionário provocara a discussão sobre a causa da religião, da humanidade e da justiça. E se vangloriaram de que o número de petições ao Parlamento pela abolição da escravatura tinha aumentado de 225 na sessão anterior para seiscentos.[44]

Ameaçados pela nova onda emancipacionista que o caso de Smith havia desencadeado, grupos pró-escravismo mobilizaram todos os seus argumentos tradicionais. Invocaram o direito à propriedade e enfatizaram a declaração de que a escravidão era uma instituição legal. Expuseram a opressão que havia por trás da retórica da mão de obra livre. Proclamaram que nas Índias Ocidentais os escravos eram mais bem tratados do que em qualquer outra parte do mundo — até mesmo do que os operários na Grã-Bretanha — e estavam satisfeitos com a própria sorte. Argumentaram dizendo que o movimento em favor da emancipação era promovido por "inimigos das Índias Ocidentais" ou por revolucionários, visionários e fanáticos que não sabiam nada da situação nas colônias e estavam sempre prontos a propagar noções falsas para atingir suas finalidades. Para os que eram contra a emancipação, os principais culpados eram Wilberforce, Macaulay, Brougham, Buxton e James Stephen.

Um artigo do periódico *Blackwood's* serve de exemplo típico da retórica antiemancipacionista. Nele identificavam-se três grupos como "perigosos" às Índias Ocidentais. Primeiro, um grupo de pessoas que atuava ou pretendia atuar sob a influência de nenhum outro motivo senão os da filantropia em geral e do zelo religioso. Sua principal característica era a "extrema imprudência", e Wilberforce era o seu *facile princeps* [líder natural]. O segundo era um grupo com mais sangue-frio, que excitava a opinião pública na esperança de causar sérios prejuízos às colônias das Índias Ocidentais com o único fito de obter lucros comerciais. Este grupo incluía muitos "sujeitos" da Companhia das Índias Orientais e um número ainda maior de indivíduos bastante conhecidos, ligados ao livre-comércio com a Índia e a costa da África (assim como vários líderes eminentes da African Institution). O terceiro grupo não tinha cunho "nem religioso nem comercial". Consistia de políticos — homens como Brougham — que pareciam propensos "a perturbar instituições de qualquer espécie", desde que vislumbrassem na situação alguma oportunidade de obter popularidade "para escorar a ruinosa reputação de sua própria facção extremamente degradada, os *whigs*".[45]

O *John Bull* era igualmente violento. O jornal prometia desmascarar Wilberforce, Macaulay e a African Institution. Ele acusava os "Santos" [The Saints, grupo abolicionista] de serem responsáveis pelo derramamento de sangue nas colônias. Ressuscitava o espectro da revolução cromwelliana e insinuava que as petições em favor da abolição da escravatura e da anulação da sentença de Smith eram orquestradas por "uma máquina regulada, organizada e bem ajustada, que, como uma espécie de motor a vapor espiritual, possuía um poder equivalente ao do próprio governo ao exigir obediência a seus editos" e que, quando chegasse o dia do conflito, superaria e absorveria como já o fizera todo e qualquer poder no país. O *John Bull* condenava os "princípios pervertidos" da caridade cristã e considerava a rebelião como o primeiro fruto dos esforços "filantrópicos" da facção de Wilberforce na Câmara dos Comuns. Descrevia os reformistas como a prole dos puritanos que "derrubaram o governo e a Constituição" no reino de Carlos I, levando o rei ao cadafalso para colocar "no trono vago um tirano demagogo e independente". Como seus adversários do *New Times,* os editores do *Blackwood's* e do *John Bull* estavam ao mesmo tempo fazendo história e reescrevendo-a.

Os sinais de que a "facção de Wilberforce", embora ainda minoritária, vinha fazendo progressos significativos no Parlamento tornaram-se evidentes em 1º de junho de 1824, quando, depois de inúmeras petições apresentadas à Câmara dos Comuns visando a uma investigação acerca do julgamento de Smith, Brougham propôs que se apresentasse uma moção à Coroa, dizendo que a Câmara dos Comuns contemplava "com grande abalo e tristeza profunda a manifesta violação da lei e da justiça naquele processo sem precedentes". A moção de Brougham também solicitava que o rei adotasse medidas "para assegurar uma administração justa e humana das leis naquela colônia, que pudesse proteger da opressão os instrutores voluntários dos negros assim como os próprios negros, e o restante dos súditos de Sua Majestade".[46]

A moção provocou um intenso debate. O principal oponente de Brougham foi Wilmot Horton, subsecretário para as colônias. Diversos oradores se sucederam. Durante horas os dois lados reapresentaram os argumentos já levantados inúmeras vezes pró e contra Smith. Mais uma vez a história da rebelião foi contada. E mais uma vez ambos os lados apresentaram um quadro no qual os escravos apareciam não como agentes históricos por si mesmos, mas como vítimas passivas quer da manipulação de um missionário equivocado, quer da exploração de senhores cruéis. Os discursos se arrastaram por tanto tempo que, quando Lushington tentou falar, gritos pedindo a suspensão da sessão calaram-no. A discussão foi aprazada para o dia seguinte, mas somente depois de dez dias a moção voltou a ser debatida.[47]

Quando a questão foi reaberta, Lushington foi o primeiro a falar. Ele analisou os autos do processo e o corpo de provas apresentado ao tribunal, e condenou a atitude dos colonos. Disse a seus pares que, se a Câmara dos Comuns não expressasse nos termos mais fortes e peremptórios seu repúdio aos processos de Demerara, "seria divulgado no estrangeiro que os senhores não querem governar suas colônias dentro dos princípios da lei e da justiça". Numa declaração apocalíptica, previu que, se a Câmara dos Comuns se omitisse, a crueldade contra os "negros" aumentaria cem vezes mais, a causa da religião iria por terra, o governo perderia sua autoridade e "todas as paixões odiosas e degradantes do homem desencadear-se-iam numa ação completa e irrefreável". Diversos membros falaram a seguir, tomando posições pró e contra, entre eles Wilberforce, a favor, e Canning, contra. A questão enfocada era menos se Smith era inocente do que se durante o julgamento os procedimentos tinham sido adequados. Agora eram os colonos de Demerara, o governador e os membros da corte marcial que estavam em julgamento.

No debate estava implícita a questão do poder que o governo britânico deveria ter sobre a colônia. Esse ponto tornou-se evidente quando Wilberforce sustentou que o Parlamento devia agir, pois o tema em discussão dizia respeito "aos direitos e à felicidade" dos súditos britânicos, à administração da justiça nas colônias das Índias Ocidentais e à melhoria das condições dos escravos lá. O discurso eloquente de Wilberforce foi neutralizado pela estratégia conciliatória de Canning, que falou logo a seguir e sugeriu que, sendo impossível alcançar um "julgamento satisfatório", a Câmara deveria simplesmente abandonar a questão. Era evidente que ele estava tentando evitar embaraços às autoridades coloniais e a alienação ainda maior dos colonos e do lobby das Índias Ocidentais. Canning assegurou à Câmara, no entanto, o compromisso do governo com as políticas de melhorias.

"Estou satisfeito", disse ele, "com o fato de que a própria discussão terá respondido a toda finalidade ora alcançável de uma justiça pública; e de que não podemos ser acusados de pretender com o nosso voto mostrar qualquer tibieza quer à causa da melhoria das condições de nossos semelhantes, quer à nossa crença de que a religião é o instrumento por meio do qual essa melhoria se efetua".

O discurso de Canning foi recebido com fortes aplausos.[48] Ele encontrara uma solução conciliatória que satisfazia a maioria. Nada podia salvar a moção de Brougham.

Brougham esforçou-se mais uma vez para inverter a situação. A sessão fora longa e difícil. Já era tarde da noite, mas ele continuava a expor suas razões, tentando refutar seus oponentes e parecer conciliador. Competia à Câmara dos Comuns, disse ele, ensinar uma lição memorável: "que a metrópole por fim terá sua autoridade respeitada — que se consideram os direitos de propriedade sagrados, mas que a lei da justiça é suprema e inviolável; que se admitem as reivindicações dos proprietários, mas que o domínio do Parlamento é indiscutível; que somos igualmente soberanos, sobre o branco e sobre o preto".

Ele tentou apresentar o caso como sendo um ato de rebeldia dos colonos para com a autoridade britânica, mas, apesar de toda a sua habilidade retórica, a estratégia fracassou. Quando a questão foi afinal submetida à votação da Câmara dos Comuns, o resultado foi 146 votos a favor e 193 contra. A moção de Brougham perdera por 47 votos.

O julgamento de Smith e a rebelião de Demerara tinham se tornado parte de um jogo político complexo. Apesar da derrota sofrida, a causa de Brougham, Lushington, Buxton e Wilberforce saiu fortalecida. A publicidade dada aos debates parlamentares fez aumentar sua popularidade. Embora o Parlamento tivesse se recusado no final a condenar as autoridades de Demerara, o governador Murray foi destituído e o novo governador, Benjamin D'Urban, passou a implementar as instruções que originalmente haviam provocado tão grandes debates na Court of Policy. Isso era uma confirmação do poder do governo britânico sobre os colonos, mas era também uma legitimação das ideias pelas quais Smith havia lutado. As repercussões do julgamento e de sua morte deram um novo alento ao movimento abolicionista.[49]

Os ideais pelos quais Smith foi absolvido na Grã-Bretanha eram os mesmos que o haviam condenado em Demerara, onde ele chegara a representar tudo o que os colonos mais temiam. Os proprietários de escravos e os senhores tinham acompanhado com apreensão e irritação crescentes o movimento em favor da emancipação. Tinham se ressentido das críticas dos abolicionistas e da orientação política do governo britânico relativa aos escravos. Tinham encarado com desconfiança os missionários evangélicos, cujas noções e práticas desaprovavam e aos quais viam como espiões dispostos a enviar para a metrópole histórias que reforçavam os piores preconceitos contra a escravidão e os proprietários de escravos. Tinham acompanhado com profundo interesse os debates correntes na Inglaterra sobre o livre-comércio, que ameaçavam o monopólio que até então detinham no mercado britânico. Estavam preocupados com o declínio dos preços dos produtos primários no mercado internacional, e receavam não poder competir com os produtores cubanos e brasileiros, que continuavam a importar escravos. Temiam as novas tendências que ameaçavam tanto a posse de escravos quanto os lucros. Em 1823, quando os escravos se sublevaram, os colonos já estavam preparados para demonstrar ao mundo que a rebelião era uma consequência dos debates promovidos pelos abolicionistas e das atividades subversivas dos missionários evangélicos.

Smith foi o bode expiatório desses homens. Eles o condenaram não só por seu suposto envolvimento com os rebeldes, seu senso de superioridade moral e fervor missionário, mas porque, através dos anos, ele solapara as bases da autoridade dos proprietários de escravos. Os mal-entendidos e os conflitos que opuseram Smith aos colonos tiveram origem em maneiras diferentes de definir a ordem social, em diferentes noções de justiça, de lei e cidadania, de controle social, de crime e castigo, do papel da educação e da instrução religiosa, e em diferentes noções do que era próprio e impróprio, certo e errado, justo e injusto. Vezes sem conta, apesar dos esforços conscientes para agir de acordo com as normas vigentes, Smith ultrapassara os limites e violara o código de propriedade, as regras, os protocolos e os rituais que se destinavam a reafirmar simbolicamente na vida diária a superioridade dos senhores sobre os escravos e dos brancos sobre os negros. O missionário minara o sistema de sanções e asserções que mantinha a escravidão. Ele ousara dizer o indizível, levantara questões acerca da legitimidade dos senhores, questionara sua justiça e expusera seus pecados. Ele os lembrara constantemente de que no trato com os escravos eles estavam subordinados à autoridade de Deus, do rei e da lei, e que os escravos eram tão humanos quanto eles próprios. Ele desdenhara as regras de etiqueta entre senhor e escravo que visavam a consolidar o poder e a autoridade do senhor e a quebrar a resistência do escravo. Em sua capela, ele criara um espaço alternativo, onde as distinções sociais que mantinham separados negros e brancos, libertos e escravos, eram constantemente subvertidas.

O sistema de autoridade característico da escravidão requeria a humilhação dos escravos; Smith falara de sua dignidade. O sistema postulava a dependência dos escravos; ele estimulara sua autonomia. O sistema visava a destruir os líderes entre eles; Smith lhes conferira poder. O sistema agia no sentido de evitar a solidariedade de grupo e impedir a formação de laços de cooperação social entre eles; o missionário lhes propiciara uma comunidade de irmãos. Em vez de medo, ele lhes dera esperança. Ao agir dessa maneira, Smith desafiara o mito do senhor benevolente e do escravo satisfeito, validara os sonhos de liberdade dos escravos e legitimara sua revolta. Ele quebrara as regras de decoro e tinha de ser punido. Mas foram exatamente as razões que o levaram ao castigo na colônia que lhe garantiram o apoio na metrópole. Ali, Smith tinha de ser absolvido por causa da ordem que ele de certa forma representava: "os direitos do cidadão britânico", a "clarividência" do Estado, a "superioridade de suas leis e processos jurídicos, " a "santidade" das missões no estrangeiro, "a supremacia do governo imperial" a missão "civilizadora" do império. Ele tinha de ser considerado inocente para reafirmar a superioridade de uma facção política da Inglaterra sobre outra, de um modo de vida sobre outro. Mas, uma vez que não havia unanimidade nas questões que o julgamento suscitara e os britânicos ainda estavam divididos quanto à emancipação, a solução final adotada pelo Parlamento foi uma solução de compromisso. Por quanto tempo o compromisso poderia ser mantido seria determinado pelas lutas futuras nos dois lados do Atlântico.

Em Demerara, os escravos voltaram a suas formas de resistência cotidianas. Algum tempo depois da rebelião, a mulher de Joe Simpson morreu envenenada. Joe, também conhecido como Packwood, era o escravo que havia traído a rebelião, denunciando-a ao seu senhor na manhã de 18 de agosto — dia em que os escravos se sublevaram. Também houve suspeitas de envenenamento quando vários soldados e membros da milícia caíram seriamente doentes depois de um dos banquetes em sua homenagem. Os escravos tinham sido derrotados, mas não haviam se rendido. Eles continuaram a travar suas batalhas à sua maneira habitual. Quando, em cumprimento às novas instruções do governo britânico, publicaram-se os primeiros registros das "ofensas" dos escravos e os respectivos castigos, o governador D'Urban relatou com espanto que num total de 62 mil escravos haviam sido aplicados 20 mil castigos em um ano. Segundo ele, mantida essa proporção, mais de 6 milhões de castigos físicos teriam sido infringidos aos trabalhadores na Inglaterra. Alguns anos depois, comentando sobre as condições em Demerara e Essequibo, um certo capitão Elliot, protetor de escravos na Guiana Inglesa, testemunhou diante de um comitê da Câmara dos Comuns que o número de castigos vinha aumentando. "Esse estado de coisas não pode continuar a subsistir", disse ele. "O escravo fez progressos para além desse sistema de governo." Tentando encontrar um meio mais eficaz de controlar a mão de obra, os administradores tinham adotado, por volta de 1820, um sistema de tarefas. Esse sistema generalizara-se a partir de então. Mas, na opinião de Elliot, o arranjo nem sempre funcionava. Tudo dependia da legitimidade das exigências dos administradores. A julgar pelo número de castigos registrados, o resultado não vinha sendo nada satisfatório. Para aumentar a produtividade e a disciplina, Elliot sugeriu um sistema de participação nos lucros![50] A longa luta dos escravos de Demerara pela liberdade aproximava-se do fim. Dez anos após a rebelião em Demerara, o governo britânico aboliu a escravidão em suas colônias e criou um sistema de aprendizado.[51] Ex-escravos e ex-senhores entraram numa nova disputa sobre o significado da liberdade. As lutas do passado os conduziriam ao futuro.

Nota sobre as fontes utilizadas

Este livro, por focalizar a história de uma colônia britânica no Novo Mundo, levou-me não só a um tempo diferente, mas também a lugares diferentes. Para uma brasileira que se especializou no estudo da história do Brasil e da América Latina, esta jornada foi plena de surpresas. A riqueza dos documentos e a organização extraordinária do Public Record Office da Inglaterra constituem um contraste marcante com o estado precário da maioria dos arquivos da América Latina. A abundância de fontes primárias e secundárias foi ao mesmo tempo uma benção e uma maldição. Isso explica, em parte, por que essa viagem ao passado que comecei a empreender em 1983-4, esperando que ela me tomasse apenas alguns anos, durasse uma década.

Para pesquisar a história da Inglaterra da virada do século XVIII até as décadas de 1820 a 1830, vali-me, em grande parte, de fontes secundárias. Deliberadamente procurei evitar qualquer envolvimento com as intermináveis controvérsias acadêmicas que inevitavelmente caracterizam uma literatura que conta, entre seus autores, com alguns dos melhores historiadores que o mundo já conheceu. Limitei-me a selecionar entre os escritos dos historiadores o que me pareceu necessário para alcançar o meu intento, e a descrever brevemente nas notas outras maneiras de ver. Foi também extremamente interessante ver a história da Grã-Bretanha da perspectiva dos colonos, por intermédio de seus escritos e comentários e da seleção de assuntos para serem discutidos em seus periódicos. Essa inversão do modo usual de abordar a história britânica foi bastante esclarecedora e estimulante, e às vezes pareceu apontar para direções que, segundo minha leitura da historiografia, foram inesperadas.

A rica literatura sobre evangélicos, dissidentes e abolicionistas preparou-me para compreender a London Missionary Society, seu projeto missionário, e o trabalho dos missionários em Demerara. A *Evangelical Magazine* foi uma fonte importante. Encontrei uma coleção completa desta e de outras revistas evangélicas, como a *Wesleyan-Methodist Evangelical Magazine,* a

Christian Observer e a *Baptist Magazine,* na Mudd Library, da Universidade de Yale. Li os números da *Evangelical Magazine* de 1795 a 1824, e os números das outras revistas, dos anos 1823 e 1824, o que me permitiu perceber a atmosfera que cercava o trabalho missionário e compreender as preocupações e lutas dos missionários tanto na Inglaterra quanto no estrangeiro. Mas muito mais importantes para o meu trabalho foram os arquivos da London Missionary Society (agora sob a responsabilidade dos Arquivos do Council for World Mission), que encontrei em microfichas na Yale Divinity School Library. A Yale Divinity School Library tem uma vasta coleção de microfichas dos Arquivos da London Missionary Society. Consultei as minutas do Conselho de Diretores, 1810-1821; as cartas recebidas [Incoming Letters] de Demerara e Berbice, 1808-1825; os diários de John Wray, John Smith e John Cheveley; as minutas do Comitê de Exames, 1812-1816, os Papéis dos Candidatos que datam desse período (apenas no caso dos vários missionários cujo nome era John Smith); e diversas caixas referentes a John Smith e à rebelião na Guiana sob o rótulo "Diversos, Índias Ocidentais". Foi particularmente útil o material das caixas 5 e 6, contendo excertos de jornais coloniais e britânicos de 1823 e 1824.

Ao me referir ao material dos Arquivos do Council for World Mission e dos Arquivos da London Missionary Society, adotei as seguintes convenções:

Cartas recebidas [Incoming Letters], Índias Ocidentais e Guiana Inglesa, Demerara, 1807-1894, e Berbice, 1813-1899, citadas como LMS IC, com local, autor e data da carta. (Usei as microfichas 188-204, que contêm cartas de Berbice, e as microfichas 346-374, que contêm cartas de Demerara.)

Minutas do Conselho Diretor [Board of Directors' Minutes], citadas como LMS Minutas do Conselho. (Usei microfichas 20-52.)

Diários, Índias Ocidentais e Guiana Inglesa, 1807-1825; referências apresentadas pelo sobrenome de seus autores, assim, "Wray, Diário", ou "Smith, Diário", ou "Cheveley, Diário". (Usei microfichas 784-793.)

As outras citações do material da LMS explicam-se por si mesmas. "Papéis dos Candidatos" (microficha 574); "Minutas do Comitê de Exames" (microfichas 3-5); "Diversos, Índias Ocidentais", citada como "Diversos" (microfichas 794, 798-800, 835-859 e 866).

Para estudar a vida em Demerara e a vida dos escravos, recorri a duas fontes importantes, além dos inestimáveis arquivos do Colonial Office no Public Record Office. Os jornais de Demerara constituem a primeira fonte. Li, em microfilme, a *Essequebo and Demerary Royal Gazette* dos anos 1806, 1807, 1810, 1813, 1815, 1816, 1819, 1820, 1821 e 1822, embora houvesse lacunas nas coleções de alguns desses anos a que tive acesso. Este jornal mudou de mãos e de nome durante esse período; para evitar confusão, optei por me referir a ele, simplesmente, como *Royal Gazette.* Quanto ao *Guiana Chronicle,* só consegui localizar os números correspondentes a 1823 e 1824, nos Arquivos da London Missionary Society (entre o material rotulado como Diversos, Índias Ocidentais). As outras citações deste jornal originam-se de excertos das cartas dos missionários ou da *Royal Gazette,* ou de números encontrados no Public Record Office. Quanto ao *Colonist,* consultei, em microfichas, os poucos números de 1823-1824, também encontrados no material dos arquivos da LMS, Diversos, Índias Ocidentais. O segundo repositório de informações sobre Demerara é, naturalmente, a extraordinária coleção de registros do Colonial Office,

380

no Public Record Office, em Kew, citada através do livro como P.R.O. C.O. As séries mais importantes de documentos que consultei naquele arquivo para este livro foram: C.O. 111/11, 28, 36-39, 41-46, 53, e 56; C.O. 114/5 e 7-9; C.O. 116/138, 139, 155, 156, 191-93; C.O. 112/5; C.O. 323/40 e 41; e zHCI/1039.

Quanto aos julgamentos de John Smith e dos escravos, usei diversas publicações organizadas pela Câmara dos Comuns, incluindo transcritos dos autos dos processos e das provas documentais, e também uma versão dos processos publicada pela London Missionary Society, que inclui alguns documentos que não constam das publicações da Câmara dos Comuns. Por terem títulos extremamente longos, essas publicações foram citadas de forma abreviada, conforme o indicado nas notas dos capítulos respectivos. Isso também se aplica a outras publicações do mesmo período, incluindo alguns relatos de viajantes, guias e almanaques locais, que encontrei na biblioteca da Universidade da Guiana e na biblioteca pública de Georgetown, e em bibliotecas dos Estados Unidos.

O Arquivo Nacional da Guiana estava em condições bastante precárias quando o visitei, e foi um alívio descobrir que havia cópias da maioria dos documentos de que eu necessitava no Public Record Office. Mas ninguém deve se surpreender ao descobrir que os impérios não só tentam escrever a história viva de suas colônias, como também acabam controlando seus documentos e registros.

Não se pode deixar de mencionar a falta de uniformidade na grafia de palavras nos documentos do início do século XIX. Os nomes de pessoas e lugares aparecem escritos de forma variada, e às vezes torna-se quase impossível manter a consistência através do texto. Para começar, o próprio nome "Guiana" mudou com o tempo. Foi "Guyana", "Guiana Inglesa" e, hoje, "Guyana". Para muitos guianenses, referir-se a seu país como Guiana dá ideia de "imperialismo". A Georgetown de hoje foi um dia George Town, e, antes disso, Stabroek. Demerara foi Demerary, e Essequibo, Essequebo. Os nomes próprios muitas vezes aparecem nos documentos sob formas diferentes. Van der Haas, por exemplo, também aparece como Van Der Haas, van der Hass, e Van Den Haas. Archibald Brown por vezes era Browne. Cumings aparece também como Cummings e Walrond, como Walrand. Os nomes dos escravos eram até mais confusos, porque a mesma pessoa podia ter um nome africano e um outro, inglês, e ainda um apelido. E os colonos frequentemente falavam do Haiti como São Domingo, ou Saint Domingue. Assim sendo, tentei dar ao texto alguma uniformidade adotando uma forma e mantendo-a através do livro todo, mas até mesmo esse procedimento foi difícil, uma vez que nas citações senti necessidade de ser fiel aos documentos.

Por fim, para uma brasileira, tentando lidar não só com as dificuldades normais da língua inglesa, mas também com as diferenças entre a ortografia do século XIX e a do século XX, assim como com as diferenças entre o inglês britânico e o inglês norte-americano contemporâneos, a tarefa foi quase esmagadora. Mas encontrei algum prazer em pensar que as mudanças hoje correntes anunciam um mundo em que um número cada vez maior de pessoas estará cruzando fronteiras e enfrentando o mesmo tipo de desafio, refazendo as fronteiras do passado e do presente. Num mundo assim, necessita-se de muita tolerância — e não só para "erros" de ortografia.

Notas

INTRODUÇÃO (pp. 13-22)

1. Esses dois discursos conflitantes definiram os parâmetros dentro dos quais escreveram-se as primeiras histórias de Smith e da rebelião. Conforme seus próprios vieses políticos, os historiadores ou culparam o missionário e os abolicionistas, ou culparam os fazendeiros e o sistema escravista. Embora a vida de Smith estivesse inextricavelmente ligada à rebelião, a historiografia inicial focalizava Smith, não os escravos. E por muito tempo depois dos acontecimentos, a história do missionário continuou a incomodar as classes dominantes da Guiana e de outros recantos do Império onde estruturas análogas de poder prevaleciam. Em 1848, quando Edwin Wallbridge, um missionário evangélico servindo em Demerara, escreveu uma biografia de John Smith com o sugestivo título *The Demerara Martyr, Memoirs of Rev. John Smith*, ele provocou uma furiosa reação das autoridades coloniais, que o acusaram de disseminar a subversão e "instigar o ódio racial e de classes". Em 1924, quando cem anos após a morte de Smith, David Chamberlin, o secretário da London Missionary Society, publicou *Smith of Demerara, Martyr-Teacher of the Slaves* (Londres, 1923), uma biografia bastante inocente, o livro foi recebido com desconfiança. Numa carta escrita em 1925 (e guardada nos Arquivos da London Missionary Society), um certo John Kendall, de Northdene, Natal, desculpou-se por não distribuir o livro de Chamberlin porque havia muitos "bolcheviques" por perto, e ele temia que o livro pudesse ser usado contra as autoridades constituídas. A vida de John Smith e a revolta de Demerara haviam se convertido de memória em metáfora. Mas a historiografia continuou a se centrar em Smith e ignorar os escravos. Uma primeira preocupação com as atividades missionárias levou Stiv Jakobson a devotar a Smith um capítulo do seu livro, *Am I Not a Man and a Brother? British Missions and the Abolition of the Slave Trade and Slavery in West Africa and the West Indies, 1786-1838* (Gleerup, Uppsala,

1972). E foi ainda Smith — não os escravos — o centro de um livro de Cecil Northcott, *Slavery's Martyr: John Smith of Demerara and the Emancipation Movement* (Londres, 1976).

Um interesse renovado na escravidão, acionado pelo movimento negro nos Estados Unidos e pelo processo de descolonização da África, assim como pelo número cada vez maior de estudiosos guianenses comprometidos com a recuperação de seu passado, trouxe os escravos à primeira linha. Emergiram quatro diferentes tipos de interpretações: o primeiro, embora reconhecendo a importância de uma variedade de fatores, acentuou o impacto da "revolução burguesa" sobre os escravos (Eugene D. Genovese, *From Rebellion to Revolution: Afro-American Slave Revolts em the Making of the New World* [Baton Rouge, 1979]); o segundo atribuiu a rebelião à crescente exploração de mão de obra resultante da introdução do açúcar na Costa Leste de Demerara (Michael Craton, *Testing the Chains: Resistance to Slavery in the British West Indies* [Ithaca, 1982]); o terceiro enfatizou as raízes africanas da rebelião (Monica Schuler, "Ethnic Slave Rebellions in the Caribbean and the Guianas", *Journal of Social History*, 3 [Verão, 1970]:374-85); o quarto, por sua vez, atribuiu mais importância ao processo de criolização e creditou aos missionários a comunicação aos escravos de um sentido de valor moral e dignidade pessoal. Enfatizou ainda a importância da aculturação, da alfabetização e do conhecimento crescente do mundo exterior. Também frisou o impacto negativo para os escravos da transição do algodão para a cana-de-açúcar (Robert Moore, "Slave Rebellions in Guyana" [mimeo, Universidade da Guiana, 1971]).

1. MUNDOS CONTRADITÓRIOS: COLONOS E MISSIONÁRIOS (pp. 23-67)

1. Albert Goodwin, *The Friends of Liberty: The English Democratic Movement in the Age of the French Revolution* (Cambridge, Mass., 1979); J. D. Cookson, *The Friends of Peace: Anti--War Liberalism in England, 1793-1815* (Cambridge, Ing., 1982); Derek Jarret, *England in the Age of Hogarth* (1ª ed. 1974; ed. rev., New Haven, 1986); George Rudé, *Hanoverian London, 1714-1808* (Londres, 1971) e *Wilkes and Liberty: A Social Study of 1763 to 1774* (Oxford, 1962); S. MacCoby, *The English Radical Tradition, 1763-1914* (Londres, 1952) e *English Radicalism, 1786-1812: From Paine to Cobbett* (Londres, 1955); Malcolm I. Thomis e Peter Holt, *Threats of Revolution in Britain 1789-1848* (Londres, 1977); Patricia Hollis, ed., *Pressure from Without in Early Victorian England* (Londres, 1974); Carl B. Cone, *The English Jacobins: Reformers in Late--18th-Century England* (Nova York, 1968).

2. O livro de Philip Corrigan e Derek Sayer, *The Great Arch: English State Formation as Cultural Revolution* (Oxford, 1985) oferece uma síntese brilhante das mudanças em curso na sociedade britânica.

3. Para uma análise extremamente interessante do poder da retórica de Paine, ver James T. Boulton, *The Language of Politics in the Age of Wilkes and Burke* (Londres, 1963). Para o impacto de Paine nos Estados Unidos, ver Eric Foner, *Tom Paine and Revolutionary America* (Nova York, 1976).

4. Estimou-se que de dois terços a três quartos das pessoas do povo na Inglaterra estavam minimamente alfabetizadas nessa época. Ver J. M. Golby e Q. W. Purdue, *The Civilisation of the Crowd: Popular Culture in England 1750-1900* (Londres, 1984), 127.

5. Os dissidentes protestantes estavam proibidos, por carta régia, de ocupar cargos públicos. Eles estavam excluídos da direção de companhias licenciadas como o Bank of England ou a East India Company. Também estavam excluídos de ocupar funções em hospitais, asilos de pobres, casas de correção etc. Albert Goodwin diz que as duas questões fundamentais levantadas pela campanha contra os Test and Corporation Acts eram a "participação" de dissidentes protestantes leigos nos chamados cargos de "confiança" ou "remunerados", e sua condenação ao uso continuado do teste sacramental como meio dessa exclusão. A primeira questão levou os dissidentes a reivindicar uma situação política igual à dos anglicanos e, ao fazê-lo, recorrer às teorias neolockeanas dos direitos naturais. Goodwin, *The Friends of Liberty*, 66-97.

6. Goodwin, *The Friends of Liberty*, 264-65.

7. David Brion Davis, *The Problem of Slavery in the Age of Revolution, 1770-1823* (Ithaca, 1975); idem, *The Problem of Slavery in Western Culture* (Ithaca, 1966); C. Duncan Rice, *The Rise and Fall of Black Slavery* (Nova York, 1975), 221. Ver também Lowell Joseph Ragatz, *The Fall of the Planter Class in the British Caribbean, 1763-1833: A Study in Social and Economic History* (Nova York, 1928); Betty Fladeland, *Men and Brothers: Anglo-American Antislavery Cooperation* (Champaign-Urbana, Ill., 1972); Jack Gratus, *The Great White Lie: Slavery, Emancipation and Changing Racial Attitudes* (Nova York, 1973); David Eltis, *Economic Growth and the Ending of the Transatlantic Slave Trade* (Nova York, 1987); David Eltis e James Walvin, eds., *The Abolition of the Atlantic Slave Trade: Origins and Effects in Europe, Africa and the Americas* (Madison, Wisc., 1981); James Walvin, ed., *Slavery and British Society, 1776-1846* (Baton Rouge, 1982). Para uma revisão da historiografia recente sobre a abolição, ver Seymour Drescher, "The Historical Context of British Abolition", em David Richardson, ed., *Abolition and Its Aftermath: The Historical Context* (Londres, 1985), 4-24. Ver também Barbara L. Solow e Stanley L. Engerman, eds., *British Capitalism and Caribbean Slavery* (Nova York, 1987); David Turley, *The Culture of English Anti-Slavery, 1780-1860* (Nova York, 1991).

8. Ragatz, *The Fall of the Planter Class*, 260.

9. Robin Blackburn, *The Overthrow of Colonial Slavery, 1776-1848* (Londres, 1988), 137--41. Ver também D. H. Porter, *The Abolition of the Slave Trade in England, 1784-1807* (Hamden, Conn., 1970).

10. O apelo que a cruzada antiescravidão exerceu nas mulheres é enfatizado por Edith F. Hurwitz em *Politics and Public Conscience: Slave Emancipation and the Abolitionist Movement in Britain* (Londres, 1973), 89; Seymour Drescher, *Capitalism and Antislavery: British Mobilization in Comparative Perspective* (Londres, 1986; Nova York, 1987), 78-79; Walvin, ed., *Slavery and British Society*, 61. Os colonos se dedicavam muito ao assunto. Em 1819, a *Royal Gazette* de Georgetown deu particular atenção ao que chamou de "mulheres reformistas". As referências atingiram o clímax em 7 de setembro de 1819, num artigo intitulado "Reunião sediciosa". Transcrevendo de "um jornal londrino" um trecho sobre as "reformistas", a *Gazette* disse: "As mulheres reformistas [...] já começaram a se equiparar às *poissardes* da Revolução Francesa. A primeira exibição pública da impudência e da depravação pouco feminina dessas mulheres aparece registrada numa publicação sediciosa chamada *The Manchester Observer*, um documento muito interessante da Blackburn Female Reform Society, enfatizando sua determinação de 'instilar nas cabeças de sua prole uma profunda repulsa à tirania, sob qualquer forma, seja sob a marca de um governo civil seja de um governo religioso,

particularmente do atual sistema jesuítico e de traficância do burgo que levou os melhores artesãos, os donos de manufaturas e os operários dessa vasta comunidade a um estado de desamparo e miséria, e conduziu-os à beira da mendicância e da ruína, pois pelo aperto do punho do incansável coletor de impostos, nossos genitores já idosos que um dia gozaram de uma subsistência confortável, encontram-se reduzidos a um estado de pauperismo, enquanto outros foram mandados para a sepultura derradeira'". As mulheres também "pediram 'que o povo obtivesse Parlamentos Anuais, Sufrágio Universal e Eleição por Voto, única forma de nos salvar da miséria prolongada e da morte prematura [...]. Quem irá acreditar que estamos reduzidos a esse estado miserável, conquanto seja fato notório que 2344 recebem anualmente 2 474 805 libras por pouco ou nada fazer'".

11. Para uma revisão da literatura sobre a abolição do tráfico de escravos, ver Drescher, *Capitalism and Antislavery*, Roger Anstey e P. E. H. Hair, eds., *The Historical Debate on Abolition of the British Slave Trade in Liverpool — the African Slave Trade and Abolition: Essays to Illustrate Current Knowledge and Research* ([Liverpool], Historic Society of Lancaster and Cheshire, 1976); Eltis e Walvin, eds., *The Abolition of the Atlantic Slave Trade;* Eltis, *Economic Growth and the Ending of the Transatlantic Slave Trade.* Para o apoio dado pela classe trabalhadora de Manchester à emancipação, ver Seymour Drescher, "Cart Whip and Billy Roller, or Anti-Slavery and Reform: Symbolism in Industrializing Britain", *Journal of Social History,* 15:1 (Outono, 1981):7.

12. James Wlavin, "British Radical Politics, 1787-1838", em Vera Rubin e Arthur Tuden, eds., *Comparative Perspectives on Slavery in New World Plantation Societies* (Nova York, 1977), 343-53. Ver também de Walvin, "The Rise of British Popular Sentiment for Abolition, 1787--1832", em Roger Anstey, Christine Bolt e Seymour Drescher, eds., *Anti-Slavery, Religion, and Reform* (Hamden, Conn., 1980), 152-53; Seymour Drescher, "Public Opinion and the Destruction of British Colonial Slavery", em Walvin, ed., *Slavery and British Society,* 22-48; Drescher, *Capitalism and Antislavery;* Eric J. Hobsbawm, *Labouring Men: Studies in the History of Labour* (Nova York, 1964); Howard Temperley, "Anti-Slavery as a Form of Cultural Imperialism", em Anstey, Bolt e Drescher, eds., *Anti-Slavery, Religion, and Reform,* 335-50.

13. Charles Dickens, *Bleak House* (Cambridge, Mass., 1956), 299.

14. James Walvin, "The Rise of British Popular Sentiment for Abolition, 1787-1832", em Anstey, Bolt e Drescher, eds., *Anti-Slavery, Religion, and Reform,* 152.

15. Ragatz, *The Fall of the Planter Class,* 384-87.

16. Patricia Hollis comenta: "O movimento da reforma parlamentar data de Wilkes, Wyvill e major Cartwright [...] por volta de 1770 e os artesãos de Londres e suas sociedades provinciais por correspondência que estudaram Paine em torno de 1790". Mas o controle cada vez maior do governo sobre a "ordem" pública e política fez com que o movimento fosse para a clandestinidade. Só depois da fundação dos clubes Hampden, em 1812, é que um movimento reformista dos radicais da classe operária e da classe média tornou-se público. A insatisfação da classe operária culminou em Peterloo. Patricia Hollis, *Class and Conflict in Nineteenth Century England,* 1815-1850 (Londres, 1973), 89.

17. Rhys Isaac caracteriza o evangelismo na Virgínia "como uma resposta popular ao crescente sentimento de desordem social". *The Transformation of Virginia, 1740-1790* (Chapel Hill, 1982), 168.

18. E. P. Thompson, *The Making of the English Working Class* (Londres, 1976), 386. Ver também Alan D. Gilbert, *Religion and Society in Industrial England: Church, Chapel, and Social Change, 1740-1914* (Londres, 1976).

19. Embora houvesse entre os metodistas aqueles "que queriam torná-lo adjunto ao estado e subserviente à Igreja Anglicana, havia outros que desejavam que ele se ativesse ao seu propósito inicial de reformar a Igreja e a nação. Eles queriam transformar a estrutura da sociedade. A Nova Conexão afirmava a igualdade de todos em Cristo e ao invés de deveres enfatizava os direitos das pessoas. Os metodistas primitivos também eram dissidentes. Nas zonas rurais, a formação de sociedades metodistas muitas vezes "significava a organização de um corpo de pessoas independentes do fidalgo, do pastor e do proprietário". Essas distinções por vezes se perderam no debate a respeito do impacto dos metodistas nas classes operárias. Robert F. Wearmouth, *Methodism and the Working-Class Movements of England,* 1800-1850 (Londres, 1937), 206, 263.

20. Deborah Valenze, "Pilgrims and Progress in Nineteenth-Century England", em Raphael Samuel e Gareth Stedman Jones, eds., *Culture, Ideology and Politics: Essays for Eric Hobsbawm* (Londres, 1982), 114.

21. Eric Hobsbawm diz que a "eficácia do conservadorismo oficial wesleyano foi muitas vezes exagerada". O que ele atribui a um equívoco no entendimento dos motivos que levaram os operários a se voltarem para as várias seitas. Hobsbawm acentua que os diversos grupos metodistas em dissidência não simpatizavam politicamente com os wesleyanos, e que mesmo entre os wesleyanos, a plebe era menos conservadora do que os líderes. Nos distritos controlados por eles, não havia sinal de conformismo. *Labouring Men,* 23-33.

22. Vittorio Lanternari, *The Religions of the Oppressed: A Study of Modern Messianic Cults* (Lisa Sergio, trad., Nova York, 1963).

23. Para uma discussão do impacto do metodismo e de outras seitas, ver E. J. Hobsbawm, "Methodism and the Threat of Revolution in Britain", *History Today,* 7 (fev., 1957): 115-24.

24. Eric Foner apontou a convergência de evangélicos e radicais na América em torno de 1770. "Tanto evangélicos quanto racionalistas", diz ele, "falavam a língua do milenarismo e da primazia da consciência individual, e ambos chegaram a imaginar uma transformação interna como contrapartida desejável, e até necessária, da separação da Inglaterra." *Tom Paine and Revolutionary America,* 117.

25. Edith Hurwitz diz: "Havia 7116 locais de culto licenciados entre 1688 e 1770, enquanto entre 1771 e 1830 havia mais de 32 mil [...]. Os metodistas de todas as conexões foram os que experimentaram o maior crescimento. Em seguida vieram os batistas e os independentes". *Politics and the Public Conscience,* 81. Para um período posterior ver Donald M. Lewis, *Lighten Their Darkness: The Evangelical Mission to Working-Class London, 1828-1860* (Nova York, 1986).

26. Deborah Valenze vê a religião popular principalmente como um protesto contra a modernidade, um resultado do produto do encontro da cultura da vila com o capitalismo industrial moderno. Podemos vê-lo também como a arma do oprimido contra seus opressores em tempos de repressão. Isso explicaria o sucesso da teologia da libertação na América Latina nos anos 1960. Para mais detalhes sobre a religião popular na Inglaterra no início do século xix, ver Valenze, "Pilgrims and Progress in Nineteenth-Century England", 113-25; John Walsh, "Meth-

odism and the Mob in the Eighteenth Century", em G. J. Cumming e Derek Baker, eds., *Popular Belief and Practice* (Cambridge, Ing., 1972), 213-27; James Obelkevich, *Religion and Rural Society* (Oxford, 1976); Eric J. Hobsbawm, *Primitive Rebels* (Nova York, 1959); Hobsbawm, "Methodism and the Threat of Revolution em Britain", 115-24, e *Labouring Men*.

27. Thompson, *The Making of the English Working Class*, 437.

28. Este jornal começou a ser publicado em Georgetown, Demerara, em 1803, com o nome de *Essequebo and Demerary Gazette*, uma copropriedade de dois homens — um, provavelmente, holandês, e o outro, inglês —: Nicholas Volkertz e E. J. Henery. Em 1806, Volkertz vendeu sua parte para Henery, que adotou o título de certo modo mais imponente e sem dúvida mais inglês, *Essequebo and Demerary Royal Gazette*. Em 1814, o jornal foi comprado por William Baker, que o renomeou, *Royal Gazette, Demerary and Essequebo*. Através dos anos o jornal imprimiu os nomes das colônias de formas diferentes: "Demerary" e "Demerara"; "Essequibo" e "Essequebo". Em nome da clareza e da simplicidade, e para evitar qualquer confusão, o jornal será referido através deste livro como *Royal Gazette*. Ver nota 94, abaixo, e Mona Telesforo, "The Historical Development of Newspapers in Guyana, 1793-1975" (Tese, B. A. Universidade da Guiana, 1976).

29. LMS IC, Berbice, carta de Wray, de 31 de julho de 1824, cita o artigo publicado no jornal em 1808.

30. O Toleration Act autorizou muitas seitas protestantes conquanto ainda negasse muitos direitos civis a indivíduos não conformistas. Impediram-se os dissidentes de atuar como fiadores legais, guardiães, executores, e de ocupar cargos públicos. Portanto, não é surpreendente que os dissidentes se envolvessem em lutas pela igualdade de direitos civis e humanos, e que eles defendessem a tolerância para todos os modos de pensar. Ver Blackburn, *Overthrow of Colonial Slavery*, 73, 136.

31. Warmouth, *Methodism and the Working-Class Movement of England*.

32. Em 1811, lord Sidmouth introduziu uma emenda ao Toleration Act, que concedia liberdade aos dissidentes. O legislador pretendia eliminar o que ele via como "abusos" do Toleration Act, ou seja, ferreiros, limpadores de chaminé, tropeiros de porcos, mascates, sapateiros e outros tornarem-se pregadores itinerantes. Lord Sidmouth expressou sua preocupação de que em breve a Inglaterra teria uma Igreja Nacional (Anglicana) insignificante, e um povo sectário. Seu projeto de lei ocasionou uma oposição fora do comum da parte dos dissidentes. Uma chuva de petições caiu sobre o Parlamento e a emenda foi derrotada. Ver *Evangelical Magazine*, 19 (junho, 1811), 237-47.

33. Ragatz, *The Fall of the Planter Class*, 281-85.

34. A African Association (ou Institution) foi fundada em 1806, sob os auspícios de grupos evangélicos, com a finalidade de vigiar a costa africana para impedir o tráfico de escravos. Asa Briggs, *The Age of Improvement, 1783-1867* (Londres, 1959), 174; Fladeland, *Men and Brothers*, 86; Ragatz, *The Fall of the Planter Class*.

35. Mary Turner diz que, na Jamaica, os fazendeiros estavam "divididos quanto à questão do trabalho missionário". Os patronos das missões davam prioridade a cumprir as exigências do governo imperial sobre a tolerância religiosa; seus oponentes estavam mais preocupados com as ligações dos missionários com o movimento antiescravista. Em 1802, a Assembleia jamaicana aprovou uma lei que determinava a diminuição do trabalho missionário. Essa lei

impedia que pessoas não "devidamente qualificadas por lei" pregassem. O ato foi rejeitado pelo governo imperial. Em 1807, a Assembleia aprovou um novo código consolidado sobre escravos que tornava o trabalho missionário ilegal e dava aos anglicanos o direito exclusivo de pregar aos escravos. Os metodistas e todos os membros das outras seitas estavam proibidos de pregar. Foi apenas na segunda década do século xix que as condições do trabalho missionário tornaram-se mais favoráveis na Jamaica. Sob crescente pressão do governo britânico, alguns fazendeiros chegaram a reconhecer que era melhor cooperar com as diretrizes políticas imperiais. Mas mesmo então os missionários tiveram que andar na corda bamba. Mary Turner, *Slaves and Missionaries: The Disintegration of Jamaican Slave Society 1787-1834* (Urbana, Ill, 1982), 15-18, 26.

36. Eric Williams, *Documents on British West Indian History, 1807/1833* (Trinidad, 1952), 226.

37. Alguns anos depois, a Casa da Missão Wesleyana escreveu a Bathurst fazendo um apelo quanto às restrições impostas ao trabalho dos missionários em Trinidad pelo governo local. A carta enfatizava que o missionário tinha sido obrigado a se afastar e a capela tinha sido fechada. Williams, *Documents,* 244.

38. Rhys Isaac, ao comentar as atividades dos batistas na Virgínia, no século xviii, acentua essas tendências "democráticas", nascidas de emoções partilhadas. Ele observa que "essas pessoas, que se chamavam mutuamente de irmãos e irmãs, acreditavam que a única autoridade em sua igreja era a congregação dos que viviam em solidariedade. Eles conduziam seus negócios num pé de igualdade tão [sic] diferente da preocupação explícita com hierarquia e precedência que caracterizava o mundo do qual eles tinham sido chamados". Isaac, *The Transformation of Virginia,* 165.

39. Às vezes atribuía-se ao Haiti o nome de Saint Domingue, às vezes o de Santo Domingo, e raramente o de Haiti. Para evitar confusões adotei o termo Haiti. Para o impacto da rebelião haitiana na Inglaterra, ver David Geggus, "British Opinion and the Emergence of Haiti, 1791-1805", em Walvin, ed., *Slavery and British Society,* 123-50. Ver também Geggus, *Slavery, War and Revolution;* e Blackburn, *The Overthrow of Colonial Slavery.*

40. Joseph Marryat, *Thoughts on the Abolition of the Slave Trade and Civilization in Africa [...]* (Londres, 1816).

41. Uma ordem do conselho, emitida em agosto de 1805, e um ato do Parlamento proclamado um ano depois proibiram a importação de escravos em Demerara para a abertura de novas propriedades e limitaram as entradas anuais a 3% do total de escravos então existentes. Ragatz, *The Fall of the Planter Class,* 278.

42. C. Silvester Horne, *The Story of the LMS* (Londres, 1904), 12-13.

43. *Royal Gazette,* 20 de novembro de 1813.

44. Thompson, *The Making of the English Working Class,* 393. Barbara Hammond, em *Town Labourer,* sugere que os evangélicos haviam "cloroformizado as pessoas" contra qualquer tendência revolucionária. James Hammond e Barbara Hammond, *Town and Labourer, 1760-1860: The New Civilization* (Londres, 1920). Esta ideia há muito havia sido adotada por Elie Halévy (1905). Para uma apreciação desse debate, ver Elissa S. Itzkin, "The Halévy Thesis — a Working Hypothesis? English Revivalism: Antidote for Revolution and Radicalism, 1789-1815", *Church History,* 44 (1975):47-56. Em *Labouring Men,* Hobsbawm sustentou que o evangelismo

popular e o radicalismo popular cresceram ao mesmo tempo e nos mesmos lugares, como respostas à mudança social rápida.

45. Mary Turner em seu estudo sobre a Jamaica observa que os missionários invocavam "as qualidades intelectuais e morais que o sistema escravista em princípio negava a seus escravos. Eles propiciaram uma nova estrutura filosófica e organizacional [...]. Eles também, inadvertidamente, encorajaram os escravos a ampliar os direitos costumeiros de que eles gozavam como produtores e comerciantes independentes". Turner, *Slaves and Missionaries*, 199.

46. *Demerara. Further Papers, Copy of Documentary Evidence Produced Before a General Court Martial [...]* (Câmara dos Comuns, 1824), 27-29. Ver também Public Record Office, Colonial Office, 111/42, citados daqui em diante como P.R.O. C.O.

47. Nas instruções dadas a Richard Elliot em fevereiro de 1808, a LMS preveniu-o de que, embora ele devesse ter comiseração pelos escravos, não lhe cabia aliviá-los da condição "servil" em que se encontravam, "nem seria adequado, senão extremamente errado, insinuar qualquer coisa que pudesse torná-los descontentes com o estado de servidão, ou conduzi-los a quaisquer medidas prejudiciais ao interesse dos senhores". Ele não deveria provocar uma oposição que pudesse ser danosa a quaisquer missões futuras. "Essas pobres criaturas são escravas num sentido muito pior, elas são escravas da ignorância, do pecado e de Satanás. É para salvá-las de sua condição miserável pelo Evangelho de Cristo que você está indo agora." P.R.O. C.O. 111/43.

48. *Royal Gazette,* 6 de junho de 1822.

49. No século XIX, quando as novas ideias acerca dos direitos do homem se propagaram em diferentes partes do mundo, uma quantidade cada vez maior de pessoas, até mesmo em países católicos como Cuba e Brasil, começou a questionar a compatibilidade entre cristianismo e escravidão. Ver, por exemplo, Gwendolyn Midlo Hall, *Social Control in Slave Plantation Societies: A Comparison of St. Domingue and Cuba* (Baltimore, 1971).

50. Entretanto, não havia nada de convincente nessas noções. Como Mary Turner demonstrou no caso da Jamaica, os missionários wesleyanos continuaram a defender a compatibilidade entre a escravidão e o cristianismo, às vezes chegando até a se opor às diretrizes mais progressistas vindas da Inglaterra. Para mais detalhes, ver Turner, *Slaves and Missionaries*.

51. Diversos estudiosos (particularmente Roger Anstey) notaram uma correlação entre evangelismo e abolicionismo na Inglaterra. Atribuíram-na a tendências teológicas. Mas como demonstraram Donald Mathews e outros, a maioria dos evangélicos no Sul dos Estados Unidos não se tornaram abolicionistas. Na realidade, quanto mais os evangélicos se tornavam donos de escravos ou os donos de escravos tornavam-se evangélicos, mais o evangelismo perdia o ímpeto antiescravista que havia sido uma característica dos primeiros anos. Simultaneamente, o que um dia fora uma religião que unia brancos e negros, logo se tornou, aos olhos dos brancos, uma missão para catequizar os negros. Enquanto isso, os negros criavam suas igrejas, independentemente dos brancos. Isso parece sugerir que a correlação entre evangelismo e abolicionismo na Inglaterra requer uma explicação diferente. O mais provável é que foi a combinação do radicalismo artesanal com o evangelismo que estimulou o abolicionismo na Inglaterra, como observou Donald Mathews. Para uma discussão dessas questões, ver meus comentários sobre o trabalho de Roger Anstey, "Slavery and the Protestant Ethic", em Michael Craton ed., *Roots and Branches: Current Directions in Slave Studies* (Toronto, 1979), 173-77.

Ver também Donald G. Mathews, "Religion and Slavery: The Case of the American South", em Anstey, Bolt e Drescher, eds., *Anti-Slavery, Religion and Reform*, 107-32. Para mais detalhes, ver nota 52.

52. Para a ligação entre evangelismo e abolicionismo, ver Roger Anstey, *The Atlantic Slave Trade and British Abolition*, 1760-1810 (Londres, 1975) e "Slavery and the Protestant Ethic", em Craton, ed., *Roots and Branches*. Ver também meus comentários, no mesmo volume (pp. 173-79), sobre o trabalho de Anstey "Slavery and the Protestant Ethic". Para o debate sobre o abolicionismo, ver David Brion Davis, "Reflection on Abolitionism and Ideological Hegemony", *American Historical Review*, 92 (outubro, 1987):797-812; John Ashworth, "The Relationshhip Between Capitalism and Humanitarianism", ibid., 813-28; Thomas Haskell, "Convention and Hegemonic Interest in the Debate over Antislavery: A Reply to Davis and Ashworth", ibid., 829-78. Para maiores detalhes, ver Seymour Drescher, *Econocide: British Slavery in the Era of Abolition* (Pittsburgh, 1977) e *Capitalism and Anti-Slavery: British Mobilization in Comparative Perspective* (Nova York, 1987); Solow e Engerman, eds., *British Capitalism and Caribbean Slavery*; David Eltis, *Economic Growth and the Ending of the Transatlantic Slave Trade* (Nova York, 1987); David Brion Davis, *Slavery and Human Progress* (Nova York, 1982); Eltis e Walvin, eds., *The Abolition of the Atlantic Slave Trade*; Stanley Engerman, "The Slave Trade and British Capital Formation in the Eighteenth Century: A Comment on the Williams Thesis", *Business History Review*, 46 (inverno, 1972):430-43; Howard Temperley, "Capitalism, Slavery, and Ideology", *Past and Present*, 75 (1977):94-118; Drescher, "Cart Whip and Billy Roller", 3-24; Anstey, Bolt e Drescher, eds., *Anti-Slavery, Religion, and Reform*; e Betty Fladeland, *Abolitionists and Working-Class Problems in the Age of Industrialization* (Baton Rouge, 1984).

53. Roger Anstey enfatiza que o antiescravismo devia muito a algumas tendências teológicas dentro do protestantismo, vigentes nos séculos XVIII e XIX: arminianismo, redenção, santificação, pós-milenarismo e denominacionalismo. A primeira, porque essa linha postula que o Evangelho seja pregado a todos, pois a graça salvadora de Deus estava disponível para todos; a segunda, por redefinir a redenção de modo a ela se aplicar ao presente; o "pós-milenarismo", por sua crença profética na perfeição humana. A conversão estava ligada a benevolência, compaixão, perfeccionismo e a "expectativas milenaristas". Anstey acredita que, juntas, essas tendências explicam a participação dos evangélicos na campanha antiescravista. Anstey, "Slavery and the Protestant Ethic", em Craton, ed., *Roots and Branches*. Para um desdobramento da teses de Anstey, ver sua obra *The Atlantic Slave Trade and British Abolition*; Hurvitz, em *Politics and the Public Conscience*, onde também examina as ligações entre evangelismo e abolicionismo.

54. Francis Cox, *A History of the Baptist Missionary Society 1792-1842* (2 vols., Londres, 1842); Horne, *The Story of the LMS*; William Ellis, *The History of the London Missionary Society* (Londres, 1844); George G. Findlay e William W. Holdsworth, *The History of the Wesleyan Missionary Society* (5 vols., Londres, 1921-24); James Hutton, *History of the Moravian Missions* (Londres, 1922); Stiv Jakobson, *Am I Not a Man and a Brother?* (Gleerup, Uppsala, 1972); John Owen, *The History of the Origin and First Ten Years of the British and Foreign Bible Society* (2 vols., Londres, 1816); Eugene Stock, *The History of the Church Missionary Society* (4 vols., Londres, 1899-1916); Augustus Thompson, *Moravian Missions* (Londres, 1883).

55. Horne, *The Story of the LMS,* 2.

56. Somente em 1828 obtiveram-se direitos políticos integrais para todas as denominações. Turner, *Slaves and Missionaries,* 69. Para um panorama da luta dos dissidentes pela abolição dos Test and Corporation Acts, 1787-1790, ver Albert Goodwin, *The Friends of Liberty: The English Democratic Movement in the Age of the French Revolution* (Cambridge, Mass., 1979), 65-97.

57. *Evangelical Magazine,* 3 (outubro, 1795):425.

58. Ibid., 4 (janeiro, 1796):35-39.

59. Ibid., 4 (janeiro, 1796):35-39.

60. Ibid., 12 (abril, 1804):181.

61. Ibid., 1 ([julho?] 1793):1.

62. Ibid., 3 (dezembro, 1795):509.

63. A LMS não era a única organização a recrutar missionários entre os artesãos. Os batistas adotavam orientação semelhante. Ver Duncan Rice, "The Missionary Context of the British Anti-Slavery Movement", em Walvin, *Slavery and British Society,* 155.

64. Em agosto de 1796, o navio *Duff* levou trinta missionários para seu destino nos mares do Sul. Apenas quatro tinham sido treinados e recebido ordens como ministros, 25 eram artesãos e um era cirurgião. Entre os artesãos havia pedreiros, carpinteiros, alfaiates, tecelões, um ferreiro e um artilheiro da Artilharia Real. Horne, *The Story of the LMS,* 23.

65. *Evangelical Magazine,* 22 (janeiro, 1814):11.

66. Numa carta ao editor da *Evangelical Magazine* o autor escreveu: "Além disso, aqueles que estão interessados no assunto nunca deveriam perder de vista que há uma grande diversidade nos campos da labuta missionária, e conquanto a China, o Industão e outras nações civilizadas possam necessitar de pessoas de talentos e dotes superiores, há muitos outros países onde o zelo de homens de aptidões e conhecimentos humildes pode ser apreciado da forma mais útil. Entre os hotentotes, os negros e uma quantidade de outras tribos rudes da humanidade, eles encontrarão um amplo campo para seus esforços". *Evangelical Magazine,* 21 (novembro, 1813):415.

67. Para uma correlação entre o não conformismo e as petições antiescravistas, ver Gilbert, *Religion and Society in Industrial England.* Para o apoio dado pelos operários ao abolicionismo, ver Betty Fladeland, "Our Cause Being One and the Same: Abolitionism and Chartism", em Walvin, ed., *Slavery and British Society,* 69-99. Para uma maneira de ver diversa, ver Patricia Hollis, "Anti-Slavery and British Working-Class Radicalism in the Years of Reform", em Anstey, Bolt e Drescher, eds., *Anti-Slavery, Religion, and Reform,* 294-318. Enquanto Fladeland enfatiza o apoio dado pelos operários ao abolicionismo, Hollis enfatiza a antipatia dos operários pelo movimento abolicionista. Essa contradição pode ser solucionada se se considerar os elos existentes entre evangelismo e abolicionismo. O apoio à campanha abolicionista pode ter vindo predominantemente de artesãos e operários que se converteram aos movimentos evangélicos, embora talvez tenha havido grupos radicais da classe operária que também denunciavam a escravidão. Essa interpretação é formulada por James Walvin em "The Propaganda of Anti-Slavery", em Walvin, ed., *Slavery and British Society,* 64-65. Ver também, do mesmo autor, "The Impact of Slavery on British Radical Politics: 1787-1838", em Rubin e Tuden, eds., *Comparative Perspectives on Slavery in New World Plantation Socie-*

ties, 343-55. Seymour Drescher, em *Capitalism and Antislavery*, expressa um ponto de vista semelhante.

68. *Evangelical Magazine*, 13 (janeiro, 1805):25, (março, 1805):123, (maio, 1805):212, (junho, 1805):276.

69. Para a ligação entre antiescravismo e evangelismo, ver, além das notas 51 e 52, anteriores, David Brion Davis, *The Problem of Slavery in the Age of Revolution 1770-1823* (Ithaca, 1975); Drescher, *Capitalism and Antislavery*, cap. 6.

70. P.R.O. C.O. 111/28 tem uma "Lista de holandeses proprietários de fazendas em Demerara, Essequebo e Berbice, cujas propriedades estão hipotecadas a cidadãos britânicos", de 1819.

71. Uma lista de fazendas, referente ao ano de 1810, mostra que aproximadamente um terço tem nomes holandeses. *Royal Gazette*, 3 de novembro de 1810.

72. Henry Bolingbroke, *A Voyage to Demerary, 1799-1806* (Vincent Roth, ed., Georgetown, 1941). Citado daqui em diante como Bolingbroke, *Voyage*.

73. Em 1815, os colonos enfrentaram de novo a possibilidade de Demerara passar para outras mãos. A *Royal Gazette* de 15 de abril de 1815 comentou com ironia, "De que deliciosa vida de incerteza novamente desfrutamos. Primeiro, com resignação recomendável conformamo-nos em nos tornarmos holandeses como consequência da restauração desses reinos e tudo o mais — depois em continuarmos na nossa atual situação de 'estar entre', com a balança de certo modo pendendo em favor de sermos britânicos!". Na ocasião, os colonos se perguntavam o que resultaria das discussões que ocorriam na Europa depois da derrota de Napoleão. Conforme os novos tratados, Demerara deveria permanecer britânica. Entretanto havia um tom amargo quando o editor da *Gazette* comentava: "Afinal, eles condescenderam em nos informar a quem pertencemos". *Royal Gazette*, 15 de abril de 1815.

74. James Rodway, *History of British Guiana, from the Year 1668 to the Present Time* (3 vols., Georgetown, 1891-94), 2:164. Ver também Cecil Clementi, *A Constitutional History of British Guyana* (Londres, 1947); Henry G. Dalton, *The History of the British Guyana* (Londres, 1855); V. T. Daily, *A Short History of the Guyanese People* (Nova York, 1975); D. A. G. Waddel, *The West Indies and the Guianas* (Englewood Cliffs, N.J., 1967); Roy Arthur Glasgow, *Guyana: Race and Politics Amont Africans and East Indians* (Haia, 1970); E. S. Stoby, *British Guiana Centenary Year Book, 1831-1931* (Georgetown, 1931). A. R. E. Webber, *Centenary History and Book of British Guiana* (Georgetown, 1931).

75. *Royal Gazette*, 5 de abril de 1807.

76. Ordens do conselho emitidas em 1805 impediram o prosseguimento das importações de escravos da África para a Guiana. Blackburn, *The Overthrow of Colonial Slavery*, 106.

77. Rubin e Tuden, eds., *Comparative Perspectives on Slavery in New World Plantation Societies*, 184.

78. *Royal Gazette*, 22 de março de 1806.

79. Esse processo era seletivo. Ele reproduzia as ambiguidades e contradições das representações ideológicas metropolitanas. As elites coloniais encontravam apoio no pensamento conservador britânico, enquanto pessoas como Smith encontravam amparo na nova ideologia liberal. Mas todos se orgulhavam da sua condição de "europeus". Todos na realidade inventavam uma "metrópole" ao selecionar algumas formas de representação desta e rejeitar outras.

As elites coloniais, por exemplo, rejeitavam as tendências ideológicas que ameaçavam a ordem social colonial. Vista da perspectiva deles, a nova ideologia "burguesa" adquiria uma transparência especial. Um bom exemplo é o modo como os colonos denunciavam a ideologia do "trabalho livre". Ao mesmo tempo, a identificação com a "metrópole" era essencial para a manutenção das formas coloniais de dominação.

80. *Royal Gazette,* 7 de setembro de 1819.

81. A *Royal Gazette,* de 21 de julho de 1821, transcreve as observações de Marryat enfatizando que muito da miséria pela qual os escravos passavam em Demerara devia ser atribuída às leis holandesas ainda vigentes. Ver opinião análoga em P.R.O. C.O.111/23; ibid., 112/12; e também Bolingbroke, *Voyage.*

82. Em 8 de maio de 1821, a *Royal Gazette* publicou um artigo típico, "The Political influence of England". Partia da ideia de que não havia outra nação na Europa na qual os "princípios de liberdade" fossem tão "bem compreendidos". E a *Gazette* se gabava de que nenhuma outra nação tinha uma proporção tão grande do seu povo "qualificada para falar e agir com autoridade [...] sempre pronta a adotar uma perspectiva razoável, liberal e prática".

83. Relatório do Comitê da *Society for the Mitigation and Gradual Abolition of Slavery* (Londres, 1824), 76.

84. William Blackstone, em seus comentários a respeito das leis inglesas, publicados pela primeira vez em 1765, escreveu: "A ideia e a prática dessa liberdade civil e política floresce no mais alto grau nesses Reinos, onde fica muito pouco aquém da perfeição, e só podem ser perdidas ou destruídas através dos elementos de seu possuidor; a legislatura, e naturalmente as leis da Inglaterra, sendo peculiarmente adaptadas à preservação dessas bênçãos inestimáveis, até mesmo no pior dos súditos [...]. E esse espírito de liberdade está tão entranhado na nossa constituição, e tão enraizado até mesmo no nosso solo, que um escravo ou um negro, assim que desembarca na Inglaterra, já se encontra sob a proteção das leis e se torna no mesmo instante um homem livre". Citado em Blackburn, *The Overthrow of Colonial Slavery,* 81.

85. Ver Christopher Hill, *The Century of Revolution,* 1603-1714 (Londres, 1980); Edward P. Thompson, *Whigs and Hunters* (Londres, 1975); Philip Corrigan e Derek Sayer, *The Great Arch* (Oxford, 1985); Roy Porter, *English Society in the Eighteenth Century* (Londres, 1982); e Blackburn, *The Overthrow of Colonial Slavery;* Douglas Hay et al., *Albion's Fatal Tree: Crime and Society in Eighteenth Century England* (Nova York, 1975).

86. Ver, por exemplo, as apelações de Rough e Johnston em P.R.O. C.O. 111/43. Ver também em Arquivos da London Missionary Society, Diversos: O caso do sargento Rough.

87. *Royal Gazette,* 27 de março de 1821. Transportes e hipotecas na fazenda Good Hope, "sem prejuízo dos direitos a uma certa hipoteca na dita propriedade em favor de Sarah Barnwell, mulher de cor livre".

88. De acordo com Higman, em todos os distritos de Georgetown havia uma proporção semelhante de escravos, brancos e libertos. Barry W. Higman, *Slave Populations of the British Caribbean,* 1807-1834 (Baltimore, 1984), 99.

89. LMS IC, Berbice, carta de Wray, 4 de novembro de 1824.

90. *Royal Gazette,* 7 de agosto de 1810.

91. Ibid., 17 de janeiro de 1807.

92. Ibid., 24 de agosto de 1822.

93. Ibid., 11 de setembro de 1819.

94. O debate entre o *Guiana Chronicle* e o *Royal Gazette* mostrou duas noções opostas sobre a imprensa. De um lado, a imprensa depende do patrocínio de partidos ou do governo e supostamente serve ao "interesse público". Aceita-se a censura como necessária para manter os comentários políticos dentro de limites "toleráveis", conforme sejam estes definidos pelos grupos dominantes. De outro lado, a imprensa, ao que se presume, depende do patrocínio do "público" (mercado) e serve a interesses "individuais", não de partidos. Ela repudia a censura e se proclama uma "imprensa livre". Na prática, naturalmente, as coisas eram diferentes. O *Guiana Chronicle,* que servia de instrumento ao mercado, tornou-se a voz dos fazendeiros e negociantes ricos, e um firme inimigo dos missionários. Ver *Royal Gazette,* 8 e 10 de agosto de 1822.

95. Em maio de 1799, os Estados Gerais, à instância dos fazendeiros da Guiana, resolveram adotar medidas vigorosas de apoio ao tráfico de escravos. Assim, eles votaram pela destinação de 250 mil florins para a Companhia das Índias Ocidentais e promulgaram diversas leis para estimular a importação de escravos em suas colônias. *Royal Gazette,* 15 de junho de 1820.

96. R. E. G. Farley, "Aspects of Economic History of British Guyana 1781-1852", citado por Alan H. Adamson em *Sugar Without Slaves: The Political Economy of British Guyana, 1838-1904* (New Haven, 1972).

97. Em 1796, Liverpool importou 6 mil fardos de algodão de Essequibo e Demerara. Em 1804, importou quatro vezes mais. Também se registraram aumentos semelhantes em Londres, Glasgow e Bristol. Bolingbroke, *Voyage,* 139.

98. Para mais detalhes, ver o cap. 2. Para um período posterior, ver dois livros extraordinários: Adamson, *Sugar Without Slaves* e Walter Rodney, *A History of the Guyanese Working People, 1881-1905* (2ª impressão, Baltimore, 1982).

99. LMS IC, Demerara, carta de Wray, 9 de outubro de 1812.

100. Anos depois, quando se mudou para Berbice, Wray se queixou de que construir uma chaminé em Berbice custaria tanto quanto construir uma igreja inteira na Índia. Ele teve de pagar cinco xelins por dia para um pedreiro que fez apenas um terço do trabalho que um marceneiro na Inglaterra faria. Também se queixou de que não encontrava um par de sapatos por menos de dezoito a vinte xelins, e de que uma empregada lhe custava cerca de duas libras por mês. LMS IC, Berbice, carta de Wray, 7 de outubro de 1824.

101. Williams, *Documents,* 319-20.

102. Ibid.

103. Ibid., 335.

104. Por todo o Caribe ouviram-se queixas semelhantes. Ragatz, *The Fall of the Planter Class,* 327.

105. Rodway, *History of British Guyana,* II, 196.

106. Estimativas do número de representantes das Índias Ocidentais no Parlamento britânico no período entre 1820 e 1830 variam de 39 a 56, enquanto havia cerca de trinta pares na Câmara alta entre 1821 e 1833. Roger Anstey, "The Pattern of British Abolitionism in the Eighteenth and Nineteenth Centuries", em Anstey, Bolt e Drescher, eds., *Anti-Slavery, Religion, and Reform,* 24. Ver também C. Duncan Rice, *The Rise and Fall of Black Slavery* (Nova York,

1975), 133. O melhor ensaio é o de Barry Higman, "The West India 'Interest' in Parliament, 1807-1833", *Historical Studies*, 13 (outubro, 1967): 1-19. Ver também G. P. Judd, *Members of Parliament, 1734-1832* (New Haven, 1955); Douglas Hall, *A Brief History of the West India Committee* (Panfletos da história caribenha, 1971); Ragatz, *The Fall of the Planter Class*.

107. *Royal Gazette*, 13 de junho de 1820.

108. Ibid., 29 de junho de 1820.

109. Ibid., 24 de abril de 1821.

110. Ibid., 19 de junho de 1821.

111. Ragatz, *The Fall of the Planter Class*, 390-95.

112. *Royal Gazette*, 2, 7 de março, 16 de abril, 27 de julho, de 1816. O projeto de lei apresentado por Wilberforce em 1815 foi derrotado, mas as legislaturas coloniais foram "convidadas" a introduzir mecanismos de registro próprios. Rice, *The Rise and Fall of Black Slavery*, 249.

113. O grupo das Índias Ocidentais, encabeçado por Charles Ellis, Keih Douglas e Joseph Marryat, confrontou-se com Ricardo e Wilberforce. E embora os representantes das Índias Ocidentais tivessem ganho por uma larga margem, o debate irritou os colonos que se viram mais uma vez alvo de críticas severas. Ragatz, *The Fall of the Planter Class*, 364.

114. Alexander McDonnell, *Considerations on Negro Slavery, with Authentic Reports, Illustrative of the Actual Condition on the Negroes em Demerara* (2ª ed., Londres, 1825).

115. Ninguém exemplifica melhor essa classe do que John Gladstone. S. G. Checkland, *The Gladstones: A Family Biography, 1754-1851* (Cambridge, Ing., *1971)*. Havia uma profunda diferença entre fazendeiros residentes e fazendeiros como Gladstone, que moravam na Inglaterra, e essa diferença só fez crescer com o tempo.

116. Entre os que representavam o Caribe na Câmara dos Comuns entre 1785 e 1830 estavam William Beckford, Bryan Edwards, Charles Ellis, George Hibbert, Joseph Marryat, John Gladstone, Alexander Grant, William Young, e muitos outros. Ragatz, *The Fall of the Planter Class*, 52-53. Barry Higman chama atenção para as tensões internas no próprio lobby das Índias Ocidentais, primeiro, entre fazendeiros e negociantes, e depois entre os representantes das "velhas" e os das "novas" colônias. Na ocasião da abolição do tráfico de escravos, os representantes das velhas colônias estavam mais inclinados a apoiar a moção para reduzir a competitividade das novas colônias. Quando as leis de melhorias foram discutidas, apenas James Blair, que tinha investimentos de vulto em Demerara, opôs-se a elas. Além disso, dezesseis membros do Parlamento das Índias Ocidentais também tinham interesses nas Índias Orientais. Ver Barry W. Higman, "The West India 'Interest' in Parliament, 1807-1833". Ver também Eric Williams, *Capitalism and Slavery* (Nova York, *1966)*.

117. John Gladstone foi um representante típico desse grupo. Nascido na Baixa Escócia, em 1764, concentrou suas atividades comerciais em Liverpool. Durante a Guerra com a França, ele progrediu muito. Já em 1797 ele era um bem-sucedido segurador de navios que se destinavam ao Báltico, América, África e Índias Ocidentais. Em 1799 seus bens chegavam a pelo menos 40 mil libras. Passou então a investir em imóveis. Em 1800, após a morte da primeira esposa, casou-se com uma moça cuja família era da região montanhosa da Escócia. Durante a época da guerra, Gladstone expandiu e diversificou seus negócios. Seus navios dirigiam-se ao Báltico e à Rússia para comprar trigo. Mas ele também comercializava produtos tropicais, co-

mo algodão, açúcar e café. Em 1803, ele e um sócio elevaram para 1500 libras o valor da hipoteca de uma propriedade em Demerara, a fazenda Belmont. Gladstone também era fornecedor de madeira, arenque salgado e outras mercadorias, e passou a ser agente a serviço de outras fazendas. Embora fosse proprietário de escravos, Gladstone apoiou a abolição do tráfico. Em 1807, ele se tornou sócio do *Courier* de Liverpool. Não tardou muito e ele já estava mandando navios para a Argentina, o Brasil e a Índia. Em 1809, foi eleito presidente da Liverpool West Indian Association. Gladstone expandiu seus negócios em Demerara e adquiriu participação na metade da fazenda Success. Sua fortuna e seus laços familiares lhe propiciaram ligações políticas importantes. Tornou-se amigo de ministros e confidente de primeiros-ministros, e seus laços políticos fizeram-no ainda mais rico. Em 1815, sua fortuna montava a 200 mil libras. Em 1818, foi eleito para a Câmara dos Comuns e estabeleceu uma base em Londres. Associado a John Wilson, Charles Simson e outros, expandiu seus negócios em Demerara e comprou a outra metade da Success, transformando-a em fazenda de açúcar e dobrando o número de escravos. Também adquiriu a Vredenhoop, uma propriedade com 430 escravos. Àquela altura ele já granjeara na Grã-Bretanha a reputação de filantropo. Evangélico piedoso, ele conseguiu ganhar dinheiro com suas obras de caridade fazendo construir igrejas e escolas para os pobres. Voltou-se então para a construção de canais e estradas de ferro. De 1821 a 1828, sua fortuna passou de 350 mil para 500 mil libras e sua renda anual aumentou de 30 mil para 40 mil libras. Checkland, *The Gladstones*.

118. McDonnell, *Considerations on Negro Slavery*, 17, 26.

119. Ibid., 36.

120. Ibid., 60.

121. Ibid., 76.

122. Ibid., 235-46.

123. *Evangelical Magazine*, 17 (fevereiro, 1809):83-84.

2. MUNDOS CONTRADITÓRIOS: SENHORES E ESCRAVOS (pp. 68-124)

1. Adaptação de uma observação atribuída a um escravo, citada em *Great News from the Barbadoes, or A True and Faithful Account of the Grand Conspiracy of the Negroes Against the English and the Happy Discovery of the Same. With the Number of Those That Were Burned Alive, Beheaded, and Otherwise Executed for Their Horrid Crime. With a Short Description of That Plantation*, citada por Michael Craton, em *Testing the Chains: Resistance to Slavery in the British West Indies* (Ithaca, Nova York e Londres, 1982), 109.

2. A primeira (?) edição de *A Voyage to Demerary* surgiu em 1807. Publicou-se uma segunda edição em 1809 e uma terceira em 1813. Em 1941, publicou-se em Georgetown uma edição preparada por Vincent Roth, com um prefácio de J. Graham Cruickshank. Usei tanto a edição de 1807 quanto a de 1941; as notas referem-se à última.

3. Eugene D. Genovese e Elizabeth Fox-Genovese, *Fruits of Merchant Capital: Slavery and Bourgeois Property in the Rise and Expansion of Capitalism* (Nova York, 1983).

4. Bolingbroke, *Voyage*, 207.

5. Ibid., 23, 207.

6. Deve-se observar que embora os historiadores britânicos hoje digam que naquela época não havia mais "campesinato", Bolingbroke usa a expressão. *Voyage*, 31. Para uma crítica à noção de um campesinato inglês, ver E. J. Hobsbawm e George Rudé, *Captain Swing* (Nova York, 1968).

7. Bolingbroke, *Voyage*, 31.

8. Essa imagem contrastante datava da colonização inglesa na América. Ver Edmund S. Morgan, *American Freedom, American Slavery* (Nova York, 1975). Ela aparece de novo, muito mais tarde, nos conflitos entre ingleses e holandeses na África do Sul. Leonard Thompson, *The Political Mythology of Apartheid* (New Haven, 1985). Tornou-se parte da história da Guiana. Henry G. Dalton, *The History of British Guiana* (2 vols., Londres, 1855), 2:325. A *Royal Gazette* de 21 de julho de 1821 transcreve um artigo de Marryat atribuindo a miséria dos escravos de Demerara às leis holandesas. Numa carta à London Missionary Society, John Wray também contrapôs o comportamento implacável dos holandeses ao comportamento esclarecido do comissário britânico em Berbice. Por conveniência ou ingenuidade, criava-se e recriava-se o mito sempre que britânicos e holandeses competiam uns com os outros pelo controle dos territórios coloniais.

9. Bolingbroke, *Voyage*, 146. No caso dos fazendeiros que irão desempenhar papéis de destaque neste livro, essas distinções entre hábitos e atitudes holandeses e britânicos não se sustentam. O homem que levou os primeiros missionários a Demerara, Hermanus Post, enriquecera trabalhando lado a lado com seus escravos nos primeiros anos. Quanto à brutalidade, os fazendeiros com nomes holandeses como Hermanus Post e Henry Van Cooten mostrar-se-iam menos brutais do que homens como Alexander Simpson ou Michael McTurk, que desempenharam papéis destacados na supressão da rebelião.

10. Walter E. Roth, ed., *The Story of the Slave Rebellion in Berbice, 1762*. Traduzida da obra de J. H. Hartsinek, *Beschryving van Guiana* [...] (Amsterdã, 1770), no *Journal of the British Guiana Museum and Zoo*, nos 21-27 (dezembro, 1958-setembro, 1960); Robert Moore, "Slave Rebellions in Guyana" (mimeos, Universidade da Guiana, 1971).

11. Imagens contrastantes análogas podem também ser encontradas em livros de viajantes que visitaram outras sociedades escravistas no século xix. No Brasil, observou-se o mesmo fenômeno. Os historiadores acentuaram as diferenças entre proprietários de fazendas que viveram na primeira metade do século e aqueles que se tornaram fazendeiros em período posterior. Essa diferença às vezes se caracterizava por uma oposição entre regiões diferentes: fazendeiros de café do vale do Paraíba distinguiam-se dos fazendeiros de café do Oeste. Em anos mais recentes, porém, os historiadores vêm repudiando essas distinções. Eles enfatizam que os fazendeiros sempre estiveram interessados no lucro — o que é verdadeiro — e parecem inferir disso que todos os fazendeiros eram iguais e se relacionavam com os escravos da mesma maneira, o que, naturalmente, não é verdadeiro. Esses historiadores minimizam a complexidade das relações senhor-escravo. Parecem esquecer que o impacto do sistema de produção na vida do escravo é necessariamente mediado por instituições e ideologias diferentes, e que o sistema de produção também muda, dependendo do grau de desenvolvimento tecnológico.

12. Claro que sempre houve rebeliões. Mas parece que a intensidade da resistência, sabotagem e insubordinação diárias cresceu com o passar do tempo. A complexidade tecnológica crescente e as taxas cada vez maiores de investimento de capital tornaram as fazendas muito mais vulneráveis à rebeldia dos escravos, e essa vulnerabilidade talvez tenha aguçado nos brancos a consciência da ameaça.

13. Quando W. S. Austin, que fora ministro da Igreja Anglicana em Demerara na época da rebelião, testemunhou na Câmara dos Comuns em 1832, ele disse que os holandeses eram mais severos do que os ingleses, mas que a carga de trabalho era menos pesada sob os holandeses. Comissão seleta sobre a extinção da escravidão em todo o domínio britânico, com as minutas das evidências, apêndice e índice. Câmara dos Comuns, agosto, 1832, P.R.O. C.O. zhci/1039.

14. lms ic, Demerara, carta de Van Gravesande, 1811.

15. Uma das fraquezas da teoria da dependência foi a de negligenciar o fato de que o impacto que o centro tem na periferia depende das estruturas políticas, econômicas e sociais assim como da intensidade da luta de classes que tem lugar tanto na periferia quanto no centro. Pode-se fazer uma crítica semelhante às abordagens dos "sistemas mundiais" [world system]. Para uma crítica nessa linha, ver Steve Stern, "Feudalism, Capitalism, and the World-System em the Perspective of Latin America and the Caribbean", American Historical Review, 4 (outubro, 1988):829-72; réplica em Immanuel Wallerstein, "Comments on Stern's Critical Tests", ibid., 873-86; e resposta de Stern em "Ever More Solitary", ibid., 886-97. Para um exemplo de uma síntese bem-sucedida que consegue conciliar a tendência local e a mundial, assim como a instância humana, no estudo de uma sociedade escravista, ver Dale W. Tomich, Slavery in the Circuit of Sugar: Martinique and the World Economy, 1830-1848 (Baltimore, 1990). Para uma tentativa semelhante no sentido de chegar a uma síntese criativa dessas diferentes abordagens num estudo de uma sociedade pós-emancipação, ver Michel-Rolph Trouillot, Peasants and Capital: Dominica in the World Economy (Baltimore, 1988).

16. De fato, quando a emancipação se concretizou, ela não correspondeu às esperanças dos escravos, e, embora tivesse causado a falência de alguns senhores, outros, como John Gladstone, usaram o dinheiro recebido como compensação para expandir suas fazendas. Dois livros excelentes retratam o que aconteceu depois da emancipação na Guiana: Alan H. Adamson, Sugar Without Slaves: The Political Economy of British Guiana, 1838-1904 (New Haven, 1972), e Walter Rodney, A History of the Guyanese Working People, 1881-1905 (Baltimore, 1981).

17. Um sistema complexo completamente desenvolvido de irrigação e drenagem exige um canal de 55 milhas por cada milha quadrada de terra cultivada. Ver Clive Y. Thomas, "Plantations, Peasants and State: A Story of the Mode of Sugar Production in Guyana" (Centro de Estudos Afro-americanos, Universidade da Califórnia, Los Angeles, 1984). Há uma descrição detalhada no The Overseer's Manual, or, A Guide to the Cane Field and the Sugar Factory for the Use of the Young Planters, Revised and Enlarged (1ª ed., Demerara, 1882; 3ª ed., 1887).

18. Walter E. Roth, ed. e trad., Richard Schomburgk's Travels in British Guiana, 1840-1844 (2 vols., Georgetown, 1922), 1:55.

19. Embora a densidade da população escrava para toda a Guiana fosse baixa, pois as colônias que a constituíam, Berbice, Demerara e Essequibo, cobriam uma grande área, a maior parte desocupada, a densidade na Costa Leste era extremamente alta. Na região entre Georgetown e o ribeirão Mahaica, os rebeldes de 1832 conseguiram arregimentar mais de 12 mil escravos. A densidade era provavelmente tão alta quanto a de Barbados, de aproximadamente quinhentos escravos por milha quadrada. Ver Barry W. Higman, Slave Populations of the British Caribbean, 1807-1834 (Baltimore, 1984), 85.

20. Em seu livro, Schomburgk diz que num solo rico e com cuidados e atenção, aquele que plantasse cana poderia produzir dezoito colheitas antes de plantar novas mudas. Ele cal-

culava que nos anos posteriores a 1840, a produção anual de um acre fosse de 2,5 toneladas de açúcar, 250 galões de melaço e cem galões de rum de alto teor alcoólico. Nas propriedades maiores, um sexto de toda a área cultivada era novamente plantado todo ano, e a colheita principal se dava em janeiro, fevereiro, março ou durante outubro, novembro, dezembro e janeiro. *Schomburgk's Travels*, 1:63.

21. A *Regra* sancionada em 1772 foi renovada e ampliada em 1776 e novamente em 1784. O que está no P.R.O. C.O. 111/43 é uma cópia da versão de 1784.

22. Administradores e senhores sabiam que os escravos usavam canções satíricas e até revolucionárias para desafiá-los ou atemorizá-los. Barbara Bush relata que "seguindo o que ocorria em Saint Domingue, por exemplo, as mulheres numa fazenda de Trinidad intimidaram seu senhor cantando uma velha canção revolucionária. Enquanto andavam pelo caminho balançando sobre suas cabeças os cestos usados na plantação elas chocalhavam vagens e dançavam ao ritmo deste refrão: *Vin c'est sang beque* [Vinho é sangue branco], *San Domingo, Nous va boire sang beque* [Vamos beber sangue branco], *San Domingo"*. Barbara Bush, "Towards Emancipation: Slave Women and Resistance to Coercive Labour Regimes in the British West Indian Colonies, 1790-1838", em David Richardson, ed., *Abolition and Its Aftermaths: The Historical Context, 1790-1816* (Londres, 1985), 42.

23. Na época em que Bolingbroke esteve em Demerara, a lei permitia apenas 39 chibatadas de cada vez. O que parece indicar que o castigo tornara-se mais severo desde que a *Regra* fora sancionada. Bolingbroke, *Voyage*, 39.

24. Não havia nenhuma referência explícita a escravos, mas sabemos de outras fontes que no período anterior tinha sido costume não dar trabalho aos escravos aos domingos.

25. Para uma breve história desse cargo, ver P.R.O. C.O. 116/155, apêndice 1. Para os procedimentos da função de fiscal ver "Cópias do registro dos procedimentos dos fiscais de Demerara e Berbice em sua qualidade de guardiães e protetores dos escravos, e sua decisão em todos os casos de queixas de senhores e escravos, com a explicação e os documentos, apresentados ao Parlamento por ordem de Sua Majestade" (Londres, s.d.), P.R.O. C.O. 116/156 e 116/138.

26. Aparentemente, os espanhóis adaptaram o costume vindo dos romanos. O fiscal de Demerara tinha funções semelhantes às do protetor de índios nas colônias espanholas. Uma instituição análoga existia na colônia holandesa do Cabo, na África. Ver Robert Ross, *Cape of Torments: Slavery and Resistance in South Africa* (Boston e Londres, 1983).

27. Bolingbroke caracterizou o fiscal como "o principal magistrado, acusador público e procurador-geral a promover todos os casos de ação penal em nome do soberano". Além de um salário fixo, o fiscal recebia uma parte de todas as multas. Segundo Bolingbroke, "estima-se que o rendimento deste cargo, excluindo-se os emolumentos, seja de 3 mil libras por ano". Bolingbroke, *Voyage*, 52.

28. Após 1824, as funções do fiscal em Demerara fundiram-se com as do protetor de escravos, cargo criado pelo governo britânico como parte do esquema para melhorar as condições de vida dos escravos e prepará-los para a emancipação.

29. Às vezes, no entanto, até no período inicial, os escravos que apelavam para o fiscal eram vindicados. Bolingbroke conta o caso da condenação de um fazendeiro por maus-tratos a seus escravos. Aparentemente os escravos ficaram sem provisões por sete ou dez dias. Os

escravos mandaram uma delegação ao fiscal e convocou-se um tribunal extraordinário. Os escravos fizeram acusações, que foram confirmadas por testemunhas. O tribunal declarou ser o proprietário "uma pessoa inadequada" para administrar seus negócios e nomeou curadores para as propriedades dele, impondo-lhe uma "pena severa". Caso semelhante ocorreu em Essequibo, onde um membro do Tribunal de Justiça foi multado em 15 mil florins. Bolingbroke, *Voyage*, 230.

30. Em 1824, havia apenas 3500 brancos (a metade morando em Georgetown) e 4 mil negros livres numa população total de 82 mil habitantes. Entre 1811 e 1824, a população de negros libertos quase dobrou (embora esse aumento tivesse sido primordialmente no número de crianças), enquanto a população escrava declinou e a população branca cresceu apenas cerca de um terço. Com poucas exceções, o poder aquisitivo dos negros libertos era baixo.

31. Sobre os proprietários ausentes, ver o clássico ensaio de Douglas Hall, "Absentee-Proprietorship in the British West Indies, to About 1850", publicado originalmente na *Jamaican Historical Review*, 4 (1964):15-34, e reeditado em *Slaves, Free Men, Citizens: West Indian Perspectives*, Lombros Comitas e David Lowenthal, eds. (Nova York, 1973), 106-35. O artigo inclui uma extensa bibliografia sobre o tema. Hall sustenta que esse costume (proprietários ausentes) teve início nos primórdios da colonização inglesa. Uma outra fonte de absenteísmo surgiu com a lucratividade crescente da produção açucareira. A herança de propriedade antilhana por pessoa residente na Inglaterra foi uma terceira fonte. E uma quarta fonte foi a falência, com o confisco da propriedade pelos credores ingleses.

32. Roger Anstey, *The Atlantic Slave Trade and British Abolition, 1760-1810* (Londres, 1975), 375-76; Seymour Drescher, *Econocide: British Slavery in the Era of Abolition* (Pittsburgh, 1979), 78, 95. Higman fornece números até mais espantosos. De 1797 a 1805, Demerara importou algo como 40 607 escravos. *Slave Populations*, 428-29. É interessante observar que as tabelas fornecidas por Higman mostram que as duas colônias caribenhas que importaram mais escravos durante esse período foram Jamaica e Demerara-Essequibo, precisamente aquelas colônias onde ocorreram as maiores rebeliões de escravos. Todavia, em Barbados, onde houve uma rebelião em 1816, o influxo de escravos da África não foi muito significativo durante o mesmo período. O que significa que não se pode estabelecer uma simples correlação entre a presença de africanos e a ocorrência de rebeliões.

33. Também havia escravos africanos procedentes de colônias caribenhas. O *Royal Gazette* de 3 de outubro de 1807, por exemplo, trazia um aviso interessante: "Os assinantes informam a seus amigos que os comissionaram a comprar negros em Barbados que receberam por navio [...] duzentos escravos de primeira ordem, da Costa do Ouro". No número de 18 de julho de 1807 havia uma notícia sobre *"Ebbos"*. Até 27 de fevereiro de 1808, o jornal anunciava, "Novos negros de Barbados, de Windward e da Costa do Ouro", e, em 11 de junho, anunciava a venda de "cem angolanos experimentados (há três meses na colônia)".

34. Os registros referem-se ao ano de 1819. Eles também mostram que enquanto 12 867 escravos haviam nascido na África, outros 10 mil haviam nascido em outras colônias caribenhas e haviam sido transportados para Berbice. Higman, *Slave Populations*, 454-56.

35. George Pinckard desembarcou em Demerara em abril de 1796 e de lá saiu em maio de 1797. Em 1806, seu livro, em três volumes, foi publicado em Londres. Houve uma segunda edição, com capítulos adicionais. Pinckard morreu em 1835. Utilizei uma edição mais recente:

Vincent Roth, ed., *Letters from Guiana, Extracted from Notes on the West Indies and the Coast of Guiana by dr. George Pinckard*, 1796-97 (Georgetown, 1942), 331.

36. A fazenda *Cuming's Lodge,* por exemplo, tinha 209 escravos e produzia açúcar, rum e algodão.

37. Ver "Lista de propriedades em Demerary e Essequibo com o número de escravos de cada uma e a quantidade de produtos durante o ano de 1813", *Royal Gazette,* 8 de abril de 1815. As fazendas Vrees en Hoop e Unvlugt, por exemplo, tinham respectivamente 313 e 447 escravos e produziam açúcar, rum, café e algodão. Assim como a Hague, que na ocasião tinha 641 escravos, e as fazendas Good Hope, St. Christopher, Vergenoergen, e Blakenburg, com, respectivamente, 210, 251, 299 e 401 escravos. Outras como a Vive La Force (216) e a Hermitage (172) tinham apenas açúcar, rum e café. Na Costa Leste nessa época a maioria das fazendas tinham apenas algodão, embora algumas, como Le Resouvenir (396 escravos), Goed Verwagting (276), Plaisance (179), Beeter Hop (199), Vryheid's Lust (217), Industry (223), Wittenburg (114), e Le Reduit (144) tivessem todas plantações de café e algodão. Evidentemente, as combinações variavam, mas gradualmente as fazendas tenderam a produzir açúcar. Naquelas que não o fizeram, o número de escravos tendeu a diminuir, enquanto nas que mudaram para cana-de-açúcar este número tendeu a aumentar, apesar do declínio global da população escrava da colônia.

38. Isso foi calculado com base em cinquenta fazendas, de uma lista publicada no *Royal Gazette,* 1º de abril de 1815.

39. Higman mostra que de 1810 a 1820 um número crescente de escravos ocupava-se da produção de açúcar nas Colônias Unidas de Demerara e Essequibo. Em 1810, 58% trabalhavam em fazendas de cana, 10% em fazendas de café e 10% em fazendas de algodão; outros 8% em atividades urbanas e os restantes em outros tipos de produção agrícola, em criação, extração de madeira, pesca e assim por diante. Já em 1820, o número de escravos trabalhando em fazendas de açúcar aumentara para 72%, enquanto o número dos que trabalhavam com café e algodão declinara para, respectivamente, 6 e 10%. Higman, *Slave Populations,* tabela 3.8. É preciso notar que esse dados se referem à população total e não à da Costa Leste, onde a transição para o açúcar foi mais tardia.

40. Higman acha que no final do século XVIII, Demerara, Essequibo e Berbice eram os principais produtores coloniais de algodão e café. As colheitas desses produtos atingiram o auge aproximadamente em 1810; daí em diante eles foram cada vez mais eclipsados pelo açúcar. Entre 1810 e 1834, a produção de açúcar aumentou mais rapidamente do que em qualquer outra colônia, e a produção por escravo mais do que triplicou. Entre 1810 e 1831, a produção de café caiu de 19,2 milhões para 1,4 milhão de libras em Demerara e de 2,3 milhões para 27 mil libras em Essequibo. O algodão apresentou um padrão similar, caindo de 5,8 milhões para 400 mil libras em Demerara e de 1,3 milhão para 41 mil libras em Essequibo. A mudança para o açúcar foi mais notável em Essequibo. Na costa de Demerara, as fazendas de açúcar, de algodão e de café permaneceram todas com a mesma importância até a emancipação. Nas Colônias Unidas de Demerara e Essequibo em 1813, cerca de 22% dos escravos viviam do trabalho em fazendas de cana-de-açúcar, 31%, em fazendas de algodão, e 22%, cm fazendas de café. Higman. *Slave Populations,* 63.

41. É difícil avaliar a mudança que ocorria na Costa Leste porque os números, em sua

maior parte, estão agregados para a Colônia Unida de Demerara e Essequibo ou para Demerara como um todo, mas não estão especificados por regiões. Consegui identificar algumas fazendas usando diversas fontes, aí incluindo viajantes, anúncios de venda de fazendas nos jornais, diários dos missionários e listas de impostos publicadas nos jornais. Estas são particularmente interessantes porque listam as fazendas, o número de escravos e a produção por fazenda. Ver como exemplo aquelas publicadas na *Royal Gazette* de 8 de abril de 1815. Diversas listas nos relatórios dos protetores de escravos trazem os números correspondentes à quantidade de escravos por fazenda. P.R.O. C.O. 116/156. Várias outras fontes incluem informações sobre o tamanho das fazendas e sua produção. Listas de impostos (*Royal Gazette*, 3 de novembro de 1810 e 8 de abril de 1815) e almanaques são as mais importantes. Ver, por exemplo, o *Almanack and Local Guide of British Guiana and Military Lists, with a List of Estates from Corentyne to Pomeroon Rivers* (Demerara, 1832), 441. Para uma lista das fazendas na Costa Leste, com a quantidade de escravos e uma indicação das safras colhidas em 1823, ver Joshua Bryant, *Account of an Insurrection of the Negro Slaves in the Colony of Demerara* (Georgetown, 1824).

42. Cópias de Relatórios dos Protetores de Escravos: Relatórios Específicos, P.R.O. C.O. 116/156.

43. S. G. Checkland, *The Gladstones: A Family Biography*, 1764-1851 (Cambridge, Ing., 1971).

44. Já se percebiam os sinais desse processo por ocasião da rebelião. As fazendas John e Cove se fundiram, assim como Mon Repos e Endraght, e Enterprise e Bachelor's Adventure. Os relatórios de janeiro de 1830 mostravam que Bachelor's Adventure, Elizabeth Hall, e Enterprise tinham um total de 694 escravos. Cópias dos Relatórios dos Protetores de Escravos. P.R.O. C.O. 116/156.

45. Comparar os dados existentes em *The Local Guide, Conducting to Whatever is Worthy of Notice in the Colonies of Demerary and Essequebo for 1821* (Georgetown, 1821) com as informações contidas no *Almanack and Local Guide of British Guiana* para 1832. Ambas relacionam propriedades e número de escravos. O *Local Guide* também indica as safras produzidas por fazenda, além da prestação de contas anual, desde 1808, do açúcar, rum, algodão, café e melaço embarcados em Demerara e Essequibo. O guia indica que o número de navios dobrou durante o período.Ver também Noel Deer, *History of Sugar* (2 vols., Londres, 1949--50), 1:193-201.

46. Nessa época havia 750 mil escravos nas colônias britânicas produzindo 4 600 000 quintais, uma média de seis quintais por escravo. Em Saint Vincent, a produção por escravo atingia onze quintais, e em Trinidad, treze. Na Jamaica a produção era de seis quintais por escravo. Minutas das Provas Testemunhais ante o Comitê Seleto sobre a Situação das Colônias das Índias Ocidentais, P.R.O. C.O. zmci/1039.

47. Sobre Peter Rose, ver Cecilia McAlmont, "Peter Rose, The Years Before 1835", *History Gazette*, 19 (abril, 1990):2-9.

48. Comitê Seleto sobre a Extinção da Escravidão em Todos os Domínios Britânicos com as Minutas das Provas Testemunhais [...]. Câmara dos Comuns, agosto de 1832, P.R.O. C.O. zhci/1039.

49. Em 1808-09, na época em que John Wray chegou à colônia, a operação e a maquina-

ria de uma fazenda de açúcar custavam aproximadamente 10 mil libras. Vinte anos depois, o custo dobrara.

50. Comitê Seleto sobre a Extinção da Escravidão, P.R.O. C.O. ZHCI/1039.

51. Na maior parte do tempo havia duas turmas, e as mulheres pertenciam à segunda turma.

52. O testemunho de Peter Rose é confirmado por William Henery, que era proprietário em Berbice, dono de três fazendas, duas de açúcar e uma de café, com um total de 950 escravos. Henery havia residido vinte anos na colônia antes de se mudar para Liverpool. Em seu depoimento, ele disse que apenas um terço da população escrava era "mão de obra, efetivamente": os outros eram ou jovens demais ou velhos demais para serem úteis. Henery também declarou que onde o tráfico de escravos continuara como no Suriname, a população escrava era em geral mais produtiva e os escravos, mais baratos. Em 1830, disse ele, pagara uma média de 110 libras por escravos que ele poderia ter comprado em Suriname por quarenta. Comitê Seleto sobre a Extinção da Escravidão, P.R.O. C.O. ZHCI/1039, p. 94.

53. É possível que no decorrer do tempo, com a crescente mestiçagem, e, consequentemente, um equilíbrio até maior entre homens e mulheres, não só crescesse o número de mulheres como o de crianças.

54. Há muitas discrepâncias nos números fornecidos pelos diferentes documentos, porque alguns incluem Essequibo e outros, não. Os registros dos protetores de escravos estimaram uma população escrava total de 61109 em 1828, e 59492 em 1830. É importante notar, porém, que o número de escravos vivendo do trabalho nas propriedades não mudou de 1817 a 1823, embora a produção tivesse aumentado.

55. No final da década, entretanto, os preços de escravos começaram a diminuir. Isso parece indicar que, em face da crescente rebeldia dos escravos e temendo que a emancipação chegasse em breve, os fazendeiros passaram a investir menos em escravos.

56. Diversos despachos do Colonial Office indicam que o governo britânico tentou restringir esse tráfico, mas sem muito sucesso. Ver P.R.O. C.O. 112/5. Uma carta do Colonial Office datada de junho de 1823, por exemplo, observava que "Sua Majestade" autorizara John Henry e James (sobrenome ilegível) a remover 389 escravos das Bahamas para Demerara. Uma outra carta, escrita em 18 de março de 1823, conta sobre um despacho do governador de Demerara datado de 1º de janeiro a respeito da importação de escravos para a colônia proposta por Henry Curtis Pollard, que queria levar para lá escravos de Barbados. P.R.O. C.O. 111/43.

57. Relação de Escravos Importados com Licença entre 14 de janeiro de 1808 e 15 de setembro de 1821. P.R.O. C.O. 111/37.

58. Correspondência do Controlador da Alfândega de Demerary, relativa a uma importação ilícita de "negros" da Martinica, muitos dos quais eram "negros libertos". P.R.O. C.O. 111/43.

59. A taxa de mortalidade entre os brancos era até mais alta do que entre os negros. Se os relatórios oficiais sobre as mortes são confiáveis, 1098 brancos morreram de 1817 a 1821, enquanto apenas 1306 mortes ocorreram numa população muito maior de escravos. É possível que os números relativos a escravos mortos fossem muito mais altos do que os relatórios indicam, mas não tenham sido informados com precisão. Todavia, mesmo concedendo uma larga margem de erro, a diferença ainda é espantosa.

60. Por mais curioso que seja, quando se estabelece uma correlação entre doença, sexo e ocupação, torna-se óbvio que os que trabalhavam nos campos eram menos propensos a ter

tuberculose e doenças respiratórias do que os escravos "domésticos". Os que trabalhavam nos campos eram mais afetados pela diarreia. Higman, *Slave Populations*, 678.

61. Richard B. Sheridan, *Doctors and Slaves: A Medical and Demographic History of Slavery in the British West Indies*, 1680-1834 (Cambridge, Ing., 1985) e "The Crisis of Slave Subsistence in the British West Indies During and After the American Revolution", *William and Mary Quarterly*, 3ª série, 33 (1976):615-41; Kenneth F. Kiple e Virginia H. Kiple, *Another Dimension to the Black Diaspora: Diet, Disease and Racism* (Cambridge, Mass., 1982), "Deficiency Diseases in the Caribbean", *Journal of Interdisciplinary History*, 11:2 (Outono, 1980):197-215, e "Slave Child Mortality: Some Nutritional Answers to a Perennial Puzzle", *Journal of Social History*, 10 (1977):184-309; Richard Sheridan, "Mortality and the Medical Treatment of Slaves in the British West Indies", em Stanley L. Engerman e Eugene D. Genovese, eds., *Race and Slavery in the Western Hemisphere* (Princeton, 1974), 285-310; Higman, *Slave Populations*, 260-378; Robert Dirks, "Resource Fluctuations and Competitive Transformations in West Indian Slave Societies", em Charles E. Laughlin, Jr., e Ivan Brady, eds., *Extinction and Survival in Human Populations* (Nova York, 1978), 122-80.

62. Essa prática também era comum nos Estados Unidos. Ver George Rawick, *From Sundown to Sunup: The Making of the Black Community* (Westport, Conn., 1972), 69-70, e *The American Slave: A Composite Autobiography* (Westport, Conn., 1978); Eugene D. Genovese, *Roll, Jordan, Roll: The World the Slaves Made* (Nova York, 1974), 535-40; e Eugene D. Genovese e Elinor Miller, eds., *Plantation, Town, and Country: Essays on the Local History of American Slave Society* (Champaign-Urbana, Ill., 1974). Mas foi nas sociedades das fazendas caribenhas que as hortas e as roças de provisões se constituíram num traço comum, particularmente na Jamaica. A. J. Kox calculou que em 1832, na Jamaica, 71% do total da produção agrícola correspondia às exportações das fazendas, e o grosso do restante (27%) "provinha das roças dos escravos". "Opportunities and Opposition: The Rise of Jamaica's Black Peasantry and the Nature of Planter Resistance", *Caribbean Review of Sociology and Anthropology*, 14:4 (1977):386, citado por Sidney W. Mintz em "Slavery and the Rise of Peasantries", em Michael Craton, ed., *Roots and Branches: Current Directions in Slave Studies* (Toronto, 1979), 231. Ver também Sidney W. Mintz, *Caribbean Transformations* (Chicago, 1974), 146-56; Tomich, *Slavery in the Circuit of Sugar*. O melhor *survey* historiográfico sobre esse tema é o de Ciro Flamarion S. Cardoso, *Escravo ou camponês? O protocampesinato negro nas Américas* (São Paulo, 1987).

63. Para uma descrição muito útil da situação em diferentes colônias britânicas no Caribe, ver Higman, *Slave Populations*, 204-12. Para a Martinica, ver Tomich, *Slavery in the Circuit of Sugar*, 261-90.

64. Ver, por exemplo, Pinckard, *Letters from Guiana*, 25; e Bolingbroke, *Voyage*, 76. Encontraram-se costumes semelhantes em outras sociedades escravistas, gerando o que um autor chamou de economia informal. Ver Loren Schweninger, "The Underside of Slavery: The Internal Economy, Self-Hire, and Quasi-Freedom in Virginia", *Slave and Abolition*, 12:2 (setembro, 1991):1-22; Betty Wood, "White 'Society' and the 'Informal' Slave Economies of Lowcountry Georgia, *circa* 1763-1830", *Slavery and Abolition*, 11:3 (dezembro, 1990):313-31. Um número especial de *Slavery and Abolition*, 12:1 (maio, 1991), editado por Ira Berlin e Philip D. Morgan, dedica-se inteiramente a essa questão.

65. Alguns historiadores viram nessa prática uma "brecha campesina". Alguns viram os

escravos como camponeses em tempo parcial, e subcomerciantes e produtores de mercadorias. Para discussão desse tema ver Cardoso, *Escravo ou Camponês?* e "The Peasant Breach in the Slave System: New Developments in Brazil", *Luso-Brazilian Review*, 25 (1988):49-57; Mintz, *Caribbean Transformations;* Genovese, *Roll Jordan, Roll;* Sidney Mintz e Douglas Hall, *The Origins of the Jamaican Internal Marketing System* (Occasional Papers, New Haven, 1960); e os seguintes ensaios no número especial da *Slavery and Abolition,* 12:1 (maio, 1991), editado por Ira Berlin e Philip Morgan; Hilary McD. Beckles, "An Economic Life of Their Own: Slaves as Commodity Producers and Distributors in Barbados", 31-48; Woodville K. Marshall, "Provision Ground and Plantation Labour in Four Windward Islands: Competition for Resources During Slavery", 48-67; Dale Tomich, "Une Petite Guinée: Provision Groun and Plantation in Martinique, 1830-1848", 68-92; Mary Turner, "Slave Workers Subsistence and Labour Bargaining: Amity Hall, Jamaica, 1805-1832", 92-106; John Campbell, "As 'A Kind of Freeman'? Slaves' Market-Related Activities in the South Carolina Upcountry, 1800-1860", 131-69; John T. Schlotterbeck, "The Internal Economy of Slavery in Rural Piedmont Virginia", 170-81; Roderick A. McDonald, "Independent Economic Production by Slaves on Antebellum Louisiana Sugar Plantations", 182-208; Tomich, *Slavery in the Circuit of Sugar,* 179.

66. Bolingbroke, *Voyage,* 76. Esse foi por certo um caso excepcional, mas há outras provas de que os escravos conseguiram acumular algum dinheiro trabalhando aos domingos, criando galinhas e porcos, plantando legumes em suas hortas e roças e vendendo o excedente nos mercados ou para seus senhores. As contribuições feitas pelos escravos coletivamente para a capela durante os anos em que Wray e Smith estiveram em Demerara chegam a uma quantia entre cem e duzentas libras por ano. A renda dos escravos, porém, teria sido cada vez mais limitada com a redução do seu tempo livre. Assim, não é de surpreender que os escravos na época da rebelião pedissem mais tempo para si próprios.

67. *Royal Gazette,* 18 de outubro de 1821. Essas ordens eram periodicamente reativadas, o que parece indicar que muitos as rejeitavam.

68. Há também alguns indícios contraditórios que sugerem que em algumas fazendas ainda havia roças para cultivo de provisões, mas que de um modo geral o costume estava sendo abandonado.

69. O médico Alexander McDonnel usou a expressão "mandíbula cerrada" para o tétano. *Considerations on Negro Slavery* (Londres, 1825), 177. Ele também disse que muitas crianças morriam porque suas mães as amamentavam excessivamente e por tempo demasiadamente longo, fazendo com que os estômagos delas crescessem; observação que revelava tanto seus preconceitos quanto sua ignorância. Sobre mortalidade infantil, ver Kenneth F. Kiple e Virginia H. Kiple, "Slave Child Mortality", 284-309.

70. Tabela de "Registered Births and Deaths by Colony, Demerara and Essequibo", Higman, *Slave Populations,* 641.

71. Sheridan, *Doctors and Slaves,* 244.

72. Havia, entretanto, alguns sinais promissores no período do triênio 1826-29, provavelmente em consequência da crescente pressão do governo britânico e da preocupação cada vez maior dos fazendeiros com o declínio do número de escravos.

73. Isso foi sugerido em 1817. P.R.O. C.O. 112/5. Ver também os anúncios na *Royal Gazette,* 8 de março de 1819 e 3 de março de 1821.

74. Os dados sobre população, ano de 1824, mostravam que havia uma população de 3153 brancos e 4117 negros libertos. P.R.O. C.O. 116/193. Higman observa que entre 1807 e 1834 o número total de escravos no Caribe britânico declinou a uma taxa média de 0,5% ao ano. Mas o declínio foi ainda maior nas novas colônias açucareiras (Dominica, Santa Lucia, Saint Vincent, Granada, Tobago, Trinidad, Demerara-Essequibo, Berbice) do que nas colônias mais antigas ou marginais. Demerara e Essequibo, durante o mesmo período, apresentaram um declínio total de 20,6%, enquanto em Berbice a queda havia sido de 32%. Higman, *Slave Populations,* 72. Uma das razões para a disparidade entre Berbice e Demerara-Essequibo é o grande número de escravos que foram transferidos de Berbice para Demerara e Essequibo.

75. O novo regulamento anulou os atos anteriores de 1793 e 1804. Ver *Royal Gazette,* 11 e 14 de março, 10 de abril, e 8 de julho, de 1815. Uma lista de escravos alforriados de 1809 a 1821 indica que apenas 335 escravos tinham sido emancipados durante esse período. P.R.O. C.O. 111/37. Em 20 de maio de 1815, uma petição de "Pessoas de Cor" tratando de alforria foi submetida à Court of Policy. P.R.O. C.O. 114/8. Como indicação de que a alforria ainda era uma grande preocupação em 1826, ver a discussão na Court of Policy em resposta às pressões do governo britânico em favor da abolição. Minutas da Court of Policy, 3 de julho de 1826. P.R.O. C.O. 114/9.

76. Isso provocou uma reação dos negros libertos que vinham gozando de uma "liberdade nominal" há muitos anos. Petição de 20 de março de 1815. P.R.O. C.O. 114/8. O assunto foi discutido na Court of Policy, e após algumas deliberações, concordou-se em estabelecer uma escala de classificação, por meio da qual todos os que viveram livres de dez a doze anos e cujo "caráter" e "boa conduta" satisfizessem o tribunal, deviam ter permissão de obter cartas de alforria, após uma petição à Court of Policy. Minutas da Court of Policy, 20 de março de 1815. P.R.O. C.O. 114/8.

77. O número de alforrias era insignificante, uma média de trinta a quarenta por ano, com uma representação excessiva de mulheres e crianças. De um total de 131 alforriados, 66 estavam abaixo da faixa de catorze anos; 58% eram mulheres, 41%, homens; 62% eram considerados "de cor", 41%, negros. As alforrias concedidas pelos senhores perfaziam 67%; 16% foram compradas pelos próprios escravos ou por seus parentes; 16% dos alforriados eram pessoas reputadas como libertas de nascimento. De 1809 a 1821, uns 372 escravos foram alforriados — 99 deles sendo homens, e 273, mulheres. P.R.O. C.O. 111/37.

78. Bolingbroke, *Voyage,* 76.

79. Higman, calculando as taxas de alforria por mil escravos por ano, aponta 0,1 para Demerara-Essequibo em 1808, 0,2 em 1802, e 2,3 em 1834. *Slave Populations,* 381. O aumento depois de 1820 deveu-se muito provavelmente às novas diretrizes políticas de "melhorias" adotadas pelo governo britânico.

80. P.R.O. C.O. 111/37 e 116/156.

81. Em 1830, os libertos representavam 18,9% da população de Dominica, 38% em Trinidad, 21,7% em Santa Lucia e 10,6% na Jamaica. Higman, *Slave Populations,* Tabela 4.2, 77.

82. Bolingbroke menciona que pessoas de cor livres chegaram a Georgetown vindas de Barbados e Antigua. *Voyage,* 84.

83. O *Almanack and Local Guide* de 1832, p. 456, indica que de janeiro de 1826 a junho

de 1830 a Court of Policy concedeu 1582 alforrias: 595 a homens e 987 a mulheres. Dessas, 1243 foram por herança ou direito ou doação, e 339 por compra.

84. Em 3 de julho de 1826, a Court of Policy discutiu um despacho de lord Bathurst dizendo que o escravo deveria poder comprar a liberdade "com o fruto de seus ganhos honestos". P.R.O. C.O. 114/9. Esse tipo de intrusão feita pelo governo britânico tinha aparentemente seu efeito, pois os Relatórios dos Protetores de Escravos de Demerara e Essequebo do Ano que Finalizava em Dezembro de 1829 mostravam um aumento dramático do número de alforrias. De 12 de janeiro de 1826 a 31 de outubro de 1829, umas 1402 pessoas foram libertas, das quais 523 eram homens e 879, mulheres. De 1º de maio a 31 de outubro de 1829, houve 131 escravos alforriados. Eles haviam recebido sua liberdade, ao que se alegava, por várias razões: "afeto natural", herança de doação, testamento, por ter nascido em situação de reputada liberdade e serviço "fiel". Catorze escravos compraram sua própria liberdade a um preço médio de 94 libras. Deve-se notar que nessa ocasião o preço dos escravos estava caindo. "Declaração Exibindo o Número de Escravos Alforriados na Colônia de Demerara e Essequebo, de 1º de maio a 31 de outubro de 1829, Inclusive, por Cada uma das Razões ou Considerações Especificadas no Relatório (nº 5) das Alforrias desse Período; a Soma Total das Quantias Pagas por Eles para a Compra de sua Liberdade, e o Preço Médio de Cada Liberdade Adquirida", e Cópias de Relatórios dos Protetores de Escravos, P.R.O. C.O. 116/156.

85. Uma "Lista de Pessoas de Cor Livres que Pagaram Sua Taxa Colonial Arrecadada sobre Escravos para o Ano de 1808" registrou 271 indivíduos. A maioria tinha menos de cinco escravos; 26 tinham de dez a vinte; seis, de vinte a trinta; e um tinha 38. *Royal Gazette,* 25 de setembro de 1810.

86. Ver, por exemplo, despacho de 22 de novembro de 1821, P.R.O. C.O. 112/5.

87. Pretos livres também serviam na milícia. O Regulamento da Milícia de junho de 1817 mostrava que o Primeiro Batalhão de Demerara tinha dez companhias incluindo quatro companhias de cor. O Segundo Batalhão de Demerara tinha cinco companhias, uma "de cor". Todos os habitantes homens brancos e "de cor" libertos, de dezesseis a cinquenta anos, tinham de servir na milícia, exceto os membros da Court of Policy and Justice, os fiscais, os *kiezers,* as pessoas nas ordens religiosas e outras pessoas em alta posição na colônia. Ver *The Local Guide Conducting to Whatever is Worthy of Notice in the Colonies of Demerary and Essequebo for 1821* (Georgetown, 1821), 11-14; Hugh W. Payne, "From Burgher Militia to People's Militia", *History Gazette,* 17 (fevereiro, 1990):2-11. Para a participação dos pretos livres nos regimentos da Índia Ocidental britânica, ver Roger Norman Buckley, *Slaves in Red Coats: The British West India Regiments, 1795-1815* (New Haven, 1979).

88. Isso explica por que o preço dos escravos aumentou de forma tão dramática durante esse período. É importante notar que a expansão da produção gerou um problema sério de fornecimento de mão de obra. Tentando economizar mão de obra e aumentar a produtividade, os fazendeiros introduziram melhorias tecnológicas, substituindo moinhos de vento por máquinas a vapor e os administradores fizeram cada vez mais pressão sobre os escravos.

89. Pôlder, área de terras planas situada abaixo do nível do mar e protegida por diques.

90. Bolingbroke descreveu em detalhes os vários passos envolvidos na produção do açúcar. *Voyage,* 66-67. Ver também Thomas Staunton St. Clair, *A Soldier's Sojourn in British Guiana,* Vincent Roth, ed. (Georgetown, 1947), 29. Depois da abolição do tráfico de escravos muitas

outras melhorias foram introduzidas nos engenhos. Quando Richard Schomburgk visitou a colônia por volta de 1840, ele observou o uso generalizado do engenho a vapor e do recipiente a vácuo. O "bagaço", que no passado era transportado manualmente, era transferido mecanicamente para um depósito onde ele era seco para ser posteriormente usado para aquecer os tachos ferventes. Uma vez a cana levada ao engenho, ela era "espremida entre rolos de ferro que giravam em seu eixo movidos pela força do vapor". Mas a inovação mais importante era a introdução de recipientes a vácuo [vacuum pans] no início dos anos 30. O líquido, depois de passar por uma sucessão de tachos de cobre, era posto num recipiente a vácuo movido a vapor — permitindo assim que o açúcar em cristal se separasse rápida e completamente do melaço, o que tornava desnecessária a secagem do açúcar. Este podia então ser imediatamente embalado em grandes barris, e o melaço, já separado, podia ser fermentado e destilado. Essas mudanças poupavam tempo e mão de obra. Um processo que inicialmente exigia oito dias, "além de atenção e trabalho exclusivos", podia ser feito em quinze horas. Obviamente, porém, a introdução de tecnologias sofisticadas exigiu investimentos ainda maiores. *Schomburgk's Travels*, 1:62-64. Os jornais de Demerara constantemente anunciavam engenhos a vapor e máquinas de despolpar café.

91. Peter Wood mostrou como a experiência prévia dos escravos no plantio do arroz ajudou a traçar a economia da Carolina do Sul. *Black Majority: Negroes in Colonial South Carolina, from 1670 Through the Stono Rebellion* (Nova York, 1974); ver também David Littlefield, *Rice and Slaves: Ethnicity and the Slave Trade in Colonial South Carolina* (Bacon Rouge, 1981); Hilary McD. Beckles, *Natural Rebels: A Social History of Enslaved Black Women in Barbados* (Londres, 1989).

92. Há uma literatura florescente sobre mulheres escravas no Caribe. Entre os trabalhos recentes, ver Barbara Bush, *Slave Women in Caribbean Society, 1650-1838* (Bloomington, 1990), e Marietta Morrissey, *Slave Women in the New World: Gender Stratification in the Caribbean* (Lawrence, Kan., 1979). Ver cap. 5, nota 54, abaixo.

93. Em 1832, dos escravos em Demerara e Essequibo, 78,5% trabalhavam em plantações de açúcar; 4,4% em cafezais; 0,7% em fazendas de gado; 0,2% em extração de madeira; e 10,3%, em atividades urbanas. Mas se considerarmos apenas as freguesias de Demerara, os resultados são um tanto diferentes. Apenas 68,5% trabalhavam em fazendas de açúcar; 14,4%, ainda trabalhavam em fazendas de algodão e café, 1,0% em fazendas de gado, 0,1%, em plantações de bananas, 0,2% em extração de madeira, e 15,8% estavam envolvidos em atividades urbanas. Isso parece indicar que até 1832 ainda havia muitos escravos em fazendas de algodão e café. "Distribution of Slaves by Crop and Parish: Demerara, Essequibo, 1832", Higman, *Slave Populations*, 702.

94. Higman, *Slave Populations*, 48. Em 1834, segundo Higman, 84,2% estavam empregados, 11,8% eram crianças e 4,5%, deficientes (Tabela 3.3). A estimativa de Higman quanto a escravos em atividade é muito mais alta do que a que os fazendeiros forneciam. Eles insistiam que apenas um terço de seus escravos eram realmente produtivos. Dale W. Tomich enfatiza a posição privilegiada de que gozavam comerciantes, feitores e empregados domésticos. Ele observa que isso "talvez tenha criado uma reação ambivalente, mas não necessariamente conservadora, ao sistema escravista [...] na realidade, a contradição entre a dignidade e a autovalorização individual, de um lado, e a posição de escravo, do outro, talvez tenha sido experimentada mais palpavelmente por esses escravos do que por outros". *Slavery in the Circuit of Sugar*, 227.

À conclusão semelhante chegam historiadores como Eugene Genovese, em relação aos Estados Unidos, e Orlando Patterson, em relação à Jamaica. Todos eles enfatizam o fato de que as contradições inerentes à posição de artesãos, capatazes e domésticos podem explicar sua participação em rebeliões.

95. Usei dados correspondentes a Berbice, ano de 1819, fornecidos por Higman (*Slave Populations*, 570-89), aos quais acrescentei informações obtidas em jornais e diários dos missionários.

96. Na ocasião em que Bolingbroke esteve em Demerara, muitas propriedades estavam alugando escravos a três, quatro e cinco xelins por dia durante a colheita.

97. A *Royal Gazette* nos primeiros anos publicou listas de escravos por fazenda e listas separadas de escravos pertencentes a "indivíduos". As primeiras mostravam a "Lista de Propriedades que Pagaram sua Taxa Colonial Arrecadada sobre os Escravos"; as segundas, a "Lista de Pessoas que Pagaram Sua Taxa Colonial Arrecadada sobre os Escravos". Isso possibilita separar os dois grupos. Ver, por exemplo, a *Royal Gazette*, 22 de setembro, 19 de novembro de 1810; 8 de abril de 1815.

98. Higman observa que o caso de Georgetown não é comum. "Entre 1812 e 1824 sua população cresceu de cerca de 6 mil para 10 mil habitantes." *Slave Populations*, 97.

99. A lista publicada na *Royal Gazette*, de 22 de setembro de 1810, mostra que a maioria dos "indivíduos" possuía de dois a dez escravos; alguns de dez a vinte; e apenas muito poucos possuíam mais de vinte.

100. Muitos anúncios na *Royal Gazette* ofereciam turmas de trabalhadores [*task gangs*], como o seguinte, publicado em 7 de novembro de 1807, "Uma pessoa com uma turma de trinta a quarenta negros deseja empreender qualquer serviço ou trabalho no Rio ou na Costa Leste ou Oeste, se contratada em qualquer momento no curso do mês". Outros eram de pessoas querendo contratar turmas: "Uma turma de trabalhadores para preparar terra para canas numa propriedade na Wakenhaam [ilha]. Qualquer pessoa desejosa de empreender a tarefa pode se dirigir especificamente a William King". Em 24 de agosto de 1810, Hugh Mackenzie propôs "contratar uma turma de quarenta a 45 negros fortes e saudáveis". Em 30 de outubro de 1810, Stephen Cramer noticiou que queria contratar "cem negros capazes" para trabalhar em novembro e dezembro. A 14 de novembro de 1810, uma outra notícia oferecia trabalho para cinquenta colhedores de café e prometia dar a "cada negro" uma cota semanal de dois cachos de banana e uma libra e meia de peixe, além de dois tragos de rum. Ver também 26 de maio, 24 de agosto, 20 de outubro, 28 de novembro, 22 de dezembro, de 1810; 3 de janeiro, 28 de março, de 1815; 21 de abril, 5 de julho de 1821; 26 de fevereiro de 1822 — e muitos outros.

101. P.R.O. C.O. 116/156.

102. Para uma descrição detalhada do trabalho nas fazendas de açúcar, ver *The Overseer's Manual, or A Guide to the Cane Field and the Sugar Factory* (1ª ed., 1882; 3ª ed., revista e ampliada, Demerara, 1887).

103. McDonnell, *Considerations on Negro Slavery*, 147-67.

104. Ibid.

105. Ibid., 156. Contam-se nos Estados Unidos histórias semelhantes. Raymond A. Bauer e Alice H. Bauer, "Day-to-Day Resistance to Slavery", *Journal of Negro History*, 27 (outubro, 1942):388-419.

106. Numa carta de 21 de maio de 1812 para a LMS, John Wray relatou o caso de escravos

da Success que se recusaram a receber suas cotas semanais de peixe salgado porque estas não eram maiores do que as cotas normais e costumava-se dar maior quantidade nos feriados. Também se recusaram a desempenhar seus deveres e foram castigados. LMS IC, Demerara, carta de Wray, 21 de maio de 1812. Como veremos, quando os escravos discutiam estratégia antes da rebelião de 1823, alguns sugeriram que eles devessem abandonar seus instrumentos de trabalho para forçar o governador a atender suas exigências. Ver cap. 5 abaixo.

107. O uso da greve por escravos da Jamaica foi apontado por Mary Turner em *Slaves and Missionaries: The Disintegration of Jamaican Slave Society, 1787-1834* (Champaign Urbana, Ill., 1982), 153-59; "Chattel Slaves into Wage Slaves: A Jamaican Case Study", em Malcolm Cross e Gad Heuman, eds., *Labour in the Caribbean: From Emancipation to Independence* (Londres, 1988), 14-31; e "Slave Workers, Subsistence and Labour Bargaining: Amity Hall, Jamaica, 1805-1832", em Ira Berlin e Philip D. Morgan, eds., "The Slaves' Economy: Independent Production by Slaves in the Americas", número especial, *Slavery and Abolition*, 12:1 (maio, 1991):92-106.

108. McDonnell, *Considerations on Negro Slavery*, 153. Outras fontes confirmam esta opinião.

109. Que o interesse do governo britânico no bem-estar dos escravos tivesse aumentado após a rebelião é visível na correspondência colonial, mas também na natureza e extensão dos registros dos fiscais e protetores. Sobraram muito poucos livros dos fiscais relativos ao período anterior à rebelião, de modo que é provavelmente verdade que até aquele momento os fiscais não se preocupassem muito em manter registros. Os poucos que ainda existem mostram que na maioria das vezes os escravos que levavam suas queixas recebiam castigos em vez de desagravo. Após a rebelião, o governador estava constantemente importunando os fiscais por não desempenharem seus deveres de forma adequada, e os fiscais parecem ter se tornado mais inclinados a punir os administradores quando estes ultrapassavam os limites estabelecidos por lei. O governo britânico continuou a fazer pressão sobre os governadores. Ver diversos despachos de Downing Street, particularmente um, datado de 2 de setembro de 1829, de sir George Murray para o governador sir Benjamin D'Urban, P.R.O. C.O. 112/5. Ver também ibid., 116/156.

110. Embora o interesse do governo britânico tenha aumentado depois da rebelião, há indícios de que já anteriormente tinha havido queixas em relação às designações de fiscais pela Court of Policy. Quando Heyliger foi designado fiscal, Bathurst criticou a indicação, demonstrando que havia um conflito de interesses, uma vez que Heyliger era procurador de diversos proprietários de escravos e tinha sob seus cuidados um número considerável de escravos. Mas apesar das reservas de Bathurst, Heyliger foi confirmado no cargo e serviu como fiscal por muitos anos. P.R.O. C.O. 112/5.

111. P.R.O. C.O. 116/156.

112. Em resposta à carta do governador, o fiscal interino George Bagot tentou reassegurá-lo de que castigar escravos por registrarem queixas estava "longe de ser uma prática comum entre os administradores do Distrito do Leste". E como o governador aparentemente continuasse a insistir que o administrador em questão fosse punido, o fiscal relutante lembrou-lhe de que a questão já fora levada ao Tribunal de Justiça, "um tribunal sobre cuja decisão vossa Excelência não tem controle. Vossa Excelência não se encontra investido de nenhum poder a ponto de or-

denar que os processos sejam apresentados diante de vós. Se Vossa Excelência tem tal poder neste caso, o princípio estender-se-á a todo e qualquer caso diante do tribunal e isso, penso eu, dificilmente será atendido". Benjamin D'Urban para George Bagot, 7 de junho de 1824; Bagot para D'Urban, 3 de agosto de 1824. P.R.O. C.O. 116/156.

113. Ibid.

114. Processos dos Fiscais de Demerara e Berbice [...] P.R.O. C.O. 116/156 e 116/138.

115. O aumento da produção de mercadorias e a intensificação da exploração da mão de obra roubou algumas vantagens das mulheres, tirando-lhes fontes tradicionais de autoridade e status. As mulheres foram afetadas particularmente por serem elas as comerciantes. Além disso, a exploração mais intensa da mão de obra aumentou a contradição entre produção e reprodução. Morrissey, *Slave Women in the New World,* 61-62, 80. Ver também Beckles, *Natural Rebels.*

116. D' Urban para Bathurst, 12 de agosto de 1824, na qual aquele defende esta tese e — contrariamente ao espírito das "leis de melhorias" de 1823 — sustenta que é necessário infligir castigo corporal às mulheres culpadas de "má conduta agravada e reincidente". P.R.O. C.O. 111/44. Os registros dos fiscais, entretanto, mostram que em geral houve mais homens castigados por crimes e delitos do que mulheres.

117. Sobre abusos sexuais e resistência nos Estados Unidos, ver Darlene C. Hine, "Female Slave Resistance, The Economics of Sex", *Western Journal of Black Studies* 3 (verão, 1979):123-27; Steven Brown, "Sexuality and the Slave Community", *Phylon,* 42 (primavera, 1981):1-10.

118. Este caso terminou no Tribunal de Justiça Criminal de Berbice, e os médicos chamados para testemunhar negaram que a moça tivesse sido violentada, uma vez que seu hímen estava "intacto". Queixa arquivada pelo fiscal em 3 de janeiro de 1820. P.R.O. C.O. 116/139.

119. Ao descrever o trabalho em fazendas de açúcar na Martinica, Dale W. Tomich observa que nas grandes fazendas onde os engenhos trabalhavam dia e noite, os escravos trabalhavam em turnos de sete horas e meia. *Slavery in the Circuit of Sugar,* 231.

120. Encontrei muitos casos semelhantes no que se refere a Berbice. Por exemplo, algumas mulheres fizeram uma fogueira perto da represa para afastar as moscas e assim poderem amamentar seus filhos. Foram descobertas pelo administrador, que perguntou se elas não tinham trabalho para fazer. As mulheres tentaram explicar dizendo que tinham acabado de pegar no colo seus filhos que estavam chorando. Mas o administrador mandou que as açoitassem. Registros do Fiscal, janeiro de 1819-dezembro de 1823, Berbice, P.R.O. C.O. 116/138.

121. Cópias dos Registros dos Protetores de Escravos, P.R.O. C.O. 116/156. Esses documentos referiam-se a 1829. Se as mesmas queixas tivessem chegado ao fiscal dez anos antes, era quase certo que elas teriam sido rejeitadas e os escravos punidos por terem ousado se queixar.

122. Após 1825, o cargo de fiscal foi substituído pelo de protetor de escravos.

123. Registros dos Fiscais, junho de 1819 a dezembro de 1823, P.R.O. C.O. 116/138.

124. Nos registros dos fiscais há muitos casos de queixas desse tipo. Em 1822, em Berbice, soube-se de um caso muito revelador: quinze escravos foram se queixar de que pertenciam a uma sra. Sanders e tinham recebido ordens para cortar caibros, serviço ao qual não estavam acostumados. Cada um deveria cortar vinte feixes por semana, mas não conseguiram alcançar a cota e tinham sido açoitados. Também se queixaram de que tinham sido forçados a trabalhar no domingo transportando uma chalupa. Convocado pelo fiscal, o filho da sra. Sanders depôs dizendo que na primeira semana os escravos tinham levado dezessete feixes, na segunda, quin-

ze, e na terceira apenas onze. Por isso foram açoitados. Para demonstrar sua "boa vontade", ele disse que quando os escravos tinham se queixado de morar rio acima sem esposas, ele comprara diversas mulheres. O que exauriu suas finanças. Ele acrescentou que naquele momento os negros queriam forçar sua mãe a vendê-los ou removê-los do local onde estavam trabalhando, mas a situação financeira dela não permitia uma coisa nem outra. Ele admitiu que quando os escravos estavam no "mato", ele os forçara a trabalhar aos domingos, mas prometera dar-lhes um dia extra quando voltassem. P.R.O. C.O. 116/138.

125. Ibid.

126. Ibid.

127. Neste caso o fiscal não impôs nenhuma multa por falta de alimento porque, declarou ele, encontrara "ótimas áreas para cultivo de provisões". P.R.O. C.O. 116/156.

128. P.R.O. C.O. 116/138.

129. Alguns outros casos resultaram em penas severas para os administradores. Um homem mandou que uma mulher grávida de oito meses fosse açoitada. Após a mulher ter abortado, o administrador foi suspenso. Por fim, ele teve que pagar 2 mil florins (o equivalente a duzentas libras), foi sentenciado a três meses de cadeia e perdeu seu posto. Tais inconsistências revelam a arbitrariedade do sistema judicial. Extraído do Registro dos Procedimentos dos Comissários do Tribunal de Justiça Criminal, 1819. P.R.O. C.O. 116/139.

130. "Nada pode ser mais alerta do que são os escravos em relação [àquilo] que afeta seus interesses", escreveu o governador D'Urban numa carta a Murray, abril de 1830, reproduzida em Williams, ed., *Documents,* 189.

131. No registro do fiscal relativo a Berbice há uma queixa arquivada por vários escravos em 11 de abril de 1819. Eles disseram que o feitor mandara seus filhos, entre oito e dez anos, ordenhar as cabras, cuidar dos cavalos, queimar o café, limpar os sapatos do senhor e fazer outros serviços. O fiscal visitou a propriedade e viu que os escravos estavam "insatisfeitos" com uma negra que era empregada doméstica e "favorita". P.R.O. C.O. 116/138.

132. Uma mulher se queixou ao fiscal de que seu filho tinha morrido depois de lhe terem dado muito calomelano. A queixa foi desconsiderada. Ibid.

133. Em 2 de janeiro de 1821, Quamina, de Berbice, queixou-se de que ele tinha sido vendido como tanoeiro e carpinteiro e não conseguia colher tanto algodão quanto os outros, e por essa razão fora açoitado e suas costas tinham sido esfregadas com salmoura. Ibid.

134. Os registros propiciam uma abundância de detalhes e revelam as negociações complexas entre administradores e escravos. Eles também mostram a dificuldade da posição dos intermediários, particularmente dos capatazes, uma vez que a maioria deles eram escravos e muitas vezes tinham que castigar amigos e parentes. Bob, o capataz da Belair, por exemplo, foi obrigado a açoitar diversas mulheres com a chibata e prendê-las no tronco. Duas dessas mulheres eram filhas dele, e uma delas, Pamela, estava grávida. P.R.O. C.O. 111/43.

135. Os negros libertos também demonstravam a mesma ligação com esse sistema. Um caso típico foi o de Amelia Phippin. Ela tinha dois filhos do senhor dela e foi levada para a Inglaterra, onde se tornou uma mulher livre. Quando voltou para a colônia, trabalhou como empregada doméstica. Quando seu senhor morreu, o procurador da propriedade contratou-a como doméstica. Mas não só ele não pagava pelo seu trabalho, como também guardou os papéis da alforria de Amelia e negou-se a lhe dar os 2 mil florins que seu antigo senhor lhe deixa-

ra em testamento. O protetor de escravos investigou o assunto e ordenou a entrega dos papéis da mulher. Mas segundo Amelia, ela nunca mais viu o dinheiro. (Argumentou-se durante o inquérito que ela já recebera sua herança — uma coisa que ela dificilmente poderia refutar.) Renovações de Queixas etc., Feitas ao Protetor, de 1º de maio a 31 de outubro de 1829, P.R.O. C.O. 116/156.

136. Bryan Edwards maravilha-se diante do senso comunitário de responsabilidade dos escravos em relação aos velhos. Ele diz que "todo o corpo de negros de uma fazenda deve encontrar-se reduzido a um estado de miséria deplorável, para que consintam que faltem a seus companheiros idosos as coisas essenciais e comuns da vida, ou até mesmo muitos confortos desta [...]". Ver Bryan Edwards, *History Civil and Commercial of the British Colonies in the West Indies* (3ª ed. 3 vols., Londres, 1801), 2:99.

137. Em seu estudo dos movimentos do campesinato na Rússia, Theodor Shanin observou que é impossível compreender a ação política dos camponeses sem considerar suas metas. "Sonhos importam", diz ele. "Sonhos coletivos importam politicamente. Essa é a principal razão pela qual nenhum elo direto ou simples liga a economia política à ação política. No espaço intermediário existem significados, conceitos e sonhos com consistências internas e um *momentum* próprio. Por certo, sua estrutura evidencia as relações de poder e produção em que eles estão incrustados e que lhes dão forma. Modos de pensar, uma vez estabelecidos, adquirem uma força causal própria para dar forma, muitas vezes decisivamente, à economia e à política, o que se aplica particularmente ao impacto político da ideologia, aqui entendida como o sonho de uma sociedade ideal em relação à qual se estabelecem as metas e se julga a realidade existente." "The Peasant Dream: Russia 1905-1907", em Raphael Samuel e Gareth Stedman Jones, eds., *Culture, Ideology, and Politics* (Londres, 1982), 227-43.

138. Tomei emprestado o conceito de "transcrito público" e de "transcritos ocultos" a James Scott, em *Domination and the Arts of Resistance: Hidden Trasncripts* (New Haven, 1990), e adaptei-o a minhas finalidades aqui.

139. Para uma discussão da influência africana nos Estados Unidos, ver Rawick, *The American Slave;* Wood, *Black Majority;* Lawrence W. Levine, *Black Culture and Black Consciousness: Afro-American Folk Thought from Slavery to Freedom* (Nova York, 1977); Sterling Stuckey, *Slave Culture: Nationalist Theory and the Foundation of Black America* (Nova York, 1987); Herbert G. Gutman, *The Black Family in Slavery and Freedom, 1750-1925* (Nova York, 1976); Tom W. Shick, "Healing and Race in the South Carolina Low Country", em Paul Lovejoy, ed., *Africans in Bondage: Studies in Slavery and the Slave Trade* (Madison, 1986), 107-24; Margaret Washington Creel, *"A Peculiar People": Slave Religion and Community Culture Among the Gullahs* (Nova York, 1988). O estudo clássico sobre sincretismo religioso no Brasil é o de Roger Bastide, *Les Religions Africaines au Brésil* (Paris, 1960). Para outras referências ver nota 140 abaixo.

140. Tentativas de recuperar esta experiência em outras áreas foram feitas por diferentes historiadores, tais como, Genovese, *Roll Jordan Roll;* Wood, *Black Majority;* Gutman, *The Black Family;* Monica Schuler, *"Alas, Alas Kongo* and Afro-American Slave Culture", em Craton, ed., *Roots and Branches;* Michael Craton, *Searching for the Invisible Man: Slave and Plantation Life in Jamaica* (Cambridge, Mass, 1978); Margaret Crahan e Franklin Knight, eds., *African and the Caribbean; The Legacies of a Link* (Baltimore, 1979); Edward Kamau Brathwaite, *The Develop-*

ment of Creole Society in Jamaica, 1670-1820 (Oxford, 1971), e "Caliban, Ariel, and Unprospero in the Conflict of Creolization: A Study of the Slaves Revolt in Jamaica in 1831-32", em Vera Rubin e Arthur Tuden, eds., *Comparative Perspectives on Slavery in New World Plantation Societies* (Nova York, 1977), 41-62; Levine, *Black Culture and Black Consciousness*; Stuckey, *Slave Culture*; John Blassingame, *The Slave Community: Plantation Life in the Antebellum South* (Nova York, 1972); Rawick, *From Sundown to Sunup*; Albert J. Raboteau, *Slave Religion: The "Invisible Institution" in the Antebellum South* (Nova York, 1978); Paul D. Escort, *Slavery Remembered: A Record of Twentieth-Century Slave Narratives* (Chapel Hill, 1979). Muitos antropólogos desde Herskowitz contribuíram para a discussão, particularmente Sidney W. Mintz e Richard Price, em *An Anthropological Approach to the Afro-American Past: A Caribbean Perspective* (Filadélfia: Institute for the Study of Human Issues, Occasional Papers in Social Change, 2, 1976), e em Sidney W. Mintz, ed., *Slavery, Colonialism and Racism* (Nova York, 1974). Alguns enfocaram mais a criação da nova cultura, enquanto outros interessaram-se mais pelas raízes africanas e o modo como as culturas dos escravos se redefiniram sob a escravidão. A tentativa de pesquisar as raízes africanas, entretanto, é ainda muito difícil porque os escravos vieram de diversas partes da África e de culturas diferentes, e apenas um maior conhecimento dessas culturas tornará possível identificar os "sobreviventes" no Novo Mundo. Como Richard Price assinalou, esta é uma empreitada muito arriscada e às vezes enganadora. Para uma análise muito perspicaz, ver Sally Price e Richard Price, *Afro-American Arts of the Suriname Rain Forest* (Berkeley, 1980), e o comentário de Richard Price sobre o texto de Monica Schuler "Afro-American Culture", em Craton, ed., *Roots and Branches*, 141-50. Vistos dessa perspectiva, o protesto e a resistência dos escravos teriam de ser redefinidos para podermos identificar fontes de dor e conflito em geral não consideradas. Em seu estudo sobre a Rebelião Stono de 1739 na Carolina do Sul, John K. Thornton mostra que um conhecimento da história do reino do Congo no início do século XVIII pode esclarecer motivações e ações dos escravos. "African Dimensions of the Stono Rebelion", *American Historical Review* 96:4 (outubro, 1991):1101-15. Ver também Oruno D. Lara, "Resistance to Slavery: From African to Black American", em Rubin e Tuden, eds., *Comparative Perspectives on Slavery in the New World Plantation Societies*, 465-81; e David Barry Gaspar, *Bondmen and Rebels: A Study of Master-Slave Relations in Antigua with Implications for Colonial British America* (Baltimore, 1985); idem, "Working the System: Antigua Slaves, Their Struggle to Live", *Slavery and Abolition*, 13:3(1991):131-55.

141. O caso de Christian foi submetido ao Tribunal de Justiça Criminal. P.R.O. C.O. 116/139.

142. A sobrevivência desse tipo de parentesco matrilinear entre os saramacas é relatada pelo Irmão Kersten, missionário morávio que, referindo-se a um convertido em potencial, escreveu: "Grego vai com o irmão de sua mãe para Paramaribo. De fato, é o irmão da mãe que é responsável por ele, porque entre os negros do lugar não há direito de decisão sobre os filhos. É sempre o irmão mais velho da mãe que é responsável pelos filhos". Citado por Richard Price, em *Alabi's World* (Baltimore, 1990), 348.

143. P.R.O. C.O. 116/139. Uma outra história igualmente intrigante é aquela do escravo que foi se queixar de que sua mulher, depois de açoitada, deu à luz, prematuramente, uma criança morta. A criança tinha um braço quebrado e o corpo lacerado. Por ser improvável que a criança tenha sofrido esses danos no ventre da mãe, é quase certo que as lacerações foram infligidas após o parto. Isso poderia fazer sentido à luz do fato de que era costume entre alguns grupos

da África Ocidental cumprir um ritual para exorcizar o fantasma de uma criança morta duran-te a primeira semana. Por outro lado, é possível que a criança tenha se machucado durante o parto, como o administrador alegou. Aqui, como em casos análogos, ficamos apenas com espe-culações instigantes. Apenas uma pesquisa mais aprofundada dos dois lados do Atlântico pode ajudar a esclarecer essas questões.

144. A *obia* será discutida no próximo capítulo.

145. Mintz e Price, *An Anthropological Approach to the Afro American Past.*

146. Isso seria semelhante ao processo descrito pelo antropólogo George Foster relativo ao México do século XVI, onde as tradições de certas partes da Espanha chegaram a predominar sobre as outras. Examinando rituais religiosos, os historiadores descobriram, por exemplo, que a influência predominante na Jamaica e no Suriname era ashanti, enquanto no Haiti e em al-gumas áreas do Brasil ela era daomeana, embora esses grupos não fossem os mais numerosos. Ver Martin L. Kilson e Robert I. Rotberg, eds., *The African Diaspora: Interpretive Essays* (Cam-bridge, Mass., 1976).

147. Escrevendo sobre o Suriname, Richard Price observa que "Embora rápidos sincre-tismos religiosos entre escravos de proveniência africana diversa fossem uma marca do Suri-name colonial dos primeiros cem anos, rituais e outros atos associados com os papa, nagôs, loango, pumbu, komanti e outras 'nações' africanas (como esses povos eram frequentemente chamados na América) eram ainda um aspecto importante da vida do final do século XVIII tanto entre os saramacas quanto entre os escravos das fazendas". E ele acrescenta que por volta de 1760, ritos e danças "papa", "luangu" ou "komanti" teriam incluído pessoas e ideias de uma ancestralidade africana bem variada (e misturada). "Todavia, os saramacas do século XVIII man-tiveram (como continuam ainda hoje) uma quantidade de ritos ou tambores/danças/músicas/ linguagem, que tiveram origem em etnias africanas específicas." *Alabi's World,* 308-9.

148. O estudo mais perspicaz desse fenômeno foi feito por Edward Kamau Brathwaite, que acentuou as ambiguidades envolvidas nesse processo e nos forneceu uma visão "pris-mática" em vez da habitual visão linear da crioulização. *The Development of Creole Society in Jamaica 1770-1820, e Kumina* (Boston, 1972). Para entender o impacto desse processo de crioulização na rebelião de 1821 na Jamaica, ver o fascinante ensaio de Brathwaite, "Caliban, Ariel and Unprospero in the Conflict of Creolization". A metáfora de Brathwaite, de que a maioria dos escravos estava ligada por instinto e costume "ao leite da sua mãe e ao cordão umbilical enterrado", é aqui relevante. Assim como seu comentário de que Sam Sharpe, o líder da Rebelião Jamaicana, "nunca poderia ter sido o herói cristão que os missionários cons-truíram porque, embora ele fosse um diácono da Igreja Batista, ele também era invisível e desconhecido para os missionários que achavam que protegiam sua alma, um 'líder' por seus próprios méritos na igreja do seu próprio povo". A observação de Brathwaite também se apli-ca aos cabeças da rebelião de Demerara, particularmente a Quamina. "Caliban, Ariel, and Unprospero", 54.

149. James Walvin sustenta que "em meados da década iniciada em 1820 os abolicionistas admitiram que os escravos possuíssem aqueles direitos que, por volta de 1790, os radicais po-pulares tinham reivindicado para si". Os abolicionistas estavam denunciando a incompatibili-dade entre a escravidão e os "direitos do homem" e admitindo que "os direitos dos escravos eram idênticos a seus próprios direitos de ingleses". Walvin enfatiza que tinha havido uma

profunda mudança na sociedade britânica: "trinta anos antes, esses sentimentos tinham sido condenados por ministros e juízes. Na realidade, ingleses haviam sido desterrados por pedir esses direitos para si". James Walvin, "The Rise of British Popular Sentiment for Abolition, 1787--1832", em Roger Anstey, Christine Bolt e Seymour Drescher, eds., *Anti-Slavery Religion, and Reform* (Hamden, Conn., 1980), 155.

150. Os comentários de Dale W. Tomich sobre a Martinica podiam se aplicar a Demerara. "Para o senhor, a área de cultivo das provisões era o meio de garantir mão de obra barata. Para os escravos, era o meio de elaborar um estilo de vida autônomo. Dessas perspectivas conflitantes evoluiu uma luta pelas condições de reprodução material e social na qual os escravos foram capazes de se apropriar de aspectos dessas atividades e desenvolvê-los a partir de seus interesses e necessidades." *Slavery in the Circuit of Sugar,* 260-61.

151. Em 1824, os administradores estavam celebrando a introdução do sistema de tarefas em Demerara. Eles argumentavam que era muito mais produtivo do que o sistema habitual de turmas porque não requeria tanta supervisão e os escravos sentiam-se muito "mais felizes". McDonnell, *Considerations on Negro Slavery.* Oito anos depois, entretanto, o protetor de escravos Elliot testemunhou diante de um comitê da Câmara dos Comuns dizendo que o sistema falhara miseravelmente. Comitê Seleto sobre a Extinção da Escravatura, P.R.O. C.O. zchi/ 1039.

152. Uma análise interessante das diferentes versões desta rebelião aparece em Brackette F. Williams, "Dutchman Ghosts and the History Mistery: Ritual, Colonizer and Colonized, Interpretations of the 1763 Berbice Slave Rebellion", *Journal of Historical Sociology,* 3:2 (junho, 1990):134. Para uma crônica detalhada da rebelião, ver Roth, ed., "The Story of the Slave Rebellion on the Berbice, 1762"; Moore, "Slave Rebellions in Guyana".

153. St. Clair, que esteve em Demerara de 1806 a 1808, mencionou uma conspiração de escravos em 1807, quando os conspiradores foram traídos por uma escrava que vivia com um jovem feitor escocês. Descobriu-se um papel escrito em árabe. Ver St. Clair, *A Soldier's Sojourn in British Guiana,* 232.

154. Este porcentual está confirmado na "Lista de Delitos Cometidos por Escravos e Escravas de Fazendas na Colônia de Demerara e Essequebo". P.R.O. C.O. 116/156.

155. *Royal Gazette,* 13 de novembro de 1819.

156. Sobre os quilombolas na Guiana, ver Alvin O. Thompson, "Brethren of the Bush: A Study of Runaways and Bush Negroes in Guyana" (mimeo, Departamento de História, University of West Indies, Barbados, 1975). Ver também, do mesmo autor, *Colonialism and Underdevelopment in Guyana, 1580-1803* (Bridgetown, Barbados, 1987). Este estudo contém um mapa dos quilombos na Guiana. Ver também James G. Rose, "Runaways and Maroons in Guyana History", *History Gazette* (University of Guyana, Turkeywn) 4 (janeiro, 1989):1-14; e Richard Price, *The Tuyana Maroons, A Historiographical and Bibliographical Introduction* (Baltimore, 1976). Um aviso no *Royal Gazette,* de 14 de janeiro de 1807, mencionou que havia fugitivos abrigados por lenhadores, serradores e fabricantes de chalanas. A notícia afirmava que os quilombolas descobriram que tinham que trabalhar ainda mais, por isso voltaram para suas fazendas.

157. P.R.O. C.O. 114/7, 3 de abril de 1807.

158. A importância das formas de resistência cotidianas foi enfatizada (talvez em excesso) por James Scott em *Weapons of the Weak: Everyday Forms of Peasant Resistance* (New Haven,

1985) e *Domination and the Arts of Resistance*. Para estudar a resistência cotidiana no Caribe, ver Tomich, *Slavery in the Circuit of Sugar;* Rebecca Scott, *Slave Emancipation in Cuba: Transition to Free Labor, 1860-1889* (Princeton, 1985); David Patrick Geggus, *Slavery, War, and Revolution: The British Occupation of Saint Domingue 1793-1798* (Oxford, 1982); Hilary M. Beckles e Karl Watson, "Social Protest and Labour Bargaining: The Changing Nature of Slaves' Responses to Plantation Life in Eighteenth-Century Barbadoes", *Slavery and Abolition,* 8:3 (1987):271-93; Barbara Bush, "Towards Emancipation: Slave Women and Resistance to Coercive Labour Regimes in the British West Indian Colonies, 1790-1838", 222-43; e Richard Hart, *Slaves Who Abolished Slavery* (Mona, Jamaica, 1980).

159. Encontram-se greves de escravos em muitos lugares por todo o Caribe e em outras partes do Novo Mundo. Há provas de que em algumas sociedades africanas, quando as pessoas não estavam satisfeitas com as decisões tomadas por seus chefes, elas podiam fazer uma aldeia parar. Se esses costumes foram meramente importados ou gerados nesses próprios lugares é uma questão que está em aberto. John Wray relata diversos casos. Particularmente interessante é um caso ocorrido em 1812, quando escravos se recusaram a obedecer a ordens porque o administrador não lhes permitira assistir aos serviços religiosos. Mary Turner identificou greves de escravos na Jamaica e mostrou que a rebelião jamaicana de 1831 teve início com uma greve geral. Ver seu ensaio muito perspicaz "Chattel Slaves into Wage Slaves". Para uma bibliografia sobre o tema, ver nota 107.

160. De fato, desde a década de 1940, Raymond A. Bauer e Alice H. Bauer vinham enfatizando a importância da resistência cotidiana nos Estados Unidos, mas foi apenas nos últimos quinze anos que esta passou a ser uma questão importante na historiografia da escravidão em todos os lugares. Bauer e Bauer, "Day-to-Day Resistance to Slavery", *Journal of Negro History*, 27 (outubro, 1942):388-419.

161. Genovese, *Roll, Jordan, Roll,* 598.

162. Vistos dessa perspectiva, os atos de resistência cotidianos adquirem uma nova significação, particularmente quando consideramos que as noções de direitos e as estratégias que os escravos desenvolveram durante a escravidão seriam cruciais na organização de sociedades pós-emancipação. Para o estudo dessas continuidades, ver Julie Saville, "A Measure of Freedom: From Slave to Wage Labourer in South Carolina, 1860-1868" (dissertação Ph.D., Universidade Yale, 1986). A continuidade entre formas de resistência cotidianas e rebelião é acentuada por Mary Turner em seu comentário sobre o texto de Hilary Beckle, "Emancipation by Law or War? Wilberforce and the 1816 Barbados Slave Rebellion", em Richardson, ed., *Abolition and Its Aftermath,* 105-10. Turner sugere (p. 109) que para aperfeiçoar nossa compreensão das rebeliões de escravos devemos começar a situá-los no "contexto de relações de trabalho escravo: não apenas os momentos heroicos da ação mas as prolongadas lutas diárias no momento da produção".

163. Para uma análise perspicaz das condições necessárias para a resistência das pessoas à opressão, ver Barrington Moore, Jr., *Injustice: The Social Bases of Obedience and Revolt* (Nova York, 1978).

164. Pedidos de compensação ou registros do tribunal criminal muitas vezes usados para identificar as queixas e a resistência dos escravos tendem a exagerar a representação dos casos de violência, como tentativa de homicídio, roubo e incêndio criminoso. O uso de jornais co-

mo fonte principal leva, contraditoriamente, a uma representação exagerada das fugas. Ver, por exemplo, Gaspar, *Bondmen and Rebels,* 194-202. As cartas e os diários dos missionários, por outro lado, tendem a enfatizar o castigo físico. Os registros das fazendas e os relatórios do protetor de escravos oferecem uma visão mais abrangente das muitas formas de protesto, mas como qualquer outra fonte têm de ser usados com cautela. A questão de saber se esses registros representam exageradamente o castigo físico foi levantada. Mas todas as fontes, particularmente a correspondência dos missionários e as cartas dos governadores, parecem confirmar que o castigo físico foi usado com muita frequência em Demerara. É possível, no entanto, que depois de terem sido derrotados em 1823, os escravos tivessem se tornado até mais agressivos e, consequentemente, o número de castigos tivesse aumentado.

165. Houve alguma superposição e alguma disparidade entre os totais e os números que se referem a cada categoria. Mas mesmo assim, eles fornecem um retrato admirável do estado de insubordinação da população escrava. Cópias dos Relatórios dos Protetores de Escravos, 1826-30. A citação é do relatório do ano de 1828. Ver Lista dos Delitos Praticados por Escravos e Escravas das Fazendas na Colônia de Demerara e Essequebo, Feito a partir do Registro dos Castigos Fornecido ao Protetor de Escravos, de 1º de janeiro a junho de 1828, P.R.O. C.O. 116/156.

166. Dale W. Tomich diz que os feitores eram desumanos e implacáveis com os escravos. Atribui esse comportamento ao fato de que eles estavam posicionados "no ponto de confronto entre o impulso do senhor para obter um saldo positivo na produção e sua exigência de manutenção do controle social, de um lado, e a recalcitrância dos escravos, do outro. A dificuldade da situação dos feitores afetava indubitavelmente a maneira como eles lidavam com os escravos". *Slavery in the Circuit of Sugar,* 240. A observação se aplica até com mais propriedade aos capatazes. Para uma análise perceptiva da posição ambígua dos capatazes, ver Genovese, *Roll, Jordan, Roll,* 365-88.

167. *O* mesmo padrão está registrado nos dados para um período de seis meses com término em 31 de dezembro de 1827, mas a proporção de mulheres castigadas é mais alta. De um total de 10 513 escravos castigados, 6014 eram homens e 4499, mulheres. Por outro lado, de janeiro a junho de 1828, algo como 6092 homens e 3962 mulheres foram castigados, numa população total de 62 352 escravos, dos quais 34 106 eram homens e 28 246, mulheres. As mulheres constituíam cerca de 45% da população total, mas foram acusadas de 39% dos delitos. Para o período com término em 30 de junho de 1829, os delitos cometidos por homens chegaram a 5666 enquanto os cometidos pelas mulheres ficaram em torno de 3 mil. Cópias dos Relatórios dos Protetores de Escravos, 8-9. Ver também Relatório do Protetor A. W. Young para Sir B. D'Urban, dezembro de 1829, em Cópias dos Relatórios dos Protetores de Escravos, P.R.O. C.O. 116/156.

168. Barbara Bush, usando os registros das fazendas de Granada e da Guiana de 1820 até o início do período de aprendizagem, descobriu que as mulheres eram "acusadas de insolência, 'preguiça excessiva', desobediência, briga e 'má conduta' mais frequentemente do que os escravos homens". Barbara Bush, "Towards Emancipation: Slave Women and Resistance to Coercive Labour Regimes in the British West Indian Colonies, 1790-1838", 35.

169. Após a rebelião, com os novos regulamentos impostos pelo governo britânico, o limite estabelecido de açoites foi de 25. Em 1829, foi registrado um total de 8710 castigos,

envolvendo 5666 homens; oito receberam oito açoites; 352, de seis a dez; 1332, de onze a quinze; 1108, de dezesseis a vinte; e 2334, de 21 a 25 açoites. (Esses números são postos sob suspeita por outros registros nos quais são dados o castigo, o nome do escravo e a fazenda, a natureza do delito, e a natureza e extensão do castigo. Aí encontramos escravos que foram condenados a quarenta, sessenta e até noventa açoites.) Conforme os registros oficiais do ano de 1829, houve 312 escravos punidos com confinamento. Todas as mulheres foram punidas com o confinamento ou a roda, uma vez que os novos regulamentos proibiam o uso do açoite nas mulheres.

170. A roda era um instrumento de castigo operado por uma ou mais pessoas que andavam nos degraus de uma roda em movimento ou pisavam numa correia inclinada interminável, geralmente acionando uma máquina, qual seja, uma bomba ou um pequeno moinho.

171. Quash era provavelmente um escravo morando na cidade e não numa fazenda; na lista ele aparece como pertencendo a Anthony Osborn.

172. Lista de Casos que Aparecem nos Dados do Registro de Castigos da Colônia de Demerara e Essequebo para o Semestre de 1º de janeiro a 30 de junho de 1829. Cópias dos Relatórios dos Protetores de Escravos, P.R.O. C.O. 116/156.

3. A FORNALHA ARDENTE (pp. 125-71)

1. Carta de Post, 27 de abril de 1808. P.R.O. C.O. 114/7. Para as tentativas anteriores de estabelecer uma missão em Demerara, ver Winston McGowan, "Christianity and Slavery: Slave, Planter, and Official Reaction to the Work of the London Missionary Society in Demerara, 1808-1813", paper apresentado na 12ª Conferência de Historiadores Caribenhos, University of West Indies, Trinidad, 30 de março a 4 de abril, 1980.

2. Isso parece se contrapor à descrição feita por Mary Turner da situação na Jamaica, aonde os missionários evangélicos chegaram muito antes. Ver Mary Turner, *Slaves and Missionaries: The Disintegration of Jamaican Slave Society,* 1787-1834 (Londres, 1982). A chegada tardia dos missionários em Demerara pode ser explicada pela incorporação tardia de Demerara ao império britânico. O apoio do governo britânico ao trabalho missionário quebraria a resistência dos colonos.

3. LMS IC, Demerara, carta de Van Cooten, 5 de setembro de 1807.

4. "Memoir of the Late Hermanus Hilbertus Post, *Esq.*", *Evangelical Magazine,* 19 (janeiro, 1811):7.

5. *Evangelical Magazine,* 19 (fevereiro, 1811):7.

6. LMS IC, Demerara, carta de George Burder, 18 de outubro de 1808.

7. *Evangelical Magazine,* 19 (fevereiro, 1811):42.

8. LMS IC, Demerara, carta de Wray, 20 de outubro de 1808.

9. LMS IC, Demerara, carta de Wray, 8 de maio de 1808.

10. LMS IC, Demerara, 2 de maio de 1808.

11. LMS Minutas do Conselho, 25 de julho, 8 e 15 de agosto de 1808.

12. LMS IC, Demerara, carta de Wray, 4 de junho de 1808, Ver também *Royal Gazette,* 21 de maio de 1808.

13. LMS IC, Demerara, cartas de Wray, 4 de junho e 10 de julho de 1808.

14. LMS Minutas do Conselho, 28 de novembro de 1808.

15. LMS IC, Demerara, carta de Wray, dezembro de 1808, 4 e 13 de fevereiro, 1809.

16. LMS Minutas do Conselho, 28 de novembro, 12 de dezembro de 1808; 30 de janeiro, 13 de fevereiro, 1809.

17. É útil aqui o conceito usado por Althusser, Laclau e Gören Therborn de ideologia como "interpelação". Essa noção sugere o papel ativo de indivíduos e reestabelece uma dialética entre ideias e outras práticas humanas. Ver especialmente Therborn, *The Ideology of Power and the Power of Ideology* (2ª ed., Londres, 1982).

18. LMS IC, Berbice, carta de Wray, 19 de maio de 1824.

19. LMS IC, Berbice, carta de Wray, setembro de 1813. Documento produzido pelo governo local em 1823 mostra que Davies recebeu, depois de agosto de 1813, um subsídio do governo. Em 1823, este era de 157 libras ou 2200 em moeda local. P.R.O. C.O. 116/192. Elliot recebia 1200 em moeda local. Ver Arquivos Nacionais da Guiana, Minutas da Court of Policy, 1823. Livros do Recebedor Colonial, 263.

20. *Royal Gazette,* 2 de abril de 1822.

21. LMS IC, Demerara, carta de Davies, 4 de outubro de 1809.

22. LMS IC, Berbice, carta de Wray, 18 de fevereiro de 1814.

23. Robert Strayer encontra o mesmo interesse na África. "Muitos africanos", diz ele, "sentiam que a mera posse da Bíblia ou aquisição da alfabetização era eficaz no afastamento da desgraça e na promoção do sucesso temporal." Ver Robert Strayer, "Mission History in Africa: New Perspectives on an Encounter", *African Studies Review* 19:1, (abril, 9176):3.

24. LMS IC, Berbice, carta de Wray, 16 de junho de 1814.

25. LMS Minutas do Conselho, 16 de junho de 1811.

26. J. A. James, *The Sunday School Teacher's Guide* (2ª ed. americana, da 5ª ed. inglesa, Nova York, 1818), 43, 50, 53, 57. A crença na correlação entre crime e ignorância disseminou-se amplamente no século XIX, embora tivesse pouca base na realidade, como mostra Harvey J. Graff em seu ensaio sobre o Canadá, "'Pauperism, Misery and Vice': Elliteracy and Criminality in the Nineteenth Century", *Journal of Social History,* 2 (1977):245-68.

27. Em 1823, segundo o *Evangelical Magazine,* 1, nova série (julho, 1823):291, havia 765 mil crianças frequentando 7173 escolas dominicais na Grã-Bretanha, sob a supervisão de 71 276 professores. Um ano depois, segundo a revista, o número de escolas aumentara para 7537, de professores para 74 614, e de crianças para 812 305. *Evangelical Magazine,* 2, nova série (julho, 1824):286.

28. James, *The Sunday School Teacher's Guide,* 14-45, 47, 69, 80-81, 142, 174.

29. Numa carta de Berbice, de 1º de novembro de 1816, Wray escreveu sobre um administrador que mal conseguia ler e escrever, mas que, quando soube que um escravo adulto vinha ensinando as crianças a ler e a rezar, proibira-o de fazê-lo. Segundo Wray, o administrador disse que os livros tinham feito "os negros" se sublevarem em Barbados, e insistiu que os livros "arruinariam o país", LMS IC, Berbice, carta de Wray, 1º de novembro de 1816.

30. Patricia Hollis, *Class and Conflict in Nineteenth-Century England,* 1815-1850 (Londres, 1973), 331-40.

31. O discurso foi publicado na *Evangelical Magazine,* 17 (fevereiro, 1809):83.

32. Em 1816, Wray sugeriu aos diretores da LMS a publicação de um tratado que ele escrevera dois anos antes intitulado "A View of the Political Benefits Which Would Accrue from the Instructions of the Negroes in the Principles of Christianity", no qual ele discutia diversos aspectos da escravidão na colônia, incluindo muitas insurreições. LMS IC, Berbice, carta de Wray, 13 de dezembro de 1816.

33. *Royal Gazette*, 1º de março de 1821.

34. LMS IC, Berbice, carta de Wray, 4 de julho de 1815.

35. *A Plain Catechism, Containing the Most Important Doctrines and Duties of the Christian Religion, to Which Is Added the Duty of Children and Servants* (Londres, 1810), em P.R.O. C.O. 111/11. Ver também LMS Minutas do Conselho, 25 de junho de 1810.

36. LMS IC, Demerara, Apêndice B2.

37. Mary Turner nota que, na Jamaica, tanto os batistas quanto os wesleyanos negros "atraíram o apoio dos libertos e dos escravos conscientes da opressão que sofriam e ansiosos por encontrar novas compensações para suas limitações e novas saídas para a frustração. A insatisfação assim como o interesse religioso e a curiosidade criaram suas primeiras congregações". A intensa hostilidade contra batistas e wesleyanos negros "fazia do apoio continuado a essas igrejas [...] uma forma de oposição ao sistema, uma tradição periodicamente refeita ao longo dos anos pela oposição que os missionários continuaram a encontrar". *Slaves and Missionaries*, 197.

38. LMS IC, Berbice, carta de Wray, 11 de janeiro de 1816.

39. Wray, Diário, 19 de dezembro de 1808.

40. Um Ato para Regulamentar o Governo e a Conduta dos Escravos em Dominica estipulava que "todo dono, proprietário ou diretor, ou procurador, agente ou outro representante do dono [...] de qualquer escravo ou escravos ligados a fazendas, deverá, e por meio deste lhe é exigido que o faça, destinar a todo e qualquer escravo uma porção suficiente de terra, de não menos do que meio acre para cada escravo de qualquer idade; e também conceder-lhes um dia por semana além dos domingos e feriados [...] com a finalidade de cultivar provisões na dita terra". *Provisions Relating to the Treatment of Slaves in the Colonies. Acts of Colonial Legislatures*, 1818-1823 (Câmara dos Comuns, 1824).

41. LMS IC, Berbice, carta de Wray, 13 de dezembro de 1816. Cheveley também observou que muitos brancos viviam com mulheres de cor, mas não permitiam que elas se sentassem à mesa com eles. Na Igreja Anglicana, os negros eram segregados na galeria. Anúncios de novas peças teatrais sendo apresentadas em Demerara enfatizavam que "pessoas de cor livres só serão admitidas nos assentos traseiros".

42. LMS IC, Berbice, carta de Wray, 7 de maio de 1820.

43. LMS IC, Berbice, carta de Wray, 18 de março de 1822.

44. LMS IC, Demerara, carta de Wray, 31 de agosto de 1812.

45. Alforrias não eram muito comuns em Demerara. De 1808 a 1821 apenas 142 homens e 335 mulheres foram alforriados nas colônias de Demerara e Essequibo. Esses números incluem as que eram definidas como alforrias ordinárias e extraordinárias, perfazendo uma média de 34 por ano. Houve um aumento substancial durante os anos 1815 e 1816, quando os preços do açúcar estavam altos. Dos homens alforriados, apenas um em dez era adulto; os outros eram meninos alforriados com suas mães. Considerando que a proporção de todos os homens e mu-

lheres alforriados era de aproximadamente dez mulheres para cada treze homens, é óbvio que as mulheres tinham mais oportunidades do que os homens adultos. Um grande número de alforrias foi comprado por escravos ou outros negros em vez de terem sido dadas por brancos. P.R.O. C.O. 111/37.

46. Barbara Bush afirma que as relações entre mulheres negras e homens brancos têm sido exageradas. "Embora sem dúvida uma pequena minoria de mulheres seguisse esse padrão, há indicações de que ele estava longe de ser típico [...]. A maioria das mulheres rejeitava mais do que encorajava os avanços sexuais de homens brancos." "Towards Emancipation: Slave Women and Resistance to Coercive Labour Regimes in the British West Indian Colonies, 1790-1838", em David Richardson, ed., *Abolition and Its Aftermath: The Historical Context, 1790-1916* (Londres, 1985), 46-47.

47. LMS IC, Berbice, carta de Wray, 4 de julho de 1815. Ver também, Wray, Diário, 15 de maio de 1815.

48. LMS IC, Berbice, carta de Wray, 16 de dezembro de 1823.

49. Richard Price encontra padrões semelhantes. Um dos morávios que se estabeleceram entre os saramacas notou que cada negro tinha permissão para ter quantas esposas ele fosse capaz de sustentar de uma maneira "respeitável". Price conclui que a proporção de homens adultos que em qualquer momento teve duas ou mais esposas era de quase 20% entre os saramacas no século XVIII. *Alabi's World* (Baltimore, 1990), 382-83.

50. *Royal Gazette,* 21 de novembro de 1820.

51. "Crioulo" é usado aqui para designar os escravos nascidos no Novo Mundo.

52. G. W. Roberts, "Movements in Slave Populations of the Caribbean During the Period of Slave Registration", em Vera Rubin e Arthur Tuden, eds., *Comparative Perspectives on Slavery in New World Plantation Societies* (Nova York, 1977), 145-60. O *The New Times,* de 22 de março de 1824, mencionou que em 1820 havia 24 526 escravos nascidos africanos do sexo masculino e 14 282, do sexo feminino. Ver também P.R.O. C.O. ZMCI/ 1039.

53. Sobre conversões de escravos, ver Mechal Sobel, *Trabelin' on: The Slave Journey to an Afro-Baptist Faith* (Princeton, 1979), 108-9; Donald G. Mathews, "Religion and Slavery: The Case of the American South", em Roger Anstey, Christine Bolt, Seymour Drescher, eds., *Anti-Slavery, Religion, and Reform* (Hamden, Conn., 1980), 221-22; Albert Raboteau, *Slave Religion: The "Invisible Institution" in the Antebellum South* (Nova York, 1980).

54. Como na África, o cristianismo pode ter aparecido como uma alternativa para os rituais destinados a afastar a feitiçaria da comunidade. Para a África, ver o importante ensaio de Robert Strayer, "Mission History in Africa: New Perspectives on an Encounter", *African Studies Review,* 19:1 (abril, 1976):3. Fenômenos similares ocorreram no Novo Mundo. Richard Price observa que o cristianismo foi usado pelos quilombolas saramaca no Suriname como proteção contra feitiçaria. Ao discutir os raros casos de conversão de saramacas, Price também revela o pragmatismo deles. *Alabi's World,* 261, 424.

55. LMS IC, Demerara, carta de Wray, 9 de maio de 1812.

56. Wray, Diário, 10 de setembro de 1808.

57. LMS IC, Demerara, carta de Wray, 4 de junho de 1808. Albert Raboteau descobriu que os escravos no Sul dos Estados Unidos também acreditavam que ao morrer eles voltariam para a África. *Slave Religion,* 32.

58. Monica Schuler, comentando sobre a Jamaica, rejeita como falsa a versão dos missionários sobre a "conversão" dos africanos, uma vez que os escravos apenas adotavam do cristianismo "os elementos familiares que tinham paralelo com suas próprias crenças, localizando os símbolos, as ideias e as práticas emprestadas dentro de um contexto essencialmente africano". Monica Schuler, *"Alas, Alas, Kongo": A Social History of Indentured African Immigration into Jamaica, 1841-1865* (Baltimore, 1980), 86. A presença de formas modificadas de rituais "africanos" em diversas partes do Caribe hoje dá credibilidade ao ponto de vista de Schuler.

59. Sobre a compatibilidade entre muitas crenças religiosas africanas e o cristianismo, ver Michael Craton, "Slave Culture, Resistance and Emancipation", em James Walvin, ed., *Slavery and British Society, 1776-1846* (Baton Rouge, 1982), 112-13.

60. Paul Bonahan e Philip Curtin, *Africa and Africans* (3ª ed., Champaign-Urbana, III, 1988), 191.

61. Wray, Diário, 15 de maio de 1808. Wray relatou um outro funeral numa carta datada de 30 de outubro de 1813, de Berbice. Dessa vez era o funeral de uma mulher, mas a cerimônia era muito parecida. A única coisa que Wray acrescentou à sua versão dos ritos mortuários foi que os escravos mandavam recados para seus tios, tias e outros parentes que estavam mortos, e esvaziavam copos de rum no caixão e nele punham comida assim como cachimbos e tabaco. Para descrições detalhadas desses ritos entre os saramacas, ver Price, *Alabi's World*, 88, 104, 217, 399. Práticas semelhantes também foram encontradas em muitas sociedades do Caribe. Ver também Jerome S. Handler e Frederick W. Lange, *Plantation Slavery in Barbados: An Archaeological and Historical Investigation* (Cambridge, Mass., 1978), e Turner, *Slaves and Missionaries*, 55.

62. LMS IC, Demerara, carta de Davies, 3 de maio de 1814. Albert J. Raboteau observa a importância dos amuletos entre os escravos nos Estados Unidos, e sugere que para muitos deles a própria Bíblia era um amuleto. *Slave Religion*, 33-35.

63. LMS IC, Demerara, carta de Davies, 3 de maio de 1814.

64. Hesketh J. Bell diz que a palavra provavelmente se deriva de *obi*, "palavra usada na Costa Leste da África para denotar bruxaria, feitiçaria e fetichismo em geral". Ver Hesketh J. Bell, *Obeah: Witchcraft in the West Indies* (Londres, 1893), 6.

65. LMS IC, Demerara, uma cópia da carta de Wilberforce, 13 de setembro de 1820.

66. Há uma grande semelhança entre a maneira como os missionários lidaram com a *obia* e a história dos benadanti contada por Carlo Ginzburg em *The Night Battles: Witchcraft and Agrarian Cults in the Sixteenth and Seventeenth Centuries* (Baltimore, 1983). Um ritual que não é necessariamente mau é percebido como tal pelos representantes da Igreja, e os praticantes desses ritos passam gradualmente a representar o papel de adversários que a Igreja lhes atribuiu.

67. Por haver possibilidade de que a palavra *Congo* fosse confundida com *Kong*, que é o nome de um grupo que vive numa área diferente, a identificação não é totalmente confiável. Hesketh J. Bell, porém, descreve uma dança *Congo* semelhante "na qual os executores formavam uma roda e sem sair do lugar apenas levantavam um pé do chão, baixando-o de novo com uma batida numa espécie de cadência, um fazendo uma mesura para o outro, continuadamente, e murmurando algum refrão iniciado por um deles, e ao mesmo tempo batendo palmas". *Obeah: Witchcraft in the West Indies*, 32.

68. Richard Price descreve uma versão modificada do uso da água para curar doenças ou purificar a comunidade e protegê-la contra o mal. A erva usada chamava-se "siebie siebie" [*Scoparia dulcis*] e também era usada por escravos em rituais semelhantes em Demerara. Price, *Alabi's World*, 36.

69. A expressão "transe" é minha e não de Wray.

70. Monica Schuler faz distinção entre *obia* (para praticar o mal) e *myal* (para erradicar o mal). Ao estudar a Jamaica, ela descreve um ritual *myal* que visava a descobrir as fontes do *obia*, ritual esse que se assemelha ao rito descrito por Wray. *"Alas, Alas, Kongo"*, 41-42. Mary Turner também nota a semelhança entre os sacerdotes *myal* da Jamaica do século xx e os sacerdotes *fanti* entre o povo akan. *Slaves and Missionaries*, 56.

71. Para a distinção entre a medicina "boa" e a "má", ver Richard B. Sheridan, *Doctors and Slaves: A Medical and Demographic History of Slavery in the British West Indies, 1680-1834* (Cambridge, Ing., 1984), 75-77; George Way Harley, *Native African Medicine, with Special Referente to Its Practice in the Mano Tribe of Liberia* (Londres, 1970); M. J. Field, *Religion and Medicine of the Ga People* (Londres, 1961); e D. Maier, "Nineteenth-Century Asante Medical Practices", *Comparative Studies in Society and History*, 21:1 (janeiro, 1979):63-81. Ver também Monica Schuler, "Afro-American Slave Culture", em Michael Craton, ed., *Roots and Branches: Current Directions in Slave Studies* (Toronto, 1979), 121-37; ver também o comentário de Edward K. Brathwaite na mesma antologia, p. 155.

72. Estou parafraseando aqui observações feitas por Paul Bohannan e Philip Curtin em *Africa and Africans*, 199.

73. Êxodo 22, 18.

74. "O aparato jurídico das colônias das Índias Ocidentais", observa um historiador, "não era nem uniforme nem eficiente. As colônias da Coroa conservaram os sistemas jurídicos dos governantes anteriores. Em Santa Lucia o sistema era francês, em Trinidad, espanhol. O sistema legal na Guiana Inglesa era romano-holandês." William A. Green, *British Slave Emancipation: The Sugar Colonies and the Great Experiment, 1830-1865* (Oxford, 1976), 78.

75. A propriedade pertencia a Winter and Co., de Londres, e Wray tinha esperança de que se eles pudessem compreender os benefícios que adviriam de se pregar o Evangelho aos escravos, eles ajudariam a missão.

76. lms ic, Berbice, carta de Wray, 19 de outubro de 1819.

77. É possível argumentar que a experiência da escravidão tendia, em algumas circunstâncias, a alterar rituais tradicionais inocentes, conferindo-lhes um caráter cruel e sinistro. Para um fenômeno análogo envolvendo índios sul-americanos, ver Michael Tausseig, "Culture of Terror — Space of Death: Roger Casement's Putumayo Report and the Explanation of Torture", *Comparative Studies in Society and History*, 26:3 (julho, 1984):467-97. Ver também seu sugestivo livro, *The Devil and Commodity Fetishism in South America* (Chapel Hill, 1980). Albert J. Raboteau encontrou evidências da prática da dança *Water Mamma* no Sul dos Estados Unidos. *Slave Religion*, 26.

78. lms ic, Berbice, carta de Wray, 15 de janeiro de 1822.

79. lms ic, Demerara, carta de Gravesande, 6 de fevereiro de 1815.

80. lms ic, Berbice, carta de Wray, 9 de junho de 1814.

81. lms ic, Demerara, carta de Wray, 19 de abril de 1813.

82. LMS IC, Berbice, carta de Wray, 9 de junho de 1814.

83. LMS IC, Berbice, cartas de Wray, 30 de maio, 3 de junho, 4 de julho de 1815.

84. LMS IC, Demerara, carta de Wray, 23 de maio de 1812.

85. LMS IC, Demerara, carta de Wray, 12 de outubro de 1812. Carta de Wray, 17 de dezembro de 1812.

86. Isso aconteceu em 1819 na Le Resouvenir quando o administrador Van der Haas foi substituído por John Hamilton.

87. Como observou Sidney Mintz, "o monopólio do poder dos senhores estava constrangido não só por sua necessidade de atingir certos resultados em termos de produção e lucro, mas também pelo reconhecimento claro dos escravos da dependência dos senhores em relação a eles". Essa dependência, por certo, era afetada pela perícia e presteza com que os senhores infligiam os castigos. Sidney Mintz e Richard Price, *An Anthropological Approach to the AfroAmerican Past: A Caribbean Perspective* (Filadélfia, Institute for the Study of Human Issues, Occasional Papers in Social Change, 1, 1976).

88. LMS IC, Demerara, Apêndice B1, Proclamação de Bentinck. Também, LMS Minutas do Conselho de Diretores, 19 de agosto de 1811, e P.R.O. C.O. 111/ 11.

89. Que essa reputação era indevida é óbvio para qualquer um que saiba do papel insignificante desempenhado pelo rei na abolição do tráfico de escravos. Segundo Robin Blackburn, Romilly, o antigo assistente do procurador-geral da Coroa, indignou-se, privadamente, quando se aproveitou a ocasião do Jubileu Real de 1809 para creditar a George III a promulgação do projeto de lei da Abolição. *The Overthrow of Colonial Slavery, 1776-1848* (Londres, 1988), 315.

90. P.R.O. C.O. 111/11.

91. LMS Minutas do Conselho, 5 de novembro de 1811, 10, 27 de janeiro de 1812.

92. LMS IC, Demerara, cartas de Wray, 13 de janeiro, 6, 10 de abril, 12 de maio de 1812.

93. Demerara e Essequibo 1812-1815, Minutas da Court of Policy. P.R.O. C.O. 114/8.

94. LMS IC, Demerara, carta de Wray, 6 de fevereiro de 1813.

95. LMS IC, Demerara, carta de Wray, 18 de junho de 1821.

4. UM DEVOTADO MISSIONÁRIO (pp. 172-226)

1. LMS IC, Berbice, carta de Wray, 6 de agosto de 1815.

2. LMS IC, Berbice, carta de Wray, 1º de janeiro de 1816.

3. LMS Minutas do Conselho, 8 de janeiro de 1816.

4. LMS Papéis dos Candidatos, carta de James, 5 de fevereiro de 1816.

5. LMS Papéis dos Candidatos, carta de James, 23 de fevereiro de 1816. Cf. R. W. Dale ed., *The Life and Letters of John Angell James: An Unfinished Autobiography* (Nova York, 1861), 142.

6. Há uma discrepância entre a primeira biografia de Smith, publicada na *Evangelical Magazine* após sua morte, e a informação dada em *The Life and Letters of John Angell James*, 142, Dale, ed. Há também uma certa confusão sobre se há dois John Smiths candidatando-se mais ou menos ao mesmo tempo ou apenas um. Depois de consultar todas as minutas do conselho

de diretores e as minutas do comitê de exames de 1812 a 1817, e compará-las com outras fontes, concluí que a versão de Dale é mais correta do que a fornecida pelo biógrafo anterior de Smith e posteriormente endossada por outros. A questão que se põe é: por que os biógrafos de John Smith (incluindo o da própria London Missionary Society) nunca mencionaram a carta profética de James? Seria possível que, ao escrever imediatamente após o julgamento de Smith, o primeiro biógrafo tenha imaginado que qualquer alusão à carta de James pudesse ser prejudicial à lms ou à própria reputação de Smith? Os inimigos de Smith teriam provavelmente apreciado muito ver a carta de James, pois ela lhes daria mais base para afirmar que Smith fora responsável pela rebelião. Sobre os biógrafos de Smith, ver Introdução, nota 1. O ensaio de Stiv Jakobson sobre Smith publicado em *Am I Not a Man and a Brother? British Missions and the Abolition of The Slave Trade and Slavery in West Africa and the West Indies, 1786-1838* traz uma interpretação muito semelhante à nossa e apoia-se nos mesmos documentos da lms, mas Jakobson minimiza o papel dos escravos.

7. lms Papéis dos Candidatos, carta de Smith, 22 de janeiro de 1816.

8. Os biógrafos de Smith dizem que ele nasceu em 1790, mas há referências nas minutas do conselho de diretores da lms ao fato de que ele tinha 24 anos em 1816 quando se candidatou a missionário, o que faria com que seu ano de nascimento fosse 1792. Também há evidências de que ele tinha catorze anos quando iniciou seu aprendizado de sete anos; este terminou em 1812-13, o que também parece indicar que ele tenha nascido em 1792. O ano de 1790 foi mencionado numa carta de 1816, de James Scott de Somers Town. lms Papéis dos Candidatos, 1816.

9. A carta de James Scott de Somers Town confirma o esboço autobiográfico de Smith. Diz entre outras coisas que "o caráter [de Smith] era tido em alta conta entre os membros da Igreja que tiveram oportunidade de conhecê-lo melhor", que ele fora particularmente útil na instrução de crianças na escola dominical, e que caso ele partisse sua falta seria muito sentida. Citando o diácono mais velho de Tonbridge, que falava de Smith como "um homem muito piedoso e sensível", Scott prosseguiu, dizendo que ele testemunhara que Smith era "realmente evangélico de sentimento e muito zeloso da causa de Deus". A primeira vez que Smith pensou em tornar-se missionário foi em 1811, quando ouviu um sermão pregado por um sr. Jefferson. lms Papéis dos Candidatos, 1816.

10. Carta de John Smith, de St. John's Lane, Clerkenwell, 1814, em lms Minutas do Comitê de Exames, 1814. Ver também lms Minutas do Conselho, 17 de janeiro de 1814.

11. Nas lms Minutas do Comitê de Exames, 26 de julho de 1815, há notícia de uma carta do sr. James de Birmingham "a respeito de um rapaz que estava ansioso por tornar-se Missionário [e] a quem ele dera algumas Instruções, mas cujo tempo estava tão inteiramente ocupado que o sr. James propusera dar-lhe quatro xelins por semana para o sustento dele e da mãe, para possibilitar que ele dedicasse duas ou três horas por dia ao aperfeiçoamento". A proposta foi aceita. O nome da pessoa foi omitido mas há motivos para acreditar que James estava se referindo a Smith. Conforme as minutas de 8 de janeiro de 1816, nessa data teria sido lida uma carta do sr. J. Smith da rua Middle, Gosport, um aluno patrocinado pela Hampshire Association, com "vistas a ser itinerante, oferecendo-se como missionário". Concordou-se que seria adequado escrever-se uma carta a seu pastor, o sr. reverendo James de Birmingham, "para solicitar seu testemunho que, caso satisfatório, possibilitará que o sr. Smith seja autorizado a com-

parecer na próxima segunda-feira". Em 12 de fevereiro de 1816, John Smith da St. John's Lane, Clerkenwell, apresentou-se ao comitê para seu primeiro exame. O exame foi satisfatório, e ficou acertado que ele voltaria duas semanas depois. Em 26 de fevereiro, Smith foi examinado uma segunda vez, e o comitê decidiu recomendar ao conselho de diretores que o aceitasse. Ver também Minutas do Conselho, Reunião dos Diretores, 8, 22 e 29 de janeiro, e 12 e 26 de fevereiro de 1816; e Dale, ed., *The Life and Letters of John Angell James,* 142.

12. LMS Minutas do Conselho, 6 de março de 1816.

13. Os alunos em Gosport recebiam 120 aulas de teologia; trinta sobre o Velho Testamento e trinta sobre o Novo; vinte sobre as evidências do cristianismo; dezesseis sobre Antiguidades Judaicas; 35 aulas sobre missões; quarenta sobre o ofício pastoral; cinco de gramática universal; cinco de lógica; 35 de retórica; 28 de história eclesiástica; quatro sobre atos da Providência antes da era cristã; onze sobre os diferentes períodos da Igreja antes de Cristo; e trinta aulas de geografia e astronomia. Eles também eram treinados em composição e pregação. Alguns alunos que estudavam "línguas eruditas" liam trechos de César, Salustiano, Homero, da Bíblia hebraica, de Cícero, Ovídio, Xenofonte e Homero. LMS Minutas do Comitê de Exames, 15 de maio de 1815.

14. Carta de Smith aos diretores da LMS, de 17 de outubro de 1816 incluída por engano entre Diários, LMS Índias Ocidentais e Guiana Inglesa. Ver também Minutas do Conselho, 21 de outubro, 25 de novembro de 1816.

15. "Letter on the Exemplary Behaviour of Ministers", *Evangelical Magazine,* 6 (agosto, 1798):319-22. Para outros exemplos, ver na revista: "Consideration Recommended to the Missionaries", ibid., 4 (agosto, 1796):332-37; "A Farewell Letter from the Directors of the Missionary Society to the Missionaries Going Forth to the Heathen in the South-Sea Islands", ibid. (setembro, 1796):353-59; "The Dignity of the Ministerial Character", ibid. (setembro, 1796):362-64; "An Address from the Directors of the Missionary Society", ibid. (dezembro, 1796):493-503; "Christian Patience", ibid. 5 (janeiro, 1797):28-30; "An Address from the Ministers of Christ, in the Direction of the Missionary Society, to Their Brethren in the Gospel Ministry", ibid. (agosto, 1797):321 e 362-68; e "On the Exemplary Behaviour of Ministers, Letter II", ibid. 6 (setembro, 1798):360-61.

16. Sobre a vocação dos missionários para o martírio, ver C. Duncan Rice, "The Missionary Context of the British Anti-Slavery Movement", em James Walvin, ed., *Slavery and British Society 1776-1846* (Baton Rouge, 1982), 158-59.

17. "Address from the Directors of the Missionary Society to Their Brethren in the Gospel Ministry", *Evangelical Magazine,* 5 (agosto, 1797):365.

18. Ibid. 4 (agosto, 1796):322-37.

19. Ibid. 4 (agosto, 1796):337.

20. *Documentary Papers Produced at the Trial of Mr. John Smith, Missionary,* em *Further Papers: Copy of the Documentary Evidence Produced Before a General Court Martial* (Câmara dos Comuns, 1824), 27-29. Doravante, citado como *Further Papers, Documentary Evidence.*

21. George Rudé observa que "embora o antagonismo entre capital e trabalho ainda permanecesse abafado, a 'classe dos mais humildes' percebia nitidamente até onde era tolerável que os ricos, ou aqueles que viviam 'no lado educado da cidade', exibissem sua riqueza frente aos

pobres (...). Esse igualitarismo, tão fortemente em desacordo com os dogmas de uma sociedade aristocrática, era sem dúvida fomentado pela longa tradição de liberdade religiosa e democracia que membros da classe média e dos pobres, através das capelas e conventículos dissidentes e discussões de taberna, tinham herdado dos dias da grande Revolução e da velha Boa Causa. Ele também se ligava ao fato de que havia uma forte crença popular no sentido de que o Inglês, como indivíduo 'nascido livre', tinha um direito especial à 'liberdade'". George Rudé, *Hanoverian London, 1714-1808* (Londres, 1971), 98-99.

22. James Walvin, "The Rise of British Popular Sentiment for Abolition, 1787-1832", em Roger Anstey, Christine Bolt e Seymour Drescher, eds., *Anti-Slavery, Religion, and Reform* (Hamden, Connecticut, 1980), 153. Ver também James Walvin, "The Public Campaign in England Against Slavery, 1787-1834", em David Eltis e James Walvin, eds., *The Abolition of the Atlantic Slave Trade: Origins and Effects in Europe, Africa, and the Americas* (Madison, Wisc., 1981).

23. P.R.O. C.O. 323/41. Ver também Blackburn, *The Overthrow of Colonial Slavery, 1774--1848* (Londres, 1988), 320-22.

24. Hilary McD. Beckles, "Emancipation by Law or War? Wilberforce and the 1816 Barbados Slave Rebellion", em David Richardson, ed., *Abolition and its Aftermath: The Historical Context, 1790-1916* (Londres, 1985), 80-103; Michael Craton, "The Passion to Exist: Slave Rebellions in the British West Indies, 1650-1832", *Journal of Caribbean History*, 13 (1980):12; Michael Craton, "Proto-Peasant Revolts: The Late Slave Rebellions in the British Est Indies, 1816-1832", *Past and Present*, 85 (1979):119; Michael Craton, *Testing the Chains: Resistance to Slavery in the British West Indies* (Ithaca, Nova York, e Londres, 1982).

25. Smith, *Diário*, 1º de janeiro de 1818.

26. Bolingbroke, *Voyage to the Demerary*, 12; de Richard Shomburgk, *Travels in British Guiana 1840-1844*, I: 15.

27. Cheveley, *Diário*.

28. Todos esses números referem-se ao ano em que Bolingbroke esteve em Demerara. Ver *Voyage to the Demerary*, 71. Entre 1817 e 1823 o câmbio parece ter oscilado entre oitenta a cem libras a mil florins.

29. LMS IC, Demerara, carta de Smith, 4 de março de 1817.

30. LMS IC, Demerara, carta de Smith, 4 de março de 1817.

31. Smith, *Diário*, 19 e 20 de março de 1817.

32. LMS IC, Demerara, carta de Smith, 7 de maio de 1817.

33. Smith, *Diário*, 17 de fevereiro de 1818.

34. Ibid., 25 de maio de 1817.

35. Em Isaías 9, 17 lemos: "Por esta causa não se alegrará o Senhor com os jovens: e não se compadecerá dos seus órfãos, nem das suas viúvas: porque todos eles são uns hipócritas e maus, e toda boca profere loucuras. Com todos estes males sua ira não se aplacou, e ainda está alçada a sua mão". É impossível saber exatamente o que Smith disse, ou se ele se ateve ao capítulo 9, versículo 17. Mas é fácil compreender o impacto que suas palavras devem ter tido, especialmente se ele também usou o capítulo 9, versículo 19, que traz uma promessa de guerra e violência: "Por causa da ira do Senhor dos exércitos escureceu a terra e o povo virá a ser como pasto do fogo: homem algum perdoará a seu irmão".

36. Smith, *Diário*, 9 de julho de 1818. Os escravos transformavam as mensagens dos missionários em todos os lugares. Quanto à Jamaica, ver Mary Turner, *Slaves and Missionaries: The Disintegration of Jamaica Slave Society, 1787-1834* (Champaign-Urbana, Ill., 1982), 95.

37. Smith, *Diário*, 9 de fevereiro de 1821.

38. Ibid., 14 de junho de 1818.

39. LMS IC, carta de Smith, 24 de fevereiro de 1817.

40. LMS IC, Demerara, carta de Smith, 13 de outubro de 1817; Smith, *Diário*, 22 de junho, 10 de dezembro de 1817; 14 de novembro de 1821.

41. Smith, *Diário*, 4 de julho de 1818.

42. Os irmãos morávios que foram viver entre os quilombolas saramacas no século XVIII tiveram experiências semelhantes. Richard Price observa que "Noções diferentes dos missionários e saramacas em relação ao seu papel nas relações sociais serviram como idioma simbólico privilegiado na negociação de poder no decorrer de toda a história da missão". *Alabi's World* (Baltimore, 1990), 99. Aparentemente, nas sociedades africanas sem Estado instituído um homem podia cobrar suas dívidas indo ao terreno do seu devedor e retirando o bem (uma cabra, por exemplo, ou algo equivalente) que lhe era devido. Conforme essa tradição, Romeo teria tido o direito de se "apropriar" das galinhas de Smith. Sobre essa tradição africana, ver Paul Bohannan e Philip Curtis, *Africa and the Africans* (3ª ed., Champaign-Urbana, Ill., 1988), 166. A reputação de serem ladrões incorrigíveis que os escravos tinham entre os brancos pode em parte ser atribuída a essa tradição. Para uma interpretação que vê o roubo como uma forma de resistência, uma expressão da economia moral dos escravos, ver Alex Lichtenstein, "That Disposition to Theft, with Which They Have Been Branded: Moral Economy, Slave Management and the Law", em Paul Finkelman, ed., *Rebellions, Resistance, and Runaways Within the Slave South* (Nova York, 1989), 155-82.

43. Smith, *Diário*, 7 de outubro de 1818.

44. Segundo a prática congregacionista, os serviços religiosos estavam abertos a todos, mas apenas os comungantes assistiam às reuniões da igreja.

45. Smith, *Diário*, 10 de maio de 1817.

46. Ibid., 20 de setembro de 1821.

47. Ibid., 15, 22 de junho de 1817.

48. Ibid., 1º de outubro de 1821.

49. Ibid., 1º de agosto de 1817.

50. Ibid., 6 de agosto de 1821.

51. Ibid., 1º de abril de 1821. O modo como Smith registra a história de Dora, dizendo que o filho lhe havia sido "roubado", é revelador dos seus sentimentos antiescravistas.

52. Ibid., 30 de junho de 1818.

53. Ibid., 13 de janeiro de 1822.

54. Ibid., 23 de março de 1818.

55. Depoimento de Bristol no julgamento de Smith, em *Copy of the Proceedings*, Câmara dos Comuns, 1824, 13.

56. Donald Mathews observa que "enraizado nas tradições da Reforma tanto do Continente quanto da Grã-Bretanha, o evangelismo ocasionou uma intensa piedade pessoal a centenas de milhares de pessoas no mundo de língua inglesa antes do final do século XVIII". Donald

G. Mathews, eds., *Anti-Slavery, Religion, and Reform,* 208. Ver também Donald G. Mathews, *Religion in the Old South* (Chicago, 1977).

57. Smith, Diário, 13 de março de 1817.

58. Ibid., 10 de agosto de 1817.

59. Ibid., 28 de setembro de 1817.

60. Ibid., 15 de março de 1818.

61. Ibid., 19 de julho de 1818. O capítulo 3, versículos 7-8, do Êxodo podia de fato aplicar-se aos escravos como a qualquer povo oprimido no mundo, particularmente porque esse trecho contém uma promessa de libertação: "E o Senhor lhe disse: Eu vi a aflição do meu povo no Egito: ouvi o clamor que ele levanta por causa dos seus dirigentes. E conhecendo a sua dor, desci para o livrar das mãos dos egípcios, e para o fazer passar desta terra para outra terra boa e vasta; uma terra onde correm arroios de leite, e de mel [...]".

62. Ibid., 16 de outubro de 1817.

63. Ibid., 2 de novembro de 1817.

64. Quando uma velha escrava chamada Hannah morreu em 3 de janeiro de 1818, Smith escreveu em seu diário: "Ela viveu ignorada, e morreu ignorada. A princesa Charlotte teve muitos atendentes, mas Hannah, nenhum, exceto aqueles anjos que são enviados para atender os herdeiros da salvação. Se, como disseram alguns, amar a Deus é ter uma garantia de ganhar o céu, eu creio que Hannah teve essa garantia". Smith, Diário, 3 de janeiro de 1818.

65. Numa de suas cartas, Smith mencionou que os escravos tinham juntado 190 libras. LMS IC, Demerara, carta de Smith, 14 de outubro de 1818. Numa outra, datada de 29 de novembro de 1822, ele registrou 130 libras e treze xelins.

66. Smith, Diário, 11 de maio de 1818.

67. Ibid., 30 de março de 1817.

68. Para uma descrição de como os quilombolas saramacas lidaram com um caso de adultério, ver Price, *Alabi's World,* 118.

69. Smith, Diário, 6 de abril de 1817.

70. Ibid., 11 de abril de 1817.

71. LMS IC, Demerara, carta de Smith, 7 de maio de 1817.

72. Smith, Diário, 9 de julho de 1818.

73. Ibid., 13 de maio, 11 de agosto de 1817.

74. A empregada dos Smith, Charlotte, disse que "uma vez o sr. Smith açoitou Cooper muito com um chicote por insolência à sra. Smith". "Declaração da Negra Charlotte", em *Further Papers,* 52.

75. Smith, Diário, 19 de outubro de 1819.

76. Ibid., 15 de abril de 1821.

77. Ibid., 29 de abril de 1821.

78. Ibid., 3 de junho de 1821.

79. Ibid., 6 de outubro de 1822. "Coabitar" e "estuprar" foram interpretações de Smith daquilo que os escravos lhe disseram.

80. Ibid., 5 de março de 1820. Os missionários nos Estados Unidos enfrentaram o mesmo problema. "Albert J. Raboteau, *Slave Religion: "The Invisible Institution" in the Antebellum South* (Nova York, 1980), 185.

81. Smith, Diário, 7 de setembro de 1821.

82. Ibid., 9 de outubro de 1821.

83. Robert Dirks questiona as estimativas baseadas nos registros dos fazendeiros. Ele calcula uma ingestão calórica de 1500 a 2000. "Resource Fluctuations and Competitive Transformations in West Indian Slave Society", em Charles Laughlin, Jr., e Ivan A. Brady, eds., *Extinction and Survival in Human Populations* (Nova York, 1978), 137-39. Para um cálculo mais otimista, ver Kenneth F. Kiple e Virginia A. Kiple, "Deficiency Diseases in the Caribbean", *Journal of Interdisciplinary History*, 11:2 (outono, 1980):197-215.

84. Sobre dieta, vestuário e habitação em outras áreas do Caribe, ver Richard B. Sheridan, *Doctors and Slaves: A Medical and Demographic History of Slavery in the British Est Indies, 1680-1834* (Cambridge, Ing., 1985), 135-41, 163-78 e cap. 3, passim.

85. Carta de Smith, reproduzida na obra do rev. Edwin Angel Wallbridge, *The Demerara Martyr: Memoirs of Reverend John Smith, Missionary to Demerara, with Prefatory Notes Containing Hitherto Unpublished Historical Matter by J. Graham Cruickshank,* Vincent Roth, ed. (Georgetown, 1943), 56-72.

86. Smith, Diário, 3 de setembro de 1817.

87. Ibid., 6 de abril de 1817.

88. Ibid., 4 de maio de 1817.

89. Ibid., 7 de setembro de 1817.

90. Ibid., 13 de setembro de 1817.

91. Ibid., 13 e 14 de setembro de 1817.

92. Ibid., 28 de setembro de 1817.

93. Ibid., 18 de setembro, 7 de outubro de 1817.

94. Ibid., 29 de abril e 29 de março de 1818.

95. Ibid., 29 de março de 1818.

96. Ibid., 19 de abril de 1817, 21 de março de 1819.

97. Ibid., 3 de setembro de 1817. Quatro meses depois, no dia de Natal, ele escreveu, "Como de costume o açoite estalava nas costas dos negros das doze a uma hora". Ibid., 25 de dezembro de 1817.

98. Ibid., 2 de março de 1818.

99. A *Rule on the Treatment of Servants and Slaves,* reeditada em 1784 pelos holandeses, estipulava: "Caso um escravo tenha se comportado mal de tal modo que seja necessário castigá-lo, isso será feito moderadamente, e não de forma cruel ou passional. O castigo dado pelo senhor ao escravo não deve exceder 25 chibatadas para que todos os contratempos sejam evitados e tal castigo não deve ser infligido antes que o escravo tenha sido estendido no chão de barriga para baixo e atado entre quatro estacas". O documento também dizia que se fosse necessário um castigo mais severo, o escravo deveria ser mandado para a fortaleza, onde ele receberia a pena depois de ter obtido uma sentença formal. Aparentemente o número de chibatadas autorizado por lei crescera desde então.

100. Smith, Diário, 12 de julho de 1818.

101. Ibid., 10 de agosto de 1818.

102. Ibid., 13 de outubro de 1821.

103. LMS IC, Demerara, carta de Smith, março de 1818.

104. Smith, Diário, 28 de junho de 1821.

105. LMS IC, Demerara, carta de Smith, 18 de fevereiro de 1823.

106. Por toda parte os missionários caribenhos tinham as mesmas queixas. Sheridan, *Doctors and Slaves*, 167.

107. Smith, Diário, 10 de maio e 21 de agosto de 1817.

108. Ibid., 12 de fevereiro de 1819.

109. Ibid., 5 de novembro de 1820.

110. Ibid., 12 de agosto de 1822.

111. LMS IC, Demerara, carta de Smith, 29 de março de 1820.

112. Smith, Diário, 5 de março de 1818.

113. LMS IC, Demerara, carta de Smith, 4 de junho de 1818.

114. Smith, Diário, 18 de abril de 1818.

115. Ibid., 14 de maio de 1818.

116. O estipêndio anual estava garantido pelo testamento de Post, e ele poderia ter uma razoável confiança acerca disso. Mas também havia pequenos privilégios, como leite, legumes, peixe fresco, combustível, que o administrador podia com facilidade conceder ou negar como lhe aprouvesse.

117. LMS IC, Demerara, carta de Smith, 13 de outubro de 1817.

118. LMS IC, Demerara, carta de Smith, 19 de março de 1820.

119. LMS IC, Demerara, carta de Davies, 2 de março de 1819.

120. Smith, Diário, 10 de dezembro de 1817: "Meu dia tornou-se extremamente desagradável pelo fato de meu companheiro ter difamado violentamente o caráter do sr. ___". E mais, em 5 de dezembro e 26 de dezembro: "Jamais gostei da companhia do sr. ___ e da sra. ___. Eles estão sempre escandalizando a Missionary Society".

121. Ibid., 23 de setembro de 1821.

122. Ibid., 12 de novembro de 1821.

123. Ibid., 5 de dezembro de 1817.

124. Ibid., 25 de novembro de 1822.

125. Ibid., 31 de dezembro de 1821.

126. Ibid., 26 de março de 1821.

127. Em fevereiro de 1823, ele se vangloriou de que a média da congregação era de oitocentas pessoas. LMS IC, Demerara, carta de Smith.

128. Smith, Diário, 1º de setembro de 1822.

129. Donald G. Mathews, "Religion and Slavery: The Case of the American South", em Anstey, Bolt e Drescher, eds., *Anti-Slavery, Religion, and Reform*, 222. Ver também Donald G. Mathews, *Slavery and Methodism: A Chapter in American Morality, 1780-1845* (Princeton, 1965) e *Religion in the Old South* (Chicago, 1977); Mechal Sobel, *Trabelin'On: The Slave Journey to an Afro-Baptist Faith* (Westport, Conn., 1979); Eugene D. Genovese, *Roll, Jordan, Roll* (Nova York, 1974), 161-284; Mary Turner, *Slaves and Missionaries: The Disintegration of Jamaican Slave Society, 1784-1834* (Champaign-Urbana, Ill., 1982).

130. Smith, Diário, 18 de fevereiro de 1820.

131. Ibid., 18 de março de 1821.

132. Ibid., setembro de 1822.

133. Sobre varíola, ver Sheridan, *Doctors and Slaves,* 249-67.

134. Alguns meses antes, o governador Murray havia emitido uma proclamação declarando que a varíola tinha sido levada para a colônia "por um negro de St. Vincent". Murray solicitara que todas as pessoas inoculassem em suas famílias e escravos varíola bovina o mais rápido possível. *Royal Gazette,* 12 de junho de 1819.

135. Smith, Diário, 31 de outubro, 9 de novembro de 1819.

136. A descrição de Smith contrasta nitidamente com o quadro idealizado fornecido pelos administradores. Fanny Kemble, que morou nos Estados Unidos numa fazenda na Geórgia por volta de 1820, fez um relato igualmente devastador do "hospital" que ela viu na fazenda do seu marido. Fanny Kemble, *Journal of a Resident on a Georgian Plantation in 1838-39* (relato, Chicago, 1969), citado por Sheridan em *Doctors and Slaves,* 289.

137. Smith, Diário, 21, 29, 30 de novembro, 4 de dezembro de 1819.

138. Ibid., 8 de outubro de 1822.

139. Ibid., 27 de janeiro de 1823.

140. *Royal Gazette,* 3 de janeiro de 1815.

141. Ibid., 8 de maio de 1821.

142. Ibid., 4 de dezembro de 1821.

143. A Associação da Igreja Nacional da Escócia [Scottish Kirk] incluía Lachlan Cuming, James Johnstone, Charles Edmonstone, Alexander Simpson, George Buchanan, Colin Macrae, Alexander Grant, W. H. Munro, Peter Grant, M. Hyndman, Gavin Fullerton, John Fullarton, Donald Campbell, Charles Grant, Michael McTurk, e muitos outros. J. Graham Cruickshank, *Pages from the History of the Scottish Kirk in British Guiana* (Georgetown, 1930).

144. *Royal Gazette,* 28 de janeiro, 1º de fevereiro de 1822.

145. LMS IC, Demerara, carta de Mercer, 22 de fevereiro de 1820.

146. LMS IC, Demerara, diversas cartas, particularmente a de Smith de 28 de fevereiro de 1823. Também em Smith, Diário, onde, de 3 de setembro de 1822 em diante, há diversas referências a suas tentativas infrutíferas.

147. Smith, Diário, 11, 13, 22, 24 de setembro de 1822.

148. Ibid., 21 de outubro de 1822.

5. VOZES NO AR (pp. 227-72)

1. Canção, citada em Lawrence Levine, *Black Culture and Black Consciousness: Afro-American Folk Thought from Slavery to Freedom* (Nova York, 1977), xiii.

2. *The Liberator,* 3 de setembro de 1831, citado em John B. Duff e Peter Mitchell, eds., *The Nat Turner Rebellion: The Historical Event and the Modern Controversy* (Nova York, 1971), 41.

3. Este capítulo baseia-se primordialmente em quatro conjuntos de registros dos muitos processos que decorreram dos acontecimentos de 1823. Três conjuntos correspondem aos registros produzidos pelo Colonial Office em resposta aos pedidos da Câmara dos Comuns na primavera de 1824, os quais foram imediatamente publicados por ordem da Câmara: (1) *Demerara* [...] *A Copy of the Minutes of the Evidence on the Trial of John Smith, a Missionary in the Colony of Demerara, with the Warrant, Charges, and Sentence: — VIZ Copy of the Proceed-*

ings of a General Court Martial [...] (Câmara dos Comuns, 1824), que será citado como *Proceedings;* (2) *Demerara: Further Papers* [...] *Respecting Insurrection of Slaves* [...] *with Minutes of Trials* (Câmara dos Comuns, 1824), que será citado como *Further Papers Respecting Insurrection;* e (3) *Demerara: Further Papers* [...] *Copy of Documentary Evidence Produced Before a General Court Martial* [...] (Câmara dos Comuns, 1824), que será citado como *Further Papers: Documentary Evidence.* O quarto conjunto consiste de manuscritos e outros documentos no Public Record Office em Kew, P.R.O. C.O. 111/39-46, particularmente correspondência sem título e registros sobre a rebelião e os julgamentos, em P.R.O. C.O. 111/43. Também usei uma segunda coleção rotulada "Julgamentos de negros" em P.R.O. C.O. 111/44 e 111/53. Recorri ainda à coleção de documentos do London Missionary Society: *Report of the Proceeding Against the Late Rev. John Smith* (Londres, 1824). Aqui só estão citadas passagens específicas de todos esses registros quando algo especial ou notável na linguagem ou na informação foi considerado relevante para uma reconstrução do que estava acontecendo. Qualquer tipo de compreensão clara dos autos dos processos, porém — e por certo qualquer apreensão da experiência individual dos escravos que foram julgados ou que testemunharam — precisa contar com um cuidadoso cruzamento de dados com muitas outras fontes. Recorri particularmente a diários e cartas dos missionários, a outros documentos do Colonial Office no Public Record Office, e a dois jornais de Demerara, o *Royal Gazette* e o *Guiana Chronicle,* e ao texto de Joshua Bryant, *Account of an Insurrection of the Negro Slaves in the Colony of Demerara Which Broke Out on the 18th of August, 1823* (Demerara, 1824), que será aqui citada doravante como Bryant, *Account of an Insurrection.*

4. Smith, Diário, 13 de abril de 1817.

5. *Further Papers Respecting Insurrection,* Exame de Bristol, 26-28; Depoimento de Paris, 30-31.

6. Smith, Diário, 15 de dezembro, 1820.

7. *Further Papers Respecting Insurrection,* 26.

8. *Royal Gazette,* 2 de abril de 1822. Também P.R.O. C.O. 114/9.

9. Smith, Diário, 12 de agosto de 1822.

10. A importância do boato em rebeliões de escravos é enfatizada por Michael Craton, em "Slave Culture, Resistance and the Achievement of Emancipation in the British West Indies, 1783-1838", em James Walvin, ed., *Slavery and British Society, 1776-1846* (Baton Rouge, 1982), 105-6.

11. *Further Papers: Documentary Evidence,* 6, 7.

12. O rev. Wiltshire Staunton Austin, ministro da Igreja Anglicana, que residia em Georgetown. Para uma curta autobiografia ver P.R.O. C.O. 111/144.

13. Smith, Diário, 3 de junho de 1823.

14. Ibid., 3 de junho de 1823.

15. Ibid., 25 de junho de 1823.

16. Em "A Conversation of Rumors: The Language of Popular Mentalités in Late-Nineteenth-Century Colonial India", Anand A. Yang acentua o papel que os boatos tiveram em rebeliões em Bengala. Ele diz que — como emissões do povo, feitas pelo e para o povo — os boatos fluíam pelos canais da vida diária, canais de comunicação criados por redes regulares de relações face a face entre vizinhos, amigos, parentes, ou até mesmo meros "conhecidos de cumprimentos que poderiam ser encontrados no mercado do lugar". Yang também chama a atenção para a importância de estudarmos os boatos como "uma porta de entrada para a his-

tória das mentalidades". *Journal of Social History,* 20 (1987):485-505. Ver também do mesmo autor "Sacred Symbol and Sacred Space in Rural India: Community Mobilization in the Anti--Cow Killing Riot of 1893", *Comparative Studies in Society and History,* 22 (1980):576-96. A importância dos boatos já havia sido acentuada muito antes por Georges Lefèbvre, em seu clássico *The Great Fear of 1789: Rural Panic in Revolutionary France* (1ª ed. americana, trad. Joan White, Nova York, 1973). À conclusão semelhante chegou Michael Adas em seu estudo sobre camponeses no Sudeste Asiático: "From Avoidance to Confrontation: Peasant Protest in Pre-colonial and Colonial Southeast Asia", *Comparative Studies in Society and History,* 23 (1981):271-97.

17. Debates Parlamentares de Hansard, nova série, ix, 156-360.

18. William Green, *British Slave Emancipation: The Sugar Colonies and the Great Experiment, 1830-1865* (Oxford, 1976), 102. Ver também Lowell Joseph Ragatz, *The Fall of the Planter Class in the British Caribbean, 1763-1833: A Study of Social and Economic History* (Londres, 1928), 411.

19. Edwin Angel Wallbridge, *The Demerara Martyr: Memoirs of the Reverend John Smith, Missionary to Demerara, with Prefatory Notes* [...] *by J. Graham Cruickshank,* Vincent Roth, ed. (Georgetown, 1943), 93-94. Para mais detalhes, ver Ragatz, *The Fall of the Planter Class in the British Caribbean,* 408-15.

20. Demerara e Trinidad estavam em posição particularmente vulnerável devido a sua condição de colônias da Coroa. As velhas colônias inglesas como Barbados e Jamaica gozavam de maior autonomia.

21. Documentos Parlamentares, xxiv (1824), 427. Essas reformas seriam impostas às colônias da Coroa e apenas recomendadas às outras. Ver também Michael Craton, James Walvin e David Wright, eds., *Slavery Abolition and Emancipation: A Thematic Documentary* (Londres, 1976), 300-303.

22. Arquivo Nacional da Guiana, Minutas da Court of Policy, agosto de 1823, 1129. Ver também P.R.O. C.O. 112/5.

23. *Further Papers Respecting Insurrection,* 25, 28, 39, 46-49.

24. Ibid., 46-48. Para a consulta aos oráculos antes das guerras na África, ver Cyril Daryll Forde e P. M. Kaberry, eds., *West African Kingdoms in the Nineteenth Century* (Londres, 1967).

25. lms ic, Berbice, carta de John Wray, 13 de dezembro de 1823. Wray pensava que Jack Gladstone tinha 25 anos, mas durante o julgamento o próprio Jack disse ter trinta. O aviso oferecendo uma recompensa de mil florins pela apreensão de Quamina e Jack apareceu na *Berbice Royal Gazette* de 3 de setembro de 1823.

26. Esta carta foi posteriormente apensada aos documentos do julgamento. *Further Papers: Documentary Evidence,* 8.

27. Wray disse que Jack tinha dois filhos. lms ic, Berbice, carta de Wray, 4 de setembro de 1823. Um artigo publicado em *The Colonist,* de 3 de maio de 1824, disse que ele tinha quatro. lms Jornais Coloniais Diversos. O artigo em *The Colonist* é muito revelador. *The Colonist,* refutando histórias que tinham aparecido no *New Times* de Londres e no *Morning Chronicle,* relatou: "Há oito anos, Jack, na instabilidade de suas ligações temporárias, chamou então uma garota de esposa, que posteriormente o deixou para o 'uso' do proprietário vizinho, e até hoje ele nunca exibiu qualquer sintoma de má vontade em relação a esse cavalheiro [...]. Depois o mis-

sionário Smith o casou com uma mulher diferente e com ela ele teve quatro filhos". A primeira esposa de Jack foi Susanna.

28. Smith, Diário, 16 de dezembro de 1821.

29. Ibid., 1º de junho de 1817.

30. *Further Papers Respecting Insurrection*, 43.

31. Testemunho de Jack, ibid., 39, 43-44, e "Declaração do Prisioneiro Jack em Defesa", ibid., 76-79; ver também o testemunho de Susanna e de Seaton, ibid., 28, 43 e 47.

32. Ibid., 47-48.

33. Alguns escravos disseram depois em depoimento que Hamilton prometera lhes dar armas.

34. Mais tarde, durante o julgamento, Paris negou que ele tivesse algum dia dito qualquer coisa a respeito. *Further Papers Respecting Insurrection*, 41. Ver também P.R.O. C.O. 111/45.

35. Smith, Diário, 5 de julho de 1823, e *Further Papers Respecting Insurrection*, 27.

36. Depoimento de Romeo, *Proceedings*, 10.

37. Ibid., 48.

38. Ibid., 49.

39. Nos autos dos processos a palavra *Coromantee* [Kromanti] aparece também como *Curumantee, Cromantee, Coramantyn, Coromantine, Koromantee*, e às vezes até *Komanti*.

40. É possível que esses escravos fossem popo, um grupo que talvez compartilhasse a mesma língua. Ver o mapa linguístico da África Ocidental em Michael Kwamena-Poh, John Tosh, Richard Waller e Michael Tidy, *African History in Maps* (Nova York e Londres, 1982).

41. Em diversas sublevações anteriores houve uma aliança entre os escravos das fazendas e os quilombolas. Isso se deu em 1795, 1804 e 1810. Em 1795 havia pelo menos oito grandes aldeamentos nas matas no interior de Demerara. Em 1804, dizia-se que Cudjoe, um dos líderes da sublevação, que era reconhecido como "rei" pelos escravos akan, mantinha contato com os quilombolas, e em 1810 dizia-se que os negros do quilombo da região de Abary-Mahaicony pretendiam instigar uma revolta entre os escravos tanto na Costa Leste quanto na Costa Oeste de Demerara. Ver Alvin O. Thompson, *Brethren of the Bush: A Study of Runaways and Bush Negroes in Guyana, c. 1750-1814* (Barbados, Department of History, University of West Indies, 1975), 26-35; *Colonialism and Underdevelopment in Guyana, 1580-1803* (Barbados, 1987), 142; e "Some Problems of Slave Desertion in Guyana, 1750-1814" (University of West Indies Occasional Papers, Barbados, 1976).

42. A *Royal Gazette* de 21 de abril de 1806 mostrou sua irritação com o fato de que quilombolas e escravos fugidos estavam indo ao mercado aos domingos.

43. A melhor descrição dos saramacas e sua interação com os escravos das fazendas, os colonos e missionários brancos é dada por Richard Price em *Alabi's World* (Baltimore, 1990); ver também *The Guiana Maroons (Bush Negroes): A Historical and Bibliographical Introduction* (New Haven, 1972). Thompson, *Colonialism and Underdevelopment in Guyana*, contém um mapa dos quilombos que revela sua proximidade das fazendas. Ver também James G. Rose, "Runaways and Maroons in Guyana History", *History Gazette* (University of Turkeyen), 4 (janeiro, 1989):1-14.

44. A *Royal Gazette* de 1º de fevereiro de 1815 traz um aviso sobre um escravo fugido de nome "Goodluck", que chamava a si próprio Sammy de Groot. Informava-se que ele tinha cerca de um metro e 87 centímetros de altura, era "um homem bem-apessoado com costeletas, falan-

do holandês e inglês muito bem". Como Goodluck não parece ser um nome comum, é possível que o fugitivo seja a mesma pessoa que aparece nos autos como amigo de Jack.

45. Smith, *Diário*, 8 de janeiro de 1820. Também Wallbridge, *The Demerara Martyr*, 83.

46. É possível que, em vez de ser um congo, o escravo fosse do grupo kong, um dos muitos grupos que aparentemente partilhavam a língua com outros grupos akan.

47. *Further Papers Respecting Insurrection*, 59.

48. Sobre a revolta em Granada, ver Michael Craton, *Testing the Chains: Resistance to Slavery in the British West Indies* (Ithaca e Londres, 1982), 180-94.

49. Isso também aparece no depoimento de Bristol conforme relatado por Alexander McDonnell em *Consideration on Negro Slavery with Authentic Reports, Illustrative of the Actual Condition of the Negroes in Demerara* (Londres, 1825), 242. Aparentemente, antes da notícia da chegada das novas leis de melhorias à colônia, os tanoeiros da *Dochfour*, que "costumavam fazer dois barris de aduelas aparelhadas todo dia", tinham "feito só um, para ver se o senhor deles ficava satisfeito".

50. Durante o debate parlamentar sobre o julgamento de Smith, foi mencionado que Susanna era esposa de Jack. Outros indícios parecem confirmar isso. Ver T. C. Hansard, *Parliamentary Debates, from the Thirtieth Day of March to the Twenty-fifth of June, 1824* (vol. XI, Londres, 1825).

51. *Further Papers Respecting Insurrection*, 67, 77.

52. O papel de liderança desempenhado pelos artesãos foi apontado por muitos historiadores estudiosos da escravidão. Dale W. Tomich argumenta que a posição privilegiada que esses escravos tinham "pode ter criado uma resposta ambivalente, mas não necessariamente conservadora ao sistema escravista [...]. De fato a contradição entre dignidade individual e valor pessoal, de um lado, e o status de escravo, do outro, pode ter sido experimentada mais palpavelmente por esses escravos". Dale W. Tomich, *Slavery in the Circuit of Sugar: Martinique and the World Economy, 1830-1848* (Baltimore, 1990), 227. Uma tese semelhante foi enunciada por Eugene Genovese para os Estados Unidos em *Roll, Jordan, Roll: The World the Slaves Made* (Nova York, 1974), e por Orlando Patterson para a Jamaica em *An Analysis of the Origins, Development, and Structure of a Negro Slave Society in Jamaica* (Londres, 1967).

53. Barbara Kopytoff, num ensaio estimulante, "Religious Change Among the Jamaican Maroons: The Ascendance of the Christian God Within a Traditional Cosmology", em *Journal of Social History*, 20 (outono, 1986-87):463-85, analisa a interação entre cultos tradicionais africanos e o cristianismo entre os quilombolas na Jamaica. Ela salienta que a religião do quilombo, como a sociedade dos quilombos, era uma composição crioula desde seu início no final do século XVII, e também indica que havia uma incompatibilidade entre o cristianismo europeu protestante pregado aos quilombolas e as ideias religiosas tradicionais do quilombo. Isso se evidenciou quando os catequistas da Church Missionary Society foram viver entre os quilombolas.

54. Ver, por exemplo, o trabalho de Barbara Bush: "Towards Emancipation: Slave Women and Resistance to Coercive Labour Regimes in the British West Indian Colonies, 1790-1838", em Richardson, ed., *Abolition and Its Aftermath*, 27-57; "Defiance and Submission: The Role of Slave Women in Slave Resistance in the British Caribbean", *Immigrants and Minorities* 1 (1982):16-38, particularmente 23-31; "The Family Tree Is Not Cut, Women and

Cultural Resistance in Slave Family Life in the British Caribbean", em G. Y. Okihiro, ed., *Resistance: Studies in African Caribbean, Latin American, and Afro-American History* (Boston, 1984); e *Slave Women in Caribbean Society, 1650-1838* (Bloomington, 1986); também Lucille Mathurin, *The Rebel Woman in the British West Indies During Slavery* (Kingston, 1975); Marietta Morrissey, *Slave Women in the New World: Gender Stratification in the Caribbean* (Lawrence, Kan., 1989); Rhoda E. Redcock, "Women and Slavery in the Caribbean: A Feminist Perspective", *Latin American Perspectives*, 12 (inverno, 1985):63-80. Para uma comparação com os Estados Unidos, ver Deborah Gray White, *Ar'n't I a Woman? Female Slaves in the Plantation South* (Nova York, 1985); Elizabeth Fox-Genovese, *Within the Plantation Household: Black and White Women of the Old South* (Chapel Hill, 1988) e "Strategies and Forms of Resistance", em Okihiro, ed., *Resistance: Studies in African Caribbean*, 143-65; Angela Davis, "Reflections on the Black Women's Role in the Community of Slaves", *The Black Scholar*, 3 (dezembro, 1971):3-15.

55. Há pelo menos uma prova disso. Na *Foulis*, Daniel convocou uma reunião para domingo à noite antes da rebelião e mandou que as mulheres se retirassem. Ele pediu a todos os homens presentes que beijassem a Bíblia como uma forma de juramento. *Further Papers Respect in Insurrecion, 12.* Ver também Mathurin, *The Rebel Woman*, 21. Muito do planejamento para a famosa Guerra Batista de 1813 na Jamaica aconteceu em reuniões religiosas depois que as mulheres tinham se retirado. Da mesma forma, na conspiração de escravos em Antígua em 1736, os escravos fizeram seu juramento depois da saída das mulheres. Ver David Barry Gaspar, *Bonsmen and Rebels: A Study of Master-Slave Relations in Antigua, with Implications for Colonial British America* (Baltimore, 1985), 243. Elizabeth Fox-Genovese menciona que as tradições da África Ocidental não encorajavam a participação feminina. *Within the Plantation Household, 53*, nota 8.

56. *Further Papers Respecting Insurrection, 58.*

57. Bryant, *Account of an Insurrection*, 68; *Further Papers Respecting Insurrection*, 97-98.

58. O papel de Susanna assemelha-se ao de Nancy Grigg em Barbados. Nancy disse aos escravos que eles estariam livres na segunda-feira da Páscoa, mas que para isso acontecer eles tinham que seguir o exemplo do Haiti e lutar para essa finalidade. *The Report from a Select Committee of the House of Assembly Appointed to Inquire into the Origin, Causes and Progress of the Late Insurrection* (Barbados, 1818), 29-31, citado por Michael Craton em "The Passion to Exist: Slave Rebellions in the British West Indies, *1650-1832*", *Journal of Caribbean History*, 13 (1980):16. Para detalhes ver Craton, *Testing the Chains*, 254-66. Ver também H. McD. Beckles, "Emancipation by Law or War? Wilberforce and the 1816 Barbados Slave Rebellion", em David Richardson, *Abolition and Its Aftermath: The Historical Context, 1790-1916* (Londres, 1985), 80-103.

59. Não há dúvida de que a experiência africana foi crucial em muitas rebeliões de escravos. Gwendolyn Midlo Hall, em seu estudo sobre a Louisiana no século XVIII, salientou a importância dos escravos da região de Senegâmbia na articulação das rebeliões. Ela atribui essa capacidade de liderança à linguagem e à cultura deles. Gwendolyn M. Hall teve a gentileza de me permitir a leitura do manuscrito de seu livro, *The Afro-Creole Slave Culture of Louisiana: Formation During the Eighteenth Century*, antes de sua publicação. Michael Craton também apresentou provas da presença significativa de kromantis na liderança das rebeliões no Caribe

desde o século XVII. "The Passion to Exist", 1-20. Ver também Craton, *Testing the Chains*. Monica Schuler apontou a importância dos akan na promoção de rebeliões. Ver, especialmente, "Akan Rebellions in the British Caribbean", *Savacou* 1:1 (junho, 1970):8-32, e "Ethnic Slave Rebellions in the Caribbean and the Guianas", *Journal of Social History*, 3 (verão, 1970):374-85. Os escravos identificados como *coromante, koromante, "cromantee" "coromantyn", ou "coromantine"* também foram líderes de quilombos importantes, como os da Jamaica e de Antígua. Para o papel de liderança desempenhado pelos kromantis na conspiração de 1736 em Antígua, ver Gaspar, *Bondsmen and Rebels, 234-38*.

60. Richard Hart observa que os kromantis foram identificados com os akan, um nome usado para descrever "linguística e etnograficamente" diversos grupos da África Ocidental, incluindo os ashanti e os fanti. Mas como sempre vem sendo observado, essas descrições são precárias porque qualquer escravo de diferentes origens, tais como ga, adagme, ou ewe, saindo de portos da África Ocidental poderiam receber essa identificação. Hart observa que o termo kromanti foi tomado originalmente do povoamento fanti do litoral onde os ingleses construíram seu primeiro posto comercial na Costa do Ouro em 1631, hoje chamado Kromantine. *Slaves Who Abolished Slavery* (2 vols., Jamaica, 1985).

61. *Further Papers Respecting Insurrection*, 67.

62. Para uma comparação entre os nomes como eles eram usados pelos akan, fanti e jamaicanos, ver Hart, *Slaves Who Abolished Slavery*, 2:9. Também Schuler, "Akan Slave Rebellions", 28-29. Peter Wood (apoiando-se num artigo publicado por David De Camp, "African Day Names in Jamaica", *Language* 43 (1967):139-49) dá uma lista de nomes similares. *Black Majority: Negroes in Colonial South Carolina, from 1670 through the Stono Rebellion*, 185.

63. O tráfico da Costa do Ouro foi importante na primeira metade do século quando as guerras akan devastaram a região. Foram exportados da Costa do Ouro cerca de 321 mil escravos. Depois de meados do século, o volume de exportações dessa área declinou e o tráfico se concentrou na costa fanti. Os principais postos de operação eram o castelo inglês em Anambo e o porto holandês de Kromantine. Houve uma notável expansão do tráfico de escravos no período entre 1780 e 1800, quando os ashanti tentaram ocupar a costa fanti, e também em consequência das lutas entre os akan pelo domínio do interior. Assim, é possível que muitos escravos de Demerara tenham vindo dessa área durante esse período. Ver Paul Lovejoy, *Transformations in Slavery: A History of Slavery in Africa* (Cambridge, Ing., 1983), 56, 81, 97. Ver também Schuler, "Akan Slave Rebellions in the British Caribbean", 8-33.

64. A conspiração de Cuffy em Barbados em 1675 foi chefiada pelos kromantis, que também desempenharam papel importante na rebelião de 1753 em Antígua. A rebelião de 1760 na Jamaica também foi atribuída a escravos de fala akan. Escravos igbos e kromantis foram líderes no levante de 1776 na Jamaica, e em muitos outros. Craton, *Testing the Chains*, 115-79, passim. Ver também Schuler, "Akan Slave Rebellions in the British Caribbean", 8-31, e "Ethnic Slave Rebellions in the Caribbean and the Guianas", 374-85; Gaspar, *Bondmen and Rebels, 234-38*. Para uma descrição dos kromantis, ver Bryan Edwards, *History, Civil and Commercial, of the British Colonies in the West Indies* (3 vols., Londres, 1801), 2:74-86.

65. Paul Bohannan e Philip Curtin enfatizam que grupos de descendência (clãs) devem conter muitos milhões de pessoas e usar a sanção das obrigações de parentesco para obrigar seus membros a agir corretamente. Eles sugerem que grupos de descendência unilinear eram

e ainda são a base da maioria de organizações sociais extrafamiliares na África. Eles formam grupos políticos, congregações religiosas, e até unidades de produção e de posse da terra. "É a lealdade ao grupo de descendência, assim como à família, que está em discussão quando os africanos falam sobre suas 'obrigações' ou 'seu' povo." *Africa and the Africans* (3ª ed., Champaign-Urbana, Ill. 1988), 123.

66. Entre os muitos relatos publicados pela African Institution há um escrito por Henry Meredith que contém respostas a "Indagações relativas à África, a respeito daquele distrito da Costa do Ouro, chamado País de Agooma". A região, localizada perto do Equador, tinha o mar ao sul e os países de Akoon, Adgumakoon, Assin, Akim e Akra como limites. Pela descrição, a região cobria uma área de vinte milhas de comprimento por quinze de largura. Nesta área falava-se a "língua fanti" e os nomes eram idênticos àqueles encontrados em Demerara, onde havia muitos escravos da Costa do Ouro.

67. Joseph Greenberg, na última edição de *Languages of Africa*, diz que o número de línguas faladas na África deve chegar a mais de oitocentas. A classificação de Greenberg contém cinco grandes grupos linguísticos. O maior deles, que também cobre a área geográfica mais extensa, Greenberg chama de grupo Niger Kardofan. A maioria das pessoas pertencentes a uma família e subfamílias linguísticas não teria dificuldade de se comunicar entre si. *The Languages of Africa* (3ª ed., Bloomington, 1970). Ver também do mesmo autor, *Studies in African Linguistic Classification* (New Haven, 1955).

68. William C. Suttles, Jr., "African Religious Survivals as Factors in American Slave Revolts", *Journal of Negro History,* 56 (abril, 1971) 97-104, citado em Gaspar, *Bondmen and Rebels,* 322.

69. Entre os angolanos, por exemplo, para escapar dos limites impostos pela linhagem e promover a cooperação com outros grupos havia diversas outras instituições, incluindo sociedades secretas, unindo as pessoas através de fronteiras sociais, que em princípio eram intransponíveis. Habilidade ou profissão forneciam uma rede que servia para transmitir habilidades e saber. Cultos de cura e feitiçaria forneciam um outro veículo através do qual as pessoas podiam abandonar temporariamente sua lealdade primeira. Comunidades mbundu mantinham campos regulares de circuncisão nos quais os jovens de uma localidade se reuniam, independentemente de sua posição nas genealogias dos grupos de descendência. Sociedades secretas chamadas quilombos reuniam guerreiros cooptando um número ilimitado de homens estrangeiros. Um homem, não importa suas origens étnicas, tornava-se um guerreiro inteiramente habilitado ao demonstrar sua capacidade pessoal para lutar e ao completar os ritos de iniciação do quilombo. Eles excluíam todas as mulheres de suas cerimônias. Joseph C. Miller, *Kings and Kinsmen; Early Mbundu States in Angola* (Oxford, 1976), 45-52, 151-237.

70. Edward Kamau Brathwaite observa que Paul Boble (um dos líderes da rebelião de escravos da Jamaica de 1831 e pastor na Igreja Batista dos negros), Toussaint no Haiti, e Sam Sharpe "portavam [todos] o título *myal* de *Daddy (Dada)"* e que um "movimento afro-*myal*" fundamentava a preocupação mais liberal-reformista dos crioulos com justiça e terra. Ele encontra tendências semelhantes na rebelião de escravos de 1763 em Berbice, em Barbados em 1816, e na rebelião de Nat Turner nos Estados Unidos em 1831. "The African Presence in Caribbean Literature", em Sidney W. Mintz, ed., *Slavery, Colonialism, and Racism* (Nova York, 1974), 77-78.

71. Entre os igbos havia centenas de clãs patrilineares. Mas o governo consistia de duas instituições básicas: o Conselho de Velhos Ama-ala e a Assembleia de Cidadãos da aldeia. Qual-

quer adulto do sexo masculino podia ter assento no conselho. Em assuntos de rotina os mais velhos governavam por decreto e proclamação, mas quando era provável que suas decisões provocassem disputas os Ama-ala podiam reunir-se na praça local. Na Assembleia os velhos expunham as questões diante do povo e todo homem tinha o direito de falar. A Assembleia da aldeia era considerada um direito do homem igbo. Os ibibios eram famosos por suas sociedades secretas. A lealdade entre pessoas de mesma idade podia ser tão forte quanto os laços estabelecidos pela linhagem. Ver J. B. Webster, A. A. Boahen, M. Tidy, *The Revolutionary Years: West Africa Since 1800* (Londres, 1980), 87-107. Ver também Forde e Kaberry, eds., *West African Kingdoms in the Nineteenth Century,* 9-26.

72. O respeito aos mais velhos era comum em muitas sociedades africanas. Entre os iorubas, por exemplo, os jovens tinham que mostrar respeito pelos mais velhos obedecendo-os. Forde e Kaberry, eds., *West African Kingdoms in the Nineteenth Century,* 51.

73. Barry Gaspar afirma que na "sociedade akan, os jovens são vistos como um grupo social distinto chamado *mmrantie* (plural de *abrantie).* Eles podem escolher seu próprio líder, mas devem obediência ao governante do estado e podem ser convocados pelos mais velhos para diversos serviços de importância para o estado; os velhos, entretanto, mantêm distância dos jovens, que frequentemente se constituíam numa ameaça política aos tradicionais governantes akan". Gaspar, *Bondmen and Rebels,* 238.

74. Sobre esse assunto, ver os trabalhos de Michael Craton, Edward Kamau Brathwaite, Richard Price, Sidney Mintz, Monica Schuler e Franklin Knight, como citados no cap. 2, nota 140.

75. Para um exemplo admirável de história oral, ver Richard Price, *First Time: The Historical Vision of an Afro-American People* (Baltimore, 1983).

76. Ver Monica Schuler, *"Alas, Alas, Kongo": Social History of Indentured African Immigration into Jamaica, 1841-1865* (Baltimore, 1980). Ver também Franklin W. Knight e Margaret E. Crahan, *Africa and the Caribbean: The Legacies of a Link* (Baltimore, 1979); Philip Curtin, ed., *Africa Remembered: Narratives by West Africans from the Era of the Slave Trade* (Madison, Wisc., 1967); Michael Craton, *Searching for the Invisible Man: Slaves and Plantation Life in Jamaica* (Cambridge, Mass., 1978).

77. Especialistas em história africana chamaram a atenção para as técnicas, como sociedades secretas e faixa etária, usadas para neutralizar as rivalidades étnicas. Ver, por exemplo, Ade Ajayi e Michael Crowder, eds., *History of West Africa* (ed. rev., 2 vols., Nova York, 1976), citada por Monica Schuler, "Afro-American Slave Culture", em Michael Craton, ed., *Roots and Branches: Current Directions in Slave Studies* (Toronto, 1979), 122.

78. *Further Papers Respecting Insurrection,* 33.

79. Ibid., 42.

80. Para uma avaliação análoga da escravidão nos Estados Unidos, ver Paul D. Escott, *Slavery Remembered: A Record of Twentieth-Century Slave Narratives* (Chapel Hill, 1979).

81. Diversos estudiosos interessados em insurreições recentemente enfatizaram a importância das redes de contato (*networks*). John Bohsted observa que muitos sociólogos abandonaram as explicações de movimentos sociais que focalizavam exclusivamente os componentes mentais da ação coletiva e voltaram-se para a análise das forças e fraquezas organizacionais que possibilitaram ou impediram às pessoas agirem para satisfazer suas demandas. "Gender, Household, and Community Politics: Women in English Riots 1790-1810", *Past and Present,* 20

(agosto de 1988), 88-122. Ver também John Bohsted e Dale E. Williams, "The Diffusion of Riots: The Patterns of 1766-1795 and 1801 in Devonshire", *Journal of Interdisciplinary History*, 19, 1 (verão, 1988):1-24, e John Bohsted, *Riots and Community Politics in England and Wales, 1790-1810* (Cambridge, Ing., 1983).

82. Por incrível que pareça, não se registrou nenhuma referência de negros à rebelião haitiana; as únicas referências foram feitas por brancos, que eram constantemente perseguidos pelo espectro do Haiti.

83. Vale observar que a prática de promover uma reunião pública antes de uma guerra era comum em algumas partes da África.

84. Mais tarde naquela noite, Sandy encontrou Paris, Telemachus e Joseph na Bachelor's Adventure, e Paris preveniu-os de novo que se eles seguissem o plano de Sandy eles seriam mortos. Em seu depoimento, Barson, um escravo da Paradise, contou uma história que indica o grau de apropriação da cultura dos senhores pelos escravos. Ele disse que tinha estado na capela no dia 17, e vira Quamina, Jack e outros conversando. Jack tinha na mão um papel, cujo conteúdo ele parecia estar lendo para eles. Gilbert lhe contou que Jack dissera que os escravos seriam libertos em breve, e que até os brancos sabiam disso. Barson tinha suas dúvidas, mas Gilbert tranquilizou-o dizendo que devia ser verdade "porque estava no papel".

85. *Further Papers Respecting Insurrection*, 77.

86. Em Dominica, um ato da Câmara da Assembleia, de 1º de junho de 1821, pedia que todo proprietário, locatário ou procurador distribuísse a cada escravo uma porção de terra suficiente — não menos do que meio acre para cada escravo, qualquer que fosse sua idade — e também lhes desse um dia por semana, "além dos domingos" e feriados, para que os escravos pudessem cultivar suas roças. *Papers Relating to the Treatment of Slaves in the Colonies, VIZ., Acts of Colonial Legislatures 1818-1823* (Câmara dos Comuns, 1824), 23.

87. A história contada no julgamento por um escravo da Foulis constitui um exemplo típico. Ele disse que ao voltar da Success, Daniel convocou uma reunião dos escravos e lhes deu a notícia. Ele mandou que as mulheres saíssem e pediu aos escravos presentes que beijassem a Bíblia em juramento. O costume de prestar juramento antes de uma guerra foi identificado em outras rebeliões no Caribe. Michael Craton observou, numa rebelião em Antígua em 1735, juramentos "em pelo menos sete lugares diferentes, [que] foram selados com um trago de rum misturado com terra de sepultura e sangue de galo, e incluíam promessas de matar todos os brancos, seguir os líderes sem questionamento, apoiar-se mutuamente, e guardar segredo sob pena de morte. Em alguns casos o juramento era prestado com a mão sobre um galo novo, e em um caso o líder Secundi 'chamou para assisti-lo um *Obi* negro, ou Feiticeiro, que fez sua Parte diante de um grande número de escravos'". Craton considera esses juramentos semelhantes aos praticados em Gana ("The Passion to Exist", 7). Em Demerara, os escravos, por sua vez, usavam a Bíblia. Como Monica Schuler e outros observaram, os escravos muitas vezes usavam a Bíblia como talismã e viam os missionários como feiticeiros.

88. Essa informação foi dada por Archibald Brown[e], que relatou uma conversa que tivera com Jack depois da detenção deste. P.R.O. C.O.111/45. Note-se que Brown também aparece como Archibald Browne em outros documentos.

89. Estimativas do número de escravos envolvidos variavam de 8 a 12 mil. Ver P.R.O. C.O. 111/44; *Further Papers Respecting Insurrection*, 15; Bryant, *Account of an Insurrection*, 110-16.

90. Esta era uma característica comum em rebeliões de escravos em toda parte. Barry Gaspar observa que "muitas vezes designados pelos brancos para papéis de liderança", esses escravos privilegiados desempenharam um papel importante em conspirações. "Quem estava particularmente bem situado para desempenhar tais papéis eram os capatazes, que, pela própria natureza do seu trabalho, abarcavam os mundos dos escravos e dos senhores." *Bondmen and Rebels,* 232. A importância dos artesãos e dos capatazes na maquinação das rebeliões de escravos foi enfatizada por Michael Craton em *Testing the Chains,* e por muitos outros que estudaram rebeliões de escravos no Caribe e em outros lugares.

91. Em seu julgamento, Duke negou todas as acusações que lhe tinham sido feitas e afirmou que "ele não tocara em propriedade que pertencesse a homens brancos". *Further Papers Respecting Insurrection,* 83.

92. Segundo Robert Moore, os escravos de Berbice na rebelião de 1763 juntaram-se aos djukas. Robert Moore, *Slave Rebellions in Guyana* (mimeo., Universidade da Guiana, 1971).

93. *Guiana Chronicle,* 9 de junho de 1823.

94. Smith, Diário, 19 de março de 1819.

95. *Royal Gazette,* 24 de maio de 1821.

96. Em 1827, quatro anos depois da rebelião, o governador tomou conhecimento de que um em cada três escravos era castigado todo ano em Demerara — e esses eram apenas os casos registrados.

97. *Royal Gazette,* 25 de janeiro de 1821, registrou a hipoteca de Alexander Simpson relativa à fazenda Montrose e uma outra relativa à Le Reduit e à Wittentung.

98. Ver *Royal Gazette* de 16 de outubro de 1821. A *Royal Gazette* de 13 de dezembro de 1821 traz a quantidade de açúcar importado pela Grã-Bretanha de 1807 até o início de 1821 e o preço médio de cada ano. Os preços subiram entre 1808 e 1811 de 33s 11d para 46s 10d, depois baixaram em 1812 para 36s 5d e de novo subiram até alcançar o pico de 73s 41/2d em 1815. A partir de então, os preços baixaram para 30s 21/1d em 1821, o ponto mais baixo (ver gráfico 1). Os dados relativos a Demerara mostram que a produção de açúcar quase dobrou entre 1815 e 1820, de 18607091 para 35128197 libras; a produção de café e algodão encolheu quase 50%. Ver *Royal Gazette,* 21 de março de 1816 e 22 de fevereiro de 1821. Uma investigação da Câmara dos Comuns concluiu que o açúcar produzido em "Demerary" em 1814 chegava a 2300 barris, e em 1820 a quantidade aumentara para 5200. Durante esse período a população de escravos parece ter permanecido bastante estável, variando entre 72 mil e 75 mil para Demerara e Essequibo. A *Royal Gazette* de 12 de janeiro de 1819 traz dados de 1818 para Demerara e Essequibo; 43683 e 18725 escravos "ligados a propriedades", para um total de 62418. Os escravos "que pertenciam a indivíduos" nas duas áreas juntas eram apenas 12793. No mesmo ano, Demerara produziu 23000821 libras de açúcar, Essequibo, 29069228. Demerara e Essequibo também produziram quantidades semelhantes de rum e melaço. Dado o número muito menor de escravos em Essequibo, os fazendeiros dessa região claramente chegaram muito perto de uma monocultura açucareira. Mas os fazendeiros de Demerara ainda se empenhavam firmemente nas culturas do café e do algodão. Em 1818, Demerara produziu mais de 9 milhões de libras de café, e Essequibo bem abaixo de 1 milhão. E a produção de algodão de Demerara foi quinze vezes maior do que a de Essequibo. Ver também *Royal Gazette,* 21 de julho de 1821. Um outro documento, publicado em 21 de março de 1822, na *Royal Gazette* — uma petição da Ja-

maica à Coroa sobre o estado do mercado britânico, calculou um preço médio de 57 libras por tonelada de açúcar de qualidade média. Deste, 27 libras iam para a alfândega, 25 para pagar o frete e outras despesas, e apenas quinze "não chegando a três onze avos do rendimento bruto, permanece com o colono para recompensar seu negócio, e o lucro sobre o grande capital fixo que ele necessariamente emprega". A *Royal Gazette* de 22 de junho de 1822 reproduziu uma carta de Joseph Marryat descrevendo a situação crítica dos fazendeiros das Índias Ocidentais. O jornal dá um exemplo da depreciação da propriedade em Demerara, onde uma fazenda comprada sete anos antes por 40 mil libras foi vendida por 13 400 na primavera de 1822.

6. UM HOMEM NUNCA ESTÁ SEGURO (pp. 273-327)

1. George Lamming, *The Pleasures of Exile* (Londres, 1960), 121.

2. Depoimento de Alexander Simpson, em *Demerara: Further Papers [...] Respecting Insurrection of Slaves [...] with Minutes of Trials* (Câmara dos Comuns, 1824), 38. Daqui em diante citado como *Further Papers Respecting Insurrection*. Ver também uma versão ligeiramente modificada em: Joshua Bryant, *Account of an Insurrection of the Negro Slaves in the Colony of Demerara Which Broke Out on the 18th of August, 1823* (Demerara, 1824), 2. Citada daqui em diante como Bryant, *Account of an Insurrection*.

3. Bryant, *Account of an Insurrection*, 2-27.

4. Ibid., 4-5.

5. Depoimento de John Stewart, *Further Papers Respecting Insurrection*, 79-80.

6. *Further Papers: Documentary Evidence*, 7, e *Further Papers Respecting Insurrection*, 68. E também *Demerara [...] A Copy of the Minutes of the Evidence on the Trial of John Smith, a Missionary in the Colony of Demerara, with the Warrant, Charges, and Sentence:—VIZ. Copy of the Proceedings of a General Court Martial [...]* (Câmara dos Comuns, 1824), 27. Citado daqui em diante como *Proceedings*.

7. *Demerara: Further Papers [...] Copy of Documentary Evidence Produced Before a General Court Martial [...]* (Câmara dos Comuns, 1824), 7. Citado daqui em diante como *Further Papers: Documentary Evidente*.

8. Depoimento de Jane Smith na London Missionary Society: *Report of the Proceedings Against the Late Rev. J. Smith, of Demerara, Minister of the Gospel, Who Was Tried Under Martial Law, and Condemned to Death, Including the Documentary Evidence Omitted in the Parliamentary Copy* (Londres, 1824), 191. Citado daqui em diante como LMS, *Report of the Proceedings*.

9. John Smith para Mercer, 20 de agosto, em ibid., 182. Também citado em Edwin Angel Wallbridge, *The Demerara Martyr: Memoirs of Reverend John Smith, Missionary to Demerara, with Prefatory Notes [...] by J. Graham Cruishank*, Vincent Roth, ed. (Georgetown, 1943), 104.

10. Smith para o secretário da LMS, 21 de agosto de 1823, LMS, *Report of the Proceedings*, 183-84. Também citado em Wallbridge, *The Demerara Martyr*, 109. Ver também a carta de Smith para o rev. sr. Mercer, 20 de agosto de 1823, ibid., 104.

11. Depoimento de John Bailey e John Aves, *Proceedings*, 24-25; *Further Papers Respecting Insurrection*, 28-30.

12. *Further Papers Respecting Insurrection*, 30.

13. *Proceedings,* 43.

14. Depoimento de Jane Smith, 13 de novembro de 1823, em LMS, *Report of the Proceedings,* 191-194.

15. Depoimento de Elizabeth, em *Proceedings,* 29.

16. John Smith para o secretário da London Missionary Society, 21 de agosto de 1823, em LMS, *Report of the Proceedings,* 183-84. Também citado em Wallbridge, *The Demerara Martyr,* 108-11.

17. Depoimento de Thomas Nurse, em *Proceedings,* 29-31. Ver também John Smith para o primeiro fiscal, 22 de agosto de 1823, em LMS, *Report of the Proceedings,* 181-82. Também reproduzido em Wallbridge, *The Demerara Martyr,* 111-13.

18. Council for World Mission, Arquivos da London Missionary Society, Diários, Índias Ocidentais e Guiana Inglesa, 1809-1825, Smith, Diário, 1º de julho de 1819, 3, 8 de outubro de 1822. Citado daqui em diante como Smith, Diário.

19. Smith, Diário, 4 de dezembro de 1819.

20. Citado por John Wray numa carta de 31 de julho de 1814, para a London Missionary Society, LMS IC, Berbice.

21. *Proceedings,* 30.

22. Ibid., 66.

23. John Smith para V. A. Heylinger, primeiro fiscal, 22 de agosto de 1823, em LMS, *Report of the Proceedings,* 181-82; também em Wallbridge, *Demerara Martyr,* 111-12.

24. Extrato de uma carta de Demerara enviada à London Missionary Society pelo rev. W. Brown, um ministro de Belfast, 13 de dezembro de 1823. LMS IC, Berbice.

25. Esta é a versão dada por Bryant, mas a carta que o governador Murray mandou para o conde Bathurst em 24 de agosto dizia que os escravos haviam pedido emancipação incondicional. Bryant, *Account of an Insurrection,* 5. Murray para Bathurst, 24 de agosto de 1823, em *Further Papers Respecting Insurrection,* 6. Ver também P.R.O. C.O. 111/53.

26. Murray para Bathurst, 24 de agosto de 1823, em *Further Papers Respecting Insurrection,* 5-6. Ver também P.R.O. C.O. 111/53.

27. Bryant, *Account of an Insurrection,* 5-6.

28. *New Times* (Londres), 22 de março de 1824; LMS, Diversos. Fontes diferentes trazem números ligeiramente diferentes. O Blue Book para 1823 mostra: brancos — 2009 homens e 250 mulheres; pretos livres — 1336 homens e 1773 mulheres; escravos — 41025 homens e 33126 mulheres. P.R.O. C.O. 116/192.

29. Barry W. Higman, *Slave Populations of the British Caribbean,* 1807-1834 (Baltimore), 85-95.

30. Segundo as estimativas da época, estavam envolvidos cerca de 13 mil escravos. "Schedule A, Exhibiting the Number of Estates Whose Negroes Were Engaged in the Rebellion", em *Further Papers Respecting Insurrection,* 15.

31. Bryant, *Account of an Insurrection,* 14.

32. Joshua Bryant, a fonte utilizada aqui, e o primeiro a escrever uma história da rebelião, era membro deste batalhão.

33. Murray para Bathurst, 24 de agosto de 1823, em *Further Papers Respecting Insurrection,* 6.

34. Cheveley, Diário.

35. Cheveley, Diário; Bryant, *Account of an Insurrection*, 33-36. Bryant escreve "Chevely", mas nos Arquivos da LMS o nome aparece como John C. Cheveley.

36. *Further Papers Respecting Insurrection*, 6-7.

37. Ibid., 7.

38. Michel Foucault, *Discipline and Punish: The Birth of the Prison* (trad. Alan Sheridan, Nova York, 1979).

39. Cheveley, Diário.

40. Na *Royal Gazette* de 13 de janeiro de 1821, havia uma petição de John Hopkinson, *Esq.*, para o "negro" Dublin.

41. Bryant, *Account of an Insurrection*, 46-47.

42. Ibid., 56-59.

43. Cheveley, Diário.

44. *Further Papers Respecting Insurrection*, 32, 83, 85. Bryant, *Account of an Insurrection*, 41.

45. Bryant, *Account of an Insurrection*, 50.

46. *Further Papers Respecting Insurrection*, 158.

47. *Royal Gazette*, 3 de setembro de 1823.

48. Bryant, *Account of an Insurrection*, 78.

49. *Osnaburg* é um tipo de tecido na época comum em todo o Caribe. O tecido era originário de Osnabruck, Hanover. Cyril Hamshere, *The British in the Caribbean* (Palio Alto, Calif., 1972), 127.

50. *Further Papers Respecting Insurrection*, 98.

51. Accra, um dos líderes da rebelião de 1763 em Berbice, suicidou-se após sua derrota. Segundo Moore, esta era uma tradição dos akan. Robert Moore, *Slave Rebellions in Guyana* (mimeo, Universidade da Guiana, 1971).

52. Richard, o capataz-chefe que tivera um papel de tanta importância na captura do administrador da Success, foi encontrado muitos meses depois, a uma distância de muitas milhas.

53. Cheveley, Diário. Cheveley pode ter confundido os sinais. Talvez o povo estivesse saudando os prisioneiros e ridicularizando os soldados.

54. Cheveley, Diário.

55. Extrato de uma carta de Demerara enviada à LMS por um certo rev. W. Brown, um ministro de Belfast, 13 de dezembro de 1823. LMS IC, Demerara.

56. Cf. Foucault, *Discipline and Punish*, 50.

57. Referindo-se à Inglaterra, Douglas Hay diz que "As lutas constitucionais do [século] XVIII ajudaram a estabelecer os princípios da norma da lei [*rule of law*]: que os delitos deviam ser definidos, não indeterminados; que as normas das provas deviam ser cuidadosamente observadas; que a lei devia ser administrada por juízes que fossem tanto doutos quanto honestos" (p. 32). A lei tornara-se um poder com suas próprias reivindicações, e a "igualdade perante a lei", uma questão de princípio. Mas ele também mostra como o uso do perdão "permitiu aos governantes da Inglaterra fazer dos tribunais um instrumento seletivo de justiça de classe, e no entanto simultaneamente proclamar a imparcialidade incorruptível da lei e a determinação absoluta". "Property, Authority and the Criminal Law", em Douglas Hay, Peter Linebaugh, John G. Rule, E. P. Thompson, Cal Winslow, eds., *Albion's Fatal Tree: Crime and Society in Eighteenth-Century England* (Nova York, 1975), 17-63.

58. Philip Corrigan e Derek Sayer, *The Great Arch: English State Formation as Cultural Revolution* (Oxford, 1985), 155-56.

59. *Second Report of the Committee of the Society for the Mitigation and Gradual Abolition of Slavery* (Londres, 1894), 4.

60. LMS IC, Berbice, carta de Wray, 31 de julho de 1824, citando um artigo na *Royal Gazette*, 1808.

61. *Guiana Chronicle*, 7 de janeiro de 1824.

62. Uma ordem do rei e do Conselho Real de 30 de junho de 1821 estabeleceu que não se infligiria nenhum castigo nas colônias além dos que eram permitidos na Inglaterra, em sociedades de "mão de obra livre"; por certo, as realidades de classe impunham seus próprios limites ao ideal de justiça igual para todos. A imparcialidade dos processos judiciais ainda é problemática nas sociedades contemporâneas. Os pobres e os negros ainda estão lutando para fazer da promessa liberal de igualdade perante a lei uma realidade.

63. *Royal Gazette*, 8 de maio de 1821.

64. Para mais detalhes, ver cap. 1.

65. Para uma comparação com outras áreas, ver Elsa V. Gouveia, "The West Indian Slave Laws of the Eighteenth Century", *Revista de Ciencias Sociales* 4 (março 1960):75-105; J. Thorsten Sellin, *Slavery and the Penal System* (Nova York, 1976); Paul Finkelman, *The Law of Freedom and Bondage: A Casebook* (Nova York, 1965); Leon A. Higginbotham, *In the Matter of Color: Race and the American Legal Process* (Nova York, 1978); Helen T. Catterel, *Judicial Cases Concerning American Slavery and the Negro* (5 vols., Washington, D.C., 1926-3). Para um exame da natureza contraditória das leis relativas aos escravos, ver David B. Davis, *The Problem of Slavery in Western Culture* (Nova York, 1966), 244-61; Eugene Genovese, *Roll, Jordan, Roll: The World the Slaves Made* (Nova York, 1974), 25-49.

66. Ralph da fazenda Success, Duke da Clonbrook, Kinsale da Bachelor's Adventure, Cudjoe, da Porter's Hope, Gilbert da Paradise, Smith da Friendship, Quamine de Haslington, Cuffy da Annandale, Zoutman da Beter Wervagting, Primo e Quaco da Chateau Margo, e muitos outros. Para os julgamentos dos escravos, ver: Minutas dos Depoimentos dos Escravos P.R.O. C.O. 111/53; "Julgamentos dos Negros", P.R.O. C.O. 111/44 e 45; *Further Papers Respecting Insurrection*; e *Further Papers: Documentary Evidence*.

67. *Further Papers Respecting Insurrection*, 66-99. Há uma lista de "Casos de Condenação de Brancos e outras pessoas em Depoimento de Escravos Entre os Anos de 1774 e 1824, Extraídos dos Registros de Sentenças Criminais do Tribunal de Justiça de Demerara e Essequebo", em P.R.O. C.O. 111/44.

68. *Royal Gazette*, 6 de abril de 1819.

69. *Papers Relating to the Treatment of Slaves in the Colonies: Acts of Colonial Legislatures; 1818-1823* (Câmara dos Comuns, 1824), 8. Citado daqui em diante como *Papers Relating to the Treatment of Slaves*.

70. Papers Relating to the Treatment of Slaves, 32-33.

71. *Royal Gazette*, 13, 15 de março de 1821.

72. Peter Wood nota que as práticas de nomeação da África Ocidental tinham "[uma] latitude considerável por dar à mesma pessoa nomes diferentes". Ele também chamou a atenção para a possível confusão entre nomes que parecem ter se originado na tradição europeia

mas que também poderiam ter procedido da África. Um nome com um som semelhante a Cato, por exemplo, foi encontrado entre os bambara, iorubas e hausa. Um outro que soava como se fosse Hercules, muitas vezes pronunciado e grafado Heckles, era um nome "mende" que significava "animal selvagem". Wood, *Black Majority: Negroes in Colonial South Carolina, from 1760 through the Stono Rebellion* (Nova York, 1975), 183-85.

73. Outros tinham seus nomes escritos de duas maneiras diferentes, provavelmente devido a pronúncias diferentes: Ankey, uma mulata que residia na Le Resouvenir, também aparece como Antje; e Tully, um escravo que vivia na cidade, aparece também como Taddy. O uso de nomes africanos paralelamente a ingleses pode ser sinal de resistência dos escravos a abrir mão de suas tradições. Nos Estados Unidos seguiram-se práticas de nomeação semelhantes. Ver Henning Cohen, "Slave Names in Colonial South Carolina", em Paul Finkelman, ed., *The Culture and Community of Slavery* (Nova York, 1989), 5056, e, na mesma coleção, Cheryal Ann Cody, "There Was no 'Absalom' on the Ball Plantations: Slave Naming Practices in the South Carolina Low Country, 1720-1865", 15-49; e John C. Inscoe, "Carolina Slave Names: An Index to Acculturation", 163-90.

74. Brathwaite observa que em sociedades tradicionais os nomes eram tão importantes que uma mudança podia transformar a vida de uma pessoa. O uso de nomes múltiplos era uma estratégia defensiva para evitar feitiços malévolos. Seria possível acrescentar que numa sociedade escravista o uso de nomes diferentes também poderia ajudar a confundir senhores e autoridades públicas. Edward Kamau Brathwaite, "The African Presence in Caribbean Literature", em Sidney Mintz, ed., *Slavery, Colonialism, and Racism* (Nova York, 1974), 91. De forma semelhante, Hesketh J. Bell observa que os escravos frequentemente tinham diversos nomes. *Obeah: Witchcraft in the West Indies* (2ª ed. rev., Londres, 1893), 11.

75. Os que eram oficiais da milícia eram identificados como tal, e não pela profissão. Era esse o caso do tenente Thomas Nurse, que era comerciante em Georgetown, e de Michael McTurk que, em vez de ser identificado como fazendeiro, aparece como "capitão da Primeira Companhia, Segundo Batalhão da milícia, capitão do burgo, residente na fazenda Felicity".

76. Para confirmação adicional, ele se referiu ao proprietário e administrador anterior de Gilles, H. B. Fraser, e John McLean da Vrees en Hoop.

77. Numa carta escrita para John Wray, de 2 de janeiro de 1824, Jane Smith contou que sua criada Charlotte ouvira os "negros" da Le Resouvenir afirmarem que enquanto os prisioneiros estavam a caminho da cidade, eles foram informados de que se eles dissessem tudo o que podiam contra o pastor eles estariam a salvo. LMS IC, Berbice, carta de Wray, 2 de janeiro de 1824.

78. *Further Papers Respecting Insurrection*, 76-79.

79. Ibid., 78-79.

80. Ibid., 74.

81. Ibid., 30, 31, 54.

82. Ibid., 29.

83. LMS IC, Berbice, carta de Wray, 29 de março de 1824. Ver também uma declaração de Richard Padmore, carcereiro em Demerara, afirmando que Paris dissera a Austin que o capitão Edmonstone mandara-o dizer essas mentiras e prometera que se ele jogasse toda a culpa no pastor Smith e no sr. Hamilton, ele provavelmente se "safaria". O carcereiro diz que depois Paris admitiu que mentira para Austin sobre Edmonstone. O carcereiro estava obviamente

conivente com as autoridades. No dia marcado para sua morte, Paris reiterou a Austin que o capitão Edmonstone o instruíra a dizer mentiras. Como a mesma questão foi levantada com respeito ao julgamento de Jack Gladstone, esta última versão é provavelmente correta. P.R.O. C.O 111/44 e 45.

84. Em *Discipline and Punish*, Foucault observou que no século XIX as execuções públicas desapareceram em diversos países europeus. Mas, apesar dos esforços renovados de pessoas como Romilly Mackintosh e Fowell Buxton, a Inglaterra era "um dos países que mais abominavam ver o desaparecimento da execução pública, talvez por causa do papel de modelo que a instituição do júri, os interrogatórios públicos e o respeito ao *habeas corpus* haviam dado a sua lei criminal; acima de tudo, sem dúvida porque ela não queria diminuir o rigor de suas leis penais durante as grandes perturbações dos anos 1780-1820". *Discipline and Punish*, 14. Assim sendo, não é surpreendente que as execuções públicas continuassem em lugares como Demerara.

85. Bryant, *Account of an Insurrection*, 61-62.

86. Ellick da Coldingen; Attila da Plaisance; France da Porter's Hope; Billy da Ann's Grove; Harry da Triumph; e Quintus da Beter Verwagting.

87. Telemachus, Scipio e Jemmy da Bachelor's Adventure; Lindor e Picle da La Bonne Intention; Beffaney da Success; Tom da Chateau Margo; Paul da Friendship; e Quamina da Noot en Zuyl.

88. Telemachus e Jemmy na Bachelor's Adventure; Lindor, na La Bonne Intention; e Paul, na Friendship.

89. Bryant, *Account of an Insurrection*, 66.

90. Foucault, *Discipline and Punish*, 49.

91. *Royal Gazette*, 20 de junho de 182W

92. Bryant, *Account of an Insurrection*, 69-73, descreve a cena vividamente. Mais detalhes podem ser vistos em P.R.O. C.O. 111/53

93. A lista dos escravos executados encontra-se em P.R.O. C.O. 111/45. Ver também Bryant, *Account of na Insurrection*, 109-11.

94. P.R.O. C.O. 111/53, e "Lista de Escravos Punidos de Agosto de 1823 a Janeiro de 1824", P.R.O. C.O. 11/45.

95. Ralph e Quaco da Success; Primo e Quaco da Chateau Margo; Duke da Clonbrook; Kinsale da Bachelor's Adventure; Cudjoe da Porter's Hope; Inglis da Foulis; Adonis da Plaisance; Gilbert da Paradise; Smith da Friendship; Quamine da Haslington; Nelson da New Orange Nassau; e Zoutman da Beter Verwagting.

96. *Further Papers Respecting Insurrection*, 65-66.

97. Numa carta para o governador Murray, escrita quase um ano após a revolta, o procurador da Success elogiava Jack Gladstone por seu comportamento e o chamava de homem extraordinário. Ele enfatizava que antes da revolta Jack Gladstone tinha a estima de "todos nós por seu bom comportamento, sua inteligência e serventia", e mesmo durante a insurreição ele se distinguira por sua indulgência e humanidade com os brancos. O procurador também mencionou que "o sr. Gladstone" intercedera junto ao governo em favor de Jack. Ele concluiu sua carta expressando sua esperança de que no futuro pudesse ser permitido a Jack Gladstone voltar à fazenda e à sua família. P.R.O. C.O. 111/44. Ver também P.R.O. C.O. 111/53.

98. A maioria dos administradores parecia ficar feliz em ver seus escravos de volta. Quan-

do o governador informou-os de que o rei havia suspendido as sentenças dos escravos e perguntou aos administradores se eles queriam seus escravos de volta, e sob "que marca de ignomínia", a maioria dos administradores respondeu positivamente. "Eu ficaria muito contente se Duke se reintegrasse à propriedade em consideração a sua família que é tranquila e bem-disposta", respondeu Hugh Rogers. Van Watenshood da Plaisance disse que ele perdera sete pessoas do seu melhor pessoal, o que enfraquecera consideravelmente sua pequena turma de trabalhadores; desse modo, "a reintegração do negro Adonis não pode senão trazer benefício à propriedade". Este era o tom da maioria das cartas. Alguns administradores ou donos de escravos solicitavam que seus escravos voltassem, mas fossem acorrentados com ferros leves por algum tempo. A carta mais notável foi escrita pelo procurador da Success, que solicitou que Beffany e Ralph usassem correntes nas pernas como marca de ignomínia por serem pessoas de caráter violento e agirem com "atrocidade reconhecida" com Stewart e com o capataz, por tê-los posto no tronco. P.R.O. C.O. 111/44.

99. Harry da Triumph chefiara o ataque à Mon Repos e incendiara a casa. Lindor dera ordens para pôr fogo à La Bonne Intention. Thomas atacara George Mason, o administrador da Chateau Margo, com seu cutelo. Paul da Friendship fora o primeiro a entrar na casa do seu senhor, onde o agarrou e tentou arrancar-lhe uma arma da mão. Quamina, da Noot en Zuyl, foi visto na Elizabeth Hall aconselhando os escravos a acabar com os brancos. Beffaney e outros tinham atacado o feitor da Success com seus cutelos e libertado Jack Gladstone.

100. Chateau Margo, La Bonne Intention, Beter Verwagting, Triumph, Mon Repos, Good Hope, Lusignan.

101. Coldingen, Non Pareil, Enterprise, Paradise, Foulis, Porter's Hope, Enmore, Goden Grove, Haslington.

102. LMS IC, Berbice, Smith para Wray, 25 de junho de 1823.

103. LMS IC, Berbice, carta de Wray, 16 de dezembro de 1823.

104. LMS IC, Berbice, carta de Wray, 6 de agosto de 1815.

105. LMS IC, Berbice, carta de Wray, 6 de agosto de 1823.

106. LMS IC, Berbice, cartas de Wray, 17 de julho e 27 de agosto de 1823.

107. LMS IC, Berbice, carta de Wray, 27 de agosto de 1823.

108. LMS IC, Berbice, M. S. Bennet, fiscal de Berbice, para Wray, 1º de setembro de 1823.

109. LMS IC, Berbice, cartas de Wray, 1º, 2 e 3 de setembro de 1823.

110. LMS IC, Berbice, carta de Wray, 4 de setembro de 1823.

111. LMS IC, Berbice, carta de Wray, 4 de setembro de 1823.

112. LMS IC, Berbice, carta de Wray, sem data, provavelmente escrita depois de 29 de setembro e antes de 6 de outubro.

113. LMS IC, Berbice, carta de Wray, 6 de outubro de 1823.

114. LMS IC, Berbice, carta de Wray, 9 de outubro de 1823.

115. LMS IC, Berbice, carta de Wray, 6 de outubro de 1823.

116. As palavras exatas foram, "Como era mais seguro para o sr. Campbell estar entre os selvagens da África do que é para nós estarmos entre nossos conterrâneos". LMS IC, Berbice, carta de Wray, 15 de novembro de 1823.

7. UMA COROA DE GLÓRIA QUE NÃO SE ESVANECE (pp. 328-78)

1. Os processos foram publicados sob duas formas, uma publicada pela Câmara dos Comuns e a outra, pela London Missionary Society. Há algumas diferenças entre as duas. A Missionary Society e seus adeptos consideraram as diferenças suficientemente significativas para justificar uma edição nova e mais completa. O que se segue apoia-se nas duas versões: *Demerara* [...] *A Copy of the Minutes of the Evidence on the Trial of John Smith, a Missionary, in the Colony of Demerara, with the Warrant, Charges, and Sentence:— VIZ Copy of the Proceedings of a General Court Martial* [...]. (Câmara dos Comuns, 1824), que será citada como *Proceedings Against the Late Rev. J. Smith, of Demerara, Minister of the Gospel, Who Was Tried Under Martial Law, and Condemned to Death*, [...] *Including the Documentary Evidence Omitted in the Parliamentary Copy* (Londres, 1824), que será citada como LMS, *Report of the Proceedings*. Ver também "Court Martial of Missionary John Smith", P.R.O. C.O. 111/42 e "Missionary John Smith's Case", P.R.O. C.O. 111/53. Ver também, 111/39 e 111/43.

2. *Proceedings*, 3-4.

3. *Blue Book*: Salários dos Funcionários Públicos. P.R.O. C.O. 116/192.

4. *Proceedings*, 8. A importância que o Antigo Testamento tinha para os escravos em toda parte foi notada por muitos historiadores. Ver, por exemplo, Albert J. Raboteau, *Slave Religion: The "Invisible Institution" in the Antebellum South* (Nova York, 1980), 311.

5. Romeo disse à corte que Jack Gladstone não era diácono, embora algumas vezes ajudasse no ensino do catecismo. Ele era um "sujeito rebelde" e não ia regularmente à capela.

6. A passagem diz: "*41* E quando chegou perto, ao ver a cidade, chorou Jesus sobre ela, dizendo: *42* Ah! se ao menos neste dia, que agora te foi dado, conhecesses ainda tu o que te pode trazer a paz! mas por ora tudo isto está encoberto aos teus olhos".

7. Esta declaração podia invalidar a declaração de Jane Smith de que ela, não seu marido, mandara chamar Quamina. A afirmação dela foi, porém, confirmada por outras testemunhas. É possível, como Smith sugeriu, que Romeo estivesse mentindo, mas também é possível que os dois, um independentemente do outro, tivessem mandado chamar Quamina.

8. É extraordinário como alguns escravos eram capazes de se lembrar com precisão dos textos lidos na Bíblia na véspera da rebelião. Joe, que foi chamado para testemunhar depois de Azor, deu a seguinte interpretação aos versículos 41 e 42 de Lucas: "Não me lembro qual era o texto mas há algumas palavras no capítulo que eu sei. O pastor disse, o Senhor Jesus Cristo mandou um discípulo a uma certa aldeia, e você verá um jumento atado, tragam-no para Mim, e se o dono do jumento lhe perguntar o que você vai fazer com ele, você dirá que o Senhor precisa dele; e eles o trouxeram para o Senhor, e jogaram umas roupas sobre ele; e Ele foi montado no jumento para Jerusalém, e Ele subiu ao topo de uma montanha de onde podia ver toda Jerusalém; e Ele chorou sobre ela, e disse, se eles tivessem conhecido sua paz, isto é, se as pessoas conhecessem o que lhes pertencia, elas acreditariam Nele; agora a aflição viria sobre elas. Até aí eu me saio bem; não me lembro de mais nada". *Proceedings*, 10.

9. *Proceedings*, 36.

10. Em particular, porém, Davies informou à LMS que o jeito e a teimosia de Smith tinham provocado a ira dos brancos. LMS IC, Demerara, carta de Davies, maio de 1824.

11. "Minuta e Processo Verbal de um Inquérito Realizado neste Dia 6 de Fevereiro de

1824 sobre o Corpo de John Smith." P.R.O. C.O. 111/44. O inquérito concluiu que Smith "estava reduzido a um esqueleto", e que dois dias antes de sua morte ele perdera o poder da fala e da deglutição (de engolir).

12. Para detalhes, ver Cecil Northcott, *Slavery's Martyr: John Smith of Demerary and the Emancipation Movement, 1817-1824* (Londres, 1976).

13. P.R.O. C.O. 111/39. Ver também *The Colonist,* 1º de dezembro de 1823.

14. Do governador D'Urban para Lord Bathurst, 7 de junho de 1824. P.R.O. C.O. 111/44. Ver também o testemunho de Austin, em Relatório do Comitê Seleto sobre a Extinção da Escravidão em Todo o Domínio Britânico [...]. 1832. P.R.O. C.O. zhci/1039.

15. Numa carta enviada para G. Burden em 20 de julho de 1824, de Downing Street, Adam Gordon disse que o ressentimento contra Austin instigado pela publicação de um extrato de uma das cartas deste, na qual ele refletia livremente sobre a comunidade assim como justificava com provas a conduta de Smith, tinha levado Lord Bathurst "a considerar que a volta do sr. Austin a Demerara não seria esperada como vantagem para a Comunidade nem como satisfação para ele próprio". Gordon disse que lord Bathurst pretendia propor que Austin se empregasse numa outra colônia. P.R.O. C.O. 112/12. Ver também P.R.O. C.O. 111/44.

16. *Guiana Chronicle,* 27 de outubro de 1824.

17. Joshua Bryant, *Account of an Insurrection of the Negro Slaves in the Colony of Demerara Which Broke Out on the 18th of August, 1823* (Demerara, 1824), 98-106.

18. *Guiana Chronicle,* 27 de fevereiro de 1824.

19. *The Wesleyan Methodist Magazine,* 3ª série, 3 (janeiro 1824):50-53; ibid. (fevereiro 1824):108; e *The Times,* 12 de dezembro de 1823. Ver também Lowell Joseph Ragatz, *The Fall of the Planter Class in the British Caribbean, 1763-1833* (Nova York, 1928), 431-33.

20. *The Christian Observer, Conducted by Members of the Established Church for the Year 1824* 24 (abril 1824):221-116. Sobre o impacto nas missões na Jamaica, ver Mary Turner, *Slaves and Missionaries: The Disintegration of Jamaican Slave Society, 1757-1834* (Champaign-Urbana Ill., 1982), 112-26.

21. P.R.O. C.O. 111/43.

22. *Evangelical Magazine and Missionary Chronicle,* nova série, 1 (novembro 1823):473.

23. Ibid. (novembro 1823):473 e (dezembro 1823):513.

24. Carta de Elliot para a lms, 18 de outubro de 1823; excertos na *Evangelical Magazine,* nova série, 2 (fevereiro 1824):29-31.

25. *Evangelical Magazine,* nova série, 2 (fevereiro 1824):73.

26. Ver a carta da lms para o conde Bathurst, 16 de dezembro de 1823, solicitando que por causa do estado de sua saúde Smith fosse mandado para casa, qualquer que fosse o desfecho do julgamento. P.R.O. C.O. 111/43.

27. *Evangelical Magazine,* nova série, 2 (abril 1824):163.

28. *Wesleyan Methodist Magazine,* 3ª série, 3 (janeiro 1824):42; ibid. (abril 1824):189.

29. Ibid. (junho 1824):403-404 e 414.

30. *The Baptist Magazine* publicou as minutas de uma reunião da Protestant Society for the Protection of Religious Liberty, onde estavam registrados diversos casos de perseguição a pregadores itinerantes. A Society queixava-se de que o poder do clero anglicano estava aumentando. Não se podia tocar sinos, erigir monumentos, reunir conselhos paroquiais sem o seu

consentimento. "Na bancada magisterial, o número de clérigos era considerável; e [...] quando eles predominavam nas sessões trimestrais, o mal era grande para os Dissidentes Protestantes, e o bem não era grande para ninguém mais." A Society decidiu que "continuaria a considerar o direito de todo homem de adorar a Deus conforme sua consciência, como um direito sagrado e inalienável; e todas as violações desse direito, por monarcas ou por multidões, por leis penais ou violência sem lei, por prêmios por conformismo ou exclusão por não conformismo, como injustas, e opressivas, inconvenientes e profanas". *Baptist Magazine for 1823*, 15, 6 (junho 1823):250-51. Ver também ibid. 16, 3 (março 1824):81; ibid. 16, 4 (abril 1824):168; ibid. 16, 7 (julho 1824):302-3.

31. *Christian Observer*, 24, 1 (janeiro de 1824):18, 47, 64-68.

32. Ibid. 2 (fevereiro de 1824):87-93.

33. Ibid. 3 (março de 1824):153-63.

34. Ibid. 3 (março de 1824):160-61.

35. Para uma análise do papel que a retórica abolicionista teve na legitimação da ordem social, ver, de David Brion Davis, "Reflection on Abolitionism and Ideological Hegemony", *American Historical Review*, 92:4 (outubro 1987):797-812. Para uma crítica da interpretação de Davis, ver John Ashworth, "The Relationship Between Capitalism and Humanitarianism", ibid., 813-28; e Thomas L. Haskell, "Convention and Hegemonic Interest in the Debate over Antislavery: A Reply to Davis and Ashworth", ibid., 829-50. Davis, examinando a retórica autocongratulatória britânica do período pós-abolicionista, diz que a cultura de Buxton, ao anular sua suposta "antítese", adquiriu os atributos de onipotência e universalidade. *Slavery and Human Progress* (Nova York, 1984), 125. Para uma crítica do caráter ideológico e hegemônico do abolicionismo, ver também Seymour Drescher, *Capitalism and Antislavery: British Mobilization in Comparative Perspective* (Nova York, 1987), 144-45.

36. Ver David Eltis, "Abolitionist Perceptions of Society After Slavery", em James Walvin, ed., *Slavery and British Society, 1776-1846* (Baton Rouge, 1982), 198. Patricia Hollis revela tensões entre a classe operária e os movimentos antiescravistas em "Anti-Slavery and British Working-Class Radicalism in the Years of Reform", em Roger Anstey, Christine Bolt e Seymour Drescher, eds., *Anti-Slavery, Religion, and Reform* (Hamden, Conn., 1980), 294-318. Para uma visão diferente, ver Betty Fladeland, "'Our Cause Being One and the Same': Abolitionists and Chartism", em Walvin, ed., *Slavery and British Society*, 69-99. Em *Capitalism and Antislavery* (pp. 143-45), Drescher argumenta que o abolicionismo era "um arauto, ou um catalisador de outras mobilizações populares, mais do que um deflector de conflito social [...]. A abolição não era uma caridade à distância, mas um golpe prematuro contra a aristocracia da metrópole". E ele diz que antes do fim das guerras napoleônicas, William Cobbett encontrava-se virtualmente só em sua denúncia da "hipocrisia negrófila do abolicionismo britânico", mas por volta de 1830 um número crescente de operários considerava o abolicionismo uma digressão das "misérias reais dos escravos brancos da metrópole".

37. *Christian Observer*, 24, 6 (junho 1824):359.

38. Ibid., 8 (agosto de 1824):398-99, 479-87.

39. George Rudé fala da "crença popular de que o inglês, enquanto súdito 'nascido livre', tinha um direito particular à 'liberdade'". *Hanoverian London, 1714-1808* (Londres, 1971), 99.

40. Wray mencionou que as pessoas cantavam a canção nas ruas e não era raro que os

escravos também o fizessem. LMS IC Berbice, carta de Wray, 15 de dezembro de 1823. Sobre a "Rule Britannia" [Reja Britânia], Derek Jarret diz que "ela continha tanto o desafio vigoroso da raça da ilha amante da liberdade quanto o imperialismo arrogante da nação comercial e industrial que mais rapidamente se desenvolvia no mundo". *England in the Age of Hogarth* (Londres, 1986), 40.

41. Betty Fladeland observa que "Quanto mais os abolicionistas divulgavam as terríveis condições da escravatura, mais provável era que os operários britânicos se considerassem aprisionados em circunstâncias semelhantes. Nos anos entre 1830 e 1840, os líderes dos movimentos da classe operária perceberam que seria vantajoso capitalizar a realização dos abolicionistas no sentido de despertar a simpatia pelos oprimidos, e para isso copiar a estratégia abolicionista. As denúncias dos operários de que estavam sendo reduzidos à escravidão, por sua vez, atraíram a atenção dos abolicionistas para as misérias na metrópole". "Our Cause Being One and the Same", 69. Seymour Drescher também argumenta que os relatos da escravidão serviram para intensificar em vez de encobrir a imagem da privação dos direitos da classe operária. A escravidão servia como metáfora. Ver Seymour Drescher, "Cart Whip and Billy Roller, Or, Anti--Slavery and Reform: Symbolism in Industrializing Britain", *Journal of Social History,* 15:1 (outono, 1981):3-24. Drescher expande este argumento em "The Historical Context of British Abolition", em David Richardson, ed., *Abolition and Its Aftermath: The Historical Context* (Londres, 1985), 3. Sobre a participação das mulheres na campanha pela emancipação, ver James Walvin, "The Propaganda of Anti-Slavery", em Walvin, ed., *Slavery and British Society,* 61-63.

42. LMS Diversos.

43. Ibid.

44. Havia duzentas dessas associações abolicionistas na Grã-Bretanha. Ver *New Times,* 26 de junho de 1824, LMS Diversos.

45. LMS Diversos.

46. *John Bull,* 7 de junho de 1824, em LMS Diversos. Ver também *John Bull,* 26 de outubro e 14 de dezembro de 1823; 25 de janeiro e 29 de março de 1824. LMS Diversos. Sobre os julgamentos dos escravos e de Smith, ver *John Bull,* 1º de fevereiro e 26 de abril de 1824. LMS Diversos.

47. T. C. Hansard, *The Parliamentary Debates, from the Thirtieth Day of March to the Twenty-fifth Day of June, 1824* (vol. XI, Londres, 1825), 961-1076, 1167-68.

48. Ibid., 1206-1315.

49. C. Duncan Rice diz que "Smith chegou a desempenhar quase o mesmo papel na propaganda antiescravista britânica que desempenhou o editor de jornal Elijah P. Lovejoy, assassinado, na América". *The Rise and Fall of Black Slavery* (Nova York, 1975), 253.

50. "Relatório do Comitê Seleto sobre a Extinção da Escravidão em Todos os Domínios Britânicos com as Minutas das Provas. Apêndice e índice" (Câmara dos Comuns, agosto 1832) P.R.O. C.O. ZHCI/1039.

51. Em 22 de novembro de 1831, o rei, por intermédio de uma ordem do conselho, promulgou a Consolidation Slave Ordinance, estendendo aos escravos praticamente todos os direitos civis menos a liberdade. Dois anos depois, em junho de 1833, a Câmara dos Comuns passou cinco resoluções, incluindo medidas imediatas para a abolição da escravatura, mas estabelecendo sete anos e meio de aprendizagem, com uma compensação a ser paga aos senhores

pelo governo britânico. Sob esta condição, o Ato de 21 de agosto de 1833 concedeu liberdade a todos os escravos a partir de 1º de agosto de 1834. Os donos de escravos receberam 51 libras e dezessete xelins por escravo. O fracasso do esquema de aprendizagem tornou-se imediatamente óbvio. A resistência dos negros ao trabalho compulsório intensificou-se. Ironicamente, cinco anos depois, Michael McTurk apresentou uma moção na Court of Policy para acabar com o sistema e conceder liberdade incondicional a todos os escravos, enquanto Peter Rose votava contra a moção de McTurk. Mas a moção prevaleceu e em 1º de agosto de 1838, os escravos de Demerara tornaram-se livres. A. R. F. Webber, *Centenary History and Handbook of British Guiana* (Georgetown, 1931), 163-93. Ver também Henry G. Dalton, *The History of British Guiana* (2 vols., Londres, 1855), 1:412, 429; e *Almanack and Local Guide of British Guiana, Containing the Laws, Ordinances and Regulations of the Colony, the Civil and Military Lists, with a List of Estates from Corentyne to Pomeroon Rivers* (Demerara, 1832), 223-91.

Índice remissivo

abolição, projeto de lei, 426 *n89*, 455 *n51*
abolicionismo/abolicionistas, 15-16, 19, 22, 25-27, 31, 34-35, 43, 50, 58, 61-63, 65-67, 72, 76, 111, 117, 129, 135, 139, 163, 165-166, 168, 182-183, 226-228, 233, 237, 329, 332, 358, 362, 366, 369, 371, 373, 376, 380, 383, 391 *n52*: boicote ao consumo do açúcar e do rum das Antilhas, 26; e operários, 26, 30-31, 182, 304, 366-370, 372, 386 *n16*, 392 *n67*, 454 *n36*, 455 *n41*; e rebelião de 1823, 257; historiografia e literatura, 380; petições pela abolição da escravatura, 372; ressentimento dos colonos, 47-48, 50, 62-65, 67, 376; Smith e, 334-335, 390 *n51*, 416 *n149*, 454 *nn35-36*, 455 *n44*

African Institution, 28, 34-35, 62, 66-67, 183, 320, 373, 388 *n34*, 441 *n66*

akan, 256, 425 *n73*, 437 *n41*, 438 *n46*, 440 *nn59-60*, *62*, *64*, 442 *n73*, 447 *n51*

alforria, 89-90, 109, 117-118, 231, 237-239, 279, 293, 407 *n75*, 413 *n135*

algodão, cultivo e processamento, 45, 55, 57, 59, 68-69, 78-79, 81-82, 91, 93, 96, 98, 101, 106, 126, 130, 185, 209, 222, 354:

395 *n97*, 402 *nn37, 39, 40*, 403 *n45*, 409 *n93*, 410 *n96*, 444 *n98*

amamentação, 95, 102-104, 109-110, 114-115, 406 *n69*, 412 *n120*

Anstey, Roger, 390 *n51*, 391 *nn52, 53*

antiescravismo, 182, 367, 393 *n69*: apelos às mulheres, 385 *n10*; condenação da escravidão por Thomas Clarkson, 368, 370; e protestantismo, 391 *n53*; retórica, 365; antiescravismo, *ver também* abolicionismo, abolicionistas

área para cultivo de provisões, 68, 75, 84-85, 110, 113, 117, 135, 237, 270, 405 *n62*, 406 *n66*, 422*n40*

artesãos, 26, 30, 42, 65, 90, 93, 180, 182, 243, 253, 262, 309, 386 *nn10, 16*, 392 *nn63, 64, 67*, 438 *n52*, 444 *n90*

Austin, reverendo Wiltshire Staunton, 87, 156, 235, 267, 316, 349-350, 358, 364, 399 *n13*, 435 *n12*, 449 *n83*, 453 *n15*

Barbados, rebelião de 1816, 116, 118, 183, 240, 259-260, 347, 401 *n32*, 421 *n29*, 441 *n70*

Bathurst, lord, 35, 57, 238, 286, 389 *n37*, 408 *n84*, 411 *n110*, 453 *n15*

Bentinck, Henry, governador, 48, 56, 129, 164, 167, 168, 233, 234, 254

Berbice, 13, 45, 48, 55, 73, 77, 78, 84, 94, 105-106, 113, 119, 149, 153, 157, 161, 170-171, 173, 215, 247, 268, 282, 285, 320-326, 335-356, 358, 381, 395 *n100*, 398 *n8*, 400 *n25*, 412 *nn118, 124*, 413 *n133*: rebelião, 71, 118, 256, 263, 417 *n152*, 441 *n70*, 444 *n92*, 447 *n51*

Bethel, capela, 127, 188, 231, 235-236, 240, 242, 248, 251-253, 257, 277, 286, 316, 320, 354

Blackburn, Robin, 426 *n89*

Blackstone, William, 394 *n84*

Blackwood's, 371-373

Bogue, reverendo, 40

Bohannan, Paul, 425 *n72*, 430 *n42*, 440 *n65*

Bolingbroke, Henry, 68-72, 78, 85, 89, 91, 397 *n6*, 398 *n9*, 400 *nn23, 27, 29*, 405 *n64*, 406 *n66*, 407 *n82*, 408 *n90*, 410 *n96*, 429 *n28*

Brathwaite, Edward Kamau 74, 416 *n148*, 441 *n70*, 449 *n74*

British and Foreign Bible Society, 40

Brougham, Henry, 28, 372-373, 375-376

Brown, reverendo Archibald, 213, 217, 382, 443 *n88*

Bryant, Joshua, 295-297, 318, 435 *n3*, 446 *nn25, 32*

bucks, 119, 206

Burke, Edmund, 25

Bush, Barbara, 400 *n22*, 419 *n168*, 423 *n46*, 438 *n54*

Buxton, Thomas Fowell, 237, 326, 361, 372, 376, 450 *n84*, 454 *n35*

café, cultivo e processamento, 68, 74, 78-79, 81-82, 91, 93, 97, 194, 209, 397 *n117*, 402 *nn37, 39, 40*, 409 *n93*, 444 *n98*

cana, cultivo, processamento, produção e preços, 78-79, 81-83, 85, 91, 96-97, 101, 103, 150, 183, 209, 273-274, 286, 299, 384, 399 *n20*, 402 *nn37, 39, 40*, 409 *n90*

Canning, George, 28, 237-238, 334, 374-375

Capitulation Act, 46, 48

Carmichael, Lyle, 48, 168-169, 233

Chartists, 28

Clarkson, Thomas, 35, 39, 368

Colégio de Kiezers, 48, 214, 222

Colonist, The, ver Demerara: jornais

Companhia das Índias Ocidentais Holandesas, 73

coromantee (kromanti), 77, 118, 247, 256, 259, 437 *n39*, 439 *n59*, 440 *nn60, 64*

Court of Policy, 19, 48, 57, 89, 125, 128, 131, 222, 238, 285, 319, 359, 376, 407-408, 421, 426, 436, 411 *n110*, 456 *n51*

Cowper, William, 166

Craton, Michael, 439 *n59*, 442 *n74*, 443 *n87*, 444 *n90*

cristianismo, 28, 31, 33, 38-40, 43, 111, 146-147, 149, 154, 155, 157, 176, 183, 203, 242, 254, 281, 339, 344, 390 *n49*, 423 *n54*, 424 *n58*, 428 *n13*, 438 *n53*

Curtin, Philip, 440 *n65*

Cushoo, 165-168

Davies, John, 38, 127, 130-132, 143, 148-149, 158-159, 166, 167, 169-170, 176, 184, 186, 193, 213-215, 225, 320, 326, 332, 350, 358, 421 *n19*, 452 *n10*

Davis, David Brion, 454 *n35*

Demerara: conflitos internos, 47-48, 52-54; história, 43-47, 67-85, 125, 174, 186; jornais, 32-33, 36, 47, 49, 53-54, 59-60, 62, 78, 81, 85, 135, 138, 214, 298, 304-305, 307, 326, 332, 359, 381, 388 *n28*, 395 *n94*; repercussão da rebelião, 360; status colonial, 329, 394 *n82*

descanso, dia de, 140, 156, 210-211, 237

Dickens, Charles, 26

dissidentes protestantes e não conformistas, 33-34, 40, 165, 182, 226, 384 *n5*, 392 *n67*

Drescher, Seymour, 454 *n36*

East India Company, 385 *n5*

Edinburgh Review, 371

Edwards, Bryan, 396 *n116*, 414 *n136*

Elliot, Richard, 38, 157-159, 184, 186-187, 193, 214-215, 225, 246, 286, 320, 322-323, 326-327, 332, 334, 350, 356, 358, 362, 378, 390 *n47*, 417 *n151*, 421 *n19*

emancipação, 15-19, 22, 32, 43, 45, 47, 61-64, 66-67, 73, 79, 89, 93, 157, 163, 166, 182-183, 188, 225, 227, 233, 238, 243, 272,

281, 321, 358, 363-364, 370-372, 376, 378, 399 *nn15, 16,* 400 *n28,* 402 *n40,* 404 *n55,* 418 *n162,* 446 *n25,* 455 *n41*
escoceses, 48, 49, 222, 359
escola dominical, 133, 175-177, 421 *n27,* 427 *n9*
escravos: artesãos, participação na rebelião, 262, 410 *n94,* 438 *n52,* 444 *n90*; castigos, 120, 122-124, 135, 204-208, 217-218, 236-238, 269-270, 303-304, 317-320, 341, 345, 377-378, 400 *nn23, 29,* 412 *nn120, 124,* 413 *nn129, 133, 134,* 419 *nn164, 166, 167,* 420 *nn169, 170,* 448 *n62,* 450 *n84*; classes trabalhadoras e, 43; comunicação, associações e redes dos, 95, 112, 113, 120, 147; criados domésticos, 266, 296; dieta, 84, 205, 432 *n83*; direitos dos, 72, 75-76, 95, 97-98, 105, 109-111, 116-117, 120, 140, 163, 233, 237, 250, 259, 262, 270-271, 278, 280, 302, 370: 418 *n162*; divisão de trabalho, 92, 409 *n93*; doenças, 84, 152, 219-220, 404 *n60,* 406 *n69*; e a Bíblia, 337-341, 353-354, 452 *n8*; e missionários, 67, 111, 117, 122, 137-138, 140-141, 146, 157, 160, 162, 173, 233-234; e religião, 146-147, 152, 197, 205, 258, 347; e serviços religiosos, 111, 163, 172, 193, 210, 217-218, 224, 230, 233-237, 244, 269-270, 289, 348-349; família e clãs, 110, 112-115, 143-144, 199-204, 237-238, 415 *n142,* 416 *n147,* 423 *n49,* 441 *nn65, 67, 71*; fazendeiros e comerciantes das Índias Ocidentais e, 47; greves, 98, 120, 230, 260, 411 *n107,* 418 *n159*; habitação, 107, 204; horário de trabalho, 95, 99, 204-205; hortas, 72, 84-85, 87, 94, 105, 110, 115, 135, 141, 158, 185, 199, 210, 222, 230, 255, 405 *n62*; julgamentos, 293-311, 316-321; livre comércio e abolição, 61; mercado, 85, 90, 114, 118, 127, 141, 185, 210, 219, 230, 238, 247, 255, 342; mortalidade e natalidade, taxas de, 88, 404 *n59*; mulheres, 83, 84, 88-90, 92-96, 98, 101-114, 119, 121-124, 130-131, 143-145, 182, 184-185, 199-202, 204, 255-256, 263, 270, 309; 400 *n22,*
404 *n53,* 409 *n92,* 412 *nn115, 116, 118, 120,* 413 *nn124, 129, 132, 134,* 415 *n143,* 419 *nn167, 168,* 420 *n169,* 423 *nn45, 46, 49*; nomes, 308, 449 *n449*; poligamia e práticas sexuais, 143-145, 199-202, 204; preços dos, 81, 84, 404 *nn52, 55,* 408 *n88*; produtividade dos, 79, 402 *nn37, 40,* 403 *n46*; professores, 176, 194, 196, 217, 240, 250, 254, 263, 340, 343, 352, 354; protetor de, 76, 100-105, 108-109, 113, 116, 120, 164, 412 *n122,* 414 *n135,* 417 *n151,* 419 *n164*; queixas dos, 94-109, 111, 113, 117, 120, 139, 141, 143, 157, 160-162, 199-200, 206-207, 209, 218, 235, 349-350, 360, 400 *nn25, 29,* 411 *nn109, 110, 112,* 412 *nn121, 124,* 413 *nn131, 132, 133*; rebeliões, revoltas e sublevações, 118-120, 129, 227-228, 232, 236, 240, 249, 254-256, 258-278, 286, 288-291, 306, 322-323, 329-331, 338, 346, 348, 360-363, 365, 376, 378, 383 *n1*; ritos fúnebres, 114, 147, 424 *n61*; roupas e alimentos, cotas, 76, 94, 98, 101, 107-108, 110, 112, 128, 141, 185, 204, 210; suicídio, 113, 120-122, 447 *n51*; trabalho aos domingos, 75-76, 85, 90, 95, 105, 109, 111, 141-142, 144, 148, 154, 156, 161, 172, 199, 204, 206, 209-210, 214, 217-218, 221, 270, 282, 289, 338-341, 345, 353, 400 *n24,* 406 *n66,* 412 *n124*; tráfico de, 25-27, 35, 68-69, 72, 83-85, 88-89, 92, 94, 164, 166, 182, 256, 386 *n11,* 388 *n34,* 395 *n95,* 396 *n116,* 397 *n117,* 404 *nn52, 56,* 409 *n90,* 426 *n89,* 440 *n63*; vendedores ambulantes, 90, 92-93, 119, 185, 246, 255
Essequibo, 13, 45-46, 55-56, 73, 77, 79, 82, 84-85, 88-89, 94, 119, 121, 137, 224, 250-251, 256, 264, 268, 285, 339, 359, 378, 382, 388 *n28,* 395 *n97,* 399 *n19,* 401 *nn29, 32,* 402 *nn37, 39, 40,* 403 *nn41, 45,* 404 *n54,* 407 *nn74, 79,* 409 *n93,* 422 *n45,* 444 *n98*
Essequebo and Demerara Royal Gazette, The, ver Demerara: jornais
estupro, 101, 121, 202, 270, 412 *n118*
Ética Protestante, 39

459

etnia, fidelidade à, 49, 257

Evangelical Magazine, 9, 19, 41-43, 153, 167, 175, 177-178, 214, 362-363, 380-381, 392 *n66*

evangélicos, 14, 19, 28, 30-32, 34-35, 43, 49, 67, 111, 122, 126, 129, 134, 138, 172, 176-177, 181-183, 197, 226, 228, 271, 329, 363-364, 366, 370, 383, 388 *n34*, 391 *n52*, 392 *n67*, 420 *n2*, 427 *n9*: abolicionismo e, 390 *n51*, 391 *n52*, 392 *n67*; e radicais, 387 *n24*, 389 *n44*, 390 *n51*, julgamento de Smith e, 371, 376, 380; na Virgínia, 386 *n17*, 389 *n38*

"fiscal", função de, 76, 85, 94, 98-101, 105-109, 111, 113, 123, 132, 153-154, 156, 160-162, 214, 218-220, 231, 235, 260, 267, 316, 322, 325, 331, 334, 341, 343, 352, 354, 400 *nn25-29*, 411 *nn110, 112*, 412 *nn121, 124*, 413 *nn127, 131-132*

Fladeland, Betty, 392 *n67*, 455 *n41*

Foner, Eric, 387 *n24*

Foster, George, 416 *n146*

Foucault, Michel, 317, 450 *n84*

fugitivos, 75, 110, 119, 122-124, 200, 206, 231-232, 252, 275, 280, 290, 292, 293, 298, 299, 300, 337, 341, 351, 361

Garrison, William Lloyd, 227, 230

Gaspar, Barry, 10, 442 *n73*, 444 *n90*

Genovese, Eugene D., 384, 410 *n94*, 438 *n52*

Georgetown, 48, 52, 74, 85, 90, 94, 105, 126, 145, 148, 159, 184-186, 224, 231, 235, 243, 247-250, 274, 283, 285-287, 289, 293, 295, 298, 300, 313, 321, 330, 349-350, 359, 382, 388 *n28*, 394 *n88*, 399 *n19*, 401 *n30*, 407 *n82*, 410 *n98*

Gladstone, Jack, 13, 79, 201, 231, 239-240, 243, 252-254, 256, 258-260, 262, 271, 275-277, 289, 298-300, 308-311, 319, 330, 336, 340, 343, 450 *n83*, 451 *n99*, 452 *n5*: banido de Santa Lucia, 319; carta do governador sobre, 319; elogios do governador, 450 *n97*, filhos de, 436 *n27*; incrimina Smith, 311, 313-316; recompensa pela apreensão de, 436 *n25*; sentença de, 307

Gladstone, John, 79, 155, 238, 320, 396 *nn115, 116, 117*, 399 *n16*

Greenberg, Joseph, 441 *n67*

Guiana Chronicle, ver Demarara: jornais

Haiti, 27, 35, 45, 47, 68, 118, 127, 135, 273, 335, 336, 361, 382, 389 *n39*, 416 *n146*, 439 *n58*, 443 *n82*

Hall, Douglas, 401 *n31*

Hall, Gwendolyn Midlo, 390 *n49*, 439 *n59*

Hardcastle, Joseph, 35

Hardy, Thomas, 26

Hart, Richard, 440 *n60*

Hay, Douglas, 447 *n57*

Herbert, Charles, 100

Higman, Barry W., 394 *n88*, 396 *nn106, 116*, 401 *n32*, 402 *nn39, 40*, 407 *nn74, 79*, 409 *n94*, 410 *nn95, 98*

Hobsbawm, Eric, 387 *n21*

Hollis, Patricia, 386 *n16*, 392 *n67*, 454 *n36*

Hughes, Victor, 45

Hurwitz, Edith, 387 *n25*

ideologia imperial, 50-52, 369

Iluminismo, 40, 133, 153

Índias Ocidentais, lobby das, 58-62, 64-65, 167-168, 237-238, 271, 303-304, 364, 371, 375, 396 *n115*

índios, *ver bucks*

Isaac, Rhys, 386 *n17*, 389 *n38*

Jakobson, Stiv, 383 *n1*, 427 *n6*

John Bull, 70, 373

jornais, *ver* Demarara: jornais

Kiezers, Colégio de, *ver* Colégio de Kiezers

Kopytoff, Barbara, 438 *n53*

Lamming, George, 273

Le Resouvenir, 11, 78, 126-127, 131, 133, 157-161, 164, 171-174, 177, 186, 188, 190, 196, 199, 201, 205, 209-210, 212, 215, 218-224, 234, 239, 242, 254, 261-262, 276, 278, 282, 286, 295, 309-310, 314, 320, 326, 332, 338, 342, 348-349, 402 *n37*, 426 *n86*, 449 *n73*; retrato de, 191

Liverpool, lord, 34, 56, 138-139

livre-comércio, 58-59, 61, 63-64, 67, 373, 376

London Missionary Society, 9, 19, 33, 35, 37, 39-44, 47, 125-131, 133-134, 140, 142-144, 148-149, 153-154, 158-159, 163-164, 167-170, 174-176, 178-179, 184, 186-188, 195, 199, 204, 209, 211-214, 216, 223, 280-281, 286, 320, 323, 326, 332, 348, 356, 358, 362, 383 *n1*; 427 *n6*: documentos da, 380-381; informação de John Davies à, 452 *n10*; instruções à Richard Elliot, 390 *n47*; instruções para Smith, 181, 195, 230; petição à Câmara dos Comuns, 363; recrutamento de missionários, 42, 392 *n63*; sugestão de Wray à, 422 *n32*

Luddites, 28, 367

Macaulay, Thomas Babington, 28, 50, 370, 372-373

Marryat, Joseph, 35, 59-60, 396 *n116*, 398 *n8*

Mathews, Donald, 390 *n51*, 430 *n56*

McDonnell, Alexander, 62- 66, 135

McTurk, Michael, 193-194, 219, 220-222, 224-225, 235, 244, 270-271, 275-276, 281-283, 286, 295, 298-300, 330, 336, 342, 346, 349, 354-356, 398 *n9*, 434 *n143*, 449 *n75*, 456 *n51*

metodistas, 29-31, 34-36, 49, 125, 165, 169-170, 183, 213, 225, 312, 323, 361, 364, 387 *nn19, n21, n25*, 388 *n35*

milícia, 156, 276, 280-283, 285-288, 290, 298, 300-302, 317-318, 323, 325, 331-332, 346, 354, 359, 361, 378, 408 *n87*, 449 *n75*

Mintz, Sidney, 114, 426 *n87*

missionários, 14-19, 22-24, 26, 37, 41-42, 44, 49, 53, 67, 72, 111, 113, 115-117, 125-127, 129-132, 134, 141-143, 147-148, 156-157, 159-160, 163, 165, 167-170, 172-173, 175, 177-179, 183-185, 187-188, 193-194, 199, 205, 208, 211, 214-216, 220, 223, 225-226, 228, 230, 234-235, 242, 246, 254, 271, 277, 279, 281-283, 312, 320-321, 324-327, 332, 334-336, 343, 348, 350, 358, 360, 362, 364, 366, 371-372, 376, 380-381, 384, 388 *n63*, 392 *n63*, 395*n94*, 398 *n9*, 403 *n41*, 410 *n95*, 416 *n148*, 419 *n164*, 420 *n2*, 422 *n37*, 424 *n58*, 428 *n16*, 430 *nn36*, *42*, 431 *n80*, 433 *n106*, 435 *n3*, 437 *n43*, 443 *n87*; ataques contra, 320, 325-326, 332; e abolicionismo, 162; e colonos, 31-39, 43, 66-67, 73, 128-129, 135, 140-141, 149, 156, 162-164, 169, 173, 183, 189, 208, 213-214, 223-225, 281, 320, 324; e escravos, 67, 111, 117, 122, 137-138, 140-141, 146, 156-157, 193, 203, 233; recrutamento e treinamento, 41, 427 *n11*; *ver também* missionários individualmente; London Missionary Society

Moore, Robert, 384, 444 *n92*, 447 *n92*

muçulmanos, 147, 258, 308

mulheres, *ver* escravos: mulheres

Murray, John, governador, 14, 48, 52, 85, 99, 116, 135, 137-139, 181, 224-225, 233, 235, 238, 261, 271, 284-286, 291, 314, 318-321, 323, 334, 376, 411 *n109*, 434 *n134*, 446 *n25*, 450 *n97*

não conformistas, *ver* dissidentes protestantes

Napoleão, imperador, 27

negros libertos, 84, 90, 131, 142, 148, 284, 325, 348, 355, 408 *nn85*, *87*, 413 *n135*

New Times, The, 371, 373, 423 *n52*, 436 *n27*

obia, 113, 115, 122, 149-150, 152-154, 156, 424 *n66*, 425 *n70*

Paine, Tom, 10, 25, 41, 136, 384 *n3*, 386 *n16*

"pavilhão dos doentes", 88, 101, 161-162, 204, 208, 219, 222, 242, 265, 275-276, 297

Peterloo, 28, 386 *n16*

Pilgrim's Progress, 195

Pinckard, George, 78, 401 *n35*

Pitt, William, 26, 28

população: de Essequibo e Demerara, 285, 401 *n30*, 404 *n54*, 407 *n74*; escrava, 77, 79, 81, 83-85, 88-89, 94, 98-100, 109, 123, 137, 145, 156, 399 *n19*, 404 *nn54*, *59*, 407 *n74*, 410 *n97*, 446 *n28*

Post, Hermanus Hilbertus, 126-130, 141, 160-161, 186, 188, 212-213, 286, 398 *n9*, 433 *n116*

pregadores negros, 148

Price, Richard, 114, 415 *n140*, 416 *n147*, 423 *nn49*, *54*, 425 *n68*, 430 *n42*, 437 *n43*
proprietários ausentes, 401 *n31*
Protestant Society for the Protection of Religious Liberty, 453 *n30*

Quamina, 106, 146, 161, 196-197, 201, 219, 231, 239, 241-243, 245-248, 250-253, 256-258, 260-263, 268, 271, 275-276, 279, 298-300, 309, 312-314, 319, 323, 331, 336-343, 346, 348, 355, 357, 413 *n133*, 416 *n148*, 436 *n25*, 443 *n84*, 451 *n99*, 452 *n8*
quilombolas, 118-119, 247, 250, 264, 268, 285, 299, 417 *n156*, 423 *n54*, 430 *n42*, 431 *n68*, 437 *nn41*, *42*, 438 *n53*

Raboteau, Albert J., 423 *n57*, 424 *n62*
radicalismo, 26-28, 31, 390 *nn44*, *51*
rebelião de 1823, cabeças da, 267, 293, 315, 356-357
"Registry Bill", 61, 72, 183
Regra sobre o tratamento de servos e escravos, 74, 76, 400 *nn21*, *23*
relações inter-raciais, 142, 377, 422 *n41*
Religious Tract Society, 40
resistência cotidiana, 120, 255, 259, 378, 417 *n158*, 418 *nn160*, *162*
Revolução Francesa, 17, 24-25, 27, 40-41, 51, 136, 281, 485 *n10*
Rice, C. Duncan, 455 *n49*
Rose, Peter, 81-83, 404 *n52*, 456 *n51*
Royal Gazette, *ver* Demerara: jornais
Rudé, George, 428 *n21*, 454 *n39*

Saint Andrew's Society, 222
Schomburgk, Richard, 399 *n20*, 409 *n90*
Schuler, Monica, 415 *n140*, 424 *n58*
Scott, James, 427 *nn8*, *9*
Seditious Meetings Act, 27
Shanin, Theodor, 414 *n137*
Sharp, Granville, 28, 35
Shrewsbury, William, 361
Smith, Jane, 14, 41, 177-178, 180, 193, 200, 207-208, 215-217, 271, 276-277, 279-280, 283-284, 326, 346, 356, 358, 363, 445 *n8*, 449 *n77*, 452 *n7*

Smith, John, 13-14, 18-19, 22, 24, 28, 38-39, 41, 67, 107, 124, 174-178, 180, 187-188, 193, 219, 225, 261, 271, 277-281, 431 *nn64*, *74*; candidatura à LMS, 174-175; carta para a LMS sobre a rebelião, 280-281; como bode expiatório, 376; como mediador, 199-201, 203; conflito com Michael McTurk, 219-222, 224, 281-282; contesta o testemunho de Michael McTurk, 346; detenção, 283; doença de, 217; e abolicionismo, 182, 334, 344; e as instruções do governador Murray, 235; e castigos infligidos aos escravos, 205-208, 341; e correspondência com Jacky Reed, 276-277; e educação dos escravos, 209; e escravos, 198, 216, 263; e Goodluck, 247-248; e Jack Gladstone, 231, 241, 343, 348; e os brancos, 181, 190, 198, 218; e os fazendeiros, 181; e professores escravos, 254, 343; e Quamina, 196, 242, 245, 261, 279, 339-342, 346, 348; e sua congregação, 196, 236, 336-337, 343; educação, 175-176; família, 175, 177; incriminado por escravos, 311-315; início da missão, 192-194; instruções da LMS, 178-180; julgamento de, 316, 320, 329-332; morte de, 356, 453 *n11*; na prisão, 283-284; personalidade, 180; pregando e catequizando, 192-194; primeira pressão de Demerara, 184-188, 190, 192; relata rumores entre os escravos, 246; retrato, 189
Sociedade Agrícola de Essequibo, 88
Sociedade para Mitigar e Gradualmente Abolir o Estado de Escravidão em todos os Domínios Britânicos, 371
Sociedade para o Apoio e o Encorajamento às Escolas Dominicais, 134
sociedades secretas, 114, 257, 442 *nn71*, *77*
Society of West India Planters and Merchants, 61, 64
Stephen, James, 28, 61, 149, 164, 372
Sunday School Union, 133
Suriname, 84, 108, 118, 136, 247, 404 *n52*, 415 *n140*, 416 *nn146*, *147*, 423 *n54*

tarefas, sistema de, 117, 378, 417 *n151*
Test and Corporations Acts, 25, 385 *n5*, 392 *n56*
Thompson, Edward P., 29-30, 32, 37
Thornton, John K., 415 *n140*
Toleration Act, 33, 34, 388 *n30*
Tomich, Dale W., 399 *n15*, 409 *n94*, 412 *n119*, 419 *n166*, 438 *n52*
trabalhadores, turmas de, 91-93, 95, 251, 253, 410 *n100*
tradições africanas, 92, 103, 111, 113-114, 116, 147-156, 199-200, 203, 255, 258, 262, 415 *n140*, 423 *n54*, 424 *nn58, 59*, 430 *n42*, 439 *n55*
Treasonable Practices Act, 27
Tribunal de Justiça Criminal, 101, 108, 230, 412 *n118*
Turner, Mary, 388 *n35*, 390 *nn45, 50*, 411 *n107*, 418 *nn159, n162*, 420 *n2*, 422 *n37*, 425 *n70*

Urban, Benjamin D', sir, 99, 100, 376, 378, 411 *n109*, 413 *n130*

Valenze, Deborah, 387 *n26*
varíola, 84, 176, 219-220, 222, 342, 354, 434 *n134*

Walvin, James, 416 *n149*, 424 *n59*
Wilberforce, William, 25, 28, 62, 129, 149, 182-183, 188, 211, 228, 237, 265, 320, 326, 373, 375, 376, 396 *nn112, 113*: amigo de Joseph Hardcastle, 35; contradição entre cristianismo e escravidão, 39; e grupos pró-emancipação, 372-373; e petição dos *quakers*, 62; escravos e, 66, 73, 211, 260, 262; fala em favor de Smith, 374; LMS e, 129, 164; moção visando o fim do tráfico, 25; preocupação com o apoio popular, 26; Smith e, 214; Sociedade para Mitigar e Gradualmente Abolir o Estado de Escravidão em todos os Domínios Britânicos, 371
Wood, Peter, 409 *n91*, 440 *n62*, 448 *n72*
Woodford, governador, 35, 79
Wray, Charles, 278
Wray, John, 14, 18, 38, 43, 47, 55-56, 67, 124, 126-136, 138-161, 163-165, 167-171, 173-174, 177, 180, 181, 186, 187, 188, 190, 199, 204, 205, 206, 208, 209, 211, 213, 215, 225, 234, 239, 240, 242, 254, 273, 320, 321, 322, 323, 324, 325, 326, 327, 331, 335, 338, 348, 356, 357, 358, 359, 381, 395 *n100*, 398 *n8*, 403 *n49*, 406 *n66*, 410 *n106*, 418 *n159*, 421 *n29*, 422 *n32*, 424 *n61*, 425 *nn69, 70, 75*, 436 *nn25, 27*, 449 *n77*; ameaças e perseguições, 324-325; e adultério, 143; e democracia racial, 142; e escravos, 159-162, 172, 199; e *obia*, 153-154, 156; e Quamina, 258, 323; e Richard Elliot, 157-158; e Smith, 187, 215, 322-325; instrução de escravos, 132-133, 139, 421 *n29*; mandado a Demerara, 125-126; mensagens evangélicas, 145; oposição dos colonos a, 127-130, 163-170, 181, 187; sobre Jack Gladstone, 323

1ª EDIÇÃO [1998] 1 reimpressão

ESTA OBRA FOI COMPOSTA PELA PÁGINA VIVA EM MINION
E IMPRESSA PELA GRÁFICA PAYM EM OFSETE SOBRE PAPEL PÓLEN SOFT
DA SUZANO S.A. PARA A EDITORA SCHWARCZ EM FEVEREIRO DE 2022

A marca FSC® é a garantia de que a madeira utilizada na fabricação do papel deste livro provém de florestas que foram gerenciadas de maneira ambientalmente correta, socialmente justa e economicamente viável, além de outras fontes de origem controlada.